本书由国家社科基金重大项目《中国海关通史》经费资助出版，
特此致谢！

中国海关史

研究文集

戴一峰 著

厦门大学出版社 国家一级出版社
XIAMEN UNIVERSITY PRESS 全国百佳图书出版单位

图书在版编目(CIP)数据

中国海关史研究文集 / 戴一峰著. -- 厦门：厦门大学出版社，2024.8
ISBN 978-7-5615-9273-1

Ⅰ.①中… Ⅱ.①戴… Ⅲ.①海关-经济史-中国-文集 Ⅳ.①F752.59-53

中国国家版本馆CIP数据核字(2024)第017903号

责任编辑	韩轲轲
美术编辑	李夏凌
技术编辑	朱　楷

出版发行	厦门大学出版社
社　　址	厦门市软件园二期望海路39号
邮政编码	361008
总　　机	0592-2181111　0592-2181406(传真)
营销中心	0592-2184458　0592-2181365
网　　址	http://www.xmupress.com
邮　　箱	xmup@xmupress.com
印　　刷	厦门集大印刷有限公司

开本	720 mm×1 020 mm　1/16
印张	46.5
字数	710千字
版次	2024年8月第1版
印次	2024年8月第1次印刷
定价	138.00元

本书如有印装质量问题请直接承印厂调换

厦门大学出版社
微信二维码

厦门大学出版社
微博二维码

目 录

一、研究综述与方法论

访谈：中国海关史研究前景广阔，大有可为 …………………………… 2
中国近代海关史研究述评（1980—1995） …………………………… 10
承前启后：中国近代海关研究 70 年（1949—2019） ………………… 20
全球视野与地方视野：中国近代海关史研究的两种取向 …………… 44

二、近代海关的建立及其组织与制度建构

论鸦片战争后清朝中西贸易管理征税体制的变革 …………………… 68
近代洋关制度形成时期清政府态度剖析 ……………………………… 78
晚清粤海关（洋关）设立问题考辨 …………………………………… 92
中国近代海关和长江的对外通商 ……………………………………… 106
晚清新式海关设置时间考 ……………………………………………… 118
晚清海关组织建构述论 ………………………………………………… 158
跨文化移植：晚清中国海关的制度变迁 ……………………………… 176
制度变迁与企业发展：近代报关行初探 ……………………………… 193
中国近代报关行管理制度述论 ………………………………………… 214

三、近代关税制度的变迁

近代中国租借地海关及其关税制度试探 ……………………………… 234
清末东北地区开埠设关及其关税制度 ………………………………… 248
近代中外陆路通商关税制度 …………………………………………… 268
十九世纪后期西南边疆的开埠设关及其关税制度 …………………… 283

论近代中国海关与鸦片税厘并征 ⋯⋯⋯⋯⋯⋯⋯⋯⋯⋯⋯⋯⋯⋯⋯⋯ 294
论晚清的子口税与厘金 ⋯⋯⋯⋯⋯⋯⋯⋯⋯⋯⋯⋯⋯⋯⋯⋯⋯⋯⋯ 304
论清末海关兼管常关 ⋯⋯⋯⋯⋯⋯⋯⋯⋯⋯⋯⋯⋯⋯⋯⋯⋯⋯⋯⋯ 321
赫德与澳门:晚清时期澳门民船贸易的管理 ⋯⋯⋯⋯⋯⋯⋯⋯⋯⋯ 340

四、近代海关与财政关系演化

论近代中国海关与列强对北洋政府财政的控制 ⋯⋯⋯⋯⋯⋯⋯⋯ 356
晚清中央与地方财政关系:以近代海关为中心 ⋯⋯⋯⋯⋯⋯⋯⋯⋯ 362
论北洋政府时期的海关与内债 ⋯⋯⋯⋯⋯⋯⋯⋯⋯⋯⋯⋯⋯⋯⋯ 388
清季海关与外债的关系和列强争夺海关的斗争 ⋯⋯⋯⋯⋯⋯⋯⋯ 398

五、近代海关档案评介与利用

《中国海关密档:赫德、金登干函电汇编》评介 ⋯⋯⋯⋯⋯⋯⋯⋯⋯ 426
《厦门海关历史档案选编》(第一辑)前言 ⋯⋯⋯⋯⋯⋯⋯⋯⋯⋯⋯ 431
闻其言,察其行:《赫德日记》解读——兼论中西文化中介人 ⋯⋯⋯ 437
晚清海关与通商口岸城市调研 ⋯⋯⋯⋯⋯⋯⋯⋯⋯⋯⋯⋯⋯⋯⋯ 450
文本阐释与历史建构:晚清海关档案资料的解读与利用 ⋯⋯⋯⋯ 464

六、书评、序言及其他

评陈诗启著《中国近代海关史》 ⋯⋯⋯⋯⋯⋯⋯⋯⋯⋯⋯⋯⋯⋯⋯ 472
《全球化视野:中国海关洋员与中西文化传播》序言 ⋯⋯⋯⋯⋯⋯ 476
《上海网络与近代东亚》中译本序:地域、网络与亚洲
　　近代历史的重构 ⋯⋯⋯⋯⋯⋯⋯⋯⋯⋯⋯⋯⋯⋯⋯⋯⋯⋯⋯ 479
《泉州海关志·总述》 ⋯⋯⋯⋯⋯⋯⋯⋯⋯⋯⋯⋯⋯⋯⋯⋯⋯⋯⋯ 485
《中国海关与中国近代社会》前言 ⋯⋯⋯⋯⋯⋯⋯⋯⋯⋯⋯⋯⋯⋯ 493
《中国海关通志》出版研讨会发言稿 ⋯⋯⋯⋯⋯⋯⋯⋯⋯⋯⋯⋯⋯ 496
《红色征程——中国共产党领导下的海关革命斗争史》审稿意见 ⋯⋯ 500
关于《中国海关法制史(古代)》初稿的通信 ⋯⋯⋯⋯⋯⋯⋯⋯⋯⋯ 503
关于《江海关沿革史》的讲座、通信 ⋯⋯⋯⋯⋯⋯⋯⋯⋯⋯⋯⋯⋯ 508
关于纪录片《民国海关密档》的通信 ⋯⋯⋯⋯⋯⋯⋯⋯⋯⋯⋯⋯⋯ 521

致国家出版基金管理委员会的推荐信 ······ 524
向海关总署推荐整理海关总署所属各档案馆收藏的海关档案 ······ 526
推荐《美国哈佛大学图书馆藏未刊中国旧海关史料（1860—1949）》
　参评第四届中国出版政府奖图书奖 ······ 527
推荐《海关总署档案馆藏未刊中国旧海关出版物（1860—1949）》
　丛书参评第五届中国出版政府奖图书奖 ······ 529
关于厦门海关关史陈列馆建设的讲座提纲 ······ 531
陈诗启与中国近代海关史的研究 ······ 534
老骥伏枥，志在千里：我所认识的陈诗启教授 ······ 543
不舍的追求、艰辛的开拓：陈诗启先生学术生平启示录 ······ 546

附　录　中国海关史研究论著目录（1914—2022） ······ 555
后　记 ······ 731

一、研究综述与方法论

访谈：中国海关史研究前景广阔，大有可为

澎湃新闻特约记者周志鑫专访戴一峰
2018-06-16

厦门大学中国海关史研究中心成立于 1985 年 11 月，曾被时任香港大学校长的王赓武先生赞誉为"国内研究中国海关史的重镇"。戴一峰教授现为厦大中国海关史研究中心主任。近期，我们请戴教授介绍了海关史研究的相关情况，得知这一领域前景广阔，大有可为。

澎湃新闻：您是如何与海关史研究结缘的呢？

戴一峰：我是 1977 年国家恢复高考制度后，有幸进入大学求学深造的首届大学生。1981 年底完成本科学业后考取研究生，跟随陈诗启先生攻读中国近代经济史专业，是陈先生的开门弟子。当时，陈先生已经开始将其研究重心转向中国近代海关史，先后发表了一批高质量的学术论文，引起学术界关注，好评如潮。

1984 年年底，我完成学业留校工作，一边延续求学时的兴趣开展区域经济史和对外经济关系史研究，一边在陈先生的引导下开始步入海关史这片领域。最初的成果是两篇命题作文，即与陈先生合作撰写了《中国近代海关和长江的对外通商》和《清季海关与外债的关系和列强争夺海关的斗争》两文，收入陈先生出版的第一部海关史专著《中国近代海关史问题初探》。此后，又接连发表了一批海关史论文。

另外，研究中心成立后，随即与厦门海关合作整理该关档案室收藏的旧海关档案资料。我被指派负责此项工作，开始一头扎进这片诱人的汪洋大海中。于是在海关史研究这个领域越走越远了。

澎湃新闻：能否请您谈谈这方面的治学理路和经验？

一、研究综述与方法论

戴一峰:治学理路和经验之谈有点宏大,我还是简要说说我在这方面的治学情况和心得吧。陈先生无疑是中国近代海关史研究的开拓者。他在80多岁高龄以超人的毅力完成《中国近代海关史》(合订本)大作,对中国近代海关史做了一个全景式的考察,提出许多真知灼见,堪称一座里程碑。

我在陈先生引导下进入这个研究领域后,主要开展以下几项工作:一是开展近代海关的专题性研究。多年来发表了一批学术论文,并出版了《近代中国海关与中国财政》一书。我力图朝两个方向努力:其一是对近代海关做细部的深入的考察,其二是对近代中国榷关体系的制度变迁做全面、深入的把握。二是开展海关档案资料的整理工作。如主持整理了厦门海关档案馆所藏的旧海关档案资料,编译了数百万字,并出版了由近代厦门关的年度贸易统计和贸易报告以及十年报告汇编的《近代厦门社会经济概况》和由厦门关税务司与海关总税务司来往半官函、密函汇编的《厦门海关历史档案选编》(第1辑)等。同时还整理了第二历史档案馆馆藏的海关与中英关系档案资料。三是利用海关档案资料开展经济史研究,尤其是在近代海外移民、环中国海华商跨国网络、区域社会经济变迁、近代城市演化等方面,力图有所开拓。四是培养这一研究领域的博士、硕士人才。

总的说来,我多年来的研究均围绕着近代中国社会变迁这一宏大命题。近代中国的社会变迁,发生在全球化的第二个历史阶段,即发生在西方新兴资本势力全球扩张,世界各国、各地区间的人口流动、商品流动、资本流动和信息流动提速、加遽,不同文化间的交流、碰撞和融合也不断拓展、深化的重要历史时期。实行外籍税务司管理制度,素有"国际官厅"之称的中国近代海关,是彰显和影响这一时期中国社会变迁的一个典型样板和核心组织,值得深入探究。海关因涉及近代中国社会诸多领域、范围广泛的活动而留存的规模庞大的海关档案资料,又为这一研究提供了极其有利的条件。这是我们一直以来重视整理、利用海关档案资料,从事海关史以及其他近代史专题研究的缘由。

澎湃新闻:海关是一个国家的进出关境监督管理机构,执行监管、征税、缉私和统计等职能。据说晚清海关的档案资料纷繁复杂,数量众多,内容几乎涉及近代中国社会的方方面面。这是为什么呢？

戴一峰：我们现在所讲的晚清海关档案资料，是指19世纪50年代以来建立的中国近代新式海关形成的档案资料。晚清海关的主要制度特征是实行外籍税务司管理制度，海关管理权旁落，成为晚清中国一个极其特殊的组织。身处西方新兴资本势力全球扩张、晚清帝国社会转型的历史时期，执掌海关总税务司要职长达近半个世纪的英人赫德，试图将海关打造成改进中国各个行业应有的核心组织。因此，与一般的海关不同，除遵照一系列中外条约的相关规定以及海关制定的规章开展监管、查私、征税和统计等四项本体业务外，晚清海关还挟其优势，先后兼管常关和厘金，兼办大清邮政、海务、新式教育，以及筹办世博会参展事宜等；海关总税务司以及部分高级关员甚至参与清政府的许多外交活动，插手清政府的财政金融改革以及新式海军的创办。由此在晚清的经济、政治、文化、外交和军事等各个领域均留下深浅不同的印记。

与其承担的诸多业务内外职能相匹配，晚清海关的组织架构颇为庞大复杂，外人不易洞察其详。纵向上，可分为中央机构总税务司署和地方机构各口海关税务司署两个部分；横向上，则可分为征税、船钞、教育和邮政等四大运行系统。四大系统中以征税系统为海关之本体，其余则系海关为兼办海务、教育和邮政等设立的附属部门，系随着海关势力的扩张而依次逐步形成。故此，晚清海关的组织架构纵横交错，相互联结，形成一张庞大的组织网络。这张组织网络的中心是总税务司统领下的总税务司署。

整个海关系统实施垂直的统一管理，总税务司凭借在清朝同治年间便已逐渐建立的严格的人事管理制度和财务管理制度，统辖各口海关，调度四大系统运作，有效开展海关各项事务。是故，晚清海关留下了数量极其可观、涉及领域极其广泛的档案资料。值得指出的是，民国以降，晚清海关的上述制度特征基本上延续下来。

澎湃新闻：您既然曾经主持相关档案资料的整理和编译出版工作，对晚清海关档案资料一定十分熟悉，可以给我们做一番介绍吗？

戴一峰：晚清海关档案资料可以大致划分为以下几种类型。

第一类是海关内部往来公文、函件与电文。它包括总税务司署与各

一、研究综述与方法论

关往来的一般公文,总税务司署与各关税务司往来的半官函、密件,总税务司通令,总税务司机要通令,副总税务司遍发各关之通函,以及电报、代电与海关发布的调令等。

  第二类是海关各部门业务文件。具体包括总务类、缉私类、财务类、人事类、税务类、海务类、港务类、杂务类等。

  第三类是海关与外部关系的文件。包括海关与海关监督公署往来文件,海关与政府机构往来文件,海关与各种社会团体、企业往来函件,海关与政府官员、社会人士、商人等往来函件,以及海关发布的布告。

  第四类是海关监督衙门档案。包括海关监督与主管部门往来函件,海关监督与所属各关卡的往来函件,海关监督与地方政府部门的往来函件,海关监督与海关税务司的往来函件,海关监督与地方机关团体、商行、商人等的往来函件,以及各种税收账册、关务登记簿等业务档案。

  第五类是海关官员个人档案资料。如首任海关总税务司李泰国的私人信函,第二任总税务司赫德的日记及其私人函电(与家人、友人、海关官员、驻华领事、公使、外交官员、议员等的往来函电),以及其他海关职员的档案资料,如包罗、包腊、费士来等人的私人信函。

  第六类是海关出版物。海关出版物是一个非常庞杂的资料宝库,林林总总,内容丰富。具体说来包括统计丛书、特种丛书、杂项丛书、关务丛书、官署丛书、总署丛书和邮政丛书七个系列,以及未列入丛书类的出版物,如魏尔特编辑的共计七卷的《中国海关起源、发展和活动文件汇编》。

  诚如前面我已指出的,民国时期,晚清海关的制度特征基本延续下来,因此,民国海关的档案资料也大体包括上述六大类,只是下属小类有所变化。

  澎湃新闻:看来近代海关的档案资料确实丰富且多样。那么,如何充分有效地认知和利用这些珍贵史料,您在这方面有什么想法和建议吗?

  戴一峰:我想先谈谈解读、利用史料的方法论问题。我们都知道,"历史"一词具有双重含义,即"历史实在"和"历史建构"。历史实在就是指过去发生的事情,是一种客观的存在。它有三个基本要素:时间、空间和人物。因此,历史实在具体可表述为:人在一定的空间范畴内,沿着一个时间轴运动所留下的痕迹。但历史的过去、现在、未来又是勾连在一起的。

005

正如海德格尔所言,历史主要不是意指过去之事这一意义上的"过去",而是反映出自过去的渊源。历史意味着一种贯穿"过去"、"现在"与"未来"的事件联系和"作用联系"。

至于历史建构,我将其划分为"历史建构1"和"历史建构2"两种类型。所谓"历史建构1",指的是历史记录。史学工作者每天面对的林林总总的文字史料,便属于这一类。所谓"历史建构2",又可分成历史编纂与历史认知两个层次。因此,所谓历史研究实际上大体经历了"历史本体—历史建构1—历史建构2"这样一个过程,由此实现一个从历史本体到历史话语的转变。其中,历史本体作为研究对象物,就是历史实在,而历史记录与历史重构则是混入建构者思想的文本,它们对应着历史建构的两种类型与两种层次。

据此,我认为解读史料可以有以下三种不同方法。第一种是史料学的方法。这是我们历史学传统的解读方法。它的基本理念就是:作为史料的文本(文献)是历史研究的媒介,它包含着历史事实;经由对史料的考证、辨析,追寻源流、辨明真伪、考订谬误,可以获得真实、可靠的历史信息。正因如此,它也形成一整套方法论,即汇集古文字学、铭文学、年代学、世系学、考古学、语言学、版本学、训诂学、考据学等知识和技术,形成一套公认的史料考订准则。因此,史料学也成了一门专门的学问。在西方,与之相关的有我们熟悉的兰克学派。在国内,则有傅斯年的"史学即是史料学"的断言。

第二种是阐释学的方法。其基本理念就是:作为史料的文本是文化和社会建构的产物。它涉及文本、叙述者、阅读者三者之间的关系;它渗透了叙述者及其所处社会文化背景的主观意志,并非历史的自然话语。也就是说,它不等同于历史的实在。所以文本所包含的信息(语言符号)与所指事物之间存在着距离;对文本的理解也并非用空白的头脑去被动接受,而是以头脑中预先准备好的"前理解"为基础,用活动的意识去积极参与理解。所以,文本的意义并非叙述者给定的"原意",而是由阅读者参与建构的。文本是体验和理解的过程,不存在对一个文本的规范性解读,对于同一文本,总有新的不同的理解。据此,"人类阐释学"的创立者格尔茨提出了"深描"的概念,即在理解基础上的理解,在解释基础上的解释。

一、研究综述与方法论

第三种是后现代主义史学的方法。它的基本理念是：所有的历史文本，基本上都是建构在叙述者的"诗性行为"之上，历史和文学、实在和虚构、事实和想象之间并无特定的区别，无刻意区分之必要，虚构化的文本，或许具有更高的价值。我并不完全赞同后现代主义史学试图完全消解史学与文学、实在与虚构、事实与想象之间差异的理论建构，但这种强猛的解构意识促使我们认知两者之间既有区别又相互渗透的复杂具象。其提出的"虚构化的文本，或许具有更高的价值"的观点，则无疑为我们解读史料展示一种新的可能性，就如同娜塔莉·泽蒙·戴维斯在其力作《档案中的虚构：十六世纪法国司法档案中的赦罪故事及故事的叙述者》一书中所显示的。

澎湃新闻：您的三种史料解读方法论很有启发性，也很有意思。您能否再结合海关档案资料进一步谈谈如何利用这些档案资料开展研究？

戴一峰：好的。我想，这大概包括三个方面的研究。首先是对海关档案资料自身的研究，即对文本本体的研究。这方面的研究可以分为正读和反读两类。所谓正读，指的是对档案资料内容的介绍、考证，对其价值的辨识、评议，等等。比如郑友揆先生20世纪30年代就已经发表的《我国海关贸易统计编制方法及其内容之沿革考》一文，以及近年来发表的一些评介海关档案资料的文章。至于反读，指的则是从海关档案资料的虚构中揭示虚构文本建构背后的心态与文化逻辑，这不同于单纯的考证，而是将档案资料作为本体进行研究。我曾在《晚清海关（洋关）设立问题考辨》一文中讨论了海关《总税务司通令》中有关文本的虚构性，由此探究身为总税务司的赫德虚构文本背后的缘由。学术界以往对海关档案资料的真实性颇为信赖，其实海关档案资料也多有居于种种缘由的建构成分，值得重新仔细探究。

其次是利用海关档案资料从事的海关史研究。自20世纪80年代以来，30余年间，中国近代海关史这一研究领域已有多达数百篇的论文和数十部专著问世，涉及海关通史、海关人物、海关制度、地方海关等诸多方面。与所有学术研究一样，历史研究也总是在不断的深化中。随着海关档案资料的不断披露、挖掘、整理和出版，随着文本解读方法与研究方法和手段的不断丰富，以及研究视野的不断拓展，研究者对近代海关的认知也更加全面、深入、细致，不断更新。况且，中国近代海关身处近代中国社会急剧变迁、转型和全球化进入第二波高潮两者交错影响的特殊时期，作为一个"国际官厅"，它首当其冲，涉及领域广泛，在近代中国社会的诸多领域都留下深浅不一的印记，值得深入探究的问题众多，是一片有待深耕细作的沃土。去年（2017年）刚刚问世的、英国汉学家方德万的《潮来潮去：海关与中国现代性的全球起源》中译本就是一个明证。

海关史的各种专题也有待深化。比如海关人物研究。前期的海关人物研究大多聚焦于海关总税务司等主要官员。20世纪90年代中后期，我在撰写海关研究评述时曾呼吁拓展这一研究领域，将研究视野扩展到海关洋员群体。此后，詹庆华在跟随我攻读博士学位时，选择了这一议题，完成了他的博士论文，并出版了《全球化视野：中国海关洋员与中西文化传播（1854—1950年）》，受到好评。近年来，日本著名汉学家滨下武志进一步倡导开展海关洋员生活志研究，并将其视为第二代海关史研究。他所任职的中山大学着手编译了《海关洋员传记丛书》，确是一个良好的开端。

或许，借鉴新文化史学理论，海关人物研究有望结出新颖的丰硕的果实。再比如地方海关史的研究。多年来在中国海关学会的倡导和组织下，各地海关均开展了海关志的编写，但深入的研究却一直未见有效展开。事实上，地方海关及其成员，尤其是洋员，以各种方式介入当地社会，留下许多值得挖掘的历史。如何将其放置于区域社会变迁的动态画面中，探究其历史活动具象，不仅有助于深化海关史研究，也有助于深化区域史研究。

再次是利用海关档案资料从事中国近代史研究。丰富多彩的海关档案资料为我们研究近代中国的许多领域都提供了珍贵的史料。以往学术界在这方面已经取得了不少成果。无论是在近代工业史、手工业史、商业史和金融史等部门经济史方面，还是在中外关系史，尤其是中外经济关系史方面，甚至是在人口史、城市史以及区域史方面，都可以见到对海关档案资料的不同程度利用。我自己多年来也利用海关档案资料做了一些海外移民史、华商跨国网络、城市史，以及福建地区社会经济史的研究，从中体会到海关档案资料的价值。

一、研究综述与方法论

澎湃新闻：从您的介绍中，我们确实看到了近代海关档案资料的史料价值，看到利用海关档案资料开展相关历史研究的广阔前景。最后，您能对我们谈谈您对今后开展相关研究的展望和建议，以及您自己的研究计划吗？

戴一峰：我曾在2015年举办的纪念陈诗启先生百年诞辰学术研讨会的主旨演讲中指出，如今我国的近代海关史研究领域后继有人，前景璀璨。

一是我们已经有了一支初具规模的研究队伍。这支队伍由两个群体组成：来自高校和科研机构的专业研究人员和来自海关系统的业余研究人员。两个群体各具优势，他们的合作潜力无限。而且，这支队伍中，老中青的梯队已经形成。可喜的是，一批受过良好的学术训练的博士、硕士构成了中青年群体的中坚力量。

二是一批质量较高的学术成果问世。尤其是一批由博士论文修订发表和出版的论著，从中国近代海关的洋员与中西文化传播、新式海关建立与榷关制度演化、海关总税务司和税务司个案研究，以及海关人事制度等诸多方面，深化了对近代海关历史原貌的探究，提出了诸多新颖的见解。

三是海关档案资料的挖掘、整理和出版取得了突出的进展。京华出版社影印出版了《中国旧海关史料（1859—1948）》，广西师范大学出版社影印出版了《美国哈佛大学图书馆藏未刊中国旧海关史料（1860—1949）》，中国海关出版社出版了《历史镜鉴：旧中国海关诫律》、《旧中国海关总税务司署通令选编》(3卷)、《中国近代海关高级职员年表》和《中国旧海关稀见文献全编》等一批海关档案资料。由此可以预期相关研究前景向好。

至于我个人，近期内考虑做两件事。一是联合各地的研究人员，举办一场学术总结和交流会议，在"新视野、新方法、新史料"标识下，及时总结已有的研究成果，探索开拓和深化相关研究的可能性。二是准备汇集我们历史系同仁以往的研究成果，出版一套海关史研究丛书。目的同样在于与学术界同仁的交流，推进相关研究的发展。总之一句话，期望能继往开来。

中国近代海关史研究述评(1980—1995)

一、研究发展概况

中国近代海关史的研究始于民国初年。此系当时国人力争关税自主这一社会思潮的产物,其内容偏重于关税问题。然持续时间甚短,自20世纪30年代后便渐趋沉寂。① 新中国成立初期,由陈翰笙、范文澜等一批著名学者组成的中国近代经济史资料丛刊编委会组织编译了一套题为"帝国主义与中国海关"的海关档案资料丛书,共计10辑。但学界的相关研究并未跟进。直到1980年,中国近代海关史的研究才重新起步。该年,陈诗启教授厚积薄发,一连发表了《中国半殖民地海关的创设和巩固过程》《中国半殖民地海关的扩展时期》《论中国近代海关行政的几个特点》等一批开拓性的研究成果,引起史学界反响。此后,陆续有一批海关史论文发表。②

---

① 这一时期的主要研究成果有:黄序鹓:《海关通志》,上海:商务印书馆,1917年;杨德森编:《中国海关制度沿革》,上海:商务印书馆,1925年;贾士毅:《关税与国权》,上海:商务印书馆,1927年;等等。

② 陈诗启教授是中国近代海关史研究的开拓者。关于他在这一研究领域的贡献,请参阅戴一峰:《陈诗启与中国近代海关史的研究》,《近代中国史研究通讯》第19期,台湾"中央研究院"近代史研究所编,1995年。20世纪80年代前期,学界发表的其他海关研究成果有:陈诗启:《海关总税务司和海关税款保管权的丧失》,《厦门大学学报(哲学社会科学版)》,1982年第4期;姚贤镐:《第一次鸦片战争后中国海关行政权丧失述略》,《社会科学战线》,1983年第3期;姚贤镐:《两次鸦片战争后西方侵略势力对中国关税主权的破坏》,《中国社会科学》,1981年第3期。

一、研究综述与方法论

1985年8月,中国海关学会成立。同年11月,在陈诗启教授倡导下,中国海关学会与厦门大学合作,成立了一个专门的学术研究机构——中国海关史研究中心。这进一步推动了海关史研究的发展,其发展概况可由以下几方面观之:

第一,创办刊物,出版丛书。1986年,中国海关学会创办了《海关研究》这一学术刊物,开辟了海关史研究专栏,定期发表同仁的研究成果。此外,中国海关学会还出版"中国海关历史丛书",至今已推出3种图书。① 与此同时,中国海关史研究中心也出版一套"中国海关史研究中心译著"丛书,至今已出版2种图书。②

第二,举办国际学术研讨会。自1988年起,在中国海关史研究中心的促成下,已先后在香港、厦门等地举办了3届中国海关史国际学术研讨会。就海关与中国近代化、海关制度演化、海关档案资料的利用、海关人物研究、海关与地区政治经济等问题做了广泛的学术交流。③

第三,各地编写海关志。中国海关学会成立后,大力推动全国各地海关编写地方海关志,至1993年底,全国有编志任务的47个海关大多已完成关志初稿。至今已陆续出版了汕头、福州、厦门、九龙、拱北、青岛、芜湖、天津、南京等海关志。

第四,发表了一批学术论著。据不完全统计,从1980年至1995年,共出版了10部专著,发表了267篇文章。其每年变化情况如表1所示:

---

① 即:陈诗启:《中国近代海关史问题初探》,北京:中国展望出版社,1987年;蔡渭洲编著:《中国海关简史》,北京:中国展望出版社,1989年;中国海关学会编:《海关职工革命斗争史文集》,北京:中国展望出版社,1990年。

② 即:[加]葛松著,中国海关史研究中心译:《李泰国与中英关系》,厦门:厦门大学出版社,1991年;[美]马士著,区宗华译:《东印度公司对华贸易编年史》,广州:中山大学出版社,1991年。

③ 详见:京良:《中国海关史研究首届国际研讨会择介》,《近代史研究》,1989年第2期;薛鹏志:《中国海关史第二次国际学术研讨会综述》,《历史研究》,1991年第2期;连心豪:《探索中国近代史研究新的切入点——中国海关史第三次国际学术研讨会综述》,《中国社会经济史研究》,1995年第4期。

011

表1 1980—1995年海关史研究论著出版发表情况统计表

年份	1980	1981	1982	1983	1984	1985	1986	1987
专著	—	—	—	—	—	—	1	2
论文	7	4	9	5	3	16	14	35
年份	1988	1989	1990	1991	1992	1993	1994	1995
专著	—	1	2	2	—	2	—	—
论文	28	42	18	26	19	16	15	10

就这批论著涉及的内容而言,在10部专著中,人物类3部,且均为赫德研究,通史类2部,专门史类2部,地方史类1部,论文集2部;267篇论文中,地方史类61篇,专门史类66篇(其中,关税制度类39篇,财政类10篇,缉私类6篇,邮政类4篇,海务类3篇,外交类4篇),通史类33篇,职工革命斗争类22篇,海关人物类22篇,资料类25篇,评论类18篇,理论类9篇,海关行政制度类9篇,考证类2篇。

第五,大力开展海关档案资料整理工作。已出版的有:由中国社科院近代史所陈霞飞主编的《中国海关密档》前5卷,由汤象龙老先生根据清代军机处档案编制的《中国近代海关税收和分配统计》,以及根据海关十年报告和贸易报告编译而成的《近代山东沿海通商口岸贸易统计资料》、《上海近代社会经济发展概况》等一批极富学术价值的档案资料。

此外,自1991年开始,中国海关史研究中心与厦门海关合作,着手整理开发厦门旧海关档案,已编译了数十万字的厦门关税务司与海关总税务司来往半官函、密函。拟于年内正式出版。

由上述可见,10余年来,中国近代海关史的研究确有较迅速的发展。

二、主要研究成果述评

要对80年代以来的近300篇(部)论著一一详加评介,显非本文篇幅所允。故以下我们拟从五方面对这一时期的主要研究成果做一评述。

1.中国近代海关的作用与影响。这是海关史研究中一个最重要的问题,也是最具争议性的问题。部分学者对此基本上持全盘否定态度,即仅将中国近代海关视为近代列强侵略中国的工具。而部分学者则认为海关引进西方资本主义国家先进的技术设备和管理方法,对中国的进步起了积极作用。① 针对这两种截然相反的观点,陈诗启教授认为,近代海关是英国维多利亚女王在全球建立大英帝国时代的产物,它"一方面是作为资本主义因素出现在中国的,这就不可避免地带进了资本主义的新事物;另一方面,也是主导方面,它是作为维护、发展列强经济的工具,因而也不可避免地阻碍了中国社会的发展"。据此,陈教授既反对把整个海关工作笼统地看作消极的,也反对过高评估海关引进资本主义新事物的积极作用。因为这些新事物"其终极只是加强了海关的力量,扩大了海关的权力,从而支持了外籍税务司制度的长期存在,维护以英国为首的列强的利益"②。这是中肯之论。

当然,中国近代海关在以英国为首的列强的操纵下,其活动范围极广,涉及近代中国的许多领域,对于其作用与影响的科学结论,有赖于对这些活动的具体入微的个案考察。如对清末海关兼管常关的考察及对中国海关驻伦敦办事处的考察,③就是有益的初步尝试。这些个案研究的成果,有助于丰富和深化对海关作用与影响的认识。

2.海关人物研究。担任海关总税务司一职长达半个世纪的英人赫德,一直是海关人物研究的热点,也是最具争议性的人物。汪敬虞先生的《赫德与近代中西关系》一书,可谓这方面的上乘之作。汪书把赫德的活动放到近代中西关系的广阔背景下,对赫德从精心营造海关这一活动大本营到利用海关广泛介入近代中国的内政外交的历史过程,做了详尽剖析。他从而指出,赫德的一切活动,完全是为了满足和维护侵华列强,尤其是英国的在华利益。④

邱克在对赫德的评价上持不同观点。他认为,赫德引进西方先进事物的活动在客观效果上是有利于中国的进步的。他以赫德利用海关开拓

---

① 邱克:《试评汪敬虞先生的〈赫德与近代中西关系〉》,《近代史研究》,1989年第3期;陈霞飞主编:《中国海关密档——赫德、金登干函电汇编(1874—1907)》,北京:中华书局,1990—1996年,前言。
② 陈诗启:《中国近代海关史(晚清部分)》,北京:人民出版社,1993年,第3页。
③ 戴一峰:《论清末海关兼管常关》,《历史研究》,1989年第6期。
④ 汪敬虞:《赫德与近代中西关系》,北京:人民出版社,1987年,第86页。

清政府外交为例,认为赫德"影响和诱导了清政府对传统封建外交进行改革,促成了西方近代外交的某些思想和制度在中国的移植,也增进了清政府官员对外部世界的认识","在他的努力下,中国近代外交制度所包含的资本主义的东西是越来越多,而不是越来越少,这应当说是具有历史的进步性"。①

问题集中到这样一个焦点上:如何评估赫德在华活动的客观效果?对此,陈诗启教授有完全不同的结论,他指出"总税务司业余外交活动的结果,牺牲了中国的权益,稳定了英国在华地位,维护了满族对汉族的统治,扩大了总税务司的权力。至于中国的外交地位,不但没有改善,甚至是大大低落了。中国的半殖民地位更加深化了"。② 显然,对赫德的评价涉及更广泛的研究领域,并且必须与对中国近代海关的作用与影响问题联系起来考察。

除赫德之外,对李泰国、安格联、金登干、贺璧理、德璀琳等海关重要人物,学界均有专文论及。③ 另有部分学者则注意到一些与海关关系密切的中国官员,如曾任税务处主管大臣的唐绍仪和力主收回关税自主权的顾维钧,④这些研究给海关人物研究增添许多新的内容和色彩,但迄今为止,尚未有专论从海关洋员群体的角度来开拓这一研究,不能不说是一大缺憾。

3.海关专门史研究。中国近代海关是一个业务非常庞杂的机构,它以征税部门和海务部门为核心,兼办外债、内债、邮政、教育等,还大量从事业余外交活动。因而近代海关史的研究,不可避免地涉及外贸史、内贸史、财政史、金融史、港务史、邮政史、教育史、外交史等各领域,从而形成特有的海关专门史的研究。10余年来在这方面已取得了一定的研究成果。

---

① 邱克:《局内旁观者——赫德》,西安:陕西人民出版社,1990年,第4~6页。
② 陈诗启:《中国近代海关史(晚清部分)》,北京:人民出版社,1993年,第367页。
③ 张寄谦:《金登干(J. D. Campbell)与中国海关》,《近代史研究》,1989年第6期;黄国盛、杨奋泽:《李泰国与外籍税务司制度的产生》,《内蒙古大学学报(哲学社会科学版)》,1990年第1期;尚作湖:《德璀琳其人》,《海关研究》,1991年第1期;汪敬虞:《1927年海关总税务司安格联的去职》,《中国经济史研究》,1994年增刊。
④ 詹庆华:《唐绍仪与清季海关》,《历史教学》,1992年第8期;詹庆华:《顾维钧与民国海关》,《海关研究》,1993年第6期。

一、研究综述与方法论

在海关与关税制度方面,有叶松年的专著《中国近代海关税则史》。该书对近代中国关税制度演化做了全面、详尽的论述。其中第四章有关1858—1902年海关税则的局部修订,第七章有关1918年海关税则的第三次全面修订,以及第十一章有关1948年的关贸总协定谈判与国定税则的修订等,都是过去学界极少甚或未曾涉及的内容。除该书外,学界对租借地海关等特殊关税制度,对保税关栈等均做了研究,填补了这方面的研究空白。①

在海关与财政方面,有一批论著集中探讨了海关总税务司利用关税担保内外债介入甚至控制近代中国财政的问题。② 其中《近代中国海关与中国财政》一书,较系统地考察了中国近代海关与中国财政的多重关系形成、发展的历史过程,在海关与常关、海关与厘金制度、海关与债赔、海关与晚清财政改革等方面,均提出了自己的新见解。③

在海关与外交方面,陈诗启教授做了较详细的研究。尤其在《中国近代海关史(晚清部分)》一书的第十三章中,对海关总税务司赫德利用海关建立其外交活动渠道,插手清政府各项重要外交事务的历史过程、特点及其影响,均做了细致入微的考察。④ 邱克的《局内旁观者——赫德》一书,则着重考察了赫德如何诱导清政府引进西方的近代外交观念和制度,改造传统的封建外交。⑤

在海关与缉私方面,李桂林利用秦皇岛海关档案,对1931—1937年间日本商人在华北冀东秦皇岛地区进行的大规模走私及其海关的反走私措施做了较详细的论述。姚洪卓则集中探讨了"七七"事变前夕华北地区的反走私斗争。连心豪对南京国民政府时期海关缉私工作的发展变化做了较系统的研究。他将这一时期的缉私工作分为三个阶段,对三个阶段

---

① 叶松年:《中国近代海关税则史》,上海:上海三联书店,1991年;戴一峰:《近代中国租借地海关及其关税制度试探》,《海关研究》,1987年第2期;薛鹏志:《中国近代保税关栈的起源和设立》,《近代史研究》,1991年第3期。
② 戴一峰:《论近代中国海关与列强对北洋政府财政的控制》,《海关研究》,1993年第6期;连心豪:《总税务司垄断北洋财政述论》,《海关研究》,1992年第3期。
③ 戴一峰:《近代中国海关与中国财政》,厦门:厦门大学出版社,1993年。
④ 陈诗启:《中国近代海关史(晚清部分)》,北京:人民出版社,1993年,第284~289页。
⑤ 邱克:《局内旁观者——赫德》,西安:陕西人民出版社,1990年,第4~6页。

015

海关缉私的特点、得失及其原因做了评述。①

整体而言,海关专门史的研究虽已取得上述成果,但其选题仍过于狭窄,有待进一步开拓之处尚不少,如海关与海务、海关与近代邮政、海关与近代教育等,均鲜有文章涉及。这妨碍了我们对近代海关全貌的科学把握。

4.地方海关史研究。这是近十余年来最活跃的研究领域之一。它显然是受惠于各地海关史志研究、编写工作的开展。其中最引人注目的是一批地方海关志的出版。这些海关志虽质量参差不齐,但大多能以简洁的文字,较系统地描述地方海关产生、发展的历史过程,对海关的建置沿革、结构转换、制度立废以及兼办的邮政、海务等活动均有或详或略的论述,为进一步深入研究打下良好基础。②

在地方海关史研究方面,林仁川的《福建对外贸易与海关史》是较有特色的一部专著。该书从对外贸易的角度来论述福建海关的演化过程,不同时期的作用与特点,开掘较深,颇见新意。③ 而蔡渭洲在《中国海关简史》中,则特辟"各地海关简史"一章,对全国50多个地方海关做了粗线条的勾勒,为学界的进一步研究提供了较清晰的线索。

研究地方海关的论文虽数量不少,但大多仅是对海关产生和发展的历史片段做一简要描述,有特色的专题文章不多见。值得一提的有刘存宽的《19世纪下半叶的九龙中国海关及其有关交涉》,丁抒明的《东海关设关考略》,孙修福的《辛亥革命时期福建军政府关于接管福建省各海关

---

① 李桂林:《日本帝国主义在我国华北冀东秦皇岛地区进行大规模走私述略》,《海关研究》,1987年第2期;姚洪卓:《"七七"事变前夕华北地区的海关缉私》,《海关研究》,1988年第2期;连心豪:《南京国民政府建立初期海关缉私工作述评》,《中国社会经济史研究》,1989年第4期;连心豪:《战后中国海关缉私述论》,《厦门大学学报(哲学社会科学版)》,1992年第4期。

② 中华人民共和国厦门海关编著:《厦门海关志(1684—1989)》,北京:科学出版社,1994年;九龙海关编志办公室编:《九龙海关志》,广州:广东人民出版社,1993年;中华人民共和国福州海关:《福州海关志》,厦门:鹭江出版社,1991年;中华人民共和国拱北海关编:《拱北海关志》,北京:海洋出版社,1993年;天津海关编志室编:《天津海关志》,内部资料,1993年;南京市地方志编纂委员会、南京海关志编纂委员会:《南京海关志》,北京:中国城市出版社,1993年。

③ 林仁川:《福建对外贸易与海关史》,厦门:鹭江出版社,1991年。

一、研究综述与方法论

之交涉》,以及学界对租借地海关、东北地区海关、西南边疆海关等一些地位较特殊的海关的考察。①

（五）海关职工革命斗争史。海关职工革命斗争是近代中国人民反帝斗争的重要组成部分。这些斗争大多是在中国共产党的领导下展开的,中国海关学会十分重视开展这一领域的研究。于1986年和1987年选编了两辑《海关职工革命斗争史资料选集》,1990年出版了《海关职工革命斗争史文集》。此外,还发表了一大批相关文章。

对海关职工革命斗争史的研究主要涉及以下4个问题：(1)各种海关职工组织及其作用。如外班华员俱乐部、华员联合会、同人俱乐部、战时服务团等。(2)发动或参与的各种革命活动。如支援抗日救亡运动和护关运动,迎接解放的革命斗争和起义,要求收回海关主权的斗争,要求提高华员待遇的斗争等。(3)中国共产党在海关职工革命斗争中的领导作用和斗争策略。(4)主要革命英雄和烈士的生平事迹。② 可见其涉及内容较广泛。但迄今为止,大多数文章仅停留于对史料的挖掘和整理,缺乏进一步的综合分析,研究有待深化。

三、今后的研究方向和目标

综上所述,近十余年来,关于中国近代海关史的研究确已取得引人注目的发展。但毋庸讳言,也存在不少问题,且其发展前景不无堪虑之处。

第一,研究领域的拓宽和研究深度的开掘问题。从本文第一部分所述近十余年来研究内容分布状况看,研究着力点的分布是不平衡的,尚有不少薄弱甚至空白之处亟待开拓、填补。而从第二部分的研究成果评述

---

① 刘存宽:《19世纪下半叶的九龙中国海关及其有关交涉》,《近代史研究》,1988年第6期;丁抒明:《东海关设关考略》,《近代史研究》,1985年第2期;戴一峰:《清末东北地区开埠设关及其关税制度》,《社会科学战线》,1988年第2期;戴一峰:《十九世纪后期西南边疆的开埠设关及其关税制度》,《海关研究》,1990年第1期。

② 孙国权:《中国共产党关于收回海关主权的早期政策》,《海关研究》,1994年第1期;黄汪然:《左江苏维埃收回龙州海关史略》,《海关研究》,1994年第1期;梁家瑛:《前事不忘,后事之师——海关职工革命斗争历史述略》,《海关研究》,1991年第3期。

017

中则可看出,某些领域的研究有待进一步拓深。下面我们试举3例。

(1)海关组织结构、管理体制及其运作方式的研究,至今仍是一个极其薄弱的领域,某些方面甚至仍是空白。迄今为止,仅有陈诗启教授在其《中国近代海关史》一书中对海关主要行政部门的沿革、海关人事制度和财务管理制度的特点等做了开拓性研究,以及《海关研究》杂志组织的对近代海关年终考绩报告评价问题的一场讨论。① 事实上,中国近代海关是近代中国最早实行近代西方管理制度的政府部门,也是近代中国唯一一个长期为列强势力直接控制的政府部门。其组织结构和管理体制具有许多鲜明的特点,且在民国以降又因时局变化而几度演化,从中可以窥见近代中国在引进和消化西方管理体制方面的不少颇具规律性问题。然学界至今未给予充分重视。对于海关赖以保证其高效率、有秩序运转的运作方式,学界也尚无专文论及。

应该说,这一领域研究的滞后,影响了我们对中国近代海关的全面认识,也影响了对海关功能的完整评价。若能吸收管理学、社会学的相关理论和分析框架,对这一研究领域做深入开掘,相信会结出新的硕果来。

(2)海关人物的研究有待突破。这一突破不但指应对一些重要的海关人物做更深入细致的探讨,而且指更应当把近代海关洋员作为近代中国一个特殊的社会群体来加以考察,从总体上把握这一社会群体的成员构成、社会心态、行为特点、社会功能等。这一社会群体虽然人数不多,但由于近代海关的特殊地位,他们具有很大的活动能量。他们与近代中国的政界、商界、军界、学界以至宗教界等,均有相当密切的联系,社会影响甚大。对这一社会群体的深入研究,无疑将为海关史研究开拓出一片新园地。

此外,这一研究还可以同近代在华传教士群体、外商群体等外国人在华社会群体做比较,以深化对近代中外关系的认识。

(3)地方海关史的研究有待深化。这一深化可以考虑从两方面入手。首先是正确认识地方海关研究与全国海关研究的关系,将地方海关研究

---

① 姚寿山:《论"年终考绩报告"》,《海关研究》,1987年第1期;王兆勋:《不应该推荐旧海关的"年终考绩报告"》,《海关研究》,1987年第3期;兰穗:《也论"年终考绩报告"》,《海关研究》,1988年第1期。

一、研究综述与方法论

放到全国海关研究的大背景下,既注意两者的不同之处(地方特色),又注意两者间的共通之处(相互联系)。其次是将地方海关研究放到区域研究的大框架下,考察地方海关在当地社会结构中的位置,它与地方其他社会组织、机构间的关系,它的主要社会活动与社会功能等。

第二,近代海关史研究的理论建设亟待加强。从目前的状况看,理论建设显然滞后于实证研究,这在一定程度上也阻碍了海关史研究的进一步发展,尤其是从长远的发展看,要使中国近代海关史成为一个专门的研究领域,理论建设更是不可或缺。应对中国近代海关史的研究对象与范畴,研究手段与方法,发展线索与发展阶段,基本结构与功能等基本理论问题做深入探讨,取得理论共识,为中国近代海关史研究的突破奠定基础。

第三,大力开展海关档案资料整理工作。资料是研究的基础,这是众所周知的道理,然由于种种原因,汗牛充栋的海关档案资料至今仍大多未被学界所开发、利用。这无疑将成为今后海关史进一步发展的最大障碍。希望有关部门与学界合作,对中国第二历史档案馆和上海海关档案室收藏的旧中国海关档案资料进行有组织、有计划的开发、整理。

事实上,由于近代海关种种庞杂的业务与非业务活动,也由于近代海关有意识地收集各地政治、经济、军事、文化等各方面情报,海关档案的内容与价值已超过海关史研究自身需要。因而,海关档案资料的开发,理应受到学界更多的重视。

第四,加强研究队伍建设。从目前状况看,学界远未形成一支稳定的海关史研究队伍。事实上,近十余年来发表的海关史论文,有很大一部分来自海关系统的非专职研究人员之手,其中大多是参加各地海关志编写工作的海关关员。近几年随着各地关志编写工作的完成,这批人员陆续回到海关各业务部门,研究工作也随之大大减少。细心的读者或许已注意到,在本文第一部分的各年论著统计表中,自1989年论文数量达到高峰后,1990年的数量大幅度下降,此后也不再有大的回升,其主要原因就在于此。因而,应尽快建立一支稳定的研究队伍,以推动这一研究领域的拓展。

承前启后:中国近代海关研究 70 年(1949—2019)

一、引言

中国近代海关以清咸丰四年(1854)新式江海关在上海的创立肇始,至1949年新中国成立后为人民海关所取代,走过了近百年的历程。究其研究则始自清末民初,肇端于海关内部外籍高级关员。此后,随着民国时期民族主义浪潮的汹涌,关税自主呼声四起,国人对近代海关的关注和研究日渐增多。新中国成立后,除了对部分海关档案资料的编译出版、对部分外国学者相关著作的译介之外,国内学术界对中国近代海关的研究几无进展。直到20世纪70年代末启动的改革开放,才令这一研究领域焕发出缤纷的光彩,呈现百花盛开的欣欣景象。由此,我们可以将新中国成立70年来的近代海关研究划分为前30年和后40年两个阶段。近20余年来,史学界已有多种综述性文章问世,对各个阶段的研究状况给以不同侧面的总结。[①] 本文则拟在此基础上,从研究团队、资料建设和学术成果

[①] 戴一峰:《中国近代海关史研究述评》,《厦门大学学报(哲学社会科学版)》,1996年第3期;戴一峰:《中国近代海关史研究的回顾与展望》,载吴伦霓霞、何佩然主编:《中国海关史论文集》,香港:香港中文大学历史系,1997年;阮芳纪:《近年来中国海关史研究述评》,载吴伦霓霞、何佩然主编:《中国海关史论文集》,香港:香港中文大学历史系,1997年;佳宏伟:《近20年来近代中国海关史研究述评》,《近代史研究》,2005年第6期;季履平:《关于中国近代海关史研究的几点思考——基于〈海关研究〉统计情况分析》,《上海海关学院学报》,2013年第3期;傅亮:《近十年来中国近代海关史研究综述》,《海关与经贸研究》,2015年第2期;郑成林、赵海涛:《近代中国海关史百年研究回顾与反思》,载马敏主编:《近代史学刊(第19辑)》,北京:社会科学文献出版社,2018年。

三大方面,对新中国成立70年来的研究状况给以全方位的检讨,并对今后的发展前景提出个人的一得之见。为了更清晰地呈现这一历史时期近代中国海关历史研究的变化,我们对此前的研究状况也给予简要回溯。

二、研究队伍的形成、扩展及其活动

最早对中国近代海关产生研究兴趣的是海关内部的一些外籍高级关员。其中以美籍汉学家马士最为闻名遐迩。1910年至1918年,马士出版了他的三卷本的名著 *The International Relations of the Chinese Empire*(《中华帝国对外关系史》)。① 该书以较大篇幅叙述了近代海关产生和发展概貌。事实上,依马士自己的说法,他撰写该书,"最初的念头就是想使赫德爵士和他所组织的那个伟大的中国海关成为全书的核心,并且就拿他们作为线索来编写中国的对外关系的历史"。② 除马士外,魏尔特、班思德、高柳松一郎等一些海关外籍要员也都曾撰写出版了相关著作。③

大约与此同时及稍后,由于民国肇建,民族主义思潮汹涌,国人中一批忧国忧民的有识之士,因力争关税自主而关注海关,相关研究应声而起。1917年黄序鹓撰写的《海关通志》由商务印书馆出版,掀开了国人研究近代海关的序幕。此后,杨德森、贾士毅、金葆光、华民、周念明和汤象

---

① Morse H. B.. *The International Relations of the Chinese Empire*. Vol. 1-3. Shanghai: Kelly and Walsh Limited, 1910-1918.

② [美]马士著,张汇文等译:《中华帝国对外关系史(第二卷)》,北京:生活·读书·新知三联书店,1958年,第2页。

③ [日]高柳松一郎著,李达译:《中国关税制度论》,上海:商务印书馆,1924年(日文版:内外出版株式会社,1920年);[英]班思德著,李廷元译:《中国沿海灯塔志》,上海:海关总税务司署统计科,1933年;[英]魏尔特:《辛亥革命以来中国海常关税的征收及支配——海关总税务司所管债务账户》,海关总税务司署统计科印行,1927年;[英]魏尔特:《自民国元年起至二十三年止关税纪实》,海关总税务司署统计科印行,1936年;Wright S. F.. *China's Struggle for Tariff Autonomy*, 1843-1938. Shanghai: Kelly and Walsh Limited, 1938.

龙等人均有论著问世。①

新中国成立后,或许由于人民海关的建立,关税自主问题已得到彻底解决,近代海关淡出学者的视野。除了个别研究财政史的学者有所关注之外,几乎未见有学者以近代海关为其主要研究领域的。直到改革开放后,随着研究的不断展开,一支规模颇为可观的研究队伍才逐渐形成并不断扩展,这是改革开放以来中国近代海关研究引人瞩目的成果之一。这支研究队伍由专业研究群体和业余研究群体构成,主要来自三种组织:一是高校和科研机构,二是海关系统尤其是中国海关学会,三是各地档案馆系统。

作为中国近代海关史研究的开拓者,陈诗启先生在开展研究工作的同时就一直关切研究队伍的建设。1985年,他开始招收中国近代海关史方向的研究生,培养新生的研究力量。同年11月,在他的不断努力推动下,由厦门大学和刚成立不久的中国海关学会联合成立了中国海关史研究中心,志在凝集各方研究力量,有计划、有步骤地开展和推进中国海关史的研究。这是国内第一家海关历史研究专门机构,也是当时唯一的一家。研究中心成立后,一方面稳步推进研究工作,整理发掘海关档案资料,翻译介绍海外学术界的相关研究成果,出版"中国海关史研究中心译著"丛书,撰写学术论著,另一方面则积极开展学术交流活动,先后与香港大学、香港中文大学、《历史研究》编辑部、《近代史研究》编辑部、广东省社会科学院等单位,联合召开了三次中国海关史国际学术研讨会,就海关与中国近代化、海关制度演化、海关档案资料的利用、海关人物研究、海关与地区政治经济等问题进行了广泛的学术研讨,并借此逐渐集结起研究队伍。②

---

① 黄序鹓:《海关通志》,上海:商务印书馆,1917年;杨德森编:《中国海关制度沿革》,上海:商务印书馆,1925年;贾士毅:《关税与国权》,上海:商务印书馆,1927年;金荣光:《海关权与民国前途》,上海:商务印书馆,1928年;华民:《中国海关之实际状况》,上海:神州国光社,1933年;周念明:《中国海关之组织及其事务》,上海:商务印书馆,1934年;汤象龙:《光绪三十年粤海关的改革》,载陶孟和、汤象龙主编:《中国近代经济史研究集刊》(第3卷第1期),北京:国立中央研究院社会科学研究所,1935年。

② 即1988年11月29日—12月2日在香港大学召开的"中国海关史研究首届国际研讨会",1990年8月1日至4日在厦门大学召开的"中国海关史第二次国际学术研讨会"和1995年5月4日至6日在香港中文大学召开的"中国海关史第三次国际学术研讨会"。

一、研究综述与方法论

在早期研究队伍的形成中,成立于1985年8月的中国海关学会功不可没。该学会是海关总署属下的一个学术团体,推动海关史研究是其宗旨之一。该学会总会设在北京,上海、广州、昆明、天津、大连、南京、哈尔滨等地设有分会,并在大多数地方海关内设立学会小组,是一个覆盖全国海关系统的学术团体。学会成立翌年,就创办了《海关研究》这一学术刊物,开辟了海关史研究专栏,定期发表同仁的研究成果,并在短短几年内,出版了3辑"中国海关历史丛书"。更值得一提的是,中国海关学会成立后,立即着手大力推动各地海关志的编写。至1993年年底,全国有编志任务的47个海关大多已完成关志初稿。随后陆续出版了汕头、福州、厦门、九龙、拱北、青岛、芜湖、天津、南京等海关志。各地海关学会为及时、有效开展编志工作,组织了编志小组,集结起一支由老中青海关在职或退休职员组成的研究队伍,构成海关史研究业余队伍的主力军。这支人数众多、规模甚大的研究编志队伍,在挖掘整理海关档案资料、开展海关史研究方面,发挥了不可替代的作用。这是中国近代海关史研究队伍建设的一个突出特色。尽管在20世纪90年代中期,各地海关志编写相继完成后,编写小组随之解散,但海关史研究一直是海关学会的一项重要活动。在学会的组织和推动下,不仅相继整理出版了一系列海关档案资料,编写了《中国海关百科全书》①和6卷本的《中国海关通志》,②而且发表了大批学术论文,有力地拓展了中国近代海关研究。

在搜集整理海关档案资料的推动下,一些档案机构的管理人员也加入了海关史研究队伍。由于历史的原因,中国近代海关档案资料在国内主要收藏于中国第二历史档案馆,中国海关总署档案馆,天津、广东、福建、湖北等地的地方档案馆,以及上海、厦门、汕头等一些地方海关的档案室,尤其以二档馆和上海海关档案室的收藏数量最为巨大。是故,二档馆的部分管理人员也最早加入中国近代海关史研究队伍。由于查阅相关档案资料的便利,这支业余研究队伍在海关档案资料的整理和研究上,也发挥了积极的作用。

---

① 《中国海关百科全书》编纂委员会编:《中国海关百科全书》,北京:中国大百科全书出版社,2004年。
② 《中国海关通志》编纂委员会编:《中国海关通志》,北京:方志出版社,2012年。

如果说 20 世纪最后 20 年是中国近代海关史研究队伍初步形成的时期,那么,21 世纪初的十余年,则是研究队伍迅速壮大,各种活动有效展开的一个新时期。

首先是一批经过专业训练的研究生开始崭露头角,为中国近代海关史研究队伍增添了极其可贵的新生力量。他们充分显示了改革开放带给史学界的开阔视野,不论是课题遴选、史料挖掘,还是问题意识的提炼,都表现出新生研究力量的强大活力。

其次,一批研究机构相继成立。如 2014 年成立的上海海关学院中国近现代海关史工作室,2015 年成立的湖北大学江汉关研究中心,以及 2016 年成立的复旦大学海关史与海关文献国际研究中心。这些研究机构的成立,集聚了一批有志于从事近代海关研究的人员,极其有效地开展各项研究工作,有力推进了中国近代海关研究的纵深发展。此外,在中国社科院近代史研究所、对外经济贸易大学、中山大学历史系、华中师范大学中国近代史研究所与亚洲研究院等机构中,也集聚了较多的有志于中国近代海关研究的学者。

随着研究队伍的扩展,各种学术交流活动也相继开展。据不完全统计,除了前述 20 世纪八九十年代厦门大学中国海关史研究中心和兄弟单位举办的 3 场专题研讨会之外,从 2003 年至 2019 年,另有 11 场研讨会在厦门、北京、上海、武汉、广州等地召开。[①] 这一系列密集召开的海关史研讨会就中国近代海关的各种议题进行了深入探讨,也清晰展示了中国近代海关研究队伍的基本状况。

[①] 即 2003 年 9 月 3—4 日在厦门鼓浪屿召开的"赫德与旧中国海关理论研讨会",2013 年 9 月 29 日在北京召开的《中国海关通志》出版研讨会,2014 年 8 月 29 日在复旦大学召开的"新书发布暨海关内部出版物与近代中国研究学术报告会",2015 年 1 月 9 日在上海海关学院召开的"中国海关史学术研讨会",2015 年 7 月 5—6 日在厦门大学召开的"纪念陈诗启先生百年诞辰暨中国海关与近代社会学术研讨会",2016 年 2 月 27—28 日在复旦大学召开的"海关文献与近代中国学术研讨会",2016 年 10 月 9—10 日在广州召开的"粤海关与海上丝绸之路学术研讨会",2017 年 9 月 9—10 日在青岛召开的"中国旧海关地图的学术价值及其开发利用学术研讨会",2017 年 11 月 9 日在北京召开的"旧海关史料数字化应用研讨会",2018 年 12 月 14—16 日在华中师范大学召开的"海关与近代中国经济和社会:研究方法、档案及资料库国际学术研讨会",2019 年 10 月 9—10 日在复旦大学召开的"东亚现代化进程及旧海关文献在研究中的运用学术研讨会"。

一、研究综述与方法论

更值得一提的是，2018年7月20日至8月3日，中山大学历史学系举办了以"全球视野下的海关与近代中国"为题的研究生暑期学校。在两周的时间里，来自全国许多高校的80多名研究生集聚一堂，开展了一系列卓有成效的活动，包括多场海关史研究领域专家学者围绕不同话题的演讲，就各种海关档案资料展开的阅读、理解和讨论，参观利用建成于1916年的粤海关大楼建立的粤海关博物馆等等。显而易见，这种专题性的暑期学校，对研究队伍的长期建设意义非凡。

三、海关档案资料的整理、出版与数字化

以实行外籍税务司制度为标识的中国近代海关自清咸丰四年（1854）在上海创立以来，规模不断扩大。至清末，全国各通商口岸已设置43处海关（不计分关、分卡），其雇用的外籍关员常年有1000余人，最高年份多达1400余人，华人关员则常年有7000人左右，最高年份多达10000余人，形成一个庞大的机构。

与一般的海关不同，晚清海关先后承担业务内外的诸多职能。除遵照一系列中外条约的相关规定以及海关制定的规章开展监管、查私、征税和统计等四项本体业务外，晚清海关还挟其优势，先后兼管常关和厘金，兼办大清邮政、海务、新式教育，以及筹办世博会参展事宜等；海关总税务司以及部分高级关员，甚至参与清政府的许多外交活动，插手清政府的财政金融改革以及新式海军的创办。由此在晚清的经济、政治、文化、外交和军事等各个领域均留下深浅不同的印记。

是故，作为近代中国一个极其特殊的组织，中国近代海关在其长达近一个世纪的运行中，曾留下数量颇巨、涉及范围颇广的各种档案资料。这些档案资料不仅为研究海关历史提供了最为基本的，也最为重要的原始资料，而且也为研究近代中国历史提供了宝贵的原始资料，是一座弥足珍贵的史料宝库。但这些档案资料大多为英文且收藏相对分散，也未做科学分类，长期以来甚少为史学界所开发利用。因此，整理海关档案资料就成了近代海关研究的一项重要工作。

中国近代海关档案资料可以大致分为两大类：一是海关系统运行中形成的各种原始文件，如总税务司通令、总税务司和各地海关税务司往来公文、半官函以及海关与各种关系机构、个人的往来函件等；二是由海关造册处（后改称海关总税务司署统计科）印行的各种出版物。海关出版物向来由造册处将其分为统计丛书、特种丛书、杂项丛书、关务丛书、官署丛书、总署丛书和邮政丛书，以及未列入丛书类的出版物等8大类。海关出版物既有将来自各地海关的贸易统计、贸易报告、十年报告、总税务司通令以及各种海关管理规章等原始文件汇总印行，也有关于茶叶、丝、药材等出口土特产和关于金融、航运等行业状况的各种调查报告以及部分相关著作。造册处（统计科）还为此特别编印了《海关出版图书目录》。这些档案资料原本均收藏于海关总税务司署和各地海关。20世纪50年代以降，各地海关先后将所收藏的海关档案资料转交地方档案馆，唯有上海、厦门等极少数地方海关依然自己收藏。

中国近代海关向来重视对海关档案资料的整理和保存。上述海关造册处（统计科）的建立即是明证。除此之外，曾历任海关总税务司署机要科税务司等要职的魏尔特，曾整理编撰了两本海关税收及其用途的资料汇编和一套7卷本的海关历史文献汇编。[①]

海关之外，始自20世纪20年代末，一些研究机构或政府部门也开始整理海关的部分档案资料，主要是海关历年的贸易统计资料。如时在中央研究院的杨端六与侯厚培合作完成《六十五年中国贸易统计》(1864—1928)一书；时在北平社会调查所的郑友揆曾受国防设计委员会及关务署的委托，整理出版了《中国各通商口岸对各国进出口贸易统计》和《中国埠际贸易统计（1936—1940）》；福建省政府统计室则编印了《福建历年对外贸易统计》和《二十八年来福建省海关贸易统计》等。

1957—1965年，中国近代经济史资料丛刊编辑委员会与对外贸易部海关总署研究室合作，对海关档案进行整理编译，出版了"帝国主义与中国海关资料丛编"10辑。同一时期中国科学院经济研究所主编的"中国

[①] Wright S. F.. *Documents Illustrative of the Origin, Development and Activities of the Chinese Customs Service*. Shanghai：Statistical Department of the Inspectorate General of Customs，1937-1940.

一、研究综述与方法论

近代经济史参考资料丛刊",如严中平等编的《中国近代经济史统计资料选辑》、孙毓棠编的《中国近代工业史资料》(第一辑),汪敬虞编的《中国近代工业史资料》(第二辑),姚贤镐编的《中国近代对外贸易史资料》(3册),宓汝成编的《中国近代铁路史资料》(3册)、徐义生编的《中国近代外债史统计资料》和彭泽益编的《中国近代手工业史资料》(4册)等,也选用了部分海关统计、海关年度贸易报告和十年报告中的资料。

此外,国外也有部分学者整理出版了一些近代海关档案资料,如萧良林编的1864—1949年间中国对外贸易统计,费正清编的海关总税务司赫德与海关驻伦敦办事处税务司金登干的通信录。①

不过,近代海关档案资料整理的全面展开是始自改革开放之后。1985年厦门大学中国海关史研究中心成立后,在陈诗启先生的倡导下,在时任厦门海关关长秦惠中的大力支持下,中心与厦门海关档案室通力合作,开始整理厦门海关所收藏的旧海关档案资料。先后编译出版了收入10余份厦门关年度贸易报告和6份十年报告的《近代厦门社会经济概况》(鹭江出版社,1990年)和收入民国时期厦门关税务司与海关总税务司往来半官函和密函的《厦门海关历史档案选编》(第一辑)(厦门大学出版社,1997年)。与此同时,中心还和中国第二历史档案馆合作,整理该馆所收藏的旧海关档案资料,编辑了《南京二档馆藏海关档案汇编》(6册,未出版),内容包括海关总税务司与海关驻伦敦办事处往来函件(1914—1948)、海关总税务司与海关驻伦敦办事处往来电报(1925—1948)、海关总税务司与英国驻华使馆往来函件(1913—1941)、海关总税务司与地方海关往来半官函等。

相比海关其他原始文件而言,海关出版物由于曾流传于海关系统之外,甚至部分在市场销售,因此流通面较广,较多为世人所知晓。尤其是其中的统计丛书,其中收录的海关贸易统计、报告向来为研究近代对外贸易者所倚重,而十年报告又系由各地海关按总税务司署设计的提纲,收

---

① Hsiao Liang-lin. *China's Foreign Trade Statistics*,1864-1949. Cambridge, Mass.:East Asian Research Center, Harvard University, 1974; Fairbank J. K. et al., *The I. G. in Peking:Letters of Robert Hart, Chinese Maritime Customs*,1868-1907. Cambridge, Mass. and London:The Belknap Press of Harvard University Press,1975.

集、记录所在地及其附近地区的政治、经济、文化、外交、军事以及社会生活等方面的各种信息,颇具史料价值,更为史学界瞩目。是故,始自20世纪80年代中期,除前述厦门海关外,陆续有上海、重庆、福州、广州、拱北、浙江、温州和台湾等地的海关年度报告、十年报告被翻译、出版。① 进入21世纪,更有中国第二历史档案馆和海关总署办公厅合编的总计170册的《中国旧海关史料(1859—1948)》(影印本,京华出版社,2001年)问世,收入了绝大多数历年的海关贸易统计和贸易报告,以及各地海关的十年报告,可谓嘉惠学林的一件大事。近年来,由吴松弟主编的多达283册的《美国哈佛大学图书馆藏未刊中国旧海关史料(1860—1949)》(影印本,广西师范大学出版社,2014—2016年)出版,将海关出版物大多收入其中。此外,总税务司通令也被或选编翻译或整理影印出版。② 另有部分其他海关档案资料也被整理、编译、出版,如《清末天津海关邮政档案选编》《中国海关密档:赫德、金登干函电汇编(1874—1907)》《历史镜鉴:旧中国海关诫律》《中国近代海关高级职员年表》《天津海关档案》《潮海关档案选

---

① 如徐雪筠等译编:《上海近代社会经济发展概况(1882～1931)——〈海关十年报告〉译编》,上海:上海社会科学院出版社,1985年;周勇、刘景修译编:《近代重庆经济与社会发展》,成都:四川大学出版社,1987年;福州海关编:《近代福州及闽东地区社会经济概况》,北京:华艺出版社,1992年;张富强等译编:《广州现代化的历程——粤海关十年报告(1882—1941年)译编》,广州:广州出版社,1993年;莫世祥等译编:《近代拱北海关报告汇编(1887—1946)》,澳门:澳门基金会,1998年;中华人民共和国杭州海关译编:《近代浙江通商口岸经济社会概况——浙海关 瓯海关 杭州关贸易报告集成》,杭州:浙江人民出版社,2002年;赵肖为译编:《近代温州社会经济发展概况:瓯海关贸易报告与十年报告译编》,上海:上海三联书店,2014年。台湾地区则有影印本问世,即黄富三等编:《清末台湾海关历年资料》(影印本),台湾"中央研究院"台湾史研究所,1997年。另,美国学者托马斯·莱昂斯的《中国海关与贸易统计(1859—1948)》则是经过整理的海关贸易统计资料,见[美]托马斯·莱昂斯著,毛立坤、方书生、姜修宪译:《中国海关与贸易统计(1859—1948)》,杭州:浙江大学出版社,2009年。

② 即:海关总署《旧中国海关总税务司署通令选编》编译委员会:《旧中国海关总税务司署通令选编》(共3卷),北京:中国海关出版社,2003年;《旧中国海关总税务司署通令选编》(共2卷),北京:中国海关出版社,2007年;中华人民共和国海关总署办公厅编:《中国近代海关总税务司通令全编》(影印本,共46卷),北京:中国海关出版社,2013年。

译《中国旧海关稀见文献全编》等。①

　　随着数量可观的海关档案资料陆续出版,有关中国近代海关档案资料的推介与研究工作也不断推进。最早介绍海关档案资料的有台湾学者张存武的《中国海关出版品简介》,日本学者滨下武志的《中国近代经济史研究——清末海关财政与开放港口市场区域》附录,以及笔者以厦门海关收藏的旧海关档案资料为案例所做的综述。② 此外,还有朱荣基对近代海关档案资料的综合性介绍,孙修福对中国第二历史档案馆馆藏海关档案的简介,蒋耘对英国所藏中国海关档案的概述,张海梅对民国时期海关档案的简介,等等。③

　　与此同时,部分学者以中国近代海关档案资料为研究对象,讨论档案资料的形成及其保管、传播及其影响、分布及其现状,并对旧海关出版物书名、内容和流变进行考证,对近代海关贸易数据摘编存在问题展开分

---

① 天津市档案馆、中国集邮出版社,许和平、张俊桓译:《清末天津海关邮政档案选编》,北京:中国集邮出版社,1988年;陈霞飞主编:《中国海关密档——赫德、金登干函电汇编(1874—1907)》(共9卷),北京:中华书局,1990—1996年;黄臻、赵铮、火树贤编译:《历史镜鉴:旧中国海关诫律》,北京:中国海关出版社,2001年;孙修福编译:《中国近代海关高级职员年表》,北京:中国海关出版社,2004年;[美]凯瑟琳·F.布鲁纳、[美]费正清、[美]理查德·J.司马富编,傅曾仁、刘壮翀、潘昌运等译:《步入中国清廷仕途——赫德日记(1854—1863)》,北京:中国海关出版社,2003年;[美]理查德·J.司马富、[美]约翰·K.费正清、[美]凯瑟琳·F.布鲁纳编,陈绛译:《赫德与中国早期现代化——赫德日记(1863—1866)》,北京:中国海关出版社,2005年;天津市档案馆编:《天津海关档案》(全36册),天津:天津古籍出版社,2013年;杨伟编:《潮海关档案选译》,北京:中国海关出版社,2013年;刘辉主编:《中国旧海关稀见文献全编》(全23册),北京:中国海关出版社,2009年。

② 张存武:《中国海关出版品简介》,《"中央研究院"近代史研究所集刊》,第9期,1980年;[日]滨下武志:《中国近代经济史研究——清末海关财政与开放港口市场区域》,东京:汲古书院,1989年;戴一峰:《中国近代社会经济史的研究与旧中国海关档案资料的利用》,《中国现代史研究通信》(日本),1994年第2期。

③ 朱荣基编著:《近代中国海关及其档案》,深圳:海天出版社,1996年;孙修福:《中国第二历史档案馆馆藏海关档案简介》,载吴伦霓霞、何佩然主编:《中国海关史论文集》,香港:香港中文大学历史系,1997年;蒋耘:《英国所藏中国海关档案述要》,《民国档案》,2002年第2期;张海梅:《民国时期海关档案简介》,《民国档案》,2003年第3期。

029

析,等等,深化了学术界对中国近代海关档案资料的认知和利用。①

近年来,中国近代海关档案资料整理工作的一个突出现象就是数据库建设的开展。中国海关学会在海关档案资料的数据库建设方面先行先试,已经和中国海关出版社合作建立了"旧海关通令数据库"。英国布里斯托尔大学毕可思教授与剑桥大学方德万教授联合编辑了《中国与西方:中国第二历史档案馆的海关档案》(China and the West: The Maritime Customs Service Archive from the Second Historical Archives of China)(372卷),并建立相关数据库。此外,近年来有一批海关档案资料整理研究项目入选中国社会科学基金重大项目或教育部哲学社会科学研究重大课题攻关项目,获得有力的经费支撑,如复旦大学历史地理研究所吴松弟主持的2011年度国家社科基金重大项目"中国旧海关内部出版物整理与研究",中山大学资讯管理学院陈永生主持的2017年度国家社科基金重大项目"近代广东海关档案文献整理和数据库建设研究",湖北大学江汉关研究中心吴成国主持的2018年度教育部哲学社会科学研究重大课题攻关项目"海内外江汉关档案资料搜集整理与研究"等。海关档案资料的数据库建设有望取得令人期待的进展。

四、研究的演进脉络及其成果概貌

如前所述,近代海关研究可以追溯到清末民初,由海关内部的外籍高

---

① 詹庆华:《中国近代海关贸易报告述论》,《中国社会经济史研究》,2003年第2期;詹庆华:《中国近代海关贸易报告的传播及影响》,《厦门大学学报(哲学社会科学版)》,2003年第4期;吴松弟、方书生:《中国旧海关统计的认知与利用》,《史学月刊》,2007年第7期;吴松弟:《中国旧海关出版物评述——以美国哈佛燕京图书馆收藏为中心》,《史学月刊》,2011年第12期;吴松弟:《中国旧海关出版物的书名、内容和流变考证:统计丛书之日报、月报和季报》,《上海海关学院学报》,2012年第2期;吴松弟、伍伶飞:《近代海关贸易数据摘编本存在的问题分析——以全国年进出口额和各关直接对外贸易额为例》,《中国社会经济史研究》,2013年第4期;陈永生、肖代龙:《中国近代海关档案文献编纂研究》,《档案学研究》,2017年第3期;陈永生、李娜娜:《中国近代海关档案的分布与现状》,《中国档案》,2017年第8期;李娜娜:《浅析近代海关的文档管理制度及其特征——以粤海关税务司署档案为中心》,《海交史研究》,2017年第2期。

级关员和本国学者两个不同群体,带着不同的现实关怀和研究视野,对近代海关的组织沿革和制度变迁,尤其是对关税制度展开探究。这可以视为近代海关研究的发轫期。这一时期国内学者的研究呈现两个突出特点:一是研究的问题意识与当时的民族觉醒、呼吁关税自主的思潮紧密勾连;二是研究成果在20—30年代形成一个小高潮。此后由于日本侵华战争的全面展开而中断。

新中国成立后,近代海关淡出学术界的视野。一则由于民国时期的研究诉求关税自主问题已经不存在,二则也由于在革命斗争史观的引导下,史学界的关注点落在近代中国的帝国主义侵略与中国人民反侵略这一叙事线上。是故,从50年代到70年代,除了部分财政通史中简要涉及近代海关外,唯一值得一提的专著便是彭雨新的《清代关税制度》。不过,该书涉及有清一代,而非仅限于近代,而且作为财政经济史专家,彭先生的关注点在于关税制度的演化及其与中国财政的关系,而不在于海关组织本身及其本职内外活动。因此,在有限篇幅的制约下,有关近代海关的叙述就显得格外简略。[①] 这一时期另一值得提及的是前述魏尔特和马士的英文著作有了中译本。[②]

反观国外,这一时期有几部英文著作值得关注。魏尔特的《赫德与中国海关》堪称国外第一部有关近代中国海关的通史类专著。这也是他身为近代海关高级官员,长期接触、收集、整理和解读海关档案资料的结晶。该书对晚清时期近代海关的产生、发展及其主要活动做了较为详细的描述,资料翔实为其最突出的特点。[③] 著名汉学家费正清在其博士论文《中国海关的起源》的基础上撰写的《中国沿海的贸易与外交:条约口岸的开

---

① 彭雨新:《清代关税制度》,武汉:湖北人民出版社,1956年。
② [英]莱特著,姚曾廙译:《中国关税沿革史》,北京:生活·读书·新知三联书店,1958年;[美]马士著,张汇文等译:《中华帝国对外关系史(第一卷)》,北京:生活·读书·新知三联书店,1957年;[美]马士著,张汇文等译:《中华帝国对外关系史(第二卷)》,北京:生活·读书·新知三联书店,1958年;[美]马士著,张汇文等译:《中华帝国对外关系史(第三卷)》,北京:商务印书馆,1960年。
③ Wright S. F.. *Hart and the Chinese Customs*. Belfast: William Mullan and Son, 1950.

放》一书,用较大篇幅探讨了近代海关创建及其功能。① 葛松的《李泰国与中英关系》则以近代海关首任总税务司李泰国在中国的生涯为主线,探究近代初期的中英关系,涉及李泰国主持或参与的近代海关初期建设、清政府的外交活动以及海军建设,等等。②

进入80年代,近代海关研究迎来了其黄金时期。据不完全统计,近40年来,已经出版了数十部专著(包括译著、论文集),发表了千余篇论文。研究领域的不断扩展,问题探究的不断深入,构成近40年来中国近代海关研究演进的一个突出特征。对此,可以从三个方面加以考察:其一是已经开辟的研究领域中研究内容的不断增加;其二是随着研究进程的展开,新的研究领域逐渐开辟;其三是前期形成的一些流行观点和历史细节受到重新考察、检讨和质疑,激发更深入的探究。

总体而言,中国近代海关研究领域涉及海关的建置沿革、组织框架、成员构成、管理制度和运行机制等制度性要素,也涉及海关开展的监管、缉私、征税、统计等本职业务活动,还涉及名目繁多的本职外活动,如兼管常关和厘金,兼办大清邮政、商标、海(港)务(包括检疫、引水、浚浦、灯塔、航标)、气象观测、新式教育、内债外债,筹办世博会参展事宜,参与外交活动、财政金融改革、新式海军创办,开展地方政治、经济、社会人口、教育和医疗卫生等多种调查,等等。纵观近40年来先后问世的论著,我们可以清楚看到,如若以世纪更迭为界,在相关研究开展的前期,即20世纪的后20年中,大多数领域均已涉及,但考察的详略和关注的轻重,程度各异。③

---

① Fairbank J. K.. *Trade and Diplomacy on the China Coast: The Opening of the Treaty Ports, 1842-1854*. Cambridge, Mass.: Harvard University Press, 1953.

② Gerson J. J.. *Horatio Nelson Lay and Sino-British Relations, 1854-1864*. Cambridge, Mass.: East Asian Research Center, Harvard University, 1972.

③ 参见:赵淑敏:《中国海关史》,台北:"中央"文物供应社,1982年;蔡渭洲编著:《中国海关简史》,北京:中国展望出版社,1989年;叶松年:《中国近代海关税则史》,上海:上海三联书店,1991年;叶凤美:《失守的国门——旧中国的海关》,北京:高等教育出版社,1993年;陈诗启:《中国近代海关史(民国部分)》,北京:人民出版社,1999年;戴一峰:《近代中国海关与中国财政》,厦门:厦门大学出版社,1993年;[日]冈本隆司:《近代中国的海关》(日文),名古屋:名古屋大学出版会,1999年;Martyn A.(马丁·艾特金)*Informal Empire in Crisis: British Diplomacy and the Chinese Customs Succession, 1927-1929*(《非正式帝国:英国外交与中国海关的嬗递》). Ithaca, NY.: Cornell East Asia Program, 1995.

进入21世纪,即改革开放40年的后期,前期涉及的许多领域被进一步拓展。

试以海关兼管海务、港务为例。海关兼管海务、港务,是近代海关本职外最主要的活动,海关还为此成立专门的船钞部。① 在早期陈诗启相关研究的基础上,近年来,张诗丰探讨了晚清海关大巡船的沿海灯塔防卫职能,伍伶飞探讨了近代长江中下游灯塔体系及其防护,王淑慧和蔡明坤探讨了清末鹅銮鼻灯塔的兴建,陈莉阐述了清末民初时期粤海关管理下的广州港航道发展概况,杨成和杨换宇叙述了民国后期的江汉关与长江中下游航道的维护,张耀华则较全面地描述了中国近代海关设置的航标。这些个案研究大大丰富了我们对近代海关兼管海务、港务具象的认知。②

再如海关人物研究。海关人物研究涉及海关成员与关系人物、洋员与华员、群体与个体等各种考察视角,从而可以形成各种不同研究次领域。早期的研究主要集中在晚清近半个世纪里担任海关总税务司的赫德身上。③ 除了赫德之外,对李泰国、安格联、金登干、贺璧理、德璀琳等海关重要人物,学界也有专文论及。另有部分学者则注意到一些与海关关系密切的中国官员,如曾任税务处主管大臣的唐绍仪和力主收回关税自

---

① 之所以以"船钞部"称呼,是因为其运作经费来自船钞(即船舶吨税),后来改为海政局。

② 参见:陈诗启:《中国近代海关海务部门的设立和海务工作的设施》,《近代史研究》,1986年第6期;张诗丰:《晚清海关大巡船的沿海灯塔防卫职能研究》,《海关与经贸研究》,2018年第4期;伍伶飞:《近代长江中下游灯塔体系及其防护》,《云南大学学报(社会科学版)》,2017年第2期;王淑慧、蔡明坤:《清末恒春地区涉外事件与鹅銮鼻灯塔兴建之关系(1867—1883)》,《美和学报》(台湾),2016年第1期;陈莉:《清末民初时期粤海关管理下的广州港航道发展概况》,《珠江水运》,2014年第4期;杨成、杨换宇:《民国后期的江汉关与长江中下游航道维护》,《武汉交通职业学院学报》,2010年第1期;张耀华:《中国近代海关之航标》,载上海中国航海博物馆编:《上海:海与城的交融》,上海:上海古籍出版社,2012年。

③ 围绕赫德的研究,仅专著就有:卢汉超:《赫德传》,上海:上海人民出版社,1986年;汪敬虞:《赫德与近代中西关系》,北京:人民出版社,1987年;邱克:《局内旁观者——赫德》,西安:陕西人民出版社,1990年;王宏斌:《赫德爵士传——大清海关洋总管》,北京:文化艺术出版社,2000年;等等。至于文章则有百余篇,这里不一一列出。

主权的顾维钧等。① 此外，还有部分研究者在革命史观的视野下，叙述海关华员在各个不同历史时期开展的收回海关主权、反日斗争、护关运动等多种形式的革命斗争及其代表人物。② 进入21世纪，一方面是越来越多的海关人物进入研究者的视野，如德籍洋员穆麟德，与第一个近代海关建立关系密切的英国驻沪领事阿礼国，与胶海关建立和发展关系密切的阿里文，曾位居近代海关副总税务司高位的丁贵堂，曾在1927年至1932年间出任南京国民政府财政部首任关务署兼国定税则委员会委员长的张福运，等等。③ 另一方面，更值得关注的是，一些研究者开始尝试对洋员群体的开拓性研究，出版了李爱丽的《晚清美籍税务司研究——以粤海关为中心》，文松的《近代中国海关洋员概略：以五任总税务司为主》和詹庆华的《全球化视野：中国海关洋员与中西文化传播（1854—1950年）》。④ 近年来著名日本汉学家滨下武志对洋员个人生活志研究的提倡以及由李爱

---

① ［加］葛松著，中国海关史研究中心译：《李泰国与中英关系》，厦门：厦门大学出版社，1991年；张寄谦：《金登干（J. D. Campbell）与中国海关》，《近代史研究》，1989年第6期；黄国盛、杨奋泽：《李泰国与外籍税务司制度的产生》，《内蒙古大学学报（哲学社会科学版）》，1990年第1期；尚作湖：《德璀琳其人》，《海关研究》，1991年第1期；汪敬虞：《1927年海关总税务司安格联的去职》，《中国经济史研究》，1991年增刊；詹庆华：《唐绍仪与清季海关》，《历史教学》，1992年第8期；詹庆华：《顾维钧与民国海关》，《海关研究》，1993年第6期。

② 中国海关学会编：《海关职工革命斗争史文集》，北京：中国展望出版社，1990年；甘胜禄：《江汉关职工收回海关主权斗争》，《海关研究》，1986年第3期；朱人秀：《1938年江海关华员护关运动》，《海关研究》，1989年第2期；何财：《1949年九龙关的护关运动》，《海关研究》，1989年第3期；梁家瑛：《海关职工革命斗争历史述略》，《海关研究》，1991年第3期；周熊：《江海关职工的反日斗争》，《海关教学与研究》，1985年第1期。

③ 程麟荪、张之香主编：《张福运与近代中国海关》，上海：上海社会科学院出版社，2007年；卢铭君：《从海关洋员到汉学家——德国人穆麟德的汉学之路及其汉学思想》，《国际汉学》，2016年第4期；马铭德：《"华洋之隔"的破局——试论小刀会时期的阿礼国与上海海关》，载陈绛主编：《近代中国（第二十三辑）》，上海：上海社会科学院出版社，2014年；薛广平：《阿里文与胶海关的建立和发展》，《湖北函授大学学报》，2012年第5期；贲志杰、文双发：《试析海关监督在近代华洋军火贸易中的重要角色——以盛宣怀为例》，《史林》，2013年第6期；杨智友：《丁贵堂与江海关"护关运动"》，《中国档案》，2013年第12期。

④ 李爱丽：《晚清美籍税务司研究——以粤海关为中心》，天津：天津古籍出版社，2005年；文松：《近代中国海关洋员概略：以五任总税务司为主》，北京：中国海关出版社，2006年；詹庆华：《全球化视野：中国海关洋员与中西文化传播（1854—1950年）》，北京：中国海关出版社，2008年。

丽主编的"海关洋员传记丛书"的陆续出版，则更是将近代海关人物研究推向一个新的境地。① 此外，张志云的《政府、帝国主义与中国的民族主义：中国海关及其华员》一书，则将视线转向以往甚少为研究者关注的海关华员群体，讨论了海关华员与海关当局、国民政府三者间的关系及其张力。②

在原有研究领域被进一步拓展的同时，一些新的研究领域也被开拓出来。如詹庆华深入挖掘海关的《医务报告》及其他海关出版物，考察了中国近代海关医员与西医在中国的传播；③姚永超细心查阅了海关的各种海图，就中国近代海关的航海知识生产及其谱系、海图显示的时空特征等做了探索性的研究；④戴一峰就近代海关在通商口岸开展的各种调查及其影响详加剖析；⑤水海刚以厦门海关兼管常关事件为个案，讨论了近代海关与地方社会团体的关系；⑥部分学者对近代海关开展的洋员汉语学习的制度设计与教材使用做了深入探究；⑦另有部分研究者则从法治

---

① 李爱丽主编的"海关洋员传记丛书"目前已出版有：[英]玛丽·蒂芬著，戴宁、潘一宁译：《中国岁月——赫德爵士和他的红颜知己》，桂林：广西师范大学出版社，2017年；[英]查尔斯·德雷格著，潘一宁、戴宁译：《龙廷洋大臣：海关税务司包腊父子与近代中国(1863—1923)》，桂林：广西师范大学出版社，2018年。滨下武志的倡言参见：[日]滨下武志：《海关洋员的生活志与第二代海关史研究》("海关洋员传记丛书"总序，广西师范大学出版社)，稍加修改后发表于《国家航海》，见[日]滨下武志：《海关洋员回顾录和第二代海关史研究》，《国家航海》，2016年第3期。

② Chang Chihyun. *Government, Imperialism and Nationalism in China: The Maritime Customs Service and Its Chinese Staff*. London: Routledge, 2012.

③ 詹庆华：《中国近代海关医员与西医在华传播初探(一)——以中国旧海关出版物为视角》，《上海海关学院学报》，2012年第2期；詹庆华：《中国近代海关医员与西医在华传播初探(二)——以中国旧海关出版物为视角》，《上海海关学院学报》，2012年第3期。

④ 姚永超：《中国近代海关的航海知识生产及其谱系研究》，《国家航海》，2016年第3期；姚永超：《中国旧海关海图的时空特征研究》，载《历史地理(第30辑)》，上海：上海人民出版社，2014年。

⑤ 戴一峰：《晚清海关与通商口岸城市调研》，《社会科学》，2014年第2期。

⑥ 水海刚：《论近代海关与地方社团的关系——以近代厦门海关兼管常关为例》，《史林》，2005年第3期。

⑦ 王澶华、吴颖主编：《近代海关洋员汉语教材研究》，桂林：广西师范大学出版社，2016年；朱洪：《晚清海关促进洋员汉语学习的政策措施研究》，《云南师范大学学报(对外汉语教学与研究版)》，2014年第3期。

的角度,探讨了近代海关的法制建构和法治体系、洋员的司法保护、总税务司的法律地位等问题。①

伴随着研究领域的不断扩展,研究的深度也在不断推进,比如关于晚清海关体制变迁的研究。晚清海关是一个颇为特殊的机构。鸦片战争后,清朝中西贸易管理体制从广州通商制度向条约通商制度演化,五口海关与领事担保的双重架构取代了粤海关与公行保商双重架构,由此为晚清海关的制度变迁埋下伏笔。1854年的上海口岸,英美法三国领事选派的外籍税务委员开始介入海关管理业务,由此逐渐发育、形成海关的外籍税务司管理制度,在全国各地海关推行。由此,晚清海关就其建置而言,系由税务司署和海关监督衙门两个相互区别又相互联系的机构组成。就海关本体业务而言,前者负责对进出口船舶的监管(货运、物品等)、查私、征税(验货、估税等),以及对税收的统计;后者则负责对税款的收缴(经由海关银号)、保管和报解。与此同时,依照清政府的制度安排,后者还是该口岸海关的总管。由于对税务司在海关实际运行中架空海关监督的判定,以及对税务司署在晚清不断扩展其职权,强势存在,先后兼管海务、港务、邮政和介入晚清新式教育、参加世界博览会等事务的关注,以往学界的研究,大多仅聚焦于前者,而在一定程度上忽视了后者。任智勇以其博士学位论文为基础撰写的《晚清海关再研究:以二元体制为中心》一书,以及在此前后发表的一系列论文,对学术界研究视野的这一偏颇提出质疑。他通过细心查阅大内档案中的军机处录副奏折之关税类档案,梳理了鸦片战争前后关税管理过程经历的从行商到各国领事到三国委员会到税务司这一变化的内在连续性,将研究视野聚焦于以往被忽视的海关监督,剖析了海关监督产生的机理及其基本职能,分析了海关监督行政机构的构

---

① 余建明:《论中国近代海关的法治体系》,《海关与经贸研究》,2014年第4期;常宽:《赫德时期中国近代海关的廉政法制构建》,《法制与社会》,2013年第3期;谭新喜:《晚清海关洋员司法保护初探》,《陕西理工学院学报(社会科学版)》,2017年第1期;吕铁贞:《晚清海关外籍总税务司的法律地位》,《中州学刊》,2014年第5期;陈泓伊:《近代云南海关法律制度研究》,《思想战线》,2013年第1期;蔡晓荣:《晚清海关洋员职务行为涉讼再探讨——以英籍洋员为考察中心》,《苏州大学学报》,2005年第1期。

成和运作,进而提出晚清海关二元体制的命题。① 与此同时,陈勇同样在其博士学位论文的基础上,发表了一系列论文,详细剖析了晚清海关税政的演化,阐述了晚清海关制度双重性的特征。② 这些新的研究成果弥补了以往研究中的某些缺憾,显然有助于推进学界对晚清海关制度变迁历史样貌的全面、准确认知,深化相关研究,进而有利于对晚清社会变迁探究的进一步开展。

再如关于晚清海关税收与分配问题,汤象龙先生于 1992 年出版的《中国近代海关税收和分配统计:1861—1910》一书,凝集了他数十年辛劳查阅、抄录和整理各地海关监督相关奏疏的心血,无疑具有极高的权威性,但是也存在一些疏漏和失误。近年来,倪玉平和任智勇分别对其中一些统计数据的失误提出补正,使其更为完善。③

五、70 年近代海关研究的反思与展望

众所周知,历史研究总是在一代又一代研究者的不断探究和书写中

---

① 任智勇:《晚清海关与财政:以海关监督为中心》,北京:北京大学博士学位论文,2007年;任智勇:《晚清海关再研究:以二元体制为中心》,北京:中国人民大学出版社,2012年;任智勇:《晚清海关监督制度初探》,《历史档案》,2004年第4期;任智勇:《晚清海关二元体制沿革考》,载中国社会科学院近代史研究所编:《中国社会科学院近代史研究所青年学术论坛(2010年卷)》,北京:社会科学文献出版社,2011年;任智勇:《同治初年厦门的海关监督与税务司》,载中国社会科学院近代史研究所编:《中国社会科学院近代史研究所青年学术论坛(2012年卷)》,北京:社会科学文献出版社,2013年;任智勇:《从榷税到夷税:1843—1854年粤海关体制》,《历史研究》,2017年第4期。

② 陈勇:《晚清海关税政研究:以征存奏拨制度为中心》,广州:暨南大学博士学位论文,2007年;陈勇:《简论晚清海关制度的双重性》,《理论界》,2007年第3期;陈勇:《晚清海关"洋税侵夺常税"析论》,《中国社会经济史研究》,2010年第1期;陈勇:《"经制"与"新增":五口通商时期清廷对海关夷税的管理》,《中国经济史研究》,2015年第1期;陈勇:《晚清时期海关洋税的统计与汇报》,《历史档案》,2011年第3期。

③ 汤象龙编著:《中国近代海关税收和分配统计:1861—1910》,北京:中华书局,1992年;倪玉平:《〈中国近代海关税收和分配统计:1861—1910〉税收统计补正》,《清华大学学报(哲学社会科学版)》,2016年第2期;任智勇:《〈中国近代关税收入与分配统计〉校勘记》,《中国经济史研究》,2018年第5期。

推进。克罗齐有一句史学界熟知的名言:"一切历史都是当代史。"斯塔夫里阿诺斯则更直白地表达了同样的观念:"我们每一代人都需要重写历史,因为每个时代都会产生新问题,探求新答案。"回顾新中国70年近代海关研究的历程,我们不难看出,在经历一段波折之后,近代海关研究已经取得不俗的成果,大多数问题已经被涉及,但深浅程度有别,因而也留下一些缺憾和不足,值得认真反思,以期望今后该研究领域的扩展与深化。

  首先,从研究涉及的时段来看,已有的研究显然大多聚焦于晚清,民国时期的研究相对比较薄弱,尤其是民国后期。这或许是由于近代海关进入民国之后,已经不像晚清时期那样可以插手外交、邮政、教育和博览会等各种事务,其活动能量有所减弱,以致研究者的关注度相应减弱。但另一方面,民国时期又是近代中国社会变迁最为关键和剧烈的一段历史时期,海关在此期间充当的角色、产生的作用影响甚大,海关组织内部也发生了一系列制度变迁。举凡海关的制度改革,中外关员构成以及力量对比的变化,外籍关员构成的变化,海关与财政,海关与关税自主,海关与国家权力等等问题,都是有待深入探究的。

  其次,从以往研究涉及的地域来看,则大多聚焦于沿海地区和长江流域地区,对内陆地区的研究甚少。这或许与近代海关的空间分布密切相关。至清末,总计43处海关(不计分关、分卡)的分布如下:东南沿海16处,长江流域12处,华北沿海3处,东北地区5处,西南地区7处,西北地区没有海关。到抗日战争全面爆发前的1937年,东南沿海减少2处,长江流域和华北沿海海关数量不变,东北地区增加3处,西南地区减少1处,西北地区依然没有海关。由此可见,近代海关主要分布于东南沿海、长江流域,其次为东北地区、西南地区和华北沿海,而西北地区仅仅迟至1944年才创办的新疆一处。近代海关地方机构的这一扩展历程以及分布,显然是和19世纪中叶以降全球化浪潮席卷下,近代中国的对外开放——不论是被动还是主动,以及区域社会变迁的历程同步的。因此,以往研究聚焦于东南沿海和长江流域有其客观原因。虽然数量不及东南沿海和长江流域,但东北地区和西南地区海关对所在地区域社会经济变迁的影响不容小觑。甚至由于两个地区的特殊区位,其海关影响与作用更值得深入探究。

再次,从以往研究涉及的对象来看,举凡近代海关的建置沿革、组织结构、制度建构与运行机制、海关从事的本职内外活动、海关人物以及地方海关等等诸多领域,都还有许多问题有待拓展与深化。试以近代海关的产生和演化为例,这无疑是近代海关研究的一个基础性问题,以往学术界也已多有论述,形成不同的解读和判断。但晚清新式海关的建立和扩展,在时空上显现出其过程的多样性和复杂性,对其细节和具象的完整、准确把握,还有许多缺憾。笔者曾就晚清第二个新式海关粤海关(洋关)的建立做了一些考证和辨析,对流行的一些观点提出质疑和修正,并进而对晚清其他地方海关的建立时间做了考证和辨析。[①]但这也仅仅是个开端,大多限于细节考订。如何在制度变迁的理论视野下,考察晚清新旧海关交替历史进程中中外各种利益集团的交集、冲突、合作及其产生的影响和结果,还有待细致探究和深刻把握。

最后是近代海关研究的理论与方法。历史研究总是在自觉地运用一定的理论和方法中进行。70年来,马克思主义唯物史观及其衍生的理论与方法,一直是中国近代海关研究最基本的研究范式。20世纪80年代以降,各种西方相继流行的理论与方法传入我国,有助于开阔人们的研究视野和视角。实际上,一切理论和方法,最终总是在研究实践中转化为研究者的不同视野与视角。故此,我们拟就海关研究的视野与视角详加讨论。

所谓视野,原本在于表示肉眼能够看到的空间范围,其后借用于表示人们观察或认识的领域。就历史研究而言,研究视野用于借喻研究者面对研究对象时思考与想象的要素集合。以往的近代海关研究,有两种视野被较为广泛采用,即全球视野和地方视野。

全球视野注目于19世纪中叶到20世纪中叶近百年间席卷全球的全球化浪潮,关注人口、商品和资本的流动,世界市场的建构,国家关系的演变。研究者因而将近代海关产生、演化及其展开的各种活动置放在中外

[①] 戴一峰:《晚清粤海关(洋关)设立问题考辨》,《中国社会经济史研究》,2009年第1期;戴一峰:《晚清新式海关设置时间考》,"纪念陈诗启先生百年诞辰暨中国海关与中国近代社会学术研讨会"论文,福建厦门,2015年。

关系演变的历史场景中,研究的视角则从最初聚焦于政治、经济,逐渐转向社会、文化,推出了一批较具质量的论著。但如何进一步从中国视角转向世界视角,使全球视野更为开阔,还有待推进。如今全球史研究兴起,这一研究模式侧重于对商品、资本、人员和信息等要素跨国、跨域流动的关注,尤其是对文化交流、互动、传播及其效应的关注,因而强调建构跨国跨域的物理空间和交流网络。这无疑给全球视野带入新的元素。因此,如何在全球视野下深化中国近代海关史研究,值得期待。

地方视野注目于全球化浪潮如何在不同的地方落地、生存和扩展,在与当地社会政治、经济以及文化的摩擦、交锋和反复互动中,改变着当地的历史原貌,结出新的果实。以往在地方视野下开展的近代海关研究,大多聚焦于地方海关的建置沿革、制度变迁以及从事的各种活动。这固然有助于对近代海关的全面认知,然而,就地方视野而言,如何探究海关与地方社会的关系及其产生的种种影响,或许是扩展和深化海关研究一个更为重要的研究路径。笔者在 20 余年前就曾经建议:"将地方海关研究放到区域研究的大框架下,考察地方海关在当地社会结构中的位置,它与地方其他社会组织、机构间的关系,它的主要社会活动与社会功能等。"[①]此后,部分学者在对近代海关史研究作综述时也大多注意到这一问题,并提出一些建设性意见。与此同时,关注地方海关与地方社会互动影响的论著也陆续出现。不过,相当一部分阐述地方海关与地方社会关系的论著都聚焦于地方海关与地方经济发展的关系,并形成一种大致相同的撰写模式,即从某地开埠设关开始叙述,进而描述此后当地社会经济的发展变化,将其归结为海关的作用与影响。笔者认为,这一撰写模式值得辨析。事实上,就一个地方的开埠设关而言,显然是开埠即该地区的对外开放才是最关键的影响要素。一般而言,地方海关执行海关职责,从事海关业务的合规、合法及廉政与否,以及为商人通关提供便利与否,自然会对当地的社会经济运行产生影响,但这显然不是决定性的影响要素。而且,海关在地方的存在对当地经济发展产生的影响是多方面的,远非仅仅促

---

① 戴一峰:《中国近代海关史研究述评》,《厦门大学学报(哲学社会科学版)》,1996 年第 3 期。

进一途,需要依据史料细心辨析,而不是简单勾连。实际上,近代各地海关与地方社会的政治、经济、文化都发生或深或浅的关系,这些关系是通过各地海关与地方政府机构、各种社会团体、社会群体,以及个人间的互动关系发生、演化并产生或大或小影响的。而这些关系又和海关与当地的外籍商人及其群体、当地的外国驻地领事及其群体,以及其他侨民之间的关系交错,从而在当地形成一种特殊的人文生态,影响着当地的社会变迁。这方面的研究有待加强。

长时段视野为年鉴学派第二代代表人物布罗代尔所提倡,并为国内外史学界所广泛运用。长时段视野对于我们更深刻地理解近代海关无疑同样是大有裨益的。笔者曾在《跨文化移植:晚清中国海关的制度变迁——中国海关制度史研究之一》[①]一文中,在全球视野和长时段视野下探讨中国海关的制度变迁。笔者将海关视为政府管理对外经济关系的一种制度安排,由此阐述了中国海关从朝贡贸易体系制约下的市舶司制度,到月港私人贸易体系制约下的督饷馆制度,再到广州贸易体系制约下的封建海关制度,直到条约贸易体系制约下的近代海关制度这样一个长时段的演化进程。虽然仅是一种粗线条的概述,但表达了对中国海关在几个世纪里,随着中外经贸交通关系的演化而不断演进的基本历史脉络的探究意图,希望由此引出一个全球视野下对海关在更长的历史阶段中身份、地位及其功能的思考,从而深化对近代海关的认知。新近被翻译出版的英国学者方德万的新作《潮来潮去:海关与中国现代性的全球起源》也表达了长时段视野对深化近代海关研究的必要性。作者认为,近代海关与中国现代性的全球起源密切勾连,他写作该书的意图就是"把外国元素带回中国近代史自身",并就此指出:"一旦扩大我们的视野,这段历史可以被视为中国海洋商业贸易发展史的一部分。"这显然是一个颇具启示意义的思考,即如何在长时段历史视野下,考察和探究不同历史阶段全球化的不同形态、格局与演化趋势,以及它们在中国大地上产生的效应与结果。这可以视作全球视野与长时段视野的巧妙结合。遗憾的是作者并没

[①] 戴一峰,《跨文化移植:晚清中国海关的制度变迁——中国海关制度史研究之一》,载程麟苏、张之香主编:《张福运与近代中国海关》,上海:上海社会科学院出版社,2007年。

有对此加以深入阐述。①

对被认知对象物的比较是人类认识、区别和确定事物异同关系的最常用的思维方法,是人们认识事物的基础。早在古希腊时期,著名哲人亚里士多德在其所著《雅典政制》中就对158个城邦的政制做了比较分析。在经历漫长的历史演进之后,比较研究法在20世纪七八十年代获得迅速发展,不仅形成系统的理论规范,在人文社会科学研究中被广泛运用,成为一种重要的研究分析方法,而且形成了比较社会学、比较人类学、比较经济学、比较教育学、比较政治学、比较法学、比较哲学、比较文学、比较文化学等各种分支学科。史学自然也不例外。

比较研究实质上是一种比较视野,是对两个或两个以上的对象物加以对比,找出它们之间的相似性与差异性,以求更好地认识事物的本质,把握事物的发展规律。在近代海关研究领域,同样也有一些学者尝试将海关研究置放于比较视野下,运用比较研究法,对新旧海关做比较研究,取得一定成果。但总体而言,比较研究法在近代海关研究中的运用还非常薄弱。而近代海关研究又恰恰是一个可以借助比较研究获得奇效的领域。除了对新旧海关的比较研究外,可供选择的还有海关与常关的比较研究,海关洋员(即外籍关员)与华员(即中国关员)的比较研究,各个地方海关的比较研究,等等。甚至,当我们扩大比较视野,我们还可以比较近代中国海关与外国海关,比较近代中国两个特殊的外国人群体:海关洋员和外国传教士。因此,我们无疑应当在近代海关研究中提倡和推进比较研究。

人们自然可以有多种多样的研究视野,各种不同视野也自然有其不同的功能特征,适合于不同的研究对象和问题意识。不同视野自然可以分别使用,然而,我们面对的历史总是如此的错综复杂,如此的虚实混杂,如此的扑朔迷离,也许我们需要整合各种视野,充分发挥其各自的优势。据此,我们或许可以有对研究对象多元面相更全面的把握和认知。史无

---

① [英]方德万著,姚永超、蔡维屏译:《潮来潮去:海关与中国现代性的全球起源》,太原:山西人民出版社,2017年,第417页。英文原著出版于2014年。

定法,这是已故经济史学家吴承明先生的重要学术思想之一。[①] 在吴老看来,方法只是为研究者提供一种认识研究对象的视角和思路。本文所讨论的全球视野和地方视野也同样属于方法范畴。是故,我们选择和运用方法,关键在于适用和融会;更重要的是,我们千万不能因视野的制约,妨碍了我们对研究对象的全面考察和完整认知。

六、简要结语

综上所述,我们对70年来的近代海关研究有如下几点认知:

第一,中国近代海关研究的基本队伍已经形成,并建立若干研究机构,形成若干研究群体,构成中国近代海关研究的基础。研究人员间的学术交流与合作有所开展。但研究队伍有待进一步扩大,新生研究力量有待进一步培育,多种形式的交流与合作有待进一步开展和深入。

第二,中国近代海关档案资料的挖掘、整理、出版和评介持续开展,并已建设若干数据库,成绩斐然。但尚有大量的原始档案资料有待开发,数据库建设有待加强。

第三,中国近代海关学术研究虽然发展进程有所起伏,但总体状况良好,学术成果丰富。已有的学术研究成果几乎覆盖海关研究的绝大多数领域,且已有一批高质量的学术论著问世。但研究广度存在时段和地域分布上的不平衡状态,且研究有待进一步深化,研究视野有待进一步扩展,对理论与方法的探索有待进一步加强。

最后,近代海关的生成与演进是近代中国社会变迁历史进程的一个重要组成部分,拓展和深化近代海关研究无疑有助于我们对近代中国社会变迁复杂交错的多元面相的完整把握和深刻理解,有助于我们建构一座具有鲜明本土特色的兼容并蓄的中国近代历史大厦。

[①] 参见吴承明:《经济史:历史观与方法论》,上海:上海财经大学出版社,2006年。

全球视野与地方视野：
中国近代海关史研究的两种取向

一、引子

众所周知，以实行外籍税务司制度为标识的中国近代新式海关自清咸丰四年(1854)在上海创立以来，规模不断扩大，遍布全国各通商口岸。晚清时期，新式海关由于承担业务内外的诸多职能，组织架构颇为庞大复杂。纵向上，可分为中央机构总税务司署和地方机构各口海关税务司署两个部分；横向上，则可分为负责征税及其相关事宜的征税系统，负责海务、港务的船钞系统，负责同文馆管理事宜的教育系统和负责邮政事务的邮政系统等四大系统。故此，晚清海关的组织架构纵横交错，相互联结，形成一张庞大的组织网络，网络的中心则是总税务司署。整个海关系统实施垂直的统一管理，而以总税务司署为统辖各口海关、调度四大系统运作的最高领导机构。

民国以降，新式海关的组织网络有所更张。清光绪二十八年(1902年)京师同文馆并入京师大学堂，就此结束了海关与京师同文馆的关系，海关的教育系统也随之撤销；宣统三年(1911年)清廷邮传部接管邮政官局，海关不再兼办大清邮政，邮政系统也随之撤销。是故，民国前期，海关组织网络的横向系统仅剩征税系统和海事系统（即原先的船钞系统），外加安格联于1912年建立的工程系统。民国后期则仅保留征税和海事两个系统。但民国时期，其纵向结构依然如故，总税务司署和总税务司的核心地位，以及维持组织运作的垂直统一领导管理体制没有变化。

与一般的海关不同，中国近代新式海关先后承担业务内外的诸多职能。除遵照一系列中外条约的相关规定以及海关制定的规章开展监管、查私、征税和统计等四项本体业务外,新式海关还曾挟其优势,涉及名目繁多的本职外活动,如兼管常关和厘金,兼办大清邮政、商标、海(港)务(包括检疫、引水、浚浦、灯塔、航标)、气象观测、新式教育、内债外债,筹办世博会参展事宜,参与外交活动、财政金融改革、新式海军创办,开展地方政治、经济、社会人口、教育和医疗卫生等多种调查,等等,由此在近代中国的经济、政治、文化、外交和军事等各个领域均留下深浅不同的印记。

是故,作为近代中国一个极其特殊的组织,中国近代海关在近代中国社会中具有举足轻重的地位,对近代中国社会发展产生了错综复杂的影响。更引人瞩目的是,中国近代海关在其长达近一个世纪的运行中,曾留下数量颇巨、涉及范围颇广的各种档案资料。这些档案资料不仅为研究海关历史提供了最为基本的,也最为重要的原始资料,而且也为研究近代中国历史提供了宝贵的原始资料,是一座弥足珍贵的史料宝库。

因此,近代海关研究犹如一片极其开阔的田野,具有广阔的开垦耕耘的空间。自1980年陈诗启先生在《厦门大学学报(哲学社会科学版)》第1期上发表《中国半殖民地海关的创设及其巩固过程(1840—1875)》[①]一文,揭开改革开放以来中国近代海关史研究新的一页以来,相继加入这个研究群体的人员不断增加,形成一支专业人员与业余人员有机结合的研究队伍,先后成立了厦门大学中国海关史研究中心(1985年)、上海海关学院中国近现代海关史工作室(2014年)、湖北大学江汉关研究中心(2015年)和复旦大学海关史与海关文献国际研究中心(2016年)等专门研究机构,举办了10余场专题学术研讨会,出版了数十部专著(包括译著、论文集),发表了千余篇论文,此外,数十篇硕士、博士学位论文问世。

纵观近40年来先后问世的论著,我们可以清楚看到,如若以世纪更迭为界,在相关研究开展的前期,即20世纪的后20年中,大多数领域均已被涉及,但考察的详略和关注的多寡各异。进入21世纪,即海关史研究的后期,不仅前期涉及的许多领域被进一步扩展,新的领域也在不断被

---

① 陈诗启:《中国半殖民地海关的创设及其巩固过程(1840—1875)》,《厦门大学学报(哲学社会科学版)》,1980年第1期。

开拓。与此同时,随着研究领域的逐渐拓展,研究对象各个细部不断清晰,问题意识不断衍生,研究也在不断深化。在此期间,已经有部分学者对各个时期的研究成果做了总结、评述,提出了许多颇具价值的思考和建议。① 本文则力图另辟蹊径,从全球化和地方化两种视野,检讨已有研究中的两种取向,以及探究可能的发展前景。

二、全球视野:全球化浪潮中的海关

海关是国家进出关境监督管理机构,是国家政权的有机组成部分。它随外贸而兴,与国家对外经贸关系密切相关。在我国,海关古已有之,历史悠久。近代新式海关的出现,则是鸦片战争后中外经贸关系变迁、中外贸易管理体制演化的产物。外籍税务司管理制度的建构,则使得近代海关成为由近代在华列强掌控行政管理权的一个特殊机构,来自20多个国家的外籍关员(时称洋员)构成的管理队伍,又使它成为一个"国际官厅"。是故,一般而言,研究近代中外关系史的学者,或多或少都会涉及近代新式海关;而研究近代新式海关的学者,也自然而然地会联系到近代中外关系这一大的时代背景。

就外国学者观之,学界久已熟知的著名汉学家、曾在晚清新式海关担任高级职务的马士,就是以中国近代海关的演进作为其名著《中华帝国对外关系史》的核心线索。用他自己的话说,即"我在着手写这部书的时候,我的最初的念头就是想使赫德爵士和他所组织的那个伟大的中国海关成

---

① 戴一峰:《中国近代海关史研究述评》,《厦门大学学报(哲学社会科学版)》,1996年第3期;阮芳纪:《近年来中国海关史研究述评》,载吴伦霓霞、何佩然主编:《中国海关史论文集》,香港:香港中文大学历史系,1997年;佳宏伟:《近20年来近代中国海关史研究述评》,《近代史研究》,2005年第6期;季履平:《关于中国近代海关史研究的几点思考——基于〈海关研究〉统计情况分析》,《上海海关学院学报》,2013年第3期;傅亮:《近十年来中国近代海关史研究综述》,《海关与经贸研究》,2015年第2期;郑成林、赵海涛:《近代中国海关史百年研究回顾与反思》,载马敏主编:《近代史学刊(第19辑)》,北京:社会科学文献出版社,2018年。

一、研究综述与方法论

为全书的核心,并且就拿他们作为线索来编写中国的对外关系的历史"。① 另一已故著名汉学家费正清的早期名著《中国沿海的贸易与外交:1842—1854年通商口岸的开埠》在探究鸦片战争后通商口岸条约制度的建构历程时,也把目光投向了第一个近代海关——上海新式海关的产生,并在结论中讨论了近代海关在近代中外关系中的作用与影响。② 而作为国外研究中国近代海关的开拓者,同样曾经在晚清海关担任高级职务的魏尔特,不仅在其精心整理的七卷本《中国近代海关历史文献汇编》③中,而且在其名著《赫德与中国海关》④中,都是将海关的历史放置在近代中外关系的大背景下加以考察的。

在国内,已故经济史大家汪敬虞先生就曾经将晚清海关总税务司赫德与近代中外关系相勾连,出版了《赫德与近代中西关系》⑤这一大作。该书以赫德凭借中国近代海关为其大本营从事的各种活动为叙事线索,详细探讨了近代中西关系的方方面面。作为中国近代海关史研究领域的开拓者,陈诗启先生也将其研究视野投放在这一历史时期的中外关系,尤其是中英关系背景上。正如他在汇集自己潜心20余年的研究结晶完成的里程碑式著作《中国近代海关史(晚清部分)》的序言里所明言的:"外籍税务司管理制度的中国海关,是在西方资本主义阔步前进,特别是英国维多利亚女王在全球建立大英帝国主义时代产生的。"因此,"海关被建成英国对华关系的基石,这就在更广泛的范围内维护和发展了列强特别是英国在华的经济利益"。⑥ 笔者在同年出版的《近代中国海关与中国财政》

---

① [美]马士著,张汇文等译:《中华帝国对外关系史(第二卷)》,北京:生活·读书·新知三联书店,1958年,第2页。
② Fairbank J. K.. *Trade and Diplomacy on the China Coast*: *The Opening of the Treaty Ports*, *1842-1854*. Cambridge, Mass.: Harvard University Press, 1953.
③ Wright S. F.. *Documents Illustrative of the Origin*, *Development*, *and Activities of the Chinese Customs Service*. Shanghai: Statistical Department of the Inspectorate General of Customs, 1937-1940.
④ [英]魏尔特著,陆琢成等译,戴一峰校:《赫德与中国海关》,厦门:厦门大学出版社,1993年。
⑤ 汪敬虞:《赫德与近代中西关系》,北京:人民出版社,1987年。
⑥ 陈诗启:《中国近代海关史(晚清部分)》,北京:人民出版社,1993年,序言。

047

一书中,也是在西人东渐、近代中西关系演化的视野下,从纵的和横的两个角度,探究近代海关的演进及其与中国财政的错综复杂的关系。① 由上述可见,无论国内还是国外学术界,尽管由于史观的差异,对中国近代海关的评价有所不同,但就研究的取向而言,中国近代海关史一开始就是被放置在19世纪中叶以来西方新生资本主义寻求向东方扩展世界市场而掀起的全球化浪潮中,在中西关系幡然改观的背景下进行研究的。不过,这一全球视野大都聚焦于中外政治和经济关系。尤其是在国内,更是聚焦于帝国主义列强资本势力东渐的叙事框架里。全球视野聚焦于政治和经济方面有利于揭示和认知中国近代海关历史的某些面相,但也因此忽视了其他一些面相。因此,随着海关史研究领域的扩展和研究问题的深化,全球视野的更多视角逐渐引起研究者的瞩目,尤其是文化视角。

这一变化的动因来自两个方面:一是社会现实的激发,一是理论与方法的演进。由于改革开放,我国逐渐融入二战以来新一波的全球化浪潮。尤其是在本世纪初我国加入世界贸易组织之后,不断高涨的全球化浪潮不仅给我国的社会经济发展带来了持续不断的高速增长,而且使国人能够重新认知和评估全球化的作用与影响。对于史学界而言,这促使研究者以更加平和、从容和周全的目光来重新审视从19世纪中叶到20世纪中叶发生的那一波全球化浪潮。与此同时,由于国际学术交流的频繁开展,学科交叉作用的不断放大,各种新兴的理论与方法得以迅速传播,既开阔了人们的视野,也触发了人们的思考。这给寻求史学研究新视野的研究者们提供了有效的重构历史的工具。正是在此情势下,我国的史学研究呈现出许多新的面貌,尤其是在中国近代史领域。诸如近代在华传教士与教会、外国人在华租界等涉及近代中外关系的问题,均出现许多不囿于旧说的研究成果。中国近代海关史的研究也不例外。

将文化视角引入中国近代海关史研究,最初是从探讨海关洋员的文化中介人角色开始的。中西文化交流无疑是近代中外关系的一个重要组成部分,然而由于长期以来史学界的主流观点是将其视为一种文化侵略、文化殖民主义,视为帝国主义全球殖民的一个组成部分,尤其是在有关传

---

① 戴一峰:《近代中国海关与中国财政》,厦门:厦门大学出版社,1993年。

教士和教会在华活动的研究中,因此近代海关史的研究一直未能关注这一考察视角,进入这一研究领域。

文化的载体是人,文化视角的展开自然离不开对承载文化的各种人群的研究。20世纪80年代,美国学者郝延平问世于60年代的著作《十九世纪的中国买办:东西间桥梁》[①]的中译本出版。郝延平借用著名美国社会学大师帕森斯的"边缘人"理论,将中国近代买办视为跨文化的边缘人,从东西两种文化中介人的角度,探讨了买办的活动及其历史作用。这一研究成果与国内一直以来秉持的有关中国近代买办是帝国主义在华代理人,是侵华列强帮凶的观点大异其趣,给史学界打开一种全新的视野。虽然郝延平的著作依然主要聚焦于买办的经济活动及其影响,但它对买办在中西两种文化交流、融合中承担的中介角色的揭示,仍然具有启示作用。

2003年9月,中国海关学会、厦门海关学会、厦门大学海关史研究中心在厦门鼓浪屿联合举办了赫德与中国海关理论研讨会,笔者提交了一篇题为《闻其言,察其行:〈赫德日记〉解读——兼论中西文化中介人》[②]的论文。该文从角色定位、角色认同和角色对比三个方面,探讨了赫德作为中西文化中介人的环境要素和个人要素。这是试图以赫德为个案,借助他的个人日记对自我思想与行为的直观记录,以及这些记录中映射的个人性格,从文化视角探究近代海关历史。此后,笔者为参加2005年9月在南京大学举办的海关与中国国际学术讨论会提交了题为《跨文化移植:近代中国海关的制度变迁》[③]的文章,试图借助新制度主义理论,进一步从全球视野的文化视角上探讨中国近代海关产生与发展的文化内涵与逻辑。文章在剖析跨文化制度供给的双重推力和跨文化移植制度的双重特征的基础上,指出中国近代海关是一个成功的跨文化制度移植。

---

① [美]郝延平著,李荣昌、沈祖炜、杜恂诚译:《十九世纪的中国买办:东西间桥梁》,上海:上海社会科学院出版社,1988年。

② 戴一峰:《闻其言,察其行:〈赫德日记〉解读——兼论中西文化中介人》,载中国海关学会编:《赫德与旧中国海关论文选》,北京:中国海关出版社,2004年,第1～13页。

③ 该文后来载入《张福运与近代中国海关》。见戴一峰:《跨文化移植:晚清中国海关的制度变迁——中国海关制度史研究之一》,载程麟荪、张之香主编:《张福运与近代中国海关》,上海:上海社会科学院出版社,2007年,第97～111页。

2008年,长期供职于海关的詹庆华出版了《全球化视野:中国海关洋员与中西文化传播(1854—1950年)》[①]一书,这是他在成稿于3年前的博士论文基础上修改而成的。毫无疑问,这是国内史学界首次在全球视野的文化视角上,以近代海关洋员群体为个案,较为全面、深入地探讨近代海关洋员在近代中西文化传播中的活动及其历史影响和意义。全书视野开阔,从海关洋员与西洋物质文化东传、西学东渐、西医在华传播、海关制度创新、汉语学习、国际汉学等角度全方位地展开考察。作者不仅向我们展示,而且深入分析了作为近代中西文化中介人群体的近代海关洋员在中西文化交流传播中的桥梁功能。尤其难能可贵的是,本书作者特别关注近代中西文化交流与传播的双向性,不仅详细阐述了海关洋员在西学东渐中,向中国传播西洋器物、建筑艺术、现代西医、西式教育、现代邮政等方面的活动和成效,而且详细阐述了海关洋员在东学西传中,如何推动西方高校开设汉学课程,翻译中国经典名著,编撰汉语教材与汉英词典,出版中国问题研究论著,以及向西方推介中国工艺物品等,推进了西方对中国社会与文化的了解。这一建立在翔实资料和全面考察基础上的研究,无疑大大深化了我们对中国近代海关历史的认知。

　　中国近代海关史研究的全球视野由最初的政治与经济视角,逐渐转向文化视角,使得中国近代海关的多元面相得以更为全面地显露,也使得中国近代海关史的研究得以不断深化。然而,这并不意味着不同考察视角之间有高下之别。事实上,立足于全球视野,采用不同的视角,能使我们对中国近代海关的某一面相有更为集中、深刻的剖析,从而有助于我们对中国近代海关更完整的认知。近年来不断问世的一批专著,往往就是采用不同的考察视角。比如英国学者的新作《英帝国在华利益之基石:近代中国海关(1854—1949年)》[②]就是采用全球视野的政治视角,将近代海关置放于近代尤其是民国时期的中英外交关系上,探究近代中国海关与

[①] 詹庆华:《全球化视野:中国海关洋员与中西文化传播(1854—1950年)》,北京:中国海关出版社,2008年。在此之前,他另发表相关研究,见詹庆华:《跨文化传播的桥梁:中国近代海关洋员与中西文化交流》,《海交史研究》,2006年第1期。

[②] [英]布鲁诺(Donna Brunero)著,黄胜强等译:《英帝国在华利益之基石——近代中国海关(1854～1949年)》,北京:中国海关出版社,2012年。

中英外交关系演化的复杂关系,揭示了近代中国海关通过参与一些重大事件,在应付中英双方利益冲突与调整中呈现的生机活力。国内学者张志勇撰写的《赫德与晚清中英关系》①,同样是采取政治视角,详细阐述了晚清时期赫德参与的中英滇案交涉、中英缅甸交涉、中英签订香港鸦片贸易协定、中英签订藏印条约、庚辛议和、中英商约谈判等一系列外交活动,探究赫德以中国近代海关为依托,在中英外交活动中发挥的作用及其特点。这些研究虽然就视角而言并不新颖,但他们或以资料的丰富见长,或以研究的系统性见长,对丰富和深化中国近代海关史研究还是颇有裨益的。

另一个更为典型的案例是新近出版的另一位英国学者方德万撰写的《潮来潮去:海关与中国现代性的全球起源》。② 如果仅就研究视野观之,该书似乎也是采用全球视野的政治与经济视角。全书将近代海关的演化置放于近代中外关系演化的背景下,顺着近代中国的太平天国运动、洋务运动、义和团运动、辛亥革命、巴黎和会和华盛顿会议、抗日战争、解放战争等重大事件的历史进程,阐述和讨论了中国近代海关的特征、影响及其内在意义。然而,与以往史学界的研究不同,作者"是想打开一个更加细微的视角来探讨外国元素在中国历史中的存在"③,由此提出了一系列新颖的见解。

举个突出的例子。关于中国近代海关的产生,历来是史学界研究的焦点问题之一。笔者曾对此做了如下解读:"中国近代海关的建立,外籍税务司制度的形成是鸦片战争前后中西交通贸易关系演化的产物。而这种演化的本质及其遵循的逻辑发展方向,又是建立在这样一个历史现实基础上:一方面,西方资本主义列强正为本国资产阶级的生存与发展竭力寻求扩张世界市场。……另一方面,面对西方列强的入侵,古老的中国又正处在封建帝国解体的阶段,其内部正滋长着各种破坏性的因素。……到了1840年,这些破坏性因素便在英国大炮的轰击下得到充分发

---

① 张志勇:《赫德与晚清中英外交》,上海:上海书店出版社,2012年。
② [英]方德万著,姚永超、蔡维屏译:《潮来潮去:海关与中国现代性的全球起源》,太原:山西人民出版社,2017年。
③ [英]方德万著,姚永超、蔡维屏译:《潮来潮去:海关与中国现代性的全球起源》,太原:山西人民出版社,2017年,第8页。

展。……因而,这个正在解体的'木乃伊'便开始在西方文明的改造下,把这种文明嫁接在自己的躯体上。中国近代海关的建立,外籍税务司制度的形成,便是这种嫁接的最初产物。"①简言之,笔者将近代海关的产生,外籍税务司制度的形成,视为在华列强势力与清政府妥协势力共谋的结果,以此满足双方各自的需要和利益。

虽然方德万在其著作中并没有否认这种共谋,或者准确地说这种共同需要的存在,但他却对此做了更为细致的辨析。他就此指出,英法在向东方扩张势力的殖民征服活动中发现,"英法联军或许可以轻而易举地打赢许多战争,但一个不可否认的事实是:并没有足够的兵力来巩固胜利,或永久性地占领一座城市,更别说去占领大片领土。无论是克里米亚战争、印度民族起义还是法国在阿尔及利亚的问题,都在提醒着他们实力的有限性"。因此,第一次鸦片战争后,这两个国家发现他们"没有能力来担任衍生出来关于督导征税和监督外国贸易的责任"。"它(指近代海关)的建立给英国和法国一个推卸责任的方式。""至于清政府,被太平天国之乱大大地削弱国力之后,正好抓住这个由一个外包机构来管理外国人贸易、并在中国监督之下运作的机会。"作者还进一步将海关的产生放在中国区域竞争和满汉矛盾关系的背景下细加考察,认为"海关通常对于上海及长江中下游地区官员和商人更具吸引力。他们希望能够打破长久以来由广东人主导海外贸易的局面"。"如果英国和当时正在统治长江下游地区的汉族官员达成了合作,在北京的满人的地位就会摇摇欲坠。""像恭亲王这样政治精明的人……可以用海关来防止有权势的汉族官员和英国官员及商人的勾结,并用其削弱广东在处理清朝和西方列强关系上的优势。"作者据此认为"这个组织本身是弱势者而非强势者的产物",并因此一再强调近代海关"具有混合的特质,使它在与不同人对话时,能显现出不同样子。对于西方人来说,它可能看上去非常西化,对于清朝官员和商人来说,也有他们认同的地方。正是这种特质,使得海关能够适应不同的世界,并将清王朝和英帝国联系在一起,从中开拓出自己的一席之地"。②

---

① 戴一峰:《近代中国海关与中国财政》,厦门:厦门大学出版社,1993年,第21~23页。
② 以上引文,分别见[英]方德万著,姚永超、蔡维屏译:《潮来潮去:海关与中国现代性的全球起源》,太原:山西人民出版社,2017年,第9、33、34、35、58、122页。

更引人注目的是,作者视近代中国海关为一个"边界政权",因为,"近代海关是一个带有世界性特征的行政机构,有它自身的结构、气质、团队精神、传统、政策、章程和法规,独立的武装力量以及自己一套独特的外交";"近代海关以相当独立的姿态,在介于脆弱的中国和过度扩张的欧洲帝国的前线之间运筹帷幄"。[①] 这一界定似乎可以看作是对时人加在海关身上的"国际官厅""国中之国"等称谓的另一种诠释。它与文化视角下视海关洋员为中西文化交流与传播的桥梁一道,构成全球化视野下对近代海关多元面相的不同角度的考察和辨识。

近一二十年来,全球史研究兴起。这一研究模式侧重于对商品、资本、人员和信息等要素跨国、跨域流动的关注,尤其是对文化交流、互动、传播及其效应的关注,因而强调建构跨国跨域的物理空间和交流网络。这无疑给全球视野带入新的元素。因此,如何在全球视野下深化中国近代海关史研究,值得期待。

三、地方视野:在地化进程中的海关

如前所述,在近代中国,作为一个特殊的国家机构,海关的存在引人注目,并发挥着举足轻重的影响和作用。这在很大程度上得益于它拥有一个由遍布全国各地的地方海关构成的庞大的组织网络。一方面,这些地方海关依据海关的各种训诫、章程和法规并通过与总税务司署的来往通令、公文、半官函、电文等各种信息联络,有着大致相同的组织建构、管理制度,并执行统一的业务活动。另一方面,在不同区域要素的影响制约下,各地海关又由于地理位置的差异、自然禀赋的差异、人文社会环境的差异,以及历史积淀的差异等等区域要素的差异,因而在组织结构、人员配置、功能承担、活动展开等方面均有所差别。更重要的是,它们因此在与地方社会的关系上呈现出差别,对所在区域产生的影响也呈现出差别,

---

① [英]方德万著,姚永超、蔡维屏译:《潮来潮去:海关与中国现代性的全球起源》,太原:山西人民出版社,2017年,第9页。

由此呈现出地方性特色。是故,当我们的目光从全球化转向地方化,即从全球视野转向地方视野时,我们就进入中国近代海关史研究的另一个取向。①

中国近代海关从江海新关创建肇其端,其后逐渐向先后开辟的各个通商口岸扩展,地方海关机构的数量不断增加,至清末已经多达43个地方海关(不包括分关、分卡,下同),2个办事处。进入民国,地方海关虽或撤或设,但总体数量大致保持,1927年为43处,1937年抗日战争前仍为43处,只是至中华人民共和国成立前仅剩23处。详见表1:

表1 中国近代地方海关分布情况表

地区		年份			
		1911年	1927年	1937年	1949年
东南沿海	广东	粤海关(1859)	粤海关	粤海关	粤海关
		潮海关(1860)	潮海关	潮海关	潮海关
		江门关(1904)	江门关	江门关	江门关
		三水关(1897)	三水关	三水关	
		北海关(1877)	北海关	北海关	北海关
		琼海关(1876)	琼海关	琼海关	
		九龙关(1887)	九龙关	九龙关	九龙关
		拱北关(1887)	拱北关	拱北关	拱北关
				雷州关(1936)	雷州关
	福建	厦门关(1862)	厦门关	厦门关	厦门关
		闽海关(1861)	闽海关	闽海关	闽海关
		福海关(1899)	福海关	福海关	
	台湾	淡水关(1862)			台北关(1945)
		打狗关(1863)			台南关(1945)
	浙江	浙海关(1861)	浙海关	浙海关	
		杭州关(1896)	杭州关	杭州关	
		瓯海关(1877)	瓯海关	瓯海关	瓯海关

---

① 地方视野下的海关研究并非仅仅涉及地方海关,但却是以地方海关为主,故本文拟聚焦于地方海关研究的讨论。

续表

地区		年 份			
		1911年	1927年	1937年	1949年
长江流域	江+苏	江海关(1854)	江海关	江海关	江海关
		镇江关(1861)	镇江关	镇江关	
		苏州关(1896)	苏州关	苏州关	
		金陵关(1899)	金陵关	金陵关	金陵关
	江西	九江关(1862)	九江关	九江关	
	湖北	江汉关(1862)	江汉关	江汉关	江汉关
		沙市关(1896)	荆沙关	荆沙关	
		宜昌关(1877)	宜昌关	宜昌关	
	安徽	芜湖关(1877)	芜湖关	芜湖关	
	四川	重庆关(1891)	重庆关	重庆关	重庆关
	湖南	长沙关(1904)	长沙关	长沙关	
		岳州关(1899)	岳州关	岳州关	
华北沿海	河北	津海关(1861)	津海关	津海关	津海关
	山东	东海关(1861)	东海关	东海关	东海关
		胶海关(1899)	胶海关	胶海关	胶海关
西南地区	广西	南宁关(1907)	南宁关	南宁关	
		龙州关(1889)	龙州关	龙州关	龙州关
		梧州关(1897)	梧州关	梧州关	
	云南	蒙自关(1889)	蒙自关	蒙自关	
		思茅关(1897)	思茅关	思茅关	
		腾越关(1902)	腾越关	腾越关	腾冲(1945)
					昆明关(1942)
	西藏	亚东关(1894)			
东北地区	辽宁	山海关(1864)	山海关	山海关	
		安东关(1907)	安东关	安东关	
		奉天关(1907)	奉天关	沈阳关(1929)	
		大连关(1907)	大连关	大连关	

续表

地区		年 份			
		1911年	1927年	1937年	1949年
东北地区	吉林	滨江关(1907)	滨江关	滨江关	
		吉林关(1907)			
		珲春关(1909)	珲春关		
			延吉关(1924)	延吉关	
	黑龙江		瑷珲关(1921)	瑷珲关	
西北地区	新疆				新疆关(1944)

注：1.本表主要依据海关出版物 Service List（《新关题名录》《海关职员题名录》等）相关年份的资料制作。

2.本表只罗列正关（总关），不包括分关（支关）。《题名录》中罗列了部分分关，如东海关的分关龙口关，重庆的分关万县关，津海关的分关秦王岛关（秦皇岛关）等。尽管部分分关在某些年份一度成为正关，但在本表统计年份并非正关，故未列入。另，1937—1949年，由于时局动荡，部分海关旋设旋撤，若未在统计年份存在，也未列入本表。

3.奉天（沈阳）和吉林事实上并没有设立执行征税功能的海关。只是在1907年为设置东北地区海关，赫德将东北地区划分为哈尔滨、吉林、奉天和安东四个海关区，任命葛诺发（俄籍）、克勒纳（英籍）、欧礼斐（英籍）和巴伦（美籍）四个税务司分管。因此在奉天、吉林各设立一个办事处。

4.海关名称后面括号内的数字，表示设关年份。关于晚清设关时间，以往一些资料的记载多有出入。这里系根据笔者的考证确定。请参阅戴一峰：《晚清粤海关（洋关）设立问题考辨》《中国社会经济史研究》，2009年第1期）和《晚清新式海关设置时间考》（《纪念陈诗启先生百年诞辰暨中国海关与中国近代社会学术研讨会论文集》，2015年）。此外，尚有几个海关需加以说明。东海关系登莱青道崇芳于1861年8月22日自行设关征税，1862年1月12日获准，1863年3月23日开始实行外籍税务司管理制度；淡水关系1862年7月18日设关，1863年10月1日实行外籍税务司管理制度；打狗关系1863年10月26日设关，征税事宜由福州、厦门两地海关代理，1864年5月6日开始对外征税。

由表1可见，在中国近代海关建立后的近百年间，海关遍布中国从沿海、沿江到边境的各个地方。若将其分为东南沿海、长江流域、华北沿海、东北地区、西南地区和西北地区6个大区域，那么可以清楚看出，近代海关主要分布于东南沿海、长江流域，其次为东北地区、西南地区和华北沿海,而西北地区仅有迟至1944年才创办的新疆一处。近代海关地方机构的这一扩展历程以及分布,显然是和19世纪中叶以降全球化浪潮席卷下,近代中国的对外开放——不论是被动还是主动,以及区域社会变迁的历程同步的。

  数十处地方海关正关,加上其属下的分关、分卡,散布在中国各地,其重要性毋庸置疑。是故,地方海关史研究,一直是近代海关研究中最活跃的研究领域之一。在地方视野下的近代海关史研究取向,大多聚焦于地方海关的建置沿革、制度变迁以及从事的各种活动。其中最引人注目的研究当属20世纪80年代中叶以来,在海关总署的统一部署下各地海关编撰地方海关志。尤其是1985年8月,中国海关学会成立,次年创刊《海关研究》(内部刊物),不仅建立一支由海关职员组成的研究队伍,而且提供了发表研究成果的园地,从而大大推进了海关史,尤其是地方海关史研究。90年代初一批先行完稿的海关志陆续出版。[①] 这些海关志虽质量参差不齐,但大多能以简洁的文字,较系统地描述了地方海关产生、发展的历史过程,对海关的建置沿革、制度变迁以及开展的各项活动均有或详或略的论述,为进一步深入研究打下良好基础。值得一提的是,作为中国海关学会的组织者之一,已故海关史研究前辈蔡渭洲先生在《中国海关简史》一书中,特辟"各地海关简史"一章,对全国50多个地方海关的建置沿革做了粗线条的勾勒,为学界的进一步研究提供了较清晰的线索。[②] 2012年中国海关学会组织编撰的《中国海关通志》出版,内设"各地海关卷",对各地海关的建制沿革亦有简要叙述,可供参考。[③]

  此外,一批研究地方海关的论著也陆续问世。专著方面,如林仁川对福建海关的研究,王鹤鸣对芜湖海关的研究,胡丕阳和乐承耀对浙海关的

[①] 如:中华人民共和国福州海关:《福州海关志》,厦门:鹭江出版社,1991年;九龙海关编志办公室编:《九龙海关志》,广州:广东人民出版社,1993年;中华人民共和国拱北海关编:《拱北海关志》,北京:海洋出版社,1993年;南京市地方志编纂委员会、南京海关志编纂委员会:《南京海关志》,北京:中国城市出版社,1993年;中华人民共和国厦门海关编著:《厦门海关志(1684—1989)》,北京:科学出版社,1994年;《上海海关志》编纂委员会编:《上海海关志》,上海:上海社会科学院出版社,1997年;等等。

[②] 蔡渭洲编著:《中国海关简史》,北京:中国展望出版社,1989年。

[③] 《中国海关通志》编纂委员会编:《中国海关通志》,北京:方志出版社,2012年。

研究,王文圣对晚清重庆海关的研究,等等。① 至于论文方面,除了各地海关志编写组成员在搜集资料、编写海关志的同时,利用手头资料撰写了一批地方海关历史文章外,另有学者撰文探讨各地海关的历史,包括对租借地海关、东北地区海关、西南边疆海关等一些地位较特殊的海关的考察。② 这些论著,也大多聚焦于地方海关的发生、发展史,聚焦于地方海关的制度变迁。

鉴于近代海关组织网络如此庞大,内部结构和运行机制如此繁复,对地方海关个案的深入考察,显然有助于推进对近代海关整体的综合性研究,深化对近代海关的认知。然而,就地方视野而言,如何探究海关与地方社会的关系及其产生的种种影响,或许是扩展和深化海关研究一个更为重要的研究路径。笔者在20余年前就曾经建议:"将地方海关研究放到区域研究的大框架下,考察地方海关在当地社会结构中的位置,它与地方其他社会组织、机构间的关系,它的主要社会活动与社会功能等。"③此后,部分学者在对近代海关史研究作综述时也大多注意到这一问题,并提出一些建设性的建议。④ 与此同时,关注地方海关与地方社会互动影响的论著也陆续出现。不过,有一点需要明辨的是,相当一部分阐述地方海关与地方社会关系的论著都聚焦于地方海关与地方经济发展的关系,并形成一种大致相同的撰写模式,即从某地开埠设关开始叙述,进而描述此后当地社会经济的发展变化,将其归结为海关的作用与影响。笔者认为,这一撰写模式值得辨析。事实上,就一个地方的开埠设关而言,显然是开埠即该地区的对外开放才是最关键的影响要素。一般而言,地方海关执行海关职责,从事海关业务的合规、合法及廉政与否,以及为商人通关提供便利与否,自然会对当地的社会经济运行产生影响,但这显然不是决定

---

① 林仁川:《福建对外贸易与海关史》,厦门:鹭江出版社,1991年;王鹤鸣:《芜湖海关》,合肥:黄山书社,1994年;胡丞阳、乐承耀:《浙海关与近代宁波》,北京:人民出版社,2011年;王文圣:《晚清重庆海关的历史考察》,合肥:安徽大学出版社,2012年。

② 论文数量较多,恕不一一列举。

③ 戴一峰:《中国近代海关史研究述评》,《厦门大学学报(哲学社会科学版)》,1996年第3期。

④ 参见前文注脚所列研究综述。

性的影响要素。而且,海关在地方的存在对当地经济发展产生的影响是多方面的,远非仅仅促进一途,需要依据史料细心辨析,而不是简单地勾连。

实际上,近代各地海关与地方社会的政治、经济、文化都发生或深或浅的关系。这些关系是通过各地海关与地方政府机构、各种社会团体、社会群体,以及个人间的互动关系发生、演化并产生或大或小的影响。而这些关系又和海关与当地的外籍商人及其群体,当地的外国驻地领事及其群体,以及其他侨民之间的关系交错,从而在当地形成一种特殊的人文生态,影响着当地的社会变迁。本文试以近代厦门海关为例,探究它在嵌入厦门地区社会过程中所显现的若干面相。

在厦门地区,史料表明,近代厦门海关介入当地的多种事务。除了人们比较熟悉的兼管海务、港务、邮政等之外,还参与创办现代教育,参与当地外国侨民居留区或租界的治理,参与当地举办的一些重要活动,尤其是与外事有关的活动等。1898 年,在美国驻厦领事的协助下,由当地 6 个富有的中国商人创办了一所名为"同文书院"的学校。书院实行英语教学,意在为完整的西方教育提供基础知识。头 5 年用英语教授有关阅读、听写、写作、会话、算术、地理和书法等知识,后 2 年添加了历史、英国文学、生理学、天文学、自然地理、地质学、物理学、代数、几何学和汉语等学科的基础知识。该书院的学生大多为准备进入商界的年轻人。他们来自当地社会的中上层,并主要是来自那些从事对外贸易的家庭。1898 年书院有学生 129 名,1899 年增加到 180 名,次年又增加到 253 名。书院经费来自学杂费、道台的资助、私人的捐款和书院基金的利息。值得特别关注的是,按规定,该学校的管理归属一个不超过 9 个中国人和 4 个外国人组成的理事会。美国领事和海关税务司成为理事会的当然成员并分别担任正副主席。所有的外国教师由外国理事们推选,其他职员则由督学任命。[①]

由于厦门地形的特殊性,近代厦门海关洋员大多居住在厦门本岛对

---

① China Maritime Customs. *Decennial Reports: Second Issue, 1892-1901*, Amoy. 转引自戴一峰译编:《近代厦门社会经济概况》,厦门:鹭江出版社,1990 年,第 324 页。

岸的鼓浪屿小岛上。他们和来自各国的侨民一道在鼓浪屿形成一个别具一格的居留地。1886年,由英国驻厦门领事佛礼赐(R. J. Forrest)牵头,在鼓浪屿的外国人成立了一个以"鼓浪屿道路墓地基金委员会"命名的组织,负责按照人头税每人每年5元,人力车每辆每年5元,马每口每年10元,其他车辆税每年10元,墓地每块15元的税收规章,收缴税款,用于修建道路、种植树木、安置路灯、开辟洋人墓地等公共事业,开始执行对鼓浪屿居留地一定程度的行政管理权。时任厦门海关税务司柏卓安(J. McL. Brown)就是该委员会的成员。① 1902年,鼓浪屿被辟为公共租界,厦门海关洋员依然积极参与租界的行政管理事务。1905年10月,以父子两代人均先后服务于中国近代海关闻名的包罗(C. A. V. Bowra),从苏州到厦门出任厦门关税务司,在厦门生活了3年。其间,他就被推举进入鼓浪屿工部局,负责租界巡捕房的警务事宜。此外,他还和美国领事一起,共同担任厦门同文书院的英文培训主任。他时常需要陪同当地政府官员出席各种外事活动。1908年德国海军舰队访问厦门时,照片上可以见到他的身影。他还热衷于参加当地的赛马,曾荣获"阿瓦杯""乐透杯""友谊杯""交流杯""鼓浪屿杯""财务杯""道台杯"等多种奖杯。② 近代厦门海关的海关洋员俱乐部也设在鼓浪屿岛上,内设有撞球床、舞厅、酒吧间等各种娱乐设施,初创时只供厦门海关洋员使用,后来也向洋行职员开放,其中也包括中国人。1924年6月,厦门海关税务司罗祝谢(J. W. Loureiro)在给总税务司的半官函中称:"海关俱乐部经营有方,顾客盈门,在公共生活中作用颇大,深受欢迎。"③

作为体现总税务司意图的地方机构,作为一个由外国人掌权的国际官厅的驻地机构,近代海关的在地化不可避免地要面临与所在地社会群体或个体的利益,以及行为者不同文化背景的碰撞、摩擦,面临着如何协

---

① 余丰、张镇世:《鼓浪屿沦为"公共租界"的经过》,载中国人民政治协商会议福建省厦门市委员会文史资料编辑室编:《厦门文史资料(选辑)(第三辑)》,1980年。

② [英]查尔斯·德雷格著,潘一宁、戴宁译:《龙廷洋大臣:海关税务司包腊父子与近代中国(1863—1923)》,桂林:广西师范大学出版社,2018年,第307~313页。译者将"同文书院"译为"同文馆",有误。

③ 厦门海关档案室编,戴一峰主编:《厦门海关历史档案选编(1911年—1949年)(第一辑)》,厦门:厦门大学出版社,1997年,第196页。

调利益、化解矛盾的行为选择。水海刚以近代厦门海关兼管常关为案例，对厦门海关与厦门商会关系的讨论，给我们提供了一个很好的个案。由《辛丑和约》的签订引起的近代海关兼管常关，是近代榷关体系演化的一个转折点，也是海关权势扩展的一个重要步骤。对此，以往的研究主要聚焦于海关兼管常关方案的提出，围绕海关兼管常关产生的交涉，海关兼管常关的推行过程及其影响。[①] 水海刚则是在地方视野下，聚焦于厦门海关兼管常关、改造常关过程中，在各种利益诉求的驱使下，厦门海关与厦门商人组织间错综复杂的关系，以及这一关系演化的历程与结局。[②] 发生在民国时期的地方名流林尔嘉与厦门海关为地产打官司的诉讼案，则为我们提供了另一个很好的个案。作为曾先后（或同时）出任各种地方与中央要职的地方名流，林尔嘉因民国三年（1914年）向鼓浪屿洪姓购买了鼓浪屿西南隅连接海滩的一片山地建造菽庄花园，与这片山地临海峭壁顶上建有厦门海关税务司公馆的厦门海关围绕山地及所连接海滩的权利归属问题产生争执。争执于民国十八年（1929年）因新任海关税务司侯礼威（C. N. Holwill）带人毁损菽庄花园内新修石桥而激化。林尔嘉散发《为菽庄石桥被毁及私权横受侵害事谨告同胞书》，并将厦门海关告上法庭作为回应。这桩诉讼案从思明地方法院一直打到福建高等法院，不仅牵动了鼓浪屿工部局、鼓浪屿华人议事会和厦门地方政府机构，而且惊动了南京国民政府的财政部和海关总税务司署。最终在厦门海关监督许凤藻的调解下，达成庭外和解的协议。[③] 这桩事件若循着其来龙去脉徐徐展开，可以展示出在全球化浪潮席卷下，在近代中国地方社会变迁的背景下，厦门海关在地化进程中被历史掩藏的许多生动多彩的故事，不失为叙事史学的好素材。

以上对于近代厦门海关与厦门地区社会关系中几个案例的简要描述，显然仅仅呈现出厦门海关在地化过程中的若干面相。由此可见，在地

---

① 参见戴一峰:《论清末海关兼管常关》,《历史研究》,1989年第6期。

② 水海刚:《论近代海关与地方社团的关系——以近代厦门海关兼管常关为例》,《史林》,2005年第2期。

③ 关于这桩案件的前因后果,可以参见连心豪:《菽庄花园与海关税务司公馆讼案始末》,《台湾研究》,1995年第4期。

方视野下,近代海关史研究还有很大的扩展空间。尤其是近年来越来越多的地方海关档案资料不断被挖掘、整理、出版甚至数字化处理,更是为深化地方海关史研究提供了良好的条件和机遇。[①]

四、结语:全球视野与地方视野的并置与交融

所谓视野,原本在于表示肉眼能够看到的空间范围,其后借用于表示人们观察或认识的领域。就历史研究而言,研究视野用于借喻研究者面对研究对象时思考与想象的要素集合。人们自然可以有多种多样的研究视野,各种不同视野也自然有其不同功能特征,适合于不同的研究对象和问题意识,然其间并无优劣、高下之分,全球视野和地方视野也不例外。如果分开来看,全球视野和地方视野各自聚焦于不同的研究空间,服务于不同的问题意识:前者注目于19世纪中叶到20世纪中叶近百年间席卷全球的全球化浪潮,既关注这一波全球化浪潮背后的殖民征服,看到资本建构世界市场的身影,也关注这一波浪潮带来的国际性人口流动,不同的甚至异质的文化间的碰撞与交融,看到它产生的历史遗迹及其彰显的意义;后者则注目于全球化浪潮如何在不同的地方落地、生存和扩展,嵌入当地社会,在与当地社会政治、经济以及文化的摩擦、交锋和反复互动中,改变着当地的历史原貌,结出新的果实。

两种不同视野自然可以分别使用,呈现各自不同的功能。然而,我们面对的历史总是如此的错综复杂,如此的虚实混杂,如此的扑朔迷离。也许我们需要整合两种视野,充分发挥两种视野各自的优势。这并不意味着无论面对什么样的研究对象,我们都简单照搬,而是意味着:当我们采用全球视野时,我们脑海里应当有全球化浪潮在地方卷起波涛回响的图景,以免我们的全球视野误判或落空;当我们采用地方视野时,我们的脑海里应当有全球化浪潮构成、流向的基本图景,以免我们的地方视野因短

[①] 近年来先后有中山大学陈永生主持的2017年度国家社会科学基金重大项目"近代广东海关档案文献整理和数据库建设研究"和湖北大学吴成国主持的2018年度教育部哲学社会科学研究重大课题攻关项目"海内外江汉关档案资料搜集整理与研究"。

视而迷茫。据此,我们或许可以有对研究对象多元面相更全面的把握和认知。就近代海关史研究而言,更是因为当我们在地方视野下考察近代海关在地化进程的各种面相时,我们不能忽视这一进程是在全球化浪潮汹涌翻腾,中外关系激烈动荡的大背景下演化的。

近年来,日本著名中国学家、日本中国近代海关史研究的开拓者滨下武志倡导近代海关史研究应开辟一个新的领域:海关洋员社会生活史研究,他称之为洋员生活志。为了推动这一研究领域的开拓,在他的指导下,由中山大学李爱丽领衔主编,开始出版一套"海关洋员传记丛书"[①]。滨下武志在为这套丛书撰写的总序《海关洋员的生活志与第二代海关史研究》中清晰阐述了开拓这一新的研究领域的意义,即有利于开拓一个全球化与地方化互通交错的近代海关史研究,进而深化中国近代史研究。他指出:"从中国近代史角度看,将全球史与地方史结合起来,是充分利用海关资料展开研究的新课题。"[②] 从本文讨论的研究视野观之,我以为,这一研究领域的开拓不仅有利于我们深入了解和理解近代海关如何嵌入地方社会,而且有利于我们深入认知这一嵌入与全球化浪潮的密切关联。换言之,这是一个有助于全球视野与地方视野交融的广阔研究领域。

进而言之,我们还可以将研究视野扩展到近代海关华员,探究他们的社会生活史。毕竟,在近代中国,这也是一个特殊的群体。如果近代海关确如人们所熟知的是一个"国际官厅""国中之国",或如方德万所言的"边界政权",那么,近代海关华员实际上是处于两种不同的文化环境中,他们如何感受、体悟并因此影响到他们的人生,同样可以从另一个侧面揭示近代海关地方化与全球化的勾连,也可以从一个侧面深化中国近代史的研究。

全球视野与地方视野自然不可能覆盖中国近代海关的所有面相。是

[①] 已出版有:[英]玛丽·蒂芬著,戴宁、潘一宁译:《中国岁月:赫德爵士和他的红颜知己》,桂林:广西师范大学出版社,2017年;[英]查尔斯·德雷格著,潘一宁、戴宁译:《龙廷洋大臣:海关税务司包腊父子与近代中国(1863—1923)》,桂林:广西师范大学出版社,2018年。

[②] [日]滨下武志:《海关洋员的生活志与第二代海关史研究》,"海关洋员传记丛书"总序,桂林:广西师范大学出版社。该文稍加修改,以《海关洋员回顾录和第二代海关史研究》的标题,发表于《国家航海》2016年第3期。

故，我们应当有更多的视野，以及由此形成的研究取向。譬如年鉴学派第二代代表人物布罗代尔所提倡的长时段视野，对于我们更深刻理解近代海关无疑是大有裨益的。在前文提及的《潮来潮去：海关与中国现代性的全球起源》一书中，方德万在"导论"中指出，中国当今经济的高速发展，以及迅速融入以西方主导的国际秩序中，与中国悠久的商业历史密切相关。"当今中国的全球化，也是建筑在那波从18世纪早期起并持续了一个世纪的全球化之上。若继续往前追溯，那一波全球化浪潮又始于明朝对东亚东南亚地区贸易网络的参与。"因此"本书研究的目标之一，是把海关历史放回中国历史和近代全球化的历史当中；或者更广泛地说，是把外国元素带回中国历史"。在作为该书结尾的"后记"中，他再次强调："我的主要用意是把外国元素带回中国近代史自身。"并就此再次指出："一旦扩大我们的视野，这段历史可以被视为中国海洋商业贸易发展史的一部分。"[①]这显然是一个颇具启示意义的思考：即如何在长时段历史视野下，考察和探究不同历史阶段全球化的不同形态、格局与演化趋势，以及它们在中国大地上产生的效应与结果。这可以视作全球视野与长时段视野的巧妙结合。遗憾的是作者并没有对此加以深入阐述。

笔者也曾在前文提及的《跨文化移植：晚清中国海关的制度变迁——中国海关制度史研究之一》一文中，在全球视野和长时段视野下探讨中国海关的制度变迁。在该文的第一节"制度环境与制度变迁：中国海关制度的演化轨迹"中，笔者将海关视为政府管理对外经济关系的一种制度安排，由此阐述了中国海关从朝贡贸易体系制约下的市舶司制度，到月港私人贸易体系制约下的督饷馆制度，再到广州贸易体系制约下的封建海关制度，直到条约贸易体系制约下的近代海关制度。虽然仅是一种粗线条的概述，但表达了对中国海关在几个世纪里，随着中外经贸交通关系的演化而不断演进的基本历史脉络的探究意图，希望由此引出一个全球视野下对海关在更长的历史阶段中身份、地位及其功能的思考，从而深化对近代海关的认知。

[①] ［英］方德万著，姚永超、蔡维屏译：《潮来潮去：海关与中国现代性的全球起源》，太原：山西人民出版社，2017年，第9、417页。

史无定法,这是已故经济史学家吴承明先生的重要学术思想之一。[①] 在吴老看来,方法只是为研究者提供一种认识研究对象的视角和思路。本文所讨论的全球视野和地方视野也同样属于方法范畴。是故,我们选择和运用方法,关键在于适用和融会。更重要的是,我们千万不能让视野的制约妨碍我们对研究对象的全面考察和完整认知。

[①] 参见吴承明:《经济史:历史观与方法论》,上海:上海财经大学出版社,2006年。

二、近代海关的建立及其组织与制度建构

论鸦片战争后清朝中西贸易管理征税体制的变革

一

众所周知,早在康熙二十三年(1684年)清政府在平定台湾,海禁解严之后,便在沿海广东、福建、浙江和江南四省设立了粤、闽、浙、江四个海关,史称四榷关。四个海关属户部管辖,负责广州、厦门、宁波和上海四个口岸"海洋贸易"的管理征税事宜。然至乾隆二十二年(1757年)清政府为抑制西方商人扩大北方口岸贸易的企图,下令西洋船只"止许在广东收泊交易",[①]把中西贸易限于广州一口。此后,清政府对中西贸易的管理征税渐形成一套完整的制度,即粤海关制度与公行制度,西人称之为"广州通商制度"。

广州通商制度本质上乃是封建政治权力与封建垄断商业资本结合的产物。它在运行机制上的突出特点之一,便是粤海关和公行的双重架构:粤海关主要负责稽查征税,造册报解;公行则负责担保外商,代外商报关纳税,并管束外商的居留行为,成为清政府与外商的中介。

尽管清政府实行广州通商制度带有防范、抵制外商侵略的目的,体现了清政府以官制商、以商制夷的驭夷制夷政策,但由于这一制度本身的腐败与落伍,它并未能有效防范和抵制外国入侵。早在鸦片战争前,外商便利用海关官员的贪污腐败,管理无力,公然走私漏税、贩卖鸦片,使清政府

[①] (清)王先谦撰:《东华续录(乾隆朝)》,卷四十六,乾隆二十二年十一月戊戌,清光绪十年刻本(影印本),第53页。

的种种贸易限制形同具文。①而行商也因"行欠"累累而堕落为外商的依附。中西贸易支配权已落入外商手中,公行制度濒临崩溃边缘。②

鸦片战争后,中西贸易关系发生了极大变化。《南京条约》等一系列不平等条约的签订,意味着清政府中西贸易管理征税旧体制的解体,取而代之的是一个新的管理征税体制。其主要内容为:

第一,开放广州、福州、厦门、宁波、上海等五处港口,废除公行制度,允准外商前往各通商口岸"勿论与何商交易,均听其便"③,并由外国政府在各通商口岸设立领事官,管理外国商人,负责监督外商船只的报关、结关及交纳税饷等事宜。外商船只进港后,将船牌、舱口单、报单等交领事查阅收贮,再由领事行文通知该口海关,以凭抽验。进口卸货和出口下货之日,外商先期通报领事,由领事转报海关"公同查验"。遇到海关人员与外商对验货发生争执,亦由领事出面干预、核断。外商船只运货进口或贩货出口,在交纳税饷后,由海关发给完税红单。外商将完税红单交领事验明,方准发还船牌,令行出口④。

此外,中英签订的《五口通商章程》等条约中还约定,由英国领事担保英国船只,并协助海关稽查走私,对来往各口之英商"加意约束,四面察看,以杜弊端"⑤。

第二,废除粤海关关税制度,建立了协定关税制度。按1842年签订的中英《南京条约》规定:"应纳进口,出口货税,饷费,均宜秉公议定则

---

① 参阅[英]格林堡著,康成译:《鸦片战争前中英通商史》,北京:商务印书馆,1961年,第38~46页。
② 参阅汪敬虞:《十九世纪西方资本主义对中国的经济侵略》,北京:人民出版社,1983年,第33~43页。
③ 王铁崖编:《中外旧约章汇编(第一册)》,北京:生活·读书·新知三联书店,1957年,第31页。
④ 王铁崖编:《中外旧约章汇编(第一册)》,北京:生活·读书·新知三联书店,1957年,第40~42、51~56、58~64页。
⑤ 王铁崖编:《中外旧约章汇编(第一册)》,北京:生活·读书·新知三联书店,1957年,第43、47页。

例。"原不含有双方协议制定税则之意①。但在1843年中英谈判《五口通商章程》,实际制定税则时,税则是先由英方代表团的中文秘书罗伯聃(Robert Thom)提出的。清政府谈判大臣耆英等人除了对少数几项货物的税率做了修改外,几乎全部接受下来。这就在实际上默认了协定税则原则②。以后1844年的中美《望厦条约》才明确规定:"倘中国日后欲将税则变更,须与合众国领事等官议允",中法《黄埔条约》则规定:"如将来改变则例,应与佛兰西会通议允后,方可酌改"③,从而把协定税则制度以条约形式确立下来。

上述可见,鸦片战争后,原清朝中西贸易管理征税体制中的粤海关与公行这一旧的双重架构,已被通商五口海关与领事这一新的双重架构所取代。在新的管理征税体制中,各口海关的管理征税大权已很大程度上受到领事监督制度的制约,同时也受到协定关税制度的制约。如果说在鸦片战争前清朝中西贸易管理征税体制中,粤海关与公行相比居主导地位,那么在鸦片战争后的新体制中,则是领事与海关相比居主导地位,这便给新体制盖上明显的半殖民地化印记。是故,《南京条约》的炮制者朴鼎查对领事监督制度很是满意,认为"只有凭借这种经常的监督和必要的干涉,才能防止流弊"④。

至于清政府,在重建中西贸易管理征税体制时,除了天朝威仪之外,更多的是注目于赔款的着落、关税的盈绌。⑤ 这显然反映了清政府自道光朝以来,财政日益陷入困境的景况,因而清政府对领事监督制度的侵权

---

① 参见 China Maritime Customs. *Treaties, conventions, etc., between China and Foreign States*(《中外条约汇编》中英文对照本). Shanghai: Order of the inspector general of customs. Vol.1, 1917, p.55.

② [英]莱特著,姚曾廙译:《中国关税沿革史》,北京:生活·读书·新知三联书店,1958年,第8页。

③ 王铁崖编:《中外旧约章汇编(第一册)》,北京:生活·读书·新知三联书店,1957年,第51、59页。

④ [英]莱特著,姚曾廙译:《中国关税沿革史》,北京:生活·读书·新知三联书店,1958年,第88页。

⑤ 参阅齐思和等整理:《筹办夷务始末(道光朝)》(第五册),北京:中华书局,1964年,卷五十八,第2262页,卷五十九,第2278页,卷六十七,第2647页。

实质并不关切。道光帝在批阅耆英等送呈的《南京条约》草稿时,虽对废除行商一节"有无窒碍渐滋流弊之处"感到忧虑,令"再行妥议具奏"[①],但这里更多是对废除行商,清政府便因而失去驭制外国商人之中介的顾虑。因而,当耆英等人与英方签订了《五口通商章程》,军机大臣穆彰阿等奏称领事监督制度是以领事取代行商"以专责成"时,道光帝也便释然依议了[②]。而几年后,耆英在一份奏折中更声称:由于夷商赴关纳税,统由领事担保,"不惟书役无从染指,即洋商亦无从分肥"[③]。把领事监督制度视同制止海关人员贪污中饱积弊之良方。这充分反映出,鸦片战争后,清政府在废除公行的新情势下,对管束外商,制止走私及防范海关流弊已计无所出,不得不依赖外力以保全税饷。

二

除了上述领事监督制度的建立、协定关税原则的确立外,鸦片战争后,为了适应中西贸易扩展到通商五口的新局面,清政府对五口海关的行政机构、税收结构、报解制度等也做了一些相应的调整、变革。主要有以下几方面:

第一,海关行政机构的变化。这一变化主要表现在两方面:一是海关行政管理上负责对外贸易征税与负责民船国内贸易征税两个部门的分离;一是稽查机构的添设与人员设备的扩充。这一变化在各通商口岸情况多有差异。

变化最大、最明显的是上海海关。护理两江总督江苏巡抚孙善宝等在上海开埠的半年后所奏,则称:"上海大关,设立上海小东门外,向系查

[①] 齐思和等整理:《筹办夷务始末(道光朝)》(第五册),北京:中华书局,1964年,卷五十九,第2278页。

[②] 齐思和等整理:《筹办夷务始末(道光朝)》(第五册),北京:中华书局,1964年,卷六十七,第2647页。

[③] 两广总督耆英等片"各关征收夷税请暂缓定额",道光二十六年九月初四日,见"中央研究院"近代史研究所编:《道光咸丰两朝筹办夷务始末补遗》,台北:台湾"中央研究院"近代史研究所,1982年,第163页。

验内地商船,各该船即在关前,分帮停泊,兹与外夷通商,未便令其停泊一处,致滋拥挤。经该道勘定,离关二里路之杨泾浜以北,新设盘验所一处,专查各国商船货税。即令各该国商船,在于该所前停泊。庶使内地与外夷各船,不相混淆,便于稽查。"①可见上海开埠后,上海地方当局便有"新设盘验所一处,专查各国商船货税"之举。这是海关机构内部两个不同职能部门分离的肇端。

1845年,上海英领事巴富尔(Balfour, Sir George)诱骗上海道台宫慕久签订了《上海土地章程》,在洋泾浜北建立了英租界。不久又诱使宫慕久在位于英租界外滩中心区的一个大庙里,设立了一个独立的海关,"专司西洋各国商船税务",时称"新关"②,"并设南北两卡,以资稽查"③。至此,江海关便完全分离成两个部门:一为江海大关,一为江海新关。"二关税钞额则支款,定章各判。"④

此外,由于上海辟为通商口岸后,原"产自浙江"的湖丝绸缎"既准与英商交易,并准由海出运"。商人自不必远道广州,而改运上海,"但其间水路纷歧,诚恐奸商绕越走私"。苏松太道宫慕久便"在于南黄浦、杨泾浜、新闸、温草浜,专设卡房巡船,派拨书役,认真巡察"⑤。

---

① 护理两江总督江苏巡抚孙善宝等奏"请准于上海添雇人役并增设税所卡巡",道光二十四年三月十九日(三月初五日发),见"中央研究院"近代史研究所编:《道光咸丰两朝筹办夷务始末补遗》,台北:台湾"中央研究院"近代史研究所,1982年,第84页。

② 关于新关建立年份,有三种不同说法:(1)1845年,除Wright(魏尔特)外,汤志钧亦持此说,见Wright S. F.. *Hart and the Chinese Customs*. Belfast: William Mullan and Son, 1950, p.75;汤志钧主编:《近代上海大事记》,上海:上海辞书出版社,1989年,第24~25页;(2)1846年,见(清)应宝时修,(清)俞樾纂:《同治上海县志》,卷二,《海关》,清同治十一年刻本(影印本),第14页;(3)1848年,见海关出版物 Inspectorate Series, No.5, *Memorandum on the Establishment of the Imperial Maritime Customs at Shanghai in 1854*, by George Lanning. Shanghai, 1915。

③ (清)应宝时修,(清)俞樾纂:《同治上海县志》,卷二,《海关》,清同治十一年刻本(影印本),第18页。

④ (清)应宝时修,(清)俞樾纂:《同治上海县志》,卷二,《海关》,清同治十一年刻本(影印本),第14页。

⑤ 护理两江总督江苏巡抚孙善宝等奏"请准于上海添雇人役并增设税所卡巡",道光二十四年三月十九日(三月初五日发),见"中央研究院"近代史研究所编:《道光咸丰两朝筹办夷务始末补遗》,台北:台湾"中央研究院"近代史研究所,1982年,第84页。

海关机构的分化、扩充，自然使人手的增加、设备的添设成为必需。据前举孙善宝等人所奏，则上海开埠时，江海关"原额舍人五十六名，分设一十九口"。由于"新设盘验所，稽查货税，签量书算，在在需人，若于原额中拣选拨充，窃恐顾此失彼"，故奏请添设人手，计"添雇舍人六名，以便查验货税，签量书算；添派家人三名，专司稽查；并雇募提舱手四名，走看栅夫、更夫各二名，饭夫、水火各一名，分司其事。又关科须雇募贴写四名，每日登记货税银数，月季造册呈报"，还"应设巡船二只，酌派巡役八名"。此外，在上述新设税卡中，南黄浦设巡船一只，巡役四名；杨泾浜设巡船一只，巡役二名。新闸设巡船二只，巡役六名；温草浜设巡船一只，巡役四名。①

据广州英领事巴夏礼（Harry Parkes）所载，则鸦片战争后，粤海关机构也出现了类似上述江海关的那种分化。巴夏礼在其写于1854年9月的一份有关报告广东粤海关情况的备忘录中说：对外贸易的征税事宜已交由海关的一个部门来负责。该部门与负责国内贸易征税事宜的海关部门相互分离，截然不同。这两个独立的征税部门是按照完全不同的规章制度工作的。前者必须向清政府呈报征收各种税课的详细账目，后者则只需按定额向清政府报解税课；前者受与列强签订的条约所制约，后者则任凭海关监督自行其是②。由此观之，粤海关机构已出现分化，但尚未像江海关那般彻底分化，另立新关机构。此外，我们尚需指出，巴夏礼的上述记载并未能为其他史料所证实。相反的，就鸦片战争后，洋关建立前历任粤海关监督的奏折观之，其洋税（时称夷税）和常税并未分开报解，而是合而为一③。巴夏礼的说法尚待进一步考查。

除上海、广州外，关于福州、厦门和宁波，我们至今尚未见到有关其海关机构分化为二的记载。这大概与鸦片战争后这三个口岸中西贸易开展

---

① 护理两江总督江苏巡抚孙善宝等奏"请准于上海添雇人役并增设税所卡巡"，道光二十四年三月十九日（三月初五日发），见"中央研究院"近代史研究所编：《道光咸丰两朝筹办夷务始末补遗》，台北：台湾"中央研究院"近代史研究所，1982年，第84页。

② Wright S. F.. *Documents Illustrative of the Origin, Development, and Activities of the Chinese Customs Service*. Vol. Ⅵ. Shanghai: Statistical Department of the Inspectorate General of Customs, 1938, pp.57-58.

③ 可参阅《道光咸丰两朝筹办夷务始末补遗》中的各有关奏折。

不顺畅,进展甚微有关①。不过,由这三个口岸海关的夷税和常税均是分开征收报解的这一点来看(详见下文),则其海关机构在征收对外贸易税课与征收国内贸易税课上已有明确分工,是不难推测的。

至于海关机构的扩展,则福州一口,自1853年后,由于茶叶出口贸易飞速发展,情况有所改观。据1856年福州将军兼闽海关监督有凤奏称:"闽海关福州一口,自咸丰三年间,暂弛茶叶海禁,所有华夷商人来闽,日见稠密。而该处港汊,本极纷歧,复加夷情诡谲,每乘夜潮盛涨,则乘机偷越,虽经侦获惩办,无如此拿彼窜。"②可见随着茶叶贸易开展,外商走私偷漏猖獗。为此,有凤商同闽浙总督王懿德、福建巡抚吕佺孙,于二月间,"在于离税关二十里之外林浦地方,扼要设立验卡,并添派文武员弁,会同督征委员,带同水师兵船,常川驻守,严密梭巡,堵截盘验"③;五月间,又"在阳歧五通地方,添设验卡,加派哨船,协同梭巡,以杜偷漏"④。此为福州海关机构扩充的大致情形。

第二,海关关税征解制度的变化。鸦片战争后,由于开放五口通商,原无西洋贸易的福州、厦门、宁波、上海等四口也开始与西洋各国通商,征收"西洋各国货税"。耆英等人认为"闽、浙、江苏所收英吉利等西洋各国货税,皆由粤省分出",故此后粤海关的税收会有所短绌,而其余四口海关税收则会有所增加⑤。因而耆英等人于1843年7月24日上奏"通筹沿海

---

① 参阅拙作《五口通商时期的福建对外贸易》,《福建论坛》,1988年第1期;另宁波情况可参阅[美]马士著,张汇文等译:《中华帝国对外关系史(第一卷)》,北京:生活·读书·新知三联书店,1957年,第404~405页。

② 福州将军兼管闽海关有凤等奏"福州口岸设立验卡征收夷税",咸丰六年八月十一日,见"中央研究院"近代史研究所编:《道光咸丰两朝筹办夷务始末补遗》,台北:台湾"中央研究院"近代史研究所,1982年,第403页。

③ 福州将军兼管闽海关有凤等奏"福州口岸设立验卡征收夷税",咸丰六年八月十一日,见"中央研究院"近代史研究所编:《道光咸丰两朝筹办夷务始末补遗》,台北:台湾"中央研究院"近代史研究所,1982年,第403页。

④ 闽浙总督兼署闽海关王懿德片"福厦两口征收夷税数目及福州口岸添设验卡征收税课情形",咸丰六年十二月初二日,见"中央研究院"近代史研究所编:《道光咸丰两朝筹办夷务始末补遗》,台北:台湾"中央研究院"近代史研究所,1982年,第407页。

⑤ 齐思和等整理:《筹办夷务始末(道光朝)》(第五册),北京:中华书局,1964年,卷六十七,第2676页。

二、近代海关的建立及其组织与制度建构

五关收税并解支禁革各事宜",对原海关关税征解制度做了部分调整与改革,其主要内容如下述两条:

一是夷常两税分别征收报解。为了解决五口通商后,粤海关"照旧征解,势有所难"的问题,耆英等人在上述奏折中提出,"粤海关原定税额,应暂归五口匀摊"。具体办法是"此后粤海关如有征不足数,应请暂于福州、厦门、宁波、上海四关所征西洋各国货税内拨补足数,即由各海关径自报拨"①。为此,耆英等人于1843年10月20日又奏称"所有本年上海等四关开市以后,所征西洋各国税银,应与粤海关一体以道光二十四年正月二十五日为截数之期,将征收数目咨会粤海关查照"②。于是"福州、厦门、宁波、上海四处,通商所征夷税,统归粤海关汇核具奏"③。此后,"海关征收夷税、常税,分而为二"④,并分别报解。

二是五口海关夷税支解不定额。清朝海关关税支解,原均有明定税额,是为海关报解中央税款的最低限额。各关税额多寡不等,且自设关以来,多有变动。鸦片战争后,耆英等人于1843年7月的上奏中提出:"查西洋各国货税,本为福州、厦门、宁波、上海四关所无,现在甫准通商,其贸易之衰旺,难以悬拟,税额即难定准。至粤海关将来能否征足旧额,亦不能预定。"因而,"五口征收西洋各国税额,应请试行三年","俟三年后,察看五口每年可征税银各若干,比较准确,再将粤海关原额银八十九万九千六十四两,分款科算,匀归五口,作为定额,如有赢余,仍以额外赢余报拨"⑤。

但试行三年后,耆英等人又于1846年9月上奏提出:"试办三年期满,察看情形,尚难遽行定额"。原因是:其一,试行三年中,粤海关"递年所征银数,均在二百万两以上","不但有盈无绌抑且多至逾倍",故粤海关"原定税额,自可毋庸匀归各口分摊"。其二,各口按新例所征关税数额,

---

① 齐思和等整理:《筹办夷务始末(道光朝)》(第五册),北京:中华书局,1964年,卷六十七,第2677页。
② 齐思和等编:《第二次鸦片战争(一)》,上海:上海人民出版社,1978年,第37页。
③ 齐思和等编:《第二次鸦片战争(一)》,上海:上海人民出版社,1978年,第358页。
④ 齐思和等编:《第二次鸦片战争(一)》,上海:上海人民出版社,1978年,第356页。
⑤ 齐思和等整理:《筹办夷务始末(道光朝)》(第五册),北京:中华书局,1964年,卷六十七,第2677页。

增减不定，互有盈绌，"未便仅据现在情形，将各口税数遽行定额，至滋窒碍"。其三，"关税定额，原所以预防亏短，以便按数罚赔"，而今五口收税，核计比原粤海关额"增至加倍不止，即暂缓定额，亦不致有亏短之虞"。其四，"番船进口贸易，与华商迥不相同"，"夷商赴关纳税，亦与华商迥不相同"，因而"即使尽收尽解，亦可无虞弊溷"[①]。

此后，五口海关所征西洋各国关税（即夷税）再也不见有定额。魏尔特（即莱特）在《赫德与中国海关》及《中国关税沿革史》等书中均称：根据旧例，上海海关应报解北京最高当局每年的关税定额，是依照上海道台账面记录的最初六年，即1843—1849年的税收数字牵算制定的[②]。但据现有史料观之，江海关征收的夷税每年均是尽收尽解的，从未见有所谓定额[③]。魏尔特的说法不确。

第三，海关税收结构的变化。鸦片战争前，粤海关征收的税课，除船钞、货税等正税外，尚有分头、担头、挂号、规礼、耗羡等多种杂税及杂税外各项收入。可谓名目繁多，异常混乱，外人难知其详。鸦片战争后，由于受"新定则例"限制，耆英等人奏准"无分正耗杂款，归作一条编征……所有节次归公案内杂项名目，无论现在已未查明，应请一概删除"[④]。于是海关征收西洋各国税课便仅有进出口税和船钞三大项。

此外，由于开放五口通商，原华商由内地运往广州的货物"自必各趋近便"转运其他口岸。因此，经耆英奏准后清政府规定"嗣后凡内地客商，贩运湖丝前赴福州、厦门、宁波、上海四口与西洋各国交易者，均查明赴粤

---

① 两广总督耆英等奏"征收关税试办三年尚难定额"，道光二十六年九月初四日（七月二十八日发）；两广总督耆英等片"各关征收夷税请暂缓定额"，道光二十六年九月初四日，见"中央研究院"近代史研究所编：《道光咸丰两朝筹办夷务始末补遗》，台北：台湾"中央研究院"近代史研究所，1982年，第161~163页。

② Wright S. F.，*Hart and the Chinese customs*. Belfast: William Mullan and Son, 1950, p.110. [英]莱特著，姚曾廙译：《中国关税沿革史》，北京：生活·读书·新知三联书店，1958年，第125页。

③ 参见：太平天国历史博物馆编：《吴煦档案选编（第六辑）》，南京：江苏人民出版社，1983年，第81页；《道光咸丰两朝筹办夷务始末补遗》中江海关监督历年报解关税的奏折。

④ 齐思和等整理：《筹办夷务始末（道光朝）》（第五册），北京：中华书局，1964年，卷六十七，第2677页。

路程,少过一关,即在卸货关口补纳一关税数,再准贸易,如有偷漏,照例惩办"[①]。此项税收,以江海关为多。据江海关监督奏报,则该关道光二十四年份(1844年3月15日—1845年3月1日)所征"内地商人补纳三关湖丝税银"计一万五千余两[②]。

上述可见,鸦片战争后清政府对原封建海关所做的调整与改革虽带有防范走私偷漏的积极意向,但其核心则在于摊分、增加税课,以解决由于战争而加剧了的财政危机。对海关的用人制度、财务制度等严重弊端则毫无触动,几乎一成不变地保留下来。

综观全文,我们不难看出,鸦片战争后,由于不平等条约的签订,清朝中西贸易管理征税新体制已在很大程度上受制于侵华列强势力,即带有半殖民地色彩。清政府虽然迫于局势的变化,对沿海封建海关采取了若干调整改革措施,但却没有触动封建海关的根本弊病,没能改变封建海关腐败、落后的状况。这一管理体制自然无力抵挡西方商人走私偷漏、非法贸易的恶浪,且成了侵略者进一步攫取海关行政管理大权的口实。封建海关最终被列强控制的洋关所取代。这是历史的教训。

[①] 齐思和等整理:《筹办夷务始末(道光朝)》(第五册),北京:中华书局,1964年,卷六十七,第2679页。

[②] 署理江苏巡抚江宁布政使陈继昌奏"江海关征收西洋各国税钞与内地丝商补纳税银",道光二十五年四月十二日(三月二十七日发),见"中央研究院"近代史研究所编:《道光咸丰两朝筹办夷务始末补遗》,台北:台湾"中央研究院"近代史研究所,1982年,第110页。

近代洋关制度形成时期清政府态度剖析

中国近代洋关制度,即外籍税务司制度的形成,无疑与侵华列强为摆脱五口通商时期中西贸易困境、扩大侵略的要求密切相关,留着深刻的侵略印记。对此,学界已做了大量的披露、剖析。但近代洋关制度的形成,以《天津条约》附约《通商章程》的签订为界,经历了两个明显的阶段,其间清政府的态度发生了微妙的变化,对洋关制度的形成起了推波助澜的作用。对此,学界则长期未给予充分注意。本文意在对此详加申论,以期对近代洋关制度形成这一重要历史问题,有更深入的认识,并借此加深对中国近代史若干问题的认识。

一、上海洋关的建立与清政府的反应

由于第一次鸦片战争后中西贸易发展状况远不能满足列强的侵略要求,自19世纪40年代末起,以英国为首的侵华列强便制造种种舆论,殚精竭力于扩大侵华权益,企图加强对清政府的有效监督与控制。1854年上海洋关的建立,便是这一侵略要求的直接产物。盘踞海关总税务司要职长达近半个世纪的赫德在其一份备忘录中也不得不承认:"就其起源和主要预期的目的而言,(上海洋关)税务管理委员会与其说具有中国机构的性质,还不如说具有外国机构的性质;简言之,它是一项外国政府的措

二、近代海关的建立及其组织与制度建构

施,而不是渊源于中国当局的。"①

因而,上海洋关的建立,就清政府而言,是事出无奈、被迫就范的。事实上,在上海洋关建立前,上海地方官员曾为恢复中国海关征税权力而做了种种努力,但由于英、美、法三国领事的竭力阻挠、破坏,这些努力都失败了。面临农民起义沉重打击,军需孔急的清朝官员,最终屈服于侵略者的淫威和利诱之下。1854 年 6 月,两江总督怡良派遣苏松太道兼江海关监督吴健彰,与三国领事在昆山举行会谈,签订了建立上海洋关的协议。自清末便进入洋关工作的英人魏尔特对此评论道:"道台自然不热心于外国人监督关务的建议,但为了欠税这个诱人的钓饵,为了拒不接受建议将只会意味着贸易和航运管理方面的绝对无政府状态和税收的全部损失,他屈服了。"②这是公允之论。

上海洋关建立后,在外国商人、领事及政府间曾产生了一场轩然大波,引发了持续不断的争论,出现了反对与支持两派对峙的局面。相比之下,清政府方面的反应似乎微弱得多。但就目前所知的史料观之,我们仍可见到两种不同的态度。

我们先看看地方官员的反应。以上海为中心的江浙一带,当时是清政府与农民起义军激烈对抗、争战的主要地区,也是外商猬集、中外交涉最频繁的地区。正是在这里,处于对农民起义军作战第一线及与外国商人、领事频繁打交道的地方官员,对侵略者的态度逐渐起了变化。时任江苏巡抚的吉尔杭阿便是其典型代表之一。

1854 年 11 月,吉尔杭阿上奏宣称:"窃惟驭夷之道,惟有饮遵节奉谕旨,坚持成约,示之以信,析之以理,抚之以恩三者而已,舍此实无善策。现在夷人所称助我驱贼,原难深信,而关税则确有可征。"这里所谓"关税则确有可征"指的便是上海洋关开关征税一事。吉尔杭阿接着奏道:"计

---

① "1864 年 11 月赫德关于中国洋关创办问题备忘录",见 Wright S. F.. *Documents Illustrative of the Origin, Development, and Activities of the Chinese Customs Service*. Vol. Ⅵ. Shanghai: Statistical Department of the Inspectorate General of Customs, 1938, p.187.

② [英]莱特著,姚曾廙译:《中国关税沿革史》,北京:生活・读书・新知三联书店,1958 年,第 114 页。

自六月十八日开关起,现在适值旺月,已征收新税银四十余万两。夷税之外,别无他款可筹,深恐该酋等借端起衅,仍如文翰所为,抗税不交,则不但上海一营立即断饷,即金陵、京口红单船等营,亦皆无可协济。"①由此足见上海洋关开办后税收增加对解决江南一带军饷所需之重要性,以及由此对地方官员产生的心理影响。而吉尔杭阿也因此对上海洋关的建立一事采取了赞许和支持的态度。

事实上,正是吉尔杭阿,在1855年5月威妥玛辞去上海洋关外籍税务委员一职时,竭力向上海英领事阿礼国和英公使包令举荐因充任翻译官而和他交往甚密的李泰国接任该职。而李泰国也因此战胜了他的竞争对手,于6月11日被任命为上海洋关的外籍税务委员。②

与上海相比,其他通商口岸的情况则大不相同。在广州,两广总督叶名琛拒绝了英国公使包令提出的,在广州建立一个类似上海的洋关机构的要求。③ 在福州,包令也屡次"以上海地方已设立司税官,代为稽查税务,并代征税银,于事甚为有益,请福州关口照依办理"④,但遭到福州将军有凤和闽浙总督王懿德的严词拒绝。有凤等上奏声称:"第思关税一事,既归臣将军衙门兼管,此时若听其添设司税官,夷情叵测,利之所在,难免不生觊觎。况该夷议请设官,而又不归臣等管束,来去听其自如,作伪不能过问,即所用之夷人,亦不容臣等查察,设或滋生事端,咎将谁诿。"⑤由此观之,广州、福州的地方官员都明确反对仿照上海,在本地建立洋关。但我们尚需指出,事实上,其他通商口岸的地方要员对上海洋关建立一事知之甚少。如福州将军有凤等人在其奏折中便声称:"但未知上

---

① 中华书局整理:《筹办夷务始末(咸丰朝)》(第一册),北京:中华书局,1979年,卷九,第348~349页。

② [英]莱特著,姚曾廙译:《中国关税沿革史》,北京:生活·读书·新知三联书店,1958年,第126页。

③ Wright S. F.. *Hart and the Chinese Customs*. Belfast: William Mullan and Son, 1950, p.117.

④ 中华书局整理:《筹办夷务始末(咸丰朝)》(第二册),北京:中华书局,1979年,卷十三,第462~463页。

⑤ 中华书局整理:《筹办夷务始末(咸丰朝)》(第二册),北京:中华书局,1979年,卷十三,第462~463页。

海从前如何设立？此时欲令福州仿照而行，臣等断不敢轻许，致紊关政。"①此时离上海洋关建立，已有两年之久了。

再看清廷的态度。对于上海建立外国人管理的洋关一事，清廷的态度是暧昧不清的：既无明确赞许，又无明确反对。这固然与有关官员在很长一段时间里一直未将此事详情奏报有关。1854年8月8日，距上海洋关开关不到一个月，两江总督怡良在上奏中引美国公使麦莲的照会称："所有上海税务，已委领事官会同苏松太道办理妥善，嗣后必当严饬本国商民，恪遵条约。"②对苏松太道与领事官订立协议，延用外国人帮办税务一事，则只字不提。三个月后，当英国公使包令在一份照会中又提及上海建洋关一事时，吉尔杭阿上奏多方掩饰，称："又（照会中）关道与各领事官，按约酌议更正事款之句，似指上海失守后，文卷遗失，另设新关稽征夷税，偶有与原约未符之处，悉行照章更正而言。"③其仍闭口不谈延用外国人之事，但清廷居然对此蛛丝马迹不加深究。即便在上述福州将军有凤等人的奏报中，已将上海建立洋关一事挑得很明了，皇帝在朱批中亦仅对福州的仿行表示反对，而对上海一事则不置可否。④ 这便不是上海地方官员的隐瞒不报可以解释的了。

清政府的态度应当放到当时的历史大背景下加以考察。我们知道，从上海洋关建立到第二次鸦片战争爆发，这是中西关系史上一段非常的时期，西方列强与清政府相互间处于一种微妙、复杂的关系中。西方列强一方面确立了扶植清政府，以便通过清政府攫取更多侵华权益的对华政策，频繁进行所谓"修约活动"；另一方面又为了对清政府施加压力，迫使清政府做出更大让步，在清政府与农民起义军的对抗中打起了虚伪的中立旗号。而清政府面对列强的索取与中立，充满了疑惧，一方面对列强的

---

① 中华书局整理：《筹办夷务始末（咸丰朝）》（第二册），北京：中华书局，1979年，卷十三，第462~463页。
② 中华书局整理：《筹办夷务始末（咸丰朝）》（第一册），北京：中华书局，1979年，卷八，第292页。
③ 中华书局整理：《筹办夷务始末（咸丰朝）》（第一册），北京：中华书局，1979年，卷九，第349页。
④ 中华书局整理：《筹办夷务始末（咸丰朝）》（第二册），北京：中华书局，1979年，卷十三，第463页。

修约要求采取回避、拒绝的态度,另一方面又担心列强与起义军"阴为勾结",不敢贸然得罪列强,"激生事端",因而对列强只求"设法羁縻,妥为控制"。① 这就决定了清政府一方面反对在各口建立洋关,一方面却又对已建立的上海关不加追究,听之任之。

总之,在第二次鸦片战争前,对上海洋关持赞许、支持态度的只是江浙一带的少数官员,尚不成气候。但此后随着局势的发展,这类官员的势力日渐扩大,影响也日渐扩大,对洋关的赞许与支持,日渐成了清政府的主导思想。也正是在此期间,清政府开始在延用外国人充任税务司,建立洋关一事上加入自己的意图。

二、《通商章程》的签订与清政府态度的变化

1858年11月,中英双方在上海签订了《通商章程》。该章程第十款规定:通商各口收税事宜应"各口划一办理","任凭总理大臣请英人帮办税务并严查漏税,判定口界,派人指泊船只及分设浮桩、号船、塔表、望楼等事,毋庸英官指荐干预。"② 中美、中法的《通商章程》均依此做了同样规定。对此,有两点值得特别加以注意的。其一,以往学界多把这一规定视为中国近代海关外籍税务司制度形成的条约依据,似不甚准确。事实上,统治中国海关长达近百年的外籍税务司制度,是在实施这一条约过程中逐渐形成的,它和条约的规定已有很大不同。其二,中英《通商章程》全然出自充任上海外籍税务监督已有三年之久的李泰国之手,它充分反映了列强的侵略意图,自不待言。但若细加考察,则不难发现,这一规定也部分反映了清政府的某些意图。

早在《通商章程》签订前,清政府的谈判大臣、新任两江总督何桂清便上奏声称:"臣查上海之驾驭外夷也,向皆顺其性而驯之……故十余年来,

---

① 中华书局整理:《筹办夷务始末(咸丰朝)》(第一册),北京:中华书局,1979年,卷七,第253页。

② 王铁崖编:《中外旧约章汇编(第一册)》,北京:生活·读书·新知三联书店,1957年,第118页。

二、近代海关的建立及其组织与制度建构

相安无事。各夷商无不乐出其途,遂为该夷精华荟萃之地。"① 这是对上海地方官员妥协政策的肯定与颂扬,其中自然包括上海洋关的建立一事。故何桂清进而奏称,李泰国自咸丰五年(1855年)续威妥玛任外籍税务监督后,"为我稽查偷漏。是以近年夷税,转开市之初加增三四倍"②。这是明确肯定延用外籍税务监督人员之成效。《通商章程》签订后,清政府谈判大臣桂良、花沙纳、何桂清等要员在奏报谈判结果时,对呈览的《通商章程》第十款做了如下按语:"江海关于咸丰四年照会英酋,自择英酋一人,给予辛工,帮办关务、稽查偷漏以来,税课加增,著有成效。今拟各口一律照办,由总理通商大臣自择,不准夷酋荐引。庶久暂去留,均听我便。外夷之虚实举动,亦可稍知梗概。"③ 这一按语无疑透露出如下信息:第一,清政府要员对上海的外籍税务监督制度已给予充分肯定,并赞同把这一制度推行到各通商口岸;第二,清政府要员认为,推行这一制度有如下两个好处:一是制止走私偷漏,增加税课,二是能察知外夷之虚实举动。这便是《通商章程》第十款所透露出的清政府的意图。对此,新任苏松太道兼江海关监督吴煦在几个月后所上的一份"呈江海新关延用外国人为司税帮办税务缘由节略"中表露得更淋漓尽致了。

吴煦在谈判《通商章程》时充任桂良、花沙纳的随员,并与薛焕一起负责实际事务。他的节略自然具有一定代表性。该节略全文较长。我们仅摘录较重要的部分如下:

> 查西洋各国五口通商,完纳进出口货税,种种隐漏,百弊丛生。各海关书舍丁役与各国洋商言语不通,非通事传译,莫能达意。其漏税走私诸弊,亦不能得其底蕴,稽征每多棘手。即如上海一关,自道光二十三年开市以来,每年所征税钞,仅自十余万至八十余万而

---

① 中华书局整理:《筹办夷务始末(咸丰朝)》(第三册),北京:中华书局,1979年,卷三十,第1132~1133页。
② 中华书局整理:《筹办夷务始末(咸丰朝)》(第三册),北京:中华书局,1979年,卷三十,第1133页。
③ 中华书局整理:《筹办夷务始末(咸丰朝)》(第四册),北京:中华书局,1979年,卷三十三,第1253页。

止。……第自设司税后,税饷逐渐加增。近年精益求精,更见起色。每年所收税已至一百八十余万致二百余万不等,洵著有成效,缘外国人性情好胜,一为我用,各洋商方将忌嫉交加,尚不致勾结弊混;而洋商情伪,惟司税乃知其详。货物进口出口,无从欺隐。税则孰轻孰重,必按章程。以外国人治外国商人,未始非将计就计之一法。……且上海自有司税,于中外交接各事,彼此释疑,一切枝节,亦得暗中消弭,于羁縻抚绥之道,不无小助。……①

吴煦在节略中不仅详细陈述了上海推行外籍税务监督制度的所谓好处,而且将其归结为"以外国人治外国商人"的策略,即纳入清政府"以夷制夷"的传统框架中。

总之,如果说上海洋关的建立、外籍税务监督制度的推行只是侵华列强单方面侵略意图的产物,那么对于各口划一办理这一要求,则应当说已掺进了清政府的意图。正因此,《通商章程》第十款一开始便得到清政府谈判大臣的赞同和支持,清廷对此也没有异议。

但历史的发展并不依人们的主观愿望而转移。由于受"顺其性而驯之"的对外妥协政策的制约,加上内部官僚体制的牵制,在各口划一建立近代洋关的过程中,何桂清等人只是步步退让,拱手让权。所谓自择税务司,"久暂去留均听我便"云云,仅是一纸空文。

1859年1月,尽管《通商章程》尚未经双方政府批准换文,薛焕便保举李泰国出来主持各口划一办理之事,由何桂清札谕李泰国"派令帮同总理各口稽查关税事务,准其会同各监督及本大臣所派委员总司稽察,悉照条约划一办理,各口新延税务司,统归钤束"。② 这就把管理各口税务司的大权交到李泰国手中。这实为条约所无。2月16日,李泰国得寸进尺,要求由他负责选募各口税务司,去留也听他主持。吴煦虽云:"察其词意,固觉揽权",但又转称李泰国"实为认真公事起见",三天后,便致函李

---

① 太平天国历史博物馆编:《吴煦档案选编(第六辑)》,南京:江苏人民出版社,1983年,第316~317页。

② 太平天国历史博物馆编:《吴煦档案选编(第六辑)》,南京:江苏人民出版社,1983年,第270页。

泰国，让他"预为代访妥当公正而体面者数人"帮办税务"并请代为主持一切"。① 这就把选募、任免税司的权力也交到李泰国手中，这也为条约所无。

此后，何桂清为"避越俎之嫌"，提出"由各口监督自延税司"。② 李泰国闻讯大吵大闹，对吴煦严词相迫，软硬兼施，③薛焕慌忙多次致函吴煦，嘱其"甜言哄诱""层层开导"，并提出由上海先定章程，让各口仿办的主意。于是5月间，吴煦与李泰国议定了《上海海关章程》八条，其中开头两条规定："第一，李总税务司帮办稽查各口洋商完税事宜。第二，本关税务司及各项办公外国人等，均议归李总税务司选用约束。"④这便使李泰国侵夺选募、任免和管理税务司及其他海关洋员，总揽各口征税管理事宜大权合法化了。这一章程以后便成了各口洋关拟定章程之蓝本，并最后成了1864年总理衙门颁行的《通商各口募用外人帮办税务章程》之蓝本。

最早仿照上海建立洋关的口岸是广州。1859年5月间，在驻广州英领事阿礼国"以仿照上海范例改良海关相奉劝"⑤后，广东巡抚劳崇光和粤海关监督恒祺便认定，要使粤海关税务起色，"惟有仿照上海办法，用外国人治外国人"。⑥ 于是邀请时任翻译官的赫德出面组建洋关，在赫德谢绝后又转而邀请李泰国到广州。10月初，李泰国到达广州，不久广州洋关便开张了。翌年1月，李泰国在汕头建立了第三个洋关。此后，由于英法联军在北方发动新的攻势，李泰国才奉英国公使之令，暂停建关活动。

上述可见，由于清政府对洋关态度的转变，清政府官员在建关过程中

---

① 太平天国历史博物馆编：《吴煦档案选编（第六辑）》，南京：江苏人民出版社，1983年，第274页。

② 太平天国历史博物馆编：《吴煦档案选编（第六辑）》，南京：江苏人民出版社，1983年，第238、295页。

③ 太平天国历史博物馆编：《吴煦档案选编（第六辑）》，南京：江苏人民出版社，1983年，第296页。

④ 太平天国历史博物馆编：《吴煦档案选编（第六辑）》，南京：江苏人民出版社，1983年，第300～301页。

⑤ ［英］莱特著，姚曾廙译：《中国关税沿革史》，北京：生活·读书·新知三联书店，1958年，第141页。

⑥ 中华书局整理：《筹办夷务始末（咸丰朝）》（第五册），北京：中华书局，1979年，卷四十五，第1725页。

的妥协退让,清政府的让与已远远超过《通商章程》的有关规定,从而使代表列强利益的李泰国得以步步为营地总揽大权,为以总税务司独裁统治为特征的近代洋关制度的形成打下基础。

三、近代洋关制度的确立与清政府的态度

第二次鸦片战争结束后,中外关系出现了一个所谓"中外和好"的局面。在清政府内部,以恭亲王奕䜣、户部左侍郎文祥等当权人物为代表的一个新的政治势力崛起了,这便是以后为人们熟知的洋务派。奕䜣等人于1891年1月初上奏称:列强虽"要挟狂悖",但"所请尚执条约为据",且"不利我土地人民",故"尚可以信义笼络,驯服其性,自图振兴"。而"就今日之势论之,发捻交乘,心腹之害也……故更发捻为先",对外则"按照条约,不使稍有侵越,外敦信睦,隐示羁縻"。[①] 据此,奕䜣等人拟定了章程六条。这是一份改革对外政策,自图振兴的方案。其内容之一,便是改革关政。

奕䜣等人在章程中称:"查洋税一项,向系尽收尽解,该关税吏视为利薮,侵蚀偷漏,百弊丛生,于关税大有妨碍。现在洋税既有二成扣价,尤宜及早清结,免生节枝。"[②]但如何改革关政弊病,章程中除要求各口"酌议章程""剔除积弊"之外,并无拿出明确办法来。事实上,奕䜣等人早已另有安排。在此之前,奕䜣、文祥等人已多次会晤时任英国公使中文秘书的威妥玛。文祥对威妥玛声称,如果在海关里没有外国人的帮助,如果不是把这些机构置于一个划一的制度下,他们将会无法处理赔款问题。文祥进而声称,用中国人不行,因为显然他们都不按照实征数目呈报,并以薛

[①] 中华书局整理:《筹办夷务始末(咸丰朝)》(第八册),北京:中华书局,1979年,卷七十一,第2674~2675页。

[②] 中华书局整理:《筹办夷务始末(咸丰朝)》(第八册),北京:中华书局,1979年,卷七十一,第2677页。

焕为例,说他近三年来根本没报过一篇账。① 显然,奕䜣、文祥等人已把延用外国人充任税务司,建立外籍税务司制度,视为整顿关政,剔除贪污中饱弊窦之良方。

不仅如此,同何桂清等人一样,奕䜣等人也将延请外籍税务司视为调节中外关系的有效手段。文祥就曾公开对威妥玛说,延请李泰国为总税务司,"对于政府不但在贸易和关税方面,而且作为一个一般洋务的可靠的顾问方面"都会是有价值的。②

上述表明,第二次鸦片战争后,在对待外籍税务司制度上,奕䜣等洋务派与何桂清等妥协派已是一脉相承又有所发展。因而,总理衙门成立后的第五天,奕䜣便应时署理江苏巡抚薛焕的奏请,仿照何桂清1859年在上海给李泰国的札谕原稿,发给李泰国一道札谕,重新确认李泰国作为总税务司的特权,即"帮同总理稽查各口洋商完税事宜",总管"各口税务司及各项办公外国人等"。③

不久,李泰国回国养伤,由赫德和上海关税务司费子洛共同代理总税司职务,奕䜣等人与赫德一拍即合,信任倍加,甚至以"咱们的赫德"相称。赫德乘机走南闯北巡视各通商口岸,先后在镇江(1861年5月)、宁波(1861年5月)、天津(1861年7月)、福州(1861年7月)、九江(1861年10月)、汉口(1861年10月)、厦门(1862年4月)、烟台(1863年3月)、淡水(1863年5月)、打狗(1863年12月)、牛庄(1864年5月)设立了洋关。至1864年,14个通商口岸均已建立洋关,并统归设在上海的总税务司署管辖。其雇佣的外国人已有400余人,中国人约1000人,形成一个颇为庞大的机构。④

也正是在这一年,由赫德手订,经总理衙门略加修改后颁行了《海关

---

① [英]莱特著,姚曾廙译:《中国关税沿革史》,北京:生活·读书·新知三联书店,1958年,第145页。
② [英]莱特著,姚曾廙译:《中国关税沿革史》,北京:生活·读书·新知三联书店,1958年,第145页。
③ 中华书局整理:《筹办夷务始末(咸丰朝)》(第八册),北京:中华书局,1979年,卷七十一,第2686~2687页。
④ Wright S. F.. *Documents Illustrative of the Chinese Customs*. Vol.Ⅵ. Shanghai: Statistical Department of the Inspectorate General of Customs, 1938, pp.177-182.

募用外人帮办税务章程》。该章程规定:"各关所有外国人帮办税务事宜,均由总税司募请调派,其薪水如何增减,其调往各口以及应行撤退,均由总税务司作主。"①即确认了总税务司拥有任免黜陟、总管各口海关洋员之特权。这一章程的颁行,标志着近代洋关制度的确立。

值得指出的是,在清政府转变态度,赞许、支持建立洋关制度后,清政府对延请外籍税务司仍曾做了某些保留与限制,只是随着时局的推移,这些保留与限制或化为子虚乌有,或失去实际意义。

其一,原视延用外国人为权宜之计。在何桂清等人看来,上海洋关延用外国人为税务司,只是"因事无把握,计出权宜",②因而他在给李泰国的札谕中明言:派其为总税务司"酌定五年为限"。③ 吴煦在请李泰国代为选募各口洋员时也明言"包辛俸三年"。④ 可见均只做短期打算。

第二次鸦片战争后,当洋关制度在各口推行时,咸丰帝在一道上谕中称,"至各口洋税,现有扣款,议定按税扣归二成,立有会单,又有夷人帮同司理税务,每月征收若干,自宜澈底澄清,不至侵蚀中饱。等将来扣款既清之后,应如何妥议章程,俾勿日久弊生",并着奕䜣等人"再行悉心妥议"。⑤ 奕䜣等人遵谕会议后提出两个办法:一是"着驻京夷官,令其向各口领事官索取交税数目单,按月送呈,与各省所报核对,并调取各关流水红簿,与部颁税簿认真稽查";一是"或令夷人仍帮同司税,厚以廪饩,令其据实咨报总理衙门及户部"。⑥ 可见其时清政府是将延用外籍税务司同以关税扣还赔款一事相联系。赔款还清后是否继续延用外国人帮办税务,尚未确定。

---

① 杨德森编:《中国海关制度沿革》,上海:商务印书馆,1925年,第14页。
② 太平天国历史博物馆编:《吴煦档案选编(第六辑)》,南京:江苏人民出版社,1983年,第316页。
③ 太平天国历史博物馆编:《吴煦档案选编(第六辑)》,南京:江苏人民出版社,1983年,第270页。
④ 太平天国历史博物馆编:《吴煦档案选编(第六辑)》,南京:江苏人民出版社,1983年,第274页。
⑤ 中华书局整理:《筹办夷务始末(咸丰朝)》(第八册),北京:中华书局,1979年,卷七十二,第2693页。
⑥ 中华书局整理:《筹办夷务始末(咸丰朝)》(第八册),北京:中华书局,1979年,卷七十二,第2723页。

但是，由于赫德接任总税务司后迅速获得奕䜣等人的信任，各口税务司在帮助清政府镇压太平军时不遗余力，而洋关建立后关税收入的激增更有效地为清政府解决了军饷之需，因而在赔款清偿之后，奕䜣等人上奏声称："查数年以来，洋人充当中国司税，办理尚属认真"，请"令洋人们帮同司税，厚以廪饩"。① 即采用了上述第二种办法。此后，权宜之计便成了长久之计了。

其二，原将外籍税务司视同幕友。幕友，亦称幕僚，清代为政军各官署办理文书及一切助理人员之通称。当清政府被迫接受洋关制度，任用外国人司理税务时，便将这种封建传统的幕僚制度套于其上。何桂清在派李泰国为总税务司后不久，便在给吴煦的信中称，各口税务司"即如道府州县幕友"。② 吴煦在前引之"缘由节略"中亦称，延用外籍税务司"帮同稽征，称为司税。如幕友然"。③ 是故，清政府官员在提及延请外籍税务司时，均称为"帮办"税务。1864年总理衙门颁行的《海关募用外人帮办税务章程》中也明确规定："凡有公事，自应归监督作主"，税务司不得"遇事招摇揽权，有碍公事，以致监督难专其责"。④

视外籍税务司为幕友，体现了清政府的良苦用心，即欲使作为中国税务官员的海关监督和作为帮办的外籍税务司的主从地位明确化。但事实上，由于赫德使用种种圆滑手段，架空了海关监督，而清政府对此又听之任之，遂使海关监督与税务司主从地位的上述规定徒有其名。"税务司为事实上之监督官，海关监督仅为名义上监督官而已。"⑤ 洋关行政大权，实际上已完全落入外籍税务司之手。

---

① 恭亲王等又奏（同治四年十二月），见（清）宝鋆等修：《筹办夷务始末（同治朝）》，收录于沈云龙主编：《近代中国史料丛刊》（第六十二辑），台北：文海出版社有限公司，1966年，卷三十八，第3615页。

② 太平天国历史博物馆编：《吴煦档案选编（第六辑）》，南京：江苏人民出版社，1983年，第295页。

③ 太平天国历史博物馆编：《吴煦档案选编（第六辑）》，南京：江苏人民出版社，1983年，第316页。

④ 杨德森编：《中国海关制度沿革》，上海：商务印书馆，1925年，第15～16页。

⑤ [日]高柳松一郎著，李达译：《中国关税制度论》（第三编），上海：商务印书馆，1924年，第36页。

总之，清政府的上述保留、限制固然包含着对海关行政大权旁落的担忧，但事实上，清政府自身的腐败、芸芸官僚的颟顸以及当事要员的妥协退让，都无一不把这些保留、限制化成一纸空文，变成一厢情愿。

四、简短的结束语

综观全文，可以得出如下几点结论：

1. 1854年上海洋关的建立无疑是侵华列强扩大对华侵略、加强对清政府控制的产物。清政府地方官员只是出于无奈，被迫接受。但上海洋关在实际运作中产生的增加税课、清除积弊、联络中外信息的作用，使它很快便得到清政府部分要员的赞许、支持，并最终获得清政府当权人物的首肯，从而成了《通商章程》签订后，各通商口岸建立洋关的张本。

2. 第二次鸦片战争后近代洋关制度的形成，并非上海洋关制度的直接移植，也并非直接出自《通商章程》的规定。本文的考察表明，近代洋关制度的形成，毋宁说是列强侵略意图与清政府借助外力意图交错作用的结果。清政府在洋关形成过程中掺入自身的种种意图。这些意图显然植根于对外妥协的土壤，而其实践过程更暴露了这种妥协倾向。从19世纪50年代末江浙一带的妥协派官员吴煦、薛焕、何桂清等人到60年代初中央洋务派要员奕䜣、文祥等人身上，我们都不难看到这种印记。

3. 从更深的历史背景考察，我们可以看到，自西方列强用炮舰轰开中国大门之后，列强为了"按照自己的面貌为自己创造出一个世界"，便开始了对清王朝的改造，改造一开始是强制性的。上海洋关的建立，便是列强改造清政府的重要一环。但是，改造逐渐被清政府所接纳。农民运动的致命威胁、列强对华政策的调整都加速了清政府自愿接受改造的转变。从五十年代末到六十年代初，清政府内部逐渐产生一股政治势力，视此改造为维护清王朝统治之良方。改造一旦从强制转化为自愿与主动，历史便自然呈现出更复杂、更纷繁的景观，因为其间已更多加入了被改造者的能动因素。

在这种情况下，改造者和被改造者既有共同利益，又有不同利益，既有勾结之时,亦有冲突之日。若以妥协—投降—勾结的公式去涵盖它,似有片面、简单化之嫌。就建立洋关一事观之,奕䜣等人赞许支持延用外籍税司建立洋关制度,并将其纳入"自图振兴"的改革方案之中。带有剔除关务积弊、改革关政之愿望,调整对外政策、破除传统的"夷夏大防"观念及树立新的外交思想、方针之意图,在这一点上,明显表现出洋务派的某些思想萌芽。

4. 进而言之,近代洋关制度的确立是在奕䜣、文祥等洋务派手中完成的,并且被视为借法自强的一个范本。三口通商大臣崇厚便曾声称:"至于借法自强一说,现如海关之延用税务司,京外之练洋枪队,上海之习机器局,深资利用,已有明效。"[①] 如此看来,如果说"借法自强"是洋务派思想的核心,那么延用外籍税务司的洋关制度则似乎可视为其第一实践。

本文无意对洋务派思想做全面评价,但借于洋关制度这一观察角度,我们可以看到,借法自强在其萌生时期承袭的思想源泉是复杂而多样的,内容也是斑杂而混乱的。如要还历史以本来面目,我们应当有更多的观察角度,更深入的考察。

[①] 三口通商大臣兵部左侍郎崇厚奏(同治五年三月十三日),见(清)宝鋆等修:《筹办夷务始末(同治朝)》,收录于沈云龙主编:《近代中国史料丛刊》(第六十二辑),台北:文海出版社有限公司,1966年,卷四十一,第3881页。

晚清粤海关(洋关)设立问题考辨

在清初设立的闽、粤、江、浙四海关中,创设于康熙二十四年(1685年)的粤海关无疑独具特殊地位。尤其是在乾隆二十二年(1757年),清廷为抑制外商扩大北方口岸贸易的企图,下令西洋船只只许在广东收泊交易,将中西贸易限于广东一口后,①粤海关在中外贸易中一关独大的局面就此形成。② 第二次鸦片战争后,由于形成于上海的外人帮办海关税务管理制度的推广,粤海关分化为两个相互独立,又相互联系的征税组织:一是由原海关监督主管,负责管理本国民船、商人贸易征税的组织;一是由外籍税务司主管,负责管理外国商船、商人贸易征税的组织。但清廷官方文件档案大多对两者不加区分,均称粤海关;唯在海关英文档案中,前者称为常关(Native Customs),后者多称洋关(Foreigner Customs),间或亦称新关(New Customs)。为示区别,本文称前者为粤海关,后者为粤海关(洋关)。

粤海关(洋关)的设立,过程颇为曲折。其中尚存若干问题,以往学术界或因所本不一,见解各异;或因囿于一说,记述有误。是故,本文拟在前人研究的基础上,广泛爬梳文献,对照解读,就粤海关(洋关)设立的时间、洋常两税分征的时间,以及建关的经过等三个问题详加考辨,以求还原史实,推进相关研究的进一步深入。

---

① (清)王先谦撰:《东华续录(乾隆朝)》,卷四十六,乾隆二十二年十一月戊戌,清光绪十年刻本(影印本),第53页。

② 关于乾隆二十二年的贸易禁令,学术界有一种流行的错误观点,即认为除广州一口外,其余四口都不再有任何海外贸易了。事实上,其他四口只是禁止与西洋各国的贸易。此外还有与南洋及东洋的贸易。

一、设立时间

晚清粤海关(洋关)究竟设置于何时,现存的文献资料多有歧义,研究者因所本不一,各持己见。大致可归纳为以下两种说法:一是咸丰九年九月二十九日,即阳历1859年10月24日,一是咸丰十年八月十七日,即阳历1860年10月1日。两者相差近一年时间。国内外涉及海关史的重要论著,如曾任晚清海关税务司的魏尔特所著的《赫德与中国海关》[①]、马士的《中华帝国对外关系史》[②],以及海关史专家陈诗启的名著《中国近代海关史(晚清部分)》[③],均持前一说法。后一说法最初见于民国初年黄序鹓所著的《海关通志》[④],汤象龙的《中国近代海关税收和分配统计》[⑤]一书也持此说。那么,何者准确呢?唯有求诸原始文献资料。

关于粤海关(洋关)设立时间的原始文献记载,最早见之于英国外交部档案中的两份文件:(1)1859年10月17日英国领事官文极司脱致函英国驻华公使卜鲁斯,并附上1859年10月13日粤海关监督给文极司脱的一封信。信中,监督告知文极司脱:一个仿照江海关(洋关)模式的机构将于24日开办;为此,任命费士来为税务司,在他到来之前,由吉罗福代理,同时任命赫德为副税务司;他将寄送相关的规章给文极司脱,希望文极司脱向英商转告这一信息。[⑥] (2)1859年11月15日派克致函卜鲁斯,

---

① [英]魏尔特著,陆琢成等译,戴一峰校:《赫德与中国海关》,厦门:厦门大学出版社,1993年,第181~182页。
② [美]马士著,张汇文等译:《中华帝国对外关系史(第二卷)》,北京:生活·读书·新知三联书店,1958年,第34页。
③ 陈诗启:《中国近代海关史(晚清部分)》,北京:人民出版社,1993年,第73页。
④ 黄序鹓:《海关通志》(上),上海:商务印书馆,1917年,第157~158页。
⑤ 汤象龙编著:《中国近代海关税收和分配统计:1861—1910》,北京:中华书局,1992年,第57页。
⑥ 监督致文极司脱信的中文本未见,附件系英文译本。英国外交部档:228/267,第39号,见 Wright S. F.. *Documents Illustrative of the Origin, Development, and Activities of the Chinese Customs Service*. Vol. Ⅵ. Shanghai: Statistical Department of the Inspectorate General of Customs,1938, p.71。

内附两广总督和粤海关监督宣布10月24日粤海关(洋关)开设通告的英文译本。①依据这两份文件可以确认,粤海关(洋关)是在1859年10月24日,即咸丰九年九月二十九日开办的。

英国外交部档案揭示的粤海关(洋关)开办日期,还有当事人的其他原始文档可以佐证。其一是咸丰九年十一月初六日(1859年11月29日)两广总督劳崇光的奏折。该奏折称:"粤海关税务,近年征收未见起色,固由夷务未定,亦由走私太多。……臣到任后,访悉情形,与监督恒祺悉心筹画,惟有仿照上海办法,用外国人治外国人。……适何桂清以英吉利人李泰国在江海关帮办有年,著有成效,派充总税务司,委令周历五口,帮办缉私,赍有何桂清印札,并携带上海章程来粤。臣与恒祺接见其人,与谈税务,极为明白晓畅。当即会同饬令查照上海章程,于九月二十九日起试行开办。今试办一个月期满,税务已觉渐有转机。"②其二是时任粤海关(洋关)副税务司的赫德在1863年出任总税务司后,于1869年11月1日签发的第25号总税务司通令"海关内部调整建制之说明"。该通令在追述各口海关设立经过时称:1859年10月,所有前期准备就绪,吉罗福出任税务司,主管粤海关(洋关)工作。

此外,粤海关(洋关)的年度贸易统计和贸易报告可以为我们提供另一种角度的证据。粤海关(洋关)的年度贸易统计始自咸丰九年(1859年)。该年度的贸易统计包括两份从1859年10月24日到12月31日的进口与出口贸易统计,③足见咸丰九年九月二十九日(1859年10月24日)这一天确为粤海关(洋关)始建之日。

上述可见,粤海关(洋关)设立的时间应是咸丰九年九月二十九日,即阳历1859年10月24日。那么,持另一说法者所据为何呢?黄序鹓所著的《海关通志》中相关的一段记载如下:

---

① 英国外交部档:228/267,第48号。转引自[英]魏尔特著,陆琢成等译,戴一峰校:《赫德与中国海关》,厦门:厦门大学出版社,1993年,第204页。
② 两广总督劳崇光奏粤海关税务拟仿上海办法用英人管理片,咸丰九年十一月初六日,军录,见齐思和等编:《第二次鸦片战争(四)》,上海:上海人民出版社,1978年,第268页。
③ 中国第二历史档案馆、中国海关总署办公厅:《中国旧海关史料(1859—1948)》(第1册),北京:京华出版社,2001年影印本,第30页。

二、近代海关的建立及其组织与制度建构

  粤海关之设,自康熙二十四年始也。初时置监督一员,所以稽征海税。至道光二十二年,江宁条约成,而广州遂为五口通商之一。然当时所收外洋船货税钞,未及另立机关,犹在常关管辖之下。洋税与常税并征。迨咸丰十年八月十七日,乃设粤海新关于广东省南海县城外之沙基,始将洋税常税名目划分。派税务司稽征新关。①

  细读引文,黄序鹓显然是将粤海关(洋关)设立时间和洋常两种关税名目划分征收的时间联系在一起的。然而,求证于历史事实,洋税与常税划分征收的时间并非始于咸丰十年八月十七日(1860年10月1日),对此本文将在下一节详加辨析。不过,在晚清关税史上,咸丰十年八月十七日(1860年10月1日)这一天确实是个非常特殊的日期。事情起因于咸丰十年(1860年)中英《北京条约》第三款中关于清政府偿付英国赔款办法的规定。该款规定:清政府赔偿英国的800万两银子,除先行偿付小部分现银外,"其余银两应于通商各关所纳总数内分结,扣缴二成,以英月三个月为一结,即行算清。自本年英十月初一日,即庚申年八月十七日至英十二月三十一日,即庚申年十一月二十日为第一结,如此陆续扣缴八百万总数完结,均当随结清交大英钦差大臣专派委员监收外,两国彼此各应先期派数员稽查数目清单等件,以昭慎重"。②随后签订的中法《北京条约》对清政府偿付法国赔款的办法也做了类似规定。③ 由此,根据中英、中法《北京条约》的上述规定,咸丰十年八月十七日(1860年10月1日)这一天,对晚清关税报解制度而言就有了特殊的意义。以这一天为起点,此后各通商口岸海关监督不仅要循旧例报解各类关税,同时还得以阳历三个月为一结,报解征自洋船、洋商、洋货的关税,以便用这部分关税的四成,分别偿付英、法两国的赔款。在广州口岸,这部分关税随着粤海关(洋关)

---

  ① 黄序鹓:《海关通志》(上),上海:商务印书馆,1917年,第157~158页。
  ② 王铁崖编:《中外旧约章汇编(第一册)》,北京:生活·读书·新知三联书店,1957年,第144~145页。
  ③ 王铁崖编:《中外旧约章汇编(第一册)》,北京:生活·读书·新知三联书店,1957年,第147页。

的建立，便是由粤海关（洋关）负责征收的，①但这并不意味着这一天是粤海关（洋关）建立的日期。可见，对粤海关（洋关）建立时间的误判，来自对粤海关洋、常两税分征的误读。②

然而，有论者试图调和上述两种不同说法，认为咸丰九年九月二十九日（1859年10月24日）是试办的日期，不能视为粤海关（洋关）设立；咸丰十年八月十七日（1860年10月1日）才是粤海关（洋关）正式设立的日期，因为当日，海关税务司署在沙基建立，开始独立关政。③这一观点值得商榷。我们认为，判定洋关设立的唯一标准应当是外籍税务司制度的实施，而外籍税务司制度的本质特征就是由外籍税务司主掌出入口岸从事贸易活动的洋船、洋商的管理征税事务。清廷官员奏折以及其他官方文件上使用的"帮办""试办"等词汇，往往不过是出于谨慎或掩饰。我们需要审视的是其实质。

尽管至今尚未见有详细记载咸丰九年九月粤海关（洋关）试行开办后，外籍税务司运作实况的史料，但我们从现有的原始文献中还是可以窥见其概貌的。事实上，上引劳崇光的奏折中对此已有所披露。按劳崇光的说法，试行开办的粤海关是要"仿照上海办法，用外国人治外国人"。所谓上海办法，便是咸丰四年（1854年）江海关（洋关）推行的外籍税务管理委员会制度，这正是洋关外籍税务司制度的滥觞。正是因为仿照江海关（洋关）推行外籍税务司制度，损害了部分商人和官吏的既得利益，劳崇光在奏折的结尾称："惟奸商莠民及在官人役，以走私为利者，实繁有徒，今忽夺其多年利薮，使向肥私囊之财，一旦尽归公帑，怨声载道，百计阻挠，造作言语，横生谤议。而无识之官绅，亦间有随声附和，以为臣被人愚弄者。殊不知上海行之数年，著有成效，并无流弊。广东事同一律，何以独

---

① 其他通商口岸情况亦同。
② 汤象龙亦因此将粤海洋关建立时间记为咸丰十年八月十七日。而且，由于这一误读，他还将潮海关（洋关）的建立时间也记为同一天（见汤象龙编著：《中国近代海关税收和分配统计：1861—1910》，北京：中华书局，1992年，第57页）。事实上，潮海关（洋关）建立时间应为咸丰九年十二月初九日（1860年1月1日）。
③ 梁冬梅：《筹办粤海新关考略》，《海关研究》，1992年第1期。作者将这一观点写入其参与主编的《广州海关志》，见广州海关编志办公室编：《广州海关志》，广州：广东人民出版社，1997年，第72页。

不可行?"①足见所谓"帮办"云云的实质所在了。

咸丰十年五月十二日(1860年6月30日)广东巡抚耆龄的一份奏折说得更具体,足为劳崇光奏折的补充。该奏折称:"查奴才前在江西省城,传闻粤海关税务,系仿照江海关办法,用夷人代收。奴才窃以为利权轻畀他人,恐为异日之患,随经密为访查,因道路遥远,虽有所闻,未能详悉。钦奉前因,改派妥员前往省城,向各银号确切密访。缘粤海关自夷人入城后,各国商人走私甚多,税银短绌。经督臣劳崇光与前任监督恒祺会商,由上海雇英吉利夷人李泰国来粤代收税银,于咸丰九年九月底开办。赴各洋船并洋行查货,均系夷人前往,本关书吏仅凭夷人口报税银数目登簿,有无以多报少情事,无从稽考。"②由此可见,外籍税务司主管下的一批外籍关员,完全是独立行使职权的。是故,咸丰十年九月初三日(1860年10月6日)粤海关监督递交美国驻广州领事馆的一份照会中称:上年九月间因开办新章邀请外国人帮同收税,延请吉罗福为正税务司,又请赫德为副税务司,又请马察尔亦为副税务司驻扎黄埔,并雇用外国人数名为扦子手以备往来稽查货物以及巡河缉私看守火船暨查封火船起落之货。均从九年九月二十五日起分别到关办事。一年以来均经如此办理。③

综上所述,我们认为,咸丰九年九月二十九日粤海关任用外籍税务司及一批外籍官员负责对洋船、洋商的管理征税事宜,应视为粤海关(洋关)设立之始。劳崇光奏折中所称的"试行开办",不仅指称开始按照上海新章(即作为《天津条约》附约的《五口通商章程》)征收关税,而且指称开始仿照上海办法,由外籍关员组成一个特殊部门,专门管理洋船、洋商的征税事宜。

----

① 两广总督劳崇光奏粤海关税务拟仿上海办法用英人管理片,见齐思和等编:《第二次鸦片战争(四)》,上海:上海人民出版社,1978年,第268页。
② 耆龄奏英法美在粤海关提银甚多拟以后酌存佛山并筑城以为守备折,咸丰十年五月十二日,见中华书局整理:《筹办夷务始末(咸丰朝)》(第六册),北京:中华书局,1979年,卷五十二,第1962页。
③ 中国第二历史档案馆馆藏档案:总税务司署档案全宗号679(二),第422页。

二、洋常两税开始分征的时间

如前所述,《海关通志》作者黄序鹓在判定粤海关(洋关)建立时间时,不仅误将其与粤海关洋常两税分征的时间联系在一起,而且还误将粤海关洋常两税分征的起始时间认定为咸丰十年八月十七日(1860年10月1日)。[①] 那么,粤海关将洋税与常税划分征收始于何时呢？对此,有必要详加讨论。

清康熙朝建立的粤海关,与闽海关、江海关、浙海关等其他三个海关一样,均属户部管辖。其征税管理制度则仿照原有内地户关关例,将各关征税则例,给发监督,酌量增减定例。[②] 因此,四海关将对外贸易与国内贸易,洋船与华船,统而管之;其关税则例,并无洋税与常税之分。然第一次鸦片战争之后,情况幡然改观。

依据中英《南京条约》,清政府同意开放广州、厦门、福州、宁波和上海五口为通商口岸,并规定:英商在五口从事贸易,"应纳进口、出口货税、饷费,均宜秉公议定则例,由部颁发晓示,以便英商按例交纳"。[③] 由是,道光二十三年五月(1843年6月)底,清政府钦差大臣耆英与英国全权代表璞鼎查在香港议定通商章程及输税事例[④],即随后签订的中英《五口通商章程:海关税则》。章程规定:此后英国商人在通商五口经营贸易,"凡系进口、出口货物,均按新定则例,五口一律纳税,此外各项规费丝毫不能加

[①] 黄序鹓:《海关通志》(上),上海:商务印书馆,1917年,第157～158页。
[②] (清)伊桑阿等纂修:《大清会典》(康熙朝),卷三十四《户部十八·课程三·关税》,台北:文海出版社有限公司,1992年;"中央研究院"历史语言研究所编:《明清史料·丁编》(第八本),台北:台湾"中央研究院"历史语言研究所,1999年,第746页。
[③] 王铁崖编:《中外旧约章汇编(第一册)》,北京:生活·读书·新知三联书店,1957年,第32页。
[④] 耆英奏与璞鼎查面定通商输税章程并换和约折,道光二十三年七月初四日(六月十五日发),见齐思和等整理:《筹办夷务始末(道光朝)》(第五册),北京:中华书局,1964年,卷六十七,第2644页。

增"。① 这意味着,此后五口海关对英船、英商贸易的征税管理须按照新定的海关税则执行。至于对华船、华商贸易的征税管理,耆英等人在向道光皇帝奏报与璞鼎查议定的通商章程时,提出如下处理方案获准:

> 与西洋各国货税无涉之客货,应仍旧章办理,以免纷更也。查粤、闽、江、浙等省商民,每多出入海口,贩运土产,上至盛京,下至广东,往来贸易。其所运货物,除茶叶、湖丝、绸缎外,均非西洋各国所需,无虞影射。向来应完税银,本有定章,相安已久。所有五处海关,无论大关小口,一切章程,悉仍其旧,毋庸另议。②

依此,此后五口海关对英船、英商贸易的征税管理与对华船、华商贸易的征税管理便必须按不同的关税则例执行。是为洋常两税分征之缘起所在。随后签订的中美、中法《五口贸易章程:海关税则》均做了类似规定。事实上,此后对华贸易的西洋各国,按照"利益均沾"的约定,都依此实行。因此,道光二十三年后陆续开港的五口海关,均按照新定则例来实行对洋船、洋商贸易的管理征税,而按照旧颁则例来实行对华船、华商贸易的管理征税。前者征收的关税时称夷税或洋税,后者征收的关税则称华税或常税。③

由于璞鼎查的一再照会要求,道光二十三年六月十五日(1843年7月12日),耆英上奏称:已应允璞鼎查于七月初一日(7月27日)先行在

---

① 王铁崖编:《中外旧约章汇编(第一册)》,北京:生活·读书·新知三联书店,1957年,第41页。

② 耆英等又奏通筹沿海五关收税并解支禁革各事宜折,道光二十三年七月十六日(六月二十七日发),见齐思和等整理:《筹办夷务始末(道光朝)》(第五册),北京:中华书局,1964年,卷六十七,第2676页。

③ 参见道光二十三年至二十四年各口海关监督的奏折,"中央研究院"近代史研究所编:《道光咸丰两朝筹办夷务始末补遗》,台北:台湾"中央研究院"近代史研究所,1982年,第44~45、76~79、82~85页等。

广州开市,允准英国商船"进广州口,照新例贸易输税"。① 是故,道光二十四年二月二十九日(1844年4月16日),粤海关监督文丰在循例奏报粤海关税一年期满征收总数时称:"兹查本关递年连闰趱前,应征丙午年分关税,自道光二十三年二月二十六日起,连闰至二十四年正月二十五日止一年期满,所有大关循照旧例,征银三十万三千四百四十七两二分五厘。遵照新章,征银一百六十万五百四两七钱三分九厘。"②由文丰的奏报可以清楚看出:粤海关征收洋常两税,一则循照旧例,一则遵照新章,其分征格局,一目了然。

综上所述,我们可以断定:粤海关洋税和常税的分征,是始于道光二十三年(1843年)的。其余各口海关则依其开埠时间为断。

不过,就洋常两税分征的具体运作而言,在五口海关中,粤海关确实有其与其他四口海关不同之处。这起因于耆英的一份奏折。如前所述,乾隆二十二年(1757年),清廷为抑制外商扩大北方口岸贸易的企图,下令西洋船只只许在广东收泊交易,将中西贸易限于广东一口,③粤海关就此形成在中外贸易中一关独大的局面。五口通商后,西洋各国商船依约自可前往其他口岸贸易,由此可能对粤海关的税收造成影响。因此,道光二十三年六月二十七日(1843年7月24日)耆英等人上奏称:

> 窃照广东、福州、厦门、宁波、上海五关,议定英吉利国出入货物应完税则,及与该国互市章程,现经臣等另折具奏。伏查稽征关税,既须先筹国计,又当俯顺夷情,现定章程,于国计夷情,似皆有裨,而于粤海一关办理公事,不免掣肘。但查此后闽、浙、江苏所收英吉利等西洋各国货税,皆由粤省分出,就粤海一关而论,税数虽难免于稍

---

① 耆英又奏已允璞鼎查所请于七月一日先在广州开市片,道光二十三年七月初四日(六月十五日发),见齐思和等整理:《筹办夷务始末(道光朝)》(第五册),北京:中华书局,1964年,卷六十七,第2648页。

② 粤海关监督文丰奏"粤海关税一年期满征收总数",道光二十四年四月十一日(二月二十九日发),见"中央研究院"近代史研究所编:《道光咸丰两朝筹办夷务始末补遗》,台北:台湾"中央研究院"近代史研究所,1982年,第87~88页。

③ (清)王先谦撰:《东华续录(乾隆朝)》,卷四十六,乾隆二十二年十一月戊戌,清光绪十年刻本(影印本),第53页。

二、近代海关的建立及其组织与制度建构

绌,而统五关计之,彼此互相挹注,必当较往年有赢无绌。[①]

为此,耆英等人提出如下解决方案:

> 粤海关原定税额,应暂归五口匀摊,以免偏枯也。查粤海关每年应征外洋各国及内地商船正税、及铜斤水脚、并额定赢余,共银八十九万九千六十四两,向来照数征解之外,尚有额外赢余,每年自一二十万至三四十万不等。现在既分五口通商,则粤海关出入货物较少,若仍责令照旧征解,势有所难。此后粤海关如有征不足数,应请暂于福州、厦门、宁波、上海四关所征西洋各国货税内拨补足数,即由各海关径自报拨。其额外赢余,各归各关,尽收尽解。[②]

军机大臣穆彰阿等人奉旨核议后奏请:"应如所奏,以昭平允。"[③]道光皇帝因此宣旨:依议推行。推行的具体办法是:上海、宁波、福州、厦门四口开市之后,四处海关所征夷税,与粤海关一体以道光二十四年正月二十五日为截数之期,即从正月二十六日为始,连闰扣至十二个月,为该关报满之期,归入粤海关汇并计算,具折奏报。[④] 是故,上海等四口海关不仅洋常两税分别征收,而且分别报解;四口海关原定税收定额,仅限于常税,其征收的洋税(夷税),不计入定额。唯独粤海关虽洋常两税按不同关税则例分别征收,但仍归作一条报解,即全部记入定额之数。[⑤]

[①] 耆英等又奏通筹沿海五关收税并解支禁革各事宜折,道光二十三年七月十六日(六月二十七日发),见齐思和等整理:《筹办夷务始末(道光朝)》(第五册),北京:中华书局,1964年,卷六十七,第2676页。

[②] 耆英等又奏通筹沿海五关收税并解支禁革各事宜折,道光二十三年七月十六日(六月二十七日发),见齐思和等整理:《筹办夷务始末(道光朝)》(第五册),北京:中华书局,1964年,卷六十七,第2676页。

[③] 穆彰阿等奏覆议耆英等所奏通筹海关收税并解支禁革各事宜折,见齐思和等整理:《筹办夷务始末(道光朝)》(第五册),北京:中华书局,1964年,卷六十八,第2704页。

[④] 参见各口海关监督的奏报,"中央研究院"近代史研究所编:《道光咸丰两朝筹办夷务始末补遗》,台北:台湾"中央研究院"近代史研究所,1982年,第87、93、224、242页等。

[⑤] 参见各口海关监督的奏报,"中央研究院"近代史研究所编:《道光咸丰两朝筹办夷务始末补遗》,台北:台湾"中央研究院"近代史研究所,1982年,第87、93、224、242页等。

三、建立过程

关于粤海关(洋关)的建立,总税务司赫德在1869年的一份通令中有如下一段叙述:

> 1858年,《天津条约》商定,其协议书最后在上海签字,并附有《海关税则及章程》。其中条款之一为各口岸采用统一管理制度,中国政府可从有约各国公民中选拔人员,协助管理海关税收等事务。当时,本人为广州英国领事馆译员,因与巡抚劳崇光及粤海关监督恒棋熟识,彼等向我建议,可在广州成立一个类似李泰国先生在上海主持之机构。余谢绝此建议,并告以若邀请李泰国先生,李将乐意访问广州。于是,余乃写就一件节略说明广州事务状况,提供给李泰国先生。最终,余于1859年6月末离开领事馆,在广州出任粤海关(洋关)副税务司。

这段叙述日后被广泛加以引用,但其中的失实之处却至今未见研究者指出,[1]实有必要详加辨析。

一个最为明显的失实之处是,赫德自称是劳崇光和恒棋邀请他出来主持粤海关(洋关)的创建事宜。然求证于原始档案,赫德是在1859年5月27日递交辞呈,准备进入拟建中的粤海关(洋关)任职,并于6月30日正式移交领事馆工作。[2]而劳崇光虽然是在咸丰九年四月十九日(1859年5月21日)由广西巡抚调任广东巡抚,兼署两广总督,但他于该年五月十七日(6月17日)在广西桂林卸事启程,六月十三日(7月

---

[1] 如陈诗启:《中国近代海关史(晚清部分)》,北京:人民出版社,1993年,第71~72页,[英]魏尔特著,陆琢成等译,戴一峰校:《赫德与中国海关》,厦门:厦门大学出版社,1993年,第180~181页。

[2] [英]魏尔特著,陆琢成等译,戴一峰校:《赫德与中国海关》,厦门:厦门大学出版社,1993年,第181页。

12日)方进入广州城视事。由此足见,劳崇光不可能在赫德辞职前邀请他组建粤海关(洋关)。赫德扯上劳崇光,或许是为了给他进入粤海关(洋关)一事增添些许的光环。

更重要的是,赫德在上引通令中不仅对粤海关(洋关)创建经过语焉不详,而且似乎暗示粤海关(洋关)的建立,系来自广东地方官员的建议。这显然有违史实。

如前所述,粤海关(洋关)系仿照江海关(洋关)而设。是故,要准确把握粤海关(洋关)建立的起因和经过,我们还得把视野稍稍移前。五口通商后,中外贸易规模急剧扩大,旧式海关管理制度弊端重重、隐漏丛生,已不能适应新的贸易情势。[①] 道光三十年(1850年),英国驻上海领事阿礼国率先提出改造中国海关的设想。[②] 此后,列强加紧制造舆论,寻求由外国势力控制中国海关行政大权。[③] 海关管理体制的变更,一触即发。

咸丰三年八月(1853年9月),上海小刀会起义,江海关设在英租界内的海关大楼被捣毁,道台吴健彰逃匿,海关征税陷入瘫痪状况。阿礼国伙同美国、法国驻上海领事,借此机会迫使上海地方官员就范。咸丰四年六月初五日(1854年6月29日),道台吴健彰与英、美、法三国领事就商谈海关改组和制定章程问题在昆山召开会议,并签订协议,由此建立了清代第一个由外籍税务监督管理的海关,即江海关(洋关)。[④]

英国驻华公使包令对江海关(洋关)的建立极表支持,并于咸丰六年五月(1856年6月)间,遵照英国外交大臣克拉勒得恩的指示尝试把江海关(洋关)的外籍税务监督制度推向粤海关和闽海关,但遭到严词拒绝。[⑤]

[①] 吴煦呈江海新关延外国人为司税帮办税务缘由节略(底稿,1859年5月17日),见太平天国历史博物馆编:《吴煦档案选编(第六辑)》,南京:江苏人民出版社,1983年,第316页。

[②] [英]魏尔特著,陆琢成等译,戴一峰校:《赫德与中国海关》,厦门:厦门大学出版社,1993年,第101页。

[③] 《北华捷报》,1852年11月6日。

[④] 详细过程可参见戴一峰:《近代中国海关与中国财政》,厦门:厦门大学出版社,1993年,第6~11页。

[⑤] 有凤等奏英使请在福州设司税官已咨叶名琛阻止折,见中华书局整理:《筹办夷务始末(咸丰朝)》(第二册),北京:中华书局,1979年,卷十三,第462页。

咸丰八年十月初三日(1858年11月8日)中英《通商章程善后条约：海关税则》签订。其中第十款规定：通商各口收税画一办理，任凭总理大臣邀请英人帮办税务。① 这是清中央政府首次正式表示同意聘用外人帮办海关管理事务，默认了江海关(洋关)的新制，并同意将新制推广到其他口岸。该年十二月(1859年1月)，两江总督兼通商大臣何桂清派令时任江海关(洋关)外籍税务监督的李泰国为总税务司，帮同总理各口稽查关税事务，总司稽察，钤束各口新延税务司。②

此后，李泰国积极筹划向各通商口岸推广江海关(洋关)制度。咸丰九年元月(1859年2月)，他一面向江海关监督吴煦提出各口一律仿照江海关(洋关)的建议，一面计划赴广州会见额尔金勋爵，面商推广洋关制度事宜。③ 九年二月(1859年3月)，他向何桂清呈递《税务条款清折》十六条，作为其向各口推广洋关制度的规划。内中将广州与上海口岸并列为总口，足见广州为李泰国推行洋关制度的首选口岸。④ 为尽快在各口推行洋关制度，李泰国还向吴煦等人预支费用，在英国及各处广招洋人，拟派往各口办事。⑤

当李泰国在上海积极筹划在广州等地推广洋关制度时，广州方面也正在发生着一系列对应的变化。咸丰六年九月(1856年10月)，由于英法联军封锁广州，粤海关关闭。直到咸丰七年十二月二十七日(1858年2月10日)，封锁解除，粤海关重新开张。英国驻黄埔领事文极司脱遵照包令的做法，敦促建立一个外籍税务管理委员会来取代粤海关，但因额尔金勋爵不予支持而作罢。此后，由于珠江上江轮的走私活动乘势公行，咸丰

---

① 王铁崖：《中外旧约章汇编(第一册)》，北京：生活·读书·新知三联书店，1957年，第118~132页。
② 何桂清派李泰国为总税务司札谕(底稿)(1859年1月)，见太平天国历史博物馆编：《吴煦档案选编(第六辑)》，南京：江苏人民出版社，1983年，第270页。
③ 吴煦禀李泰国欲延请外国人帮办各口税务(底稿，1859年2月19日)，见太平天国历史博物馆编：《吴煦档案选编(第六辑)》，南京：江苏人民出版社，1983年，第272~274页。
④ 吴煦禀送与李泰国会议海关条款(底稿)(1859年5月)，见太平天国历史博物馆编：《吴煦档案选编(第六辑)》，南京：江苏人民出版社，1983年，第301~302页。
⑤ 吴煦蓝蔚雯与李泰国论海关各事禀(底稿)(1859年7月)，见太平天国历史博物馆编：《吴煦档案选编(第六辑)》，南京：江苏人民出版社，1983年，第321页。

二、近代海关的建立及其组织与制度建构

八年十月(1858年11月),在赫德的安排下,接替文极司脱的新任英国领事阿礼国会同广东巡抚柏贵、海关监督恒祺一道,商谈制止走私问题。恒祺提出由十二家行商组成一个协会,把贸易限制于协会会员,以防走私。阿礼国以组织协会可能导致垄断为由否决,并建议仿照上海范例改组海关,开办洋关。恒祺接受了阿礼国的建议。

由于赫德与广东地方官员的亲密私交,恒祺邀请赫德出来组建粤海关(洋关)。赫德谢绝,并示意邀请李泰国前来组建粤海关(洋关)。于是,咸丰九年五月(1859年6月),恒祺致函段星使,表示因粤海关夷税过绌,拟仿照上海,邀外国人帮办关务,请嘱李泰国赴粤商酌。六月(7月),英国驻广州领事也致函李泰国,称恒祺盼李甚切,嘱其早去。[①]九月(10月)初,恒祺函请江海关监督吴煦邀请李泰国来粤组建洋关,一切悉照江海关(洋关)办理。[②]李泰国随即离开上海前往广州。[③]行前,英国公使卜鲁斯特训令各口英国领事,务必对李泰国给以必要的帮助。[④]李泰国来粤后,迳与劳崇光、恒祺会谈,确定于九月二十九日(10月24日)起试行开办粤海关(洋关)。[⑤]

上述可见,建立粤海关(洋关)并非始于中国地方官员的创议,而是在华列强势力扩张的产物;它始自英国在华官员的建议,广东地方官员只是被动地接受了。

最后,我们有必要指出:进入粤海关(洋关),实为赫德在华仕途生涯的转折点。是故,赫德对他离开英国领事馆进入粤海关(洋关)的这段经历有着特殊的情结,或许这影响了他记述这段经历的客观性。

---

① 吴煦蓝蔚雯与李泰国论海关各事禀(底稿)(1859年7月),见太平天国历史博物馆编:《吴煦档案选编(第六辑)》,南京:江苏人民出版社,1983年,第321页。

② 吴煦致王有龄禀(1859年10月6日),见太平天国历史博物馆编:《吴煦档案选编(第六辑)》,南京:江苏人民出版社,1983年,第334页。

③ 吴煦蓝蔚雯给李泰国照会底文(1859年10月12日),见太平天国历史博物馆编:《吴煦档案选编(第六辑)》,南京:江苏人民出版社,1983年,第335页。

④ 1859年9月28日卜鲁斯从上海发给各口领事的训令,见 Wright S. F., *Documents Illustrative of the Chinese Customs*. Vol. Ⅵ. Shanghai: Statistical Department of the Inspectorate General of Customs, 1938, p.70。

⑤ 两广总督劳崇光奏粤海关税务拟仿照上海办法用英人管理片,齐思和等编:《第二次鸦片战争(四)》,上海:上海人民出版社,1978年,第268页。

中国近代海关和长江的对外通商[①]

长江是中国最大的内河。世界各国的内河权益，一般都不容许外国染指，但是长江却成为列强觊觎中国内河的主要目标，其权益终为列强所夺，这是中国半殖民地的社会地位所决定的。

列强侵夺长江权益，是它们攫取在华权益的一个重要组成部分。它们的侵夺活动，始终获得英国控制下的中国海关的支持与配合。身任海关总税务司的赫德，利用掌握的中国海关的行政管理权和清政府对他的信任，从中穿针引线，为列强的侵夺活动推波助澜，大开方便之门。本文拟就近代中国海关和长江对外通商的关系做一初步探讨。

1840年，以英国为首的外国资本主义用炮舰轰开了中国的大门，在东南沿海开辟了五个通商口岸。外商盲目地向中国抛出大量洋货，幻想在中国开辟广大的市场。但是，40年代后半期，各通商口岸相继出现洋货积压，贸易停滞，价格跌落的现象。以当时在列强对华贸易中独占鳌头的英国为例，自1846年起，英国对华贸易的出口货值接连下跌，有时虽略有回升，但直到1854年，仍未能恢复到1845年的水平。[②] 这一状况打破了外商们"发了疯似的"沉浸于占领中国新市场的美梦。[③] 他们抱怨这种景况，并归因于通商区域的狭小。早在1849年，英国曼彻斯特市商会便向英国政府提出："除非我们从事买卖的范围能扩展到我们现在受局限的

---

① 本文与陈诗启先生合写。
② 中共中央马克思恩格斯列宁斯大林著作编译局编：《马克思恩格斯选集》（第二卷），北京：人民出版社，1972年，第34页。
③ Sargent A. J.. *Anglo-Chinese Commerce and Diplomacy*. Oxford：Clarendon Press，1907，p.106.

通商口岸以外去,我们对华贸易永远也不会得到充分的发展。"①次年,商会更明确地提出:对华贸易受阻的原因在于"把商业严格地局限在五个通商口岸",解决的唯一办法是"把商业向五个通商口岸以外的地方进逼"②。从19世纪40年代末到50年代初,英国商界竭力主张"如果不能得到进入中国内地的允许,我们的对华贸易永远会受到阻遏而不能得到健全的发展"③,从而一再敦促英国政府以武力迫使清政府开放中国内地。作为资产阶级仆役的英国政府在商界的压力下,制定了入侵中国内地、内河,扩大中国贸易市场的方针政策。在第二次鸦片战争爆发前后,它多次指示在华官员力图向这方面发展。1854年克勒拉得恩指令包令说:"争取广泛地进入中华帝国内地以及沿海各领域。如果这一点办不到,则争取扬子江的自由航行,并进入沿江两岸直到南京为止。"④1857年4月间,他接连两次颁发指示给侵华总头目额尔金:修订与中国订立的条约,"允许英国人进入各大内河沿岸的城市","概括要求准许在扬子江航行及与扬子江两岸通商的权利"⑤。美国也积极窥伺长江,"(咸丰)四年,美人麦莲至上海,要求赴扬子江一带贸易"。⑥

1856年,第二次鸦片战争爆发。1858年,英、美、法和清政府签订了《天津条约》,迫使清政府增辟了11处通商口岸,并准许外国商人"持照前往内地各处游历、通商"⑦。中英《天津条约》第十款特别规定:"长江一带

---

① "曼彻斯特市商会议事录",1849—1858年卷。转引自[英]伯尔考维茨著,江载华、陈衍译:《中国通与英国外交部》,北京:商务印书馆,1959年,第14~15页。

② "曼彻斯特市商会议事录",1849—1858年卷。转引自[英]伯尔考维茨著,江载华、陈衍译:《中国通与英国外交部》,北京:商务印书馆,1959年,第14~15页。

③ "曼彻斯特市商会议事录",1849—1858年卷。转引自[英]伯尔考维茨著,江载华、陈衍译:《中国通与英国外交部》,北京:商务印书馆,1959年,第14~15页。

④ 1854年2月13日克勒拉得恩伯爵致包伶博士函,引自[美]马士著,张汇文等译:《中华帝国对外关系史(第一卷)》,北京:生活·读书·新知三联书店,1957年,第767页。

⑤ 《英国国会文件》,"关于额尔金赴中国特别使命的通讯,1857—59",第2~3、4~5页。

⑥ (清)赵尔巽等撰:《清史稿》,卷一百五十六《志一百三十一·邦交四》,北京:中华书局,1976年,第十六册,第4578页。

⑦ 参阅王铁崖编:《中外旧约章汇编(第一册)》,北京:生活·读书·新知三联书店,1957年,第97~98、105、145页。

各口,英商船只俱可通商。"①这便使外国商人获取了长江通商、外国船只在长江中下游航行的特权。

列强一面迫使清政府增辟通商口岸,开放长江,以便将对华贸易由沿海向中国腹地推进,一面则加紧攫取海关管理权,以便为外国商人的侵略活动打开方便之门。内河通商与控制海关,是19世纪60年代列强占领中国市场,扩大对华贸易的两个重要环节。以后的历史进程表明,这两个环节是相互影响,相互作用的。

开放长江,是列强扩大对华贸易,侵夺中国内河通商特权的第一步,也是至关重要的一步;而长江通商,和当时草创的海关有密切的关系。

《天津条约》签订时,正值清军与太平军在长江中下游一带展开激烈斗争。故条约中虽规定开放长江,允许外国商船进入长江通商,但附有如下声明:"惟现在江上下游均有贼匪,除镇江一年后立口通商外,其余俟地方平靖,大英钦差大臣与大清特派之大学士尚书会议,准将自汉口溯流至海各地,选择不逾三口,准为英船进出货物通商之区。"②据此,在清军与太平军的军事对抗没有停息之前,外国商人根本无权进入长江通商。但是,英商迫不及待,向英国在华官员施加种种压力。1860年11月间,英国公使卜鲁斯向恭亲王奕䜣提出开放汉口、九江两口,并在上海或镇江纳税的要求。奕䜣竟予以同意,"惟所请在上海或镇江纳税一节,臣等于该处近日情形,未能遥测,令其与上海关公同商酌",并听由英国公使商同江海关(上海海关)拟定必要的章程。翌年初,额尔金委派参赞巴夏礼与海军中将何伯一起,从上海溯江到汉口,为开放长江做一次调查摸底。额尔金在给巴夏礼的信中做出了重要指示:"你知道我们希望的是,我们借此而为英国船舶取得的特权,不应该在实际上只限于是对某些特定口岸通商的许可,而应该,如果可能的话,作为把沿江贸易对英船一体开放的一

---

① 王铁崖编:《中外旧约章汇编(第一册)》,北京:生活·读书·新知三联书店,1957年,第97页。

② 王铁崖编:《中外旧约章汇编(第一册)》,北京:生活·读书·新知三联书店,1957年,第97页。

种特权来实行。"①这就是说,要求把长江沿江口岸全部对英商开放。这一任务当时曾经寄望于组织新的海关的李泰国去完成。

早在《天津条约》谈判结束时,额尔金就期望担任江海关税务监督的李泰国,在中英谈判通商章程时"充当他的雇主(清政府)的顾问"。根据卜鲁斯得到的情报,李泰国"可能被中国政府要求按照上海采用的办法,并由李泰国先生本身迄今非常成功的管理去组织他们的海关"。他认为"一个中国行政的分支机构雇佣能干的和正直的外国人,是朝向帝国复兴的首要步骤,而且将大大便利我们将来的交往"。显然,卜鲁斯企图利用海关的外国人作为侵华的工具,而李泰国正是英国在华官员企图安置的开辟长江的合适人选。李泰国参加了额尔金的长江"远征",虽然"没有迹象表明,谁发动他参加这次唯一的英国武装海军舰只的远征负有责任,但有许多充分的实际的理由,如果因为他具有各种知识,应成为通商各口海关的组织者,按他的资格也可充当内港的清朝官员"②。这就是把李泰国作为打进长江的急先锋。由此可见,远在英国兵船闯进长江之前,英国在华官员就做出了由李泰国开辟长江的准备。

李泰国被任为总税务司后,便往广州开办粤海新关和汕头关;结果,他并没有参与长江的通商工作。这时,巴夏礼根据额尔金的指示拟定了《长江各口通商暂订章程》。根据这个章程的规定,凡持有入江江照的英国商船,可到汉口为止;只要在上海完纳关税,就得在镇江以上汉口以下任便起下货物,不用请给准单,不用随纳税饷。③"这种解释却也完全和额尔金伯爵在他致巴夏礼的训令函中所叙明的宗旨相吻合。"④这项章程于1861年3月由英国单方面公布,英商也据以实行。

---

① 1861年1月19日额尔金致巴夏礼函,英国国会档案《开放扬子江对外通商有关通讯汇编》,1861年。引自[英]莱特著,姚曾廙译:《中国关税沿革史》,北京:生活·读书·新知三联书店,1958年,第250~251页。

② Gerson J. J.. *Horatio Nelson Lay and Sino-British Relations*, 1854-1864. Cambridge, Mass.: East Asian Research Center, Harvard University, 1972, pp.80-81.

③ 王铁崖编:《中外旧约章汇编(第一册)》,北京:生活·读书·新知三联书店,1957年,第155~156页。

④ [英]莱特著,姚曾廙译:《中国关税沿革史》,北京:生活·读书·新知三联书店,1958年,第202页。

上海官员极力反对这项章程的实施。他们认为,长江流域情况混乱,这种办法容易产生严重流弊。这些流弊从后来英国的官方文件中可以窥见一斑。英商利用这个章程,把武器和粮食供给太平军,"这简直像是长江通商专为以供应品接济太平军而设的了"①。其他国籍的外国人也从事这种活动。据1863年4月英国驻镇江领事对这些活动的评述:"几乎毫无例外地都是一些无原则或无品行的人,事实上也就是不法之徒,他们不但把条约和章程一概置之度外,而且把中国人看成是可由他们任便劫掠的。""他们和太平军的武器及军火交易是伴同着恃强逞凶和杀人越货的勾当而进行的,这些武器和军火则都是购自香港和新加坡这两个英国口岸。"②当时清朝统治阶级和太平军是势不两立的敌对势力,清政府怎能容忍这种"济敌"行为?因此,拒绝批准这项章程。

在这种僵持情况之下,赫德于1861年6月在英国驻华公使卜鲁斯的精心安排下,和总理衙门大臣进行了多次会谈并趁机呈递了7件禀呈和清单。清单之一为《长江一带通商论》,里面把额尔金开放沿江的意图加以巧妙阐述,使总理衙门对于《暂订章程》易于接受。这个清单开头就说:"洋船载货由长江行走者,不准沿途上下货物,只准在镇江、九江、汉口起货下货",这些货物"自须在该三处设关收税",但他转而又否定了设关办法。他说:"如有人稽查及巡船缉私,因中国风蓬(篷)船只赶不上有意走私火船,恐难禁止缉拿。当中国安静时,长江一带防堵走私,已属不易,况现在各处贼匪滋扰,更不能设船查拿。不但新设三关,徒糜经费,无税可收,而粤海出口税,上海进口税,亦日见其少;若再指明在该三处只准通商,外国商船即应该与该三处有权力之人(指太平天国)酌定章程,以保护本国人。现在该三处就近有权力之人,即系贼匪,伪称太平天国;若与外国与伊等酌定章程,是亦以官员相待,则伊等更觉气高胆大,而蔓延之势,更难了结。"

跟着,他肯定了《暂定条约》的优越性。他说:"若照新定章程,在上海

---

① 英国外交部档:17/393,1863年7月18日卜鲁斯致鲁塞尔第108号函。引自[英]莱特著,姚曾廙译:《中国关税沿革史》,北京:生活·读书·新知三联书店,1958年,第202页。

② 英国外交部档:17/373,1862年7月14日卜鲁斯致鲁塞尔第94号函。引自[英]莱特著,姚曾廙译:《中国关税沿革史》,北京:生活·读书·新知三联书店,1958年,第202页。

征纳税饷,旋在镇江以上汉口以下,准商任便起货下货,镇江以上,即作为上海内口,毋庸设虚立之关。……如此办理,于国课大有益处,而商情无损。""若在三口设关征税,商人以利为心,一定想法不到关而起货;若该三处无关征税,该商人因此三处,原系有大卖买(买卖)之区,必愿将货物运至该三处售卖,而不愿在沿途有小卖买(买卖)处起卸。"

总之,"若照《暂订章程》,在上海完税纳饷,而不提镇江以上各口,则不必禁止,而自无沿途起卸之弊;若改《暂订章程》,指明令其在该三口通商,虽然禁止沿途起卸,实生沿途起卸之弊"。[①] 据此,既然不设关征税稽查,则所谓"不准沿途上下货物,只准在镇江、九江、汉口起货下货"两语,仅是虚文而已。

总理衙门对于此件清单做了研究,他们认为"长江贼匪,出没无常,商贩走私,难于查拿,固宜于总处支纳,以免偷漏;然任便起卸货物,又恐漫无限制",所以建议"着薛焕,崇厚妥议章程,会商妥办"。[②]

这样,根据赫德《长江一带通商论》而改订的《长江各口通商暂行章程》于1861年10月9日出笼了。《暂行章程》把《暂订章程》从十款增为十二款。增加的两款,一是洋商雇买内地船只载货,须具保单;一是有违前款的处分规定。至于由上海征收关税,听任英商在长江一带上下货物的核心问题,几乎一无更动,除了对个别无关紧要的字句做些修改外,差不多是全文照抄。[③] 所以,夏燮在《中西纪事》"长江开关"一文中做过比较和评论:"查原订章程出口入口之货,均在镇江以上汉口以下,准商人任便起货下货,将镇江即作为上海内口,无庸设虚立之关。其立意在总处纳交,以杜偷漏。然总纳之后,即可沿途任便起卸货物,漫无限制,是仍与原议依违也。"这是《暂订章程》的翻版,也是贯彻额尔金沿江贸易的意图。这项章程经过了奕䜣和卜鲁斯的会商,竟然达成协议。

《暂订章程》出笼后,长江流域的湖广总督官文和江西巡抚毓科相继

[①] 中华书局整理:《筹办夷务始末(咸丰朝)》(第八册),北京:中华书局,1979年,卷七十九,第2918页。
[②] 中华书局整理:《筹办夷务始末(咸丰朝)》(第八册),北京:中华书局,1979年,卷七十九,第2925页。
[③] 参阅前引《中外旧约章汇编》所载两个章程。

上奏。官文直截了当地提出：所订章程，"凡进口出口货物，均归上海稽查纳税，实有心取巧，预萌偷漏之端"。"自洋人入江以来，进出口税均在上海交纳，其入内地卖洋货，买土货，既未议征子税，而洋人复不令地方官抽厘，汉口、九江领事，又均不服稽查。"所以"洋商往返贸易，凡有洋货进口售卖内地，内货出口贩运外洋者……皆于汉口各行中暗中以货易货，载运上船，并不交进口货物清单，亦不报出口货物数目，以至毫无稽察"。"若如英使所谓出口货仍至上海纳税，则迢迢长江千余里，随处皆可上货下货，任其自便，实存欺蔽之明验也。""汉口为九省通衢，行运甚广，百货丛集。其中茶叶、大黄、桐油等货，尤为出口大宗，奸商倚托影射，甚至将停运之货，接济贼匪，违禁之物，潜行夹带。自汉口至镇江，途经千余里，其中处处均可私售，汉口既无盘验，上海镇江无凭稽察。若经由长江出口，则上海亦无从查知，不特税课竟归无着，抑且将来流弊无穷。"因此，建议在汉口、九江设关征税，添设监督，赶建衙署，以便稽查。

官文这个奏文单纯从《暂订章程》的流弊出发，并非从地方税收利益着眼，这从上引奏文可以看出。奕䜣据此奏文，也承认《暂订章程》"尚有未尽严密之处"，而收税一节亦未议及，因就原议章程重加修改，定名《长江通商章程十二款》（即《长江通商暂行章程》），并奏请"长江应收进出口正税及土货复进口税，现今均在上海完交，应请饬下江苏巡抚将上海代收长江各税，每届三月一结之期，分别解往湖北、江西二省，以济军饷"，[①]意图堵塞官文等的驳斥；并于11月间奏请核准施行。

官文奏请"拟将汉口、九江应征之税，改归汉口、九江征收"，这是解决长江通商的关键问题；但赫德则称："长江辽阔，江面尚未平靖，稽察难周。如长江进口洋货不在上海征税，则洋商避汉口、九江之有关，必于无关之处绕越卸货，则进口之正税漏矣；如长江出口货税不在上海征收，则洋船避汉口、九江之有关，亦必于无关之处偷载上船，则出口之正税又漏矣。再四筹商，不如仍在上海征收……"至于洋商入内地买货，先请江海关发给买货报单，使内地奸商无由假冒射影，并按规定逢关纳税，遇卡抽厘，或

---

① 总理各国事务恭亲王等奏（咸丰十一年十月十二日），见（清）宝鋆等修：《筹办夷务始末（同治朝）》，收录于沈云龙主编：《近代中国史料丛刊》（第六十二辑），台北：文海出版社有限公司，1966年，卷二，第138页。

交子口税;洋商雇佣内地船只,须具保单。"以上各节,均已与英国议定,列入长江通商章程内,行知长江各省查照办理。"①

官文见前上奏折无效,于1862年2月再上奏折,对改定的《长江通商章程十二款》抨击更力。他说:"奴才详加参核,并揆地方情形,诸多窒碍。倘一意遵行,流弊无极。""盖其中有专为上海计,而未为三口计者,有专为洋商获益计,而不为内地税饷计者。照章办理,则长江无可立之关,无可征之税,并无可查之货。""即如赫德所称,长江之税,不由上海代征,而归于九江、汉口自行征税,则洋船皆绕无关之处偷越,则偷漏多矣等语。查汉口、九江直抵镇江,江面数千里,虽多支港湖汊,均不能驶出外洋,该船从何绕越?若谓上海为外洋进长江总口,则置狼山、福山于不问,洋船出海入江,听其自由,岂必欲迁至上海纳税后,再进长江而至汉口?"嗣又直指赫德,"该税务司赫德未熟悉长江形势,意存回护洋商地步,均所不免。"他举出实际材料说:"去年通商已及一年,由汉口发去之验单,不下数百张,从未见上海撤回查对,声气隔绝。"他又说:"议及利弊,则洋船由长江直入外洋,不特上海不得而知,其曾否到沪,即汉口亦无从得悉;若由外洋直入长江之货船可抵汉口,而上海亦不得闻。时下洋船抵汉口,并未肯呈出上海照票,其在上海曾否纳税,无据可凭,该船到上海亦皆未曾缴回,而(两)处隔膜,无从稽查,是预存绕越之明证也。"

官文在这个奏折中才提到地方军费问题。他说:"频年两湖、安徽血战之师,久已望饷若渴,以为汉关开征之后,饷需无虞匮乏,得以尽力东征;迄今关税尚未议定,即收子口半税,而不抵厘金之一二成。求盈反绌,皆由上海之未能洞悉长江情形,为十二款、五款章程所限故也。"②官文这个叙述,对清朝统治阶级说来,当是实情,不好因此以争夺关税利益而否定之。

---

① 恭亲王等又奏(咸丰十一年十月),见(清)宝鋆等修:《筹办夷务始末(同治朝)》,收录于沈云龙主编:《近代中国史料丛刊》(第六十二辑),台北:文海出版社有限公司,1966年,卷二,第169~170页。

② 大学士湖广总督官文奏(同治元年正月二十三日),见(清)宝鋆等修:《筹办夷务始末(同治朝)》,收录于沈云龙主编:《近代中国史料丛刊》(第六十二辑),台北:文海出版社有限公司,1966年,卷四,第344页。

对于这个《章程》,最高统治者也认为确有问题,所以"御批:总理各国事务衙门会同户部妥议具奏",这就使《暂行章程》不能不另议改订了。

赫德利用拟订各项海关章程的权力,为英商谋取战争或会议桌上得不到的权益,这是他坦率承认过的。他在《1864年11月赫德关于中国洋关创办问题备忘录》一文中曾说:"税务司署在为各口随时拟订章程时,未尝片刻忽视贸易的利益和要求,各关在正确履行职责的许可范围内,都做了有利一般商人(按指英商以至所有外商)的修改,这不是任何其他方法可以轻易办到的","还有其他各种有利的方案,税务司署都已精心制定而且获得了商业利益。在各口许多次要细则方面,经常做出了努力以满足时代的要求"。[①] 赫德所说的这种利用职权为外商谋取权益的活动,就是从他自身开始的。因此,我们认为官文的揭发是正确的。

在地方大吏的坚决反对之下,赫德不得不放弃这种不光明的行径,而对《暂行章程》做出根本的修改。这就导致《长江通商统共章程》的产生。

《长江通商统共章程》解决了官文提出的在汉口、九江设关征税的问题,把那种在沿江任意上下货物不必纳税的情况改变过来,也就是不论暂做或经常做长江买卖的大洋船,不论在何口贸易,"均照条约及该口章程办理"。暂做买卖的大洋船,如在镇江贸易,即在镇江交付船钞,若由镇江再行上到九江、汉口的,该在九江、汉口起下货物,所有纳税一切事宜,均照该口章程办理。经常做长江生意的叫内江轮船,这种轮船"抵镇江、九江,无论上江、下江,须将江照呈关查验。嗣后有江照之轮船须在镇江、九江、汉口轮流完纳船钞"。还规定"有江照之轮船装载土货,须由该商在装货口岸先将正、半两税一并完清,方准装货"。此外还有存票、拨货问题等规定。[②]

这个章程由赫德亲自带往湖北交官文审阅,为了保存他的面子,总理衙门为他准备了公文,并由他带去同治皇帝登基和裁撤8位赞襄政务大

[①] Wright S. F.. *Documents Illustrative of the Origin, Development, and Activities of the Chinese Customs Service*. Vol. Ⅵ. Shanghai: Statistical Department of the Inspectorate General of Customs, 1938, p.193.

[②] 王铁崖:《中外旧约章汇编(第一册)》,北京:生活·读书·新知三联书店,1957年,第195~196页。是书把这个章程叫作《长江收税章程》。

臣的上谕以及曾国藩的专函。官文"优礼相待,赫德辞意极为和顺"。官文接受了这个章程。同治元年十一月十二日,汉口、九江开关征税。这个问题前后几达两年才最后解决,这项章程一直实行了35年之久。

英国公使为了便利英国从最接近产茶区地方装运茶叶,要求奕䜣准许轮船持江汉关(汉口)或九江关所发的专照前往安庆、大通、芜湖装运茶叶,这是企图进一步开放长江。为使曾国藩和总理衙门易于接受,赫德主张轮船装载的茶叶,应缴厘金和复出口半税,但是曾国藩和总理衙门均不同意,因此搁了下来。

1869年,英国公使阿礼国利用修约机会,再次提出"长江之内,自镇江起,至汉口止,由海关拣选码头数处,以便洋船在彼停泊,并上下货物"的要求。[①] 充当修约谈判中间人的赫德,从中附和。于是1869年中英拟定的《新定条约》规定,议开温州和芜湖为通商口岸。[②] 但英国政府认为《新定条约》给他们带来的特权太少了,在他们看来,增辟两个通商口岸"简直连隔靴搔痒都谈不上"[③],英国国会因此拒绝批准这个条约。

从19世纪60年代末到70年代初,围绕中英修约问题展开的一场风波表明,列强并不以在长江中下游增开通商口岸或外轮停泊、装卸码头为满足。他们要求的是全面开放中国,即外人享有在中国内地河流行驶轮船、建筑铁路、架设电报、内地居住和采矿等权利[④];而在通商贸易方面,则要求向中国腹地扩展贸易,首先是"汉口以上扬子江上游"的开放通商、航运。上海英商商会于1869年底致信英国外交部,表示汉口以上长江上游的通商航运不能解决,则对华贸易就不可能得到扩展。[⑤] 1872年初,他

---

① 英国公使论拟修约节略(同治七年十二月),见(清)宝鋆等修:《筹办夷务始末(同治朝)》,收录于沈云龙主编:《近代中国史料丛刊》(第六十二辑),台北:文海出版社有限公司,1966年,卷六十三,第5778页。

② 王铁崖编:《中外旧约章汇编(第一册)》,北京:生活·读书·新知三联书店,1957年,第309~310页。

③ [英]伯尔考维茨著,江载华、陈衍译:《中国通与英国外交部》,北京:商务印书馆,1959年,第94页。

④ [英]伯尔考维茨著,江载华、陈衍译:《中国通与英国外交部》,北京:商务印书馆,1959年,第92~93页。

⑤ [英]伯尔考维茨著,江载华、陈衍译:《中国通与英国外交部》,北京:商务印书馆,1959年,第92~93页。

们又上建议书要求长江上游对外轮开放,以便"中国最富足勤勉的一省(四川)几乎可以直接与欧洲交通"。①

显然,英国正在虎视眈眈地等待时机扩展长江通商航运的特权。

1875年,时机终于到来了。马嘉理事件发生,风波顿起。英国公使威妥玛借题发挥,以断绝外交关系要挟,威迫清政府出让更多的特权。当双方陷入僵局时,赫德利用总理衙门要求他对通商口岸征税事宜拟定改善办法的机会,拟定了一份内容详尽的《整顿通商各口货物抽征事宜节略》,提出了一揽子解决中外问题的方案。其中关于条约口岸方面,他提出了"现于整顿各口通商抽收税厘事宜各章,外国若既允行,则中国即可允添开通商口岸如重庆、宜昌、安庆、芜湖、温州等处"②的建议,但连威妥玛也认为赫德"所望过奢"。还有,威妥玛提出"沿江不通商口岸上下客商货一节",李鸿章和"赫德密商。据称如此办理,该总税务司敢保洋税毫无偷漏,厘课并无损耗,只须各地方关卡员役查察严密耳"③。由于赫德的倡议和配合,在处理马嘉理案件的《烟台条约》第三端"通商事务"中规定,"随由中国议准于湖北宜昌、安徽芜湖、浙江之温州、广东北海添开通商口岸","至沿江安徽之大通、安庆,江西之湖口,湖广之武穴、陆溪口、沙市等处均系内地处所……今议通融办法,轮船暂准停泊,上下商客货物,皆用民船起卸,仍照内地定章办理"。④ 至于长江通航尽处的重庆,"可由英国派员驻寓,查看川省英商事宜。轮船未抵重庆以前,英国商民不得在彼居住,开设行栈。俟轮船能上驶后,再行议办"。1892年,重庆最后正式辟为通商口岸。

---

① [英]伯尔考维茨著,江载华、陈衍译:《中国通与英国外交部》,北京:商务印书馆,1959年,第133页。

② 赫德《遵拟整顿通商各口货物抽征事宜节略》,见 Wright S. F.. *Documents Illustrative of the Chinese Customs*. Vol. Ⅵ. Shanghai: Statistical Department of the Inspectorate General of Customs, 1938, p.425。

③ (清)李鸿章撰,(清)吴汝纶编:《李文忠公(鸿章)全集(二)》,奏稿二十七,台北:文海出版社有限公司,第919页。

④ 王铁崖编:《中外旧约章汇编(第一册)》,北京:生活·读书·新知三联书店,1957年,第349页。

据上述情况看来,从上海以至重庆,凡长江可通航的重要地点外商轮船都可通行。根据我们接触的有限资料,长江的通商事宜中,英国控制下的海关,确实起了配合的作用。

晚清新式海关设置时间考

自清朝咸丰四年(1854)上海设立首个新式海关,至宣统三年(1911)清王朝灭亡,我国的绝大多数通商口岸都设立了新式海关。关于这些新式海关设置的时间,文献记载多有歧异,以至当代学者的论著对此也说法不一,各有所本。本文拟对此详加考察、论证,以求获得历史的真相。

就笔者所见,较集中记载晚清新式海关建置时间的文献资料,主要有下列几种:

1.海关档案:海关总税务司通令,1908年7月17日,第1535号:关于全国通商口岸的开放及设关年份。本通令是迄今为止所能见到的最早一份较全面记录晚清各地新式海关设置时间的文献。它出自新式海关系统的最高管理机构总税务司署之手,应当说具有很高的权威性。惜其仅有年份记载,且尚有部分失误。

2.黄序鹓著:《海关通志》,上卷,第三章:各海关分志(见该书第28~218页)。本书为黄序鹓利用大量海关内部档案和中外官方文书、报刊书籍编著而成,历来被学术界视为研究晚清海关必备的史料性著作。但本书上卷第三章"各海关分志"所载新式海关设置时间亦有较多遗漏和失误。

3.赵尔巽编:《清史稿》志一百,《食货六·征榷会计》。本志书编纂之粗糙,学术界已有共识。食货六中所载新式海关(书中称洋关)设置时间,仅限于年份,亦有部分遗漏和失误。

4.中国第二历史档案馆编:《1921年前中国已开商埠》。此系1921年11月1日北洋政府内务部咨送外交部的档案资料,包括《民国自开商埠年月表》、《直省开设商埠年月事项一览表》和《内务部经办商埠一览表》等三份资料。其中第一份资料的制表时间为1920年2月,标题虽称"民国自开",表内所列实则涵盖了自晚清以来自开、约开的全部商埠。其"开关或开放日期"一栏,列出各商埠设立新式海关时间,亦有部分错误。

二、近代海关的建立及其组织与制度建构

5.汤象龙编著:《中国近代海关税收和分配统计》。本书为汤老历经半世纪风霜雨露的心血之作。作为该书附录的《全国各海关开关时间表》(见该书第54~60页)详细、完整地记载了晚清新式海关开关时间。唯因汤老所本的资料为清代军机处档案中各海关监督的报销册(四柱清册),故其所载时间为实际征税起始时间。就部分新式海关而言,这与设关时间并不一致。或许汤老已经注意到这一问题,因而本表开关时间一栏所列时间后面,均加上"开关征税"或"开始按新章征税"等字样,足见汤老治学之严谨。

6.陈诗启、孙修福主编:《中国近代海关常用词语英汉对照宝典》。本书的主体部分系由陈老于20世纪80年代主持编纂、内部印行的三本工具书(《中国近代海关地名录英汉对照》、《中国近代海关名词及常用语英汉对照》和《中国近代海关机构职衔名称英汉对照》)合编而成。其附录部分则为主编之一孙修福自行编制。其中附录一《中国海关新关设立一览表》(见该书第669~676页)是一份较为完整记载新式海关设关时间的文献,但其标注时间仅止于月份,且有部分错误。

7.中国海关百科全书编纂委员会编:《中国海关百科全书》。该书的"晚清海关机构"词条下,附有"晚清海关洋关设关地址表"(见该书第453页),表内设有"设关年月"一栏。从表的备注及词条末尾的"推荐书目"观之,其所依据的主要是各地海关近年编撰的海关志,以及上述汤象龙先生的编著。此外,该书有关晚清海关历史的各词条,也多有提及新式海关设置的时间。但由于词条出自多人之手,所记时间或详或略,缺漏和失误之处甚多,尤其是在阴历和阳历的换算上,失误较为严重。[1]

除上述之外,关于晚清新式海关设置时间的记载,还可散见于:(1)海关档案资料,如赫德的《1864年11月赫德关于中国洋关创办问题备忘录》[2],各关的贸易报告和十年报告以及各关的来往函件。(2)清政府的

---

[1] 就阳、阴历换算失误而言,如梧州关设关时间为光绪二十三年五月初五日(1897年6月4日),该书"梧州海关"词条记为光绪二十三年六月初四日,显然将阳历的6月4日误为阴历的六月初四日(见该书第467页)。类似的错误还有与琼海、瓯海、蒙自、重庆、腾越、江门等关相关的词条(见该书第229、461、329、45、433、271页)。

[2] Wright S. F.. *Documents Illustrative of the Origin, Development and Activities of the Chinese Customs Service*. Vol. Ⅵ. Shanghai: Statistical Department of the Inspectorate General of Customs, 1938. 该备忘录写于1865年,因而仅记录此前新式海关设立情况。

119

官方档案文献,主要为各地官员的奏折。(3)中外学者的论著,如马士[①]的《中华帝国对外关系史》(中译本,共 3 卷,三联书店 1958 年出版),魏尔特的《赫德与中国海关》(中译本分上下两册,厦门大学出版社 1993 年出版),和莱特[②]的《中国关税沿革史》(中译本为三联书店 1958 年出版)。(4)地方史籍及地方官员、文人的笔记、信函等。

为了进一步比较上述 7 种主要文献记载的差异,我们特制作了"晚清新式海关设关时间一览表",如表 1。

表 1　晚清新式海关设关时间一览表

关名	通令	通志	清史稿	商埠	统计	宝典	全书	作者修订结果
江海	1854年	缺	咸丰四年	咸丰四年	1860 年 10 月 1 日(咸丰十年八月十七日)	1854 年 7 月	1854 年 7 月	咸丰四年六月十八日(1854 年 7 月 12 日)
粤海	1859年	咸丰十年八月十七日	咸丰九年	咸丰九年	1860 年 10 月 1 日(咸丰十年八月十七日)	1859 年阴历八月	1859 年 10 月 1 日	咸丰九年九月二十九日(1859 年 10 月 24 日)
潮海	1860年	咸丰十年八月十七日	咸丰十年	咸丰九年十二月初九日	1860 年 10 月 1 日(咸丰十年八月十七日)	1860 年 3 月	1860 年 3 月	咸丰九年十二月初九日(1860 年 1 月 1 日)
津海	1861年	同治元年	咸丰十一年	咸丰十一年二月十三日	1861 年 3 月 23 日(咸丰十一年二月十三日)	1861 年 5 月	1861 年 3 月 23 日	咸丰十一年二月十三日(1861 年 3 月 23 日)设关,三月二十四(5 月 3 日)方开始实施外籍税务司管理制度

---

①　马士(H. B. Morse),美国人,1874 年毕业于哈佛大学,随即来到中国,进入中国海关供职。曾长期担任海关要职,为总税务司赫德的得力助手。本书引用了大量的海关档案资料和赫德信函。

②　魏尔特和莱特实为一人(Stanley F. Wright),英国人,长期供职于中国海关高层。掌握大量中国海关的档案资料,有关于中国海关的多种作品问世。

续表

关名	通令	通志	清史稿	商埠	统计	宝典	全书	作者修订结果
镇江	1861年	缺	咸丰十一年	咸丰十一年四月初一日	1861年5月10日（咸丰十一年四月初一日）	1861年4月	1861年4月	咸丰十一年三月十八日（1861年4月27日）设关，四月初一日（5月10日）开始征税
浙海	1861年	咸丰十一年	咸丰十一年	咸丰十一年	1861年1月1日（咸丰十年十一月二十九日）	1861年5月	1861年5月	咸丰十一年四月十一日（1861年5月20日）
闽海	1861年	咸丰十一年	咸丰十一年	咸丰十一年	1861年7月11日（咸丰十一年六月初七日）	1861年8月	1861年7月14日	咸丰十一年六月初七日（1861年7月14日）
九江	1861年	缺	咸丰十一年	同治元年十一月十二日	1863年1月1日（同治元年十一月十二日）	1861年12月	1861年12月	咸丰十一年十二月初二日（1862年1月1日）设关，同治元年十一月十二日（1863年1月1日）开始对外征税
江汉	1862年	咸丰十一年	同治九年	咸丰三年十一月初一日	1863年1月1日（同治元年十一月十二日）	1862年1月	1862年1月	咸丰十一年十二月初二日（1862年1月1日）设关，同治元年十一月十二日（1863年1月1日）开始对外征税
厦门	1862年	同治元年	同治元年	同治元年	1861年7月11日（咸丰十一年六月初七日）	1862年1月	1862年3月30日	同治元年三月初一日（1862年3月30日）

续表

关名	通令	通志	清史稿	商埠	统计	宝典	全书	作者修订结果
东海	1863年	缺	同治二年	咸丰十一年七月十七日	1861年8月20日（咸丰十一年七月十七日）	1863年3月	1863年4月	咸丰十一年七月十七日（1861年8月22日）登莱青道崇芳自行设关征税，十二月十七日（1862年1月12日）获准，同治二年二月初五日（1863年3月23日）开始实行外籍税务司管理制度
淡水	缺	缺	同治二年	缺	1862年7月18日（同治元年六月二十二日）	1863年10月	1863年7月18日	同治元年六月二十二日（1862年7月18日）设关，同治二年八月十九日（1863年10月1日）实行外籍税务司管理制度
打狗	缺	缺	缺	缺	1864年5月6日（同治三年四月初一日）	1864年5月	1864年5月	同治二年九月十四日（1863年10月26日）设关，征税事宜由福州、厦门两地海关代理，三年四月初一日（1864年5月6日）开始对外征税

续表

关名	通令	通志	清史稿	商埠	统计	宝典	全书	作者修订结果
山海	1864年	同治初年	同治三年	咸丰十一年六月初四日	1863年1月1日（同治元年十一月十二日）	1864年4月	1862年5月9日	同治三年四月初四日（1864年5月9日）
琼海	1876年	光绪二年三月初七日	光绪三年	光绪三年三月初七日	1876年4月1日（光绪二年三月初七日）	1876年3月	1876年4月1日	光绪二年三月初七日（1876年4月1日）
瓯海	1877年	光绪三年	光绪三年	光绪三年二月十八日	1877年4月1日（光绪三年二月十八日）	1877年2月	1877年4月1日（光绪三年四月初一日）	光绪三年二月十八日（1877年4月1日）
宜昌	1877年	光绪三年	光绪三年	光绪三年三月十八日	1877年4月1日（光绪三年二月十八日）	1877年2月	1877年2月	光绪三年二月十八日（1877年4月1日）
北海	1877年	光绪三年二月九日	光绪三年	光绪三年三月十八日	1877年4月1日（光绪三年二月十八日）	1877年3月	1877年4月1日	光绪三年二月十八日（1877年4月1日）
芜湖	1877年	光绪三年	光绪三年	光绪三年二月十八日	1877年4月1日（光绪三年二月十八日）	1877年4月	1877年4月	光绪三年二月十八日（1877年4月1日）
九龙	缺	光绪十三年三月九日	光绪十三年	光绪十三年闰四月初十日	1887年4月1日（光绪十三年三月初九日）	1887年3月	1887年4月2日	光绪十三年三月初九日（1887年4月1日）

123

续表

关名	通令	通志	清史稿	商埠	统计	宝典	全书	作者修订结果
拱北	缺	光绪十三年三月九日	光绪十三年	光绪十三年闰四月十三日	1887年4月1日（光绪十三年三月初九日）	1887年4月	1887年4月2日	光绪十三年三月初九日（1887年4月1日）
龙州	1889年	光绪十五年	光绪十五年	光绪十五年五月初三日	1889年6月1日（光绪十五年五月初三日）	1889年4月	1889年6月1日	光绪十五年五月初三日（1889年6月1日）
蒙自	1889年	光绪十五年七月二十八日	光绪十五年	光绪十五年七月二十八日	1889年8月13日（光绪十五年七月二十八日）	1889年4月	1889年8月24	光绪十五年七月二十八日（1889年8月24日）
重庆	1890年	光绪十七年	光绪十六年	光绪十七年正月二十一日	1891年3月2日（光绪十七年正月二十一日）	1890年9月	1890年9月	光绪十七年正月二十一日（1891年3月1日）
亚东	缺	缺	光绪二十年	光绪二十年三月二十六日	缺	1894年5月	1894年5月	光绪二十年三月二十五日（1894年5月1日）
苏州	1896年	光绪二十二年八月二十日	光绪二十二年	光绪二十二年八月二十日	1896年10月1日（光绪二十二年八月二十五日）	1896年7月	1896年7月	光绪二十二年八月二十五日（1896年10月1日）
杭州	1896年	光绪二十二年八月二十五日	光绪二十二年	光绪二十二年八月二十日	1896年10月1日（光绪二十二年八月二十五日）	1896年7月	1896年10月1日	光绪二十二年八月二十五日（1896年10月1日）

续表

关名	通令	通志	清史稿	商埠	统计	宝典	全书	作者修订结果
沙市	1896年	光绪二十二年八月二十五日	光绪二十二年	光绪二十二年八月二十日	1896年10月1日（光绪二十二年八月二十五日）	1896年8月	1896年8月	光绪二十二年八月二十五日（1896年10月1日）
思茅	1897年	光绪二十二年三月	光绪二十一年	光绪二十二年十一月二十九日	1897年1月1日（光绪二十二年十一月二十九日）	1896年11月	1897年1月2日	光绪二十二年十一月二十九日（1897年1月2日）
三水	1897年	光绪二十三年	光绪二十三年	光绪二十三年五月初五日	1897年6月4日（光绪二十三年五月初五日）	1897年6月	1897年6月	光绪二十三年五月初五日（1897年6月4日）
梧州	1897年	光绪二十三年五月五日	光绪二十三年	光绪二十三年五月初五日	1897年6月4日（光绪二十三年五月初五日）	1897年6月	1897年6月4日	光绪二十三年五月初五日（1897年6月4日）
福海	1899年	光绪二十四年三月初三日	光绪二十五年	光绪二十五年三月十九日	1899年10月1日（光绪二十五年八月二十七日）	1899年5月	1898年5月	光绪二十五年三月十九日（1899年4月28日）
金陵	1899年	光绪二十五年三月二十二日	光绪二十五年	光绪二十五年三月二十二日	1899年5月1日（光绪二十五年三月二十二日）	1899年3月	1899年5月1日	光绪二十五年三月二十二日（1899年5月1日）
胶州	缺	光绪二十五年三月	光绪二十五年	缺	1899年（光绪二十五年）	1899年8月	1899年7月	光绪二十五年五月二十四日（1899年7月1日）

续表

关名	通令	通志	清史稿	商埠	统计	宝典	全书	作者修订结果
岳州	1898年	光绪二十四年	光绪二十四年	光绪二十五年十一月十一日	1899年12月13日（光绪二十五年十一月十一日）	1899年11月	1899年11月13日	光绪二十五年十一月十一日（1899年12月13日）
腾越	1900年	光绪二十八年四月初一日	光绪二十六年	光绪二十八年四月初一日	1902年5月8日（光绪二十八年四月初一日）	1900年4月	1902年5月8日	光绪二十八年四月初一日（1902年5月8日）
江门	1904年	光绪三十年一月二十一日	光绪三十年改为正关	光绪三十年正月二十一日	1904年3月7日改为正关（光绪三十年正月二十一日）	1904年3月	1904年3月	光绪三十年正月二十一日（1904年3月7日）
长沙	1904年	光绪二十年（三十年？）	缺	光绪三十年五月十八日	1904年7月1日（光绪三十年五月十八日）	1904年5月	1904年7月	光绪三十年五月十八日（1904年7月1日）
南宁	1907年	光绪三十二年十一月十七日	光绪三十三年	光绪三十二年十一月十七日	1907年1月1日（光绪三十二年十一月十七日）	1907年1月	1907年3月17日	光绪三十二年十一月十七日（1907年1月1日）
奉天	1907年	缺	缺	缺	缺	1907年2月	1907年2月	奉天（沈阳）事实上并没有设立执行征税功能的海关,只是在1907年为设置东北地区海关,赫德将东北划分为4个海关管理区,在奉天设立一个办事处

续表

关名	通令	通志	清史稿	商埠	统计	宝典	全书	作者修订结果
安东	1907年	光绪三十年	光绪三十三年	光绪三十三年五月二十一日	1907年3月14日（光绪三十三年二月初一日）	1907年3月	1907年3月	光绪三十三年二月初一日（1907年3月14日）
大连	缺	缺	光绪三十三年	光绪三十三年五月二十一日	1907年5月30日（光绪三十三年三月十九日）	1907年7月	1907年7月	光绪三十三年五月二十一日（1907年7月1日）
滨江	缺	光绪三十三年	光绪三十四年	缺	缺	1907年7月	1907年7月	宣统元年五月十四日（1909年7月1日）
珲春	缺	宣统元年	宣统元年	缺	缺	1909年12月	1909年12月27日	宣统元年十一月十五日（1909年12月27日）

注:1.本表不包括分关。

2.本表首栏文献简称对应文献全称如下:

(1) 通令:China Maritime Customs. *Inspector General's Circulars*. Second Series, No.1535,1908,关于全国通商口岸的开放及设关年份。

(2)通志:黄序鹓著:《海关通志》(上),上海:商务印书馆,1917年,第三章,各海关分志,第28～218页。

(3)清史稿:(清)赵尔巽等撰:《清史稿》,北京:中华书局,1976年,卷一百二十五,志一百,食货六,征榷会计。

(4)商埠:中国第二历史档案馆编:《1921年前中国已开商埠》,《历史档案》,1988年第4期。

(5)统计:汤象龙编著:《中国近代海关税收和分配统计》,北京:中华书局,1992年。

(6)宝典:陈诗启、孙修福主编:《中国近代海关常用词语英汉对照宝典》,北京:中国海关出版社,2002年。

(7)全书:《中国海关百科全书》编纂委员会编:《中国海关百科全书》,北京:中国大百科全书出版社,2004年。

关于晚清新式海关,尤其是咸丰、同治年间设立的新式海关,设置时间的记载存在不少歧异。究其原因,除了笔误、阳历与阴历换算失误等情况外,主要有以下几种情况:第一,由于开埠与建关时间的不同所致。第二,由于建关与实行外籍税务司管理制度时间的不同所致。第三,建关与开始征税时间不同所致。

众所周知,第一,有些新式海关设置过程存在筹办、开办和开始征税时间的不同,如若文献各自以三个不同时间为设置新式海关时间,结果自然便呈现差异。第二,在有些通商口岸,原本就存在清政府设置的榷关,置有关监督,当该关开始按上海新章征税时,关监督行使管理,征收中国民船载土货的常税和征收外国商船或中国民船载洋货的洋税是合并报解的,直到税务司接手管理大权,独立关务。在此情况下,有的文献将开始按新章征税的时间作为设置时间,有的文献则将税务司开始行使管理权、独立关政的时间视为新式海关设置时间,由此产生差异。第三,有的通商口岸原先没有设立榷关,新式海关开办时,在外籍税务司尚未到任视事之前,是由清政府委派的关监督负责管理的,经过一段时间后才由税务司接管。分别视前后两个不同时间为新式海关设置时间,同样造成文献中设置时间的差异。本文拟就歧异最为突出的清咸同年间新式海关设立时间一一详加考证。

1.江海关

作为晚清第一个新式海关,江海关开设的时间——咸丰四年六月十八日(1854年7月12日)记载较详,学术界似无歧义。唯汤象龙先生的《中国近代海关税收和分配统计》一书所附的《全国各海关开关时间表》,记为咸丰十年八月十七日(1860年10月1日)。事实上,咸丰十年八月十七日这一天是按《北京条约》的规定,各海关各将关税二成扣缴英法赔款的起始日期。① 汤老误将其视为江海新关开办日期。②

---

① 在晚清关税史上,咸丰十年八月十七日(1860年10月1日)这一天确实是个非常特殊的日期。事情起因于咸丰十年(1860年)中英《北京条约》第三款中关于清政府偿付英国赔款办法的规定。该款规定:清政府赔偿英国的800万两银子,除先行偿付小部分现银外,"其余银两应于通商各关所纳总数内分结,扣缴二成,以英月三个月为一结,即行算清。自本年英十月初一日,即庚申年八月十七日至英十二月三十一日,即庚申年十一月二十日为第一结,如此陆续扣缴八百万总数完结,均当随结清交大英钦差大臣专派委员监收外,两国彼此各应先期派数员稽查数目清单等件,以昭慎重"。随后签订的中法《北京条约》对清政府偿付法国赔款的办法也做了类似规定。由此,根据中英、中法《北京条约》的上述规定,咸丰十年八月十七日(1860年10月1日)这一天,对晚清关税报解制度而言就有了特殊的意义。以这一天为起点,此后各通商口岸海关监督不仅要循旧例报解关税,同时还得以阳历三个月为一结,报解征自洋船、洋商、洋货的关税,以便用这部分关税的四成,分别偿付英、法两国的赔款。

② 汤老还误将这一天视为粤海关和潮海关开办的日期。

2.粤海关

晚清新式粤海关究竟设置于何时,现存的文献资料多有歧义,研究者因所本不一,各持己见。大致可归纳为以下两种说法:一是咸丰九年九月二十九日,即阳历1859年10月24日,一是咸丰十年八月十七日,即阳历1860年10月1日,两者相差近一年时间。国内外涉及海关史的重要论著,如曾任晚清海关税务司的魏尔特所著的《赫德与中国海关》[①]、马士的《中华帝国对外关系史》[②],以及海关史专家陈诗启的名著《中国近代海关史(晚清部分)》[③],均持前一说法。后一说法最初见于民国初年黄序鹓所著的《海关通志》[④],汤象龙的《中国近代海关税收和分配统计》[⑤]一书也持此说。那么,何者准确呢?唯有求诸原始文献资料。

关于粤海关设立时间的原始文献记载,最早见之于英国外交部档案中的两份文件:(1)1859年10月17日英国领事官文极司脱致函英国驻华公使卜鲁斯,并附上1859年10月13日粤海关监督给文极司脱的一封信。信中,监督告知文极司脱:一个仿照江海关模式的机构将于24日开办;为此,任命费士来为税务司,在他到来之前,由吉罗福代理,同时任命赫德为副税务司;他将寄送相关的规章给文极司脱,希望文极司脱向英商转告这一信息。[⑥](2)1859年11月15日派克致函卜鲁斯,内附两广总督和粤海关监督宣布10月24日新式粤海关开设通告的英文译本。[⑦]依据这两份文件可以确认粤海新关是在1859年10月24日,即咸丰九年九月二

---

① [英]魏尔特著,陆琢成等译,戴一峰校:《赫德与中国海关》,厦门:厦门大学出版社,1993年,第181~182页。
② [美]马士著,张汇文等译:《中华帝国对外关系史(第二卷)》,北京:生活·读书·新知三联书店,1958年,第34页。
③ 陈诗启:《中国近代海关史(晚清部分)》,北京:人民出版社,1993年,第73页。
④ 黄序鹓:《海关通志》(上),上海:商务印书馆,1917年,第157~158页。
⑤ 汤象龙编著:《中国近代海关税收和分配统计:1861—1910》,北京:中华书局,1992年,第57页。
⑥ 监督致文极司脱信的中文未见,附件系英文译本。英国外交部档:228/267,第39号,见Wright S. F.. *Documents Illustrative of the Chinese Customs*. Vol. Ⅵ. Shanghai: Statistical Department of the Inspectorate General of Customs, 1938, p.71.
⑦ 英国外交部档:228/267,第48号。转引自[英]魏尔特著,陆琢成等译,戴一峰校:《赫德与中国海关》,厦门:厦门大学出版社,1993年,第204页。

十九日开办的。

英国外交部档案揭示的粤海新关开办日期,还有当事人的其他原始文档可以佐证。其一是咸丰九年十一月初六日(1859年11月29日)两广总督劳崇光的奏折。该奏折称:"粤海关税务,近年征收未见起色,固由夷务未定,亦由走私太多。……臣到任后,访悉情形,与监督恒祺悉心筹画,惟有仿照上海办法,用外国人治外国人。……适何桂清以英吉利人李泰国在江海关帮办有年,著有成效,派充总税务司,委令周历五口,帮办缉私,赍有何桂清印札,并携带上海章程来粤。臣与恒祺接见其人,与谈税务,极为明白晓畅。当即会同饬令查照上海章程,于九月二十九日起试行开办。今试办一个月期满,税务已觉渐有转机。"①其二是时任粤海关副税务司的赫德在1863年出任总税务司后,于1869年11月1日签发的第25号总税务司通令"海关内部调整建制之说明"。该通令在追述各口海关设立经过时称:1859年10月,所有前期准备就绪,吉罗福出任税务司,主管粤海关工作。

此外,粤海关的年度贸易统计和贸易报告可以为我们提供另一种角度的证据。粤海关的年度贸易统计始自咸丰九年(1859年)。该年度的贸易统计包括两份从1859年10月24日到12月31日的进口与出口贸易统计,②足见咸丰九年九月二十九日(1859年10月24日)这一天确为粤海新关始建之日。

那么,持另一说法者所据为何呢?黄序鹓所著的《海关通志》中相关的一段记载如下:

粤海关之设,自康熙二十四年(1685年)始也。初时置监督一员,所以稽征海税。至道光二十二年(1842年),江宁条约成,而广州遂为五口通商之一。然当时所收外洋船货税钞,未及另立机关,犹在常关管辖之下。洋税与常税并征。迨咸丰十年八月十七日,乃设粤

---

① 两广总督劳崇光奏粤海关税务拟仿上海办法用英人管理片,咸丰九年十一月初六日,军录,见齐思和等编:《第二次鸦片战争(四)》,上海:上海人民出版社,1978年,第268页。
② 《中国旧海关史料》编辑委员会编:《中国旧海关史料(1859—1948)》(第1册),北京:京华出版社,2001年影印本,第30页。

海新关于广东省南海县城外之沙基,始将洋税常税名目划分。派税务司稽征新关。①

细读引文,黄序鹓显然是将新式粤海关设立时间和洋常两种关税名目划分征收的时间联系在一起的。然而,求证于历史事实,洋税与常税划分征收的时间并非始于咸丰十年八月十七日(1860年10月1日)。只是依据中英、中法《北京条约》的规定,始自咸丰十年八月十七日(1860年10月1日),各通商口岸海关监督不仅要循旧例报解各类关税,同时还得以阳历三个月为一结,报解征自洋船、洋商、洋货的关税,以便用这部分关税的四成,分别偿付英、法两国的赔款,但这并不意味着这一天是粤海新关建立的日期。可见,黄序鹓对粤海新关建立时间的误判,来自对粤海关洋、常两税分征的误读。②

然而,有论者认为,咸丰九年九月二十九日(1859年10月24日)是试办的日期,不能视为粤海新关设立;咸丰十年八月十七日(1860年10月1日)才是新式粤海新关正式设立的日期,因为当日,海关税务司署在沙基建立,开始独立关政。③ 这一观点值得商榷。

尽管至今尚未见有详细记载咸丰九年(1859年)九月粤海新关试行开办后,外籍税务司的运作实况的史料,但从现有的原始文献中还是可以窥见其概貌的。事实上,上引劳崇光的奏折中对此已有所披露。按劳崇光的说法,试行开办的粤海关是要"仿照上海办法,用外国人治外国人"。所谓上海办法,便是咸丰四年(1854年)江海关(洋关)推行的外籍税务管理委员会制度,这正是洋关外籍税务司制度的滥觞。正是因为仿照江海关(洋关)推行外籍税务司制度,损害了部分商人和官吏的既得利益,劳崇光在奏折的结尾称:"惟奸商莠民及在官人役,以走私为利者,实繁有徒,今忽夺其多年利薮,使向肥私囊之财,一旦尽归公帑,怨声载道,百计阻

---

① 黄序鹓:《海关通志》(上),上海:商务印书馆,1917年,第157~158页。
② 戴一峰:《晚清粤海关(洋关)设立问题考辨》,《中国社会经济史研究》,2009年第1期。
③ 梁冬梅:《筹办粤海新关考略》,《海关研究》,1992年第1期。作者将这一观点写入其参与主编的《广州海关志》,见广州海关编志办公室编:《广州海关志》,广州:广东人民出版社,1997年,第72页。

挠,造作言语,横生谤议。而无识之官绅,亦间有随声附和,以为臣被人愚弄者。殊不知上海行之数年,著有成效,并无流弊。广东事同一律,何以独不可行?"①足见所谓"帮办"云云的实质所在了。

咸丰十年五月十二日(1860年6月30日)广东巡抚耆龄的一份奏折说得更具体,足为劳崇光奏折的补充。该奏折称:"查奴才前在江西省城,传闻粤海关税务,系仿照江海关办法,用夷人代收。奴才窃以为利权轻畀他人,恐为异日之患,随经密为访查,因道路遥远,虽有所闻,未能详悉。钦奉前因,改派妥员前往省城,向各银号确切密访。缘粤海关自夷人入城后,各国商人走私甚多,税银短绌。经督臣劳崇光与前任监督恒祺会商,由上海雇英吉利夷人李泰国来粤代收税银,于咸丰九年(1859年)九月底开办。赴各洋船并洋行查货,均系夷人前往,本关书吏仅凭夷人口报税银数目登簿,有无以多报少情事,无从稽考。"②由此可见,外籍税务司主管下的一批外籍关员,完全是独立行使职权的。是故咸丰十年九月初三日(1860年10月6日)粤海关监督递交美国驻广州领事馆的一份照会中称:"上年九月间因开办新章邀请外国人帮同收税,延请吉罗福为正税务司,又请赫德为副税务司,又请马察尔亦为副税务司驻扎黄埔,并雇用外国人数名为扦子手以备往来稽查货物以及巡河缉私看守火船暨查封火船起落之货。均从九年九月二十五日起分别到关办事。一年以来均经如此办理。"③

上述可见,咸丰九年(1859年)九月二十九日粤海关任用外籍税务司及一批外籍官员负责对洋船、洋商的管理征税事宜,应视为新式粤海关设立之始。劳崇光奏折中所称的"试行开办",不仅指称开始按照上海新章(即作为《天津条约》附约的《五口通商章程》)征收关税,而且指称开始仿照上海办法,由外籍关员组成一个特殊部门,专门管理洋船、洋商的征税

---

① 两广总督劳崇光奏粤海关税务拟仿上海办法用英人管理片,见齐思和等编:《第二次鸦片战争(四)》,上海:上海人民出版社,1978年,第268页。

② 耆龄奏英法美在粤海关提银甚多以后酌存佛山并筑城以为守备折,咸丰十年五月十二日,见中华书局整理:《筹办夷务始末(咸丰朝)》(第六册),北京:中华书局,1979年,卷五十二,第1962页。

③ 中国第二历史档案馆馆藏档案:总税务司署档案全宗号679(二),第422页。

事宜。清廷官员奏折以及其他官方文件上使用的"帮办""试办"等词汇，往往不过是出于谨慎或掩饰。我们需要审视的是其实质。①

3. 潮海关

关于潮海关设立时间，1908年7月17日海关总税务司第1535号通令:关于《全国通商口岸的开放及设关年份》记为1860年。赫德《1864年11月赫德关于中国洋关创办问题备忘录》则进一步具体为1860年2月。当代学术界论著大多沿袭此说。但黄序鹓的《海关通志》则称:

> 潮海关:潮海关与粤海关均系咸丰十年(1860年)八月十七日开办。关设于广东省澄海县之汕头。在汀江口。距县治三十里,距广东省城一千六百里,监督税务司均驻汕头。无分关分卡。辖境自香港至潮州北之拉码磕斯岛止。订有关章十一款。本关前归粤海关监督管辖,自光绪三十四年,广东新设关务处以来,遂与广东各海关同归关务处管理。迨至民国,本关又改设监督专员。②

黄序鹓把潮海新关设立日期定为与粤海新关相同的咸丰十年八月十七日,即1860年10月1日,这显然是将潮海新关依照中法《北京条约》将洋税与常税划分征税的日期作为开办日期。如我们在有关粤海关中分析的,这不足为凭,但上述两份海关档案均未点明具体的设关日期。对此,地方官员的有关奏折可以提供线索。

潮州地方,粤海关原设有分口,以庵埠为总口,汕头等处为子口,签派丁书征收内地海船货税,历年已久。③ 咸丰八年(1858)签订的中英《天津条约》指定潮州为应开设的九处通商口岸之一。咸丰九年(1859年)八、九月间,美驻华公使华若翰(Ward, John Eliot)一再要求潮州立即按新章

---

① 戴一峰:《晚清粤海关(洋关)设立问题考辨》,《中国社会经济史研究》,2009年第1期。
② 黄序鹓:《海关通志》(上),上海:商务印书馆,1917年,第154页。
③ 钦差大臣何桂清等奏美请定期在潮开市拟将税务归粤海关画一办理折,咸丰九年十二月初七日,军录,见齐思和等编:《第二次鸦片战争(四)》,上海:上海人民出版社,1978年,第291页。

开市通商。^①十月二十一日(11月5日),上谕允准潮州先行开市。^②咸丰九年十二月初七日(1859年12月30日),何桂清、劳崇光上奏称,已经委派凌水县知县俞思益前往潮州,会同该处原派委员潮粮通判妥为开办。^③

那么,具体的开办时间呢?对此,咸丰十一年四月二十日(1861年5月29日)两广总督劳崇光等上奏潮州新关一年期满征收税银情况时称:^④

> 窃照广东潮州海口,于咸丰九年十月二十一日钦奉谕旨:准咪国先行开市,其应行设关征税之处,着会同妥议章程具奏等因。经前任钦差大臣两江督臣何桂清咨会臣劳崇光公同会议,以潮州地方,粤海关原设有分口,签派丁书,征收内地海船货税,历年已久。现在咪国新来开市,应将征税事宜归并粤海关监督援照广州大关征税章程,画一办理,以期驾轻就熟。所征税银,解存大关汇数造报。惟开市伊始,每年征银多少,未能悬定,应饬尽征尽解,俟一年期满察看情形,分别核办。当经会同恭折复奏。奉朱批,知道了,钦此。钦遵咨行查照在案。
>
> 嗣经臣劳崇光遴派陵水县知县俞思益驰赴潮州,会同该地方官将地势周历踏勘,在于澄县属之汕头设立新关,于咸丰九年十二月初

---

① 钦差大臣何桂清奏美使请照新章在潮州台湾先行开市并英法近日情形折,咸丰九年八月十五日,军录;军机大臣寄钦差大臣何桂清美国所求先行在潮州台湾互市必俟英法条约定局后方能办理上谕,咸丰九年八月二十二日;钦差大臣何桂清奏美使请将新定条约宣示各口并在潮州台湾先行开市折,咸丰九年十月十四日,军录;钦差大臣何桂清奏在昆山与美使会晤拟请允先开潮台两口片,咸丰九年十月十四日,军录。以上见齐思和等编:《第二次鸦片战争(四)》,上海:上海人民出版社,1978年,第239、241~242、252~253、254页。

② 军机大臣寄钦差大臣何桂清准许美国在潮台两口开市照新章宪纳船只吨钞等上谕,咸丰九年十月二十一日,见齐思和等编:《第二次鸦片战争(四)》,上海:上海人民出版社,1978年,第262页。

③ 钦差大臣何桂清等奏美请定期在潮开市拟将税务归粤海关画一办理折,咸丰九年十二月初七日,军录,见齐思和等编:《第二次鸦片战争(四)》,上海:上海人民出版社,1978年,第292页。

④ 两广总督劳崇光等奏"潮州新关一年期满征收税银",咸丰十一年四月二十日(三月二十七日发),见"中央研究院"近代史研究所编:《道光咸丰两朝筹办夷务始末补遗》,台北:台湾"中央研究院"近代史研究所,1982年,第599页。

九日准咪国先行开市。凡附近汕头各子口海船货税,均赴新关就近输纳。其离汕头较远各子口及商货零星经由各口者,仍留原派丁书照旧征收,以便商情。所有征收银数,本应通关征收,于关期届满时,汇总造报。因十年七月二十五日,粤海关期届满,维时潮州新关尚未扣满一年,未及汇办。臣毓清先将大关银数,于十年八月二十六日缮折奏报在案。

现查潮州开设新关之初,止准咪唎坚一国先行开市,商船无多,收税较少。迨英法两国换约之后,各国洋船到口者渐多,征收渐有起色。查向来潮州各口,每年征银二万一千九百余两,又应解备缴造办处米艇银三万余两。今设立新关,计自九年十二月初九日开市,实于是月二十七日征税起,连闰至十年十一月二十六日新关一年届满,共征银八万五千一百九十八两五分三厘。

由此可见,新式潮海关是在咸丰九年十二月初九日(1860年1月1日)开办的,实际开始征税则是十二月二十七日(2月10日),是故赫德在《1864年11月赫德关于中国洋关创办问题备忘录》中将潮海关开办时间记为1860年2月。至于《海关通志》和《中国近代海关税收和分配统计》将新式潮海关开办时间记为咸丰十年八月十七日(1860年10月1日),其错误原因与粤海关相同。①

4. 津海关

津海关的设立经历一个较为复杂的过程。

咸丰十年十月初三日(1860年11月15日),直隶总督恒福为天津郡城新设埠口,上奏请旨饬令曾任长芦盐政有年,于关权税务情形极为熟悉的藩司文谦前往办理一切通商事宜。翌日,咸丰帝朱批:着照所请,饬令文谦赴津会同恒祺等办理通商事宜。②

---

① 戴一峰:《晚清粤海关(洋关)设立问题考辨》,《中国社会经济史研究》,2009年第1期。

② 直隶总督恒福请派文谦赴天津办理设埠通商各事宜折,咸丰十年十月初三日,军录,见齐思和等编:《第二次鸦片战争(五)》,上海:上海人民出版社,1978年,第278页。

咸丰十一年一月（1861年2月），崇厚奉命出任三口通商大臣。二月十二日（3月22日），崇厚上奏称：

> 郑收外国商税，宜另设新关，以免牵混也。查旧设天津税关在天津城北南运河北岸，向收内地商税，并无外国税饷。今准各国通商，新征洋税且有扣归二成会单，自应仿照上海章程，于海河内另设新关征收，凡有外国货船进口，皆赴新关投纳，以示区别。现拟在海河择地扼要地方，租赁房屋，设立卡方，雇用巡船，并另派委员书差巡役查验货物数目，按则征税，逐日呈报查核，庶可清厘扣款，免致蒙混。……
>
> 遴派委员，分饬海口海河及沿河卡房，责成稽查验税，随时弹压，以昭慎重也。查向来各口海关监督，凡发单开舱，商船验货，一切皆系责成亲信家丁，以为耳目。今与外国商人交易，并有事须向领事官商办，不独税课攸关，且有交涉事件，必须委员前往，一切较为得体，断非家丁所能胜任。现拟遴派廉正正杂妥员，每月量给薪水，以资办公，饬令分口稽查，并遇有中外争执事件，责成随时弹压，以弭衅端，而清积弊。……
>
> 查前任粤海关监督，武备院卿恒祺，及现任苏松太道吴煦，办理洋税系用外国人李泰国等帮同襄理，不惜重资量给辛工，皆因李泰国熟悉外国商情，并稔知各种货物价值，各商到口纳税，丝毫不能影射，故每年税饷较常倍增，办理甚为得手。前经总理王大臣咨照上海钦差大臣薛焕，札调李泰国来津试办，并知照奴才衙门。现在李泰国尚未到来，如果将来到此，真能剔清各商弊窦，畅征税课，办有成效，再拟酌给辛工。合并陈明。①

由此可见，崇厚打算一面筹划开设新关，一面等待李泰国来津开办。但事实上，由于已有外国商船赴津贸易，崇厚并没有等待李泰国来津后才

---

① 三口通商大臣崇厚奏遵照新章办理通商酌拟条陈呈览折，咸丰十一年二月十二日，军录，见齐思和等编：《第二次鸦片战争（五）》，上海：上海人民出版社，1978年，第418～420页。

二、近代海关的建立及其组织与制度建构

开办新关,而是自行开办。这从咸丰十一年三月十七日(1861年4月26日)崇厚上奏新设天津海关征收洋税开办日期的奏折中可以清楚看到。该奏折内称:

> 通商大臣奴才崇厚跪奏,为恭报新设天津海关,征收各国洋税开办日期,并英、法二国在津商民安妥情形,专折奏闻,仰祈圣鉴事。
>
> 窃奴才奉命办理三口通商事务,谨将议定各国通商税则新章,按照条约开办,并与各国领事官将应办事宜,悉心商酌,次第举行。前因内河冰冻,货船未以进口,无从开征,始于本年二月初五日,接据该领事官照会,并大沽海口委员呈报,已有外国船只进口,请即发单验货等情前来。
>
> 奴才当即分饬大沽海口及新设海关各委员,逐口稽查,按则征税。所有天津海关应征各国洋税银两,即于咸丰十一年(1861年)二月十三日起,一律查照新章稽征,计开办一月以来,英国共进口货船三只,法国尚未有船到津,共征洋药及零星货物税项,计银有六千余两。
>
> 至奉天之牛庄、山东之登州两口,业经咨明该省将军、府尹、抚臣,并分饬山海关监督、登莱青道,暨委员一律遵办外,所有新设天津海关征收洋税开办日期,理合恭折由驿驰奏。[①]

可见,崇厚在二月初五日(3月15日)由于接领事官照会,并大沽海口委员呈报,知悉已有外国船只进口,请即发单验货,随即分饬大沽海口及新设海关各委员,逐口稽查,按则征税。所有天津海关应征各国洋税银两,自二月十三日(3月23日)起,一律查照新章稽征,即专收洋税的津海关是从咸丰十一年二月十三日(1861年3月23日)开关征税的。但此时并没有外籍税务司的介入,因为李泰国并没有赴津。

咸丰十一年三月二十(1861年4月29日),总理各国事务恭亲王

[①] 三口通商大臣崇厚奏新设天津海关征收洋税开办日期及在天津英法兵丁情形折,咸丰十一年三月十七日,军录,见齐思和等编:《第二次鸦片战争(五)》,上海:上海人民出版社,1978年,第448~449页。

137

奕䜣等奏报,尽管札谕令李泰国力疾赴津,暂为经理津海关税务,但李泰国业已起程回国,其所荐办理税务洋员克士可士吉、赫德二员,已起程赴津;并令崇厚札谕克士可士吉等暂行代办。① 三月二十四日(5月3日)代理总税务司费士来任命克士可士吉为津海关税务司,开始实施外籍税务司管理制度。②

由此可见,津海关设立时间为咸丰十一年二月十三日(1861年3月23日),但直到三月二十四日(5月3日),克士可士吉就任津海关首任税务司,方才建立外籍税务司管理制度,这也就是海关档案中将津海关建关时间定在1861年5月的原因和依据。③ 至于黄序鹓在《海关通志》中称,津海关建于同治元年(1862年),④不知所本为何?

5.镇江关

镇江为根据《天津条约》规定,开放长江通商的三个通商口岸之一。由于长江中下游一带时为清军与太平军征战之地,清政府原定长江三口开放通商的前提是战事平息、地方平静。但英国公使在英商催迫下,要求总理衙门先行开放三口通商。

咸丰十一年正月初(1861年2月),英国参赞巴夏礼乘坐兵船进入长江。正月初十日(2月19日),巴夏礼抵达镇江,择定城外毗连云台山、银山上下空地两段,租作该国官商建造署栈之所,随即转赴上游。⑤ 二月十五日(3月25日),巴夏礼与江西等处承宣布政使张集馨在九江拟定《长

---

① 总理各国事务恭亲王奕䜣等奏李泰国所荐办理税务洋员已起程赴津片,咸丰十一年三月二十日,军录,见齐思和等编:《第二次鸦片战争(五)》,上海:上海人民出版社,1978年,第453页。

② 1861年海关总税务司第1号咨文,转引自天津海关译编委员会编译:《津海关史要览》,北京:中国海关出版社,2004年,第204、236页;《中国旧海关史料》编辑委员会编:《中国旧海关史料(1859—1948)》(第1册),北京:京华出版社,2001年影印本,第73页。

③ Hart's Memorandum of November 1864 on the Foreign Customs Establishments in China(1864年11月赫德关于中国洋关创办问题备忘录),见Wright S. F.. *Documents Illustrative of the Chinese Customs*. Vol.Ⅵ. Shanghai: Statistical Department of the Inspectorate General of Customs, 1938, p.179.

④ 黄序鹓:《海关通志》(上),上海:商务印书馆,1917年,第54页。

⑤ 署理钦差大臣薛焕奏英船抵镇江择定地段建造署栈片,咸丰十一年二月二十二日,军录,见齐思和等编:《第二次鸦片战争(五)》,上海:上海人民出版社,1978年,第429页。

江各口通商暂订章程》,约定英国商船欲过镇江进入长江各处通商,由江海关发给江照,负责征税;商船自上海至镇江一带地方均不准贸易;商船上下长江均须在镇江口接受海关查验,另发镇江红单,以作凭证。① 据此,二月二十四日(4月3日),巴夏礼再次来到镇江,就设关征税一事,议定在银山一带增添地基。②

三月十八日(4月27日),原怡和洋行助理、英人林纳奉派出任副税务司,开办镇江关。③ 四月初一日(5月10日),镇江关开始征税。④

6.浙海关

浙海关所在地宁波,早在清康熙二十四年(1685年)业已设立海关。道光二十三年(1843年),宁波依《南京条约》开辟为通商口岸后,浙海关依照《五口通商章程:海关税则》征收洋税(时称夷税)。⑤ 那么,新式浙海关又是何时设立的呢?对此,我们有浙江巡抚王有龄的三封奏折可供参考。

其一,咸丰十一年正月二十二日(1861年3月3日)浙江巡抚王有龄奏报浙海关应征各国洋税开办新章日期,⑥内称:

> 署宁绍台道张景渠遵照总理衙门和户部的咨文,自十一月二十九日起,所有各国通商应完税钞,一律查照新章稽征。

其二,咸丰十一年三月二十九日(1861年5月8日)浙江巡抚王有龄

---

① 王铁崖编:《中外旧约章汇编(第一册)》,北京:生活·读书·新知三联书店,1957年,第154～156页。

② 巴栋阿奏洋船入江及镇江情形折,咸丰十一年三月十四日,见中华书局整理:《筹办夷务始末(咸丰朝)》(第八册),北京:中华书局,1979年,卷七十六,第2821页。

③ China Maritime Customs. *Customs Service, Officers in Charge 1859-1921*. Shanghai: Statistical Department of the Inspectorate General of Customs, 1926, p.180.

④ 汤象龙编著:《中国近代海关税收和分配统计:1861—1910》,北京:中华书局,1992年,第300页。

⑤ 李廷钰奏宁波于十一月十二日开市并现在洋面情形及造办船只折,道光二十三年十二月十九日,见齐思和等整理:《筹办夷务始末(道光朝)》(第五册),北京:中华书局,1964年,卷七十,第2793页。

⑥ 浙江巡抚王有龄奏"恭报浙海关应征各国洋税开办新章日期",咸丰十一年二月十四日(正月二十二日发),见"中央研究院"近代史研究所编:《道光咸丰两朝筹办夷务始末补遗》,台北:台湾"中央研究院"近代史研究所,1982年,第575页。

奏报宁波设立新关征收洋税嗣后各口当画一办理,上谕允准。① 内称:

头品顶戴,浙江巡抚臣王有龄跪奏,宁波仿照上海章程,立新关征收外国税钞,嗣后请各归各口画一办理,以清界限,而免影射,恭折奏祈圣鉴事。

窃照海关应征各国税银,于咸丰十年十一月二十九日起,查照新章办理,业经臣附驿奏报在案。查各国税钞,向归旧关,与内地商税分别稽征,书舍人等不能得其要领。咸丰四年(1854年),前任苏松太道吴健彰,在上海议设新关,邀外国李泰国帮办税务,较为顺手。前准总理五口通商大臣薛焕咨称,李泰国已奉恭亲王等札谕,作为总税务司,帮同稽察各口洋商完税事宜。李泰国又派外国人日意格为宁波副税务司,因日意格尚在广东,派华为士暂行代办等语。

臣思宁波本系通商口岸,今既有副税务司,应即仿照江海关之例,在宁波设立新关,专收外国税钞,以期事有归束。一面移咨薛焕,饬调熟悉通商情形之江苏记名道杨坊,酌带江海关谙练书舍数名,暂行赴宁,并由臣札委奏带来浙之江苏候补知府赵炳麟,前往宁波,会同署关道张景渠,按照上海章程,酌量妥议。俟杨坊、日意格到后,即可商定举行。惟近年各口税银往往由上海代为收纳,给发免单,仍将船货驶往别口贸易。当时因上海稽征有外国人帮同料理,较别口稍有把握,是以从权办理。然代收别口之税,无关考成,行之日久,易滋流弊。现在宁波已设新关,有外国帮司税务,应请嗣后凡外国贸易商船由宁波出口之货,浙海关止准收本关出口税钞,不准另给印章,代收别关进口税钞。

其三,咸丰十一年六月初三日(1861年7月10日),浙江巡抚王有龄

---

① 浙江巡抚王有龄奏宁波设立新关征收洋税嗣后请各当各口画一办理折,咸丰十一年三月二十九日,军录,见齐思和等编:《第二次鸦片战争(五)》,上海:上海人民出版社,1978年,第459~460页。

二、近代海关的建立及其组织与制度建构

奏报浙海关扣交英法二成税银已解上海[①],内称:

> 查浙海关宁波口,向无外国原船进口,所有外国货物,悉由通商别口驳运前来,均有别省海关免税执照呈验,例不重征。其内地商人贩运内地货物,雇装外国船只进出本口,均照常税征收,前经详明咨部有案。自咸丰十年八月十七日起,至十一月二十日止第一结期内,浙海关并无征收外国税银,所有应扣二成银两,无从扣交。嗣经奏明,仿照江海关章程,于十一月二十九日设立新关,专收洋税。计自十年十一月二十一日起,至十一年二月二十一日止第二结期内,浙海关征收各国进出洋税及进口洋药税,共银六万零九百八十四两八钱二厘,应扣交英法两国各二成银一万二千一百九十六两九钱六分。又未设新关以前,宁绍丝茶局代收出口税银四万六千一百六十一两七钱三分,应扣交英法两国各二成银九千二百三十二两三钱四分六厘。统计扣交两国共银四万二千八百五十八两六钱一分二厘,业经照数兑足,移解上海关道吴煦,分别转交英法两国领事亲收,由江海关制取各领事官收单,移送备案,详请具奏前来。

从王有龄的第一封奏折,我们可以知悉,在咸丰十年(1860年)十月间,清政府与英、法等国相继签订《北京条约》后,浙海关便遵照王有龄转达的总理衙门和户部的咨文,自十一月二十九日(1861年1月9日)起,查照新章稽征所有各国通商应完税钞。这里所谓新章,即指作为《天津条约》附约的《通商章程善后条约:海关税则》。从王有龄的后两封奏折,我们可以进一步判定,此时浙海关为将征收洋税与内地商税区分(因《北京条约》有扣交英法二成税银的协议)已另组人马,专门负责洋税的稽征事宜,即为王有龄所称的"新关"。但尚无外籍税务司就任,因为此时日意格尚在广州,而华为士亦并未如期赴宁波。

---

① 浙江巡抚王有龄奏"浙海关扣交英法二成税银已解上海",咸丰十一年七月初二日(六月初三日发),见"中央研究院"近代史研究所编:《道光咸丰两朝筹办夷务始末补遗》,台北:台湾"中央研究院"近代史研究所,1982年,第631页。

141

直到咸丰十一年(1861年)四月,时为代理总税务司的费士来与潮海关税务司华为士才一起以浙海关税务司的名义,赴宁波开办新式浙海关。四月十一日(5月20日),浙海关正式开办。四月二十二日(5月31日),费士来和华为士均离任,由副税务司休士代理。十月初七日(11月9日),日意格方接任浙海关税务司。①

7.闽海关与厦门关

闽海关设立于清康熙二十三年(1684年)。初期设有福州(南台)和厦门两个正口,衙署分设于省会福州城外南台中洲和厦门养元宫旁。闽海关监督驻福州南台,户部另从部中选派一员抵厦专理税务,三年一易。② 乾隆三年(1738年)闽海关改由福州将军兼管后,例由将军委官一员,在厦总理税务;厦门口征收的关税,则由福州将军统一以闽海关名义循例奏报。道光二十三年(1843年)至二十五年(1845年)间厦门、福州依《南京条约》相继开辟为通商口岸后,这一管理格局仍未变更。

咸丰九年十一月(1859年12月)间,钦差大臣、两江督臣何桂清致函闽浙总督兼署福州将军庆端,竭力赞誉上海、广州两地邀请外国人帮司税务,税饷渐增,偷漏渐绝,著有成效。并告知已先行发给英人李泰国札谕,邀其作为总司税、帮办各口事宜,期归画一;嘱咐庆端就近咨粤,转知时在广州的李泰国返回上海时,便道赴闽,帮同闽海关仿照办理。庆端奉函后,一面咨复何桂清,请将所办司税章程抄录全案移闽仿核办理;一面飞咨两广督臣劳崇光、粤海关监督毓清,就近转知李泰国便道赴闽妥议商办。咸丰十年二月初十日(1860年3月2日),庆端奏请仿照上海新关成案设立税务司,立闽海新关。旋因李泰国未取道福州,径回上海,开办闽

---

① China Maritime Customs. *Customs Service, Officers in Charge 1859-1921*. Shanghai, Statistical Department of the Inspectorate General of Customs, 1926, p.223;《宁波海关志》编纂委员会编:《宁波海关志》,杭州:浙江科学技术出版社,2000年,第62页。

② (清)郝玉麟等修,(清)谢道承等纂:《福建通志》(乾隆),卷二十;(清)徐景熹修,鲁曾煜等纂:《福州府志》(乾隆),卷十八《公署一》;(清)周凯修:《厦门志》(道光),卷七。

二、近代海关的建立及其组织与制度建构

海新关之议搁置。[①]

咸丰十一年四月(1860年5月)间,新任福州将军兼管闽浙税务文清接署理上海钦差大臣江苏巡抚薛焕先后来函称,李泰国因病请假回国,已令费士来、赫德暂行代办。费士来拟派华为士为福州税务司,业已给谕,令其随同代办总税务司费士来赴闽办理。

咸丰十一年五月(1861年6月),费士来和华为士到闽,由南台口委员协领景成、候补知府李庆霖、办理通商事务署福州府知府陈谦恩引见文清。文清对开办新关,由外籍税务司经办一事,颇存疑虑,但又担心事经载入条约通行,若不令华为士经办新关,其必将借此生衅,另启要挟之端,只得允准先行试办。对闽海新关开办的曲折过程,文清于八月的一份《闽海关添设司税起办日期及常税短征情形》奏折中如此写道:

> 福州将军兼管闽浙税务奴才文清跪奏:为闽海关司税,谨将起办日期并常税益形短绌大概情形,由驿四百里恭折具奏,仰祈圣鉴事。窃照前准钦差大臣和硕、恭亲王奕䜣等咨开,通商善后条约内载,各口严防偷漏,任凭邀请外国人帮办,勿庸外国人指荐干预等语。此次通商伊始,仍应责成英人李泰国帮办税务。所需辛工等费,由上海天津通商大臣酌议,不得稍涉冒滥各等因。嗣准署理上海钦差大臣江苏抚巡薛焕先后称,李泰国因病请假回国,已令费士来、赫德暂行代办。兹据费士来拟派华为士为福州税务司,业已给谕,令其随同代办总税务司费士来赴闽办理。并准函称,福州口司税辛工经费,每月需银三千两,由该司税造册呈送核销各等因,知会查照前来。并据该司税等于本年五月到闽,求谒奴才,随饬南台口委员协领景成、候补知府李庆霖、办理通商事务署福州府知府陈谦恩带同代办总税务司费士来、税务司华为士来署谒见。晓以常税一项,年有定额,且我朝定例,常洋两税,应行分款征收,俾免牵混。如各洋商既将内地商货揽

[①] 兼署福州将军庆瑞奏闽海关拟设司税咨粤转知李泰国来闽商办折,咸丰十年二月初十日,军录,见齐思和等编:《第二次鸦片战争(四)》,上海:上海人民出版社,1978年,第306~307页。

143

载贩运,即当循例分别报征,以清款目。该司税答称,货在洋船,概应完纳洋税,未便分析等语。……

旋又据称,自定章程以来,皆有该司税自行查验。所有原设各验卡,概不准查验戳记,即南台大关,亦毋庸点验,只于每日封关后,由该司税开具本日共征税银数目送关呈阅。似此税数,既任其开报,货物又归其包揽,诚恐以多报小,弊窦丛生。且华为士不通中国语言,所有会商事宜,皆系通事吴溱基传言,尤恐该通事往返言词不实不尽。只以事经载入条约通行,若不令其司税,必将借此生衅,另启要挟之端,是以不得不令其先行试办。

惟查江粤洋税,前招外国人李泰国帮办,原因李泰国熟悉商情,深知货值,得以商弊剔清,税课畅旺,曾准上海移咨,办有成效在案。今华为士初到福州办理伊始,能否得力,税课果否畅旺,均难预料。该司税虽不允各处卡口查验,奴才仍密饬各验卡员弁督率役哨,密驾巡船,从旁暗访,以防偷漏。该税司已于本年六月初七日起办,应需辛工经费,即照署理上海钦差大臣薛焕来函数目,按月发给,俟该事税造册到日,再行查核报销。并据景成禀称,该司税欲将南台口完税红单,印给空白,听该司税随时填用。查红单系税务要件,未便印给空白,听其填用,使关务更无把握,当即批驳。

奴才受恩深重,遇事必熟筹远虑,断不敢稍涉懈弛。且福州与上海情形不同,奴才惟有殚竭血诚,认真查察,稽核收数,确切奏报,以期无负生成。所有税务情形,俟关期届满,另行据实奏办。[①]

可见,新式闽海关开办于咸丰十一年六月初七日(1861年7月11日),

[①] 福州将军兼管闽浙税务文清奏闽海关添设司税起办日期及常税短征情形折,咸丰十一年八月初七日(七月初七日发),见"中央研究院"近代史研究所编:《道光咸丰两朝筹办夷务始末补遗》,台北:台湾"中央研究院"近代史研究所,1982年,第639~640页。

华为士为首任税务司。① 六月初十日(7月14日)闽海新关开始征税。②

咸丰十一年十一月二十二日(1861年12月23日),时为闽海关税务司的华为士奉命离任,前往厦门筹办厦门关。翌年(同治元年)三月初一日(1862年3月30日),厦门关设立。华为士为首任税务司。③

8. 江汉关与九江关

江汉关与九江关同处长江中下游,其设关征税与开放长江通商紧密相连,其过程则颇为曲折、复杂。关于其设关时间,现有各种文献资料大致有咸丰十一年(1861年)和同治元年(1862年)两种说法,④其中以前者居多。然前者又可分为咸丰十一年(1861年)十一月和十二月两种不同说法。事实上,以上三种说法均有所本,它们分别标识着江汉关与九江关设立过程中的不同阶段。咸丰十一年十一月,汉口、九江地方官员经总理衙门奏准后,自行设关盘验,征收厘金替代税——子口税;十二月,代理总税务司向两关派遣外籍税务管理官员;同治元年(1862年)十一月,两关开始正式对外征收各种关税。以下详论之。

咸丰十年十月(1860年11月),尽管长江一带仍处于争战之中,英国驻华公使卜鲁斯就照会总理衙门,要求开放汉口、九江通商。恭亲王奕䜣

---

① 参阅 China Maritime Customs. *Customs Service, Officers in Charge 1859-1921*. Shanghai, Statistical Department of the Inspectorate General of Customs, 1926, p.258;"1864年11月赫德关于中国洋关创办问题备忘录",见 Wright S. F.. *Documents Illustrative of the Chinese Customs*. Vol. Ⅵ. Shanghai: Statistical Department of the Inspectorate General of Customs, 1938, p.191.

② 《中国旧海关史料》编辑委员会编:《中国旧海关史料(1859—1948)》(第1册),北京:京华出版社,2001年影印本,第121页。

③ China Maritime Customs. *Customs Service, Officers in Charge 1859-1921*. Shanghai, Statistical Department of the Inspectorate General of Customs, 1926, pp.258, 266;中华人民共和国厦门海关编著:《厦门海关志(1684—1989)》,北京:科学出版社,1994年,第21页。《中国近代海关税收和分配统计:1861—1910》一书因厦门关税收归闽海关统一奏报,将闽海关开办时间视同厦门关开办时间,实误,见汤象龙编著:《中国近代海关税收和分配统计:1861—1910》,北京:中华书局,1992年,第411页。

④ 至于《清史稿》记为"同治九年",疑为"同治元年"之误,见赵尔巽等撰:《清史稿》(第十三册),卷一百二十五《志一百·食货六·征榷会计》,北京:中华书局,1976年。

等奏请明定章程,允准通商。① 咸丰帝虽表示允准通商,但仍令恭亲王以"因寇氛逼近浔防,九江碍难通商"为由,照会卜鲁斯暂缓前往,但卜鲁斯仍执意要求在汉口、九江开市通商。②

咸丰十一年正月底(1861年2月),英国参赞官巴夏礼由上海溯江前往九江、汉口,察看地形,择地拟建领事馆,并会议开市通商事宜。二月十五日(3月25日),巴夏礼与张集馨在九江拟定《长江各口通商暂订章程》,约定外国商船进入长江汉口以下各处通商,仅在上海课税。③ 此后,英国、俄国和美国等国商船陆续进入长江通商。

湖广总督官文和江西巡抚毓科对长江通商实行《长江各口通商暂订章程》造成的漫无稽查、厘税偷漏的局面深感担忧和不满。④ 九月十七日(10月20日),官文以"汉镇若不设关收税,漫无稽察,则长江上下中原之利,尽归外国。自汉口以下,镇江以上,内地奸商,亦倚托洋商,任意私售私买,不特税课偷漏,亦必亏耗厘金,于筹饷大局实有妨碍"为由,奏请"于汉口设关。照海关章程,将内地各货出口正税及子口税一并于汉关完纳,其进口洋货运至汉口,仅于照单点验,方许售销,以符一税不再税之约",并称:

> 饬汉阳府勘择地址,创立关卡,所有督办关税事务,应请添设监督一员,恭候由京简放通晓税务深知外国商人性情之员,一俟命下之日,即饬赶紧建造衙署关卡,以便稽查盘验,实于税课地寺军务筹饷

---

① 军机大臣寄钦差大臣官文等已准英国先在汉口九江通商着悉心妥办上谕,咸丰十年十月二十日,见齐思和等编:《第二次鸦片战争(五)》,上海:上海人民出版社,1978年,第307~308页。

② 总理各国事务恭亲王奕䜣等奏英使照会请赴九江通商折,咸丰十一年正月十七日,军录,见齐思和等编:《第二次鸦片战争(五)》,上海:上海人民出版社,1978年,第387~388页。

③ 王铁崖:《中外旧约章汇编(第一册)》,北京:生活·读书·新知三联书店,1957年,第154~156页。

④ 总理各国事务恭亲王等奏(咸丰十一年十月十二日),见(清)宝鋆等修:《筹办夷务始末(同治朝)》,收录于沈云龙主编:《近代中国史料丛刊》(第六十二辑),台北:文海出版社有限公司,1966年,卷二,第135~136页。

各事均有裨益。凡与地方有交涉事件，仍由办理通商道管理，仍归督臣兼辖。并一切税务随时稽核。此外尚有应行商办禁止各事，容随时咨呈总理各国事务衙门与各国妥筹办理。九江一口，亦当与汉镇事宜一体相同，以昭划一。①

咸丰帝谕旨总理各国事务王大臣妥议具奏。咸丰十一年十月十二日（11月14日），总理衙门恭亲王等上奏回应，御批，依议。其与本文密切相关的有两段，特摘录如下：

　　臣等前准两湖总督官文咨称，自洋人到汉通商，两湖厘税均无等语，臣等当与总税务司赫德详加商议。拟将汉口、九江应收之税，改归汉口、九江征收。而赫德则谓长江地方辽阔，江面尚未平靖，稽察难周。如长江进口洋货税，不在上海征收，则洋商避汉口、九江之有关，必于无关之处绕越卸货，则进口之正税漏矣。如长江出口土货税不在上海征收，则洋商避汉口、九江之有关，亦必于无关之处偷载上船，则出口之正税又漏矣。再四筹商，不如仍在上海征收，拨归湖北、江西二省为是。……

　　至汉口地方，据该督奏称必须设关。自应准其建立，查验进出各货。惟该督奏请由京简派监督一节，臣等查江苏上海口，系苏松太道管理；浙江宁波口，系宁绍台道管理。汉口本非海关可比，且进出正税均在上海征收，汉口关仅止征收子税，及盘验货物等事，应即由汉黄德道管理，勿庸由京派往。其汉口建关一切事宜，即由该督督同汉黄德道，妥议章程，实力办理。②

---

① 大学士湖广总督官文奏（咸丰十一年九月十七日），见（清）宝鋆等修：《筹办夷务始末（同治朝）》，收录于沈云龙主编：《近代中国史料丛刊》（第六十二辑），台北：文海出版社有限公司，1966年，卷二，第110～117页。
② 总理各国事务恭亲王等奏（咸丰十一年十月十二日），见（清）宝鋆等修：《筹办夷务始末（同治朝）》，收录于沈云龙主编：《近代中国史料丛刊》（第六十二辑），台北：文海出版社有限公司，1966年，卷二，第168～170页。

细读以上两段引文,我们不难看出,面对来自代理总税务司赫德和湖广总督两种完全不同的意见,总理衙门一方面接受赫德的建议,仍仅在上海征税,另一方面则允准了官文在汉口设关的要求。事实上,关于征税问题,早在一个多月前,总理衙门已经采纳赫德的意见,与英国公使会商后,签订了《长江各口通商暂行章程》十二款,基本上保留了原《长江各口通商暂订章程》的征税办法。① 至于上海代征税课的办法,总理衙门在同时的另一奏折中已提出:"应请饬下江苏巡抚将上海代收长江各税,每届三月一结,分别解往湖北、江西二省,以济军饷。"②

　　是故十一月(12月)间,汉口、九江相继设关,盘验货物,征收子口税。③ 原反对设关的赫德,于是前往汉口,试图说服官文接受他委派外籍税务司代理人,负责关务。由于对赫德反对在汉口征税的不满,以及对外籍税务司管辖税关可能导致对当地财政权利干涉的担忧,官文一开始表示拒绝。赫德遂以承认有必要修改长江通商章程以保证当地的税收利益来取悦官文,并以出示当时尚未送达当地的有关同治皇帝登基、八大赞襄政务王大臣被废黜的信息向官文显示其特殊身份。官文终于接受赫德的

---

① 王铁崖编:《中外旧约章汇编(第一册)》,北京:生活·读书·新知三联书店,1957年,第175~178页。

② 总理各国事务恭亲王等奏(咸丰十一年十月十二日),见(清)宝鋆等修:《筹办夷务始末(同治朝)》,收录于沈云龙主编:《近代中国史料丛刊》(第六十二辑)),台北:文海出版社有限公司,1966年,卷二,第138页。

③ Hart's Memorandum of November 1864 on the Foreign Customs Establishments in China. In Wright S. F.. *Documents Illustrative of the Chinese Customs*. Vol. VI. Shanghai: Statistical Department of the Inspectorate General of Customs, 1938, p.181. 另李鸿章同治元年六月九日奏折称:"本年正月十四日,承准总理各国事务衙门咨行钞片内开。汉口、九江,虽已通商,而进出税钞均系上海征收,实在上海关共代收九江税若干,代收汉口税若干,查明数目,派员解交湖北、江西二省,以济军需等因。……当即督饬总税务司费士来,确查代征汉九两关银数。旋据覆称,前二项税款,该司税于上年十一月初一日汉口开关之日起,即将所收税银,另册登记。"[见(清)宝鋆等修:《筹办夷务始末(同治朝)》,收录于沈云龙主编:《近代中国史料丛刊》(第六十二辑),台北:文海出版社有限公司,1966年,卷七,第660~661页。] 我们似可据此推断汉口税关是在咸丰十一年十一月初一日(1861年12月2日)设立的。

二、近代海关的建立及其组织与制度建构

建议。① 十一月二十六日(12月27日)赫德函告狄妥玛,湖广总督官文已于12月18日签字,欣然愿意由狄妥玛代理江汉关事务,规定其主要任务为执行《长江各口通商暂行章程》,劝导海关监督按上海单照格式(中英文)签发民船江照、货物进仓验单等;并决定于1862年1月1日,设立江汉关。②

咸丰十一年十二月二日(1862年1月1日),汉口关设立。赫德委派狄妥玛为代理主管。同日,九江关也设立,首任代理税务司为哈门德。③ 但江汉关和九江关仍仅稽查、盘验货物,征收厘金的替代税——子口税,进出口正税仍由江海关代为征收。

由于《长江各口通商暂行章程》中有关由上海代汉口、九江征税的规定产生诸多流弊,加上地方大臣,尤其是两湖总督官文的激烈反对,④ 同治元年九月二十九日(1862年11月20日),总理衙门与各国签订《长江收税章程》,规定外国商船在长江各口通商"均由各该关查验,自行征收税饷,按照条约已开通商各口办理一切事宜"。⑤ 据此,同治元年十一月十二日(1863年1月1日)起,江汉关和九江关开始征收进出口关税。狄妥

---

① 对此,魏尔特有详细记载。但魏尔特并未提及在赫德赴汉口之前,官文已在汉口设立税关,见[英]魏尔特著,陆琢成等译,戴一峰校:《赫德与中国海关》,厦门:厦门大学出版社,1993年,第290页。

② [英]穆和德等著,李策译:《近代武汉经济与社会——海关十年报告:汉口江汉关(1882—1993年)》,香港:香港天马图书有限公司,1993年,第199页。

③ [英]魏尔特著,陆琢成等译,戴一峰校:《赫德与中国海关》,厦门:厦门大学出版社,1993年,第290页;[英]穆和德等著,李策译:《近代武汉经济与社会——海关十年报告:汉口江汉关(1882—1993年)》,香港天马图书有限公司,1993年,第199页。

④ 大学士湖广总督官文奏(同治元年正月二十三日),见(清)宝鋆修:《筹办夷务始末(同治朝)》,收录于沈云龙主编:《近代中国史料丛刊》(第六十二辑),台北:文海出版社有限公司,1966年,卷七,第342~349页。官文在奏折中称:"将该规定揆诸地方情形,诸多窒碍。倘一意遵行,流弊无极。……照章办理,则长江无可立之关,无可征之税,并无可查之货。……且汉口设关数月,即应征出口之子口税,并未交纳分厘。出入船只,亦未容管关员役稽查。"据此,他请求:"汉口、九江照海关例就地收税,各清各款,按季报部,以免牵混。"

⑤ 王铁崖编:《中外旧约章汇编(第一册)》,北京:生活·读书·新知三联书店,1957年,第195页。

149

玛升任江汉关税务司,华为士出任九江关税务司。①

9. 东海关

关于东海关建关时间,学界见解颇有歧异,大致有咸丰十一年七月(1861年8月)、咸丰十一年十二月(1862年1月)、同治元年二月(1862年3月)、同治二年二月(1863年3月)等诸多不同说法。② 各种不同说法实与东海关曲折的建关过程相联系。

东海关所在地登州,清廷原本并未设置税关。故咸丰十年十二月初一日(1860年1月19日)恭亲王等上奏统筹洋务全局,提出六条章程时称:"至登州向系私设口岸,隐匿多年,现既新立口岸,自应派员专理。应由天津通商大臣,会同山东巡抚妥商具奏。"③

咸丰十一年二月十二日(1861年3月22日),新任三口通商大臣崇厚奏告:登州开埠设关一事,"已遵照奏定原条,知会该将军督抚府尹,酌委妥员前往,按照新章,妥为商办。其应用一切费项,容俟会同该将军督抚府尹,一并酌议章程,核实具奏"。④

五月十五日(6月12日),崇厚奏报派员赴山东登州开办通商情况,内称:

> 窃奴才前经咨照山东署抚臣清盛,会商开办章程,只以二三月间大股南捻窜扰东境,商贾戒严,外国商船亦闻风而裹足,一切通商章

---

① 中华人民共和国武汉海关编:《武汉海关志》,1995年打印本,第15页;[英]魏尔特著,陆琢成等译,戴一峰校:《赫德与中国海关》,厦门:厦门大学出版社,1993年,第291页;孙修福编译:《中国近代海关高级职员年表》,北京:中国海关出版社,2004年,第192、238页。

② 丁抒明曾撰写《东海关设关考略》,该文认为东海关设立时间应为咸丰十一年七月十七日,见丁抒明:《东海关设关考略》,《近代史研究》,1985年第2期。至于咸丰十一年十二月说、同治元年二月说、同治二年二月说等,除丁文首页脚注所列之外,尚可参见本文前列《晚清新式海关设关时间一览表》。

③ 奕訢桂良文祥奏统计全局酌拟章程六条呈览请议遵行折,咸丰十年十一月初三日,见中华书局整理:《筹办夷务始末(咸丰朝)》(第八册),北京:中华书局,1979年,卷七十二,第2677~2678页。

④ 三口通商大臣崇厚奏遵照新章办理通商酌拟条陈呈览折,咸丰十一年二月十二日,军录,见齐思和等编:《第二次鸦片战争(五)》,上海:上海人民出版社,1978年,第418页。

程,碍难筹办。嗣据山东登莱青道崇芳、候补知府董步云、登州府戴肇辰等禀称,并开具商办条陈请核前来。奴才详加覆核,该道等所议章程虽系因地制宜,惟与条约新章多有不符之处,亟应妥为酌办,当即批饬另议。一面咨商山东抚臣谭廷襄,并恐该道等于现办新章未能熟谙,转致遇事窒碍,不特税课攸关,且于沿海地方中外交涉事件,弹压抚绥,均关紧要,借以羁縻各国商民,免致别启衅端。且查登州一口又与牛庄情形不同,向无监督,亦未设关,现今开埠通商,事属创始,在在均宜布置,必须公正廉明熟悉情形之员,常川驻扎,方足以资治理。奴才远驻津郡,鞭长莫及,窃虑呼应不灵。查总理王大臣奏定章程,准令派员前往。现查有直隶候补知府王启曾,人品端谨,办事精细,且该员籍隶山东,熟悉该省海口情形,以之调赴登州,会同登莱青道崇芳等,悉心筹画,相机办理,实足收指臂之效。业经奴才咨商直隶督臣文煜,札调来津,将现办新章面为筹商,于四月中旬饬令迅赴登州,并咨令山东抚臣,责令该守会同崇芳等实力举办。且虑开办之初,事务烦冗,复又札调直隶候补知县袁文陞、河工候补县丞曲纪发,随同王启曾差委,并稽查沿海卡房及上船验货发单等事。至应派通事并外国税务司,现已与英人李泰国所举之代办总税务司赫德,商酌一二人,前往帮同征税,庶不致日久致弊。惟查外国商船由闽、广、上海而来,往往先到登州停泊。该口商贾辐辏,中外杂处,一切事务较繁,奴才恐一人耳目,不及周察,相应吁恳天恩,饬行山东抚臣谭廷襄,转饬登莱青道崇芳等,会同奴才派往之直隶候补知府王启曾,认真妥办,不得稍存畛域,致滋弊端,庶于抚绥地方,稽征税务,两有裨益。①

登莱青道崇芳因捻军逼近海口而未能成行。王启曾等人赴烟台后,见当地厘金局"办理诸形含混",且海口形势复杂,"中外商船皆可随时卸

---

① 三口通商大臣崇厚奏派员赴山东登州开办通商折,咸丰十一年五月十五日,军录,见齐思和等编:《第二次鸦片战争(五)》,上海:上海人民出版社,1978年,第489~490页。

货",①遂自行宣布于咸丰十一年七月十七日(1861年8月22日)设关征税。②

十二月十七日(1862年1月16日),恭亲王等人奏请将登莱青道署从莱州府城掖县移到烟台,"仿江苏上海、浙江宁绍台等道之例,专司中外税务",并请礼部发给关防,获准。③ 同治元年二月(1862年3月),登莱青道署移驻烟台,道台崇芳兼任东海关监督。④

同治二年二月初五日(1863年3月23日),赫德任命英人汉南为首任税务司,新式东海关正式开办,颁布《烟台口东海关管理章程》八款和《东海关船只进口章程》五款。⑤

10. 山海关

山海关之设,始于明朝,时为稽查出入人等的关卡。入清后,随着东北地区与关内商品流通的发展,山海关渐演化为税关。康熙二十四年(1685年)开海禁之后,康熙三十三年,复设立山海关,差官管理,征收税课,确立定额,牛庄即为其主要税口所在。清中叶以降,由于辽河河道淤浅,海船码头逐渐从牛庄向辽河下游的没沟营(即营口)转移。然南省商民仍指称牛庄。⑥ 是故咸丰八年(1858年),中英《天津条约》允开牛庄为通商口岸后,九年二月二十一日(1859年3月25日),钦差大臣僧格林沁奏称:"至没沟营为奉省咽喉重地,各处商船即在此停泊,不能驶至牛庄。

---

① 奕䜣等七人折,藏中国第一历史档案馆,帝国主义侵略类,第451号卷,第2号,转引自丁抒明:《东海关设关考略》,《近代史研究》,1985年第2期。

② 此为咸丰十一年七月设关说之所本,然此时该关尚未建立外籍税务司制度,只是清朝的一个税关,非新式海关也。

③ 奕䜣等七人折,藏中国第一历史档案馆,帝国主义侵略类,第451号卷,第2号,转引自丁抒明:《东海关设关考略》,《近代史研究》,1985年第2期。此为咸丰十一年十二月设关说之所本。然此时仍尚未建立外籍税务司管理制度。

④ 边佩全主编:《烟台海关史概要:1862~2004》,济南:山东人民出版社,2005年,第92页。此为同治元年(1862年)二月设关说之所本,然此时仍尚未建立外籍税务司管理制度。

⑤ 总税务司1863年1号文,转引自边佩全主编:《烟台海关史概要:1862~2004》,济南:山东人民出版社,2005年,第56~57、93页。

⑥ 许檀:《清代前期的山海关与东北沿海港口》,《中国经济史研究》,2001年第4期;许檀:《清代前中期东北的沿海贸易与营口的兴起》,《福建师范大学学报(哲学社会科学版)》,2004年第1期。

二、近代海关的建立及其组织与制度建构

查上年和约内,原有牛庄通商之议。设使夷人必欲前往牛庄,应由该将军委员明白晓谕。各处商贾皆载没沟营聚集,俗称赴牛庄者,即系没沟营地方,牛庄并无商贾行肆。"①

咸丰十年十二月初一日(1861年1月11日),恭亲王等奏议统筹通商管理征税办法时称:

> 其牛庄一口,向归山海关监督管理,该口税货,以豆饼为大宗,八年所定税则章程,议定不准外国装载出口。如此则进口出口货物无多,外国船只日久无利可图,未必踊跃乐趋,似不必另行设官办理,仍归山海关监督经管。查该监督所管关税,其大宗在牛庄,而山海关所收税项,须在封河以后,牛庄所收,乃在开河以后,封河以前。嗣后应饬令该监督,于二月后即驻牛庄,封河后再回山海关,以便稽查弹压。惟事关通商,有中外交涉事件,该监督应听办理三口通商大臣统辖,以免歧误。并将所仿照福州、上海各关章程,分晰内地外国税饷,专款报部,不得以中国船货税项,牵混计算。

咸丰十一年二月初二日(1861年3月12日),盛京将军玉明等上奏称:

> 奴才等以牛口通商,事属创始,应即恪遵对谕,慎选贤员,免致损咸起衅。查升补协领、牛庄防守尉毓昌,运司衔海城县知县张鼎镛,俱系连年派办防务,布置周妥,洵属明干可靠之员,于牛口情形最为熟悉,若另行调派,转与呼应不灵,当即会同札委该二员,豫筹妥办,以心责成。……
>
> 又如征纳税课一条。夷情贪诈,难保不包庇隐匿,以多报少。查牛口征税向系山海关监督专管,今新设埠口通商,征税一切事宜,最关紧要,且该监督系奉命特派管理牛口通商大员,拟请敕下该监督,

---

① 僧格林沁奏议复奉天海口布置删减事宜折,咸丰九年二月二十一日,见中华书局整理:《筹办夷务始末(咸丰朝)》(第四册),北京:中华书局,1979年,卷三十五,第1327页。

于开河以前,亲赴牛口驻扎,侯夷船到来,与该国领事官按照预定税则条约,推诚布公,详加讲论,严定章程,互相稽察,以防偷漏。如能认真核办,庶于国课有裨。①

四月(5月),经办理三口通商大臣崇厚札委天津候选知州马绳武、直隶候补府经历张元熙由天津赶抵营口,归盛京将军、奉天府府尹暨山海关监督玉明就近差遣。②

四月十四日(5月23日),英国领事密迪乐抵达营口,在营口东街外三义庵暂作寓所。营口由是开埠通商,其稽查、征税事宜,仍归山海关监督统辖。③

由于海关监督担心新式海关会侵夺山海关的税源,影响山海关每年税收定额的完成,在营口开办新式海关一事遭遇了一些困难。直到同治三年四月初四日(1864年5月9日),新式山海关才得于开办,海关英文文献称 Newchwang Customs(牛庄海关),首任署理税务司为英人马吉。④

11. 淡水关与打狗关

台湾设关的情况稍显复杂。咸丰八年(1858年)签订的中英《天津条约》约定开放台湾(台南)为通商口岸。随后的中法《天津条约》又约定增

---

① 盛京将军玉明等奏牛庄通商思患豫防筹拟办法折,咸丰十一年二月初二日,原折,见齐思和等编:《第二次鸦片战争(五)》,上海:上海人民出版社,1978年,第490页。
② 三口通商大臣崇厚奏派员赴山东登州开办通商折,咸丰十一年五月十五日,军录,见齐思和等编:《第二次鸦片战争(五)》,上海:上海人民出版社,1978年,第489~490页。
③ 盛京将军玉明等奏"牛庄埠口通商事宜业已办理就绪",咸丰十一年十月二十九日,见"中央研究院"近代史研究所编:《道光咸丰两朝筹办夷务始末补遗》,台北:台湾"中央研究院"近代史研究所,1982年,第651~652页。
④ 《中国旧海关史料》编辑委员会编:《中国旧海关史料(1859—1948)》(第1册),北京:京华出版社,2001年影印本,第353页;孙修福编译:《中国近代海关高级职员年表》,北京:中国海关出版社,2004年,第308页。《中国海关百科全书》记为1862年5月9日,疑为笔误,见《中国海关百科全书》编纂委员会编:《中国海关百科全书》,北京:中国大百科全书出版社,2004年,第453页。

二、近代海关的建立及其组织与制度建构

加淡水一口。① 九年八月（1859年9月），美国公使华若翰（John E. Ward）照会要求台湾先行开市贸易。② 几经折冲，③ 十月二十一日（11月15日），经钦差大臣何桂清奏请，上谕允准美国在台湾先行开市，并照新章完纳船只吨钞；并令何桂清会同闽浙督抚，就台湾内地应行设关征收商税之处，妥议章程具奏。④ 闽浙总督庆瑞、福州将军东纯与福建巡抚瑞璸会商后，拟定先在沪尾附近要隘设立海关，遴委干练大员赴郡，会同台湾镇、道、府再行妥商，等候美国领事抵台，会同妥议，并举荐福建候补道区天民专驻办理。⑤

区天民抵台后，适逢美国南北战争爆发，驻台领事迟迟无法派出，而区天民自身也没有关防、缺乏经费，加上遭遇戴潮春之乱，台湾设关开埠之事暂时搁置。咸丰十年九月（1860年10月）中英、中法《北京条约》相继签订后，英国首任驻台副领事郇和（Robert Swinhoe）于咸丰十一年六月（1861年7月）抵达台湾，拟定在淡水厅辖之八里岔开市。咸丰十一年十一月二十八日（1861年12月29日），总理衙门王大臣恭亲王等奏请旨饬通商大臣薛焕迅速查明台湾各口是否开埠，有无洋船在彼起卸货物。⑥

---

① 王铁崖编：《中外旧约章汇编（第一册）》，北京：生活·读书·新知三联书店，1957年，第98、105页。

② 钦差大臣何桂清奏美使请照新章在潮州台湾先行开市并英法近日情形折，咸丰九年八月十五日，军录，见齐思和等编：《第二次鸦片战争（四）》，上海：上海人民出版社，1978年，第238～239页。

③ 关于何桂清与华若翰来往交涉经过，可参见齐思和等编：《第二次鸦片战争（四）》，上海：上海人民出版社，1978年，第236～237、241～242、250～257、261～262页。

④ 军机大臣寄钦差大臣何桂清准许美国在潮台两口开市照新章完纳船只吨钞等上谕，咸丰九年十月二十一日，见齐思和等编：《第二次鸦片战争（四）》，上海：上海人民出版社，1978年，第262页。

⑤ 闽浙总督庆端奏（咸丰十一年十一月二十八日），见（清）宝鋆等修：《筹办夷务始末（同治朝）》，收录于沈云龙主编：《近代中国史料丛刊》（第六十二辑），台北：文海出版社有限公司，1966年，卷七，第742～743页；叶振辉：《清季台湾开埠之研究》，台北：标准书局，1985年，第158～161页。

⑥ 恭亲王等又奏（同治元年六月二十七日），见（清）宝鋆等修：《筹办夷务始末（同治朝）》，收录于沈云龙主编：《近代中国史料丛刊》（第六十二辑），台北：文海出版社有限公司，1966年，卷三，第226～227页。

同治元年六月二十二日(1862年7月18日),区天民以沪尾水师守备旧署为海关监督公署,在沪尾开办淡水关,开埠征税。区天民以海关监督身份主持关务。区天民事前曾委请郇和暂时代征关税,遭郇和婉言拒绝。①

同治二年七八月(1863年8月—9月)间,闽海关税务司美里登建议在台湾设置一名外籍税务司,办理台湾税务。同时在淡水、鸡笼、打狗和台湾府四处设立新式海关;以鸡笼为淡水子口,打狗为台湾府子口,并为此草拟了《台湾口通商条款》。通商大臣李鸿章对此深表赞同。总理衙门咨请闽浙督抚"妥议一切经费章程,会同奏明开办"。福州将军耆龄、闽浙总督左宗棠和福建巡抚徐宗干等接咨后一面致函美里登税务司,要求委派外籍税务司前往台湾"添设各口,妥为试办",一面飞饬台湾道府暨通商委员,"督同筹办"②。

同治二年八月十九日(1863年10月1日),淡水关正式设立,同时在鸡笼口开港设关,是为淡水关的分关。英人麦士威出任代理税务司,专驻沪尾。外籍税务司管理制度方开始实施。③

九月十四日(10月26日),打狗关开办,由淡水关代理税务司麦士威兼理关务。打狗关的征税事宜,由福州、厦门两地新式海关代理。直到三年四月一日(1864年5月6日),打狗关方开始对外征收税课。④

同治三年十二月四日(1865年1月1日)安平关开设,为打狗关的分关。麦士威升任税务司,主管关务。⑤

---

① 叶振辉:《清季台湾开埠之研究》,台北:标准书局,1985年,第158~161页。
② 福州将军耆龄等奏(同治二年八月二十五日),见(清)宝鋆等修:《筹办夷务始末(同治朝)》,收录于沈云龙主编:《近代中国史料丛刊》(第六十二辑),台北:文海出版社有限公司,1966年,卷二十,第2025~2028页。
③ 孙修福编译:《中国近代海关高级职员年表》,北京:中国海关出版社,2004年,第463页;陈培桂:《淡水厅志》卷四《志二·赋役志·关权》,台银文丛第172种,第109~110页。
④ 《中国旧海关史料》编辑委员会编:《中国旧海关史料(1859—1948)》(第1册),北京:京华出版社,2001年影印本,第663、672、677~681页。
⑤ 孙修福编译:《中国近代海关高级职员年表》,北京:中国海关出版社,2004年,第459页。

至此,清咸同年间先后有 14 处新式海关设立。除琼州(即海口)"因为来到琼州的洋船即使有也极少"[1]没有设关外,所有约开通商口岸均已开办新式海关。此后十年间,因为没有新的通商口岸开辟,新式海关的组建活动暂告中断。

---

[1] Hart's Memorandum of November 1864 on the Foreign Customs Establishments in China. In Wright S. F. *Documents Illustrative of the Chinese Customs*. Vol. Ⅵ. Shanghai: Statistical Department of the Inspectorate General of Customs,1938.

晚清海关组织建构述论

一、引言

　　海关者,乃国家的进出关境监督管理机构。我国海关之设,始于唐开元二年(714年),唐王朝在广州设置市舶使,可谓源远流长。[①] 清康熙二十三年(1684年),清政府开解海禁,在沿海四省相继设立粤、闽、浙、江四处海关,由户部统辖,专司海洋贸易管理事宜。其后渐形成粤海关一关独大的局面,并形成由粤海关制度和公行制度构成的与"广州贸易体系"相适应的海外贸易管理体制。

　　鸦片战争后,由于公行保商制度的废除、领事监督制度与协定关税制度的建立,广州贸易体系被新的条约贸易体系所取代,旧海关制度便随之逐渐为新的海关制度所取代。

　　咸丰四年(1854年),由于江海新关的建立,以实行外籍税务监督制度为标识的新的海关制度首先生成于时为我国对外贸易中心的上海。此后,首任海关总税务司李泰国及其后继者赫德,先后在各通商口岸建立新式海关,推广上海的海关管理制度。至清末,全国各通商口岸已设置43处海关(不计分关、分卡),其雇用的外籍关员已有1400余人,华人关员约5000人,形成一个庞大的机构。

　　与一般的海关不同,晚清海关先后承担业务内外的诸多职能。除遵

[①] 关于中国古代海关制度的起源,学术界多有分歧。学者或主张始于西周建国,或主张始于西汉,但大多主张始于唐代的市舶司制度。参见蔡渭洲编著:《中国海关简史》,北京:中国展望出版社,1989年;陈诗启:《中国近代海关史(晚清部分)》,北京:人民出版社,1993年。

照一系列中外条约的相关规定以及海关制定的规章开展监管、查私、征税和统计等四项本体业务外,晚清海关还挟其优势,先后兼管常关和厘金,兼办大清邮政、海务、新式教育,以及筹办世博会参展事宜等;海关总税务司以及部分高级关员,甚至参与清政府的许多外交活动,插手清政府的财政金融改革以及新式海军的创办,由此在晚清的经济、政治、文化、外交和军事等各个领域均留下深浅不同的印记。

与承担的诸多业务内外职能相匹配,晚清海关的组织架构颇为庞大复杂,外人不易洞察其详。是故,本文拟对晚清海关的组织建构详加评述。

二、晚清海关的横向结构:四大部门

晚清海关组织,横向上并立征税(Revenue Department)、船钞(Marine Department)、教育(Educational Department)及邮政(Postal Department)四大部门,实为海关的四大运行系统。四大部门中以征税部门为海关之本体,其余则为海关兼管之附属事业,系随着海关势力的扩张而依次逐步形成。

征税部门随海关的建立而形成,是海关四大部门中成立最早、人员最多、规模最大、组织机构最为庞杂的一个部门,也是海关系统的核心部门。其主要职能在于稽查、管理进出口船舶货物,依照税则征收税钞,以及处置相关的行政管理事务。征税部门内部素来又划分为内班(In-doors Staff)、外班(Out-doors Staff)和海班(Coast Staff)。

内班为办理海关内部事务而设,负责关税征收、统计、经费预算、会计、人事、文案和业务报告等事宜,是海关管理机构,具有业务管理和人事管理的决定权。因其成员均在海关办公楼里办公,故名。总税务司署征税部门的全体成员均属内班;各口海关征税部门的内班成员,则包括税务司、副税务司、各等级帮办、供事、文案、司书、录事等。[1]

---

[1] China Maritime Customs. *Service List*. 1875-1910.

外班负责检查船舶和稽查、检验货物等事务。因其成员均在码头、验货厂等各种室外场所工作,故名。外班内设各等级总巡、验货、钤字手,以及巡役、听差、门役、更夫、杂役等名目。总巡负责外出巡察,在船舶到埠时亲自登船检查;验货通晓税则并具有商品学识,负责查验货物,确认货物价值、数量以确定税额;钤字手专司来往码头检查客商行李;巡役等名目则属杂勤人员,职位卑贱。①

海班管辖海关所有大小船只,负责巡视江海,防范走私。内分各等级管驾、管输,以及炮手、水手、火夫、执役等。由于长期在外执行巡查任务的流动性,加上海关船只数量有限,作为海班主管的管驾官及其所指挥的海关船只,均由总税务司直接指派前往各关区或由一关区调往另一关区。但总税务司的调遣命令须经由所在关区税务司附署生效日期后转交管驾官。管驾官到达调往之关区口岸时,应进见税务司,报告到达,听候差遣,并执行税务司职责内就该关区或沿邻近关区边界的任务所发布的有关命令。每季末,管驾官应向税务司提交送总税务司的敞口呈文、简要报告其船只及船员之现状,并附呈航行日志。②

船钞部门始设于同治七年四月三日(1868 年 4 月 25 日)。其主要职能在于负责海港浮桩、号船、塔表、望楼等助航设施的建造和维护,指泊出入港口船只,测量船只吨位,验察损伤船只,调查失事缘由,验看引水执照等。由于该部门的经费完全来自船钞专款收入,故名。船钞部门的职责有别于征税,本应建立一个不隶属于海关的独立的专门机构,但总税务司认为,筹建一个独立为政的机构,会使船钞专款耗于薪饷,故筹划设立一个并入海关的机构,设置一名海务税务司主事。③

同治八年(1869 年),总税务司赫德在船钞部门内设置三类机构:其一,营造处(Engineers),参与一切有关改善沿河沿海之航行,改善海港以及监督与此相关之所有公共工程。其二,理船厅(Harbours),委以监督船只锚泊与河道巡吏考试任用及引水之责。其三,灯塔处(Lights),总管

---

① China Maritime Customs. *Service List*. 1875-1910.
② China Maritime Customs. *Inspector General's Circulars*. First Series, No.32, 1875.
③ China Maritime Customs. *Inspector General's Circulars*. First Series, No.10, 1868.

灯标部门事宜，尤指管理不久将于牛庄至海南间建立之十五座灯塔。①

为便于管理，总税务司将中国海岸线划分为北、中、南三段：北段包括奉天、直隶与山东之海岸，自北纬41°至北纬34°，包括条约规定之通商口岸牛庄、天津及芝罘；中段包括江苏与浙江之海岸，自北纬34°至北纬27°，包括上海与宁波两口岸以及长江之商埠镇江、南京、九江及汉口；南段包括福建、广东之海岸，自北纬27°至北纬20°，包括福州、厦门、淡水、基隆、台南、打狗、汕头、广州及琼州。三地段各指派一名关员专司船钞部之工作，称之为巡查司，名列副税务司级，归海务税务司管辖，分别常驻芝罘、上海和福州口岸，在特殊情事发生或总税务司指令要求时，巡视其辖区段内之各口岸。②

巡查司的主要职责有三：其一，专心于所辖各港口及驻地的理船厅职责；其二，定期视察段内各港口，检查当地的浮标及标桩状况、引水情形，及该地理船厅履行港口职责情形等；其三，尤须留意监督段内沿海设置的灯标不灭。③

同治九年（1870年）底，为进一步明确各巡查司职责，防止海务税务司权力膨胀、尾大不掉，总税务司裁撤了海务税务司一职。④

光绪三年十二月（1878年1月），总税务司发布第38号通令，将中、南、北三段合并，以温州为界划分南北两段，仅设南北两段的巡查司。上海作为北段之中心口岸，仅须负责该段所设灯塔之物料供应，其他各关税务司继续管理各关区灯塔的其他方面。而厦门作为南段之中心口岸，则不仅负责物料供应，且须负责南段所有灯塔的全面管理。⑤

光绪六年（1880年），总税务司进一步撤销南北两段巡查司，改设海务巡工司，由上海理船厅兼任，常驻上海，与常驻上海的总营造司一同协助总税务司主持船钞部门，管理各通商口岸的营造处、灯塔处和理船厅。

---

① China Maritime Customs. *Inspector General's Circulars*. First Series, No.25, 1869.
② China Maritime Customs. *Inspector General's Circulars*. First Series, No.10, 1868, No.15, 1868.
③ China Maritime Customs. *Inspector General's Circulars*. First Series, No.15, 1868.
④ China Maritime Customs. *Inspector General's Circulars*. First Series, No.14, 1870.
⑤ China Maritime Customs. *Inspector General's Circulars*. Second Series, No.38, 1878.

总营造司负责一切技术、建筑及机械设置等事宜;海务巡工司则负责职员调配、船钞部门的行政事务及理船事宜等。是为此后船钞部门的基本组织格局,直至清末。

船钞部门的设立,是海关第一次大规模兼管海关本务外的业务,也是海关组织结构的第一次部门扩张,由此形成海关组织系统的第二个大部门,其在海关内部的重要性仅次于征税部门。

在晚清海关四大部门中,教育部门异常特殊,且名实颇为不符。虽称其为海关的一个部门,却未见总税务司署或各口海关内有相应机构设立。将其列为海关一大部门,实乃起因于总税务司赫德对晚清同文馆事务之强势介入。同治元年七月(1862年8月),总理衙门大臣恭亲王奏请设立培养外语人才的同文馆获准。是年先开英语科,次年旋开法语及俄语科,其经费之开支,由海关负担。同治四年七月(1865年8月)总税务司署迁入北京后,在赫德的极力献议和帮助下,总理衙门于同治五年十一月(1866年12月)奏请在同文馆内添设学习天文、算术等自然科学的格致馆获准。由赫德代为在欧洲聘请了五名洋教习,教授格致及算术代数各科。初输入泰西学术,遂为后来创设大学之准备,并建筑新校,附设印刷处与观象台。

同治八年(1869年),美国人丁韪良(Martin, W.A.P.)经赫德推荐出任同文馆总教习。此后,海关税务司马士(Morse, H.B.)、帛黎(Piry, T.)、欧礼斐(Oliver, C.H.)等人也先后在同文馆兼任教习,欧礼斐还继丁韪良之后,出任总教习。是故,光绪十四年(1888年)起,赫德将同文馆人员归入总税务司署编制,编入海关职员名录,海关体系内的教育部门遂告形成。

光绪二十七年十月初二(1901年11月12日),光绪帝降谕,把北京同文馆归入新设立的京师大学堂,由是与海关断绝关系。其后,广州同文馆又归并两广的游学预备科,规模极小,无所事事。而总税务司署内的教育部门随之裁撤。

邮政部门是海关系统最迟形成的一个组织。不过,海关兼营邮政事务却早在同治五年(1866年)业已开始。是年,总税务司商请总理衙门将使馆和海关从北京发出的邮件由总理衙门交驿站代办;而上海寄北京的邮件则由总理衙门送交总税务司署开袋分送。由此,海关开始介入邮政事务。①

光绪三年(1877年),海关总税务司根据九江关税务司葛显礼(Kopsch, H.)策划的海关试办邮政方案,通令津海关税务司德璀琳(Detring, G.)建立北方各通商口岸和北京、上海等地海关间的邮政业务。光绪四年二月(1878年3月),德璀琳创办了北京和天津间的骑差邮路,并成立了书信馆,于四月(5月)间宣布开放邮寄。江海关、芝罘关和牛庄关税务司也相继设立书信馆,经办邮政事务。津海关还仿照西方国家的邮政章则,制订了邮务章程,并发行邮票。②

光绪五年十一月十日(1879年12月22日),总税务司发布通令,任命德璀琳统管各地邮政,推广邮政事务,其总局暂设于天津。总税务司要求各关对德璀琳此后所发有关邮政的指示,应一体遵照执行,并希望各关在不影响海关业务,不增加现行开支的条件下,殷切关注邮政业务,鼎力相助,尽力在当地推行海关邮政业务。③ 为给海关邮政业务的拓展提供充足经费,总税务司还向兼管邮政之税务司提供专款,以支付因设立及维持各海关邮政局而发生的支出。海关邮政所需文具由海关库存提供;邮政表格由上海造册处提供,④ 由是,海关邮政事务进一步推广到浙江等地。

光绪二十二年(1896年),总理衙门接受赫德的建议,开办大清邮政并交由海关兼管,海关系统内的邮政部门方告形成。是年,总税务司兼任总邮政司,总揽全国的邮政事务;各口海关税务司则兼任邮政司,负责管理当地的邮政事务。邮政部门先后另设立邮政总办(Postal Secretary)、副总办和专任邮政司等职,专理邮政事务。⑤

海关邮政部门虽形成最迟,却发展最快。光绪二十七年(1901年)全

---

① 中国近代经济史资料丛刊编辑委员会主编:《中国海关与邮政》,北京:中华书局,1983年,第1页。
② 中国近代经济史资料丛刊编辑委员会主编:《中国海关与邮政》,北京:中华书局,1983年,第80页。
③ China Maritime Customs. *Inspector General's Circulars*. Second Series, No.89, 1879.
④ China Maritime Customs. *Inspector General's Circulars*. Second Series, No.90, 1879.
⑤ China Maritime Customs. *Inspector General's Circulars*. Second Series, No.1282, 1905.

国各地已有邮政局所300处。① 光绪二十九年三月(1903年4月)则增至总局33处,总局所辖分局309处,分局所辖支局388处。全国除甘肃兰州尚未通邮外,其余各省省城,均已联络邮寄,形成一个庞大的邮政系统。②

光绪三十二年(1906年),清政府设立邮传部,统辖轮船、铁路、电报、邮信四政。宣统三年五月初一(1911年5月28日),邮传部接管了海关的邮政业务,海关邮政部门因此裁撤。

晚清海关四大部门,以征税部门为核心;征税部门内之三班,则以内班为首。内班中之总税务司为全国海关之总首领,内班中之各口海关税务司则为该口海关之首领。

三、晚清海关纵向结构(1):总税务司署

晚清海关组织,纵向上系由中枢机构总税务司署(Inspectorate General of Customs)和地方机构税务司署(Commissioners Office)组成。海关总税务司署创建于何时,史无明载。咸丰九年(1859年)初,何桂清任命李泰国(Lay, H.N.)为总税务司时,新式海关仅有江海新关一处,似无另行设置一个统辖机构的必要。其时,李泰国身兼总税务司和江海新关税务司二职,总税务司名下尚无独立的下属员司,亦无独立的经费开支,其薪俸系由江海新关支给。是年六月(1859年7月)李泰国选任德都德(Davies, H.T.)为江海新关税务司后,虽将总税务司与江海新关税务司两个职责分开,但其薪俸仍由江海新关支给,总税务司署仍未设立。此后,李泰国先是意外受伤,伤愈后又赴广东开办粤海关和潮海关,接着因英法联军进攻北京,暂时离开海关,之后则忙于奔跑总税务司的重新任命。这期间,李泰国尚无时间和心思考虑设置总税务司署问题;而仅有的三个海关,两个刚设立,也没有设置总税务司署的迫切需要。

---

① China Maritime Customs. *Inspector General's Circulars*. Second Series, No.975, 1901.
② 黄序鹓:《海关通志》(上),上海:商务印书馆,1917年,第12页。

二、近代海关的建立及其组织与制度建构

咸丰十年十二月十四日(1861年1月24日)李泰国被新设立的总理衙门重新任命为总税务司后,①并未应总理衙门大臣的邀请进京,并于两个月后就请假回英国,推荐赫德和费士来(FitzRoy, G. H.)代理总税务司职责。至此,尚未见总税务司署设置。②

咸丰十一年四月二十七日(1861年6月5日),赫德进京和总理衙门大臣初次会面。在向总理衙门大臣呈递的清单七《通商各口征税费用》中,赫德罗列了总税务司人员的编制和薪俸预算:总税务司一员,每年薪俸银一万二千两;委员,每年银九千两;帮办写字一名,每年银二千四百两;中国写字先生三名,每名每年银六百两,共一千八百两;差役十名,每名每年银七十二两,共七百二十两;共计二万五千九百二十两。③是为总税务司署组织建构最早的设计。

五月十二日(6月30日)赫德由总理衙门正式授命署理总税务司。是日,赫德向各关发出第1号总税务司通令。这或许可以视为总税务司署开始设立的标志,但该通令并无官署名称。④

同治元年十月(1862年12月),首次设立直属总税务司管辖的高级官员——文案兼委巡各口款项事(Secretary and Auditor),由英国人金登干(Campbell, J. D.)充任。次年,从上海发出的该年第1号通令,初次有英文为Inspectorate General的官署名称。⑤

同治二年九月(1863年11月)设立另一名直属总税务司的高级官员——总税务司录事,由英人满三德(Man, J. A.)充任。同治三年正月初十日(1864年2月17日)从上海发出的该年第1号通令,将总税务司官署的英文名称改为Inspectorate General of Customs,是为总税务司署

---

① 奕䜣等又奏遵给李泰国札谕片,咸丰十年十二月十四日,见中华书局整理:《筹办夷务始末(咸丰朝)》(第八册),北京:中华书局,1979年,卷七十二,第2705页。
② 1859年5月1日,吴煦禀(底稿),见太平天国历史博物馆编:《吴煦档案选编(第六辑)》,南京:江苏人民出版社,1983年,第298页。
③ 1861年赫德呈递清单七,见中华书局整理:《筹办夷务始末(咸丰朝)》(第八册),北京:中华书局,1979年,卷七十九,第2943页。
④ China Maritime Customs. *Inspector General's Circulars*. First Series,No.1,1861.
⑤ China Maritime Customs. *Inspector General's Circulars*. First Series,No.1,1863.

此后长期沿用的英文名称。至此,总税务司署最后形成。①

同治四年七月(1865年8月),总税务司署自上海迁往北京。迁京初期,除由总税务司主持全署事务外,已有两名文案,即总理文案兼委巡各口款项事(Chief Secretary and Auditor)和汉文文案(Chinese Secretary)襄辅。前者由副税务司担任,掌管总署普通行政事务;后者初由供事充任,继而亦由副税务司担任,一切汉文文稿及与清政府来往公文事宜等均由其承办,并会同前者处理总署日常行政事务。至此,总税务司署内的征税部门已初步形成。②

同治七年三月(1868年4月)成立船钞部门后,总税务司署内设立一名海务税务司,作为首脑,其协办人员包括一名理船营造司、一名文案和两名灯塔营造司。海务税务司直属总税务司,执掌建筑、管理沿海、沿河的灯塔、浮标、雾角及其他航行标志,撤除航道的沉没船只,修浚港口航道,管理锚泊地航船的停泊,以及延用专门人才等事务。③首任海务税务司为霍士(Forbes, C.),但任命时他尚在伦敦研究灯塔和浮标问题,直到同治八年(1869年)初方上任。④九年(1870年)底,霍士因不满赫德对他工作的过分限制而辞职,赫德乘机裁撤了海务税务司一职。⑤

同治十一年(1872年),总税务司署征税部门的两个文案均改由税务司分任,分别称为总理文案税务司和管理汉文文案税务司(光绪初年改为管理汉文税务司),其属下尚有多名帮办、写字等办事人员,襄助其工作。

同治十二年八月(1873年10月),鉴于始于咸丰九年(1859年)的海关统计日显其重要性,且各口海关对江海关印书房(Printing Office)及表报处(Return's Department)的需求日益增多,亟须予以改革,赫德发布第17号总税务司通令,决定将印书房和表报处两部门与江海关分离,单独成立一个部门,名曰"造册处"(Statistical Department),由一位海关税务司主管,称为"造册处税务司"(Statistical Secretary),为总税务司署成员

---

① China Maritime Customs. *Inspector General's Circulars*. First Series, No.1, 1864.
② China Maritime Customs. *Inspector General's Circulars*. First Series, No.2, 1865.
③ China Maritime Customs. *Inspector General's Circulars*. First Series, No.10, 1868.
④ China Maritime Customs. *Inspector General's Circulars*. First Series, No.15, 1868.
⑤ China Maritime Customs. *Inspector General's Circulars*. First Series, No.14, 1870.

之一。造册处设在上海,全称为"总税务司署驻沪造册处"。首任造册处税务司为美国人廷得尔(Taintor,E. C.),后来又增设一名造册处副税务司以辅助之。

造册处的主要职能有二:其一,负责提供海关系统使用的统一表格、海关证件、专用账册及各种办公用纸等,相当于海关系统办公用品供应中心;其二,汇总、编印海关贸易报告,统计年报、季报,印刷海关文件、书籍等,相当于海关系统的出版社兼统计处。①

同治十三年二月(1874年3月),总税务司署设立"大清海关总税务司署驻伦敦办事处"(London Office of the Inspectorate General of Chinese Maritime Customs),由原任总理文案兼委巡各口款项事的金登干出任首任驻伦敦办事处税务司,并规定其主要任务是承办由总税务司交办的专门任务,即在欧洲进行种种外交政治活动;其次,采办运送海关用品,承办招募海关洋员,负责支付回国休假洋员的薪俸及回程旅费等。②

金登干调任驻外税务司主持驻伦敦办事处工作后,其原先担任的双重职责分离,而继任者裴式楷(Bredon, R. E.)只担任总理文案税务司,不兼稽查账目税务司(原名"委巡各口款项事文案"),并任命雷德(Wright, F. E.)为稽查账目税务司,吉必士(Gibbs, J. H.)为襄办稽查账目副税务司。稽查账目税务司将每年至少莅临各口岸巡视一次,就地检查账目。就地检查的重点,由稽查账目税务司根据总税务司指令酌定行事。其主要任务为核定是否有未经许可之开支,各类账目是否及时登账,结存款项是否合乎规定与呈报相符。襄办稽查账目副税务司则驻北京,负责审查各口岸按季报送之账目。③

同时规定:稽查账目税务司抵达各口时,该口岸税务司须指派当时主管各种账目之通事立即将保存有关结存款或有关票据、支票以及派司簿(银行存折)等之保险箱钥匙交出,并立即将各种账簿呈示,俾使稽查账目税务司将抵达口岸时保险箱及各种账簿之确实状况上报总税务司。经总

---

① China Maritime Customs. *Inspector General's Circulars*. First Series, No.17, 1873.
② China Maritime Customs. *Inspector General's Circulars*. First Series, No.3, 1874.
③ China Maritime Customs. *Inspector General's Circulars*. First Series, No.26, 1874.

务司亲自特别授权及总理衙门批准,稽查账目税务司一旦发现未经许可之开支,滥用公款,以及其他违章情事时,有权停止任何税务司或主管官员之职务,若有必要可径行接管该口岸海关,于总税务司下达指令前,代行税务司职务掌管该口岸。①

至此,总税务司署征税部门已设置五名正税务司级别的文案,协助总税务司处理各种事务。其分工为:一般文报等事务,由总理文案负责;一般汉文文报、册结等工作,由汉文文案负责;海关开支等事务,由稽查账目文案负责;编造一般贸易册报、财务册报等事务,由造册文案负责;海关供应等事务,由驻外文案负责。

光绪二年(1876年),总税务司署内征税部门机构随着海关数量的增多,业务量的增加而扩大。总理文案辖下增设襄办文案(Assistant Secretary),由副税务司充任,称襄办文案副税务司,后改称襄办洋文副税务司。管理汉文文案辖下增设襄办汉文文案(Assistant Chinese Secretary),亦由副税务司充任,称为襄办汉文文案副税务司,后改为襄办汉文副税务司。

光绪五年四月(1879年6月)设立总司录事司(Private Secretary, I. G.),由帮办充任,职掌签发机要函件,代总税务司处理私人事务等。

光绪二十二年(1896年),由于海关代办大清邮政,海关系统内的邮政部门形成,总税务司兼任总邮政司,总揽全国的邮政事务;总税务司署内设立邮政总办(Postal Secretary)一职,由驻上海的总税务司署造册处税务司兼任。②

光绪二十三年二月(1897年3月),在北京的总税务司署另设一名邮政副总办,由副税务司充任。五月(6月),邮政总办改驻北京,由邮政副总办署理;在上海另设一名额外邮政总办,仍由造册处税务司兼任。③

光绪二十四年(1898年)因事务甚繁,总税务司署设置一名副总税务司,由裴式楷(Bredon, R. E.)充任。

---

① China Maritime Customs. *Inspector General's Circulars*. First Series, No.26, 1874.
② China Maritime Customs. *Inspector General's Circulars*. Second Series, No.709, 1896.
③ China Maritime Customs. *Inspector General's Circulars*. Second Series, No.782, 1897.

二、近代海关的建立及其组织与制度建构

光绪二十五年十二月（1899年1月），为扩展邮政事务，邮政总办由兼任改为专任，由阿理嗣（Aalst, J. A. van）充任。通令授权邮政总办在总税务司辖下总管邮政事务。邮政总办所发送的一切指令和机要函件与总税务司发出的命令同等有效，有关邮政业务的一切公文函件应寄送邮政总办。[①]

海关总税务司署的最高统领为总税务司。首任海关总税务司为英人李泰国。先于咸丰九年（1859年）初，由两江总督何桂清派令帮同总理各口稽查关税事务，咸丰十年十二月（1861年1月），再由新任总理衙门大臣恭亲王札谕给予确认。[②]因阿思本小舰队事件触怒清廷，于同治二年十月（1863年11月）被革职，继任者为英人赫德。此后，赫德长期担任总税务司一职，直到宣统三年七月二十八日（1911年9月20日）病故于英国。九月初四日（10月25日），总税务司由英人安格联继任。

总税务司赫德总揽海关人事、财政之大权，在海关系统中拥有绝对的权力，实行近乎独裁的统治，几有一国元首之权威。[③]各口海关所有外国人帮办税务事宜，均由总税务司募请调派，其薪水如何增减，其调往各口以及应行撤退，均由总税务司作主。总税务司通过通令，向全国各口海关以及各业务部门颁布各种规章制度，下达各项指令，协调工作，统一关政；同时还通过官函、半官函、机要函等来指示不同口岸海关的个别事务。[④]各口海关定时向总税务司汇报关务，请示遵行。总税务司署直辖的各部门主管，遵照总税务司的指令，经常考察各口海关之日常工作，查看各口海关税务司遵照总税务司的有关命令办理事务的情况。[⑤]

[①] China Maritime Customs. *Inspector General's Circulars*. Second Series, No.873, 1899.
[②] 1859年1月何桂清《派李泰国为总税务司札谕》（底稿），见太平天国历史博物馆编：《吴煦档案选编（第六辑）》，南京：江苏人民出版社，1983年，第270页。
[③] 黄序鹓：《海关通志》（下），上海：商务印书馆，1917年，第193页。
[④] China Maritime Customs. *Inspector General's Circulars*. First Series, No.15, 1874.
[⑤] China Maritime Customs. *Inspector General's Circulars*. Second Series, No.378, 1887.

四、晚清海关纵向结构(2)：税务司署

咸同年间各通商口岸相继建立新式海关,实行外籍税务司管理制度时,均建立税务司署,作为管理该通商口岸各项相关业务的首脑机构。然而,晚清榷关制度,原以海关监督为所驻口岸关务,包括海关和常关的最高负责人,设有海关监督衙门；税务司署与监督衙门虽为分立的两个组织机构,税务司署的首脑海关税务司虽由总税务司所任命,但作为帮同监督办事的人员,理应隶属监督,位居监督之下。同治三年(1864年)总税务司发布第8号通令时,就此明确声称：就事实而言,在适当处理每一个口岸的海关事务方面,正式负责的是该口岸的海关监督；税务司的职位必须是次于海关监督的。同年颁布的由总税务司起草的《海关募用外国人帮办税务章程》中也明确规定：凡有公事,自应归监督做主；税务司所办之事,即监督手下之事；税务司不得招摇揽权,有碍公事,以至监督难专其事。但是,由于海关监管征税的对象主要是洋船、洋货和洋人,海关使用的各种文件、单据又均为英文,遂使缺乏相应语言能力和管理知识的海关监督难以实施其权力,大多将税务事宜委之于税务司。总税务司赫德遂利用外籍税务司的优势,竭力架空海关监督。

同治十二年七月(1873年9月),总税务司赫德就各口海关税务司与海关监督的关系发布第13号通令,告诫各口税务司：与海关监督只是会同办事,若将海关监督称呼为"海关监督阁下",实属不妥,嗣后凡致函海关监督,一律只称"海关监督",停止使用"阁下"字样；此外,亦不得称"奉监督之命令如此办理"或"受命如此"或"此事须请示监督"等,各税务司所用之向监督"请示"一词应改称与监督"相商","已接到监督命令"应改称"经与监督会商"。①

同年十月(1873年12月),赫德再次就各口海关税务司与海关监督的关系发布第24号通令。通令将各口海关划分为两部分：负责征收各种

---

① China Maritime Customs. *Inspector General's Circulars*. First Series, No.13, 1873.

税捐的执行部门和负责管理各种档案的文案部门;税务司由总税务司授权任命,以外籍长官的身份主持执行部门工作;海关监督则由皇帝或皇帝钦命大臣任命,以本国官员身份执掌文案部门工作。据此,通令强调:各关税务司者系奉命与监督共事,与监督彼此为同僚,非为监督下属;各口海关作为一体虽以海关监督为首席长官,但监督作为文案部门主事,不得出格干预执行部门事务。[①]

是故,赫德虽承认海关监督为海关之首席长官,却又强调税务司为总税务司所任命,是海关征税部门之首脑,非海关监督之下属,因此可以独立行事。而在实际运行中,税务司逐渐独揽海关行政管理大权;海关监督主要拥有管理各口岸常关的权力,对于海关,则只是负责关税收入的报解户部。至光绪二十七年(1901年)后,据《辛丑各国和约》之规定,各通商口岸 50 里内常关均归海关监管,海关监督的权力更为萎缩。

税务司署作为各口管理海关事务的首脑机构,其辖下海关的行政组织,随着海关四大部门的渐次形成,经历了一个与总税务司署同步扩大、完善的过程。但是,由于各口海关所在口岸贸易规模的大小不同,海关承担的内外业务的多寡也不同,因而在组织规模、结构、类别等诸方面,也稍有差异。唯其组织与人员配置原则、主要机构名称等,则多有共通之处。

咸丰、同治年间建立的十余处新式海关,其建关初期内部组织结构及其相关机构的情况,史无明载。咸丰九年(1859年)李泰国被任命为总税务司时,曾从海关经费的角度提出上海等地海关组织与人员配置的设想。其中仅上海口列举详细的配置,分为三类:一是正税务司一名,副税务司一名,总办事(旧名大写)一名,副办事(旧名二写、三写)四名,帮办十一名;二是巡船总办事二名,副办事二名,帮办六名,外国扦手三十名,通事六名,书办、舍人、书手、听差、中国扦手、摇船手、巡船水手、吴淞巡役、卡房巡役等各若干名;三是排船指泊总管一名,副管二名,帮管三名,吴淞排船指泊总管一名,小船摇手及搁浅船工、锚链望楼工、铁浮子看守工、修理工等各色杂役各若干名。[②] 此为海关税务司署下辖组织建构的雏形。

[①] China Maritime Customs. *Inspector General's Circulars*. First Series, No.24, 1873.
[②] 1859 年 3 月江海关呈送税务条款清折(吴通商大臣),见太平天国历史博物馆编:《吴煦档案选编(第六辑)》,南京:江苏人民出版社,1983 年,第 279~280 页。

同治初年,各口海关征税部门的内班建构逐渐成形。内班的核心机构是大公事房,行使总务功能。大公事房内按业务分类设立各种以不同业务冠名的业务台,一般包括大写台、进口台、出口台、复出口台、结关台、饷单台、号头台、核对台、问事台等。内班除大公事房外,一般尚有派司房、存票房、关栈房、综核房、总结房和账房等机构。各房依据事务的繁简,置帮办为主管。各口海关内班房、台等机构,依该口海关业务内容的变化而时有增减;所设房、台种类的多寡,亦依各口海关业务量的大小而异。①

同治六年八月(1867年9月),鉴于征税部门内班业已稳定成型,赫德为各口外班之编制及调配事宜发布第14号总税务司通令,提出各口海关外班按所在口岸业务规模,配备数量不等的总巡、验货、钤子手等各类人员的基本编制模式。② 其中总巡设水上总巡、头等总巡、二等总巡、三等总巡和四等总巡5个等级,验货设一等验货、二等验货2个等级,钤子手设一等钤子手、二等钤子手和三等钤子手3个等级。

同治七年(1868年)海关船钞部门建立后,总税务司根据需要,在一些通商口岸相继建立理船厅、营造处和灯塔处三种机构,分别负责航船行政、工程建造和灯塔维持三方面的事务,并实行条块结合的双重管理。

理船厅的主管亦称理船厅,下辖供事、指泊所、巡江吏、信旗吏等人员。船钞部门建立之前,牛庄与上海口岸的税务司署内已设有理船厅,为牛庄、天津、上海、宁波、福州、淡水及厦门锚地、港口水域、航道及沿岸提供浮标和标桩。汕头、厦门、芝罘等地海关外班头等总巡则一直在港口担当类似上海理船厅的工作。因此,船钞部门建立初期,赫德筹划改变一些重要口岸头等总巡的地位,改称为理船厅,除所负的海关职责外,还正式全面负责港口港务及水域之工作。③ 同时将沿海划分为北中南三段,设立了三种级别的理船厅:北段理船厅有芝罘(二级)、天津(二级)、牛庄(二级);中段理船厅有上海(一级)、宁波(二级)、镇江(三级)、九江(二级)、汉口(一级);南段理船厅有福州(一级)、厦门(一级)、淡水(三级)、台南(三

---

① 黄序鹓:《海关通志》(上),上海:商务印书馆,1917年,第19页;参阅各口海关志。
② China Maritime Customs. *Inspector General's Circulars*. First Series, No.14, 1867.
③ China Maritime Customs. *Inspector General's Circulars*. First Series, No.10, 1868.

级)、潮州(一级)、广州(二级)。① 理船厅相当于海关不同等级之通事,一、二、三级理船厅分别与一、二、三等通事同级。理船厅设立初期由巡查司和所在口岸税务司共同节制。巡查司与理船厅保管各自账目并亲自登录,必要时准有一名海关通事协助。光绪七年(1881年)巡查司一职撤除后,各口理船厅直接受各关税务司节制,同时在业务上又受海务巡工司指导。

营造处主管称营造司,下辖供事、匠董和入水匠等人员。光绪元年(1875年),总税务司发布第33号通令,规定凡有营造司供职之关区,均设营造处,并在上海设立营造处总部,设置1名总营造司。无论在上海或任何其他口岸,营造处均由主管该口岸之税务司节制,但营造司等关员将工作情况经由所在关区税务司上报总税务司时,应将抄本一份送交总营造司知悉;总营造司既可就关区工作经由有关关区税务司发出呈文,亦有权向总税务司直接呈文;营造处之任何人员,如有个人申请,或与关区无关之陈请欲上呈总税务司,须先送交总营造司,由其备文附呈总税务司,文中由总营造司对所涉各点提出意见或建议。税务司欲于其关区内设置新标志,或改变原有标志位置或撤销现有标志时,应直接呈文向总税务司建议,并将抄件送总营造司,由总营造司提出应采取之最佳方案。②

灯塔处主管为主事人,下辖各等级值事人和灯塔值事人。③ 总税务司依据需要在部分通商口岸设置灯塔处人员。其中以上海口岸人员数量最多,次之为厦门口岸。各口灯塔处人员均受所在地海关税务司的节制,但业务上则由海务巡工司指导。

光绪四年(1878年)遵照总税务司赫德指示,津海关率先设立书信馆,创办海关邮政。江海关、芝罘关、牛庄关、浙海关等海关也随后相继设立书信馆,经办邮政事务。④ 部分地方海关组织机构因此有所扩展。

---

① China Maritime Customs. *Inspector General's Circulars*. First Series,No.10,1868.
② China Maritime Customs. *Inspector General's Circulars*. First Series,No.33,1875.
③ China Maritime Customs. *Service List*. 1875-1890.
④ China Maritime Customs. *Inspector General's Circulars*. Second Series,No.89,1879.

光绪二十二年(1896年),海关系统的邮政部门正式建立,各口税务司兼任邮政司,经办辖区内的国家邮政事务,相继设立辖区内的邮政总局、分局和支局。各口海关机构因之急速膨胀,人员因之急速增加,各口税务司的职能也因之大大扩展。各口海关组织建构的扩展至此基本完成。①

各口税务司署的首脑为税务司。同治三年(1864年)第8号通令规定:各海关税务司系其所辖关区内之总税务司首席代表,除总税务司署人员外之所有海关人员,凡在该关区内者均为该税务司之下属。② 然在海关系统内,税务司必须严格按照总税务司的指示办事,并无擅自行事之权力。在总税务司对各口税务司的任命状中已规定:税务司必须定期向总税务司递送正规处理公务之呈文,并按照总税务司回文的批示办理各项事务;作为呈文之补充,税务司还须每隔两周以机要函或密函形式向总税务司报告所在口岸及其附近发生之令人关注的或重要的事件。③

同治十二年八月十五日(1873年10月6日),为加强各口税务司的行政组织能力,总税务司发布第15号通令,告诫各口税务司,各口海关之第一要务在于税务司本人应洞悉赋予海关之使命,及本口岸之惯例,继而将海关业务做出分类安排,并立即对众关员做明智与明白之调派。④

光绪四年正月二十六日(1878年2月27日),为加强对各口税务司的监管,赫德特发布第48号通令,重申税务司与中国官员会晤应报告总税务司,对会晤期间之一切均须详加陈述,所有书信往来均须呈报抄本,俾总税务司知晓。⑤

作为海关税务司署的主管,晚清各口海关税务司就这样在总税务司直接、统一指挥下,行使其对当地海关的行政管理职能。

---

① China Maritime Customs. *Inspector General's Circulars*. Second Series, No.89, 1879.
② China Maritime Customs. *Inspector General's Circulars*. First Series, No.8, 1864.
③ China Maritime Customs. *Inspector General's Circulars*. First Series, No.15, 1874.
④ China Maritime Customs. *Inspector General's Circulars*. First Series, No.15, 1873.
⑤ China Maritime Customs. *Inspector General's Circulars*. Second Series, No.48, 1878.

五、结束语

综上所述,晚清海关的组织建构,横向可分为负责征税及其相关事宜的征税部门,负责海务、港务的船钞部门,负责同文馆管理事宜的教育部门和负责邮政事务的邮政部门等四大部门,是为晚清海关的四大运行系统。纵向则可分为中央机构总税务司署和地方机构各口海关税务司署两个部分。晚清海关内部纵横交织,相互联结,形成一张庞大的组织网络。这张组织网络的中心是总税务司统领下的总税务司署。整个海关系统实施垂直的统一管理,总税务司凭借在同治年间已逐渐建立的严格的人事管理制度和财务管理制度,统辖各口海关,调度四大部门运作,有效开展海关各项事务。

跨文化移植：晚清中国海关的制度变迁

19世纪中叶，随着中国古老的国门在西方坚船利炮的轰击下崩塌，西方的各种现代制度在尚未完全散尽的硝烟下相继进入中国。这种跨文化的移植经历了种种文化之间的摩擦、冲撞、调和与融合。其结果或成功，或失败。由此对近代中国——一个历史悠久的文明古国——的制度变迁与创新，产生了异常错综复杂的影响，为我们留下许多值得细细回味，认真探索的历史遗产。其中，中国海关制度的变迁——从清初的封建海关制度到近代的洋关制度——就是一个相当典型的个案。

流行的制度变迁理论一般关注如下两种制度变迁模型：强制性制度变迁和诱致性制度变迁。[1] 然而现实中的制度变迁却远比这种理论演绎和划分要复杂得多。近代中国海关制度变迁引人注目的特点在于：它是在华列强政治势力集团代表列强政府提供的一种制度安排，一种对来自异质文化的西方现代制度的跨文化移植。由此引致的制度变迁既有列强借武力征服从外部主动发起的强力推动，也有清政府受内在经济效益利诱做出的被动回应。两者交叉互动，构成错综复杂的变迁历程，我们不妨称其为混合移植型变迁。

由于近代中国海关的制度变迁，与近代移植到中国的其他西方制度一样，是伴随着战争的武力征服而闯入中国大门的，因此，以往许多学者总是从侵略的视角来判定和分析它。尽管这一视角有其正确性与必要性，但由此也造成对这一制度变迁完整解读的缺乏。事实上，在洗尽考察视角偏颇涂抹的铅华之后，我们将看到近代中国海关制度变迁

---

[1] 林毅夫：《关于制度变迁的经济学理论：诱致性变迁与强制性变迁》，载[美]R.科斯、[美]A.阿尔钦、[美]D.诺斯等：《财产权利与制度变迁——产权学派与新制度学派译文集》，上海：上海三联书店，1991年，第384页。

二、近代海关的建立及其组织与制度建构

远为复杂多面的真实面貌。

故此,本文力图通过对近代中国海关制度变迁历程的细心剖析,讨论如下几个主要问题:(1)推动近代中国海关制度变迁的要素是什么?(2)这一制度变迁的基本内容与特征是什么?(3)这一制度变迁留下什么样的历史启示?

一、制度环境与制度变迁:中国海关制度的演化轨迹

作为政府管理对外贸易的一种制度安排,海关制度在中国的出现至迟可以追溯到1200多年前的市舶司制度。[①] 唐开元二年(714年),唐王朝在广州设置市舶使,由岭南节度使兼任,专司海外贸易管理事宜,[②] 是为中国古代海关制度——市舶司制度之萌芽。入宋以降,宋王朝先后在广州、杭州、明州、泉州、密州、江阴、秀州和温州等处设置市舶司(或称提举市舶司),规定其职能在于"掌蕃货、海舶、征榷、贸易之事,以来远人,通远物"[③];并先后制定一系列相关的市舶法则、法令,把海外贸易置于政府的严格控制之下。[④] 元朝时期,政府先后设置市舶司的地点有泉州、庆元、广州、上海、澉浦、温州和杭州等处,并在至元三十年(1293年)出台了《市舶则法》二十二条。[⑤] 明朝肇建,初于太仓黄渡设立市舶司,不久停罢。其后,复于明州、泉州和广州三地设立市舶司,旋又停罢。隔30年,方再度恢复三地市舶司。直到明后期,随着朝贡贸易的衰

[①] 关于中国古代海关制度的起源,大陆学术界多有分歧。学者或主张始于西周建国,或主张始于西汉,但大多主张始于唐代的市舶司制度。参见蔡渭洲编著:《中国海关简史》,北京:中国展望出版社,1989年;陈诗启:《中国近代海关史(晚清部分)》,北京:人民出版社,1993年。

[②] 《旧唐书》,卷八《玄宗纪上》;《旧唐书》,卷九《玄宗纪下》;《新唐书》,卷一百一十二《列传第三十七·柳泽传》;《册府元龟》,卷五四六《谏诤部·直谏第十三》。

[③] (元)脱脱撰:《宋史》,卷一百六十七《职官七》,北京:中华书局,1977年,第3971页。

[④] (清)徐松辑:《宋会要辑稿》,第八十六册《职官四四·市舶司》,北京:中华书局,1957年,第3364~3380页。

[⑤] (清)嵇璜等撰:《续文献通考》,卷二十六《市籴考》,收录于《景印文渊阁四库全书》(第六二六册),台湾:商务印书馆,1986年,第619页。

177

落,市舶司制度渐淡出历史舞台。①

前后持续近千年的市舶司制度,基本上是朝贡贸易体系框架内的一种制度安排。这可以由以下两点见之:第一,市舶司的职能不仅在于监管和征税,而且还经营官方贸易,甚至兼有部分外交职能。第二,禁榷、和买、抽分构成了市舶司征税管理制度的基本内容;三者均显然以官方贸易优先为宗旨。虽然在宋元时期,市舶司除管理朝贡贸易外,也管理中国海商的私人出海贸易,但就市舶司的置罢无常,以及两朝陆续出台的一系列法规、法令,尤其是至元三十年(1293年)的《市舶则法》观之,设立市舶司的要旨实在于约束、限制中国海商的私人海外贸易。因此到了明代前期,明政府完全禁止私人海外贸易,市舶司的职能便只在于"掌海外诸蕃朝贡、市易之事"②。

然中国海商的私人海外贸易,经宋元时期的发展,到明代已成不可阻遏之势。沿海商民不顾海禁,铤而走险,形成一支庞大的走私力量。明后期,随着私人海外贸易的发展,加上朝贡贸易的衰落,市舶司制度已步入困境。③ 制度环境的变更自然要求相应的制度创新。因此,明隆庆元年(1567年),明政府允准福建巡抚、都御史涂泽民的奏请,在福建漳州月港开放海禁,准许私人出海贸易。由此产生了新的海关制度——督饷馆制度。④

督饷馆系由原先查巡走私的海防馆演化而来,其职能为查验进出口商船和征税,卸掉了原市舶司承担的经营贸易和外交职能。其征收税目,除申请商引时缴纳的费用——"引税"外,计有"水饷"、"陆饷"和"加增饷"三项。水饷类似现代海关的吨税,陆饷类似现代海关的货物进出口税,加增项类似现代海关的附加税。⑤ 督饷馆制度在明崇祯年间(1628—1644

---

① (清)张廷玉等撰:《明史》,卷八十一《志第五十七·食货五·市舶》,北京:中华书局,1974年,第1980~1982页。

② (清)张廷玉等撰:《明史》,卷七十五《志第五十一·职官四·市舶提举司》,北京:中华书局,1974年,第1849页。

③ 关于这一时期私人海上贸易发展情况,可参见林仁川:《明末清初私人海上贸易》,上海:华东师范大学出版社,1987年。

④ 万历《漳州府志》,卷五。

⑤ (明)张燮:《东西洋考》,卷七,北京:中华书局,1981年,第132页。

年)因月港的衰落而退出历史舞台。其存在时间虽不长,却有值得特别关注之处。督饷馆制度显然是月港贸易体系内的一种制度安排。从路径依赖的角度看,它承袭了宋元时期市舶司制度中对中国商船管理的相关制度安排,并加以创新。作为中国海关制度从市舶司制度向清初封建海关制度过渡的中介,起了承上启下的作用。①

明末清初中国海商私人海上贸易和早期欧洲商人对华贸易的进一步发展,为新的海关制度的产生提供了必要的制度环境。因此,康熙二十三年(1684年)清政府在平定台湾,开解海禁之后,便在沿海广东、福建、浙江和江南四省设立了粤、闽、浙、江四海关,史称四榷关。四个海关属户部管辖,负责四个口岸的"海洋贸易"管理事宜。② 然至乾隆二十二年(1757年),清政府为抑制西方商人扩大北方口岸贸易的企图,下令西洋船只"只许在广东收泊交易",将中西贸易限制在广州一口。③ 这种局面一直维持到鸦片战争的爆发。在此期间,清政府对中西贸易的管理形成一套完整的制度,即"广州贸易体系"。以粤海关制度为代表的清初封建海关制度就是广州贸易体系内的一种制度安排,它和公行制度一道构成广州贸易体系的双重架构,带有准官方贸易的特征。清初封建海关制度既是清代内地钞关制度向沿海的推移,又承继了督饷馆的征税制度,具有明显的路径依赖的痕迹。

鸦片战争后,依据中英、中美、中法政府所签订的一系列条约的规定,废除了公行保商制度,建立了领事监督制度;废除了粤海关关税制度,代之以协定关税制度。④ 由此,广州贸易体系就被新的条约贸易体系所取代。封建海关制度作为一种旧的制度安排虽然仍然被保留下来,但显然已经不能适应新的制度环境了。一方面,正如曾长期供职于洋关的魏尔特指出的:"正是因为治外法权条款订入早期各条约中,才使得那些散见

---

① 陈自强:《月港督饷制度述要》,《海交史研究》,1988年第1期。
② 关于清初四海关设立的时间和地点,文献记载多有歧异,学术界也各执一词。详见黄国盛:《鸦片战争前的东南四省海关》,福州:福建人民出版社,2000年,第21～39页。
③ (清)王先谦撰:《东华续录(乾隆朝)》,卷四十六,乾隆二十二年十一月戊戌,清光绪十年刻本(影印本),第53页。
④ 王铁崖:《中外旧约章汇编(第一册)》,北京:生活·读书·新知三联书店,1957年,第31、43页。

于《大清律例》和各关现行规章和细则中的中国缉私法的规定,不能适用于享受这种治外法权地位的外国船舶和外国商人。……各条约的签订并没有能够制止走私。相反的,在1843年到1854年期间,也就是从各条约签订起到上海海关外国税务制度建立时止,走私贸易,特别是鸦片走私,却像一棵绿色月桂树般地欣欣向荣起来。"[1]另一方面,封建海关内部管理上的种种弊端也更加严重。1846年10月间,五口通商后仅两年,身居高位的耆英就奏称:"至夷商赴关纳税,亦与华商迥不相同。内地各关收税多寡,虽与(以)商填簿为据,而稽察征收不能不假手书役,监督一人耳目难周,不惟易起通同隐漏之端,且恐别滋征多报少之弊。"[2]1850年底,他再次奏称:"关税较之盐课,尚不致大形疲惫。而任满各员,欠项累累,虽经照例议处,勒限迫交,如数完者计无一二。总由海关经理不善,用度太烦,胥役家丁人数过多,先尽开销私款,其余归入正课,任满合计,私款既已零分,正课遂致短缺。加以奸商之偷漏,丁蠹之卖放,种种侵耗,不能尽诿之水旱偏灾,商贩稀少也。此关税之弊,不可不除。"[3]这意味着新的制度安排,呼之欲出。晚清洋关制度就是在这样的制度环境下所产生的一种新的制度安排。

综上所述,在长时段历史视野的透视下,我们可以清晰见到在不同制度环境下,中国海关制度的演化轨迹。这一轨迹可以图示如下:

---

[1] [英]莱特著,姚曾廙译:《中国关税沿革史》,北京:生活·读书·新知三联书店,1958年,第45页。

[2] 两广总督耆英等片"各关征收夷税请暂缓定额",道光二十六年九月初四日,见"中央研究院"近代史研究所编:《道光咸丰两朝筹办夷务始末补遗》,台北:台湾"中央研究院"近代史研究所,1982年,第163页。

[3] 福州将军兼管闽海关裕瑞奏"遵覆耆英条奏整顿关税",咸丰元年正月十一日(道光三十年十二月十三日发),见"中央研究院"近代史研究所编:《道光咸丰两朝筹办夷务始末补遗》,台北:台湾"中央研究院"近代史研究所,1982年,第258页。

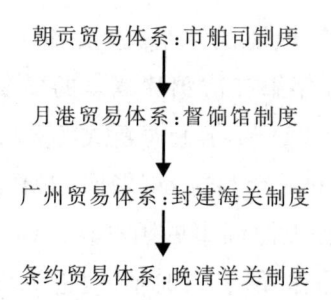

二、近代海关的建立及其组织与制度建构

朝贡贸易体系：市舶司制度
↓
月港贸易体系：督饷馆制度
↓
广州贸易体系：封建海关制度
↓
条约贸易体系：晚清洋关制度

在上图展示的中国海关制度演化长河中，从市舶司到清初封建海关的制度变迁，其制度供给的主体都是中国政府。然而，从封建海关到晚清洋关的制度变迁，制度供给的主体不再是中国政府，而是在华列强，来自中国传统文化称之为"蛮夷"的异邦。这就是我们所谓的跨文化移植，亦可称之为跨文化制度供给。制度供给主体的异文化性质引致变迁过程的复杂多变和变迁结果的非常特征，这便是下文所要探讨的。

二、武力威慑与利益诱导：跨文化制度供给的双重推动

条约贸易体系的确立加剧了与广州贸易体系相依为命的旧海关制度的崩溃，为新的海关制度的产生提供了必要的制度环境。推动新海关制度变迁并决定这一变迁方向的则是列强的武力威慑和利益诱导，以及列强与清政府双方背后各自的利益预期。

来华列强对海关制度变迁的推动起因于五口通商后中西贸易的异常状况。条约口岸的开放虽然打开了中国市场的大门，但随之而来的中西贸易并没有如西方商人所预期的那样出现持续的大幅度增长。相反的，在短期增长之后，中西贸易陷入困顿状态，滞销现象普遍而且严重地发生。[①] 与此同时，非法贸易、走私漏税活动却猖獗盛行。这引起西方商人的恐慌和不满。他们因此要求：第一，清政府进一步开放中国市场；第二，

---

① 参见戴一峰：《区域性经济发展与社会变迁》，长沙：岳麓书社，2004年，第373～376页。

改造清政府的对外贸易管理征税体制。① 前者导致了19世纪50年代的一系列修约活动和1856年第二次鸦片战争的爆发;后者则引出一连串改造中国海关制度的舆论和1854年上海新式海关(即洋关)的建立、洋关制度的萌发。两者都指向同一个目标:扩展西方列强的对华贸易。

1850年,时任英国驻上海领事的阿礼国(Alcock,Sir Rutherford)率先提出他的改造中国海关的设想。次年,他进一步表示,中国政府如果没有别人的帮助,是不可能管理好海关的。② 1852年,英国人创办的《北华捷报》(North China Herald)则针对上海日甚一日的走私活动发表评论称:"要达到这个迫切的目标(制止走私)的唯一有效的方法是选派活跃的,有头脑的和诚实的人组成效率高的职员,管理海关事务,每天警觉地监察进港出港的进出口货物。没有这种细致地监督口岸的日常事务,所有其他制止走私的方法都将是无效的。"③阿礼国和《北华捷报》的舆论都指向一个要害问题,即由谁来管理海关。答案似乎也已经隐含其中,即中国政府必须借助外国人的帮助。在这些舆论的引导下,1853年,英、美、法三国驻上海领事终于乘上海小刀会起义之机,开始实施对中国海关制度的改造。

1853年9月,上海小刀会攻占上海县城,捣毁了海关大楼。时兼任海关监督的上海道台吴健彰逃匿,海关业务陷入停顿。阿礼国乘机联合美国驻上海副领事金亨能(Cunningham,Edward)抛出了"海关行政停顿期间船舶结关暂行条例",规定由英美领事代司海关职能。英美商人只需向领事提供票据担保,无需缴纳关税,就可结关出港。④ 此后,阿礼国等人又一再阻挠吴健彰恢复上海海关征税业务的种种努力。当吴健彰一度

---

① [美]泰勒·丹涅特著,姚曾廙译:《美国人在东亚——十九世纪美国对中国、日本和朝鲜政策的批判的研究》,北京:商务印书馆,1959年,第185页;[英]伯尔考维茨著,江载华、陈衍译:《中国通与英国外交部》,北京:商务印书馆,1959年,第7~8、15页。

② Wright S. F.. *Hart and the Chinese Customs*. Belfast: William Mullan and Son, 1950, p.101.

③ 《北华捷报》,1852年11月6日。

④ Wright S. F.. *Documents Illustrative of the Origin, Development, and Activities of the Chinese Customs Service*. Vol.Ⅵ. Shanghai: Statistical Department of the Inspectorate General of Customs, 1938, pp.20-21.

二、近代海关的建立及其组织与制度建构

试图在陆家嘴的两艘兵舰上设立水上临时海关,开征关税时,竟遭到英、法炮舰的驱赶,无从实现。① 与此同时,阿礼国明确提出他的改造中国海关的主张,即由领事选派一名外籍税务员,参与海关征税事务。为了诱使上海当局接受这一提议,阿礼国表示将"给以(海关)英国武力的保护",并会同美国同事"为道台争取到他们所持有期票的欠税如数缴清"②。美国新任公使麦莲(Mclane, Robert Milligan)在会见两江总督怡良时也提议,由三国领事与上海道台会商建立一个新海关,并同样以偿还欠税为诱饵。③

在如此软硬兼施的夹击下,上海当局终于接受列强的提议。1854年6月29日,吴健彰按照怡良的训令,与三国领事在昆山举行会议,签订了改组海关的协议。该协议共8条,其要旨可以归结如下:组织一个由三名外国人组成的税务管理委员会,负责海关的征税事宜;三名外籍委员分别由三国领事选定。④ 这样,中国近代史上第一个由外籍监督管理的新式海关,时称洋关(Foreigner Custom)或新关,在上海产生了。这意味着以外籍税务司制度为基本特征的近代洋关制度就此萌发了。

上海洋关建立后,英国公使曾试图在广州和福州等其他条约口岸建立类似的洋关,均遭到当地官员的严词拒绝。但凭借1856年第二次鸦片战争的胜利,英国终于获得一个扩展上海洋关模式的机会。因此,在1858年11月于上海签订的中英《通商章程》中,对海关征税制度做了如下规定:各条约口岸收税事宜,应"各口划一办理",并"任凭总理大臣邀请英人帮办税务并查漏税、判定口界,派人指泊船只及分设浮桩、号船、塔表、望楼等事,毋庸英官指荐干预"⑤。其后,中美、中法的《通商章程》也

---

① 《北华捷报》,1853年11月5日。
② [英]莱特著,姚曾廙译:《中国关税沿革史》,北京:生活·读书·新知三联书店,1958年,第113~114页。
③ 中华书局整理:《筹办夷务始末(咸丰朝)》(第一册),北京:中华书局,1979年,卷八,第286页。
④ [英]莱特著,姚曾廙译:《中国关税沿革史》,北京:生活·读书·新知三联书店,1958年,第115~119页。该书第119页载有协议全文。
⑤ 王铁崖编:《中外旧约章汇编(第一册)》,北京:生活·读书·新知三联书店,1957年,第118页。

183

都依此做了同样的规定。这一规定的基本含义在于：各口划一邀请外人帮办海关事务，即把上海洋关的管理模式推广到全国。这一规定自然反映了在华列强推动制度供给的意图，但它同时也部分反映了清政府的某些意图。

《通商章程》签订后，清政府谈判大臣桂良、花沙纳、何桂清等人在向皇帝奏报谈判结果时，对上述规定做了如下按语："江海关于咸丰四年照令英酋自择英酋一人，给予辛工，帮办关务，稽查偷漏以来，税课加增，著有成效。今拟各口一律照办。由总理通商大臣自择，不准夷酋荐引。庶久暂去留，均听我便。外夷之虚实举动，亦可稍知梗概。"①这一按语无疑表明，清政府的要员们已尝到新的制度安排的甜头，并对新的制度安排有如下预期：第一，可以增加关税收入。对此，早在《通商章程》签订前，作为清政府谈判大臣的新任两江总督何桂清就在给皇帝的奏折中称赞上海海关的外籍税务监督"为我稽查偷漏，是以近年夷税，较开市之初加增三四倍"②。第二，可以察知外夷虚实动静。对此，谈判时充任桂良随员的新任苏松太道兼江海关监督吴煦在几个月后的一份《呈江海新关延用外国人为司税帮办税务缘由节略》中做了进一步发挥，声称：延用外籍税务司"以外国人治外国商人，未始非将计就计之一法。……且上海自有司税，于中外交接各事，彼此释疑。一切枝节，亦得暗中消弭。于羁縻扶绥之道，不无小助"③。这意味着清政府要员预期新的制度安排将有助于第二次鸦片战争后中外和好局面的维持。这也是第二次鸦片战争后崛起的以恭亲王奕䜣、户部左侍郎文祥等为代表的新的当权的政治势力所预期的。因此，1859年1月，尽管《通商章程》尚未经双方政府批准换文，何桂清就应准薛焕的保举，札谕李泰国（Lay, Horatio Nelson）"帮同总理各口稽查

---

① 中华书局整理：《筹办夷务始末（咸丰朝）》（第四册），北京：中华书局，1979年，卷三十三，第1253页。

② 中华书局整理：《筹办夷务始末（咸丰朝）》（第三册），北京：中华书局，1979年，卷三十，第1133页。

③ 太平天国历史博物馆编：《吴煦档案选编（第六辑）》，南京：江苏人民出版社，1983年，第316～317页。

关税事务……各口新延税务司,统归钤束"①,这实际上已经超出《通商章程》的规定。显然,一批清政府要员已构成推动制度变迁的第二利益集团。

此后,李泰国及其接班人赫德(Hart, Sir Robert)先后在各条约口岸建立洋关。到1864年,14个条约口岸均已设立洋关,并统归设在上海的总税务司署管辖。其雇用的外国人已有400余人,中国人约1000人,形成一个庞大的机构。②该年,新任总税务司赫德制定,并经总理衙门批准颁行了《海关募用外人帮办税务章程》。③以外籍税务司制度为标志的晚清洋关制度就此确立了。

三、殖民性与进步性:晚清洋关行政管理体制的双重特征

晚清洋关素有"国际官厅"之称。这一称谓形象地揭示出洋关行政管理体制的基本特征,即实行外籍税务司制度。这一制度的基本面貌,可以由以下三个层面展开。

第一,晚清洋关实行的是一种外籍总税务司全权负责下的垂直统一管理制度。洋关内部的最高领导机构为总税务司署,直接统辖全国各地洋关。作为洋关最高领导的总税务司大权独揽。在1864年的《海关募用外人帮办税务章程》和该年的总税务司第8号通令中,对总税务司的职权做了如下规定:"总税务司是唯一有权将各类海关人员予以录用或革职,升级或降级,以及从一地调往他地者。"④事实上,总税务司以发布通令的形式,不仅直接决定海关所有主要关员的任命、提升、调动和辞退,而且还直接处理海关经费的提成、使用和储存,直接指导海关各种业务活动的安

---

① 太平天国历史博物馆编:《吴煦档案选编(第六辑)》,南京:江苏人民出版社,1983年,第316页。
② Wright S. F.. *Documents Illustrative of the Chinese Customs*. Vol. Ⅵ. Shanghai: Statistical Department of the Inspectorate General of Customs, 1938, pp.177-182.
③ 该章程全文见杨德森编:《中国海关制度沿革》,上海:商务印书馆,1925年,第14页。
④ China Maritime Customs. *Inspector General's Circulars*. First Series, No.8, 1864.

排和变动。时人曾就此指出,"(总税务司)对于全国海关,几有一国元首之权威"[①]。

第二,洋关的高层领导职位和重要职位,均由外籍人士担任,不容华人问津。甲午战前,各口海关的正副税务司中,无一华人。值得一提的是,为了充分考虑和照顾列强各国在华利益,洋关的高层领导职位基本上是按照各国对华贸易所占的比重以及在华势力的强弱分配的。如1877年,在全部39名正副税务司中,英国人占26名,美国人5名,法国人、德国人各3名,挪威人、瑞士人各1名。1894年,在42名正副税务司中,英国人占23名,美国人8名,德国人5名,法国人4名,奥国人、挪威人各1名。[②]

第三,洋关实行华洋分班的管理制度。所谓华洋分班,指的是在洋关内部,华籍关员和外籍关员(洋员)是区别对待,分而治之的。华洋分班被公开写入海关章程中。登录海关人员的花名册——《新关题名录》,就是按洋员在前、华员在后的顺序编写的。而在实际运作中,华员和洋员在地位、待遇等各方面,均差别甚大,如华洋关员升迁机会不均等。洋员进关后"一年半载,例得擢升。至多不逾二年";然华员进关后,即使"资格逾二十年,帮办仍为帮办,供事仍为供事,其他各职亦皆如是"。[③]

与外籍税务司制度相比,晚清洋关行政管理制度中最能体现跨文化制度移植的当数人事管理制度和财务管理制度。以下我们分别详加申论。

洋关引进和仿效英国文官制度,建立一套严密的人事管理制度。首先是在关员招聘上,仿照英国文官制度,通过公开竞聘、严格考试、择优录取的做法,洋关制定了"海关用人无论中外,俱须经过考试"的基本原则。[④] 在赫德执掌海关总税务司的近半个世纪里,洋关所聘用的洋员,大多系由总税务司署驻伦敦办事处办理。由时任办事处主任的金登干(Campbell, James Duncan)负责对应聘人员的考试,考试内容包括普通

[①] 黄序鹓:《海关通志》(下),上海:商务印书馆,1917年,第193页。
[②] China Maritime Customs. *Service List*. 1877, 1894.
[③] 江恒源编:《中国关税史料》(第三编),上海:人文编辑所,1931年,第43页。
[④] 《申报月刊》,二卷二号,第100页。

的文理知识和中文。这种考试选拔是相当严格的,对于应聘内班职位的人员,除年龄限制外,还要求受过高等教育,尤其强调汉语水平。因此在洋关高级职员中有许多来自哈佛、耶鲁、剑桥、牛津等名牌大学的高才生。严格的考试竞聘制度有效地杜绝了任人唯亲的旧衙门做派。1874年,赫德曾向金登干推荐邓干等3人参加招聘考试,同时在信中明确指示"谁不符合我们的条件就不录用",结果只有2人被录取。①

对于已被聘用进入洋关工作的关员,洋关制定了严格的定期考核制度。即每半年(后改为每一年)由各口税务司对属下各级关员进行考核,并将考核结果报告总税务司。这一考核是秘密进行的,称年终考绩报告或年终考成报告。总税务司依据考核结果决定各位关员的升降和奖惩。②

为了加强管理,提高工作效率,洋关内部分工细密,人有专司,责权明确。以洋关的主要部门征税部门而言,晚清时期,该部门有内班、外班之分。内班又分为税务司、帮办、供事和杂项4类,每类再划分出若干等级。如帮办有超等帮办、头等帮办前班、头等帮办后班、二等帮办前班、二等帮办后班、三等帮办前班、三等帮办后班、四等帮办前班、四等帮办后班等9个等级。整个内班共分19个等级。外班则分为总巡、验货、铃字手、巡役、杂役人员5类,每一类也同样分为若干等级,如总巡有超等总巡、头等总巡、二等总巡和三等总巡等4级;验货有头等验货、二等验货、三等验货等3级。整个外班共分13个等级。③

洋关的财务管理制度也是在引进英国会计制度的基础上建立的,负责建构海关财务管理制度的是总税务司赫德的得力助手金登干。在进入洋关工作之前,金登干已经在英国财政学校受过严格会计训练。1866年,金登干在英国财政部公共财产委员会的帮助下,引入英国的会计制

---

① 陈霞飞主编:《中国海关密档——赫德、金登干函电汇编(1874—1907)》(第一卷),北京:中华书局,1990年,第14、31、39页。
② 戴一峰:《近代中国海关与中国财政》,厦门:厦门大学出版社,1993年,第34页。
③ China Maritime Customs. *Service List*,1894.

度,设计制定了一套新的海关会计体系。这套海关会计制度一直使用了70年。①

依照这一会计体系,海关的全部收支总账分为 A、B、C、D 四个账户(中文以元、亨、利、贞相对应)。其中,A 号账户为海关办公经费的支出账,B 号账户为海关没收和罚款的收入账,C 号账户为船钞(吨税)收入以及用于航务设施的提成账,D 号账户为所有其他规费收入和开支账。按规定,A 号账每月结清一次,B、C 号账每季结清一次。所有海关经费,一律存放在海关总税务司指定的丽如银行。②

为了加强财务管理制度,总税务司于 1870 年颁发了 10 项有关会计收支的条例。1877 年进一步发布了《新关理账诫程》,详细规定了各项财务管理办法。其主要内容包括:(1)各口税务司负有管理该关一切收支的职责。(2)各口税务司必须按规定的手续使用该关的额定经费,不得挪用和超支。如有节余,必须上缴,纳入总税务司账户,不得私自移作他用。(3)除应有的经费提拨外,未经总税务司特别批准,各口税务司不得另有移领和提寄。③

为了加强审计工作,1874 年,在总税务司之下,专设掌管会计的稽查账目文案税务司,专门负责巡视各口海关,每年至少一次。其职责在于就地检查各关账目,着重检查是否有不符合规定的开支,是否有不及时入账的收支项目,以及账面结余是否与库存现金一致。④

毫无疑问,以外籍税务司制度为基本特征的晚清洋关制度,深深打上了晚清中国条约时代的烙印,带有半殖民地性质,但另一方面,我们也应当看到,这一制度在晚清中国特定社会环境中具有积极意义的一面,并具有一定的进步性。以洋关实行的总税务司负责下的垂直管理制度来说,

---

① Wright S. F.. *Hart and the Chinese Customs*. Belfast: William Mullan and Son,1950,p.283.

② Wright S. F.. *Documents Illustrative of the Chinese Customs*. Vol.I. Shanghai: Statistical Department of the Inspectorate General of Customs,1937,pp.52,258-259.

③ 海关档案:《新关理账诫程》(*Customs Accounts: Instructions and Regulations for Keeping, and for Rendering them to the Inspectorate General: Third Issue*,1877),下卷,第 29~37 页。

④ China Maritime Customs. *Inspector General's Circulars*. First Series,No.26,1874.

洋关实行的这种管理制度完全改变了此前海关建制各异、执法尺度不一、管理松散无力的景况，确保了洋关各种规章制度的有效实施和落实，是洋关高效运作的一个重要的组织保障。而洋关引进的财务管理制度和人事管理制度等西方现代文明，则显然代表着一种进步的制度建设。殖民性与进步性并存，构成了晚清洋关制度的双重特征。这正是条约时代中国跨文化制度移植的一个突出特点。

四、一个成功的跨文化制度移植

从1864年晚清洋关制度确立到1949年新中国成立，建立社会主义海关制度，以外籍税务司制度为基本特征的洋关制度在中国维持了80多年。这是近代中国少有的几项成功的跨文化制度移植的范例之一。全面评价晚清洋关制度不是本文短小的篇幅所能承载的任务，在此，我们仅试图揭示这一制度移植的若干历史启示。

毋庸讳言，晚清洋关制度的确立应当置放到条约时代的大背景下加以考察。条约时代带有早期全球化的明显特征，在那个时代，西方资本主义列强正为本国新兴资产阶级的生存与发展竭力寻求扩大世界市场。"它迫使一切民族——如果他们不想灭亡的话——采用资产阶级的生产方式；它迫使他们在自己那里推行所谓文明制度，即变成资产者。一句话，它按照自己的面貌为自己创造出一个世界。"[①]即创造出一个——按沃勒斯坦的世界体系理论——以西方为中心的覆盖全球的资本主义世界体系。而此时的中国，作为一个正处于封建时代晚期，腐朽的社会政治与经济体制正日趋衰败，内部正滋长着各种破坏性和革命性因素的古老帝国，被迫卷入这个扩张中的资本主义世界体系。清王朝这个正在解体、衰败中的"木乃伊"，被不断卷入急遽扩展中的以西方列强为首的资本主义世界体系，开始接受——从被动到主动——西方文明的改造，把这种文明

[①] 中共中央马克思恩格斯列宁斯大林著作编译局编：《马克思恩格斯选集》（第一卷），北京：人民出版社，1972年，第255页。

嫁接到自己的躯体上,由此引出一系列跨文化的制度移植。晚清洋关制度正是这种跨文化移植的最初尝试。

跨文化制度移植一开始是强制性的。作为新制度安排供给主体的西方列强,在条约体系庇护下,以武力威胁为后盾,强迫清政府接受新的制度安排。其预期的收益在于按照自己的面貌改造清王朝,有效扩大对华贸易,谋求在华最大权益,维护由西方列强建构和规范的、以西方列强为中心的资本主义世界体系。此时,清王朝的内部危机正随着中国卷入资本主义世界体系的不断加深而不断加重,并酿成了以太平天国为主的、声势浩大的农民起义,严重威胁着清王朝的统治。清政府为镇压农民起义,面临着严重的财政危机。因此,清政府也开始乐意接受新的制度安排。其预期的制度变迁利益则在于摆脱财政困境,剔除关政弊端,以至调节、和谐中西关系。在此情势下,晚清洋关制度变迁得以成功完成。[①]

不过,尚须指出,晚清洋关制度之所以能成功地在中国生存和发展,很大程度上还得益于制度供给方的有效策略。这一策略的基本思路可以表述为:尽力使来自异邦的新的制度安排显示出中国色彩,即尽力使来自异质文化的制度本土化,以消弭跨文化制度移植带来的文化厌恶、敌意和抵制。按第四任总税务司梅乐和(Maze, Sir Frederick William)的说法即是"使海关为纯粹中国机关,而无客卿专政之嫌"[②]。作为执掌总税务司一职长达半个世纪的赫德对此深有体会。早在洋关制度建立的1864年,他就在通令中告诫洋员(即外籍关员)"首先要清清楚楚而且经常记在心里的就是,税务司署是一个中国的而不是我国的机构,而作为这一机构的每个成员,有义务在对待中国官民时,都应一概防止引起反感和敌意。不论其他在华外人认为有权如何,不论他们是否出于他们的地位,或是出于想象中的对中国人的优越感,或是,出于偏见而作威作福,以及对于那些和他们本国不同的习俗笼统地加以藐视,借以显示出他们的文明高人一等,那些身受俸禄而且是中国政府臣仆的人,至少应当不去触犯中国人

[①] 对此,笔者在《近代中国海关与中国财政》第一章第一节中有更详尽的阐述,见戴一峰:《近代中国海关与中国财政》,厦门:厦门大学出版社,1993年。

[②] China Maritime Customs. *Inspector General's Circulars: Semi-Official Series*, No.106,1933。

二、近代海关的建立及其组织与制度建构

的敏感之处,也不要引起嫉妒、猜疑和憎恨。海关里的外国职员在应付本地官员以及和本地人民交往方面,最好应该记住他们是那些官员的同僚。他们在某种意义上已成为中国同胞,因而已经接受了某些义务和责任"①。1893年,为洋关兼管清朝邮政,推行西方邮政制度一事,赫德曾致信他的心腹金登干说:"中国对于欧洲的任何制度都不会原封不动地接受,因此必须改头换面,才能适合中国人的眼光。改头换面以后,内部的骨架子必须是坚固有力的,五官四肢仍然是完备的,全体的职能当然还是可以实现。"②这可以说是来自赫德推行洋关制度的经验之谈。

赫德竭力推行洋关制度的在地化,很典型地表现在晚清洋关一项很独特的制度——洋员的中文学习和考试制度上。晚清洋关的中高层管理人员绝大多数为洋员,要求洋员努力学习中文,达到在口语和书面两方面都能熟练应用中文,是洋关一直坚持的一项制度。③ 早在1864年,赫德就在题为"海关应弘扬之精神应遵循之方针与应履行之职责之思考及诸专项规定"的通令中强调:"(洋员)应关心汉文学习,能学之人都学汉文"④。1869年,鉴于部分洋员对学习中文表露出不满和抵触情绪,赫德在"海关内部调整建置之说明"的通令中再次强调学习中文的重要性,并明确告诫洋员:全体洋员学会中文"有望凭以博得中国官员称道","借此可以增加海关继续存在之机会"⑤。1884年,赫德更专门发布了一道题为"为税务司如何测试并呈报属员之中文学习成绩及公事处理事"的通令,要求"各口税务司本人必须对中文学习产生兴趣,并以不时测试确保其下属人员坚持学习中文。不断劝导,促使属员以更多时间致力于中文学习"。此外,赫德还规定:在海关工作三年和三年以上的外籍职员必须参加他们主管税务司组织的中文考试,满三年的考试口语,三年以上的考口

---

① China Maritime Customs. *Inspector General's Circulars*. First Series, No.8, 1864.
② 1893年8月20日赫德致金登干函A字第67号,见中国近代经济史资料丛刊编辑委员会主编:《中国海关与邮政》,北京:中华书局,1983年,第59~60页。
③ Wright S. F.. *Hart and the Chinese Customs*. Belfast: William Mullan and Son, 1950, p.564.
④ China Maritime Customs. *Inspector General's Circulars*. First Series, No.8, 1864.
⑤ China Maritime Customs. *Inspector General's Circulars*. First Series, No.25, 1869.

语和作文两项。考试的结果以特定的表格向总税务司署报告。[1] 到 90 年代末,根据总税务司署的规定,能否通过中文考试已成为洋员奖惩和晋升的重要条件之一。[2]

　　晚清洋关制度跨文化移植的成功,使得它在晚清中国的一系列制度变迁中具有启蒙和示范作用。事实上,由于晚清洋关制度的确立是在奕訢、文祥等洋务派要员的支持下完成的,因此,洋务派一直把它视为借法自强的一个范本。三口通商大臣崇厚就曾声称:"至于借法自强一说,现如海关之延用税务司,京外之练洋枪队,上海之习机器局,深资利用,已有明效。"[3]而以赫德以及一批税务司要员为主体的洋员群体,也利用洋关的优势,广泛介入晚清时期的各种制度变迁,在其间留下种种痕迹。如中国第一所高等教育学堂——同文馆的建立和高等教育制度的形成,晚清第一个外交使团的组织和出访以及外交制度的形成,晚清邮政制度的形成,以及晚清海务管理制度的形成,等等。[4]

---

[1] China Maritime Customs. *Inspector General's Circulars*. Second Series, No.273, 1884.

[2] China Maritime Customs. *Inspector General's Circulars*. Second Series, No.880, 1899.

[3] 三口通商大臣兵部左侍郎崇厚奏(同治五年三月十三日),见(清)宝鋆等修:《筹办夷务始末(同治朝)》,收录于沈云龙主编:《近代中国史料丛刊》(第六十二辑),台北:文海出版社有限公司,1966年,卷四十一,第3881页。

[4] 关于洋关制度的传播与扩张效应,详见陈诗启:《中国近代海关史(晚清部分)》,北京:人民出版社,1993年。

制度变迁与企业发展：近代报关行初探

报关行(customs broker)，顾名思义是为货主代理报关业务的中介企业。按我国现行的制度约定：报关行是指经海关准予注册登记，接受进出口货物收发货人的委托，以进出口货物收发货人名义或者以自己的名义，向海关办理代理报关业务，从事报关服务的境内企业法人。对于报关行及其从业人员，我国现行的制度设计已有相当规范的约束。[①] 然而在近代中国，报关行在其萌生和演化历程中，走过了一条曲折的发展之路；政府及其职能部门管理报关行的制度设计经历了一系列变迁；其沉积的丰富历史信息值得我们去挖掘和总结。但长期以来，除了几篇介绍性文章外，学术界未见有专文讨论这一课题，这是一个几乎被学术界遗忘的角落。有鉴于此，本文拟对近代报关行及其管理制度的发展变化做一个初步探讨，抛砖引玉，就教于方家。

一、晚清报关行业的兴起与最初的制度设计

近代报关行的产生与报关业的兴起，无疑是与晚清时期新式海关的建立密切相关的。咸丰四年(1854)，江海关引入外籍税务委员管理制度，首建新式海关，时称新关，或洋关。[②] 其后，按咸丰八年(1858)的中英《天津条约》关于通商各口收税，各口划一办理，任凭总理大臣邀请英人帮办

---

① 《中华人民共和国海关对报关单位注册登记管理规定》(中华人民共和国海关总署令第127号)。

② 关于江海新关的建立经过，参见拙著：《近代中国海关与中国财政》，厦门：厦门大学出版社，1993年，第9~11页。

税务之规定，①以外籍税务司主持海关管理工作为标识的新关制度推向全国各通商口岸。至1864年，在已开埠的各通商口岸已建立14个新式海关。由于新式海关实行外籍税务司管理制度，其申报、验货、纳税等通关程序的进行皆使用英文文书、单据，加上海关主要岗位大多由外籍关员任职，遂使许多华商为报关一事深感为难，也使海关办事关员在接受华商报关时，平添许多解释、说明的麻烦。加上随着对外贸易的急速扩展，报关涉及的内容不断增多，环节不断复杂，报关日益成为一种技术性很强的专业。于是，为货主代理报关业务的报关行随之在各开埠设关的通商口岸出现。这些报关行雇用一些对报关、验货、纳税等海关通关手续比较熟悉，也懂得一些外语，能与洋人打交道的人，为客商代办海关通关业务；客商则支付一定数额的费用作为报酬。客商和海关双方均因此获得便利。可见，晚清报关行是在新式海关建立后，因应减少通关交易成本的市场需求而产生的一种介于通关货主和海关之间的中介经济组织。

  近代第一家报关行出现于何时、何地，史无明载。然现有文献资料表明，由于上海开埠通商后迅速发展成中国对外贸易和南北沿海贸易之中心，又是新式海关首创之地，因此，上海一地不仅报关行出现时间最早，而且数量最多。据载，早在19世纪50年代后期至60年代上海就有英商开设的"茂泰行"，日商开设的"木通口"，洋行买办开设的"怡和渝""利泰昌"，华商开设的"东悦公""南公益"等诸多报关行。② 其时在上海从事贸易的各地客商一般都以地缘关系为纽带组成商帮。各商帮的驻沪客商因乡谊关系，各投同乡设立的报关行，时称报关栈，建立业务联系。与北洋帮（包括海州、青岛、烟台、济南、威海卫、天津、大连、沈阳、秦皇岛等华北、东北沿海一线口岸商人）相联系的报关栈有永安街的新昌泰、利泰昌、东新记，吉祥街的新昌盛等。与长江帮（包括长江流域沿江芜湖、南通、安庆、九江、武昌等口岸的商人）相联系的报关栈有新开河的长源泰，永安街的太吉昌、复昌恒、振大、贸通等。与川帮（四川商人）相联系的报关栈有

---

① 王铁崖编：《中外旧约章汇编（第一册）》，北京：生活·读书·新知三联书店，1957年，第118～132页。

② 《中国海关百科全书》编纂委员会编：《中国海关百科全书》，北京：中国大百科全书出版社，2004年，第16页。

二、近代海关的建立及其组织与制度建构

后马路的招商渝、福州路的太古渝、广州路的川裕等。①

早期的报关行大多带有兼营性质。一是由洋行、华人商行以及船运公司兼营报关业务。经营者有外商、洋行买办和经营进出口贸易的华商等。二是报关行兼营客栈、运输、信贷中介等行业。如上述上海的各家报关栈就大都兼营客栈,招待同乡寓客,有的还兼营航运。据载,这些报关栈为招揽本乡住客,连房金、饮食都不计算,并专雇茶役服侍。甚至还有报关栈为客户介绍一二家钱庄或银行往来,并代担保信用贷款几千两乃至上万两银子不等。②又如在宁波,1861年设立浙海新关之后,这里随之出现了报关行(又称报税行)。最初的报关行专门代客户向海关办理进出口手续和代缴税金。有的报税行还向客户介绍运输公司,或代理货物托运,甚至自行兼办货物托运。后一项措施引起了当地运输机构的不满,他们纷纷成立转运行,除了为客商办理货物托运外,还承办报关业务,形成在较长的一段时期里报关行和转运行并存的局面。③

早期报关行的收益还是比较丰厚的。其主要收益,即为向委托代办报关的客户收取佣金,佣金数额一般为代办报关货物价值总额的百分之二。若兼营其他业务者则还有其他收益。如充任信贷中介的上海报关栈,客户一般会给以一定金额的回报;介绍或代理货物托运的宁波报税行,则可以向承运单位提取回扣;至于兼营运输业者,则另有运输费的收益。因此,早期在上海经营报关栈者,不少成为富翁。④

然随着报关业的产生与早期发展,报关业中的不良行为,如伪造单证、虚报价值、偷税漏税等各种舞弊情事,也随之出现。种种不良行为既侵害了客户的利益,也损害了海关及其作为国家职能部门所代表的政府

---

① 《上海海关志》编纂委员会编:《上海海关志》,上海:上海社会科学院出版社,1997年,第206页。
② 《上海海关志》编纂委员会编:《上海海关志》,上海:上海社会科学院出版社,1997年,第206页。
③ 《宁波海关志》编纂委员会编:《宁波海关志》,杭州:浙江科学技术出版社,2000年,第161页。
④ 《上海海关志》编纂委员会主编:《上海海关志》,上海:上海社会科学院出版社,1997年,第206页;《宁波海关志》编纂委员会编:《宁波海关志》,杭州:浙江科学技术出版社,2000年,第161页。

利益。是故,早在报关行萌生阶段,海关就试图对日渐增多的报关行加以管理。清同治十二年(1873),海关总税务司赫德参照英美两国办法对报关行业的经营规范做了如下规定:①

(1)凡以代理报关为营业,无论商店或各公司皆得认为报关行。报关行必须向海关注册,经各口税务司核准方可营业。

(2)报关行呈请注册,须由同业两家出具有弊认罚的保结。

(3)所有中国商人经呈请税务司指定在某口岸经营报关业务,并经该管税务司认为殷实可靠者准其注册。

(4)报关行得雇人代为报关及请领存票,其雇用及解雇时均应呈报海关;如有舞弊漏税情事,由报关行负责。

(5)报关行有舞弊情事,税务司照章处罚。情节严重者取消注册,勒令歇业,并不许再充任其他报关行合伙人或代理人。

由此观之,近代最早的针对报关行经营规范的制度设计中,就已将其关注重点放在对行业不良行为的防范上。为此制定的防范措施有三:第一,建立注册制度。报关行必须向当地海关注册,经各口税务司核准方可营业。第二,指定监管机构。由海关作为报关行的监管机构。海关有权审批报关行的注册申请;有权对报关行的不良行为照章处罚,直至对情节严重者取消注册,勒令停业,驱逐出报关行业。第三,制订保结制度。报关行必须有两家同业企业出具保结,承诺有弊认罚,方可获准注册,经营报关业务。作为近代报关行管理制度之滥觞,上述三项基本制度为此后历次报关行管理制度的制订者所承袭,并加以修订。但是,从管理学的角度看,作为报关行的管理制度,同治末年出台的首个报关行管理规章并未很好解决两个核心问题:一是如何确定报关行的基本资质;二是如何确定报关员的基本素质。

---

① 胡永弘:《汉口的报关行》,《武汉文史资料》,1997年第4期,第75页;《中国海关百科全书》编纂委员会编:《中国海关百科全书》,北京:中国大百科全书出版社,2004年,第16页。

二、清末民初报关行的发展与制度变迁

清光绪朝后,随着全国各地通商口岸的不断开辟,各地新式海关数量渐次增多。至清末,全国各地海关仅就总关计,已有40余处。[①] 各地海关一经设立,便都随之出现从事代理通关业务的报关行。如位于长江上游的重庆于1891年3月设关后,同年即有报关行设立于海关所在的太平门顺城街。[②] 再如位于长江下游的苏州于1896年10月设立苏州关。翌年,首任税务司孟国美在其呈报总税务司的年度贸易报告中称:"上年自开关至年底,不过三四月,为日无几。商民于新关章程尚未深悉。本年春间,渐有起色。业经先后开设报关行,惟风气仍未大开。"[③]

至于清咸同年间业已开设新式海关的通商口岸,随着国内外贸易的不断发展,新式海关管理范围不断扩大、税种不断增多、通关内容更趋复杂化和专业化,报关行规模有了很大扩展。如在宁波,至光绪二十四年(1898年)二月,在浙海关注册的报关行已有16家。[④] 又如在汉口于1862年1月设立江汉关不久,就有最早的报关行太古渝、广永诚两家创办。至光绪三十四年(1908年),汉口的报关行已有数十家,其中较有信用而商务繁盛者有20余家。资本较雄厚的报关行还在上海设立总店,在汉口设立支店。报关行之间则互相联络、互通信息,上自重庆,下至上海,沿着长江一带形成报关行经营网络,以方便客户。[⑤]

随着报关行规模的扩展,报关行的不良行为开始泛滥。许多报关行在向海关报关填写关单时,往往弄虚作假,故意将货物的实际重量填少,

---

[①] 关于光绪朝后各地新式海关建立情况,参见拙著:《近代中国海关与中国财政》,厦门:厦门大学出版社,1993年,第36、47~53页。

[②] 周勇、刘景修译编:《近代重庆经济与社会发展》,成都:四川大学出版社,1987年,第25页。

[③] 陆允昌编:《苏州洋关史料(1896—1945)》,南京:南京大学出版社,1991年,第59页。

[④] 《宁波海关志》编纂委员会编:《宁波海关志》,杭州:浙江科学技术出版社,2000年,第161页。

[⑤] 中华人民共和国武汉海关编:《武汉海关志》,1995年打印本,第70~71页。

从而少付税金和运费,而对客户则按实重收费,牟取不当收益。民国初年,由于政局的动荡,报关行弊端愈加显露,对报关行的严加管理迫在眉睫。是故,各地海关纷纷出台对当地报关行的管理规定。

早在清宣统三年(1911年)江海关便率先颁布《海关对报关行管理条例》,并制定了《报关行新守则》。[①] 1914年9月,镇江关制订了《取缔报关行章程》计5条;同年,金陵关也制订了《取缔报关行章程》计7条。[②] 但各地出台的这些条例、章程,就其内容而言,只是对上述同治末年管理规定的重申和细化,并无实质性的变化。因此,仍无力遏制报关行的违法舞弊行为。

1916年11月,福州的报关行在向闽海关申报货物进出口时以多报少,弄虚作假,被海关处以罚款。报关行不服海关的处罚,便于12月举行罢工,要挟闽海关。闽海关税务司采取措施平息风波后,遂于同年12月16日拟订《福州报关行登记管理条例》,翌年3月12日正式执行,开始对报关行严加管理。该章程规定:

1. 任何有意在本口岸从事报关业的个人或商行,必须持有一封由两家可靠商家签字,并由两名总商会委员连署的推荐信,连同一份申请书。该申请书内容必须包括:(1)报关行负责人或所有者的姓名、籍贯;(2)报关行的类型或名称;(3)报关行拥有的驳船数量以及驳船登记的号码;(4)报关行的图章样本。

办理上述手续的报关行将被允许从事报关业务。但商人完全可以自由决定是否雇用他们。

2. 已有的报关行经营者或商家,务必在本通告发布后20天内,遵照上述规定办理,违者将不再被海关允准报关。

3. 报关行不得使用两个行号。每家报关行必须有一个负责人,负责人或报关行图章有变动,必须马上报告海关,以便记入报关行登记簿。

---

① 《上海海关志》编纂委员会主编:《上海海关志》,上海:上海社会科学院出版社,1997年,第208页。

② 江苏省地方志编纂委员会编:《江苏省志·海关志》,南京:江苏古籍出版社,1998年,第78页。

二、近代海关的建立及其组织与制度建构

4.办理报关事务时,报关行必须严格遵守海关规章,必须备有苦力以便在验货时,随时听从验货员的指令搬动货物。

5.报关行不得投递"空"报单,即指货物尚未到手投递的报单。

6.当发现申报与实际不符,或其他逃税行径,且货主证实系报关行所为时;或当报关行有违反上述规定以及其他违规行为时,除货物将受惩处外,该报关行在海关登记簿上的名字将被画上一个黑色标记。若一家报关行被画上3个黑色标记,将被从海关登记簿上除名,并被取消任何报关资格。作为其推荐人的两户商家以及商会将被告知。该报关行将不许以别的行号重新开业。

7.这些规定已经取得海关监督的赞同,并由他通知总商会以及其他主要行会。①

闽海关对报关行的管理得到海关总税务司的赞赏和支持。海关总税务司通令要求各地海关调查、汇报各地报关行业发展及其管理情况,并借鉴闽海关的管理经验,仿照推行。于是一些海关相继推出管理所辖地报关行的各种规章。

1917年2月26日,杭州关出台了《海关管理报关行条例》九条。条例规定:

一、凡有意经营报关行的商行,必须向海关申报所有人及经理人的姓名、籍贯、过去的职业、目前的住址,然后领取空白的担保书。担保书要有两家殷实可靠的商店签字担保。担保书填好后应交还海关,由海关通过海关监督,转请商会予以核实。担保一经核实,该行即被授权经营报关业务。

二、所有为复出口至外国口岸和威海卫(不包括大连和胶州)的退税报单必须用绿色纸张印刷,以利辨别。其他报单维持现状。报关行的中文名称及箱号必须印在所有报单右上角的明显部位。

---

① China Maritime Customs. *Inspector General's Circulars*. Second Series,No.2611,1917,No.2680,1917.

199

为有足够时间印制绿色报单,充分利用白色报单存货,可继续接受白色报单,但报单右上角必须划斜的红色粗线条。

三、授权办理报关行业务负责人员的签字及该行印章的样本,必须交海关备存。上述样本如有任何改动应及时通知海关。

四、报关行最好能将一百份左右的绿色空白报单(见第二条所指),事先交海关盖章,作为该报关行业经海关注册之证明。对这些经由海关盖章的报单在通关时将给优先处理。未经海关盖章的报单则暂缓搁置,以核实其担保和签字。

五、为防止骗取退税,所有报关行代表有权来海关办理退税业务者,必须先交个人照片以利确定身份。

六、如发现报关行有骗取退税或其他违法行为,除将案情报告海关监督调查外,有关报关行将被令暂停办理海关手续。

七、如报关行担保人迁移业务地址或停业,该行应立即将实情报告海关并找寻新的担保人。违者将被取消其报关业务资格。

八、报关行公司业主或经理人,如有更动,应将实情立即报告海关。如不照此办理发现有违反规定情况时,原来业主或经理人仍将承担责任。

九、凡已设立报关行,均应遵守上述规定。本通告发布20日内,必须向海关申请填写新的担保书,领回旧的担保书。未能在规定期限内办理更换手续者,将被取消报关资格。[1]

1919年5月,浙海关颁布《浙海关报税行注册章程》。该章程规定:

1.报税行必须在海关注册,注册下列手续:准备保举信,由商铺和钱庄各一家作保;或者由宁波报关行公会会长签署。

2.呈由写明报税行经理人姓名、籍贯、住址。签名式样及该行图章,先呈海关。

3.报税行负责人只准一名。

---

[1] 杭州海关志编纂委员会编:《杭州海关志》,杭州:浙江人民出版社,2003年,第111页。

二、近代海关的建立及其组织与制度建构

4.报税行须要遵守本关章程。验货时,须准备足够数量的小工,起动货物。

5.如货物尚未确实可验,报税行不得预递报单。

6.报税行如违犯关章,除照章惩罚外,并在其注册簿内记过一次,记满3次即除名。

7.货物报税须出于商人自愿,各报税行不得垄断。

8.原有报关行均照此办理,自通告之日起30日内仍不履行保结手续,海关不予承认。[①]

1922年9月,厦门关公布了《海关报关行规则》和《厦门常税关取缔报关行章程》,不仅强调报关行要有铺保具结,并交纳保证金,同时还规定报关行执照每年更换一次。[②]

与同治末年颁布的规定对比,民国初期各地海关颁布的这一管理条例主要仍着眼于报关行的担保注册以及对报关行违规行为的处罚。为加大担保力度,条例规定:若报关行担保人迁移业务地址或停业,该行应立即将实情报告海关并找寻新的担保人,违者将被取消其报关业务资格;同时要求各报关行必须在条例发布后20日内,向海关申请填写新的担保书,领回旧的担保书,未能在规定期限内办理更换手续者,将被取消报关资格。条例还有一点值得关注,即为了甄别报关员身份,条例规定:报关行聘用的报关员的签字及该行印章的样本,必须交海关备存;上述样本如有任何改动应及时通知海关;报关行授权到海关办理退税业务者,必须先交个人照片以利确定身份。但该条例仍无对报关员从业资格认定的条款。对报关行资质的认定除规定"由海关通过海关监督,转请商会予以核实"外,也无具体可行的操作规范。可见这一制度设计仍然有待进一步完善。

[①] 《宁波海关志》编纂委员会编:《宁波海关志》,杭州:浙江科学技术出版社,2000年,第162页。

[②] 中华人民共和国厦门海关编著:《厦门海关志》,北京:科学出版社,1994年,第89页。

三、民国中后期报关行业的迅速发展与制度变迁

民国中后期,各地登记注册的报关行数量不断增多。如在宁波,1920年向浙海关登记的报关行有恒孚行、元盖行、江处行、鼎恒行、泰涵行、咸丰行、慎康行、元亨行、裕源行、生生行、益康行、瑞余行、瑞康行、丰源行、慎丰行、资大行、恒升行、景源行、泰异行、晋恒行、鼎丰行、泰源行、保慎行、泰深行、余丰行、敦裕行、彝泰行、巨康行、永源行、汇源行、衍源行等31家。[①] 在苏州,1922年登记注册的报关行由1917年的6家增加到10家,包括公义合记、庆昌浩、茂顺公、洽昌、茂昌顺和丰顺公等6家报关行,以及宁绍公司盘局、苏州老公茂公司轮船局、招商内河轮船公司盘局和苏州盘门戴生昌轮局等4家从事报关业务的轮船公司,内中以丰顺公报关行为巨擘。[②] 在汉口,据1925年统计,注册的汉口报关行公会会员计23家,至1930年曾达到130家。[③] 在杭州,至1931年向杭州关注册的报关行共15家,嘉兴分关6家,所有报关行在上海口岸都设有"联号"。[④] 同年在福州,有37家报关行,成立报关行公会,向闽海关登记,领取营业执照。[⑤] 同年在厦门,则有7家报关行向厦门关注册,均为中国商人开办。其中,大兴、乾德、金广安、厦门落海理货工会4家资本最大。[⑥]

随着报关行数量的增长,报关行不良行为问题再度趋于严重。部分报关行蒙骗商户,强揽报关业务;部分报关行伪造单据,逃避关税。如据1923年3月江海关税务司致总税务司的呈文称:"一些报关行并不满足

[①]《宁波海关志》编纂委员会编:《宁波海关志》,杭州:浙江科学技术出版社,2000年,第161页。

[②] 江苏省地方志编纂委员会编:《江苏省志·海关志》,南京:江苏古籍出版社,1998年,第76页;陆允昌编:《苏州洋关史料(1896—1945)》,南京:南京大学出版社,1991年,第59页。

[③] 中华人民共和国武汉海关编:《武汉海关志》,1995年打印本,第70~71页。

[④] 杭州海关志编纂委员会编:《杭州海关志》,杭州:浙江人民出版社,2003年,第107页。

[⑤] 中华人民共和国福州海关:《福州海关志》,厦门:鹭江出版社,1991年,第101页。

[⑥] 中华人民共和国厦门海关编著:《厦门海关志》,北京:科学出版社,1994年,第89页。

二、近代海关的建立及其组织与制度建构

于从商人那里取得的佣金作为报关的酬劳,而是想通过对海关少报,却向货主收取全部应付税款的手法,攫取两者之间的税款差额,据为己有。"[1]显然,对报关行经营的进一步规范势在必行。

1931年底,在各关相继推出报关行管理规章的基础上,南京国民政府财政部关务署颁布了由海关总税务司署起草的《管理报关行暂行章程》(以下简称《暂行章程》),除由部通令各海关监督一体遵照实行外,另指令海关总税务司梅乐和通令各海关税务司遵照此令。该《暂行章程》共计二十二条,全文如下:[2]

第一条 凡个人或行号公司专营代人办理报关纳税业务者为报关行,应由海关依照本章程管理之。

第二条 凡欲经营报关行业务者,应先备具呈请书向当地海关请领报关行营业执照并应于呈请书内声明左列各事项。

一、呈请人(个人或行号公司之负责代表)姓名、年龄、住址及向来职业。

二、报关行名称及地址。

三、对于本章程各项规定完全遵守。

第三条 呈请人如有左列各项情事之一者不得经营报关行业务。

一、其公权被剥夺或停止者。

二、受破产之宣告尚未复权者或虽未受破产之宣告而已陷于支付不能之状态者。

三、曾因拖欠国税受有处分未满一年者。

四、曾受有刑事处分者。

五、曾违犯关章受有惩罚未满3年者。

第四条 凡请领报关行营业执照者应按照左列三种保证办法任择一种向发照之海关先期呈缴。

---

[1] 《上海海关志》编纂委员会编:《上海海关志》,上海:上海社会科学院出版社,1997年,第208页。

[2] China Maritime Customs. *Inspector General's Circulars*. Second Series, No.4366, 1931.

一、现款保证金　国币一千元至五千元,其数目由各该关税务司决定之。

二、债券保证金　中国政府债券实值国币一千元至五千元,其数目由各该关税务司决定之。

三、当地合法报关行公会之保证　呈请人如为该地合法之报关行公会会员,得由该公会出具保结作为担保。但该公会得由该地海关税务司查核其组织范围及会员人数,令缴押款一万元至二十万元之国币或实值国币一万元至二十万元之中国政府债券作为该公会之担保。上项存关现金或债券应得之息金应由原缴纳之报关行或报关行公会按期呈领。

第五条　各报关行或报关行公会对应缴之税款、罚款及其他应受处分如有延抗不遵情事,该行会所缴之保证金或债券,海关税务司有完全处置之权。

第六条　凡存关之保证金,不论因何原因致其存数减少不及规定额数时,该报关行接到海关通知后应于五日内如数补缴。如逾期不补,海关得暂停其营业执照之效力。

第七条　报关行对于所报货物之价值、品质、重量、数量及其他应报之各项如有欺诈伪造行为以致税款受损失时,除由海关责令该报关行如数赔偿及遵缴罚款外,并得取消其营业执照或停止其执照之效力,该项假报之货物准免充公。

如该报关行确能证明此项假报情事系由货主捏造事实,该报关行据以缮入保单并不知情者,海关得将此项假报货物充公,其情节较重者并科货主以罚金或其他之处分,该报关行准免议处。但如经海关证明该项假报等情事系属报关行与货主串通欺诈之所为,除将货物充公外并应科该报关行以罚金。

第八条　报关行如仅违背关章并未损及税款时,海关得视情节之轻重,得暂停其营业执照效力或取消之或按章处以相当之惩罚。

第九条　凡报关行只准用一行名营业,不得另立其他行名以图冒混。

第十条　凡报关行均应备定员役于海关验货场或其他处所,搬运所报之货物。

第十一条　凡报关行主及其员工在海关管辖范围以内办理报关事务,均应谨守秩序。对于关员之合法指导,均应遵从不得违抗。

第十二条　凡报关行在货物尚未准备呈验之前,不得先递报单,但按当地习惯业经海关认可,准其先行呈报之货物不在此列。

第十三条　报关行请领营业执照,每纸应缴纳执照费国币十元,并应于每年一月将所领之执照呈关换领,纳换照费国币二元。报关行主于领取执照时应亲赴海关,将该行报关图章,眼同海关相当负责人员印于海关备置之印鉴簿内,并将报关代表人员签名式样或图章印模送关注册备查。

第十四条　凡报关行对于所用办理报关事务之员工,其一切行为应负完全之责任。

第十五条　凡报关行呈递代报货物之报单及其他单据,均应注明货主姓名。

第十六条　凡报关行如停止营业或营业地址有变更时,应于三日前呈报海关备案。

第十七条　无论个人或行号公司如未领有报关行营业执照而代人报关者,一经海关查出,除将其姓名或行名宣布不准再营此项违法业务外,并得处以国币五千元以下之罚金。

第十八条　凡已在关注册之轮船公司以转运为业者,如代客报运转口货物、结束进口货物船单、报运出入关栈货物及为业务上必要之报关事项,除无须请领报关行营业执照、缴纳保证金外,对于其他各条关于管理普通报关事项之规定仍应一律遵守。

第十九条　凡商人报运货物或自行报关或委托报关行代为报,听其自便,海关并无必由报关行代报之规定,报关行不得视为专利借口包揽。

第二十条　凡报关行在本章程公布前开设营业者,限自本章程施行日起三十天之内一律遵照本章程各条规定办理。

第二十一条　本章程如有未尽事宜得随时修订之。

第二十二条　本章程定于民国二十年十二月一日起施行。

与《暂行章程》相配套,关务署还设计了《报关行营业执照呈请书》、《报关行公会保结》、《报关行资格证明书》和《报关行营业执照》等一系列证书(参见本文附录1~4),用于规范报关行的经营。①

《暂行章程》原定1931年12月1日开始推行,但由于海关印制各种相关证书耽搁,拖延到1932年2月1日方正式实施。②

与先前的报关行管理制度相比,《管理报关行暂行章程》显然吸收、承袭了清同治十二年(1873年)制度设计的基本要素,如注册制度、保结制度、处罚制度等,并使其精细化;同时也吸收了期间各地海关推出的各种管理制度的创新之处并加以具体化,如交纳保证金、报关行营业执照每年须更换一次、一家报关行仅能使用一个企业名称、报关行不得借口强行包揽商人的报关业务等等。此外,暂行章程还有一值得关注的制度创新,该章程第三条首次对报关行经营者的资格认定做了明确规定,声明5种人不能从事报关行业,这使得暂行章程较为完善和严格。是故,尽管在1945年5月,伪财政部关务署曾修改《管理报关行暂行章程》,另行颁布《海关管理报关业章程》计27条;1947年海关总税务司署也曾在修订《管理报关行暂行章程》的基础上,颁布《管理报关行规则》计24条,但其要点乃在于强化担保、提高保证金,并无新的创意。③

值得一提的是,作为政府及其职能部门设计、推出的正式制度,从晚清到民国,上述历次管理报关行的章程、规则均未能解决清同治十二年首个管理章程出台时业已存在的两个问题。

第一,报关行的资质认定。如上所示,对近代报关行申请注册的审批,早期的相关规章制度仅借重于(同业)商家的担保。1931年的《管理报关行暂行章程》第三条虽然对报关行经营者的资格首次做了明确规定,但这一规定主要着眼于报关行经营者是否为合法公民,有无违纪行为。

---

① China Maritime Customs. *Inspector General's Circulars*. Second Series,No.4379,1931.

② China Maritime Customs. *Inspector General's Circulars*. Second Series,No.4366,1931.

③ China Maritime Customs. *Inspector General's Circulars*. Second Series,No.6990,1947.

就政府的管理职能而言，对申请注册企业的审批本应立足于依据企业的不同类别，设定企业经营的基本资质。作为中介服务型企业，报关行的资质应包括：(1)报关行是否具有基本的资金能力，即一定数额的注册资本；(2)报关行是否具备健全的组织机构和财务管理制度；(3)报关行是否拥有一定数量的报关业务人员；(4)报关行经营者是否具备从事对外贸易工作经验或者报关工作经验；(5)报关行是否具备符合从事报关服务所必需的固定经营场所和设施等等。由于近代历次报关行管理章程、规则缺乏对报关行基本资质的认定，故不能有效防止缺乏基本资质的企业进入报关行业，给报关行业留下隐患。

第二，报关员的从业资格认定。报关行的实际业务运作，是交由报关员来完成的，因此，报关员的业务能力高低和品行良莠，至关重要。尽管民国初期部分海关的管理条例和1931年的《暂行章程》都规定报关行应将报关员的签名式样或图章印模送交海关，注册备查，但对于报关员的从业资格——个人品行和业务素质——并无任何具体规定。这就无从保障报关员队伍的素质和水平，确保报关员业务行为的规范化和专业化，因而无从避免报关员不良行为的发生。

四、结语

清咸同年间，因应新关制度推行后海关通关业务的西式化、复杂化和专业化，我国近代报关行在各通商口岸渐次萌生。作为连接货主与海关两端的中介服务型组织，报关行有利于降低货主和海关的通关成本，因此得以生存、发展。在其后的半个多世纪里，报关行的分布空间随着通商口岸的开辟不断拓展，数量亦不断增多。虽经日本侵华战争的摧残，抗战胜利后报关行迅速复兴，至新中国成立前，全国报关行数量仍超过抗战前，但是，作为中介人，受经济利益的驱使，报关行易于利用货主和海关双方互不通气的情势，萌生各种不良行为。而且，近代报关行的不良行为随着其规模的扩展日渐趋于严重，极大损害了货主和海关的经济利益。是故，规范报关行经营行为的制度设计随着报关行的萌生而出台，并随着报关行的发展而经历不断变迁。

从清同治十二年(1873)海关总税务司推出首个报关行管理规章,到1931年关务署《管理报关行暂行章程》的出台,为规范报关行经营设计的正式制度历经半个多世纪的变迁。这一制度变迁是与报关行业规模的不断扩展同步而行的;也是与报关行业业务内容的不断增多,专业化程度的不断提高同步而行的;同时还是与报关行不良行为不断博弈的结果。其变迁的基本趋势是制度的不断完善和严格。但直到1947年最后一个管理制度的推出,规范报关行行为的正式制度仍然没能对报关行的资质和报关员的资格提出明确、合理的认定,由此形成的制度缺陷大大影响了制度的约束力。

附录1:

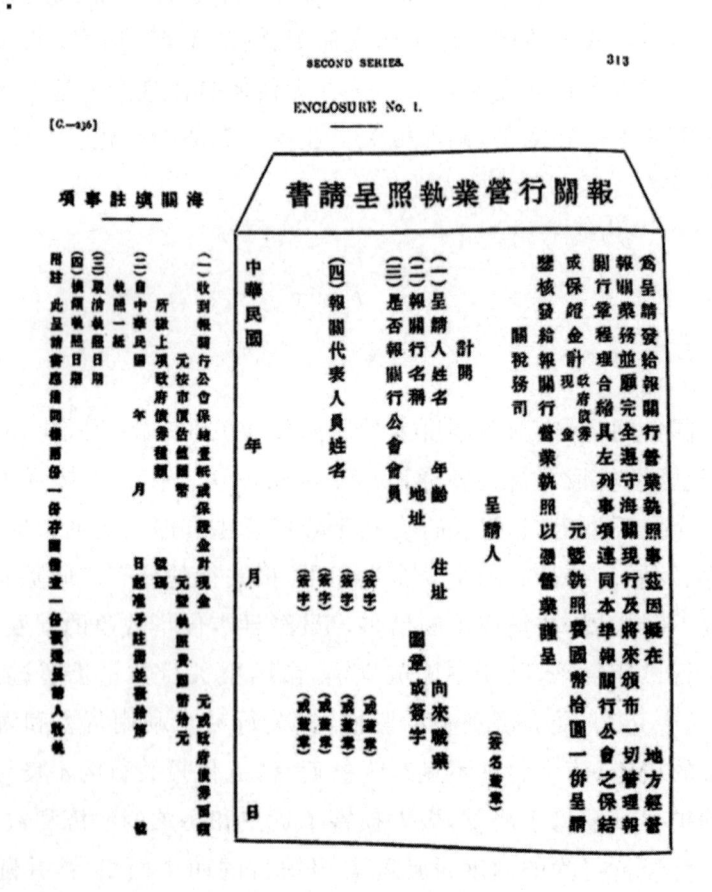

报关行营业执照呈请书

为呈请发给报关行营业执照事，兹因拟在　　　地方经营报关业务并愿完全遵守海关现行及将来颁布一切管理报关行章程，理合缮具左列事项，连同本埠报关行公会之保结或保证金计政府债券　　　元暨执照费国币拾元，一并呈请鉴核发给报关行营业执照以凭营业，谨呈关税务司。

呈请人　（签名盖章）

计开

（一）呈请人姓名　　年龄　　住址　　向来职业

（二）报关行名称　　地址　　图章或签字

（三）是否报关行公会会员

（签字）（或盖章）

（四）报关行代表人员姓名　　（签字）（或盖章）

（签字）（或盖章）

（签字）（或盖章）

中华民国　　年　　月　　日

海关填注事项

（一）收到报关行公会保结一纸或保证金计现金　　元或政府债券面额　　元按市价估值国币　　元暨执照费国币十元　　所缴上项政府债券种类　　号码

（二）自中华民国　　年　　月　　日起准予注册并发给第　　号执照一纸

（三）取消执照日期

（四）换领执照日期

附注　此呈请书应备同样两份，一份存关备查，一份发还呈请人收执。

附录 2：

报关行公会保结

具保结人　　　报关行公会，兹因本会会员　　　拟在本埠开设报关行经营报关业务并愿完全遵守海关现行及将来颁布一切管理报关行章程，特由本会出具保结，嗣后该报关行对于应缴之税款、罚款及其他应受之处分如有延抗不遵情事，本会甘愿将前在海关缴存之押款任凭海关税务司全权处分，绝无异言，所具保结是实。

　　　　　　　　　　　　　　　　　　具保结人　　（签名盖章）
　　　　　　　　　　　　　　　　　　住址
　　　　　　　　　　　　　　　　　　中华民国　　年　月　日

附录 3：

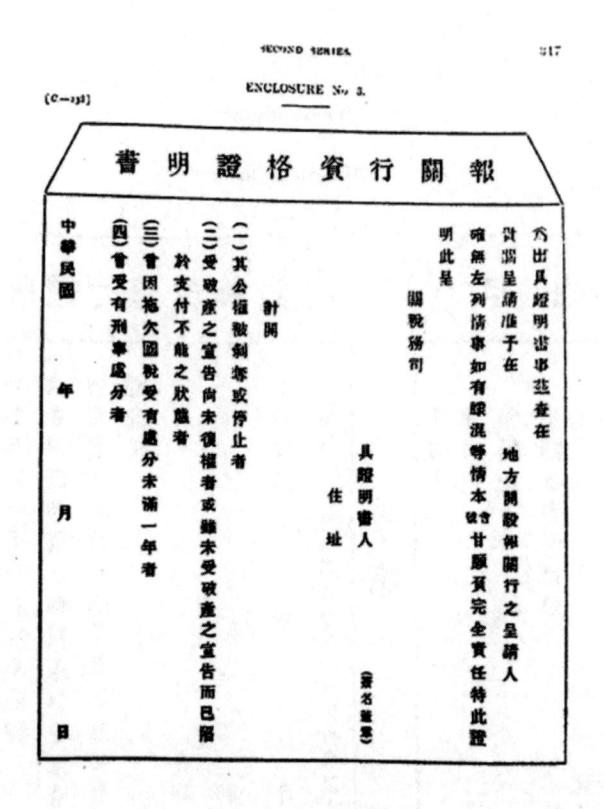

报关行资格证明书

  为出具证明书事，兹查在贵关呈请准予在　　　　　地方开设报关行之呈请人　　　确无左列情事，如有蒙混等情，本会（号）甘愿负完全责任，特此证明。此呈关税务司。

              具证明书人　　（签名盖章）
              住址

计开

（一）其公权被剥夺或停止者

（二）受破产之宣告尚未复权者或虽未受破产之宣告而已陷于支付不能之状态者

（三）曾因拖欠国税受有处分未满一年者

（四）曾受有刑事处分者

              中华民国　　年　　月　　日

附录 4：

SECOND SERIES. 319

ENCLOSURE No. 4.

[C.—239]

存根

中華民國　　年　　月　　日

領照人
住址
保證金　現金
　　　　政府債券
報關公會保結第　　號

字第　　號

稅務司

報關行營業執照

關稅務司

發給報關行營業執照事茲據

開設報關行經營報關業務前來查核與現行管理報關
行章程相符合行准予註册並發給報關行營業執照俾憑營
業此照

右給

　　　收執

中華民國　　年　　月　　日

稅務司

附註　此執照應於每年一月間由執照人送請本關換發新照

二、近代海关的建立及其组织与制度建构

报关行营业执照

关税务司　　为发给报关行营业执照事,兹据　　呈请准予在本埠开设报关行经营报关业务,前来查所请核与管理报关行章程相符合,行准予注册并发给报关行营业执照俾凭营业此照

　　　　　　　　　　　　右给　　　　　　　　　收执
　　　　　　　　　　　　税务司
　　　　　　　　　　　　中华民国　　年　　月　　日

附注　此执照应于每年一月间由执照人送请本关换发新照

　　　　　　　　字第　　　　号
　　　　　　　　　存根

领照人

住址

保证金计 现　　金
　　　　 政府债券　　　　　　　　　元

报关公会保结第　　　　　　　号

　　　　　　　　　　　　　税务司
　　　　　　　　　　　　　中华民国　　年 月 日

中国近代报关行管理制度述论

清咸丰、同治年间，随着依约开辟的各通商口岸新式海关的相继建立，我国近代报关行也在各主要通商口岸逐渐兴起。此后，随着新辟通商口岸的增多，新式海关数量的增加，我国近代报关行业的规模渐次扩展。作为为货主代理通关业务的中介组织，报关行连接着货主和海关两头，其经营行为的规范与否，不仅涉及货主的经济利益，也影响政府的税收和海关的声誉。故此，早在清同治末年，海关总税务司赫德便制订了我国首份报关行管理章程。此后，随着报关行的发展、演化，报关行管理制度走过了一条曲折的发展之路，经历了一系列变迁。其沉积的丰富历史信息值得我们去挖掘和总结。鉴于报关行研究长期以来几乎是一个被学术界遗忘的角落，本文拟在先前初步研究的基础上，对我国近代报关行管理制度的变迁，做进一步的探讨。

一、最初的制度安排：同治十二年的管理章程

我国近代第一份报关行管理章程出自时任海关总税务司的赫德之手，这无疑透露出如下信息：近代报关行业的兴起与近代新式海关的建立密切相关。

自咸丰四年（1854年）江海关引入外籍税务委员管理制度，首建新式海关后，各通商口岸相继仿效。至同治初年，在已开埠的各通商口岸已建立14个新式海关。由于新式海关实行外籍税务司管理制度，其申报、验货、纳税等通关程序的进行皆使用英文文书、单据，加上海关主要岗位大多由外籍关员任职，遂使许多货主，尤其是华商货主为报关一事深感为

二、近代海关的建立及其组织与制度建构

难,也使海关办事关员在接受华商报关时,平添许多解释、说明的麻烦。加上随着对外贸易的急遽扩展,报关涉及的内容不断增多,环节不断复杂,报关日益成为一种技术性很强的专业。于是,为货主代理报关业务的报关行随之在各开埠设关的通商口岸出现。[①] 这些报关行雇用一些对报关、验货、纳税等海关通关手续比较熟悉,也懂得一些外语,能与洋人打交道的人,为客商代办海关通关业务;客商则支付一定数额的费用作为报酬,客商和海关双方均因此获得便利。可见,晚清报关行是在新式海关建立后,因应减少通关交易成本的市场需求而产生的一种介于通关货主和海关之间的中介经济组织。

然而随着报关业的产生与早期发展,报关业中的不良行为,如伪造单证、虚报价值、偷税漏税等各种舞弊情事,也随之出现。种种不良行为既侵害了客户的利益,也损害了海关及其作为国家职能部门所代表的政府利益。是故,早在报关行萌生阶段,海关就试图对日渐增多的报关行加以管理。

清同治十二年(1873年),海关总税务司赫德参照英美两国办法,首次推出管理报关行的章程。该章程包括四个方面的基本内容,是为四项基本的制度安排:[②]

第一,指定监管机构:章程规定以海关作为报关行的监管机构。监管机构的职权有二:一是负责审查、批准报关行的营业申请;二是负责监督报关行的经营行为,对报关行的不良行为照章处罚,对情节严重者取消经营资格。

第二,建立注册制度:章程规定,凡以代理报关为营业,无论商店或各公司,皆得视为报关行。报关行必须向海关注册,经各口税务司核准后方可营业。

第三,建立保结制度:章程规定,报关行必须有两家同业企业出具保

[①] 关于早期报关行产生的情况,可参见拙作《制度变迁与企业发展:近代报关行初探》,载张忠民、陆兴龙、李一翔主编:《近代中国社会环境与企业发展》,上海:上海社会科学出版社,2008年。

[②] 《中国海关百科全书》编纂委员会编:《中国海关百科全书》,北京:中国大百科全书出版社,2004年,第16页;胡永弘:《汉口的报关行》,《武汉文史资料》,1997年第4期。

结,承诺有弊认罚,方可获准注册,经营报关业务。

第四,建立处罚制度:章程规定,报关行的雇员如有舞弊漏税情事,由报关行负责;报关行有舞弊情事,税务司照章处罚,情节严重者取消注册,勒令歇业,并不许再充任其他报关行合伙人或代理人。

上述可见,作为近代报关行管理制度之滥觞,同治十二年的管理章程已建构了一个包括监管机构、注册制度、保结制度、处罚制度等四项基本制度安排的制度框架。此后历次报关行管理制度的制订者便大多承袭这一基本框架,加以修订、细化。

但是,同治十二年的报关行管理制度存在很大的制度缺陷,即没有很好解决报关行行业准入问题。其中仅规定,开办报关行必须向海关注册,并以由两家同业企业出具保结,承诺有弊认罚为获准注册的唯一条件,足见其行业准入门槛甚低。这一制度安排完全忽视了对报关行基本资质的认定。事实上,就政府职能部门的管理职能而言,对申请注册企业的审批本应依据企业的不同类别,设定企业经营的基本资质。缺乏对报关行基本资质的认定,意味着报关行行业市场准入门槛的降低,这固然有利于报关行数量的增长,但却不能有效防止缺乏基本资质的企业进入报关行业,给报关行业留下隐患。与此密切相关,该章程还忽视了对报关员从业资格的有效认定。报关行的实际业务运作,是交由报关员来完成的。因此,报关员的业务能力高低和品行良莠,至关重要。缺乏对报关员从业资格的有效认定,就无从保障报关员队伍的素质和水平、确保报关员业务行为的规范化和专业化,因而无从避免报关员不良行为的发生。

同治十二年推出的管理报关行章程不仅存在上述制度缺陷,而且制度实施的力度甚弱。据民国初年哈尔滨等43处口岸海关税务司呈递总税务司安格联的报告,43处口岸中,无报关行的11处,有报关行的32处。在有报关行的32处口岸中,毫无监管的有17处,占53%,有监管的仅有15处。15处有监管的口岸,其监管力度也各异:其中广州口岸的报关行系在当地商会注册,再将名单转交海关,但毫无真正的监管;安东口岸的监管系由日本领事馆承担;梧州的监管仅限于要求注册;镇江口岸出口土货的报关行没有监管。由此可见,直至民国初年,相当一部分通商口岸仍未遵照管理章程,实行对报关行的有效监管。详情如表1所示:

表 1　民国初年各地报关行数量及监管状况统计表

地点	报关行	监管状况	备注
哈尔滨	无数字	无监管	
珲春	无数字	无监管	
龙井村	3 家	担保	
安东	5 家（日本人）	领事馆监管	
大连	无		
牛庄	无数字	无监管	
秦皇岛	1 家	无监管	
天津	无数字	无监管	
芝罘（龙口）	无数字	交押金注册	
芝罘	无数字	强制注册	
青岛	无数字	交500金元押金、领许可证	
重庆	无	无	租赁行和汽船公司从事报关业务
宜昌	1 家	无监管	4家大的轮船公司承担大部分的报关业务
沙市	无		
长沙	6 家	交500两保证金	
岳州	无		
汉口	50 家	无监管	1916年，曾试图组织行会，但没有下落
九江	25 家	无监管	报关行在商会登记，并且有自己的同业公会
芜湖	无数字	无监管	
南京	无数字	要求注册、担保；遵循上海规章	
镇江	30 家（报关行），14 家（出口土货报关行）	前者在海关和监督公署注册，由两家有良好名望的商户担保，由1914年制订的规章管理。后者无海关监管，有行会管理	
上海	无数字	已有规章，要求注册和担保	

217

续表

地点	报关行	监管状况	备注
苏州	6家	无监管	
杭州	16家	要求海关监督核实担保	嘉兴分关有8家
宁波	37家	要求申请书和担保	鼓励公众自行报关
温州	3家	无监管	
三都澳	6家	无监管	
福州	无数字	有规章	报关行罢工
厦门	无数字	无监管	华人报关行大多持有外籍
汕头	无数字	无监管	外国轮船公司经营报关业
广州	无数字	报关行都在商会注册,并将名单转告海关,但毫无真正的监管	
九龙	无		
拱北	无		
江门	15家	无监管	
三水	无数字	所有报关行自1915年起,被要求担保	
梧州	无数字	注册,无监管	
南宁	无	无监管	汽船公司从事报关业务
琼州	无数字	无监管	
北海	无		
龙州	无		
蒙自	无		
思茅	无		
腾越	无		
合计:43地	有:32地 无:11地	有不同程度监管:15地 毫无监管:17地	

资料来源:本表据 China Maritime Customs. *Inspector General's Circulars*. Second Series No.2680(1917年5月23日),附录1制作。

二、清末民初的制度传播:各口海关的管理章程

清光绪朝后,随着全国各地通商口岸的不断开辟,各地新式海关数量渐次增多。至清末,全国各地海关,仅就总关计,亦已有40余处。[①] 随着各地海关的设立,愈来愈多的口岸出现报关行,从事代理通关业务。如位于长江上游的重庆,光绪十七年正月二十一日(1891年3月1日)重庆关设立后,同年即有报关行设立于海关所在的太平门顺城街。[②] 再如位于长江下游的苏州,光绪二十二年八月二十五日(1896年10月1日)设立苏州关。翌年,首任税务司孟国美在其呈报总税务司的年度贸易报告中称:"上年自开关至年底,不过三、四月,为日无几。商民于新关章程尚未深悉。本年春间,渐有起色。业经先后开设报关行,惟风气仍未大开。"[③]

至于清咸同年间业已开设新式海关的通商口岸,随着国内外贸易的不断发展,随着新式海关管理范围的不断扩大、税种的不断增多、通关内容的更趋复杂化和专业化,报关行规模有了很大扩展。如在宁波,至光绪二十四年(1898年)二月,在浙海关注册的报关行已有16家。[④] 又如在汉口,同治十一年(1872年),就有最早的报关行太古渝、广永诚两家创办。至光绪三十四年(1908年),汉口的报关行已有数十家,其中较有信用而商务繁盛者有20余家。资本较雄厚的报关行还在上海设立总店,在汉口设立支店。报关行之间则互相联络、互通信息,上自重庆,下至上海,沿着长江一带形成报关行经营网络,以方便客户。[⑤] 至于在最先设立新式海

[①] 关于光绪朝后各地新式海关建立情况,请参见拙著《近代中国海关与中国财政》,厦门:厦门大学出版社,1993年,第36、47~53页。

[②] 周勇、刘景修译编:《近代重庆经济与社会发展》,成都:四川大学出版社,1987年,第25页。

[③] 《光绪二十三年苏州口华商贸易情形论略》,转引自陆允昌编:《苏州洋关史料(1896—1945)》,南京:南京大学出版社,1991年,第59页。

[④] 《宁波海关志》编纂委员会编:《宁波海关志》,杭州:浙江科学技术出版社,2000年,第161页。

[⑤] 中华人民共和国武汉海关编:《武汉海关志》,1995年打印本,第70~71页。

关,也最早产生报关行的上海,至1911年已有60余家报关行。①

如前所述,清同治末年,海关总税务司虽然已出台管理报关行的相关规定,但一者由于该制度设计本身的缺陷,二者由于各地海关并未严格遵照执行,因此,随着报关行规模的扩展,报关行的不良行为开始泛滥。许多报关行在向海关报关填写关单时,往往弄虚作假,故意将货物的实际重量填少,从而少付税金和运费,而对客户则按实重收费,牟取不当收益。民国初年,由于政局的动荡,报关行弊端愈加显露,对报关行的严加管理迫在眉睫。是故,清末民初,部分地方海关仿效同治十二年的管理章程,各自推出对当地报关行的管理规定。

清宣统三年(1911年),江海关率先颁布《海关对报关行管理条例》,并制定了《报关行新守则》。② 民国三年(1914年)九月,镇江关制订了《取缔报关行章程》计5条;同年,金陵关也制订了《取缔报关行章程》计7条。③ 民国五年(1916年)十一月,福州的报关行在向闽海关申报货物进出口时以多报少,弄虚作假,被海关处以罚款。报关行不服海关的处罚,便于12月举行罢工,要挟闽海关。闽海关税务司采取措施平息风波后,遂于同年12月16日,拟订《闽海关特定报关注册章程》计7条。④ 民国六年(1917年)二月二十六日,杭州关出台了《海关管理报关行条例》9条。⑤ 民国八年(1919年)五月,浙海关颁布《浙海关报税行注册章程》8条。⑥ 民国十一年(1922年)九月,厦门关颁布了《海关报关行规则》和《厦门常

---

① 薛理勇编著:《闲话上海》,上海:上海书店出版社,1996年,第54页。
② 《上海海关志》编纂委员会编:《上海海关志》,上海:上海社会科学院出版社,1997年,第208页。
③ 江苏省地方志编纂委员会编:《江苏省志·海关志》,南京:江苏古籍出版社,1998年,第78页。
④ China Maritime Customs. *Inspector General's Circulars*. Second Series,No.2611,1917,No.2680,1917.
⑤ 杭州海关志编纂委员会编:《杭州海关志》,杭州:浙江人民出版社,2003年,第111页。
⑥ 《宁波海关志》编纂委员会编:《宁波海关志》,杭州:浙江科学技术出版社,2000年,第162页。

税关取缔报关行章程》。①

　　清末民初各地方海关推出的管理报关行章程和条例,基本上是在同治十二年颁布的章程所设定的制度框架内加以完善、细化,主要仍着眼于报关行的担保注册以及对报关行违规行为的处罚。

　　首先是对报关行申请注册制度的细化。各地方海关制定的管理章程或条例一般都要求申请人申报拟经营的报关行所有人及经理人的姓名、籍贯、过去的职业和目前的住址,并提交其签名式样及报关行的图章样本,样本如有任何改动应及时通知海关;规定每家报关行只准使用一个行名,并只准有一名负责人。②闽海关还要求申请人申报报关行的类型,以及报关行拥有的驳船数量和驳船登记的号码,后者显然是针对兼营航运的报关行而言。③

　　其次是强化担保制度。对此,各地方海关均在管理条例、章程中提出不同要求。如江海关和杭州关的管理条例都规定:报关行申请注册时必须填写担保书,担保书要有两家殷实可靠的商店签字担保。担保书填好后交还海关,由海关监督请商会予以核实。杭州关的管理条例还规定,如报关行的担保人迁移业务地址或停业,该行应立即将实情报告海关并寻找新的担保人,违者将被取消其报关业务资格。④浙海关的管理章程规定:报税行申请注册,必须提交保举信,由商铺和钱庄各一家作保,或者由宁波报关行公会会长签署。⑤闽海关的管理章程规定:任何有意在福州

---

① 中华人民共和国厦门海关编著:《厦门海关志》,北京:科学出版社,1994年,第89页。

② 《宁波海关志》编纂委员会编:《宁波海关志》,杭州:浙江科学技术出版社,2000年,第162页;杭州海关志编纂委员会编:《杭州海关志》,杭州:浙江人民出版社,2003年,第111页;江苏省地方志编纂委员会编:《江苏省志·海关志》,南京:江苏古籍出版社,1998年,第78页。

③ China Maritime Customs. *Inspector General's Circulars*. Second Series, No.2611, 1917,No.2680,1917.

④ 《上海海关志》编纂委员会编:《上海海关志》,上海:上海社会科学院出版社,1997年,第208页;杭州海关志编纂委员会编:《杭州海关志》,杭州:浙江人民出版社,2003年,第111页。

⑤ 《宁波海关志》编纂委员会编:《宁波海关志》,杭州:浙江科学技术出版社,2000年,第162页。

口岸从事报关业的个人或商行，必须持有一封由两家可靠商家签字，并由两名总商会委员联署的推荐信，方有资格提出申请注册。① 厦门关的管理章程除要求出具由两家殷实店铺铺主提供的担保外，还要求行主交纳保证金，经海关认可后方发给营业执照，报关行营业执照每年更换一次。②

再次，则是对处罚制度的细化。如闽海关的《闽海关特定报关注册章程》规定：当发现申报与实际不符或有其他逃税行径，且货主证实系报关行所为，或当报关行有违反章程规定以及其他违规行为时，除货物将受惩处外，该报关行在海关登记簿上的名字将被画上一个黑色标记。若一家报关行被画上3个黑色标记，将被从海关登记簿上除名，并被取消任何报关资格。作为其推荐人的两户商家以及商会将被告知。该报关行将不许以别的行号重新开业。③ 浙海关的《浙海关报税行注册章程》也有类似的规定。④

值得详加讨论的是，作为政府职能部门设计的正式制度，清末民初各地方海关推出的管理报关行章程和条例中，对以非正式制度为运作机制的商会、行会等商人组织的借重以及两者间的复杂关系。

早在清末民初，报关行同业公会业已随着上海等部分主要通商口岸报关行规模的扩展而出现。如在上海，早在清末，报关行便联合成立了报关业公所，并购置老城内"龙门精舍"旧址作为公所议事处所。⑤ 在汉口，民国五年（1916年），汉口商人援照上海之例，设立了报关公会。⑥ 在杭州，民国八年（1919年），有11家报关行于拱宸桥一带联合创办"杭州报

---

① China Maritime Customs. *Inspector General's Circulars*. Second Series，No.2611，1917，No.2680，1917.
② 中华人民共和国厦门海关编著：《厦门海关志》，北京：科学出版社，1994年，第89页。
③ China Maritime Customs. *Inspector General's Circulars*. Second Series，No.2611，1917，No.2680，1917.
④ 《宁波海关志》编纂委员会编：《宁波海关志》，杭州：浙江科学技术出版社，2000年，第162页。
⑤ 《上海海关志》编纂委员会编：《上海海关志》，上海：上海社会科学院出版社，1997年，第208页；薛理勇编著：《上海老城厢史话》，上海：立信会计出版社，1997年。
⑥ 中华人民共和国武汉海关编：《武汉海关志》，1995年打印本，第71页。

二、近代海关的建立及其组织与制度建构

关行同业公会"。① 民国中期以降,各通商口岸报关行公会进一步发展。如在汉口,据民国十四年(1925 年)统计,汉口报关公会已有会员计 23 家。② 在福州,民国二十年(1931 年),报关行公会已有会员 37 家。③ 同年 4 月底,在广州,报关行公会有会员 96 家。④ 11 月,在杭州,加入报关行同业公会的有 36 家。⑤ 而在上海,至民国二十一年(1932 年)六月一日,上海转运报关同业公会已有会员 177 家,日商报关公会已有会员 16 家。⑥

报关行公会通过行规对规范行业行为起了一定作用。如民国五年(1916 年)汉口报关公会成立后,汉口已有的报关行无论新旧,均由公会出具保结方准开设、经营。⑦ 民国八年(1919 年)杭州报关行联合创办杭州报关行同业公会后,便拟定章程,对各报关行业统一管理,协调报关行业内部矛盾,制定统一收费标准。凡参加同业公会的报关行,必须遵守会章,听从公会对纠纷的判决,及缴纳公会规定的费用,从而使报关行的业务趋于规范和统一。⑧

商会、报关行公会及其行规在规范报关行业行为方面所起的作用,逐渐引起了正式制度设计与推行者的瞩目。早在清宣统三年(1911 年)江海关颁布的《海关对报关行管理条例》便规定,为申请报关行注册提交的担保书在有两家殷实可靠的商店签字后,还得由海关监督请商会予以核实。民国五年(1916 年)闽海关颁布的《闽海关特定报关注册章程》则规定,由两家可靠商家签字的推荐信,还得有两名总商会委员的联署,方被

---

① 杭州海关志编纂委员会编:《杭州海关志》,杭州:浙江人民出版社,2003 年,第 107 页。
② 中华人民共和国武汉海关编:《武汉海关志》,1995 年打印本,第 71 页。
③ 中华人民共和国福州海关:《福州海关志》,厦门:鹭江出版社,1991 年,第 101 页。
④ 广州海关编志办公室编:《广州海关志》,广州:广东人民出版社,1997 年,第 163 页。
⑤ 杭州海关志编纂委员会编:《杭州海关志》,杭州:浙江人民出版社,2003 年,第 107 页。
⑥ 《上海海关志》编纂委员会编:《上海海关志》,上海:上海社会科学院出版社,1997 年,第 208 页。
⑦ 中华人民共和国武汉海关编:《武汉海关志》,1995 年打印本,第 70~71 页。
⑧ 杭州海关志编纂委员会编:《杭州海关志》,杭州:浙江人民出版社,2003 年,第 107 页。

海关认可。民国六年(1917年)杭州关出台的《海关管理报关行条例》,重申了与江海关一样的规定。[①] 民国八年(1919年)浙海关颁布的《浙海关报税行注册章程》则规定,报关行申请注册经营报关业,可以由宁波报关业公会会长签署作保。[②] 凡此种种,不难看出政府职能部门的正式制度设计者试图借助商人组织以加大担保力度。这一意向,为南京国民政府时期推出的报关行管理制度所承袭。

尽管清末民初各地方海关推出的报关行管理章程和条例在制度安排上有了一些变化,但就前文业已指出的有关报关行资质和报关员资格的这两个核心问题而言,仍无实质性进展。部分章程和条例只是为了甄别报关员身份,规定:报关行聘用的报关员的签字及该行印章的样本,必须交海关备存,上述样本如有任何改动应及时通知海关。报关行授权到海关办理退税业务者,必须先交个人照片以利确定身份。对报关员从业资格仍无具体认定,也无具体可行的操作规范,可见报关行管理制度仍然有待进一步完善。

三、南京国民政府时期的制度变迁:民国二十年的管理章程

民国六年(1917年),海关总税务司安格联原本计划制订一份针对全国各口岸报关行的管理制度,但在收集来自全国43个海关有关当地报关行管理状况的报告后,他认为:"由于各口情况各不相同,也没有一份规章可以适用于所有口岸,因此,最好的办法是各自分别处理问题。"为此,他以总税务司通令的形式,要求各口海关针对当地的情况对报关行实行某种形式的监管。他强调:报关行的行为可能是有害的,处理货物一方面使他们有机会逃税,另一方面使他们损害客户的利益并附带损害了海关管

---

① 杭州海关志编纂委员会编:《杭州海关志》,杭州:浙江人民出版社,2003年,第111页。

② 《宁波海关志》编纂委员会编:《宁波海关志》,杭州:浙江科学技术出版社,2000年,第163页。

二、近代海关的建立及其组织与制度建构

理在华商中的名声。①

然而,如前所述,各口海关相继推出的各种报关行管理章程和条例并没能有效遏制报关行的不良行为。与此同时,报关行的数量则在不断增长。至民国二十年,上海口岸的报关行数量已多达 200 余家,广州、武汉等口岸也各有报关行 150 余家。至于杭州、宁波、福州、厦门、镇江等中小口岸,一般也有报关行十余家至数十家不等。② 随着报关行数量的增长,报关行不良行为问题再度趋于严重。部分报关行蒙骗商户,强揽报关业务;部分报关行伪造单据,逃避关税。如据民国十二年(1923 年)三月江海关税务司致总税务司的呈文称:"一些报关行并不满足于从商人那里取得的佣金作为报关的酬劳,而是想通过对海关少报,却向货主收取全部应付税款的手法,攫取两者之间的税款差额,据为已有。"③ 显然,对报关行经营的进一步统一规范,势在必行。

民国二十年(1931 年)年底,南京国民政府财政部关务署颁布了由海关总税务司署起草的《管理报关行暂行章程》,通令各口海关一体遵照实行。④ 该暂行章程共计 22 条,要点可归结如下:⑤

第一,为统一管理,明确规定以海关为报关行的唯一监管机构。章程第一条规定:"凡个人或行号公司专营代人办理报关纳税业务者为报关行,应由海关依照本章程管理之。"

---

① China Maritime Customs. *Inspector General's Circulars*. Second Series,No.2680,1917.

② 《宁波海关志》编纂委员会编:《宁波海关志》,杭州:浙江科学技术出版社,2000 年,第 161 页;江苏省地方志编纂委员会编:《江苏省志·海关志》,南京:江苏古籍出版社,1998 年,第 76 页;陆允昌编:《苏州洋关史料(1896—1945)》,南京:南京大学出版社,1991 年,第 59 页;中华人民共和国武汉海关编:《武汉海关志》,1995 年打印本,第 70~71 页;中华人民共和国福州海关:《福州海关志》,厦门:鹭江出版社,1991 年,第 101 页;杭州海关志编纂委员会编:《杭州海关志》,杭州:浙江人民出版社,2003 年,第 107 页;中华人民共和国厦门海关编著:《厦门海关志》,北京:科学出版社,1994 年,第 89 页。

③ 《上海海关志》编纂委员会编:《上海海关志》,上海:上海社会科学院出版社,1997 年,第 208 页。

④ China Maritime Customs. *Inspector General's Circulars*. Second Series,No.4366,1931.

⑤ China Maritime Customs. *Inspector General's Circulars*. Second Series,No.4366,1931.

第二，为规范注册，明确规定报关行经营者申请经营资格的条件、程序及其相关事宜。章程第二、九、十三、十六、十七、二十等条规定，凡欲经营报关行业务者，应先备具呈请书向当地海关请领报关行营业执照并应于呈请书内声明下列各事项：(1)呈请人(个人或行号公司之负责代表)姓名、年龄、住址及向来职业；(2)报关行名称及地址；(3)对于本章程各项规定完全遵守。报关行请领营业执照，每纸应缴纳执照费国币10元，并应于每年一月将所领之执照呈关换领，纳换照费国币2元。报关行主领取执照时应亲赴海关，将该行报关图章，眼同海关相当负责人员印于海关备置之印鉴簿内，并将报关代表人员签名式样或图章印模送关注册备查。无论个人或行号公司如未领有报关行营业执照而代人报关者，一经海关查出，除将其姓名或行名宣布不准再营此项违法业务外，并得处以国币5000元以下之罚金。凡报关行只准用一行名营业，不得另立其他行名以图冒混。报关行如停止营业或营业地址有变更时，应于3天前呈报海关备案。凡报关行在本章程公布前开设营业者，限自本章程施行日起30天之内一律遵照本章程各条规定办理。

最值得一提的是在章程第三条特别规定：呈请人如有下列各项情事之一者不得经营报关行业务：(1)其公权被剥夺或停止者；(2)受破产之宣告尚未复权者或虽未受破产之宣告而已陷于支付不能之状态者；(3)曾因拖欠国税受有处分未满一年者；(4)曾受有刑事处分者；(5)曾违犯关章受有惩罚未满3年者。

第三，为强化担保，全面修订担保制度，取消先前由两家商行担保的制度设计，改为缴纳保证金的办法。章程第四、五、六等条为此规定：凡请领报关行营业执照者应按照下列三种保证办法任择一种向发照之海关先期呈缴：(1)现款保证金，国币1000元至5000元，其数目由各该关税务司决定之。(2)债券保证金，中国政府债券实值国币1000元至5000元，其数目由各该关税务司决定之。(3)当地合法报关行公会之保证。呈请人如为该地合法之报关行公会会员，得由该公会出具保结作为担保，但该公会得由该地海关税务司查核其组织范围及会员人数，令缴押款1万元至20万元国币或等值之中国政府债券作为该公会之担保。上项存关现金或债券应得之息金由原缴纳之报关行或报关行公会按期领取。各报关行或报关行公会对应缴之税款、罚款及其他应受处分，如有延抗不遵情事，该行会所缴之保证金或债券，海关税务司有完全处置之权。凡存关之保证金，不论因何原因致其存数减少不及规定额数时，该报关行接到海关通知后应于5日内如数补缴。如逾期不补，海关得暂停其营业执照之效力。

第四，为加大报关行违法成本，细化处罚制度，详细规定各种处罚办法。章程第七、八等条规定：报关行对于所报货物之价值、品质、重量、数量及其他应报之各项如有欺诈伪造行为以致税款受损失时，除由海关责令该报关行如数赔偿及遵缴罚款外，并得取消其营业执照或停止其执照之效力，该项假报之货物准免充公。如该报关行确能证明此项假报情事系由货主捏造事实，该报关行据以缮入保单并不知情者，海关得将此项假报货物充公，其情节较重者并科货主以罚金或其他之处分，该报关行准免议处；但如经海关证明该项假报等情事系属报关行与货主串通欺诈之所为，除将货物充公外并应科该报关行以罚金。报关行如仅违背关章并未损及税款时，海关得视情节之轻重，暂停其营业执照效力或取消之或按章处以相当之惩罚。

第五，规定报关行履行通关手续时应遵循的操作规范。章程第十、十一、十二、十五等条规定：凡报关行均应备定员役于海关验货场或其他处所，搬运所报之货物；凡报关行主及其员工在海关管辖范围以内办理报关事务，均应谨守秩序，对于关员之合法指导，均应遵从不得违抗；报关行在货物尚未准备呈验之前，不得先递报单，但按当地习惯业经海关认可，准其先行呈报之货物不在此列；凡报关行呈递代报货物之报单及其他单据，均应注明货主姓名。

第六，为防止报关行强行包揽报关业务，章程第十九条特别规定：凡商人报运货物或自行报关或委托报关行代为报关，听其自便，海关并无必由报关行代报之规定，报关行不得视为专利，借口包揽。

与暂行章程相配套，关务署还设计了《报关行营业执照呈请书》《报关行公会保结》《报关行资格证明书》和《报关行营业执照》等一系列文件,用于规范报关行的经营。①

暂行章程原定 1931 年 12 月 1 日开始推行,但由于海关印制各种相关证书耽搁,拖延到 1932 年 2 月 1 日方正式实施。②

与先前的报关行管理制度相比,《管理报关行暂行章程》显然吸收、承袭了同治十二年(1873 年)制度设计的基本要素,如注册制度、保结制度、处罚制度等,并使其精细化;同时也吸收了清末民初各地海关推出的各种管理制度的创新之处并加以具体化,如交纳保证金、颁发每年须更换一次的报关行营业执照、一家报关行仅能使用一个企业名称、报关行不得借口强行包揽商人的报关业务等等。但暂行章程仍然没有对报关行的资质认定和报关员的从业资格认定给予严格、有效的规定。对于前者,暂行章程第三条虽然对报关行经营者的资格首次做了明确规定,但这一规定主要着眼于报关行经营者是否为合法守纪公民,未充分考虑报关行的资质。至于后者,暂行章程仅在第十四条规定凡报关行对于所用办理报关事务之员工,其一切行为应负完全之责任,即把报关员从业资格的认定推给报关行。

四、政府与企业的博弈:
民国二十年管理章程的实施与修订

从制度安排的角度考察,以保证金制度取代旧式商家担保制度,是民国二十年推出的《管理报关行暂行章程》的重要变化之一,也是其关键所在。依照保证金制度安排,报关行申请营业执照,应向发照海关先期呈缴国币 1000 元至 5000 元的现款保证金或等值的债券保证金,其数目由各该关税务司决定。这一制度安排显然有利于保护政府的税收利益,但因减少了报关行可支配的流动资金而不利于报关行的经营运作,尤其是在

---

① China Maritime Customs. *Inspector General's Circulars*. Second Series,No.4379,1931.

② China Maritime Customs. *Inspector General's Circulars*. Second Series,No.4366,1931.

二、近代海关的建立及其组织与制度建构

报关行业不景气时期,对报关行造成一定的资金压力,由此形成政府与报关行企业的矛盾与冲突。为了减少实施暂行章程可能遭遇的阻力,降低运作成本,暂行章程特对保证金制度做了如下规定:申请营业执照者如为该地合法之报关行公会会员,得由该公会出具保结作为担保,由该公会缴纳押款国币或等值中国政府债券1万元至20万元作为该公会之担保,并为此特别设计了《报关行公会保结》文书。① 这显然是试图借助报关行公会的非正式制度约束力,但作为行业组织,各地报关行公会在政府与报关行的利益冲突中,大多站在报关行一边。

民国二十一年(1932年)初,上海报关行转运同业公会就对暂行章程,尤其是其中的保证金制度颇多反对。除坚决反对现款保证金外,对于债券保证金要求按债券票面计算,而不是按市价计算,对于领取营业执照须交纳国币10元,也加以反对。各报关行借口抵制,甚至试图罢市。江海关急调港口警察到海关维持秩序,多做解释。后经江海关召集同业公会商议,承诺让步,该公会始应允动员各会员赴关注册。② 而在九江,报关行转运同业公会致函海关税务司贾德,内称:"奉监督署函转管理报关行暂行章程到会,经召集全体会员大会讨论,检以该章程条件苛刻,无异销减报关行一业,群情愤激,誓不承认。"③足见反对情绪之强烈。

在此情势下,1月26日,总税务司呈请关务署修改保证金定额,内称:"查该埠(笔者注:指九江)报关行商对于前项章程反对之点,原函内虽未明白声叙,但以意度之,该章程所定保证金及押款数目过高,谅为重要原因。值此金融停滞,百业凋敝之际,商人筹缴维艰,似属情有可原。此不独九江一处为然。他埠报关行商如上海等处,亦多以保证金及押款过高,群起反对。伏思该章程内所规定之保证办法,实为管理报关行之重要

---

① China Maritime Customs. *Inspector General's Circulars*. Second Series, No.4366, 1931, No.4379, 1931.
② 《上海海关志》编纂委员会编:《上海海关志》,上海:上海社会科学院出版社,1997年,第209页。
③ China Maritime Customs. *Inspector General's Circulars*. Second Series, No.2835, 1918.

关键,自难因商人反对,即行取销。然欲使各商一致就范,施行顺利,又不得不设法略予变通,用示轸念商艰之意。兹为关务商情兼筹并顾起见,拟请钧座将该章程第四条第一、二两项所规定保证金之最低数目减为国币一百元,第三项押款之最低数目减为国币一千元,或准报关行商得照债券票面值缴纳保证金及押款,以免窒碍而利进行。"①次日,关务署回电提出三点质疑:(1)暂行章程第四条第一、二两项规定保证金之最低数目减为国币100元,及第三项押款之最低数目减为国币1000元,仅及原定金额十分之一,数额过少,不足以资保证,应否酌量稍为加多;(2)最低限度减少时,其最高限度应否比例减少;(3)是否于保证金外,另觅殷实妥保,规定相当担保之银数。②总税务司立即复电表示:"将报关行及报关行公所担保金之最低限度各减为一百元及一千元者,系为救济偏僻口岸业务无多之报关行及报关行公所起见。至在较大口岸之报关行及报关行公所,其应缴之担保金因业务较繁,责任较重,自应责令各该关税务司斟酌情形,增加担保金额至最高限度为止。并非各口一律准其照最低限度缴纳保金,且在数口岸即均勒令纳最高保金,亦不为苛。再另觅殷实妥保一节,手续繁杂,似不必采用。"③关务署最终允准"暂行照办",并要求在该章程实行后,将各关办理情形,详报备核。④ 1月30日,总税务司通令各关遵照执行。⑤

然而,保证金风波并未就此平息。修订后的保证金制度虽然大大降低了最低保证金额,但仍保留最高保证金额。而各地实行时,系由海关税务司确定具体的保证金额。是故,各地实行时,报关行希望保证金额取最低值的诉求,与海关税务司确定的保证金数额不免常常背离,引起冲突。如民国二十二年(1933年)五月,粤海关税务司向报关行同业公会提出"由该公会缴按金10万元为会员担保"的建议,被新任主席拒绝。同年6

---

① 总税务司呈关务署文第2835号,中华民国二十一年一月二十六日。
② 关务署电第1009号,中华民国二十一年一月二十七日。
③ 总税务司复关务署电第214号,中华民国二十一年一月二十八日。
④ 关务署电第1013号,中华民国二十一年一月二十九日。
⑤ China Maritime Customs. *Inspector General's Circulars*. Second Series, No.4390, 1932.

月,经双方反复协商,方商定由每家报关行交保证金国币2000元,无需另具保结。①

民国二十三年(1934年),总税务司再次对《管理报关行暂行章程》进行修改,恢复了原定的保证金最低数额。民国三十六年(1947年)一月三十一日,海关总税务司又一次修订暂行章程,颁布了《管理报关行规则》计24条。其修改要点在于提高保证金等各项费用:第一,现款保证金或等值债券保证金提高到法币20万元至400万元;第二,报关行公会统一担保缴纳的押款提高到法币200万元至2000万元;第三,申请报关行营业执照应缴纳的执照费提高到法币1万元,每年换照费提高到法币2000元。② 由此足见政府作为制度设计者的强势特征。

结　语

首先,清咸同年间,因应外籍税务司管理制度推行后海关通关业务的西式化、复杂化和专业化,我国近代报关行在各通商口岸渐次萌生。作为连接货主与海关两端的中介服务型组织,报关行有利于降低货主和海关的通关成本,因此得以生存、发展。但是,作为中介组织,受经济利益的驱使,报关行易于利用货主和海关双方互不通气的情势,萌生各种不良行为,极大损害货主和海关及其所代表的政府的利益。规范报关行经营行为的制度安排呼之欲出。是故,制度需求引导出制度供给,近代报关行管理制度便随着报关行的萌生而出台,并随着报关行的发展而经历不断变迁。这一制度变迁是与报关行业规模的不断扩展同步而行的,也是与报关行业务内容的不断增多、专业化程度的不断提高同步而行的。

其次,本文的研究还表明,我国近代管理报关行制度,早在同治末年,业已形成由监管机构、注册制度、担保制度和处罚制度构成的基本框架。其后的制度变迁,基本上是在这一框架内,对注册、担保和处罚等制度的

---

① 广州海关编志办公室编:《广州海关志》,广州:广东人民出版社,1997年,第163页。
② China Maritime Customs. *Inspector General's Circulars*. Second Series, No. 6990, 1947.

细化。这一制度框架的主要缺陷是缺乏对报关行资质和报关员资格的有效认定，因而大大降低报关行业的进入门槛，增大了报关行或报关员违法经营的可能性，并大大影响了制度的约束力。

再次，我国近代相继出台的一系列管理报关行制度，是历届政府通过其职能部门，由上而下推行的。因而，这是一种政府主导的强制性制度变迁。这种制度供给减少了组织成本，但因无法满足一致性同意原则而加大了实施的阻力，增加了实施成本，尤其是当制度安排的天平过于倾向政府利益一方时。民国二十年《管理报关行暂行章程》的出台，就因此遭遇报关行的群起抵制，从而增大了制度实施成本。报关行与政府间的博弈，产生新的制度需求，推动新的制度变迁。作为博弈中的强势方，政府最终决定着新的制度供给的趋势与结果。

最后，近代制约报关行经营行为的不仅有政府主导的正式制度，还有以非正式制度为基石的民间行业组织——从地方商会到报关行公会。正式制度的设计者试图借助报关行公会来增加制度供给的一致性同意成分，减少制度实施阻力，降低实施成本，由此产生正式制度与非正式制度的结合。本文的研究表明：这一结合有互补的一面，也有冲突的一面，由此呈现多样的结果，值得关注。

三、近代关税制度的变迁

近代中国租借地海关及其关税制度试探

中日甲午战争后,帝国主义列强的对华侵略进入一个新的历史阶段。战争中清军的溃败与耻辱卖国的《马关条约》的签订,使清政府的腐败无能暴露无遗。于是,在帝国主义列强争夺殖民地的白热化斗争中,作为其在远东争夺焦点的中国,已成为列强的俎上肉。在战后短短几年间,帝国主义列强伺机而动,竞相争夺在华权益:攫取贷款权,争夺路矿权,强取租借地,划分势力圈,一股瓜分中国的恶浪扑面而来。帝国主义列强在这场角逐中各怀鬼胎,矛盾重重——时而互相猜疑,竞争激烈;时而结成联盟,沆瀣一气。与此同时,近代中国海关自创设以来,经历了三十多年的巩固、发展,业已形成一个机构完备、自成体系的独立王国,其权力大大扩展,其影响遍及中国政治、经济、军事、文化各领域。在列强争夺在华权益的激烈斗争中,海关的重要性愈加显著,而海关长期为英国势力所控制的景况便更加为其他帝国主义列强所不容。正是在这样的历史背景下,近代中国海关随之发生了一系列重大变化:一方面,海关权力急剧扩张,海关半殖民地性质不断加深;另一方面,帝国主义列强争夺海关权力的斗争也愈演愈烈,两者错综交织。其典型表现之一,便是近代中国租借地海关产生及其关税制度的形成。

一

众所周知,中日甲午战争以后出现的强取租借地狂潮,是德国首先发难的。德国早就垂涎于我国胶州湾,1897年11月,德国以两个传教士在山东巨野县被杀为借口,派兵占领了胶州湾。翌年3月6日,德国强迫清政府签订了《胶澳租界条约》,攫取胶州湾为德国租借地,开列强租借之先例。其他帝国主义列强不甘示弱,接踵而至:沙俄租借旅大(1898年3月27日),法国租借广州湾(1898年4月),英国租借九龙与威海卫(1898年6月9日与7月1日)。于是,中国沿海,从北到南,出现了五个租借地。

各帝国主义列强虽然在租借条约中都声称保留中国对租借地的主权,但事实上,租借地被各租借国视为殖民地,纳入其势力范围。因而,随着租借地的出现,自然产生了租借地及通过租借地与中国其他地区的贸易往来的征税管理问题。早在1898年4月,当德俄两国已完成强取租借地的条约签订工作,英法两国也已得到租借威海卫与广州湾的应允时,赫德便以总税务司身份通令各海关税务司:"除非另有命令,对于开往这些地方(按:指上述租借地)或者从这些地方到达的船舶,要和各通商口岸或者来自通商口岸的船舶一样看待。每一地方的准确地位在适当的时机将得到充分了解,那时将发出更加明确的指示。与此同时,坚持现在指明的方针,但在这样做的时候,要极力避免伤害感情,或者引起不必要的争议,或者为了琐事而争吵。中国政府在危若累卵之中,显然不能不在主要问题上让步,当海关的行动没有充分认识这一点,或者看来旨在获取一些小利,或者制造一些激怒于人的障碍时,那就只会引起新的困难。……在像当前这种关键时刻,常识和经验应该做出暂时的行动和处理免不了发生的问题。……由于我们作为一个国际性形式的中国行政机关的特殊地位,为了我们自己的利益和我们自己的安全,所要求的是切合实际的行动和更加需要的缄默"。[1]

显然,通令透露了赫德对时局变化的关注与忧虑。他一方面竭力要维护海关的权力与地位,利用海关来维护英国的在华利益;一方面则对眼前的变化采取谨慎小心的态度,随时准备采取相应措施。事态的进一步发展表明,赫德的顾虑并非无的放矢,只是在各个租借地,情况多有差异。

法国强租广州湾与英国强取威海卫,主要出自政治与军事上的考虑,并无将其辟为商业据点之意图,因而两地均无海关设立,在征税问

---

[1] Wright S. F.. *Documents Illustrative of the Origin, Development, and Activities of the Chinese Customs Service*. Vol.Ⅱ. Shanghai: Statistical Department of the Inspectorate General of Customs, 1938, pp.130-131.

题上,也没有什么波折。"凡由两地出入于各口之船舶及货物,均与由外国进口货物受同一待遇,至于两地与陆上境界线之关税,与海关无关,由地方厘局任意征税。"①

然而,在九龙,情况则较为复杂。九龙关创设于1887年7月1日,②虽名为洋关,实具常关性质,它是赫德夺取粤海常关权力的产物。总关虽设在九龙城,但仅管理部分次要庶务。验货、征税等主要工作,则在香港、澳门进行。香港殖民当局默许海关在香港维多利亚城内设立办事处。③英国强租九龙后,英国公使窦纳乐致函赫德询问对海关的处置意见,赫德复信建议,正式承认海关在香港所设的办事处,继续维持租借地内的长洲、汲水门、佛头洲等现有各关卡,如有需要,再添设新关卡。信中还详细列出应使海关享有的各种权利。④ 九龙关税务司义理尔也建议:"将九龙海关继续留在九龙城内,检验货载,征收关税。"⑤但短视的香港商会以"保障港埠的自由"为由竭力反对上述建议,主张将海关撤出租借地。伦敦商会和伦敦中国协会也支持这一反对意见。因而,1899年4月九龙租借地移交香港殖民当局后,5月16日,九龙海关便被逐出了九龙城。⑥ 而租借地内的原海关关卡也最终于10月4日被封闭。自10月5日起"所有向由汲水门出入船只,改在大铲或伶仃税厂输纳税项,其向由长洲出入者,改在东澳税厂输纳税项,其向由佛头洲出入者,改在沙鱼涌或三门岛

---

① [日]高柳松一郎著,李达译:《中国关税制度论》(第四编),上海:商务印书馆,1926年,第59页。

② China Maritime Customs. *Inspector General's Circulars*. Second Series, No. 823, 1898;黄序鹓:《海关通志》(上),上海:商务印书馆,1917年,第167页。

③ 参阅陈诗启:《海关总税务司对鸦片税厘并征与粤海常关权力的争夺和葡萄牙的永据澳门》,《中国社会经济史研究》,1982年第1期。

④ 1898年6月27日赫德致英国驻华公使窦纳乐函,见Wright S. F.. *Documents Illustrative of the Chinese Customs*. Vol. Ⅵ. Shanghai: Statistical Department of the Inspectorate General of Customs, 1938, pp.599-601。

⑤ Wright S. F.. *Hart and the Chinese Customs*. Belfast: William Mullan and Son, 1950, pp.709-710。

⑥ [英]莱特著,姚曾廙译:《中国关税沿革史》,北京:生活·读书·新知三联书店,1958年,第313、310页。

税厂输纳税项"。① 此外,由于陆路边界从原先的二哩半长扩展到六十哩,海关还沿陆路边界先后设立了十几个边境防哨,其中部分防哨间或作为关卡使用。② 但总的看来,九龙关虽被迫撤出九龙城,其管理与征税等诸项制度则仍沿旧例,几无变更。

相比之下,在德国租借地胶州湾与俄国租借地旅大,情况则大不相同了。而近代中国的两个租借地海关——胶海关与大连关也正是先后在这两处出现的。

二

租借胶州湾,是德国蓄谋已久的一个行动,意在在中国建立一个商务基地与军事基地,以便为德国在远东扩张势力提供服务。早在十九世纪六十至七十年代,身为北德同盟首领的俾斯麦便曾企图在中国沿海建立这样一个扩张基地,但未获成功。③ 甲午战后,德国见时机成熟,加紧行动。在经过多方调查与详尽考虑后,德国终因港口位置优越、腹地资源丰富并有消纳能力、交通便利、气候适宜等诸多有利条件而选中胶州湾。④

1897年11月初,德军占领胶州湾后,一面强行要求租借胶州湾,一面则着手筹划经营方案。该年年底,德国外交大臣布洛夫在给驻柏林俄国大使奥斯登萨根的信中透露了德国的初步方案。该方案除了提出夺取山东省内的铁路建筑与煤矿开采特权外,还特别强调:为了"替中国政府征收胶州到内地货物的进口税",德国政府将在租借地内自己设立一个

---

① China Maritime Customs. *Inspector General's Circulars*. Second Series, No. 917, 1899.
② [英]莱特著,姚曾廙译:《中国关税沿革史》,北京:生活·读书·新知三联书店,1958年,第310页。
③ [德]施丢克尔著,乔松译:《十九世纪的德国与中国》,北京:生活·读书·新知三联书店,1963年,第78~84页。
④ 外交副大臣罗登汉男爵致驻北京公使绅珂男爵、参事克莱孟脱草稿甲一一号,柏林,1895年9月15日,见孙瑞芹译:《德国外交文件有关中国交涉史料选译(第一卷)》,北京:商务印书馆,1960年,第97页。

"同样为中国政府征收服务,但由一位德人领导,华人协助"的海关组织。① 布洛夫解释说,这样做是"因为赫德爵士所领导的中国海关实际是个英国的机构",所以德国人必须抛弃它,而有自己的机构"。② 但由于德军占领胶州湾时,英德两国正在联合争夺第三次大借款权,加上英国对德国出兵占领胶州湾反应强烈,因而,尽管德国极欲自设海关,以完全控制租借地财政,但终因不愿因此触怒英国,而放弃这一最初方案。1898 年 1 月 5 日,当清政府最后同意德国租借胶州湾的要求时,布洛夫宣称:"可以假定,德国第一次行使这个临时性的主权可能是宣布胶州为一个自由港。我们将设法使胶州成为东亚自由贸易的最重要地点之一。"③ 于是 1898 年 3 月 6 日,德国正式租借胶州湾后,位于胶州湾内的青岛港即被宣布为自由港。

德国将青岛开辟为自由港后,为谋取租借地商务的发展,即与总税务司赫德商议设关征税事宜。德国亲王在北京与赫德面议此事,提出:"与其在胶州沿边地方多设缉私处所,不如在界内设关总理一切","并托总税务司筹议办法"。④ 赫德抓住这一时机,与德国驻华公使海靖往返函商,并急调宜昌海关税务司、德国人何理文,前往胶澳谒见租借地德国巡抚,拟议一切。经过一番波折,1899 年 4 月 17 日,赫德代表清政府与德国驻华公使海靖签订了《青岛设关征税方法》,双方协定:(1)德国允于胶州界内青岛地方指定处所,设立海关;(2)青岛所设海关税务司应由德国人充任,海关洋员亦应优先考虑德国人;(3)除比照现时各通商口岸所行之税

---

① 外交大臣布洛夫致驻柏林俄国大使奥斯登萨根伯爵私函草稿,柏林,1987 年 12 月 17 日,见孙瑞芹译:《德国外交文件有关中国交涉史料选译(第一卷)》,北京:商务印书馆,1960 年,第 199 页。

② 外交大臣布洛夫致驻柏林俄国大使奥斯登萨根伯爵私函草稿,柏林,1987 年 12 月 17 日,见孙瑞芹译:《德国外交文件有关中国交涉史料选译(第一卷)》,北京:商务印书馆,1960 年,第 199 页。

③ 外交大臣布洛夫致驻伦敦大使哈慈菲尔德伯爵电,草稿,三号,柏林,1898 年 1 月 5 日,见孙瑞芹译:《德国外交文件有关中国交涉史料选译(第一卷)》,北京:商务印书馆,1960 年,第 216 页。

④ Wright S. F.. *Documents Illustrative of the Chinese Customs*. Vol. II. Shanghai: Statistical Department of the Inspectorate General of Customs,1938,pp.198-199.

例外,出入租借地之货物还可享有许多特殊的免税、减税等优惠。① 于是,依照协议,1899年7月1日,青岛正式设关征税。近代中国第一个租借地海关——胶海关就这样产生了。

　　无论是对于租借地的德国当局还是对于海关总税务司而言,胶海关设立的最初几年都没有达到预期的目的。这主要因为,在1899年4月订立的协议中没有拟定适当的条款以控制进出内地的物品,而一开始德国殖民当局又无意使中国海关在其租借地上发挥作用,赫德只得在与租借地邻界的地方设立一连串的海关关卡以控制进出租借地的货物。② 这样一来,中国商人都宁愿住在靠近中国海关的租借地外受他们习以为常的中国法律与章程的管辖。③ 因而,一边是总税务司因在边界设关卡而花费颇大,困难重重,一边则是德国殖民当局因中国商人的态度而使繁荣租借地商务,以便加强经济掠夺的企图成了泡影。双方都需要改变这种状况。④ 于是,1905年12月1日,赫德与德国新的驻华大使穆默签订了《会订青岛设关征税修改方法》。双方协定:(1)改原行的自由港为自由区制,"即系将从前青岛口岸概行免税之法,改为在租界限内另行择地一区,作为无税之地,其余均行起征"。(2)"中国按胶海关进口正税实数,每年提拨二成,交与青岛德官,作为中国政府津贴租地之用。"(3)德国应允"辅助中国在德国租界内所设立之海关办理一切,以重应征之税课"。(4)撤销原设于租借边界的海关关卡。⑤ 此后,胶海关才真正在租借地内扎下根。

　　1914年3月底,日德青岛战争爆发,11月7日,德国战败投降。日本强行夺取德国在胶州湾租借地的一切特权。1915年8月6日,中日签订

---

　　① 王铁崖编:《中外旧约章汇编(第一册)》,北京:生活·读书·新知三联书店,1957年,第884~886页。
　　② Wright S. F.. *Hart and the Chinese Customs*. Belfast: William Mullan and Son, 1950, p.705.
　　③ [英]莱特著,姚曾廙译:《中国关税沿革史》,北京:生活·读书·新知三联书店,1958年,第401~402页。
　　④ [英]莱特著,姚曾廙译:《中国关税沿革史》,北京:生活·读书·新知三联书店,1958年,第401~402页。
　　⑤ 王铁崖编:《中外旧约章汇编(第二册)》,北京:生活·读书·新知三联书店,1959年,第336~338页。

了《恢复青岛海关协定》，声称胶海关的管理、征税制度如旧，只须将1899年与1905年中德签订的两次协定中"有'德国'文字者，易以'日本'文字"。① 据此，租借地海关及其关税制度依旧得以继续维持，只是海关控制权易主而已。直至1922年，根据华盛顿会议做出的安排，日本将胶州湾交还中国，胶海关才摆脱了它的租借地性质。

三

俄国强租旅大虽然不过比德国强租胶州湾迟十天，但旅大租借地海关却迟至1907年才设立。这主要是因为俄国的为难、作梗。

我们知道，十九世纪末期，俄英两国是角逐远东控制权的主要对手，利害冲突最甚，矛盾最激。因而，俄国对英国势力在中国的领先地位耿耿于怀，对赫德长期把持中国海关行政管理大权异常不满。甲午战后，俄国曾借争夺大借款权之机，欲谋取总税务司一职未果，但俄国不甘就此罢手。因而，在强租旅大后，俄国便策划在设关征税一事上打击英国势力。

1898年7月，俄国借与清政府签订《东省铁路公司续订合同》之机，在合同第五款中声明："俄国可在辽东半岛租地内自行酌定税则，中国可在交界征收货物从该租地运入或运往该租地之税。此事中国政府可商允俄国国家，将税关设在大连湾。自该口开辟通商之日为始，所有开办经理之事，委派东省铁路公司作为中国户部代办人，代为征收。此关专归北京政府管辖，该代办人将所办之事按时呈报。另派中国文官为驻扎该处税关委员。"② 显然，俄国是想独霸大连关。不久，义和团运动兴起，俄国乘机于1900年7月出兵入侵我国东北，至10月底侵占了东北各主要城市。以后，俄国不但拒不履行撤兵之约，还进而谋取东三省海关权力，推行海关"俄罗斯化"的政策，大连设关，便成了它们推行这一政策的一个重要环

---

① 王铁崖编：《中外旧约章汇编（第二册）》，北京：生活·读书·新知三联书店，1959年，第1123~1124页。

② 王铁崖编：《中外旧约章汇编（第一册）》，北京：生活·读书·新知三联书店，1957年，第78页。

节。1903年,俄国"将大连湾收税各华官,一律驱逐出境。另易俄员收税,只准华监督一人在北门外收取北边进口税"[①],"其账单皆用俄文,其税金皆贮存于中俄银行。名虽曰中国之税关……直可谓俄人之税关者也"。[②] 为阻止这种威胁中国海关权力的举动,赫德从1903年至1904年与俄国驻华公使进行了多次谈判,俄国在谈判中处处设防、刁难,使谈判一直未能成议。

1904年,日俄战争爆发,5月30日,大连被日军攻占。战争最后以俄国的惨败收场。于是,情势顿然改观。1905年12月,清政府被迫与日本签订《中日会议东三省事宜正议》,"将俄国按照日俄和约(按:即《朴茨茅斯和约》)第五及第六款允让日本国之一切,概行允诺"。[③] 这样,旅大租借地便转入日本之手。赫德于是转而同日本驻华公使谈判在旅大租借地设关事宜。

日本这时虽亦有取代俄国、独霸东三省之野心,但因与英国结有盟国之约,在日俄战争中又多赖英国的幕后支持,且此时正集中力量于兼并朝鲜,尚感羽毛未丰,一时不愿惹怒英国,因而,赫德与日本驻华公使的谈判最终达成协议,于1907年5月30日签订《会订大连海关试办章程》一约。[④] 该章程基本上模仿1899年赫德与德国驻华公使订立的《青岛设关征税办法》,双方协定:(1)日本应允在租借地内大连地方指定处所,设立中国海关。(2)该海关税务司须拣日本国人充任,所用洋员亦优先考虑日本人。(3)进出租借地货物可享有各种免税、减税的优惠待遇。[⑤] 根据这一协定,1907年7月1日,大连关正式开办。正关设于奉天省金县海湾,距县治66里。在旅顺设有一分关,同时还设有一个检查所,即大连民船检查所;三个监视所,即貔子需监视所、普兰店监视所和金州监视所,兼管

---

① 《驱逐华官》,载《癸卯新民丛报汇编》,横滨:新民丛报社,1903年,第969页。
② 《俄得税权》,载《癸卯新民丛报汇编》,横滨:新民丛报社,1903年,第791~792页。
③ 王铁崖编:《中外旧约章汇编(第二册)》,北京:生活・读书・新知三联书店,1959年,第339页。
④ [英]莱特著,姚曾廙译:《中国关税沿革史》,北京:生活・读书・新知三联书店,1958年,第394页。
⑤ 王铁崖编:《中外旧约章汇编(第二册)》,北京:生活・读书・新知三联书店,1959年,第394~396页。

民船事务。① 至此,近代中国第二个租借地海关——大连关亦产生了。

虽然日本根据1907年的协定享有对大连海关的直接管理权及各种征税上的优惠待遇,但日本并没有以此为满足。1931年日本出兵侵占我国东三省,次年便扶植成立傀儡政权——"满洲国",并进而嗾使"满洲国"伪政权篡夺了大连海关行政管理权。② 鉴于此状,中国政府决定从9月25日起实行封锁东北海关,移地执行征税职务。23日,财政部部长宋子文发表声明,宣布将大连等各海关封闭,所有各海关应征之合法关税,由国内别处海关征收,并制定了征收的详细办法。③ 这样,本文所欲加探讨的带有租借地性质的大连海关已不复存在了,代之而起的是"满洲国"傀儡政权管辖下的大连海关。

四

综上所述,近代中国租借地海关计有胶海关、大连关两处。其中胶海关自1899年设立至1922年日本将租借地交回中国政府,共维持了24年;大连关自1907年设立至1932年"满洲国"自设大连海关,中国政府封闭原大连关,共维持了36年。在此期间,两处租借地海关在海关组织、管理、征税等方面均有许多与其他通商口岸海关迥异之处,两处海关之间亦略有差异。

首先,关于海关组织与行政管理方面,其变化有三。

其一,近代中国海关自创设以来,海关税务司以下各级关员的任免调派大权就由中国政府委诸于总税务司。同治三年(即1864年)总理衙门批准的《海关募用外人帮办税务章程》中曾对此做了明确规定。其要点为:

(1)"各关所有外国人帮办税务事宜,均由总税务司募请调派,其薪水

---

① 黄序鹓:《海关通志》(上),上海:商务印书馆,1917年,第43页。
② 童蒙正:《关税论》,上海:商务印书馆,1934年,第379~380页。
③ 童蒙正:《关税论》,上海:商务印书馆,1934年,第389~390页。

如何增减,其调往各口以及应行撤退,均由总税务司作主。若某关税务司及各项帮办人内,如有办理不妥之人,即应由该关监督一面详报通商大臣及总理衙门,一面行文总税务司查办。"(2)"总税务司凡有应申报本衙门事件及更换各口税务司,务即随时申报本衙门查核,仍一面分别申陈南北洋通商大臣,并知会本关监督"①,因而"总税务司是唯一有权将关员录用、革职、升级、降级"的海关最高官员。② 但这种权力在名义上还要受各海关监督及总理衙门的节制。反观租借地海关,则在设关之初,便由协议明文规定:租借地海关税务司应由租借地占有国国人充任,倘有应行更调,则由总税务司与该国驻京大臣定明另派;该关所用各项洋员,亦应优先考虑租借地占有国国人,惟因"仓猝缺出,更调不及"或"别关人地相需,必须调往",方可调派别国之人暂行委用。洋员更调,总税务司亦应先行知会租借地占有国在当地的最高行政长官。③ 这意味着,总税务司对租借地海关洋员的任免调派权力已受到极大限制,从而保证了租借地占有国对租借地海关的控制。

其二,近代中国海关虽标榜为国际性组织,但实际上是英国控制下的"国际官厅"。由于总税务司一职长期为英人所把持,各海关洋员又以英人占多数,海关基本上为英国势力所控制。因而,英文成了海关系统通用的文字,举凡总税务司通令、往来信函、文件、各口海关税务司的定期报告等等,无不使用英文。但租借地海关对此则做了新的规定,即租借地海关与其官员、商民等文函往来,均用该占有国文字。④ 这显系对海关关政统一的一个挑战。

---

① [日]高柳松一郎著,李达译:《中国关税制度论》(第三编),上海:商务印书馆,1926年,第21~22页;Wright S. F.. *Documents Illustrative of the Chinese Customs*. Vol.I. Shanghai: Statistical Department of the Inspectorate General of Customs, 1937, p.316。
② Wright S. F.. *Documents Illustrative of the Chinese Customs*. Vol.I. Shanghai: Statistical Department of the Inspectorate General of Customs, 1937, p.46。
③ 王铁崖编:《中外旧约章汇编(第一册)》,北京:生活·读书·新知三联书店,1957年,第884页;王铁崖编:《中外旧约章汇编(第二册)》,北京:生活·读书·新知三联书店,1959年,第395页。
④ 王铁崖编:《中外旧约章汇编(第一册)》,北京:生活·读书·新知三联书店,1957年,第884页;王铁崖编:《中外旧约章汇编(第二册)》,北京:生活·读书·新知三联书店,1959年,第395页。

其三，近代中国海关创设之初，各口海关最高行政长官原为清政府委派的海关监督，各关税务司仅为海关监督的属员。对此，《海关募用外国人帮办税务章程》中曾有明确规定。①尔后赫德用分裂海关组织的手法，逐步夺取了海关监督权力，架空海关监督。但海关监督的存在，毕竟表明中国政府对海关具有名义上的控制权，尚有收回该权力之余地。而租借地海关则明定不设海关监督，"其通商口岸监督关道所有之职分权柄，青岛（大连）海关均须一律无异"。②这就公然剥夺了海关监督的一切权力，将其归入税务司份下。这意味着租借地海关殖民化程度更为加深了。

其次，关于海关权限方面，其变化有二。

其一，征收船钞，原为海关征税权利之一。1868年起，海关还特设一个船钞部门，以海关所征收船钞七成为经费，负责灯塔、灯船、浮标和信标的建筑、设置和保养，引水的管理，破船的清除，航道的疏浚，泊船的安排等。租借地海关则按设关时的协议，被剥夺了征收船钞之权。③这显然是租借地占有国为利用船钞收入，经营港口建设，避免海关染指这一事务。

其二，按1868年订立的《会讯船货入官章程》规定，查讯走私、偷漏等违章程税务案件，为各口关税务司、各有关国领事官及海关监督所领办，而最后的查核定夺大权则归总理衙门与有关国驻京大臣。④但事实上，这类案件通常都是由各关税务司与领事官处理了结，⑤而租借地海关税务司则无此权力。其协议中规定：所有掌握查明走私、偷漏等违犯关章行

---

① Wright S. F.. *Documents Illustrative of the Chinese Customs*. Vol.I. Shanghai：Statistical Department of the Inspectorate General of Customs，1937，p.316.

② 王铁崖编：《中外旧约章汇编（第一册）》，北京：生活·读书·新知三联书店，1957年，第885页；王铁崖编：《中外旧约章汇编（第二册）》，北京：生活·读书·新知三联书店，1959年，第396页。

③ 王铁崖编：《中外旧约章汇编（第一册）》，北京：生活·读书·新知三联书店，1957年，第885页；王铁崖编：《中外旧约章汇编（第二册）》，北京：生活·读书·新知三联书店，1959年，第396页。

④ 王铁崖编：《中外旧约章汇编（第一册）》，北京：生活·读书·新知三联书店，1957年，第259～260页。

⑤ [日]高柳松一郎著，李达译：《中国关税制度论》（第三编），上海：商务印书馆，1926年，第39页。

为之大权"自归德国(日本)所设之衙署"。① 这就为租借地占有国任便行事打下埋伏。以后1905年协议的《会订青岛设关征税修改办法》,对此做了修改,即同意照1868年订立的《会讯章程》办理。②

最后,关于征税制度方面。在这方面,租借地除"照现时通商各口之税则办理"③,即享有各通商口岸因不平等条约所享有的特权与优惠外,还规定了一系列其他通商口岸所没有的特殊优惠条件。主要有以下几条:其一,运入租借地并在租借地内销售的货物一律免征进口税。④ 在胶州湾租借地,1905年的修改办法虽将免税区限于所划定的自由区内,但仍补充规定:除"在海关税则免税之物则在青岛租界一同照免"外,军营需用之物,如各色军械、被服品及食品等和公众之用品,如机器、配件、家具、农器及建筑木料、器具等,亦应列入免税项目。⑤ 其二,凡用租借地内生产之物料及由海路运来之物料制成之各种制造品,运出租借地时,均不纳出口税;若用租借地外中国其他地区运入租借地之物料制成之制造品,按原料完纳税项。⑥ 日本在协定《大连海关试办章程》中则添上"或按制成货品完纳税项,均可随该商所愿办理"⑦一句,意在随外商根据利弊而任

---

① 王铁崖编:《中外旧约章汇编(第一册)》,北京:生活·读书·新知三联书店,1957年,第885页;王铁崖编:《中外旧约章汇编(第二册)》,北京:生活·读书·新知三联书店,1959年,第395页。

② 王铁崖编:《中外旧约章汇编(第一册)》,北京:生活·读书·新知三联书店,1957年,第338页。

③ 王铁崖编:《中外旧约章汇编(第一册)》,北京:生活·读书·新知三联书店,1957年,第884页;王铁崖编:《中外旧约章汇编(第二册)》,北京:生活·读书·新知三联书店,1959年,第394页。

④ 王铁崖编:《中外旧约章汇编(第一册)》,北京:生活·读书·新知三联书店,1957年,第884页;王铁崖编:《中外旧约章汇编(第二册)》,北京:生活·读书·新知三联书店,1959年,第394页。

⑤ 王铁崖编:《中外旧约章汇编(第二册)》,北京:生活·读书·新知三联书店,1959年,第336～337页。

⑥ 王铁崖编:《中外旧约章汇编(第一册)》,北京:生活·读书·新知三联书店,1957年,第884页;王铁崖编:《中外旧约章汇编(第二册)》,北京:生活·读书·新知三联书店,1959年,第395～396页。

⑦ 王铁崖编:《中外旧约章汇编(第二册)》,北京:生活·读书·新知三联书店,1959年,第402、336页。

便选择。

此外,在胶州湾租借地,根据1905年的协议规定,海关征收的进口税的百分之二十必须提交租借地占有国,作为补助费。[①] 据莱特在《中国关税沿革史》一书中所载,则"在这笔补助费中,据解释,也要包括同样成数的沿岸贸易税和沙船贸易进口税在内,后来则又加进沙船装载的水果关税的百分之五十,惟内中扣除征收费百分之二又二分之一"。[②] 这是对海关关税赤裸裸的侵夺。

近代中国租借地海关的出现及关税制度的形成,对近代中国海关及其关税制度的发展变化,产生了极大影响。一方面,由于租借地海关仍属海关总税务司署管辖,故租借地海关的设立,同时也是海关权力的进一步扩张。尤其是大连关的设立,成为海关在东北扩张权力的一个前奏。但另一方面,租借地海关在组织、管理和征税等方面的上述特殊规定,使日、德两国得以较大程度地控制了租借地海关,使总税务司署的管辖权受到一定程度的限制,对英国在海关的垄断地位产生了一定影响,同时,也使关税制度自此开一变例,而租借地海关将中国政府原有的对海关名义上的权利,几乎剥夺殆尽,这便使中国海关的半殖民地性质大大加深。

此外,我们尚须指出,近代中国租借地海关的出现及其关税制度的形成,使日、德两国得以利用其对租借地海关的控制及其征税上的种种便利、特权。两国以租借地作为其经济侵略之据点,一方面投资经营,直接剥削,掠夺中国人民的剩余劳动,一方面则大量掠夺中国人民的廉价土货——农副产品与原料。如日本自1915年从德国手中攫取了胶州租借地后,竭力利用其控制的海关及其征税制度上的种种便利、特权,将胶州发展成其侵略据点。投资方面,仅纺织业一项,便有日本公大、同兴等九家公司投资经营的十九个工厂,拥有五十二万锭精纺机和八千九百台织布机,其投资总额,估计达一亿二三千万日元,使青岛成为当时中国仅次

[①] 王铁崖编:《中外旧约章汇编(第二册)》,北京:生活·读书·新知三联书店,1959年,第402,336页。

[②] [英]莱特著,姚曾廙译:《中国关税沿革史》,北京:生活·读书·新知三联书店,1958年,第403页。

于上海的纺织业中心。① 外贸方面，如 1919 年世界市场紧缺，日本国内需求增大，青岛海关居然对棉纱、牛肉、鸡蛋、大豆等货物免征出口税一年，以致"牛肉、鸡蛋输出极盛"。② 因而，虽然表面看来，自租借地设关征税后，租借地的国内外贸易均有较大发展，③但这实质上仅表明了帝国主义列强通过租借地这一据点，大大扩展了对中国的经济掠夺。

总之，以上分析表明，近代中国租借地海关的出现及其关税制度的形成是中日甲午战后帝国主义列强争夺在华权益的产物，也是这一斗争的一个组成部分。在这场角逐中，帝国主义列强置中国政府对租借地的主权于脑后，任便行事。长期把持中国海关行政大权的赫德，面对帝国主义列强在华势力消长变化、起落不一的局势，为维护英国在华利益，与日、德等租借地占有国相妥协，使租借地海关基本上为日、德两国所控制，同时又给予租借地贸易各种优惠与特权。这大大加深了近代中国海关的半殖民地性质，为帝国主义列强扩大对华经济侵略大开方便之门，从而加深了近代中国社会经济的半殖民地化。

（本文承蒙陈诗启教授提供部分资料，特表谢意。）

---

① ［日］樋口弘著，北京编译社译：《日本对华投资》，北京：商务印书馆，1959 年，第 212 页。
② 青档：《胶州口华洋贸易论略》(1919 年) 手稿，转引自寿杨宾编著：《青岛海港史（近代部分）》，北京：人民交通出版社，1986 年，第 116 页。
③ 参阅杨端六、侯厚培等编：《六十五年来中国国际贸易统计》，南京：国立中央研究院社会科学院，1931 年，第 73～98 页。

清末东北地区开埠设关及其关税制度

中日甲午战后,帝国主义列强为了争夺东北权益,或沆瀣一气,或剑拔弩张,展开一场颇为复杂激烈的角逐。清末东北地区开埠设关及其关税制度的建立,即是列强角逐东北的产物。

一、俄国独占东北野心的幻灭与东北的开埠

近代东北地区的开埠,早在第二次鸦片战争后业已发生。1861年4月,位于东北地区南部辽东湾的牛庄被迫开辟为商埠。不久,英国领事密迪乐以"牛庄距海口甚远"为由,改置营口,对外则仍以牛庄称之。[①] 这是近代东北地区第一个对列强开放的商埠,也是中日甲午战前东北地区唯一对外开放的商埠。

甲午战后,俄国企图独占东北的一系列举动,加剧了俄国与英、日、美等其他列强间的矛盾,引起激烈冲突。沙俄为了防止其他列强经济势力向东北地区渗透,维护其独占东北的利益,一直竭力阻止在东北增设商埠。与此针锋相对,英、日、美等列强为了打破沙俄独占东北的阴谋,争夺东北权益,则竭力主张开放东北全境,增设更多商埠。

1897年底,俄国借德国军队占领胶州湾之机,以保护中国对抗德国为由,派舰队驰入旅顺口。这引起英国的警觉,于是英国政府向清政府提

---

① 中国第一历史档案馆馆藏档案:《三口通商大臣崇厚等奏牛庄通商征税,并借山海关税银支用情形折》,咸丰十一年七月十四日。

三、近代关税制度的变迁

出,将"大连湾开辟为通商口岸",并以此作为向清政府贷款的条件。① 英国外交大臣索里兹伯里宣称:英国并不反对俄国为其商业利益在中国获取一出海口,但"任何这类出海口都只能是个自由港,或具有通商口岸的地位"。② 俄国一开始坚决反对这一要求,并通过李鸿章要英国政府撤回这一要求。③ 不久,俄国企图迫使清政府租让旅大的消息传出,英国认为这是对英国在华利益的一个巨大威胁,坚决反对。④ 为了避免过早地与英国发生冲突而影响租借旅大,俄国于 1898 年 3 月 16 日突然提出:"如果总理衙门应允把旅顺口和大连湾租借给俄国政府,则外国贸易应自由进入这两个港口,如同自由进入中华帝国的其他港口一样。"⑤这显然只是安抚英国的饰词。因而,当 3 月 27 日俄国最终攫取旅大租借权,与清政府签订《旅大租地条约》时,在第六款中竟规定:"两国政府相允,旅顺一口既专为武备之口,独准华、俄船只享用,而于各国兵、商船只,以为不开之口。至于大连湾,除口内一港亦照旅顺口之例,专为华、俄兵舰之用,其余地方作为通商口岸,各国商船任便可到。"⑥此外,条约第五款还规定:"所租地界以北,空一隙地,作为中立区。"⑦ 该年 5 月 7 日签订的《续订旅大租地条约》则进一步规定:隙地"北界线应从辽东西岸盖州河口起,经岫

---

① Wright S. F.. *Hart and the Chinese Customs*. Belfast:William Mullan and Son,1950,p.685;[英]菲利浦·约瑟夫著,胡滨译:《列强对华外交(1894—1900)——对华政治经济关系的研究》,北京:商务印书馆,1959 年,第 221~222 页。

② Wright S. F.. *Hart and the Chinese Customs*. Belfast:William Mullan and Son,1950,p.686.

③ Wright S. F.. *Hart and the Chinese Customs*. Belfast:William Mullan and Son,1950,p.686.

④ "英国蓝皮书",中国第 1 号,第 45 页,第 108 件;1898 年 3 月 8 日欧格讷致索耳兹伯里,见[英]菲利浦·约瑟夫著,胡滨译:《列强对华外交(1894—1900)——对华政治经济关系的研究》,北京:商务印书馆,1959 年,第 257 页。

⑤ "英国蓝皮书",中国第 1 号,第 46 页,第 110 件;1898 年 3 月 16 日欧格讷致索耳兹伯里,见[英]菲利浦·约瑟夫著,胡滨译:《列强对华外交(1894—1900)——对华政治经济关系的研究》,北京:商务印书馆,1959 年,第 262 页。

⑥ 王铁崖编:《中外旧约章汇编(第一册)》,北京:生活·读书·新知三联书店,1957 年,第 742 页。

⑦ 王铁崖编:《中外旧约章汇编(第一册)》,北京:生活·读书·新知三联书店,1957 年,第 742 页。

岩城北至大洋河,沿河左岸至河口,此河亦在隙地内"。而中国允认,"不将隙地东西沿海口岸与别国通商"。① 这些规定显然违背了俄国3月16日向英国提出的口头保证。因而,当条约签订后的第五天,英国外交部要求俄国将3月16日的保证以书面形式提出时,俄国断然否认3月16日的话具有保证的性质,并坚持旅顺口只能是一个不开放的军事性质的港口。② 这样,英国开放整个大连湾和旅顺口的要求已成泡影。1899年8月,沙皇下令开放大连为商埠,但不久后俄国乘义和团运动兴起之机对东北地区实行军事占领,推行殖民统治,大连口岸设关事宜无从着落,大连口岸的开放,对其他列强亦仅是画饼充饥而已。

1900年俄国出兵侵占东北地区,将其独霸东北的远东政策推向高潮。这不可避免地将它与其他列强的矛盾引向白热化。在中国人民强烈反抗下,加之其他列强的干涉,俄国被迫于1902年4月8日与清政府签订了《东三省交收条约》,规定俄军分三期撤出东北地区。但俄国并未依约撤军,反于1903年4月18日向清政府提出七项新的要求,作为撤军交换条件,其第三条规定:"中国若不预先知照本国政府,不得立意开新商埠在东三省,及准在新埠口驻外国领事馆。"③这立即引起其他列强的强烈反对。英、日、美等国"咸起而抗议,令中国不得画约"。④ 日本驻华公使内田康哉于次日得知消息,当夜冒雨乘车赴南苑访庆亲王奕劻,力阻此约,⑤并于5月8日面交《日本政府对俄国"七条"要求意见书》,认为上述

---

① 王铁崖编:《中外旧约章汇编(第一册)》,北京:生活·读书·新知三联书店,1957年,第755页。

② "英国蓝皮书",中国第1号,第65页,第151件,附件2;1898年4月3日模拉维夫致欧格讷,见[英]菲利浦·约瑟夫等著,胡滨译:《列强对华外交(1894—1900)——对华政治经济关系的研究》,北京:商务印书馆,1959年,第275页。

③ 《日本外交文书》,第33卷,第1册,东京,1957年,见柏森辑:《1903年沙俄侵占东三省文件辑录》,载中国社会科学院近代史研究所近代史资料编辑组编:《近代史资料(总37号)》,北京:中华书局,1978年。

④ 《极东问题之满洲问题》,载《癸卯新民丛报汇编》,第552~553页。

⑤ 王芸生编著:《六十年来中国与日本(第四卷)》,北京:生活·读书·新知三联书店,1980年,第160页。

第三条"于广开门户宗旨颇有关碍,施与列国应享之权暨所系利害,格不相容"。① 美国当时正与清政府谈判签订新的通商条约,美国驻俄公使率先向俄国政府提出抗议,宣称"如禁添商埠领事,殊背美国去春文告之意"。② 俄国见状,一面否认有七项要求之事,一面仍不践约撤兵。

该年10月8日,中美《通商续订条约》正式签订,其最重要内容之一,便是规定"将盛京省之奉天府又盛京省之安东县二处地方,由中国自行开埠通商"。③ 同时签订的中日《通商行船续约》也载明:"将盛京省之奉天府,又盛京省之大东沟两处地方,由中国自行开埠通商。"④ 这显系针对俄国而发,但由于俄国拒不撤军,开埠之事便无从着落。

俄国与其他列强矛盾的白热化,终于导致了日俄战争。在英、美支持下,日本打败了俄国。1905年9月5日,日俄双方签订了《朴茨茅斯和约》,规定俄国将东北地区南部的权益转让于日本。俄国独占东北的野心也便就此幻灭了。同年12月22日,日本与清政府签订《中日会议东三省事宜》,强迫清政府承认日本从俄国手中获取的在东北的特权,并规定开放"奉天省内之凤凰城,辽阳,新民屯,铁岭,通子江,法库门;吉林省内之长春(即宽城子),吉林省城,哈尔滨,宁古塔,珲春,三姓;黑龙江省内之齐齐哈尔,海拉尔,瑷珲,满洲里"等十六处为商埠。⑤ 这样,从1906年起,

---

① 《日本外交文书》,第33卷,第1册,东京,1957年,见柏森辑:《1903年沙俄侵占东三省文件辑录》,载中国社会科学院近代史研究所近代史资料编辑组编:《近代史资料(总37号)》,北京:中华书局,1978年。

② 驻俄公使胡惟德电外交部,光绪二十九年四月一日(1903年4月27日),见王益知供稿:《驻俄公使胡惟德往来电报》,载中国社会科学院近代史研究所近代史资料编辑组编:《近代史资料(总37号)》,北京:中华书局,1978年。

③ 王铁崖编:《中外旧约章汇编(第二册)》,北京:生活·读书·新知三联书店,1959年,第187页。

④ 王铁崖编:《中外旧约章汇编(第二册)》,北京:生活·读书·新知三联书店,1959年,第194页。

⑤ 王铁崖编:《中外旧约章汇编(第二册)》,北京:生活·读书·新知三联书店,1959年,第340页。

上述各条约中规定的地点便先后开辟为商埠。① 1909年9月4日,日本借所谓"间岛"问题,强使清政府签订了《图门江中韩界务条约》,其中第二款规定速开龙井村、局子街、头道沟、百草沟为商埠。② 11月2日,这四处正式开埠。③ 此外,1910年,日本将旅顺口西澳开放为商埠,准许船口进出。④ 由是,从1906年至1910年,短短五年中,东北地区竟增设了二十五处商埠。东北全境,被迫向帝国主义列强全面开放了。

二、东北各埠海关的设置与列强争夺海关控制权的斗争

众所周知,近代中国海关自创设以来,其管理大权一直旁落于外国侵略者之手。1863年赫德正式接任总税务司一职后,竭力获得列强支持,博取清政府信任,从而不但将海关建成一机构完备的独立王国,而且迅速扩展海关权力,其影响渗入清政府政治、经济、军事、文化等各部门,使海关成了帝国主义攫取在华权益的重要工具。而赫德身为总税务司,是"唯一有权将关员录用、革职、升级、降级"的海关最高官员。⑤ 他在海关系统内建立了"没有任何办法可以削弱他,也没有任何物议可以限制他的独裁统治"⑥,强有力地控制着遍布全国各商埠的海关。因而,近代中国海关虽标榜为"国际官厅",实际上则长期为英国势力所控制。这种景况,在中

---

① 税务处札行总税务司,处字第18号、第182号、第183号,见 Wright S. F.. *Documents Illustrative of the Origin, Development, and Activities of the Chinese Customs Service*. Vol. Ⅱ. Shanghai: Statistical Department of the Inspectorate General of Customs, 1938, pp.543, 589。

② 王铁崖编:《中外旧约章汇编(第二册)》,北京:生活•读书•新知三联书店,1959年,第601页。

③ China Maritime Customs. *Inspector General's Circulars*. Second Series, No.1675, 1910.

④ 王华隆:《东北地理总论》,上海:商务印书馆,1934年,第286页。

⑤ Wright S. F.. *Documents Illustrative of the Chinese Customs*. Vol.I. Shanghai: Statistical Department of the Inspectorate General of Customs, 1937, p.46.

⑥ [美]马士著,张汇文等译:《中华帝国对外关系史(第三卷)》,北京:商务印书馆,1960年,第431页。

日甲午战后列强争夺在华权益的激烈竞争中自然引起列强的不满。而正蓄心积虑于推行远东扩张侵略政策的俄国,更急于取而代之。因而,甲午战后,俄国曾乘列强争夺三次大借款之机,企图"排挤现在的(海关)当局",①或与英国"共同分享管理海关的权利",②并进而公开提出对总税务司一职的要求。只是由于赫德的竭力抵制,未获成功。俄国并未就此罢手。为了实现其独占我国东北的侵略目标,俄国转而推行东北海关俄罗斯化政策。

1898年7月,俄国在与清政府签订的《东省铁路公司续订合同》中规定:"俄国可在辽东半岛租地内自行酌定税则,中国可在交界征收货物从该租地运入或运往该租地之税,此事中国政府可商允俄国国家,将税关设在大连湾。自该口开辟通商之日为始,所有开办经理之事,委派东省铁路公司作为中国户部代办人,代为征收。此关专归北京政府管辖,该代办人将所办之事按时呈报。另派中国文官为驻扎该处税关委员。"③这意味着大连若设海关,将不归赫德所控制的中国海关总税务司署的统一管辖,而由俄国独霸。这是俄国推行东北海关俄罗斯化的一个信号。

1900年,俄国出兵侵占东北,便借军事占领之便,竭力推行其独霸东北海关的政策。该年8月4日,俄军占领营口,在营口的海关大楼上升起俄国海军旗。牛庄关税务司包罗对此提出抗议。经过一番交涉,包罗及其海关属员被允准继续留在海关工作。④但根据俄国8月9日公布的规章,牛庄关必须处于俄国在营口组织的临时政府的监督之下,而该临时政

---

① 1895年5月8日金登干致赫德,新字第379号电,见中国近代经济史资料丛刊编辑委员会主编:《中国海关与中日战争》,北京:中华书局,1983年,第167页。

② 1895年8月25日赫德致金登干,Z字第674函,见 Fairbank J. K. et al.. *The I. G. in Peking: Letters of Robert Hart, Chinese Maritime Customs, 1868-1907*. Vol. Ⅱ. Cambridge, Mass. and London: The Belknap Press of Harvard University Press, 1975, p.1031.

③ 王铁崖编:《中外旧约章汇编(第一册)》,北京:生活·读书·新知三联书店,1957年,第584页。

④ Wright S. F.. *Hart and the Chinese Customs*. Belfast: William Mullan and Son, 1950, p.798.

府又是隶属于俄国军事当局的。① 同时,华俄道胜银行取代了海关银号,有权支付征税收据,海关税收也交由华俄道胜银行保管,并拨充俄国的管理费用。② 紧接着,俄国又接管了牛庄常关,并将常关税收同样交由华俄道胜银行保管及用于俄国管理费用。③ 10月4日,海关大楼上悬挂的俄国海军旗被换上了俄国海关旗,俄国公开显示对牛庄关的控制。④

1901年1月,俄国公然向清政府提出"满洲税关归俄国人代理"的要求,⑤公开披露其将东北海关俄罗斯化之企图,但为清政府所拒绝。俄国并未死心,仍一步步推行其独霸东北海关的阴谋。1902年初,俄国要求任命一名俄国人为牛庄关税务司,以取代英国人包罗,遭到赫德拒绝。赫德函告包罗,要他"坚守堡垒"。⑥ 但一年之后,由于俄国不断施加压力,赫德不得不退让,同意委派俄国人葛诺发取代包罗,任牛庄关税务司,⑦使牛庄关几乎完全落入俄国之手。1904年1月,俄国的旅顺口财务主任普洛塔谢夫不顾海关关员任命须由总税务司决定的规定,私自撤换了牛庄常关的负责人。赫德虽对此勃然大怒,却也无可奈何。⑧ 英国政府不

---

① [美]马士著,张汇文等译:《中华帝国对外关系史(第三卷)》,北京:商务印书馆,1960年,第344页。

② Wright S. F.. *Hart and the Chinese Customs*. Belfast:William Mullan and Son,1950,p.798.

③ Wright S. F.. *Hart and the Chinese Customs*. Belfast:William Mullan and Son,1950,p.750.

④ [美]马士著,张汇文等译:《中华帝国对外关系史(第三卷)》,北京:商务印书馆,1960年,第344页。

⑤ 王芸生编著:《六十年来中国与日本(第四卷)》,北京:生活·读书·新知三联书店,1980年,第58页。

⑥ [美]马士著,张汇文等译:《中华帝国对外关系史(第三卷)》,北京:商务印书馆,1960年,第447页。

⑦ 1895年8月25日 赫德致金登干,Z字第674函,见Fairbank J. K. et al.. *The I.G. in Peking:Letters of Robert Hart,Chinese Maritime Customs,1868-1907*. Vol.Ⅱ. Cambridge, Mass. and London:The Belknap Press of Harvard University Press,1975,p.1353.

⑧ 1895年8月25日 赫德致金登干,Z字第674函,见Fairbank J. K. et al.. *The I.G. in Peking:Letters of Robert Hart,Chinese Maritime Customs,1868-1907*. Vol.Ⅱ. Cambridge, Mass. and London:The Belknap Press of Harvard University Press,1975,p.1393.

得不承认:"牛庄的海关职位是被其他的管理者所支配,因为它是在俄国人的手中,并且从来没有在赫德的实际管理之下。"①

俄国不仅利用军事占领之便夺取了牛庄关控制权,而且还私自在东北地区设关征税。1902年,俄国便开始在东北边境私设税关,"系归前在旅顺管理财政之俄人名博罗达夫(按:即普洛塔谢夫)者办理,现已由其招募俄人多名,不归总税务司节制"。② 在吉林省内松花江畔的拉哈苏苏,俄国也非法设立关卡,征收进出口货税。③

此外,为了在阻挠开埠一着不成时可继续控制东北地区,俄国对其他列强要求开设商埠的设关事宜也提出种种苛刻要求。从1903年至1904年日俄战争爆发前,赫德与俄国公使璞科第及其继任者普茨尼夫为大连海关设置问题进行了反复谈判。俄国一直疑心英国要求开放大连是为了通过赫德控制的中国海关来控制旅大租借地的贸易。因而,一开始,俄国坚持按上述1898年中俄《东省铁路公司续订合同》中的规定,由东省铁路公司负责筹建和经营大连海关,并保持该海关的独立性。④ 赫德当然不肯接受这种要求,他主张仿照在德国租借地胶州湾建立的胶海关来建立大连关,⑤双方僵持不下。1903年3月,赫德以任命俄国人葛诺发为牛庄关税务司来换取俄国的让步,⑥俄国于是同意仿照胶海关模式来建立大连关,但坚持应由普洛塔谢夫担任税务司,意在加强对大连关的控制。赫

---

① 《中国协会通讯集》,外交部致中国协会,载[英]伯尔考维茨著,江载华、陈衍译:《中国通与英国外交部》,北京:商务印书馆,1959年,第345页。
② 鄂督张之洞致枢桓,东三省关税应归中国自主电,光绪二十八年十一月十三日,见王彦威辑,王亮编:《清季外交史料》,北京:北平清季外交史料编纂处,1931—1934年,卷一百六十八,第4页。
③ 复旦大学历史系编:《沙俄侵华史》,上海:上海人民出版社,1986年,第364页。
④ 1895年8月25日赫德致金登干,Z字第674函,见 Fairbank J. K. et al.. *The I. G. in Peking*. Vol. II. Cambridge, Mass. and London: The Belknap Press of Harvard University Press, 1975, p.1336。
⑤ 1895年8月25日赫德致金登干,Z字第674函,见 Fairbank J. K. et al.. *The I. G. in Peking*. Vol. II. Cambridge, Mass. and London: The Belknap Press of Harvard University Press, 1975, p.1340。
⑥ 1895年8月25日赫德致金登干,Z字第674函,见 Fairbank J. K. et al.. *The I. G. in Peking*. Vol. II. Cambridge, Mass. and London: The Belknap Press of Harvard University Press, 1975, p.1352。

德认为这违背了海关税务司任命权应由总税务司所握的原则,不愿就此妥协。① 于是,大连设关问题再度陷入僵局。

俄国的要求还不止于此。当大连设关问题尚僵持不下时,中美、中日分别签订了《通商续订条约》与《通商行船续约》,提出开放奉天府、安东、大东沟为商埠的要求。于是俄国又宣称,一旦奉天府、安东等地开埠设关,其税务司应由俄国人充任,并进而"要求专门为满洲各海关设俄籍总税务司一人"②。同时又向清政府提出,"满洲税关,以中俄两国协办"。③ 这已和盘托出俄国独霸东北海关之企图了。

俄国推行东北海关俄罗斯化政策,引起了英国强烈反响。1902年12月,英国《泰晤士报》报道了俄国企图独霸东北海关的行动。英国势力雄厚的商人组织中国协会为此事给英国外交部写了一个态度强硬的意见书,宣称:"那种提议任命俄国官员在中国土地上征收中国的进出口税的建议……不但是篡夺主权,并且也是想对中国国民收入管理得很好的一部分给予打击……帝国海关的整个收入都是用来担保外国货款的,对于它任何部分的任何干涉都不能等闲视之……指出俄国的行动可能威胁目前海关行政的完整并不算为时过早。……本协会认为任何可能导致改变目前办法的步骤,都是对于商业利益有极大危害性的。"④中国协会主席根德立还警告说,俄国对东北海关的威胁行动,不过是俄国"走向并吞领土的另一步"⑤。但由于俄国具有对东北实行军事占领之优势,英国政府也无能为力。于是英国政府竭力支持日本与俄国对抗,希图通过日俄两

---

① 1895年8月25日赫德致金登干,Z字第674函,见 Fairbank J. K. et al.. *The I. G. in Peking*. Vol. Ⅱ. Cambridge, Mass. and London: The Belknap Press of Harvard University Press, 1975, p.1362。

② 1903年9月28日萨道义致兰斯·棠侯爵函,英国国会档案《1904年中国(第2号)》,第95页;[英]莱特著,姚曾廙译:《中国关税沿革史》,北京:生活·读书·新知三联书店,1958年,第393页。

③ 蒋智由:《极东问题之满洲问题》,载《癸卯新民丛报汇编》,横滨:新民丛报社,1903年,第552~553页。

④ 《中国协会通讯集》,外交部致中国协会,[英]伯尔考维茨著,江载华、陈衍译:《中国通与英国外交部》,北京:商务印书馆,1959年,第342页。

⑤ 《中国协会通讯集》,外交部致中国协会,[英]伯尔考维茨著,江载华、陈衍译:《中国通与英国外交部》,北京:商务印书馆,1959年,第342页。

三、近代关税制度的变迁

国的军事冲突来改变局面。总税务司赫德也密切注视着日俄冲突的不断升级。①

1904年2月,日本在英、美支持下发动日俄战争,打败俄国,俄国独霸东北海关的企图就此破灭了,但争夺东北海关的斗争并没有因此停息。相反,英国又多了一个对手——日本,从而使争夺东北海关权力的斗争更为复杂化。这种变化,当日俄战争尚在进行时已初露迹象。1904年8月,日军攻占牛庄、营口。尽管早在3月间,赫德知悉日军逼近牛庄,为防止日本借口牛庄关税务司为俄国人强取牛庄控制权,便指派美国人吉尔科利斯特接替葛诺发,②但日军占领牛庄、营口后,仍要求以日本人易之。赫德不得不任命日本人黑泽礼吉为牛庄关代理税务司。③ 日本并不以此为满足。1905年10月初,日本占领当局未经赫德允可,便私自撤销黑泽礼吉对牛庄常关的管理权,而任命其亲信掌管。赫德指责这一违法行为,但无力制止。④

日俄战争结束后,东北各处将依约开埠,赫德意识到这是海关扩展权力、渗入东北的大好时机。他一扫自俄国出兵占领东北以来一直笼罩心头的悲观情绪,踌躇满志地积极筹划海关在东北的建置问题。⑤ 但此时有两个因素制约着东北的设关,一是日俄战争后东北地区南北两部分主要为日俄两国势力控制,英、美、日、俄等列强的国际关系及其相应在东北

---

① 1895年8月25日赫德致金登干,Z字第674函,见 Fairbank J. K. et al.. *The I. G. in Peking*. Vol. II. Cambridge, Mass. and London:The Belknap Press of Harvard University Press, 1975, pp.1356-1395。

② 1895年8月25日赫德致金登干,Z字第674函,见 Fairbank J. K. et al.. *The I. G. in Peking*. Vol. II. Cambridge, Mass. and London:The Belknap Press of Harvard University Press, 1975, p.1401。

③ 1895年8月25日赫德致金登干,Z字第674函,Fairbank J. K. et al.. *The I. G. in Peking*. Vol. II. Cambridge, Mass. and London:The Belknap Press of University Press, 1975, p.1399。

④ 1895年8月25日赫德致金登干,Z字第674函,Fairbank J. K. et al.. *The I. G. in Peking*. Vol. II. Cambridge, Mass. and London:The Belknap Press of Harvard University Press, 1975, p.1481。

⑤ 1895年8月25日赫德致金登干,Z字第674函,Fairbank J. K. et al.. *The I. G. in Peking*. Vol. II. Cambridge, Mass. and London:The Belknap Press of Harvard University Press, 1975, p.1505。

的矛盾与勾结也正发生微妙变化。设关工作必然受其牵制。二是1906年5月间,上谕突然宣布以户部尚书铁良任督办税务大臣,外务部右侍郎唐绍仪任会办税务大臣,"所有各海关所用华、洋人员统归节制"。7月间又成立税务处,取代外务部管理海关。① 海关隶属关系的改变,标志着海关地位开始下降,赫德对此猜忌甚多,顾虑重重。因而,赫德迅速而又小心谨慎地推进东北设关工作。

1906年8月5日,税务处札行总税务司,宣布依中美中日商约,奉天府、安东县、大东沟三处设立商埠并"于安东县设立海关名曰安东关,以东边道改为关道监督,安东关仍兼管中江税务,并于大东沟附设分卡,归该道兼辖。其奉天府设关另行核办"。② 老谋深算的赫德为了尽快控制东北设关工作,对东北海关建置做了一个总体设计,其要点是:设置几个由税务司管辖的总处,由这些总处管理根据需要设立的各处分关、分卡。这些分关、分卡由副税务司或帮办就地负责管理。③ 根据这一设计,赫德立即于1907年初将东北地区划分为哈尔滨、吉林、奉天和安东四个海关区,并任命葛诺发(俄籍)、克勒纳(英籍)、欧礼斐(英籍)和巴伦(美籍)四个税务司分管上述四个海关区。赫德要求他们充分研究哪些地方可以设关、各关又将如何工作,并要他们根据东三省当局的要求与总税务司署的指示自己负责这一调查与安排。④ 3月14日,安东关首先正式开关,首任税

---

① (清)朱寿朋编:《光绪朝东华录》(第五册),第47页;外交部札行总税务司,总字第209、238号,见 Wright S. F.. *Documents Illustrative of the Chinese Customs*. Vol. Ⅱ. Shanghai: Statistical Department of the Inspectorate General of Customs, 1938, pp.509, 541。

② 税务处札行总税务司,处字第18号,见 Wright S. F.. *Documents Illustrative of the Chinese Customs*. Vol. Ⅱ. Shanghai: Statistical Department of the Inspectorate General of Customs, 1938, p.543。

③ Circular, No. 1441, Wright S. F.. *Documents Illustrative of the Chinese Customs*. Vol. Ⅱ. Shanghai: Statistical Department of the Inspectorate General of Customs, 1938, pp.587-588。

④ 1895年8月25日赫德致金登干,Z字第674函,Fairbank J. K. et al.. *The I. G. in Peking*. Vol. Ⅱ. Cambridge, Mass. and London: The Belknap Press of Harvard University Press, 1975, pp.1526-1527。

务司为巴伦①,其分卡大东沟亦同时设立。

紧接着设立的是大连关。日俄战争后,旅大租借地转入日本之手,赫德转而先后与日本驻华公使内田康哉和林权助谈判设关问题。如前所述,日本在日俄战争期间已因强取牛庄关控制权一事初露其染指东北海关之野心。日俄战争后,日本日益暴露其取俄国而代之,独霸东北之企图,因而竭力争夺东北海关控制权。据传,日本欲除掉现有东北海关关员,"改由日本人来充任",②但日本毕竟在日俄战争中多赖于英国的大力支持,双方订有同盟之约,且此时正集中力量于兼并朝鲜,尚感羽毛未丰,一时不愿惹怒英国。故大连设关的谈判最后于5月底达成协议,签订了《会订大连海关试办章程》。日本同意在大连设立海关,但该章程规定,大连关税务司应由日本人充任,所用各洋员亦须优先考虑日本人;税务司更调,总税务司须先行知会日本的旅大租借地办事大臣,并与日本驻华公使商定;稽私查讯大权归日本在旅大所设之衙署。③这意味着,大连关行政上仍隶属于海关总税务司署,但其管理权基本上为日本所握。章程签订的同时,赫德照会日本驻华公使,建议大连海关于7月1日正式开办,日本驻华公使接受了这一建议。④ 1907年7月1日,大连关正式开办。

与此同时,税务处于1907年6月28日和7月2日两次札行总税务司,告知外务部已将新民屯等十六处宣布开放。东三省总督、奉天巡抚来

---

① 1895年8月25日赫德致金登干,Z字第674函,Fairbank J. K. et al.. *The I. G. in Peking*. Vol.Ⅱ. Cambridge, Mass. and London: The Belknap Press of Harvard University Press, 1975, p.1525。

② 《中国协会通讯集》,外交部致中国协会,[英]伯尔考维茨著,江载华、陈衍译:《中国通与英国外交部》,北京:商务印书馆,1959年,第345页。

③ Circular, No. 1439, Wright S. F.. *Documents Illustrative of the Chinese Customs*. Vol.Ⅱ. Shanghai: Statistical Department of the Inspectorate General of Customs, 1938, pp.575-581.

④ The Inspector General to the Japanese Minister, 1907年5月30日,见 Wright S. F.. *Documents Illustrative of the Chinese Customs*. Vol.Ⅱ. Shanghai: Statistical Department of the Inspectorate General of Customs, 1938, p.582。

电要求税务处转饬总税务司"速派税员前往查看",确定设关征税事宜。①赫德为了谨慎行事,一面申复税务处:"总税务司查所指开放各处,未悉系按约开之通商口岸办法,抑按自开之商埠办理。亦未悉洋商于各处或可任便来往,或须按自开指定之路线。且洋商应住何地亦未悉曾否与各国会订。职是之故,若此时另派关员前往,既不知应按何章征税,亦难定何处可建新关,更未谙各地方情形,何处宜作分卡。且此时另调多员前往,亦颇难于选派。惟既奉到前因,自应指定关员分别料理。查东三省四大区已各派有税务司在彼。现定开放黑龙江之齐齐哈尔等处,即可与哈尔滨税务司葛诺发就近商办,吉林之长春等处,即可与吉林税务司克勒纳商办,奉天之新民屯等处,即可与奉天税务司欧礼斐商办,极南之凤凰城等处,即可与安东税务司巴伦商办。俟各处一切事宜商有眉目,定期开关,再行陆续调派人员帮同料理开办各事。"②一面则函告奉天、哈尔滨等海关区税务司,要他们根据东三省总督的要求,迅速就设关、卡地点,级别及征税章程等问题开展工作,并与当地官员及各处同僚会商。③此后赫德因患病,一切事宜多由副总税务司裴式楷"代拆代行"④。至1907年底,赫德奉请告假获准,由他推荐裴式楷代理总税务司,因而东北设关一事亦转入裴式楷之手。⑤

从1907年下半年起,东北海关设立主要集中于哈尔滨海关区。日俄

---

① 税务处札行总税务司,处字第183号,见 Wright S. F.. *Documents Illustrative of the Chinese Customs*. Vol. Ⅱ. Shanghai: Statistical Department of the Inspectorate General of Customs, 1938, p.589。

② 总税务司申复税务处,关字第303号,见 Wright S. F.. *Documents Illustrative of the Chinese Customs*. Vol. Ⅱ. Shanghai: Statistical Department of the Inspectorate General of Customs, 1938, p.590。

③ Wright S. F.. *Documents Illustrative of the Chinese Customs*. Vol. Ⅱ. Shanghai: Statistical Department of the Inspectorate General of Customs, 1938, pp.587-588。

④ 税务处具奉总税务司因病请假并请派副总税务司接署折,见 Wright S. F.. *Documents Illustrative of the Chinese Customs*. Vol. Ⅱ. Shanghai: Statistical Department of the Inspectorate General of Customs, 1938, pp.608-609。

⑤ 税务处具奉总税务司因病请假并请派副总税务司接署折,见 Wright S. F.. *Documents Illustrative of the Chinese Customs*. Vol. Ⅱ. Shanghai: Statistical Department of the Inspectorate General of Customs, 1938, pp.608-609。

战争改变了俄国对在该区设关的态度。1907年初赫德指派俄籍税务司葛诺发负责该区设关征税事宜。该海关区不仅管辖经由东省铁路进出东北的中俄陆路贸易,而且管辖松花江上的中俄水路贸易。① 为此,于1907年3月10日组织了一个中俄官员混合的委员会。1907年7月制定了《北满洲税关章程》,宣布在东省铁路东西两站,即满洲里与绥芬河设关征税。但由于俄国方面对某些条款的不满,中俄双方到1908年1月间才达成协议,规定凡仍有争议各款,暂时按照俄国解释予以实施。于是1908年2月5日满洲里海关正式开办,11日绥芬河海关也开始办公。② 接着,1909年7月1日,松花江沿岸的哈尔滨关、三姓关及其拉哈苏苏分卡均告正式设立。8月18日,位于黑龙江上游的瑷珲关亦正式开办③。瑷珲与三姓两关均为隶属于哈尔滨关之分关,与总税务司署无直接联系,但有它们自己的印鉴,并且就向总税务司呈送贸易报告书、统计资料、定期统计表与报告而言,却又具有独立口岸的职能。④

此后,设关工作则转向吉林海关区。1909年12月27日,珲春关正式设立,设一名副税务司负责主持关务,并归吉林税务司管理。⑤ 紧接着,依中日《图门江中韩界务条款》于1909年11月2日开放的龙井村(或称六道沟)也于1910年1月1日设关征税,名曰延吉分关,"派帮办一员经理,归珲春副税务司节制"。⑥ 1911年10月,税务司札行总税务司,以"珲春与吉林相距辽远,颇有不便之处"为由,将珲春关改为自立,"不归驻

---

① Wright S. F.. *Hart and the Chinese Customs*. Belfast: William Mullan and Son, 1950, p.832.

② [英]莱特著,姚曾廙译:《中国关税沿革史》,北京:生活·读书·新知三联书店,1958年,第399页。

③ China Maritime Customs. *Inspector General's Circulars*. Second Series, No.1656, 1909.

④ China Maritime Customs. *Inspector General's Circulars*. Second Series, No.1656, 1909.

⑤ China Maritime Customs. *Inspector General's Circulars*. Second Series, No.1676, 1910.

⑥ China Maritime Customs. *Inspector General's Circulars*. Second Series, No.1857, 1911.

吉税务司节制"。①

这样,日俄战争后短短五年间,随着东北地区大批商埠的开放,东北也迅速设置了十一处海关(包括分卡)。中国海关势力随之得以在东北地区大大扩展了。

三、清末东北地区关税制度的建立与特点

清末东北地区开埠设关后,在关税制度上除享有其他通商口岸享有的种种关税特权外,还具有一些与其他通商口岸不同的内容与特点,以下我们分类详述之。

(一)中俄陆路贸易的关税制度。东北地区的中俄陆路贸易由来已久,由于两国交界之处地广人稀,边界居民间的贸易,向无征税。② 1862年中俄《陆路通商章程:续增税则》内规定"两国边界贸易,在百里内均不纳税"③,这便将免税贸易区域大大扩展了。1879年的中俄《陆路通商章程》和1881年的《改订陆路通商章程》均重申了上述规定。④ 此外,上述条约中曾规定对经由恰克图、张家口、东坝、通州直抵天津这一固定线路上的俄国货物,其"应纳进口正税,按照各国税则,三分减一"。⑤ 但1879年的中俄《伊犁条约》第十六条曾规定:"将来俄国陆路通商较旺,出入中国货物,如要定立税则较为合宜,应由中俄两国会议定立,进口、出口货

---

① 税务司札行总税务司,处字第 2339 号,见 China Maritime Customs. *Inspector General's Circulars*. Second Series, No.1857 Enclosure,1911。

② 王铁崖编:《中外旧约章汇编(第二册)》,北京:生活·读书·新知三联书店,1959年,第 150 页。

③ 王铁崖编:《中外旧约章汇编(第二册)》,北京:生活·读书·新知三联书店,1959年,第 180 页。

④ 王铁崖编:《中外旧约章汇编(第二册)》,北京:生活·读书·新知三联书店,1959年,第 386 页。

⑤ 王铁崖编:《中外旧约章汇编(第二册)》,北京:生活·读书·新知三联书店,1959年,第 387 页。

物，均按值百抽五。"①据此，随着近代以降中俄陆路贸易的发展，清政府曾多次提出废除三分减一征税的优惠待遇，俄国政府拒不接受，并于1896年的中俄《合办东省铁路公司合同章程》中规定："至货物由俄国经此铁路运往中国，或由中国经此铁路运赴俄国者，应照各国通商税则，分别交纳进口、出口正税，惟此税较之税则所载之数，减三分之一交纳。若运往内地，仍应交纳子口税，即所完正税之半；子税完清后，凡遇关卡，概不重征。"②这就把中俄陆路贸易减税特权扩大到东北地区。

日俄战争后，俄国独霸东北野心虽已破灭，其势力退至东北北部，但为了维护其在东北北部的独占特权，俄国在1907年7月签订的《北满洲税关章程》中，将上述利用不平等条约攫取的关税特权固定化与具体化。章程第一条规定："所有货物由铁路运往交界百里内之各车站，暂行照条章，不征税项。"第二条则规定："铁路运货按三分减一纳税，应定界限：如哈尔滨，由总车站四面各距十华里为界；铁路总会重要车站，如满洲里、札赉诺尔、海拉尔、札兰屯、富勒尔基、齐齐哈尔、阿什河、一面坡、海林、乜河、穆林、交界站、双城堡、老少沟、穷门、宽城子各站四面各距五华里为界。……此外，东省铁路各小车站以四面各距三华里为限。"③俄国并未以此为满足。1908年2月满洲里、绥芬河开关征税后，5月间颁布了《满洲里并绥芬河两站中国税关暂行试办章程》，对上述中俄陆路贸易征税的各项特权做了更为详尽的规定与解释。④

（二）中俄松花江水路贸易的关税制度。松花江全长一千八百多公里。自十九世纪六十年代以来，俄国便一直不断侵夺松花江航运贸易权。日俄战争后，俄国更竭力扩大松花江航运贸易。1909年，松花江沿江的哈尔滨、三姓和拉哈苏苏等关卡设立后，俄国迫使清政府于1910年签订

---

① 王铁崖编：《中外旧约章汇编（第二册）》，北京：生活·读书·新知三联书店，1959年，第363页。

② 王铁崖编：《中外旧约章汇编（第二册）》，北京：生活·读书·新知三联书店，1959年，第674页。

③ 王铁崖编：《中外旧约章汇编（第二册）》，北京：生活·读书·新知三联书店，1959年，第405页。

④ 王铁崖编：《中外旧约章汇编（第二册）》，北京：生活·读书·新知三联书店，1959年，第501～506页。

了《松花江行船章程》,对经由松花江的贸易征税办法做了详细规定,其要点是:"(1)海关通行之船钞暂不征收,改征江捐。江捐数额依货色种类、多寡并该货运载路程远近而定。(2)俄国口岸运来之货,凡经松花江运入交界百里区内,概不征收税饷。(3)土货于松花江上装船,拟运至中俄交界之俄界百里区内,免征出口之税。(4)凡由水路运至哈尔滨之大麦、荞麦、荞麦仁、高粱、粟、小米、铃铛麦、小麦及黄豆、豆饼各物,其转运出口时所征出口税,照通行出口正税,三分减一征收。"① 这些规定显然是把俄国在中俄陆路贸易中享有的种种特权扩大到松花江水路贸易。

(三)日占旅大租借地的关税制度。大连关位于日占旅大租借地内,是为近代中国的一种特殊海关——租借地海关。1907年签订的《会订大连海关试办章程》,不仅使日本对大连关有较大控制权,而且制定了一些特殊的征税办法,即规定大连关在征税方面除享有各通商口岸因不平等条约已享有的各种特权与优惠外,还可享有以下其他通商口岸(除青岛外)所没有的特殊优惠:(1)运入租借地,并在租借地内销售的货物,一律免征进口税。(2)凡租借地所产各物及用租借地内所产物及由外国运来之物料制成各货,若由大连装运出口,持有日本官署发给之凭据,免征出口税。(3)凡由中国内地或由中国口岸进口之各物料,如制成货物再出口者,或按原物料完纳税项,或按制成货品完纳税项,均可随该商所愿办理。②

(四)中日陆路贸易的关税制度。中日间本无领土接壤,日俄战争后,俄国势力退出朝鲜,朝鲜完全沦为日本殖民地,这使经由朝鲜的中日陆路贸易发展起来。于是日本在中日《会议东三省事宜》附约中提出"满、韩交界陆路通商,彼此应按照相待最优国之例办理"③,并进而要求援照1881年中俄《改订陆路通商章程》及1896年的《合办东省铁路公司合同章程》,

---

① China Maritime Customs. *Inspector General's Circulars*. Second Series,No.1720,1910.

② 王铁崖编:《中外旧约章汇编(第二册)》,北京:生活·读书·新知三联书店,1959年,第402页。

③ 王铁崖编:《中外旧约章汇编(第二册)》,北京:生活·读书·新知三联书店,1959年,第341页。

对经由中朝边界的进出口货物,按三分减一征税;中朝边界百里内为免税区。清政府以中朝边境有鸭绿江水道间隔,不能适用陆路通商规定,加以拒绝。①1911年安奉铁路改建竣工,鸭绿江桥业已落成。日本又要求将安奉铁路与朝鲜铁路联络,并以鸭绿江间隔问题现已有铁桥联络,可视为陆地之接续为由,要求享有中俄陆路贸易种种特殊优惠。经中日代表谈判,至1913年5月方由总税务司代表中国政府与日本签订了《朝鲜南满往来运货减税试行办法》,内中规定:"凡应税货物装火车由东三省运往朝鲜新义州以东各地方及由新义州以东各地方运入东三省者,均应分别完纳海关进出口税三分之二。"②日本由此攫取了中俄陆路贸易的减税特权。

(五)关于东省铁路用料免税的规定。众所周知,东省铁路是俄国侵略我国东北地区的重要工具。1896年,俄国诱使清政府签订《合办东省铁路公司合同章程》时,在第七款中规定:凡建造、修理东省铁路所需料件,应免纳各项税厘。③ 目的显然在为修筑东省铁路提供有利条件。1908年俄国在《满洲里并绥芬河两站中国税关暂行试办章程》中,特列出"铁路料件"一项,规定"凡东清铁路(按,即东省铁路)所需建造、修理、经理料件,免纳各项税厘;护路军所需物料,亦在此列"④,从而把免税特权进一步扩大化。1910年《松花江行船章程》又重申这一特权。⑤

日本在日俄战争后,从俄国手中夺得东省铁路南满支路从宽城子到大连一线的一切权益,并强使清政府将安奉铁路由日本接续经营。为此,日本在《会议东三省事宜》附约中规定:"中国政府允南满铁路所需各项材

---

① 黄序鹓:《海关通志》(上),上海:商务印书馆,1917年,第36~37页。
② 王铁崖编:《中外旧约章汇编(第二册)》,北京:生活·读书·新知三联书店,1959年,第893~894页。
③ 王铁崖编:《中外旧约章汇编(第二册)》,北京:生活·读书·新知三联书店,1959年,第673~674页。
④ 王铁崖编:《中外旧约章汇编(第二册)》,北京:生活·读书·新知三联书店,1959年,第506页。
⑤ 王铁崖编:《中外旧约章汇编(第二册)》,北京:生活·读书·新知三联书店,1959年,第677页。

料应豁免一切税捐,厘金。"①就此攫取了与俄国一样的免税特权。

（六）东北地区的免重征制度。免重征制度,原指已纳税货物再移出入于各通商口岸时,不必再纳关税。该制度发端于1858年《天津条约》,但仅以进口洋货为限。②1861年制定免重征税法时,将其推及出口土货③。该制度通行于各通商口岸,但在东北地区则有其特殊规定。

1907年,东北大批商埠开放,由于大多数商埠均尚无海关建立,为便利洋土货在东北地区的运转,经总税务司建议并拟就试办章程,于12月14日颁布了《东三省各埠免重征专照办法》。其主要内容为:(1)凡洋货在天津、牛庄、安东、大连等关已完进口正税,及土货已完复进口半税,倘有改运东三省内新开各埠,无论如何载运,准即一律发给专照,俾免重征。(2)商人须将该专照由所到之埠税局盖用各项戳记,限两个月内缴销发照之海关。(3)凡请领专照,应在申报货物种类、数量及运往地的报单内出具保证,声明若逾期无缴回专照,愿罚缴半税三倍。为方便起见,亦准另立相等之长年保结存关,以免每次立结之烦。(4)洋商之结应由领事等官盖印,华商即由税务司盖印。(5)倘有单货不符者,即视为非专照之货,除由原关按全货数目罚缴半税三倍外,又将不符之货由所到之埠罚充入官。④1908年4月初,由于英国驻华公使朱尔典的建议,对上述规定做了两处修改,一是将回缴专照期限延展为四个月,一是所列口岸增加秦皇岛一处。⑤但东北地区的免重征制度一开始便遭到日本政府的反对,日本驻华公使林权助与驻华代理公使阿部曾先后照会清政府,表示不满,认

---

① 王铁崖编:《中外旧约章汇编(第二册)》,北京:生活・读书・新知三联书店,1959年,第341页。

② 王铁崖编:《中外旧约章汇编(第一册)》,北京:生活・读书・新知三联书店,1957年,第100页。

③ [日]高柳松一郎著,李达译:《中国关税制度论》(第四编),上海:商务印书馆,1926年,第93页。

④ 总税务司申复税务处,关字第394号,见 Wright S. F.. *Documents Illustrative of the Chinese Customs*. Vol. II. Shanghai: Statistical Department of the Inspectorate General of Customs, 1938, pp.602-603.

⑤ China Maritime Customs. *Inspector General's Circulars*. Second Series, No.1499, 1908.

为：(1)该规定只施行于东北南部,甚非公平之处。(2)商人须出具保证,"实负过重不便之义务","愿断然废去"。(3)回缴专照期限太短,惩罚太重。(4)对免税进口货物无做规定,使日商多蒙不便。① 税务处按照总税务司的意见,复文日本驻华公使,表示"东三省运货专照碍难更改",但对日本公使"各处一律"的要求做出反应,即宣布东北北部新开的哈尔滨、满洲里、绥芬河、瑷珲等关亦一体施行同一制度。同时对免税进口货物转运东北各地的免重征办法也做出补充规定,即凡照约免进口正税之洋货在天津、秦皇岛、牛庄、安东、大连、哈尔滨、绥芬河、满洲里、瑷珲等关业已免纳进口正税,倘有改运东三省内新开各埠者,无论如何载运,如遇商人请领,准其一律发给专照,免沿途税厘。其具结缴照及违章处罚照1907年颁布的免重征专照章程办理,惟原载罚缴半税三倍则改为罚缴子口税三倍,即系按照该货估价,每值百两罚缴关平银七两五钱。②

东三省免重征专照章程一直推行了二十年,直到1926年,由于地方政府的强烈反对,才有所改变。③

清末东北地区特殊关税制度的建立,主要代表了日俄两国在东北的特殊利益,为日俄两国强化对东北地区的经济侵略提供了种种便利。这是列强争夺东北权益的历史产物。它无论对近代中国海关的发展,还是对帝国主义列强对东北的经济侵略及相互关系的演化,甚至对近代东北历史的发展,都产生了重大影响。

---

① 日使照会"东三省运货章程仍为不便事",见 Wright S. F.. *Documents Illustrative of the Chinese Customs*. Vol. II. Shanghai: Statistical Department of the Inspectorate General of Customs, 1938, pp.664-665。

② China Maritime Customs. *Inspector General's Circulars*. Second Series, No. 1499, 1908, No.1544, 1908。

③ [英]莱特著,姚曾廙译:《中国关税沿革史》,北京:生活·读书·新知三联书店,1958年,第396页。

近代中外陆路通商关税制度

中外陆路通商，源远流长。降至近代，随着帝国主义对华侵略的日益扩张，侵华列强争夺在华权益斗争的逐步加剧，中外陆路通商的不断扩展，从我国西北、东北到西南边界地区，逐渐形成和发展起一套与东南沿海通商口岸多见差异的陆路通商关税制度。这是近代中国关税制度的一个突出特点。本文拟对其历史演化详加探讨。

一、中俄陆路通商与近代中外陆路通商关税制度的形成

近代侵华列强中，俄国是唯一与中国邻界的国家。近代中外陆路通商关税制度便自然肇端于中俄陆路通商。清初的中俄陆路通商，主要为俄商每间隔三年一次的进京贸易和恰克图的边界贸易。两处的贸易，俄商均享有免税待遇。[①] 此后，恰克图边界贸易发展甚速，很快成为中俄陆路通商的贸易中心。沙俄政府致力于对外扩张政策，力图建立"俄国的世界霸权"[②]，一面扩大、垄断恰克图贸易，一面则竭力在中国西北地区开辟新的通商据点。1797年，沙俄颁发"通商条例"，把赫塔尔明斯克作为与中国西北地区贸易的新据点。[③] 但清政府鉴于俄商在恰克图贸易中的种

[①] 嘉庆朝《钦定大清会典事例》，卷七百四十六，第3～4页；王铁崖编：《中外旧约章汇编（第一册）》，北京：生活·读书·新知三联书店，1957年，第8～9、11页，"恰克图界约"。

[②] [德]马克思、[德]恩格斯著，中共中央马克思恩格斯列宁斯大林著作编译局编：《马克思恩格斯全集》（第二十二卷），北京：人民出版社，1965年，第24页。

[③] [俄]柯尔萨克：《俄中通商历史——统计概览》，第414～415页，转引自中国社会科学院近代史研究所编：《沙俄侵华史（第三卷）》，北京：人民出版社，1981年，第138页。

种不法行为,重申:"俄罗斯除在恰克图交易外……俱不准通商。"①1805年,沙俄派戈洛夫金使华,训令他向清政府要求允准俄商在整个中国边界上开展贸易,并让俄货进入中国内地行销。② 戈洛夫金使华失败后,沙俄在靠近中国西北地区的边界上建立了一些商站作为扩展贸易的据点,并派人伪装成中亚商人,非法进入我国西北地区,从事贸易间谍活动。鸦片战争前夕,沙皇诏令成立了亚洲贸易公司,鼓吹"用武力在东方为俄国商业开辟新的道路"。③

第一次鸦片战争后,东南沿海五口开放通商,英、法等国利用协定关税等特权加紧商品输入,沙俄的陆路对华贸易因而大受影响,恰克图通商一度出现停滞与下降,这更促使沙俄加紧扩展中俄陆路通商。1847年7月,沙俄授权佟正笏向清政府要求在塔尔巴哈台、伊犁和喀什噶尔等三处通商,遭到清政府拒绝。④ 沙俄并不死心,仍一再催逼,并于1850年1月照会清朝理藩院"仍请在伊犁等三处通商"⑤。清政府虽知沙俄要求通商"其心本属叵测",却又恐"径行拒绝,致激事端",遂屈服于沙俄压力,同意开放伊犁、塔城二处通商,并派新任伊犁将军奕山为谈判代表,与沙俄谈判代表在伊犁妥议通商章程。⑥ 由于奕山等人的昏庸无知,竟基本上接受了沙俄代表提出的要求,于1851年8月6日签订了近代第一个中俄不平等条约《伊犁塔尔巴哈台通商章程》。该通商章程除规定开放伊犁、塔城二处通商,俄国可设置领事并享有领事裁判权外,对通商征税办法则依

---

① (清)何秋涛:《朔方备乘》,卷六十二《北徼事迹表下》,清光绪七年刻本(影印本),第23页。
② 中国社会科学院近代史所编:《沙俄侵华史(第三卷)》,北京:人民出版社,1981年,第138页。
③ 中国社会科学院近代史所编:《沙俄侵华史(第三卷)》,北京:人民出版社,1981年,第141页。
④ 《清实录》(宣宗),卷四四三,北京:中华书局,1986年,第552页;中华书局整理:《筹办夷务始末(咸丰朝)》(第一册),北京:中华书局,1979年,卷一,第7页。
⑤ 中华书局整理:《筹办夷务始末(咸丰朝)》(第一册),北京:中华书局,1979年,卷一,第7页。
⑥ 《清实录》(文宗),卷三一,北京:中华书局,1986年,第430~433页;《清实录》(宣宗),卷四七五,北京:中华书局,1986年,第979~980页;中华书局整理:《筹办夷务始末(咸丰朝)》(第一册),北京:中华书局,1979年,卷一,第8~9页。

照俄方代表提出的,按1792年《恰克图市约》办理的要求,规定"彼此两不抽税"①。

《伊塔通商章程》的签订,是中国近代陆路通商关税制度之先声,为沙俄扩展在中国西北地区的贸易大开方便之门。但沙俄并未就此罢手。第二次鸦片战争期间,沙俄通过《瑷珲城和约》,中俄《天津条约》,中俄《北京条约》等一系列不平等条约,不仅吞并了我国一百多万平方公里土地,而且大大扩展了陆路通商贸易特权。依照条约规定,清政府允准增开喀什噶尔、库伦两处为通商处所,并取消对前来通商的俄商人数所带货物并本银多寡的限制。② 更重要的是,依照中俄《北京条约》的规定,中俄双方于1862年3月4日签订了中俄《陆路通商章程》,对中俄陆路通商征税办法做了详细的规定,其主要内容是:③

第一,商道规定:俄商由陆路过界前来天津通商,须按恰克图—张家口—东坝—通州—天津的指定路线行走,不得绕越他处。

第二,征税办法:(一)免税:两国边界贸易在百里内均不纳税;俄商前往中国所属设官之蒙古各处及该官所属之各盟贸易,亦不纳税。(二)进口税:俄商运俄货前往天津,所纳进口税按各国税则三分减一,在津交纳。该货允准留十分之二于张家口销售,亦按税则三分减一,在张家口交纳。(三)出口税:俄商在天津、通州贩买土货,由陆路回国,均按各国税则交一正税,分别在天津和东坝交纳;在张家口贩买土货回国,则按各国税则交一子税(即正税之半)代替出口税,在张家口交纳。(四)续增税则:税则未载之洋货、土货,应照各国值百抽五例一律办理。为此,特定一续增税则,作为各国税则之补充,该续增税则几乎网罗了中俄陆路通商的全部主要货物。

上述中俄《陆路通商章程》的签订,标志着近代中外陆路通商关税制

---

① 王铁崖编:《中外旧约章汇编(第一册)》,北京:生活·读书·新知三联书店,1957年,第78页。

② 王铁崖编:《中外旧约章汇编(第一册)》,北京:生活·读书·新知三联书店,1957年,第150、87页。

③ 章程全文见王铁崖:《中外旧约章汇编(第一册)》,北京:生活·读书·新知三联书店,1957年,第180~184页。

度的形成。沙俄借此攫取了陆路通商的种种免税、减税特权。日后,法、英、日等国便以此为先例,纷纷效尤,近代中外陆路通商关税制度因此进一步发展,中国关税自主权因此进一步沦丧。

二、边疆危机与近代中外陆路通商关税制度的初步发展

从十九世纪六十年代至九十年代初,我国边疆危机频频发生。侵华列强或直接进犯我边疆地区,或不断兼并我国邻邦,进而窥视侵犯我边疆地区;与此同时,侵华列强竞相开辟陆路商道,攫取陆路通商特权。在这一历史背景下,近代中外陆路通商关税制度有了新的发展变化。这一发展变化表现在两方面:其一,中俄陆路通商关税制度的不断修订;其二,中法、中英陆路关税制度的建立。

如前所述,至十九世纪六十年代初,沙俄通过一系列不平等条约,攫取了中俄陆路通商的种种优惠特权,为沙俄的经济侵略打开方便之门。沙俄并未满足于此。从十九世纪六十年代至八十年代初,沙俄一面继续公然割占我国领土,一面则利用谈判划界或撤兵问题之机,多次迫使清政府修订中俄《陆路通商章程》,不断扩大其通商特权。中俄陆路通商关税制度因此有所发展变化。

1869年4月27日,中俄双方签订了《改订陆路通商章程》,对1862年签订的《陆路通商章程》做了修订。其中对通商征税办法的修订主要有二:(一)取消原约中对运津俄货在张家口酌留十分之二的数量限制,"任听留若干"。酌留该口之俄货由原约"按税则三分减一"交纳进口税,改为仍按各国税则交纳,但酌留之货若改运通州或天津销售,则不再纳税,并退还在张家口多交之一分。① (二)取消原约规定的俄商在沿海他口贩买土货,运津由陆路回国时应交纳的复进口税。②

---

① 王铁崖编:《中外旧约章汇编(第一册)》,北京:生活·读书·新知三联书店,1957年,第272页。

② 王铁崖编:《中外旧约章汇编(第一册)》,北京:生活·读书·新知三联书店,1957年,第181、273页。

1871年，沙俄乘阿古柏在南疆建立伪政权之机，出兵侵占伊犁一带，进而以谈判交还伊犁为名，要挟清政府做出种种让步。1879年，沙俄诱迫昏庸无知的清政府谈判代表崇厚与之签订了《里瓦吉亚条约》和《陆路通商章程》，妄图借此割占我国大片领土，并攫取广泛特权。清政府拒绝批准，沙俄便加紧以战争相讹诈。1880年，清政府派驻英法公使曾纪泽为谈判代表，与俄国重新谈判。在沙俄的不断胁迫下，中俄双方于1881年2月24日签订了《改订条约》和中俄《改订陆路通商章程》。其中除规定增开肃州（即嘉峪关）、吐鲁番、科布多、乌里雅苏台、哈密、乌鲁木齐、古城等处为通商处所，并在中俄边界开设三十五处卡伦作为俄商来华出入通道外，[①]还对中俄陆路通商关税制度做了如下修订：（一）扩大免税区域：规定蒙古各处及各盟设官与未设官之处，均作为免税贸易区；伊犁、塔尔巴哈台、喀什噶尔、乌鲁木齐及关外之天山南北两路各城，均为暂不纳税贸易区。[②]（二）扩大减税特权：规定允准俄商前往肃州贸易，"所有完纳税饷等事，应照天津一律办理"，[③]即完全享有俄商赴津的减税特权。另，茶叶出口税应分别酌减。[④]

　　显而易见，上述中俄《陆路通商章程》的两次修订，使沙俄得以大大扩张了其陆路通商特权。

　　十九世纪中叶以降，正当俄国竭力在我国北部边界地区推行其侵略扩张政策时，英法两国则竞相兼并我国西南邻邦，并进而侵犯我西南边疆，企图打开我国西南后门，开辟新的市场。五十年代初，英国通过两次侵缅战争，占据了下缅甸。不久，法国也通过侵越战争占据了越南南部。于是，英法两国纷纷组织所谓探路队，勘查由缅甸、越南进入我国西南地

---

① 王铁崖编：《中外旧约章汇编（第一册）》，北京：生活·读书·新知三联书店，1957年，第383、386页。

② 王铁崖编：《中外旧约章汇编（第一册）》，北京：生活·读书·新知三联书店，1957年，第383～384页。

③ 王铁崖编：《中外旧约章汇编（第一册）》，北京：生活·读书·新知三联书店，1957年，第387～388页。

④ 王铁崖编：《中外旧约章汇编（第一册）》，北京：生活·读书·新知三联书店，1957年，第384页。

区的商道。① 1875年,"马嘉理事件"发生后,英驻华公使威妥玛与海关总税务司赫德相勾结,迫使清政府签订了《烟台条约》。约中规定,允准英国派员在云南大理等地驻寓,察看通商情形,而"所有滇省边界与缅甸地方往来通商一节,由清政府饬下云南督抚,俟英国所派官员赴滇后,即选派妥斡大员,会同妥为商订。或五年之内或俟期满之时,由英国斟酌订期,开办通商"。② 这是英国攫取中英滇缅陆路通商特权的先声。法国自然不甘示弱。1874年,法国驻华公使便曾根据法国政府训令,向清政府要求在云南开放一处为通商处所,遭到拒绝。③ 1883年,法国在发动全面侵越战争,将越南完全置于其殖民统治下之后,进而发动了中法战争。战争以《中法新约》(1885年6月9日)的签订而告结束。条约规定开放中国与越南北圻的陆路通商,允准法商及法国保护之商人运货进出,并在中国边界开设两处通商处所:一在保胜以上,一在凉山以北。④ 条约第六款还约定,该约画押后三个月内,中法双方派员会议"北圻与中国之云南、广西、广东各省陆路通商章程"。⑤ 据此,中法双方于1885年10月开始谈判中法陆路通商事宜。法国谈判代表、新任驻华公使戈可当率先抛出一份二十四条约款草案,其中要求中法陆路通商所征进出口税"不得过各国在中国通行税则之半"⑥,为清政府所拒。最后中法双方于1886年4月25日签订了《越南边界通商章程》,对中法陆路通商征税办法做了如下规定:洋货进口,照中国海关税则减五分之一征收进口正税,土货出口,则照税

---

① 参阅[英]伯尔考维茨著,江载华、陈衍译:《中国通与英国外交部》,北京:商务印书馆,1959年,第139~144页;Norman C. B., *Tonkin or France in the Far East*. London: Chapman & Hall, Ltd., 1884, pp.99-101.

② 王铁崖编:《中外旧约章汇编(第一册)》,北京:生活·读书·新知三联书店,1957年,第347页。

③ [美]马士著,张汇文等译:《中华帝国对外关系史(第二卷)》,北京:生活·读书·新知三联书店,1958年,第381页。

④ 王铁崖编:《中外旧约章汇编(第一册)》,北京:生活·读书·新知三联书店,1957年,第467~458页。

⑤ 王铁崖编:《中外旧约章汇编(第一册)》,北京:生活·读书·新知三联书店,1957年,第468页。

⑥ 王彦威辑,王亮编:《清季外交史料》,北京:北平清季外交史料编篡处,1931—1934年,卷六十二,第8页。

则减三分之一征收出口正税。税则未载者,按值百抽五征收进出口正税。① 法国政府对此很不满意,翌年 6 月,又强使清政府签订了《续议商务专条》,除规定开放龙州、蒙自、蛮耗三处为通商处所外,还对中法陆路通商征税办法做了如下修改:"凡由北圻入中国滇、粤通商处所之洋货,即按照中国通商海关税则减十分之三收纳正税,其出口至北圻之中国土货,即按照中国通商海关税则减十分之四收纳正税。"②

法国的捷足先登,加剧了英法两国在我国西南地区的角逐,英国因此加快侵略步伐。1886 年初,英国兼并缅甸。7 月间,中英《缅甸条约》签订,规定由中英双方派员会同勘定中缅边界通商事宜。但商务谈判由于英国忙于对付缅甸内部事务而耽搁。直至 1894 年 3 月,中英双方在伦敦签订了《续议缅界、商务条款》。条约除规定允准英商由蛮允、盏西两条商道过界贸易,并允英国在蛮允设领外,对通商征税办法做了如下规定:洋货进口"完税照海关税则减十分之三";土货出口"完税照海关税则减十分之四"。减税优惠以六年为期。③ 英国据此攫取了中英滇缅陆路通商的优惠特权。

英国在开辟由缅甸进入我国云南地区陆路商道的同时,还竭力筹划开辟进入西藏的商道。1888 年 3 月,英军公然入侵西藏,占领了咱利、亚东、朗热等地,英国以此要挟清政府谈判中英藏哲印陆路通商事宜。谈判期间,英方谈判代表保尔以中俄陆路通商已有两国边界百里之内免税贸易的先例,强行索取中英藏哲印陆路通商免税特权。④ 由于赫德的插足诱迫,1893 年 12 月,清政府和英国签订了《藏印条约》。条约中除规定开放亚东为通商处所外,对通商征税办法则依照英国要求规定:中英藏哲印

---

① 王铁崖编:《中外旧约章汇编(第一册)》,北京:生活·读书·新知三联书店,1957 年,第 479 页。
② 王铁崖编:《中外旧约章汇编(第一册)》,北京:生活·读书·新知三联书店,1957 年,第 515 页。
③ 王铁崖编:《中外旧约章汇编(第一册)》,北京:生活·读书·新知三联书店,1957 年,第 578~579 页。
④ 1981 年 7 月 7 日赫政致赫德电,第 117 号,见中国近代经济史资料丛刊编辑委员会主编:《中国海关与缅藏问题》,北京:中华书局,1983 年,第 148 页。

陆路通商"自开关之日起,皆准以五年为限,概行免纳进、出口税"。① 英国据此攫取了中英藏哲印陆路通商特权。

上述十九世纪六十年代至九十年代初中法、中英陆路通商关税制度的建立,显系英法两国以俄国在我国西北、东北边界地区攫取陆路通商特权为先例,将其推行到西南地区并加以扩展。至此,近代中外陆路通商关税制度在我国西北、东北、西南边界地区广泛推行。

三、甲午战后中外陆路通商关税制度的进一步发展

中日甲午战后,侵华列强竞相划占势力范围,扩大对华投资和贸易,放手争夺在华权益。中外陆路通商关税制度因此有了新的发展变化,归纳起来有二:一是中俄、中英、中法陆路通商关税制度的发展变化;一是中日陆路通商关税制度的建立。

甲午战后,沙俄加紧推行其独占我国东北地区的侵略计划。扩大中俄陆路通商特权以确保沙俄对东北市场的垄断地位是沙俄侵略计划的重要内容之一,为此,1896年9月,沙俄在与清政府签订的《合办东省铁路公司合同章程》中,伺机对经由东省铁路运送的进出口货物征税事宜做了如下规定:(一)货物经由东省铁路进出口,其所纳进出口正税应"较之税则所载之数,减三分之一"。(二)若运往内地,所纳之子口税为"所完正税之半",即较税则所载子口税减三分之一。② 这显然是把甲午战前沙俄在恰克图—天津或嘉峪关等特定商道上享有的减税特权推广到东北地区并有所扩展。日俄战争后,沙俄独占东北的野心幻灭,随着东北大批商埠的开辟,大量海关的设置,为了维护其在东北北部的权益,沙俄又在1907年7月签订的《北满洲税关章程》中,将已攫取的中俄陆路通商减免税特权

---

① 王铁崖编:《中外旧约章汇编(第一册)》,北京:生活·读书·新知三联书店,1957年,第567页。

② 王铁崖编:《中外旧约章汇编(第一册)》,北京:生活·读书·新知三联书店,1957年,第674页。

固定化、具体化。① 章程规定:(一)"所有货物由铁路运往交界百里内之各车站,暂行照条章,不征税项。"(二)"铁路运货按三分减一纳税,应定界限:如哈尔滨,由总车站四面各距十华里为界;铁路总会最要车站,如满洲里、札赉诺尔、海拉尔、札兰屯、富勒尔基、齐齐哈尔、阿什河、一面坡、海林、乜河、穆林、交界站、双城堡、老少沟、穷门、宽城子各站,四面各距五华里为界……此外,东省铁路各小车站以四面各距三华里为限。"② 翌年5月间颁布的《满洲里并绥芬河两站中国税关暂行试办章程》,对上述规定做了更为详尽的解释。③

与沙俄侵夺我国东北权益相呼应,甲午战后,英法两国加紧攫取在我国西南地区的种种权益。法国为了扩张在云南的侵略势力,迅速扩大中法滇越陆路通商,借与清政府谈判贷款之机,向清政府提出增开云南通商处所的交换条件④,并在通商地选址上看中了地处云南西南部,素为西南地区以至长江、西江上游腹地省份与越南、缅甸、暹罗等邻国交通贸易中心的思茅。⑤ 1895年6月,法国诱迫清政府签订了《续议商务专条附章》,规定将原开通商处所蛮耗改为河口,增开思茅,并开放"猛烈或倚邦至思茅、普洱之官道"为商道。⑥ 英国也不示弱。1897年,英国以清政府在中法《续议界务专条附章》中将江洪界内之地割让给法国,有违中英1894年签订的《续议滇缅界务、商务条款》的有关规定为由,胁迫清政府于2月4日签订了《续议缅甸条约附款》,规定允准英国在思茅设领通商,并将原驻

---

① 参阅拙作:《清末东北地区开埠设关及其关税制度》,《社会科学战线》,1988年第2期。

② 王铁崖编:《中外旧约章汇编(第二册)》,北京:生活·读书·新知三联书店,1959年,第405页。

③ 王铁崖编:《中外旧约章汇编(第二册)》,北京:生活·读书·新知三联书店,1959年,第501～506页。

④ [英]菲利浦·约瑟夫著,胡滨译:《列强对华外交(1894—1900)——对华政治经济关系的研究》,北京:商务印书馆,1959年,第131～132页。

⑤ China Maritime Customs. *Decennial Reports*: Second Issue, 1892-1901. Szemao.

⑥ 王铁崖编:《中外旧约章汇编(第一册)》,北京:生活·读书·新知三联书店,1957年,第622页。

蛮允之领事官改驻腾越,开腾越为通商处所。[①]与此同时,英国又与俄国竞争扩张在西藏的侵略势力。1903年,英国再度入侵西藏,并胁迫清政府于1904年11月签订了《拉萨条约》。约内规定在西藏增开江孜、噶大克为通商处所,"凡关涉亚东各款,亦应在江孜、噶大克一律施行。"[②]

这样,甲午战后英法两国通过在我国西南地区增辟通商处所与商道,将中英、中法陆路通商关税特权推行到上述地区,从而大大扩展了其陆路通商优惠特权。

甲午战后中外陆路通商关税制度的进一步发展,还表现在中日陆路关税制度的建立。中日间本无邻界关系,但早在十九世纪六十年代末,日本就觊觎我邻邦朝鲜,并利用各种机会,不择手段地扩大侵朝势力。甲午战后,日本迫使清政府解除朝鲜的藩属关系,进而在朝鲜攫取诸多殖民特权。日俄战争后,朝鲜完全沦为日本殖民地。这便使经由朝鲜的中日陆路贸易发展起来。于是,日本在中日《会议东三省事宜》附约中提出"满韩交界陆路通商,彼此应按照相待最优国之例办理",[③]意在分享沙俄攫取的中俄陆路通商特权。不久,日本据此要求援照中俄陆路通商成例,对经由中朝边界进出口的货物,按三分减一征收进出口正税,中朝边界百里之内免税贸易。清政府以中朝边境有鸭绿江水道间隔,不能适用陆路通商条例,加以拒绝。[④]1911年,安奉铁路改建竣工,鸭绿江桥业已落成。日本于是又要求将安奉铁路与朝鲜铁路联络,并以鸭绿江间隔问题现已有铁路联络,可视为陆地之接续为由,要求享有中俄陆路通商的优惠特权。1913年5月,中日双方签订了《朝鲜南满往来运货减税试行办法》,规定:(一)"凡应税货物装火车由东三省运往朝鲜新义州以东各地方及由新义州以东各地方运入东三省者,均应分别完纳海关出口税三分之二。"(二)

[①] 王铁崖编:《中外旧约章汇编(第一册)》,北京:生活·读书·新知三联书店,1957年,第689页。

[②] 王铁崖编:《中外旧约章汇编(第二册)》,北京:生活·读书·新知三联书店,1959年,第346页。

[③] 王铁崖编:《中外旧约章汇编(第二册)》,北京:生活·读书·新知三联书店,1959年,第341页。

[④] 黄序鹓:《海关通志》(上),上海:商务印书馆,1917年,第36~37页。

"凡照三分减一纳税进口货物如有转运东三省内地者,应照中国海关当时税则所载税率完纳三分之一之子口税,即系三分之二进口税之一半。"①这样,日本便得以攫取中日陆路通商减税特权。

日本尚不以此为足。1919年,日本又诱迫中国政府允准,将上述经由安奉铁路进出中朝边界货物所享有的减税特权,扩大到经由延边之中日陆路通商,规定:所有经由珲春关及延吉分关输出或输入的货物,均可按照1913年签订的减税试行办法,享受减税优惠,②从而大大扩展了中日陆路通商关税优惠特权。

四、近代中外陆路通商关税优惠特权的废止

近代中外陆路通商关税制度滥觞于中俄陆路通商关税制度,而其免税、减税等优惠特权的废止,亦由此而始。1881年签订的中俄《改订条约》中,原有如下规定:(一)"俟将来商务兴旺,由两国议定税则,即将免税之例废弃。"(二)"将来俄国陆路通商兴旺,如出入中国货物必须另定税则,较现在税则更为合宜者,应由两国商定,凡进口、出口之税均按值百抽五之例定拟。"③据此,早在1887年,新疆地方当局便因俄商来华日多,奏请总理衙门照令俄国公使,要求按约重新议定税则。但因沙俄"饰词延宕",没有结果。以后清政府又曾多次试图废止俄商陆路通商免税特权,均遭沙俄抗拒。④ 1911年,中国政府再次要求沙俄修订前约,废止中俄陆路通商关税优惠特权,沙俄政府再度拒绝,仅承认国境五十俄里无税区之

---

① 王铁崖编:《中外旧约章汇编(第二册)》,北京:生活·读书·新知三联书店,1959年,第893~894页。

② 王铁崖编:《中外旧约章汇编(第二册)》,北京:生活·读书·新知三联书店,1959年,第1493~1494页。

③ 王铁崖编:《中外旧约章汇编(第一册)》,北京:生活·读书·新知三联书店,1957年,第384页。

④ 中国社会科学院近代史研究所:《沙俄侵华史(第三卷)》,北京:人民出版社,1981年,第302页。

互惠条项。① 然不久,局势突变。沙俄精心筹划外蒙古脱离中国,支持一小撮叛国分子成立所谓"大蒙古国",并于1912年11月迫签了《俄蒙协议》,这大大改变了中俄陆路商通的情势。莫斯科商团及俄京各报均主张废止中俄边界贸易的百里免税互惠。② 于是沙俄一面照会中国政府要求双方会商修约,一面则独自率先宣布废止俄方的免税待遇。中国政府见状亦宣布自1914年6月1日起,废止中方边界百里免税贸易优惠。③ 后因俄商要求,该废止期限展缓至8月7日方实行,④ 但实行区域亦仅限于滨江关区域,其他地方仍未设法收税。1917年,十月革命成功;1922年,苏维埃社会主义共和国联盟建立。1924年,中苏恢复邦交并于5月31日签订了《解决悬案大纲协定》,宣布"中国政府与前俄帝国政府所订立一切公约、条约、协定、协定书及合同等项概行废止"。⑤ 这意味着依据中俄不平等条约所建立的中俄陆路通商关税制度的废除。

中英、中法、中日陆路通商关税优惠特权的废止则始自1922年的华盛顿会议。此前,虽中英《藏印条约》曾规定中英藏哲印陆路通商免税优惠以五年为限,中英《续议滇缅界务、商务条款》曾规定中英滇缅陆路通商减税优惠以六年为限,但英国并未如约履行,期限仅成一纸空文。1922年,在华盛顿会议上,顾维钧代表中国政府就中国关税自主与修改税则问题提出六点建议,其中第四点要求:"现在适用于陆路输入或输出各货物之减收关税制度,应即废除。"⑥ 理由有三:"其一,在当初陆路通商准予减税时,原有情形,今已不存在。盖从前中俄通商,向以驼队运输,今则除缅甸边界外,其余各处边境,均有铁路相通,而铁路运输实较海道运输费用

---

① [日]高柳松一郎著,李达译:《中国关税制度论》(第四编),上海:商务印书馆,1926年,第66页。
② 《申报》,1914年5月18日。
③ China Maritime Customs. *Inspector General's Circulars*. Second Series, No.2198, 1914.
④ 《申报》,1914年6月9日。
⑤ 王铁崖编:《中外旧约章汇编(第三册)》,北京:生活・读书・新知三联书店,1962年,第422~423页。
⑥ [英]莱特著,姚曾廙译:《中国关税沿革史》,北京:生活・读书・新知三联书店,1958年,第434页。

为廉。其二,此项减税制度,使中国国库每年短收二百万之谱。其三,维持此项制度,实与开放门户之原则,显然抵触。因实际上边界不相毗连,各国不能享有此项特殊利益,是维持此项减税制度,实使陆路通商与海路通商发生区别。"① 这一要求得到正谋求以门户开放政策来扩大在华势力的美国的支持,但同时也遭到法国的激烈反对,英国则表示要有条件地接受。② 因而,经过几番争执,英国代表鲍腾爵士拟就了有关条款以同时满足各国的要求。该条款宣称:"中国海陆各边界关税划一之原则即予承认,由第一条所载之特别会议商定办法实行此项原则,凡遇关税上应取消之特权曾因交换某种局部经济优惠而许以者,特别会议有权调剂,以昭公允。"③ 这一条款得到分股委员会全体委员的同意,并提交全体委员会。经全体委员会同意,该条款便被列入九国最后签订的《九国间关于中国关税税则之条约》第六条。④ 这便意味着与会各国在原则上认可了中外陆路通商关税优惠特权的废除,但这一原则的真正实施仍几经波折。

1925年8月5日,《九国间关于中国关税税则之条约》生效。10月26日,依照条约规定,各国代表在北京召开了关税特别会议。由于北京政局的变化——段祺瑞的下野和全国人民的反对,会议没有达成任何最后协议便不宣而散。中外陆路通商关税优惠特权的废止问题仍未解决。

1928年,国民军攻克北平,北洋政府解体。6月15日,国民党政府发表对外宣言,要求各国政府废除不平等条约,另立新约。与国民党政府已有密谋在先的美国首先表示支持,于7月25日签订了中美关税新约。于是,各国相继与国民党政府签立新约。12月20日,中英《关税条约》签订,其所附英国驻华公使蓝普森复中国政府外交部长王正廷的照会中宣称:英国政府完全同意"从新税则实行之日起,所有陆路进出口货物现在

---

① 童蒙正:《关税论》,上海:商务印书馆,1934年,第201页。
② [美]威罗贝著,王绍坊译:《外人在华特权和利益》,北京:生活·读书·新知三联书店,1957年,第488~489页。
③ [美]威罗贝著,王绍坊译:《外人在华特权和利益》,北京:生活·读书·新知三联书店,1957年,第489页。
④ 见王铁崖编:《中外旧约章汇编(第三册)》,北京:生活·读书·新知三联书店,1962年,第223页。

所课之优待税率,予以废止"。① 12月22日,中法《关税条约》签订,其所附法国驻华公使玛德复王正廷部长照会中表示,法国同意"在越南边境对于进出口货物之现行减税成数,于1929年3月31日,虽当时新约会议尚未结束。亦应即予废止"。② 这样,依照协定,财政部于1929年1月19日通知海关总税务司梅乐和:"中东路及越缅减税办法,自本年2月1日起取消,进口洋货,应照进口税则十足征收。越南暂予维持至3月31日止,惟应照新税则减成定税,3月31日后,此种减税办法,应予取消。"③英法两国均如期取消了陆路通商关税优惠特权。唯独日本故意拖延,不愿商改旧约,便坚不照行废止陆路通商关税优惠特权的通令。直到1930年5月6日,日本方与中国政府签订了《关税协定》。在其所附日本驻华代理公使重光葵致王正廷部长照令中表示:日本同意,"自本协定发生效力之日起满四个月,中国海关税则前此对于经过中、日陆边进出口货物之减税税率应即废除"。④

至此,近代中外陆路通商免税、减税等优惠特权方予全部废止。中国陆路关税制度与海路关税制度合而为一。

结　语

综上所述,我们可以看出,近代中外陆路通商关税制度从产生、发展到废止,大约经历了四个阶段:它发端于十九世纪五六十年代的中俄陆路通商,在甲午战前扩展到西南地区的中法滇越、粤越陆路通商和中英滇缅、藏哲印陆路通商,甲午战后又扩展到东北地区的中日中朝陆路通商,

---

① 王铁崖编:《中外旧约章汇编(第三册)》,北京:生活·读书·新知三联书店,1962年,第667页。

② 王铁崖编:《中外旧约章汇编(第三册)》,北京:生活·读书·新知三联书店,1962年,第674页。

③ 童蒙正:《关税论》,上海:商务印书馆,1934年,第203页。

④ 王铁崖编:《中外旧约章汇编(第三册)》,北京:生活·读书·新知三联书店,1962年,第802页。

直到二十世纪二十年代末至三十年代初方得以废止。近代中外陆路通商关税制度的建立,对近代中外陆路贸易的发展,对我国边疆地区政治、经济以至文化的发展,均产生不容忽视的影响。对此,限于篇幅,我们将另文详加探讨。

三、近代关税制度的变迁

十九世纪后期西南边疆的开埠设关及其关税制度

十九世纪七十年代后,我国边疆出现普遍危机。在西南边疆,英法两国为抢先打开我国西南后门,开辟新的市场,扩展在华权益而争夺激烈,多次对我国西南邻邦发动侵略战争并进而侵犯我西南边疆地区,使我国西南边疆频频告急,西南后门越开越大,沿边商埠愈开愈多。而作为帝国主义列强侵华工具的近代中国海关则借此得以将势力伸入西南边疆地区,设置了一系列特殊的海关——边关,并建立了一套特殊的关税制度。

一、西南边疆危机的产生与龙州蒙自的开埠设关

英法两国对我国西南边疆地区的觊觎由来已久。早在十九世纪中叶,在英国兼并下缅甸,法国占据越南南部后,英法两国便竞相将侵略矛头指向我国西南边疆。1858年初,曾参与英国第一次侵缅战争的退休军官理查·斯普莱(Sprye,R.)便投函英国政府,建议攫取由缅甸进入中国内地的陆路贸易特权,并为此建议勘查修筑一条由仰光沿萨尔温江,经由上缅甸到达云南思茅的铁路,开辟商道。[①] 这一建议立刻在处心积虑于开辟中国新市场的英国商界引起强烈反响。为此,英国多次组织探路队,勘查从缅甸进入中国西南地区的最佳商道。1874年由柏郎率领的探路队,便是其中的一支。该探路队计划由曼德勒北上,经由八莫、孟缅到大

---

① [英]伯尔考维茨著,江载华、陈衍译:《中国通与英国外交部》,北京:商务印书馆,1959年,第139页。

理府。英国驻华公使威妥玛按英国外交部指令派马嘉理前往云南迎接,由是发生了马嘉理在蛮允附近被杀的所谓"马嘉理事件"。英国政府利用"马嘉理事件"大作文章。威妥玛以武力、绝交相威胁,赫德则借调停之机,以李鸿章谋士的身份诱使清政府屈从。1876年9月13日,中英《烟台条约》签订。条约规定,自1877年1月1日起,以五年为限,由英国选派官员在滇省大理府或他处相宜地方一区驻寓,察看通商情形。所有滇省边界与缅甸地方往来通商一节,由清政府饬下云南督抚,俟英国所派官员赴滇后,即选派妥静大员会同妥为商订。或五年之内或俟期满之时,由英国斟酌订期,开办通商。① 英国据此获得窥伺我国西南边疆,随时可强求中英滇缅陆路通商的特权。

  英国虽然在与法国角逐我国西南地区的竞争中起步较早,但抢先打开我国西南后门的却是法国。十九世纪六十年代,法国也多次组织所谓探测队,企图从越南"开辟一条又经济又迅速的路径,通往云南和四川"。1882年,法国侵略军攻占河内。年底,李鸿章与法国驻华公使在上海就越南问题签订一个备忘录,在法国答应不侵犯越南主权,保证越南独立的前提下,清政府允准外商经由红河到云南贸易。但翌年法国成立以法国殖民政策鼓吹者茹费理为总理,代表法国金融寡头利益的新内阁。新内阁推翻了备忘录的协议,发动了全面侵越战争,迫使越南政府签订了《顺化条约》,从而将越南置于其殖民统治下。法国进而发动中法战争,战争以1885年签订的《中法新约》而告结束。1886年4月25日和1887年6月26日双方又分别签订了《越南边界通商章程》《续议商务专条》。根据这两个通商章程,《中法新约》中议定开放的两个通商处所被指定为:"广西则开龙州,云南则开蒙自。"此外,法国又以"蛮耗系保胜至蒙自水道必由之处"为借口,规定"中国允准该处通商,与龙州,蒙自无异"。② 这是我国西南边疆最早开设的商埠。根据条约规定,除"不可仿照上海等处通商口岸设立租界"的限制外,法国在上述商埠获取了按1858年《天津条约》

---

① 王铁崖编:《中外旧约章汇编(第一册)》,北京:生活·读书·新知三联书店,1957年,第347页。

② 王铁崖编:《中外旧约章汇编(第一册)》,北京:生活·读书·新知三联书店,1957年,第515页。

规定的在沿海通商口岸享有的一切特权。这样,我国西南后门便被法国侵略者用武力打开了。

中法通商章程签订后,海关总税务司赫德立即着手筹备龙州、蒙自、蛮耗的开埠设关事宜。1889年6月1日,龙州首先正式设埠开关。首任海关税务司是卡尔(Carl, E. A.),正关设于龙州县城对河,离县治一里。以后又陆续设置了三个分关、即镇南分关、平而分关和水口分关。

蒙自和蛮耗的开埠设关较迟。1889年4月初,首任蒙自关税务司哈巴安(Happer, A. P.)率领六名关员由广州起程经西江,百色前往蒙自。7月15日方抵达蒙自。此前,法国领事罗撒(Rocher, E.)已于4月30日率僚属经红河抵蒙自,于是经税务司、法国领事与蒙自道道台兼海关监督汤寿铭会商,决定设蒙自关于蒙自县东门外,并于蒙自西门外及河口各设查卡,距蒙自西南四十里红河左岸的蛮耗则设立分关。8月24日,蒙自和蛮耗正式开埠设关。9月19日在蒙自东南安平县属的马白关设立海关分卡。

这样,至1889年9月,经过两年多努力,赫德所把持的中国海关终于将其势力扩展到西南边疆。

二、英国兼并缅甸侵入西藏与亚东的开埠设关

法国通过中法战争抢先打开我国西南后门,攫取了中越陆路通商的各种贸易特权,这大大加剧了英法两国在西南地区的竞争。英国商界认为,在由陆路进入我国西南地区的竞争中,法国已"偷偷地跑到前面去了"。法国将因建立优惠贸易制度和垄断贸易路线而使英国在远东的商业优势面临严重挑战。为了对抗这一竞争,早在中法谈判停战条约时,英国便一面警告总理衙门不要让给法国任何有害英国利益的特权,一面则加紧在印度支那半岛的扩张,首先是兼并上缅甸。

1885年底,英国出兵缅甸,翌年1月便宣布将上缅甸并入英属印度,完全吞并了缅甸。同年7月中英《缅甸条款》签订,清政府应允由中英两

国派员会同勘定中缅边境通商事宜,另立专章,①但商务谈判由于英国忙于对付缅甸内部事务而延搁下来。直到1894年3月,才由薛福成代表清政府和英国在伦敦签订了《续议滇缅界务、商务条款》。该条款规定:"凡货由缅甸入中国,或由中国赴缅甸,过边界之处,准其由蛮允、盏西两路行走,俟将来贸易兴旺可以设立别处边关时,再当酌量添设",并规定"英国大君主可派领事官一员驻扎蛮允",其所享权利"应与相待最优之国领事官所享权利相同"。②据此,英国便攫取了中缅陆路通商贸易特权。

为了在我国西南边疆攫取更多的权益,十九世纪后期英国不仅与法国在云南、广西边疆争相攫取陆路通商贸易特权,而且还将侵略矛头伸向西藏。十九世纪中叶,英国先后侵占了与西藏界邻的尼泊尔、不丹、哲孟雄(今锡金)三个国家,将其作为侵入西藏的跳板。1875年"马嘉理事件"发生后,英国乘机在《烟台条约》中塞进了"另议专条"一节,规定清政府允准英国派员或由内地四川等处入藏,或由印度与西藏交界处入藏。③但由于西藏人民"一闻洋人入境,哗然聚兵阻拦,情势汹汹",④英国的入藏阴谋未能得逞。英国并未就此罢手,1888年3月,英军公然入侵西藏,占领了咱利、亚东、郎热等地,并以此要挟清政府谈判缔结条约。赫德乘机诱劝总理衙门派其弟赫政到西藏充任清政府谈判代表升泰的翻译,协理谈判事宜。赫德密电赫政,要他"将事权掌握在自己手里",⑤而赫德则在暗中操纵。1890年3月17日,中英双方签订了中英《藏印条约》,规定中英双方派员会商中英藏哲陆路通商事宜。据此,双方转入有关通商事宜的谈判。谈判一开始,赫德便电告赫政,要他转告英方谈判代表"决不能

---

① 王铁崖编:《中外旧约章汇编(第一册)》,北京:生活·读书·新知三联书店,1957年,第485、578~579、350页。

② 王铁崖编:《中外旧约章汇编(第一册)》,北京:生活·读书·新知三联书店,1957年,第485、578~579、350页。

③ 王铁崖编:《中外旧约章汇编(第一册)》,北京:生活·读书·新知三联书店,1957年,第485、578~579、350页。

④ 吴丰培辑:《清季筹藏奏牍》(第一册),北京:国立北平研究院史学研究会,1938年,第15页。

⑤ 1889年6月赫德致赫政电,第11号,见中国近代经济史资料丛刊编辑委员会主编:《中国海关与缅藏问题》,北京:中华书局,1983年,第89页。

仅以开放亚东为满意",并要英方代表"虚张声势,多所要求,才能达到目的"。但因西藏地方政府坚不允从,清政府亦不敢应允,赫德因恐谈判陷入僵局,"通商门路将更难打开",只得劝告英方代表接受开放亚东为通商处所,企图"使之发生楔子作用,打开更多的发展途径"。于是1893年12月5日,中英双方签订了《藏印续约》,规定开放亚东为通商处所,"任听英国诸色商民前往贸易,由印度国家随意派员驻寓亚东,查看此处英商贸易事宜"。①

中英谈判尚未结束,赫德已积极筹划亚东的开埠设关事宜。1893年6月,他电告赫政,准备安排戴乐尔(Taylor, F. E.)任亚东关税务司。戴乐尔在海关任职多年,曾历任牛庄、九龙、宁波等海关帮办和副税务司,1890年被赫德派往西藏充任赫政助手,深得赫德赏识。1893年12月5日条约签订后,戴乐尔奉令留在大吉岭。翌年1月,赫政将各项事务移交戴乐尔。4月,戴乐尔赴亚东筹办开埠设关事宜。5月1日亚东关正式开办。这样,英国侵略者垂涎已久的西藏市场便被打开了。

英国兼并缅甸,攫取缅滇陆路通商贸易特权;侵略西藏,攫取印、哲、藏陆路通商贸易特权,使我国西南后门被进一步打开了。

三、甲午战后英法角逐西南地区的加剧与思茅、腾越的开埠设关

中日甲午战后,列强攫取在华权益的斗争日益加剧,一场瓜分豆剖中国的阴谋日渐显露。英法两国的争夺目标在西南地区。法国企图以毗邻法属印度支那的云南、广西和广东三省作为它的势力范围,并图谋扩展到四川腹地;英国则企图维护它在长江流域的特殊利益,并谋求从缅甸进入西南地区,打开西江通道,将西南地区与长江流域连成一片,扩展其势力范围。因而,英法两国在西南边疆的竞争迅速加剧。

---

① 王铁崖编:《中外旧约章汇编(第一册)》,北京:生活·读书·新知三联书店,1957年,第567页。

《马关条约》签订后,清政府为偿还巨额赔款急于向列强举借外债,英、法、俄、德等国卷入了贷款权的激烈争夺。俄、法因干涉日本归还辽东半岛取得清政府欢心,夺得第一次贷款权。法国便借谈判贷款之机向清政府提出扩张西南边疆陆路通商规模,获取在西南地区开矿优先权和修筑铁路让与权的要求。法国驻华公使施阿兰勾结俄国公使,对清政府百般要挟。为了迅速扩大西南边疆陆路贸易,法国要求增开思茅为通商处所。思茅地处云南西南部,为西南边疆各省以至长江、西江上游腹地省份与越南、缅甸、暹逻等邻邦交通贸易通道的枢纽,这里汇集着来自西南地区各省和各邻国的物品,是一个重要而繁荣的市场。十九世纪五十年代后,英国商界极思修筑的斯普莱路,便是以它为进入西南后门的入口处。七十年代后,思茅因经兵燹而渐趋衰落,但仍不失为一个重要的商品转运处。法国侵略者选中它,是希图在这里开辟新的商道和市场,并将铁路线由此深入云南地区,以扩展其陆路贸易特权。① 在法国公使的胁迫下,清政府被迫屈服,中法双方于 1895 年 6 月 20 日签订了《续议商务专条附章》。该条约规定,将 1887 年 6 月 26 日签订的《续议商务专条》中约开的通商处所蛮耗改在河口,"法国任在河口驻有蒙自领事官属下一员,中国亦有海关一员在彼驻扎"。又"议定云南之思茅开为法越通商处所,与龙州、蒙自无异,即照通商各口之例,法国任派领事官驻扎,中国亦驻有海关一员"。"运往中国各货物,准由水道,如罗梭河、湄江等河运入,并准由陆路,为猛烈或倚邦至思茅、普洱之官道。"②这样,法国便大大扩展了西南边疆的陆路通商贸易特权。

思茅的开埠设关使赫德颇费心思。由于这一时期新开商埠数量的剧增,加之西南边疆的恶劣环境令人生畏,确定思茅关税务司的人选颇有一番周折。1896 年 8 月间,法国在思茅设立领事馆,赫德见状慌忙将蒙自关税务司卡尔调到思茅,负责开埠设关事宜。经卡尔和法国领事会同思茅同知张坦商定《试办关务章程》十条,思茅关于 1897 年 1 月 2 日正式开办。正关设于思茅县南城外,同时设立两个分关:猛烈分关(在普洱县辖

---

① China Maritime Customs. *Decennial Reports: Second Issue, 1892-1901*. Szemao. p.480.
② 王铁崖编:《中外旧约章汇编(第一册)》,北京:生活·读书·新知三联书店,1957年,第 622 页。

地猛烈代郎,与老挝邻界)和易武分关(在漫乃地方,与老挝邻界),两个查卡:东关查卡(在思茅县东门外)和永靖查卡(在思茅县柏枝寺)。①

与此同时,法国于1896年8月在河口建立领事馆。翌年7月1日,河口海关正式开办,为蒙自关之分关。原蛮耗分关则改为分卡。

中法《续议商务专条附章》的签订及其不久后中法铁路合同的签订,使英国大为震动,英国担心,法国正"企图要把法国的三色旗自湄公河流域而上带入云南和四川,并且最后在英属缅甸和英国国家在华势力的堡垒杨子江流域之间打入一个法国的楔子"。② 尽管1896年1月15日英法两国曾签订《索耳兹伯理—苏塞尔条约》(Salisbury Courcel Agreement)规定共同分享两国在云南、四川已经取得或将来可能取得的"所有通商和其他的特权及利益",但事实上,英法两国并未因此而缓和竞争。1897年,英国以清政府在《续议界务专条附章》中将江洪界内之地割让给法国,有违中英1894年签订的《续议滇缅界商务条款》的有关规定为由,胁迫清政府于1897年2月4日签订了《续议缅甸条约附款》。约内规定,"准将驻扎蛮允之领事官改驻,或腾越或顺宁府,一任英国之便,择定一处,并准在思茅设立英国领事官驻扎。所有英国人民及英国所保护之人民,准在以上各处居住、贸易,与在中国通商各口无异。"并在条约中另立专条,规定开放西江口岸梧州、三水为通商口岸,将江门、甘竹滩、肇庆府和德庆州城外四处,"开为停泊上下客商货物之口,按照长江停泊口岸章程一律办理"。③ 这样,英国不仅大大扩展了它在西南边疆的陆路通商贸易特权,而且由于开放西江而达到将西南边疆地区与长江流域连成一片的侵略意图。

根据中英《续议缅甸条约附款》,英国最后选中了腾越为通商处所。1901年秋天,英领事烈敦(Litton, G. J. L.)和海关税务司孟家美(Montgomery, G. F.)及其他关员在缅甸会聚,一起由缅甸赴腾越,于12月13

---

① 黄序鹓:《海关通志》(上),上海:商务印书馆,1917年,第202~203页。
② [英]菲利浦·约瑟夫著,胡滨译:《列强对华外交(1894—1900)——对华政治经济关系的研究》,北京:商务印书馆,1959年,第135页。
③ 王铁崖编:《中外旧约章汇编(第一册)》,北京:生活·读书·新知三联书店,1957年,第689、690页。

日抵达。经与腾越同知兼海关监督会商,议定试办章程十六条后,1902年5月8日,腾越关正式开办。5月11日,蛮允分关和并璋街分关设立。在此之前,英国于1898年2月14日在思茅设立了领事馆。

四、西南边疆地区关税制度的建立

如上所述,自1889年后十余年间,我国西南边疆开放了龙州、蒙自、蛮耗(后改河口)、亚东、思茅、腾越等六个通商处所,设置了十四个边关(包括分关)。与此同时,西南边疆地区还建立了一套与沿海通商口岸不同的关税制度。以下我们分类详述之:

(一)中法陆路通商关税制度。法国开辟中越陆路商道,追求的是获取优惠贸易特权,以垄断贸易,开拓中国新市场。因此,早在中法战争期间,双方签订中法《简明条款》时,法国就在条约中提出,日后议定详细商约税则"务须格外和衷,期于法国商务极为有益"。[①] 这是法国索取优惠贸易特权的一个信号。果然,当1885年10月法国新任驻华公使戈可当与李鸿章根据中法《越南条款》谈判中法陆路通商章程时,戈可当率先抛出一份二十四条约款草案。其中关于关税方面规定:1."凡有货物由北圻运入云南、广西两省境内者,其在中国税关输纳进境之税则,不得过各国在中国通行税则之半。"(草案第五款)2."凡有货物由中国陆路运入北圻者,于出境时,在中国税关输纳出境之税,即不得过各国在中国通行税则之半。"(草案第六款)3.越南食盐"运至中国南界各省,一概免出境之税"。[②](草案第十七款)对此苛求,清政府拒不答应,加之当时英国方面的干预、越南抗法斗争的牵制,戈可当不得不做出让步。1886年4月25日签订的中法《越南边界通商章程》对税则做了如下规定:1.洋货进云南、广西边关,"按照中国通商海关税则减五分之一收纳正税。如税则未载,

---

[①] 王铁崖编:《中外旧约章汇编(第一册)》,北京:生活·读书·新知三联书店,1957年,第455页。

[②] 王彦威辑,王亮编:《清季外交史料》,北京:北平清季外交史料编纂处,1931—1934年,卷六十二,第8、11页。

即按估价值百抽五征收正税"。2.土货运出云南、广西边关"照中国通商海关税则减三分之一征出口正税。如税则未载,即按估价值百抽五征收正税"。① 法国政府对此尚不满足,于是,1887年6月26日签订的《续议商务专条》对上述规定做了如下修改:"凡由北圻入中国滇、粤通商处所之洋货,即按照中国通商海关税则减十分之三收纳正税,其出口至北圻之中国土货,即按照中国通商海关税则减十分之四收纳正税"。②

(二)中英陆路通商关税制度。中英陆路通商关税制度包括以下两大类:

其一,中英滇缅陆路通商关税制度。法国通过中法通商章程攫取了陆路通商优惠特权,作为其竞争对手的英国自然不甘落后。于是,1894年3月1日签订的中英《续议滇缅界商务条款》对税则做了如下规定:"中国欲令中缅商务兴旺,答允自批准条约后,以六年为期,凡货经以上所开之路(按:指蛮允、盏西两路)运入中国者,完税照海关税则减十分之三,若货由中国过此路运往缅甸者,完税照海关税则减十分之四。"③ 尽管条约中载明,减税优惠以六年为期,但事实上,这一优惠特权一直到1929年方废止。④ 而且,1897年2月4日签订的中英《续议缅甸条约附款》增开思茅、腾越为中英滇缅通商处所,上述减税优惠特权自然也扩大到思茅、腾越两处。

其二,中英藏哲印陆路通商关税制度。为了攫取更大贸易优惠特权,英国谈判代表在与清政府谈判制定中英藏哲印陆路通商章程时,执意要求索取免税特权。谈判代表保尔(Paul)引证1881年的中俄《改订条约》和《改订陆路通商章程》,认为"已有两国边界百里之内任便贸易的先例",胁迫清政府应允。结果,中英双方于1893年12月签订的《藏印条款》中

---

① 王铁崖编:《中外旧约章汇编(第一册)》,北京:生活·读书·新知三联书店,1957年,第479页。

② 王铁崖编:《中外旧约章汇编(第一册)》,北京:生活·读书·新知三联书店,1957年,第515页。

③ 王铁崖编:《中外旧约章汇编(第一册)》,北京:生活·读书·新知三联书店,1957年,第578~579页。

④ 中国近代经济史资料丛刊编辑委员会主编:《中国海关与缅藏问题》,北京:中华书局,1983年,第4页。

规定:除各项军火、器械暨盐、酒、各项迷醉药等禁运货物外,"其余各货,由印度进藏,或由藏进印度,经过藏、哲边界者,无论何处出产,自开关之日起,皆准以五年为限,概行免纳进、出口税"。① 条约中虽言明免税优惠仅五年为限,"俟五年限满,查看情形,或可由两国国家酌定税则,照章纳进、出口税",但事实上,直到1913年亚东关撤消时,中英藏印哲陆路通商始终没征过税。而且,二十世纪初,英国第二次入侵西藏,强迫清政府签订《拉萨条约》(1904年11月11日),规定在西藏增开江孜、噶大克为商埠,又把上述免税特权扩大到这两处新开商埠。②

(三)其他关税制度。除上述中法、中英陆路通商关税制度外,英法两国为攫取更多贸易特权,扩大在西南边疆地区的权益,还对西南边关的征税制度做了一些特别规定。归纳起来,主要有以下几条:

其一,边境水道航运船货免税规定。1887年签订的中法《续议商务专条》规定,所有法国及北圻船只,经由边境松吉江、高平河来往于凉山、高平间,只须输纳船钞,"船内所载货物,一概免税"。③

其二,铁路用料等免税规定。铁路是英法两国侵入西南边疆地区的重要工具,中日甲午战后,英法两国一面竞相向清政府索取修筑铁路让与权,一面为加速修筑铁路而索取铁路用料免税特权。1896年6月5日,中法签订《龙州至镇南关铁路合同》,规定:"凡筑造经理铁路之材料,什物、机器、车辆、器具、家伙等件,无论何项关税,差费,一概免纳。"④1903年中法签订《滇越铁路章程》时,又重申了这一规定。

其三,土货转口贸易减税、免税规定。为了扩大西南边疆陆路通商,刺激经由边境陆路商道的转口贸易,1895年签订的中法《续议商务专条附章》对经由法属越南的土货转口贸易做了以下规定:1."凡边界所开之

---

① 王铁崖编:《中外旧约章汇编(第一册)》,北京:生活·读书·新知三联书店,1957年,第567页。
② 王铁崖编:《中外旧约章汇编(第二册)》,北京:生活·读书·新知三联书店,1959年,第346~347页。
③ 王铁崖编:《中外旧约章汇编(第一册)》,北京:生活·读书·新知三联书店,1957年,第516页。
④ 王铁崖编:《中外旧约章汇编(第一册)》,北京:生活·读书·新知三联书店,1957年,第653页。

龙州、蒙自、思茅、河口通商四处,若有土货经过越南,来往出此口时,应照十分减四之例收税。专发完税凭单,带同货物,到彼口时,免征进口之税。"2."由以上四处运土货出口,前往沿海、沿江通商各口,于边界出口时,应照十分减四之例收出口税。专发完税凭单,带同货物前往,俟到沿海、沿江通商口岸,应照沿海、沿江各通商口岸同项土货通例,完纳复进口半税。"3."凡有沿海、沿江通商口岸运土货,经过越南,前往以上四处,于出口时,征收十成正税。专发完税凭单,带同货物前往,俟到边关进口时,按照十分减四征收复进口半税。"①

显而易见,上述十九世纪后期英法两国胁迫清政府允准,以条约形式确立的西南边疆地区关税制度,主要是为英法两国占领中国西南市场,扩大侵华权益服务的。

十九世纪后期我国西南边疆的开埠设关及其关税制度的建立,是这一时期西南边疆危机的产物,也是这一危机的重要内容之一。它对我国西南边疆的政治、经济、文化诸方面的发展产生了很大影响,对此,限于篇幅,我们特另文详述。

---

① 王铁崖编:《中外旧约章汇编(第一册)》,北京:生活·读书·新知三联书店,1957年,第622~623页。

论近代中国海关与鸦片税厘并征

一、鸦片战争后的鸦片贸易及其征税办法

第一次鸦片战争后,作为战争导火线的鸦片贸易并没有被禁绝。相反地,鸦片走私愈发猖獗。据估计,至第二次鸦片战争前夕,从印度输入中国的鸦片每年高达6万余箱,比第一次鸦片战争前夕增加了一倍。[①] 而为了筹集军饷以镇压太平军,江苏、福建等地的地方督抚早已开始私下里对鸦片征收捐税。据《北华捷报》披露,早在1855年8月,上海道台便对经他允许上岸的走私鸦片密索每箱25元的税款,[②] 但遭到鸦片商的拒绝。第二年,两江总督何桂清"始自江苏之上海,定以每箱24两,以20两归入军需交拨,4两作为办公经费"。[③]

1857年初,"官方这种征收(鸦片)捐税扩展到了宁波"。[④] 而在福建,闽浙总督王懿德等也因"军需紧要,暂时从权量予抽捐","其所定税率为每担银二十元"。[⑤] 同年,福建内地还对鸦片"开禁抽厘"。[⑥]

---

① [美]马士著,张汇文等译:《中华帝国对外关系史(第一卷)》,北京:生活·读书·新知三联书店,1957年,第626页。

② 《北华捷报》,1855年8月18日、9月1日。

③ 齐思和等编:《第二次鸦片战争(四)》,上海:上海人民出版社,1978年,第61页。另据《北华捷报》1856年10月5日,则云每箱征收20元,约等于纹银20两。

④ 《北华捷报》,1857年4月18日、4月25日。

⑤ [英]班思德编:《最近百年中国对外贸易史》,上海:海关总税务司署统计科译印,1931年,第61页;(清)夏燮:《中西纪事》,收录于沈云龙主编:《近代中国史料丛刊》(第十一辑),台北:文海出版社,1967年,卷四。

⑥ 《清实录》(文宗),卷二百三十六,北京:中华书局,1987年,第670页。

由此可见,早在鸦片贸易合法化之前,地方督抚已私自对鸦片征收捐税,且有抽收厘金之事。清政府虽言严禁,但对所谓"防剿需费"的"权宜之计"还是姑且听之任之的。

第二次鸦片战争后,清政府一方面迫于列强压力,另一方面又为财政危机所困扰,于是允准鸦片贸易合法化,"听商遵行纳税贸易"[①]。至于其征税办法,则中英《通商章程善后条约》内规定:"洋药准其进口,议定每百斤纳税银叁拾两,惟该商止准在口销卖,一经离口,即属中国货物,只准华商运入内地,外国商人不得护送。即《天津条约》第九条所载英民持照前往内地通商,并二十八条所载内地税之例,与洋药无涉。其如何征税,听凭中国办理,嗣后遇修改税则,仍不得按照别定货税。"[②]

上述可见,被官书称为"洋药"的鸦片,是作为一种特殊进口货处理的,其征税办法和税率均异于一般洋货。其课税大致可分为两类:一类是各通商口岸海关对货主征收的关税,税率为每百斤 30 两;另一类是对买主征收的税捐、厘金等各种内地税,这些内地税有由各口岸的常关征收的,也有由内地各厘金局卡征收的。外商将抽自买主的内地税统统称为厘金。而当时各口岸省份征收的鸦片厘金税率是大不相同的,这可以很容易地由表 1 看出。

表 1　各通商口岸鸦片净厘捐征收额

单位:两

通商口岸	本口厘捐	运往内地沿途厘捐	总计	通商口岸	本口厘捐	运往内地沿途厘捐	总计
牛庄	18600	10197	28797	宁波	34000	—	34000
天津	17000	运往北京 36000	53000	福州	84640	20860	105500
		运往山西 17000	34000	淡水	32136		32136
烟台	18600	—	18600	打狗	45340		45340
汉口	13920	16564	30484	厦门	90290		90290

---

① 王铁崖编:《中外旧约章汇编(第一册)》,北京:生活·读书·新知三联书店,1957 年,第 172 页。

② 王铁崖编:《中外旧约章汇编(第一册)》,北京:生活·读书·新知三联书店,1957 年,第 117 页。

续表

通商口岸	本口厘捐	运往内地沿途厘捐	总计	通商口岸	本口厘捐	运往内地沿途厘捐	总计
九江	34000	16960	50960	汕头	11050	3710	14760
镇江	38400	24000	62400	广州	23000	25340	48340
上海	44740	—	44740				

说明：本表系根据［英］莱特著，姚曾廙译：《中国关税沿革史》，北京：生活·读书·新知三联书店，1958年，第220～221页提供资料改编。该资料系1868年海关调查之结果。

上述情况引起了外国（尤其是英国）鸦片贩子的抱怨和不满，由此中英间围绕鸦片内地税厘征收产生了一系列交涉。

二、鸦片税厘并征方案的出台与实施

鸦片税厘并征方案是由窃据中国海关总税务司一职长达半个世纪之久的英国人赫德提出的。

1861年4月，由于原海关总税务司李泰国请假回国，时任广州关副税务司的赫德代理总税务司一职。6月，赫德首次从广州赴京会晤总理衙门大臣奕䜣。他为此做了精心准备，在借会晤之机当面递呈的禀呈和清单中，就鸦片征税事宜提出两项办法："一系进口时征一次重税，即每箱六十两。完税之后，准往各处，而不另征别税……一系进口时按则例征税，俟洋药入内地后，由中国自行设法办理。"[①] 对于后者，赫德还拟定为一个详细章程，其要点为：(1)鸦片不论装载何船，应于进口时完纳正税三十两，方准上岸。(2)上岸之后，外商或华商经纪，贩卖与窖口或烟馆，应由买主完纳子口半税，即每箱十五两。(3)鸦片完清正税和子口税后，即可在本府所属各州县售卖，而不重征税饷。一出本府交界，运往别处，则

---

① 中华书局整理：《筹办夷务始末（咸丰朝）》（第八册），北京：中华书局，1979年，卷七十九，第2933～2935页。

三、近代关税制度的变迁

凭地方官随时设法办理。①

显而易见,赫德是竭力想把鸦片征税事宜最大限度地归入海关的管辖之下,侵夺内地税关局卡的征税权力。尽管奕訢等人对此建议颇为欣赏,但结果仍未采纳。

1875年3月的马嘉理事件,使英国政府找到一个向清政府大加勒索的机会,也使"居间调停"的赫德找到一个扩展海关权力的机会。赫德再次对鸦片征税问题提出自己的一套方案,即鸦片运抵通商口岸后向海关完纳每担一百二十两的进口税,尔后在口岸三十华里的范围内概免重征。运出三十华里之外,则视为中国商品,不论何时、何地、在何人手中,均应缴纳一切内地税厘。② 这一方案显系十五年前他对总理衙门大臣建议的翻版,只是鸦片完纳的进口税率提高了。这是为了满足清政府的财政需要,以诱使清政府采纳。

清政府虽未予采纳,但该方案的基本精神,即将鸦片征税权最大限度转入海关手中,却载进了中英《烟台条约》中,该条约规定:"英商于贩运洋药入口时,由新关派人稽查,封存栈房或趸船,俟售卖时洋商照则完税,并令买客一并在新关输纳厘税,以免偷漏,其应抽收厘税若干,由各省察勘情形酌办。"③这一规定将所有对鸦片征收的内地税厘均改在口岸向海关一次性完纳,完全剥夺了内地关卡对鸦片的抽厘征税权。这便是所谓的鸦片税厘并征。

尽管清政府在条约签订后的第四天便予以批准,但英国政府却迟迟不以批准。因为条约中原规定对"洋药在新关并纳厘税"一事须"俟英国会商各国,再行定期开办",④而会商的结果,既遭到对条约中某些条款不

---

① 中华书局整理:《筹办夷务始末(咸丰朝)》(第八册),北京:中华书局,1979年,卷七十九,第2933~2935页。

② Wright S. F.. *Documents Illustrative of the Origin, Development, and Activities of the Chinese Customs Service*. Vol.Ⅵ. Shanghai: Statistical Department of the Inspectorate General of Customs, 1938, p.372.

③ 王铁崖编:《中外旧约章汇编(第一册)》,北京:生活·读书·新知三联书店,1957年,第349页。

④ 王铁崖编:《中外旧约章汇编(第一册)》,北京:生活·读书·新知三联书店,1957年,第350页。

满的列强的冷遇,也遭到与鸦片贸易最为密切相关的印度英国殖民当局及英国鸦片贩子的激烈反对。尤其是后者,他们对于由各省自行确定厘税抽收数额的规定深感不满,担心会妨碍他们的鸦片贸易,便竭力阻止英国政府批准《烟台条约》中与此有关的条款。为了满足印度英国殖民当局和英国鸦片商人的要求,英国政府就修改有关鸦片税厘并征条款同清政府进行了一系列谈判。英国政府要求把原规定的由各省自定厘税数额改为全国划一办理,清政府同意了这一修改。但双方对厘金征收数额的多少争论不休,英国方面为维护印度的英国政府和英国鸦片商人的利益,自然希望厘金税率愈低愈好。清政府方面则为了增加财政收入,希望征收较高的厘金税率。不过,清政府内部在税率高低问题上也存在歧异,李鸿章在《烟台条约》谈判时便曾提出每担抽厘六十两,但未被英方接受;而左宗棠则极力主张每担抽厘一百二十两,加上每担三十两的进口税,每担共征税厘一百五十两。英国公使威妥玛对此当然更不能接受,他主张每担只能抽厘四十两。两者相去甚远。[①]

此后,左宗棠退出谈判,李鸿章便在双方的会谈中逐渐把厘金税率下降,直到每担抽厘八十两。威妥玛则只同意在他原先提出的数额上再增加十两,即每担抽厘五十两。[②] 双方仍僵持不下。但由于清政府坚持每担抽厘八十两是所能同意的最低数字,英国方面不得不渐次做出让步。

1883年初,英国政府开始同驻英公使曾纪泽进行谈判。英国政府表示同意将厘金税率提高到每担七十两,但清政府仍坚持每担八十两,英国方面最后不得不同意接受这一税率[③]。

在中英双方为税厘并征方案展开拉锯式的谈判期间,有两件事值得一提。其一是赫德的态度。对于鸦片厘金税率,赫德一方面向威妥玛表示赞同他提出的每担抽厘四十两,[④]另一方面则向总理衙门表示赞成左

---

① [英]莱特著,姚曾廙译:《中国关税沿革史》,北京:生活・读书・新知三联书店,1958年,第278~279页。
② 《英国国会文件》,"中国第三号(1882)",第74页。
③ [英]莱特著,姚曾廙译:《中国关税沿革史》,北京:生活・读书・新知三联书店,1958年,第282~284页。
④ 英国外交部档:17/810。

宗棠提出的每担抽厘一百二十两。① 当1883年中英双方再次谈判时,他又表示,即使把厘金税率定为九十两,也不会影响鸦片消费。清政府便是据此不肯对英国政府让步,而坚持每担抽厘八十两②。表面观之,在中英双方对厘金税率高低的争执中,赫德更倾向于接受清政府的高税率,但这决非意味着赫德偏袒清政府的利益,而是他心中自有一个算盘,那便是借鸦片税厘并征及与此相关的香港、澳门鸦片走私问题扩展海关之权势,提高海关之地位,从而增强对清政府的控制能力。这是赫德一直追求的目标。

其二,在中英双方谈判期间,英国商人沙苗受政府派遣前来中国,向清政府提出《揽办洋药章程》计十七条,核心在于由英国垄断对华鸦片贸易,而由海关掌握征税管理权。③ 与此同时,德国人德璀琳则在李鸿章的支持下,提出揽办鸦片贸易的十条建议④。赫德对沙苗的揽办方案十分欣赏,大力支持。他一面函告伦敦的金登干,希望"让沙苗在英国放手去干,怎么干得最好,就怎么干";⑤一面对清政府声称:"现在多年反复商议洋药事宜而未见头绪,总税务司以为不若依沙苗之章定局。""按此法可多收税项,而多省事。若准照办,似必有效验。"⑥赫德企图以此诱使清政府采纳沙苗的方案,但遭到总理衙门的反对。总理衙门认为,由洋人揽办中国的鸦片贸易"是拒之不暇,反招之使来,其名不正,其事断不可行"。⑦

对德璀琳的方案,赫德一开始确实较为冷淡。因为德璀琳与李鸿章过从甚密,是赫德的潜在竞争对手。但赫德并不排斥德璀琳的方案,而是

---

① 英国外交部档:17/810。
② 《英国国会文件》,"中国第五号(1885)",第6~9页。
③ 王彦威辑,王亮编:《清季外交史料》,北京:北平清季外交史料编纂处,1931—1934年,卷二十七,第33~37页。
④ (清)李圭撰:《鸦片事略》(卷下),第8~9页。
⑤ Fairbank J. K. et al.. *The I. G. in Peking: Letters of Robert Hart, Chinese Maritime Customs, 1868-1907*. Vol. Ⅱ. Cambridge, Mass. and London: The Belknap Press of Harvard University Press, 1975, p.430.
⑥ 王彦威辑,王亮编:《清季外交史料》,北京:北平清季外交史料编纂处,1931—1934年,卷二十七,第37页。
⑦ 王彦威辑,王亮编:《清季外交史料》,北京:北平清季外交史料编纂处,1931—1934年,卷二十七,第39页。

将其视为在沙苗失败情况下,可以起而替之者。因而当他从金登干那儿获悉沙苗可能和德璀琳联合时,便函告金登干,表示并不反对联合。他的目标很清楚:"我只是要求计划实现,不管最后由谁执行这个计划都行。"①但德璀琳的方案同样没能付诸实施。

赫德对上述两个揽办鸦片贸易方案的支持,充分说明了我们关于他对税厘并征一事所抱态度的论断是正确的。

中英政府关于鸦片税厘并征事宜的谈判一拖便是八年,直到1885年,才由驻英公使曾纪泽代表清政府与英国签订了《烟台条约续增专条》,对鸦片税厘并征办法做了如下规定:

(1)洋药运入中国者,应由海关验明,封存海关准设具有保结之栈房,或封存具有保结之趸船内。必俟按照每百斤箱向海关完纳正税三十两,并纳厘金不过八十两,方许搬出。

(2)洋药完纳正税,厘金两项后,海关应发给货凭单,不取分文。尔后洋药运往内地,即无须再完税捐等项。

条约还规定:"此专条应于画押以后六个月开办施行。"②但由于当时香港作为鸦片贸易的中转站,已成鸦片贩子猖獗走私贩运鸦片的大本营,不解决香港鸦片的偷漏问题,税厘并征便无从切实开办,因而,《续增专条》中规定:"《烟台条约》第三端第七节所载派员查禁香港至中国偷漏之事,应即作速派员。"③据此,清政府苏松太道邵友濂和赫德前往香港与香港殖民当局谈判。赫德利用这一机会,控制了香港会谈,最终于1886年9月订立了《管理香港洋药事宜章程》。这一章程既维护了香港洋药包商的利益,又使赫德得以在九龙建立海关,将香港六厂划归九龙关税务司管辖。

章程既订,赫德便返回北京,筹划鸦片税厘并征事宜。11月,总理衙

---

① Fairbank J. K. et al., *The I. G. in Peking: Letters of Robert Hart, Chinese Maritime Customs, 1868-1907.* Vol. Ⅱ. Cambridge, Mass. and London: The Belknap Press of Harvard University Press, 1975, pp.431,425,372.

② [英]莱特著,姚曾廙译:《中国关税沿革史》,北京:生活·读书·新知三联书店,1958年,第471~472页。

③ [英]莱特著,姚曾廙译:《中国关税沿革史》,北京:生活·读书·新知三联书店,1958年,第473页。

门依照赫德的要求,通告各省督抚:各省厘局的鸦片厘金征收工作"以新正初八为止。初九日(即1887年2月1日)起,一律归洋关开办"①,实行税厘并征。海关终于将鸦片厘金的征收权夺到手。

三、鸦片税厘并征的若干历史影响

鸦片税厘并征,是英国为满足印度的英国殖民当局和英国鸦片商人的要求而诱使清政府接受的。而海关总税务司赫德一直竭力促成此事,其目的在于借此机会扩展海关权势。鸦片税厘并征的推行对海关权力的扩展、对清政府的财政均发生重大影响。

其一,实施鸦片税厘并征后,海关的征税范围进一步扩张。这是继子口税制度推行后,海关对中国国内税征收权力的又一次侵夺。而且,赫德还乘机利用解决香港、澳门鸦片走私问题建立九龙、拱北两个特殊的海关,并将广东洋面原属粤海常关管辖的六个税厂并入海关税务司的管辖之下,从而完成了一次较大规模的兼并常关权力的阴谋活动。这一切,都大大扩展了海关权势。可以说,鸦片税厘并征以及由此引起的海关兼并粤海常关权力一事,构成了近代海关自赫德架空海关监督,全面窃取海关行政管理大权以来,较大规模的一次权力扩张。而从晚清财政的角度上看,海关权力的扩张,意味着海关在清政府财政体系中的地位进一步提高。因为更多的财源须经由海关这一渠道进入中央政府的金库。这自然也意味着海关对清政府财政控制的能力进一步加强。

其二,鸦片税厘并征的实施,使海关税收大大增加了。据海关统计,实施鸦片税厘并征的1887年,仅十个月的鸦片厘金收入便达460余万海关两,翌年,鸦片厘金收入上升到660余万海关两,分别占当年关税收入的22.6%和28.5%。可见其对于关税收入影响之大。至于历年的鸦片厘金收入情况,可由表2观之。

---

① 王彦威辑,王亮编:《清季外交史料》,北京:北平清季外交史料编纂处,1931—1934年,卷六十九,第36页。

表2 历年鸦片厘金收入统计表(1887—1917年)

单位:千海关两,%

年份	鸦片厘金	占有关税总收入比例	年份	鸦片厘金	占有关税总收入比例	年份	鸦片厘金	占有关税总收入比例
1887	4646	22.62	1898	3983	17.70	1909	3906	10.99
1888	6622	28.50	1899	4748	17.81	1910	2839	7.98
1889	6085	27.88	1900	3961	17.32	1911	3564	9.85
1890	6129	27.86	1901	3971	15.55	1912	4424	11.07
1891	6198	26.35	1902	4101	13.67	1913	3819	8.69
1892	5667	24.98	1903	4705	15.41	1914	1598	4.10
1893	5363	24.39	1904	4382	13.91	1915	939	2.56
1894	5050	22.42	1905	4154	11.83	1916	287	0.76
1895	4104	19.19	1906	4330	12.00	1917	216	0.57
1896	3920	17.36	1907	4371	12.91			
1897	3948	17.36	1908	3871	11.77			

资料来源:Hsiao Liang-Lin, *China's Foreign Trade Statistics*, pp.132-133.

可见从鸦片税厘并征实施至清末的二十余年间,每年均有四五百余万海关两的鸦片厘金收入。这笔收入对支持中央政府的财政,尤其是在中日甲午战前,确实起了不小的作用。当张之洞等地方大吏反对税厘并征及广东洋面六厂移交海关税务司管辖时,光绪帝深恐此举妨碍税厘并征的推行,下谕对张之洞等人严词斥责,并称:"海军创始,筹饷万难,有此办法,冀可岁增巨款。"①可见中央政府对这笔税款之重视,而海关的地位也借此进一步提高了。

其三,巨额的鸦片厘金经由海关渠道成了国税,意味着一大笔财源从地方督抚手中溜走了。于是,鸦片税厘并征使得二者财政利益分配的矛盾进一步激化。地方当局对失去一大笔地方财源深表不满,发泄不满的

---

① 王彦威辑,王亮编:《清季外交史料》,北京:北平清季外交史料编纂处,1931—1934年,卷七十,第25页。

首要目标便是列强控制下的海关。他们竭力反对"统交洋人税厘并征"①,以至赫德也不得不承认:"从牛庄到北海,在道台,抚台和厘金委员中,我们随处结了许多怨家。"②中央政府的态度则大不相同。在总理衙门看来,"此时事在必行,势不能顾惜一隅,动摇全局"。③他们认为鸦片税厘并征"无非冀除一分中饱,即增一滴饷源"。④中央政府想通过海关来保证中央财政收入。是故,上谕对外籍税务司管理海关一事褒奖有加,意称:"税司由我而设,洋税自我而收,现在海关岁入增至一千五百余万,业已明效可观。"⑤认为张之洞等人发出的"熟察各关税司洋人,已成坚据不移之势,不肯用华人,对外海内地税厘财源统归洋员,实不能无过虑"的警告,是"挟持偏见,故作危词"⑥。中央与地方的不同态度,正是两者财政利益分配矛盾的反映。

---

①　王彦威辑,王亮编:《清季外交史料》,北京:北平清季外交史料编纂处,1931—1934年,卷七十,第25页。
②　中国史学会编:《中日战争》(第二册),上海:新知识出版社,1956年,第526页。
③　王彦威辑,王亮编:《清季外交史料》,北京:北平清季外交史料编纂处,1931—1934年,卷七十,第15页。
④　王彦威辑,王亮编:《清季外交史料》,北京:北平清季外交史料编纂处,1931—1934年,卷七十二,第22页。
⑤　光绪十三年三月初二日,张之洞、吴大澂、润周德致总署电,见王彦威辑,王亮编:《清季外交史料》,北京:北平清季外交史料编纂处,1931—1934年,卷七十,第25页。
⑥　王彦威辑,王亮编:《清季外交史料》,北京:北平清季外交史料编纂处,1931—1934年,卷七十,第25页。

论晚清的子口税与厘金

晚清的子口税与厘金,关系异常微妙。两者在咸丰年间相继产生,此后则一直处于互为消长的关系中,并由此引出两者间的某种制约关系。而围绕着两者的矛盾关系,又有着晚清中央与地方财政关系演化的复杂背景。对此,本文拟做一深入探讨。

一

众所周知,晚清子口税制度是以英国为首的侵华列强迫使清政府接受的不平等关税制度之一。其目的在于为外商倾销洋货,掠夺土货扫清障碍。但在某种程度上,它的产生又与厘金制度的建立颇有关系。

早在 1840 年,英国政府便训令在华全权代表,在与清政府缔约时,要力争对中国内地税的征收做出某些限制。[1] 但由于当时英国政府对中国"内地常关实际施行的税率一无所知"[2],因而 1842 年签订的《南京条约》第十款只规定,对在中国内地转运的进口英国货物"每两加税不过分",没有规定具体税率。[3]

此后,新任全权代表朴鼎查立即对中国内地税做了大量调查。结果

---

[1] 列岛编:《鸦片战争史论文专集》,北京:生活·读书·新知三联书店,1958 年,第 55 页。

[2] [英]莱特著,姚曾廙译:《中国关税沿革史》,北京:生活·读书·新知三联书店,1958 年,第 15 页。

[3] 王铁崖编:《中外旧约章汇编(第一册)》,北京:生活·读书·新知三联书店,1957 年,第 32 页。

三、近代关税制度的变迁

表明,大部分货物征收内地税的税率均低于协定关税税率的半数以下。①因而当 1843 年 6 月《南京条约》在香港批准换约时,朴鼎查和耆英签订了一份《过境税声明》。其中规定,"查中国内地关税定例本轻,今复议明内地各关收税,洋货各税,一切照旧轻纳,不得加增"②,仍未订明固定税率。可见此时内地税与洋货倾销的矛盾尚未激化。

咸丰初年,由于太平天国运动的打击,清政府财政陷入窘境。为筹措镇压太平军的费用,清政府开征厘金,内地税骤然加重,情形因之一变。

当 1853 年夏厘金制度初兴时,其施行区域仅限于扬州附近,征收货物仅限于米一项。然翌年 3 月,抽厘货物种类迅速增多,其施行区域也因清政府的倡导而在江苏省全面铺开。1855 年起,各省更纷纷仿效,厘金制度就此确立,成了清政府的一项新税制。③

厘金虽初定为"百取其一",但由于当时各省督抚和统兵大员以"就筹地饷"为词各行其是,厘金抽收的税率和办法五花八门,差别甚大。据罗玉东先生提供的材料,税率有低仅 0.45%,也有高达 9%,而一般则为 2% 左右。④ 但税率高低还不足以代表实际征收之多寡,私加的勒索敲诈常数倍于此。⑤

因而,厘金制度一经建立,便"像传染病一样地流布蔓延",其影响立即显现。"由于它的局卡层层密布,组成了一个密网,连最巧于趋避的商人也无法逃脱罗网,更由于它的那些雇员们深知留难延宕在金钱上的价值而故意予以留难,致使这种厘金制度,在创办以来不几年内,就变成了贸易流转上的一道不能容忍的障碍,迫使贸易在许多情形下都逸出了它的自然渠道,而且有时竟妨害贸易到了这样的地步,往往使货物因延宕造

---

① [英]莱特著,姚曾廙译:《中国关税沿革史》,北京:生活·读书·新知三联书店,1958 年,第 15~16 页。
② 王铁崖编:《中外旧约章汇编(第一册)》,北京:生活·读书·新知三联书店,1957 年,第 33 页。
③ 罗玉东:《中国厘金史》(上册),上海:商务印书馆,1936 年,第 15~24 页。
④ 罗玉东:《中国厘金史》(上册),上海:商务印书馆,1936 年,第 7~15 页。
⑤ 罗玉东:《中国厘金史》(上册),上海:商务印书馆,1936 年,第 27~29 页。

成的毁损,失去了最有利的市场,或蒙受价值上的损失。"①对于急欲扩大中国市场的英国商人来说,厘金制度成了他们倾销洋货、搜刮土货的最大障碍。于是英国政府出面干预。1854年2月间,英国外交大臣命令驻华公使包令向中国政府提出"不得在外国进口的货物上,和为向外国出口而购买的货物上,课征内地税或通过税"。②1857年4月,英国外交大臣又指示额尔金,要求中国政府仿照土耳其,"以缴纳一种代偿金的办法,来代替一切内地税"。③但清政府均未加理睬。直至英法联军用武力再次迫使清政府就范,英国政府才得以将其意图载入1858年签订的中英《天津条约》和《通商章程善后条约·海关税则》中。即规定:英国商人进出口货物,既准在口岸一次纳税,而免去一切内地税厘的征收。所纳之税为正税之半,是为子口税,又称子口半税。缴纳子口税为外商独享之特权。外商可在缴纳内地税厘和子口税之间自由选择。同年签订的中美、中法《天津条约》和附约也做了类似的规定。④

这样,依照上述不平等条约的规定,子口税制度便建立起来。由此可见,子口税制度的建立与厘金制度的推行密切相关。子口税制度可以说是侵华列强急欲扩展中国市场的企图与厘金制度管理无章、苛索无度的现状间矛盾冲突的产物。有人称子口税为"抵代税",指的便是以子口税抵代以厘金为主的内地税。而厘金与子口税两者间的此绌彼盈,互为消长也即源于此。这一消长关系可由以下两方面观之。

第一,由于依照《天津条约》的规定,外商在缴纳子口税或厘金间有自由选择权,外商对两者的取舍,自然遵循"趋利避害"的原则。这便使子口税制度推行的区域分布及其推行程度的深浅,与各地厘金制度的实施状况密切相关。

---

① [英]莱特著,姚曾廙译:《中国关税沿革史》,北京:生活·读书·新知三联书店,1958年,第180页。
② [美]马士著,张汇文等译:《中华帝国对外关系史(第一卷)》,北京:生活·读书·新知三联书店,1957年,第767页。
③ 《英国国会文件》,"额尔金伯爵赴华赴日有关文件,1857—59",第4页。
④ 参阅王铁崖编:《中外旧约章汇编(第一册)》,北京:生活·读书·新知三联书店,1957年,第99~100、117~118、134~135、139页。

三、近代关税制度的变迁

据1875年的海关贸易报告说,在第二次鸦片战争后相继开放的14个沿海沿江通商口岸中,仅有上海、镇江、汉口、宁波、九江、福州和厦门7个口岸有子口税单的签发,且以长江中下游各口为最多,次之为除广州之外的南方沿海各口。① 这一分布特点,与各地厘金制度的推行情况密切相关。长江中下游一带,当时是厘金局卡密布、厘金抽收最为苛重的地区,尤以江苏为甚。据同治二年(1863年)江宁将军富明阿奏称,裹下河一带,南北粮台设立捐卡,大小有百余处。有一处而设数卡者,有一卡而分数局者。商人苦于厘捐之繁重,怨声四起。② 因而,1875年镇江口岸进口的洋货中,申领子口税单运入内地的货值竟占总货值的78.40%,高居各口之上。③ 而南方沿海的广东省,"厘金税率与子口税大约相等,取得子口税单并没有什么好处",④因而广州一口无签发子口税单之事。至于北方各口,因为"厘金及税捐似乎并不高于子口税的税率",故子口税制度"从未实施"。⑤

当然,子口税制度推行的制约因素并非仅厘金制度一端。诸如当地官府的态度、内地市场的范围、贸易渠道的状况等等,均会对子口税制度的推行产生或多或少的影响,但厘金制度的影响,可以说是最主要的。子口税制度的推行与否以及推行程度的深浅,在很大程度上是依当地厘金制度的实施状况为转移。对此,时人已多有觉察。厦门英领事的商务报告中便曾指出:

> 申请子口税单的数量取决于地方税税额和地方税关执行任务的效率和速度。如果税额轻微,官吏征税的效率高,检查和放行的时间短,申请子口税单的数量便少了。⑥

---

① China Maritime Customs. *Reports on Trade*,1875. pp.35-40.
② 光绪朝《钦定大清会典事例》,卷二百四十一;(清)刘锦藻:《清朝续文献通考》,卷四十九《征榷二十一·厘金》,台北:新兴书局,1965年,第8042~8043页。
③ China Maritime Customs. *Reports on Trade*,1875,Chinkiang.
④ China Maritime Customs. *Reports on Trade*,1875,p.36.
⑤ China Maritime Customs. *Reports on Trade*,1875,p.36.
⑥ 《商务报告》,1894,厦门。

第二，由于子口税具有抵代厘金等内地税的作用，商人在缴纳子口税后便可免去沿途厘金局卡的征收，因而子口税的增加，自然意味着沿途厘金局卡收入的减少，反之亦然。这便构成了子口税与厘金间盈绌变幻的消长关系。而且这一关系两极的变化又是以厘金这一极为中心发生的，对此，海关贸易报告中曾有一段简洁的概括：

> 子口税与内地厘金视为消长；若厘金重于子口税，子口税必旺；若厘金轻于子口税，厘金必旺。此商情之向背所系焉者也。①

在子口税制度推行之处，视厘金之轻重为转移的子口税与厘金间的这种消长现象，均可明显看到。如江苏为厘金制度发源地，厘金局卡遍地林立，为全国厘金负担最重地区之一，而厘金收入也甚为可观，同治初年，每年可收 300 余万两。② 因而，子口税制度在这里推行也最早、最广。镇江、上海两口的子口税收入一直居全国之冠。③ 同治中期后，江苏厘金收入开始呈下跌趋势。光绪二年（1876年）沈葆桢奏称："江苏各局厘金，从前军务初平时抽收极旺，嗣则逐年减少，有江河日下之势。"究其原因，沈葆桢认为有二，一是"近来百物翔贵，货滞不销"；二是子口税制度之盛行。关于后者，沈葆桢称：

> 其为害最甚而莫可谁何者则莫如洋票。洋人运内地土货概凭单照验免，不得抽厘。当定章之始，专指洋商而言，所短尚不甚多。近则内地华商避重就轻，讬名诡寄，由内河而至长江到处都皆是。偶一扣留则洋人出头包庇，动以留难索赔为词。此无穷之漏厄而良商并受其害者也。④

---

① 总论，《通商各关华洋贸易总册》，上海：总税务司署造册处，1891年。
② 罗玉东：《中国厘金史》（上册），上海：商务印书馆，1936年，第164页。
③ China Maritime Customs. *Returns of Trade*, 1865-1875.
④ （清）吴元炳辑：《沈文肃公（葆桢）政书》，收录于沈云龙主编：《近代中国史料丛刊》（第六辑），台北：文海出版社有限公司，1967年，卷六，第1163页。

翌年,他在奏报江苏饷源日竭的奏折中再次声称:江苏厘金收数大减是由于"洋票盛行良贾折"。①

再如四川。据光绪三十年(1904年)川东道禀复督宪文称:

> 厘金初设,洋关未开,并无洋纱子口。彼时花布行销,商帆络绎,厘金极形畅旺。近来洋纱盛行,花布稀少,子口日益充斥。不但重庆厘局受其侵占,即近而合州、叙、沪、宁、雅,远而滇黔各厘局,无不交受其困。溯查光绪三、四、五等年,夔厘征至廿七万余金。自开设洋关后,遂逐年递减。盖子口增则厘金绌。②

"子口增则厘金绌",可谓一语中的。据文内统计:"夔州进出口洋旗未完之货厘,(光绪)二十三年则有六十一万六千二百余两,二十四年则有五十七万一千五百余两,是为采单侵占之明验"。③

以上举的是子口盈而厘金绌的例子。至于厘金旺而子口衰的例子,则如福州。据福州海关的贸易报告,1874年秋天,福州厘金局降低了各厘卡对进口棉布匹头及部分海峡殖民地产品的厘金税率,因而"从那时起,在从福州以子口税单运入内地的货物中,棉毛织品及主要的金属和杂货,可以说已经完全没有了",④其结果自然是子口税收入减少而厘金收入增加了。

值得进一步指出的是,在子口税与厘金的消长关系中,我们更多的是看到子口税长厘金消,子口税旺厘金绌。究其原因,时任湖南巡抚的卞宝第在议及湖北厘务时有一段话说得极明白:

> 迨光绪初年,洋票盛行,富商大贾均愿呈缴子口税银。近则宜昌开关,又准用民船装运土货,小贩亦借洋票避厘趋税。推原其故,用

---

① (清)吴元炳辑:《沈文肃公(葆桢)政书》,收录于沈云龙主编:《近代中国史料丛刊》(第六辑),台北:文海出版社有限公司,1967年,卷七,第1347页。

② 《巴县档案抄件》,见鲁子健主编:《清代四川财政史料(下)》,成都:四川省社会科学院出版社,1988年,第463页。

③ 《四川官运盐案类编九十卷》,卷八《己亥纲》,第8页。

④ China Maritime Customs. *Reports on Trade*, 1875, Foochow; China Maritime Customs. *Reports on Trade*, 1876, Foochow.

洋票则捐轻而行速,无洋票则遇卡完厘,既延时日,又输重捐。商人惟利是趋,自必就轻避重。①

商人缴纳子口税或厘金的优劣利弊,卞宝第已说得很清楚了。除此之外,尚有贪官恶吏对华洋商人的不同态度:"乃洋商入内地,执半税之运照,连樯满载,卡闸悉予放行。而华商候关卡之稽查,倒箧翻箱,负累不堪言状",②以至"倚洋人则生,否则死;冒洋人则安,否则危。丛雀渊鱼,不至尽驱为洋人不止"。③这便造成华商纷纷以倚洋商,纳子口税为逃避厘金重苛之良方。④子口税日旺,厘金日绌的局面也便自然而生了。

二

由于子口税与厘金消长关系的上述特点,子口税制度的推行对厘金制度起了一定的制约作用。

海关统计数字表明,随着子口税制度的推行、扩展,子口税收入不断增长。七十年代以前,子口税年收入约为15万~18万海关两。至七十年代末上升到30余万海关两。八十年代末又上升到40余万海关两。九十年末猛增到80余万海关两。至清末十年则已突破200万大关。⑤子口税收入的增长,自然影响到各地厘金的收入。在晚清厘金收入为地方当局重要财政来源及有关官吏贪污中饱之利渊的情况下,厘金收入的减少以至厘金征收权被侵蚀必然使地方官吏被迫采取相应措施。这些措施可归为两类:一为以非经济手段阻碍子口税制度的推行。如拒绝承认子口税单的效力;对持子口税单华商的刻意刁难、借词勒索;对华商申请子口

---

① (清)卞宝第:《卞制军奏议》,卷六,第3~4页。
② (清)马建忠著,张岂之、刘厚祜校点:《适可斋记言》,北京:中华书局,1960年,第77页。
③ (清)陈炽:《庸书·内篇》,卷上《厘金》,第18页。
④ 参阅 China Maritime Customs. *Reports on Trade*, 1866, Ningpo;太平天国历史博物馆编:《吴煦档案选编(第六辑)》,南京:江苏人民出版社,1983年,第529页。
⑤ China Maritime Customs. *Returns of Trade*,1865-1895.

税单的威吓、恐吓等等。一为以经济手段与子口税相竞争。在后一种情况下,子口税制度的制约作用便得以发生。这种作用大致包括两方面。

其一,在子口税日盛,厘金日绌的压力下,"各省当局都认识到这种必要性:如果他们要控制这一部分税收,就必须把地方税课减低到接近条约规定的子口税水平。因为只要这样做,商人为了避免各关卡税吏因发现货物备有子口税单而常加以细小的麻烦和羁留,便宁愿完纳稍微高一点的厘金"。① 于是,这种减低厘金税率以招徕商人,与子口税争利的现象,自同治末年起,曾先后在部分地方出现。如在厦门,由于苛重的厘金负担,1874 年 7 月底,中断十年的子口税制度又复活了,并很快迫使厦门当局降低厘金税率。其情况如表 1 所示:

表 1　厦门口岸对运入内地主要货物征收的厘金额

单位:两

种　类	1874 年 11 月 7 日以前征收的厘金	1874 年 11 月 7 日以后征收的厘金
棉布类:(每匹)		
本色市布	0.16	0.08
漂白市布	0.16	0.08
染色布	0.16	0.08
白提花布	0.16	0.08
粗斜纹布	0.30	0.10
本色洋标布	0.08	0.04
毛织品类:		
羽　絮	1.00	0.38
英国羽纱	1.00	0.72
绉羽纱	0.50	0.36
羽　绸	0.50	0.20
粗斜纹布	0.80	0.26
毛绒布	2.00	0.60

---

① China Maritime Customs. *Reports on Trade*,1875,Foochow.

续表

种 类	1874年11月7日以前征收的厘金	1874年11月7日以后征收的厘金
杂货类:(每担)		
铅	0.32	0.26
锡	0.84	0.14
铁条、铁板	0.16	0.14
铜	0.60	0.28
生　铁	0.16	0.08
锡　铁	0.40	0.40
白　椒	0.74	0.50
黑　椒	0.74	0.36
白　蜡	1.20	0.66
黄　蜡	1.20	1.00
母丁香	2.00	0.20
丁　香	4.00	0.60
檀　香	1.20	0.40
苏　木	0.32	0.12
玻璃(每盒)	0.32	0.16

资料来源:*Reports on Trade*,1874,Amoy.

可见大部分进口洋货的厘金税率都下降了一半,个别货物如毛绒布、锡、丁香、檀香等,则远不止降低一半。

又如在福州,征收厘金的官吏也减低了对各类进口棉布及某些海峡殖民地产品征收的厘金税率,从而使商人乐于"放弃使用条约规定的内运子口税单"。[①]

在温州,浙江省当局允准将进口棉毛制品的厘金税率减低二成。而包税人在征收时"为了把外商输入的货品纳入厘金范围,还规定了一种优

[①] China Maritime Customs. *Reports on Trade*,1875,Foochow.

惠税率,对外商征税比华商减少10%"。①

更有由两省厘局联合降低厘金税率的。如光绪十年(1884年)湖南岳州厘局与湖北北河口厘局便曾联合核减厘捐,其禀抚宪之文称:

> 为详请示遵事,窃照岳州卡抽取进口厘税为南省筹饷大宗。自洋货子口单盛行,岳州卡收数大减,计每年少收不下十万金。……去冬曾饬岳州卡体察情形,酌宜整顿,旋据总办委员裕守庆禀称,非痛减厘章,俾较子口半税稍减,不足以广招来。因称商民自鄂运货赴湘,领用税单(按:即子口税三联单),一税之后任其所之,遇卡不复抽厘。若不领税单,经过鄂省北河口及湘省均须赴局完厘一次。兹议核减厘捐,必须北南两省会商办理,方可有济。先经该守将在内地畅销之洋货择其盛行税单,厘局向未收捐者,搞出四十二宗,开单派员就近赴北河口向该局委员详细面商,逐件核减。北河口局抽厘若干,岳州局亦抽厘若干,合而计之,较之子口半税犹属稍轻,以冀商人避重就轻,舍彼适我。②

在这里,核减厘金的原因与用意均已说得极明白。

关于各地降低厘金税率一事,尚有一点须严加辨明者,即所减的厘金税率均以进口洋货为对象,这从以上所引的史料中已可很清楚看出。因而,有论者认为由子口税制度推行引起的减低厘金税率有利于土货的流通,为民族工业品开拓市场起了积极作用云云,实有张冠李戴之嫌。③

其二,对清政府增设厘卡,加重厘捐的企图起了抑制作用。按厘金制度之设,原起于战时急助军饷之需。由于弊端丛生,同治初年,清政府在镇压太平天国运动之后,便有裁撤厘卡之议起,但遭到某些地方大吏之反对。④ 此后,裁撤厘卡、减低厘率和增设厘卡、加重厘捐之议时起时伏、此

---

① China Maritime Customs. *Reports on Trade*, 1881, Wenchow.
② (清)但湘良编撰:《湖南厘务汇纂》,卷八。
③ 参阅《史学月刊》,1989年第1期,第57页。
④ 欧阳辅之编:《刘忠诚公(坤一)遗集奏疏》,收录于沈云龙主编:《近代中国史料丛刊》(第二十六辑),台北:文海出版社,1968年,卷十,第1422页。

起彼伏。在此期间,子口税制度的推行显然对后者起了一定的抑制作用。如光绪年间,有议加厘捐之风起,卞宝第上奏竭力反对,认为"厘捐碍难增加"。其申诉的理由是:"迨光绪初年,洋票盛行……厘捐本形减色,若再从而议加,不惟商力实有不逮,且恐暗驱各贩尽归洋票,其不能用洋票者,一经加抽,怨咨并作。则新增尚无把握,而旧捐更致衰疲,于饷需毫无裨补。"①即担心厘金加重反有助于子口税之推行,使厘金收入更形短绌。

光绪末年,四川总督奎俊亦以同样的理由反对厘金征收的比较考成,其奏折称:

> 川省厘金……自新关采买土货凭单一行,各局委员征收厘金,全在附循商贩,斟酌轻重。一或持之稍激,即有如光禄寺卿臣袁昶折内所言,奸商赍洋票入不通商之内地采买土货,牙行市侩往往借口指为洋商买定之货,抗不完厘,洋人又出头杠帮,唆领事勒索赔偿,不时有碍有数,且于交涉之案偾关。若一旦骤加比较,势必各顾考成,较量锱铢,以期收数丰旺。商人最工计算,惟利是趋,见厘局毫无通融,必将成庄之货改报子口购贩之货,群用采单。数年后恐新关采单遍于通省,而欲求如现在之收数且不可得。②

当然,子口税制度对厘金制度的制约作用是有限的,有时甚至适得其反,即使厘金制度更形恶化。如光绪二十五年(1899年)光禄寺少卿袁昶奏陈整顿厘金办法六条,其中之一便是"酌复坐贾落地捐,以抵制由洋旗洋票所生之漏厄,于内地每县设一二处或三四处,或委员经办,或由商包缴,视其卖价二十而取一"。③这是加重厘捐、转嫁危机之举。另光绪季年在绿茶生产区通行的"先捐后售"之办法,则是将厘捐取之于生产者,即直接转嫁负担于生产者。④

---

① (清)卞宝第:《卞制军奏议》,卷六,第3~4页。
② 《四川官运盐案类编九十卷》,卷八《己亥纲》,第7~8页。
③ (清)沈桐生辑:《光绪政要》,收录于沈云龙主编:《近代中国史料丛刊》(第三十五辑),台北:文海出版社,1969年,卷二十五,第1448页。
④ 罗玉东:《中国厘金史》(上册),上海:商务印书馆,1936年,第135页。

三

在探讨子口税与厘金的关系中,尚有一重要问题须予指出,那便是它对晚清中央与地方财政关系的影响及由此衍化出的一系列错综复杂的效应。

我们知道,晚清厘金由地方自行征收,为地方督抚所控制,是地方财政收入之主要来源。而子口税则由海关征收,收入交国库,为中央政府财政收入之一部分。因而,子口税的增长、厘金的减少,意味着一部分财源通过海关的渠道从地方直接转入中央。这便引起地方当局的强烈不满。当子口税制度还"仅仅在上海附近及长江和白河沿岸做过一点试验"[①]时,时任江苏巡抚的薛焕便上奏对子口税制度大加挞伐,称:

> 况自军兴以来,各处兵饷,半借商货厘捐,现在即准洋商径入内地,不论何项货物,彼必任意贩运。除进出内地计货本银百两,照章纳税银二两五钱外,不论程途远近,亦只完税一次,更不能向洋商另征厘捐。所增新税无几,所减厘捐甚多。其华商贩货往来上海,原应照旧完税捐厘,然中外一分轩轾其中即滋隐混。华商固易假名偷漏,洋商尤必包揽牟利。一经互相勾结,定将牢不可破,碍及各处税厘,此亦势所必至。上海各种厘捐,现在已为洋商出阻,一与争论。动以须遵新章为词,办理种种棘手。[②]

薛焕为第二次鸦片战争期间最早主张向列强妥协的清政府地方要员之一,而且规定子口税条款的中英《通商章程善后条约》也是他与李泰国会商所定。《通商章程》签订后,薛焕对李泰国印象颇佳,还保举他出来

---

① Williams S. W.. *The Chinese Commercial Guide*. Hong Kong: A. Shortrede & Co, 1863, p.174.

② 太平天国历史博物馆编:《吴煦档案选编(第六辑)》,南京:江苏人民出版社,1983年,第42页。

"组织洋关"。然时隔不久,薛焕对子口税制度已是如此深恶,可见子口税制度推行对地方厘捐收入影响之大及这种影响对地方当局震动之大。

地方当局的态度如此,那么中央政府的态度又如何呢?尽管子口税制度使中央政府增加了一笔财政收入,但并不意味着清政府就对子口税制度持积极支持态度。相反地,正如前面所披露的,清政府是被迫接受子口税制度的。而且我们注意到,在中英《天津条约》中,为了保护地方财政利益,做了如下两条规定:

(1)出口土货之子口税"在路上首经之子口输交"。

(2)华商不得享用子口税特权。①

但第一条规定在签订中英《通商章程善后条约》时却改为向海关缴纳。把这一细微的变化同《通商章程》第十款关于将新关制度推广到各通商口岸"各口划一办理"的规定联系起来,我们不难断定这一更改系出自通商章程的主要炮制者、时任上海新关外籍税务监督的李泰国之手,也不难窥见李泰国做出这一更动的用意。然这一小小的更改对子口税制度的推行影响甚大,因为他缩小了《天津条约》所设的"缓冲区",从而加剧了地方当局的反对。

相比之下,"华商不得享用子口税特权"的规定对子口税制度的实施影响最大。因为在当时,外商由于语言习俗的隔阂,对内地贸易网络的不甚了解等原因,对华贸易在很大程度上须依赖华商。"外国货的内地销售基本上是由华商控制和通过传统的贸易渠道进行的;出口货的收购也是如此,不过程度稍轻而已。"②若华商不得享用子口税特权,则子口税制度的推行自然大大打了折扣。因而,急欲扩大对华贸易、拓展中国市场的英商对此十分不满,竭力要求英国政府采取相应手段,迫使清政府对此做出让步。③

---

① 王铁崖编:《中外旧约章汇编(第一册)》,北京:生活·读书·新知三联书店,1957年,第99~100页。

② [美]费正清编,中国社会科学院历史研究所编译室译:《剑桥中国晚清史》(下卷),北京:中国社会科学院出版社,1985年,第65页。

③ [英]伯尔考维茨著,江载华、陈衍译:《中国通与英国外交部》,北京:商务印书馆,1959年,第124~132页。

三、近代关税制度的变迁

对清政府来说,其主观愿望虽在于用上述规定来抑制子口税制度的推行,保护地方当局的财政收入,但实际情况却远未如其所愿。华商为华洋商人的不平等待遇所驱迫,为子口税特权的种种便利所诱惑,纷纷变换各种手法以逃避厘金之重苛。他们或诡称受外商雇佣,将所运货物谎报为外商所有;① 或"私雇外国流民在船护送,假冒洋商,希图偷漏";② 或向外商购买子口税单,借以分享子口特权,以致使子口税单的买卖成了一种颇为盛行的交易。③ 甚至有先将土货出口到香港,尔后再从香港作为洋货进口,以逃避厘金征收者,如台湾、汕头等地的土糖贸易和西江的烟草贸易都是如此。④ 此外,另有不法华商和外商狼狈为奸,公然越卡走私或"用运照庇护无运照之土货",以偷漏税厘。⑤ 凡此种种,使"华商不能享用子口税特权"的规定,在实施中弊端丛生,地方当局怨声四起,奏报不断。

由于英国政府为维护英商的利益不断向清政府施加压力,1872年1月,总理衙门曾提出一份关于发还子口税和进口货物转运内地的章程,内中允准中国商人可以持有洋货入内地子口税单,但这一特许"只有九江和宁波两个口岸实行"。⑥ 1876年《烟台条约》签订,将华商可以请领洋货入内地税单的规定正式载入条约。⑦ 但直到1880年,总理衙门才正式允准

---

① China Maritime Customs. *Reports on Trade*, 1866, Ningpo.
② 太平天国历史博物馆编:《吴煦档案选编(第六辑)》,南京:江苏人民出版社,1983年,第529页。
③ China Maritime Customs. *Reports on Trade*, 1866, Ningpo;[英]莱特著,姚曾廙译:《中国关税沿革史》,北京:生活·读书·新知三联书店,1958年,第320页。
④ 《北华捷报》,1874年10月29日;China Maritime Customs. *Reports on Trade*, 1870, Chinkiang;姚贤镐编:《中国近代对外贸易史资料(1840—1895)》(第二册),北京:中华书局,1962年,第842页。
⑤ (清)陈忠倚辑:《皇朝经世文三编》,收录于沈云龙主编:《近代中国史料丛刊》(第七十六辑),台北:文海出版社有限公司,1972年,卷二十四《户政一》,第383页。
⑥ [英]伯尔考维茨著,江载华、陈衍译:《中国通与英国外交部》,北京:商务印书馆,1959年,第132页;China Maritime Customs. *Reports on Trade*, 1875。
⑦ 王铁崖编:《中外旧约章汇编(第一册)》,北京:生活·读书·新知三联书店,1957年,第349页。

华商请领洋货入内地税单。①1897年，又进一步允准华商请领土货出内地税单。②

随着原用于对子口税设防的樊篱一一拆除，子口税制度日渐扩展，由子口税制度引起的中央与地方财权分配上的矛盾也便渐趋尖锐。《烟台条约》中有关华商可以请领洋货入内地税单的规定便曾遭到地方大吏们的强烈反对。李鸿章在《论赫德劝结滇案条议》中称："华洋各商均准正子并交，请领子口税单，概不重征，不但口岸厘金无可抽收，内地厘卡亦须一律验免。厘金绌则饷源立绝，恐关税所入不足以挹注，殊堪焦忧。"③对该规定极表不满。地方当局为了确保其财收入，与中央争夺财权，采取了种种措施。这些措施可归纳为两方面：一方面是竭力阻止子口税制度的推行，运用经济的或行政的手段与子口税争税源，这已见前述；另一方面则是要求与中央政府分享子口税利，最普遍采用的办法便是要求将子口税收划抵厘金征收之不足，如光绪末年重庆海关设立后，"子口日益充斥"，川省厘金大受影响，夔州厘金更是"逐年递减"。于是新厘局委员黄兆麟"以厘务短绌，禀请援案准以子口一律作抵比较，于廿六年由省局详定，只准抵过，不准计功在案"。④"援案"一说，道出以子口税作抵现象的普遍。

在子口税制度引起的中央与地方财权分配的矛盾斗争中，列强及代表其在华利益的中国海关的态度是很值得注意的。列强和海关为了维护在华外商的利益，力图扩展子口税制度，却鉴于晚清财政体制的特殊状况而竭力避免过分触动地方当局的财政利益，以免招致地方当局的强烈反对。英国驻华公使额尔金在中英《通商章程善后条约》签订后给麦默斯伯里的信中，就充分显露出这种思虑。⑤1868年，英国公使阿礼国又借修订

---

① China Maritime Customs. *Inspector General's Circulars*. Second Series, No.119, 1880.

② China Maritime Customs. *Inspector General's Circulars*. Second Series, No.803, 1897.

③（清）李鸿章撰，（清）吴汝纶编：《李文忠公（鸿章）全集（六）》，译署函稿五，台北：文海出版社有限公司，第2972~2973页。

④《巴县档案抄件》，见鲁子健主编：《清代四川财政史料（下）》，成都：四川省社会科学院出版社，1988年，第634页。

⑤《英国国会文件》，"额尔金伯爵赴华赴日有关文件，1857—59"，第426页。

新约之机,要求总理衙门同意将子口税饷"尽归各省库动用,以便该省情愿保护贸易",遭到拒绝。①

但翌年,在海关总税务司赫德的帮助下,阿礼国与清政府签订了《新定条约》及《新修条约善后章程》。其中对子口税制度提出了新的实施办法,即进口的洋布、大呢、洋绒三大类纺织品一律于进口时交纳正、子两税,尔后在通商口岸省份,均免重征,不论持货人为洋商或华商;出口土货则一律在沿途所经关卡完纳税厘,华洋商人均同,但所征之税厘合计若超过子口半税,海关应将超过部分退还。② 这一新办法显系在中央与地方财权分配上搞平衡的折中方案。它将征自出口土货的税厘留归地方当局,以照顾地方财政收入,而把征自进口纺织品的子口税收入留归中央政府。不过它更有利于地方当局的财政利益。因为地方当局还可以从内运到非通商口岸省份的进口纺织品和不论运往何处的其他进口货上获得税厘征收之利。而中央政府则必须承担地方当局对出口土货征收税厘超过子口税部分的退还。尽管如此,清政府还是允准了这一新办法。只是由于英国商人的激烈反对,这一条约未获英国政府的批准,新办法也便无从实施了。③

1876年初,赫德借中英双方谈判马嘉理事件处理方案之机,提出了一个全面推行子口税制度的方案。其主要内容为:

(1)布匹、呢绒、五金和糖等四类进口货进口时,一律同时在海关缴纳正、子两税。尔后转运全国各地均免重征,不拘何时、何地、在何人手中。其余进口货则在起运上岸后,由地方官员按照当地章程处理。

(2)茶、丝、糖和棉布等四类出口货在全国各地转运时免纳任何税厘,不拘何时、何地、在何人手中,而在出口时一律同时缴纳正、子两税。其余

---

① 英国公使论拟修约节略(同治七年十二月)、复英国公使修约二十九款(同治七年十二月),见(清)宝鋆等修:《筹办夷务始末(同治朝)》,收录于沈云龙主编:《近代中国史料丛刊》(第六十二辑),台北:文海出版社有限公司,1966年,卷六十三,第5775、5788页。
② 王铁崖编:《中外旧约章汇编(第一册)》,北京:生活·读书·新知三联书店,1957年,第308~312页。
③ [英]莱特著,姚曾廙译:《中国关税沿革史》,北京:生活·读书·新知三联书店,1958年,第239~240页。

出口货则由地方官员按照当地章程处理。①

　　这一方案同样在平衡中央与地方财政利益上做了折中,即把八类主要进出口货物的子口税收留归中央政府,而将其余进出货物的税厘征收留归地方当局。但相比之下,它显然更倾向于维护中央政府的财政利益。尽管赫德为诱使清政府同意采纳这一方案而在两个星期后向总理衙门呈递了一份补充公文,为清政府算了一笔账,以示实施这一方案将给清政府带来的财政好处,但清政府还是拒绝接受。②

　　此后,海关一方面竭力对已实施的子口税制度的具体实施办法不断加以修订、调整,另一方面则协助列强迫使清政府在华商享受子口税权利一事上不断做出让步,从而使子口税制度得以不断扩展,而子口税制度所引起的中央与地方的矛盾便更趋尖锐。然至清末,由于裁厘加税之议的出台,子口税与厘金的关系问题已让位给裁厘加税问题了。

---

　　① Wright S. F.. *Documents Illustrative of the Origin, Development, and Activities of the Chinese Customs Service*. Shanghai: Statistical Department of the Inspectorate General of Customs, 1937-1940.
　　② [英]莱特著,姚曾廙译:《中国关税沿革史》,北京:生活·读书·新知三联书店,1958年,第270~272页。

三、近代关税制度的变迁

论清末海关兼管常关

1900年8月,八国联军攻占北京城,将义和团扼杀于血泊中,随之迫使清政府于翌年9月签订了《辛丑和约》,索取赔款四亿五千万海关两白银,并规定为担保赔款的偿付"所有常关各进款,在各通商口岸之常关,均归新关管理"。[①] 这是中国近代史上众所熟知之事。然史学界对海关兼管常关的来龙去脉,对围绕它所发生的一系列交涉,尤其是对它的历史影响,迄今尚少专文详加探讨申论。本文对此欲做一初步尝试,以弥补这一缺陷。

一、海关兼管常关方案的提出

第二次鸦片战争以降,各通商口岸的中国近代海关与常关便成为两个隶属关系、管理体制、职权范围、征课对象均各不相同的征税系统。海关为外籍税务司所执掌,负责管理对外式轮船贸易为主的征税事宜;常关则归关道管辖,负责管理对中国民船贸易为主的征税事宜。外籍税务司管理下的海关,名义上虽为一中国政府机构,实则为英国势力控制下的"国际官厅",是为侵华列强服务的工具。十九世纪六十年代,海关尚处于草创时期,它的创建者海关总税务司赫德便已力图兼并常关权力,建立一个外籍税务司所控制的统一的征税系统,以囊括清政府对外、对内的一切

[①] 王铁崖编:《中外旧约章汇编(第一册)》,北京:生活·读书·新知三联书店,1957年,第1006页。约中"新关"即指海关,清季文献上亦称洋关。

征税大权。① 为此,赫德抓住一切机会,竭力推行自己的图谋。

1861年冬,赫德刚走马上任代理总税务司一职,便借与清政府谈判开放长江、制定通商章程之机,诱使清政府签订了《长江各口通商暂行章程》,将外商所雇上下长江运货民船,置于海关管理之下。② 这是海关侵夺常关征税权力之肇端。

十九世纪七十年代初,赫德再次伸出试探性触角。他借德商雇用华船运货拒纳船钞一事,申呈总理衙门,要求将外商在各通商口岸所雇华船及华商往来香港、澳门和外国各处华船均归海关管理征税。南北洋大臣闻讯对后者极表反对,奏称:"南洋沿海各处华船赴香港、安南、琉球、暹逻、新加坡、小吕宋等处贸易者,领有地方官牌照,应准通行出口入口常关纳税。总税务司申呈等语,殊于华商生计,常关税额,俱多窒碍。"③总理衙门据此驳回赫德所请,但应允将外商在各通商口岸所雇运货华船,归海关管理征税。④ 这便将海关在长江中下游所攫取的特权,扩大到沿海各通商口岸。

八十年代中叶,赫德又借解决香港、澳门鸦片走私问题之机,夺取了港澳地区常关权力,设置了九龙、拱北两个特殊海关,"将广东通商口岸与香港、澳门间的民船贸易,从粤海关监督手中夺取过来,置于税务司们的管辖下"。⑤ 这是十九世纪后期海关侵夺常关权力规模最大、影响最深的一次。赫德为此甚为得意,函告远在伦敦的金登干:"这是一次非常重要

---

① Wright S. F.. *Hart and the Chinese Customs*. Belfast: William Mullan and Son, 1950, p.747;[美]马士著,张汇文等译:《中华帝国对外关系史(第三卷)》,北京:商务印书馆,1960年,第418页。

② 参阅王铁崖编:《中外旧约章汇编(第一册)》,北京:生活·读书·新知三联书店,1957年,第177页"暂行章程"第10款。

③ China Maritime Customs. *Inspector General's Circulars*. First Series, No. 48, Enclosure, No.5, 1875.

④ China Maritime Customs. *Inspector General's Circulars*. First Series, No. 48, Enclosure, No.5, 1875.

⑤ 1887年6月20日,赫德致金登干函,Z字297号,见 Fairbank J. K. et al.. *The I. G. in Peking: Letters of Robert Hart, Chinese Maritime Customs, 1868-1907*. Vol. Ⅱ. Cambridge, Mass. and London: The Belknap Press of Harvard University Press, 1975, p.667。

的权势扩张,看来总税务司署迟早可以管理通商口岸之外的事情了。"①

此后,海关对常关权力的争夺又渐有扩展。从1889年起,来自新加坡的民船必须在琼海关报关,缴纳它们所载鸦片的关税。②1890年,《新订烟台条约续增专条》规定,外商所雇来往宜昌、重庆间的运货民船,一律仿照长江通商章程,归海关管理征税。③1898年3月,德国强租胶州湾。翌年4月,赫德与德国驻华公使海静签订了《青岛设关征税办法》,竟规定:"凡民船驶进胶州湾之青岛或所属别处地方,该船并所运货物应完之各项税厘、规费等类,均归海关征收。""其通商口岸监督关道所有之职分权柄,青岛海关均须一律无异。"④这便使胶海关完全攫取了常关权力。

总之,从十九世纪六十年代起,以赫德为代表的英国势力所控制的中国近代海关,便已利用各种机会不断蚕食常关权力。但赫德一直没有找到合适时机全面推行海关对常关权力的侵夺,直到二十世纪初,八国联军镇压义和团运动之后,才给他提供了这一历史契机。

1900年8月,八国联军攻占北京,镇压了义和团运动,远逃西安的清朝廷急欲求和。总理衙门在京总办舒文等人乞求赫德出面调停,大力维持和局。赫德感到这是维护英国在华利益,扩展海关势力的关键时刻,便应允充任清政府与各国公使谈判的牵线人。⑤赫德借此诱迫惊魂未定的清政府议和大臣奕劻和李鸿章"将全案卷宗随时赐看",并将与各国公使

---

① 1887年4月1日,赫德致金登干函,Z字285号,见 Fairbank J. K. et al.. *The I. G. in Peking*. Cambridge, Mass. and London: The Belknap Press of Harvard University Press, 1975, p.657。

② [美]马士著,张汇文等译:《中华帝国对外关系史(第三卷)》,北京:商务印书馆,1960年,第418页。

③ 王铁崖编:《中外旧约章汇编(第一册)》,北京:生活·读书·新知三联书店,1957年,第553~554页。

④ 王铁崖编:《中外旧约章汇编(第一册)》,北京:生活·读书·新知三联书店,1957年,第885页。

⑤ 1900年9月8日,赫德致金登干函,未编号,见 Fairbank J. K. et al.. *The I. G. in Peking*. Cambridge, Mass. and London: The Belknap Press of Harvard University Press, 1975, p.1235。

"来往各文件均随时抄送",[①]同时负责为奕、李二人拟复各国公使照会。如此一来,赫德便可伺机暗中操纵清政府与各国公使的议和谈判,同时又插足于各国公使间的分赃谈判。

历时几达一年之久的议和谈判,实际上不过是侵华列强间争夺利权的分赃纠纷,其中争执最多、历时最长的当数赔款问题。各国不仅力图最大限度地从清政府身上榨取赔款,而且企图借此插手控制中国财政。1900年12月24日,各国公使联合照会清政府,提出议和条件12款。其中之一,便是要求清政府偿付各国一笔赔款,并"采取能为各国接受的财政措施,以保证此项赔款的支付与外债本息的分期偿还"。[②] 公使团旋即迭开会议,讨论赔款的数额、财政来源、支付手段、监督方法等问题。各国公使议论纷纷,莫衷一是。在此期间,赫德利用他暗中操纵清政府的有利地位,一面竭力阻拦建立国际管理委员会或采取共同担保以共管中国财政等主张,一面则暗中筹划,静待时机,以逐步抛出自己的方案。[③]

1901年2月25日,赫德向清政府申呈了一份节略,初步亮出自己的方案。他在节略中主张以盐税、常税、漕运改征折色、京饷、修改税则所增关税等五项为偿付赔款财源,并主张仿照1898年英德续借款合同中约定以江苏等七处货厘、盐厘作抵"归税务司代征"的办法,将上述五项"由税务司经理"。[④] 3月22日,公使团成立以英、法、日、德四国公使组成的委员会,专门研究中国支付赔款的财源问题。赫德见时机成熟,便于三天后向委员会提出了一份精心筹制的备忘录。赫德在备忘录中提出:盐税和常关税是最可靠的财政来源;而最简单可靠的监督方法是把英德续借款合同所规定的现行的对盐厘管理办法,扩大到所有盐税,并"将各通商口岸的常关与该地的海关合并"。他颇有心计地补充说:"同一口岸并存两

[①] 1900年10月25日,赫德致庆亲王函,见中国近代经济史资料丛刊编辑委员会主编:《中国海关与义和团运动》,北京:中华书局,1983年,第40页。

[②] Foreign Relations of the United States. 1901, Appendix, p.59.

[③] 1900年11月15日赫德致金登干函,Z字872号;1901年4月8日赫德致金登干函,Z字887号,见Fairbank J. K. et al.. The I. G. in Peking. Cambridge, Mass. and London: The Belknap Press of Harvard University Press, 1975, pp.1247, 1264.

[④] 中国近代经济史资料丛刊编辑委员会主编:《中国海关与义和团运动》,北京:中华书局,1983年,第45~46页。

个税关,容易引起误会,发生冲突。而且海关人员也很容易胜任常关工作。"①

赫德的备忘录与他一个月前申呈清政府的节略相比,构想更完整,主张更露骨,但两者的基本精神是一致的,即企图发挥海关已有的对中国财政管理的控制权,并进一步使海关扩展成为列强控制中国财政的最佳工具。海关既然为英国势力所控制,这一方案显然对维护英国在华利益最为有利。因而它得到英国政府的赞赏与支持。英国新任驻华公使萨道义于同一天提交委员会的一份备忘录也特别强调:"关于这些财源的管理,显然常关应交由帝国海关掌管。"②

5月1日,委员会向公使团提交了一份关于赔款问题解决方案的报告。此后,各国对于赔款总额及偿付方法虽仍意见纷歧,但各国公使已"发现不能忽视海关",③并基本上采纳了赫德的方案。

上述表明,海关兼管常关虽然是《辛丑和约》谈判期间为开掘财源、担保赔款的偿付而提出的一项措施,但事实上,这一方案在其设计者赫德脑中,已是孕育数十年,并经历了一连串的发展过程,可谓蓄谋已久矣!

二、围绕海关兼管常关的一场交涉

海关兼管常关方案既经公使团采纳,赫德便转而对付清政府,竭力最大限度地扩展兼管的范围和权限。早在1901年8月19日,在《辛丑和约》尚未正式签订之前,赫德便迫不及待地向清政府递交一份赔款节略,催促清政府尽早筹备开办海关兼管常关事宜,并提出"何为常税""口外大

---

① *Foreign Relations of the United States*. 1901, Appendix, pp.118-119.
② *Foreign Relations of the United States*. 1901, Appendix, pp.115-116.
③ 1901年5月12日,赫德致金登干函,Z字890号,见 Fairbank J. K. et al.. *The I. G. in Peking*. Vol. II. Cambridge, Mass. and London: The Belknap Press of Harvard University Press, 1975, p.1267.

关之分关应否归海关兼管"等问题"宜预定明"。① 由此引起赫德与清政府间,围绕海关兼管常关的范围、权限问题,展开一场引人注目的交涉。这场交涉持续了近半年时间,其焦点是:

第一,何为海关兼管的常关税。赫德在8月19日提出的赔款节略中声称:"新约汉文虽有常税字样,而约内载明以法文为断。"法文语意:"新约所指之土税,似应一例解为通商口岸进出各华船船料,各华船货税并一切规费均在其内。"②这显系企图将通商口岸一切国内税一网罗尽。8月29日,奕劻和李鸿章对赫德的解释提出异议。奕、李以天津口岸为例,指出"天津一口,向有户工海三关,户关归津海关监督管理,征收各项货税,工关归通永道管理,专收木税及船料……海关归天津道管理,专收航海民船米粮及数种杂货",而"税司所收常税,应专指监督向来所征之税,其余归别衙门所征者,仍循旧归别衙门经理"。③ 赫德对此大为不满,翌日立即申复奕、李二人,声称奕、李二人的主张"是否合新约之意,总税务司不敢臆度",并以"此事无论如何定办,其常税收数必须每年办到五百万两,方与新约用意相符"④,对奕、李施加压力。《辛丑和约》于9月7日正式签订后,赫德又于10月14日申呈奕、李二人,扬言:条约所定由税务司经理之口岸各土税"不但有海关监督兼管之常规,凡在本口无论何员经管,何项税捐,所有华船进出货物征纳各项,均包在内",⑤在赫德一再威逼下,清政府不得不做出让步,应允"因以偿款为重,即各该口岸别衙门应征之

---

① Wright S. F.. *Documents Illustrative of the Origin, Development, and Activities of the Chinese Customs Service*. Vol. Ⅱ. Shanghai: Statistical Department of the Inspectorate General of Customs, 1938, pp.268-271.

② Wright S. F.. *Documents Illustrative of the Chinese Customs*. Vol. Ⅱ. Shanghai: Statistical Department of the Inspectorate General of Customs, 1938, p.269.

③ 全权大臣庆亲王、李中堂札行总税务司,光绪二十七年七月十六日,见 Wright S. F.. *Documents Illustrative of the Chinese Customs*. Vol. Ⅱ. Shanghai: Statistical Department of the Inspectorate General of Customs, 1938, p.272.

④ 总税务司申复全权大臣庆亲王、李中堂,光绪二十七年七月二十七日,见 Wright S. F.. *Documents Illustrative of the Chinese Customs*. Vol. Ⅱ. Shanghai: Statistical Department of the Inspectorate General of Customs, 1938, p.276.

⑤ 总税务司申呈全权大臣庆亲王、李中堂,光绪二十七年九月初三日,见 China Maritime Customs. *Inspector General's Circulars*. Second Series, No.983 Enclosures,1901。

税,亦可允归税务司征收"①。于是,10月26日,赫德通令各口税务司,准备按此接管经办常关税。②

然而,各关道对此颇为不满,多有抵制,使赫德"在各个口岸都遭遇到了很大困难"。③ 如荆宜施道反对把荆州工关所征木税船料归沙市、宜昌关税务司经理。④ 东海关道提出"货税应归税务司兼理而船料一项不应交接。"⑤江汉关道声称"此间并无所谓常关,只有府关",其所征之税,不应归税务司经理。⑥ 上海道台则"坚持把握着一切非出海沙船及其货载的管理权不放"。⑦ 津海关道亦将工关征收的竹木二税仍由通永道经征,而不交税务司管理。⑧ 因此,赫德囊括通商口岸一切国内税的企图并没能完全得逞。

第二,哪些常关应归海关兼管。1901 年 8 月 29 日,奕劻、李鸿章札行赫德,开列了拟归海关兼管的通商口岸常关名目,并将关卡界限定明。内称:"通商口岸各常关,除奉天之山海关、直隶之津海关现为洋兵占据尚未收回外,其余如山东之东海关,江苏之江海关、镇江关,安徽之芜湖关,浙江之浙海关、瓯海关,江西之九江关,湖北之江汉关、宜昌关,四川之重

---

① 全权大臣庆亲王、李中堂札行赫德,光绪二十七年九月八日,见 China Maritime Customs. *Inspector General's Circulars*. Second Series, No.983 Enclosures, 1901。

② China Maritime Customs. *Inspector General's Circulars*. Second Series, No.985, 1901.

③ [英]莱特著,姚曾廙译:《中国关税沿革史》,北京:生活·读书·新知三联书店,1958 年,第 389 页。

④ 全权大臣暂署总理外务部事务李札行总税务司,光绪二十七年九月二十五日,见 Wright S. F.. *Documents Illustrative of the Chinese Customs*. Vol.Ⅱ. Shanghai: Statistical Department of the Inspectorate General of Customs, 1938, p.301。

⑤ 总税务司函致外务部,光绪二十七年十月初四日,见 Wright S. F.. *Documents Illustrative of the Chinese Customs*. Vol.Ⅱ. Shanghai: Statistical Department of the Inspectorate General of Customs, 1938, p.304.

⑥ 总税务司函致外务部,光绪二十七年十月初四日,见 Wright S. F.. *Documents Illustrative of the Chinese Customs*. Vol.Ⅱ. Shanghai: Statistical Department of the Inspectorate General of Customs, 1938, p.304.

⑦ [英]莱特著,姚曾廙译:《中国关税沿革史》,北京:生活·读书·新知三联书店,1958 年,第 389 页。

⑧ [英]魏尔特:《关税纪实》,上海:海关总税务司公署统计科,1936 年,第 73 页。

庆关,福建之闽海关,广东之潮海关、北海关、琼海关,均应派现在各该口之税务司兼办征收常税事宜,由监督派员随同经理;唯粤海一关……其粤海关监督现时征税各处,应仍由监督自行管理,至甘肃之嘉峪关与云南之蒙自关,广西之龙州关,地虽通商,却非沿江沿海口岸,土货亦少,自应不在新关代征之列。"①赫德闻讯大惊,慌忙申复奕、李二人,声称:"札内所指如山东之东海等十四关,此外尚有征收等项土税如山东之胶州,湖北之沙市,江苏之南京,福建之三都澳与厦门,广东之三水、甘竹、江门、肇庆,广西之梧州各处,似应一体兼办,方符新约。至现为洋兵占据之山海、津海两关,山海之常关已由俄国嘱新关税务司会同兼理,俟两国交涉事务议定后,仍由该税务司兼办,其津海一关,虽驻有洋兵,若由税务司兼办常税,与现已开征之洋税一体办理,似无不可。唯粤海一关扣出,不归新关一节,如此定办,非总税务司所能主。"②清政府无可奈何,只得应允添入赫德所开列海关,合计23处,由外务部"通行各监督遵办",但仍保留粤海一关。③ 赫德深知"常税之中,唯粤关为最旺",对此自然不甘罢手。11月4日和18日,赫德两次致函外务部,以"各该国非无耳目……倘有税务司应兼办而不办者,深恐有不便之事出"及各国公使参赞追询此事,威胁清政府。④ 清政府终于屈服,于1902年1月"电达粤海关监督照允交出,归税务司代征"。⑤

---

① 全权大臣庆亲王、李中堂札行总税务司,光绪二十七年七月十六日,见 Wright S. F.. *Documents Illustrative of the Chinese Customs*. Vol. Ⅱ. Shanghai: Statistical Department of the Inspectorate General of Customs, 1938, pp.271-272。

② 总税务司申复全权大臣庆亲王、李中堂,光绪二十七年七月十七日,见 Wright S. F.. *Documents Illustrative of the Chinese Customs*. Vol. Ⅱ. Shanghai: Statistical Department of the Inspectorate General of Customs, 1938, p.276。

③ 外务部札行总税务司,光绪二十七年九月十三日,见 Wright S. F.. *Documents Illustrative of the Chinese Customs*. Vol. Ⅱ. Shanghai: Statistical Department of the Inspectorate General of Customs, 1938, p.287。

④ 赫德致外务部总办函,光绪二十七年九月二十四日;赫德致外务部函,光绪二十七年十月八日,见中国近代经济史资料丛刊编辑委员会主编:《中国海关与义和团运动》,北京:中华书局,1983年,第60~61页。

⑤ 外务部总办致赫德函,光绪二十七年十二月一日,见中国近代经济史资料丛刊编辑委员会主编:《中国海关与义和团运动》,北京:中华书局,1983年,第62页。

三、近代关税制度的变迁

至此,在赫德百般要挟下,清政府应允兼管常关的海关数已达24处。但1901年10月至11月间,川东道、镇江关长道、金陵关道、江汉关道均先后奉称,该处通商口岸并无常税可征,故无兼管可言。① 赫德对此虽表示怀疑,并通令该处税务司详加调查,但一时也无可奈何。② 因而,至1902年初,实行对常关兼管的通商口岸海关计有东海关、江海关、芜湖关、浙海关、瓯海关、九江关、宜昌关、闽海关、潮海关、北海关、琼海关、沙市关、福海关、厦门关、胶海关、三水关、梧州关、粤海关等18处。③ 天津、牛庄两地常关,则分别于1902年8月和1907年春方交由津海关和山海关税务司兼管。④

赫德不仅竭力增加兼管常关的通商口岸海关数,而且尽可能将这些通商口岸的常关及其分关、分卡归入税务司经理之列。为此,他提出,通商口岸外大关(按:即常关正关)之分关也应考虑归税务司兼管,并以"此层如何定夺,赔款指拨之数即随之为增减。倘竟减收,必有由各国另请加指他项为抵之累"⑤为由诱迫清政府应允。但奕劻、李鸿章据理回驳道:"常关分设税局在内地,距口岸自数里至数十里、数百里不等。其距口岸太远者,归税司兼管,甚多不便。应定明内地分局在距口岸五十里以内者,归税司兼管,其在五十里以外者,仍由各该关监督专管,以清界限。"⑥赫德自知理亏,一时无法强争,但却在复函中声称:"此议亦应作为试办,若无事故亦必不到五十里之限。俟详查各口情形,倘有五十里外之事与

---

① Wright S. F.. *Documents Illustrative of the Chinese Customs*. Vol.Ⅱ. Shanghai: Statistical Department of the Inspectorate General of Customs, 1938, pp.295-296, 304.

② China Maritime Customs. *Inspector General's Circulars*. Second Series, No.1034, 1902.

③ China Maritime Customs. *Inspector General's Circulars*. Second Series, No.1034, 1902.

④ Wright S. F.. *Hart and the Chinese Customs*. Belfast: William Mullan and Son, 1950, p.750.

⑤ Wright S. F.. *Documents Illustrative of the Chinese Customs*. Vol.Ⅱ. Shanghai: Statistical Department of the Inspectorate General of Customs, 1938, p.270.

⑥ Wright S. F.. *Documents Illustrative of the Chinese Customs*. Vol.Ⅱ. Shanghai: Statistical Department of the Inspectorate General of Customs, 1938, p.272.

五十里内所应办者甚有妨碍,自当随时申请酌办。"①这是为以后伺机扩大兼管范围与权限留下伏笔。

赫德公开索取经管五十里外常关之分关的企图虽没能得逞,但他仍千方百计、强词夺理地将一些常关、分局归入海关兼管之列。如地处扬州的杨由常关及其分局"距镇江通商口岸或九十余里,或一百数十里,均不在通商口内,照约不归税司管"②,赫德却以"扬州距镇,按水程折算,若出界外,然按陆路直线,仍在五十里界内"③为由,欲将杨由常关及分局收归镇海关税务司兼管,只是由于关道坚执不从,赫德才未得逞。然在九江、广州,赫德却以同样理由将姑塘分关和陈村等分卡,分别归入九江关与粤海关税务司兼管之列。④

这样,清末上述20处海关所兼管的常关,计有正关22处,分关分卡112处。详见表1。⑤

表1 清末海关兼管常关统计表

海关名称	山海关	津海关	江海关	芜湖关	浙海关	瓯海关	九江关	宜昌关	闽海关	东海关
兼管正关数	1	1	1	1	2	1	1	1	1	1
兼管分关分卡数	—	19	1	12	2	11	6	4	13	1

---

① 总税务司申复全权大臣庆亲王、李中堂,光绪二十七年七月十三日,见 Wright S. F.. Documents Illustrative of the Chinese Customs. Vol.Ⅱ. Shanghai: Statistical Department of the Inspectorate General of Customs, 1938, p.276。

② 全权大臣暂署总理外务部事务李劄行总税务司,光绪二十七年九月二十二日,见 Wright S. F.. Documents Illustrative of the Chinese Customs. Vol.Ⅱ. Shanghai: Statistical Department of the Inspectorate General of Customs, 1938, p.296。

③ 赫德致外务部函,光绪二十七年十月八日,见中国近代经济史资料丛刊编辑委员会主编:《中国海关与义和团运动》,北京:中华书局,1983年,第61页。

④ Wright S. F.. Documents Illustrative of the Chinese Customs. Vol.Ⅱ. Shanghai: Statistical Department of the Inspectorate General of Customs, 1938, pp.298, 303。

⑤ 据《海关通志》资料编制,参阅黄序鹓:《海关通志》(下),上海:商务印书馆,1917年,第120~134页。1904年3月7日,江门关开办后,原三水关兼管的江门、甘竹两个常关便移归江门关税务司兼管。

续表

海关名称	潮海关	北海关	胶海关	沙市关	福海关	厦门关	三水关	梧州关	粤海关	琼海关
兼管正关数	1	1	1	—	1	2	2	1	1	1
兼管分关分卡数	12	1	9	4	8	5	1	1	2	—

三、海关兼管常关的推行

赫德不仅是海关兼管常关方案的设计者,作为海关总税务司,他还是这一方案的推行者。因而,当他一面与清政府交涉以谋求扩大海关兼管常关的范围、权限时,一面便积极筹划着海关兼管常关方案实施的各项准备工作和具体措施。

赫德知道海关所要兼管的常关渊源久远,有着各种各样人为的陋规与惯例;拥有一大批人员,他们都有自己的既得利益要维护。推行兼管工作的税务司"肯定不受欢迎,并将遭遇阻难"①。海关兼管常关的推行,将是艰难的。② 因此,虽然海关兼管常关按约定是于1901年11月11日开始的,但早在5月间,赫德便已着手进行准备。

1901年5月19日,赫德向各口税务司发出一份通令,要求他们按他草拟的十个问题进行调查、研究,制作一份详细报告。③ 这十个问题内容极其广泛,包括:(1)调查该口岸常关及其分关、分卡的名称,设置地点,负责官员及其他工作人员情况;现行税则、管理制度和常关工作情况;该口民船贸易状况等。(2)研究该口岸海关兼管常关的环境与条件,为兼管常

---

① Wright S. F.. *Documents Illustrative of the Chinese Customs*. Vol. Ⅱ. Shanghai: Statistical Department of the Inspectorate General of Customs, 1938, p.288.

② 赫德致金登干函,Z字899号,1901年9月8日,见 Fairbank J. K. et al.. *The I. G. in Peking*. Vol. Ⅱ. Cambridge, Mass. and London: The Belknap Press of Harvard University Press, 1975, p.1276.

③ China Maritime Customs. *Inspector General's Circulars*. Second Series, No. 968, 1901.

关所需的人员,必须制定的规则,必须采取的措施等。(3)对可能征收的常关税款数额做出估计。各口岸税务司的报告使赫德得以较全面地了解各口岸常关情况,为他筹划具体的兼管措施提供了依据。一年后,赫德还将这些报告汇集起来,作为海关文件印行,以资各口税务司参考。①

这份通令还初步确定了赫德推行兼管工作的基调,即"必须非常小心谨慎而又缓慢地、试探性地进行对常关的改造,尽量避免突然用大量的洋员去接替原常关人员的工作"。②

8月间,赫德在向清政府申呈的一份节略中进一步明确提出他关于海关兼管常关的几点措施,即:(1)请各口监督特派明干委员一人,随同税务司襄理兼管事宜。(2)所有各口现在办事人员拟均留用,俟试办略有头绪时再定去留。(3)所有各口现在办事之章程法则拟暂照办,俟明悉情形时再定增删,一面循各口之专情,酌定划一之办法。③

9月7日,和约正式签订,赫德更加紧兼管常关的准备工作。④ 10月1日、26日和11月11日,他接连向各口税务司发出三份通令,对兼管工作做了详尽、全面的布置。

因触动原常关负责官员及旧人员的既得利益,为了平息这些人的不满情绪,赫德要求税务司们向海关监督声明,原常关"工作手续和人事将不做任何不必要的变动"。⑤ "拟议的移交,并非以排斥旧人员,引用外籍人员为目的,而是当轴迫于情势的需要和帝国财政的困难,不得不如此的。征税部门的两个系统,无论称为常关或海关,原同属一家,因而应当

---

① Wright S. F.. *Documents Illustrative of the Chinese Customs*. Vol. II. Shanghai: Statistical Department of the Inspectorate General of Customs, 1938, p.254.

② China Maritime Customs. *Inspector General's Circulars*. Second Series, No. 968, 1901.

③ Wright S. F.. *Documents Illustrative of the Chinese Customs*. Vol. II. Shanghai: Statistical Department of the Inspectorate General of Customs, 1938, p.270.

④ 1901年10月20日,赫德致金登干函,Z字907号,见 Fairbank J. K. et al.. *The I. G. in Peking*. Vol. II. Cambridge, Mass. and London: The Belknap Press of Harvard University Press, 1975, p.1286.

⑤ China Maritime Customs. *Inspector General's Circulars*. Second Series, No. 980, 1901.

为官民的普遍利益而和睦、诚挚、有效地协同办事。"①他还训令税务司："凡有应办的工作,应当优先录用旧人员,指导原则应当是留用而不是排斥原机关人员,在适当的过程中,他们将会安排就绪。仅有那些确实办事不力或不需要的人才可解职。但甚至这一步骤也不得立即进行或仓促从事,而只能在向我报告并经我授权后才可办理。"②

赫德在通令中反复强调,兼管工作的推行一定要缓慢而又小心谨慎地进行。他训令税务司一开始应当"作为一个观察者,而不是一个征税代理人","在没有充分熟悉常关工作之前,切勿企图采取任何行动直接介入管理和征税工作"。③

采取上述种种措施,目的在于避免因兼管的过激行动而引起反抗的风波,以便顺利地逐步实行对常关的直接控制。赫德设想在两三年时间内完成这一过渡工作。④ 因而他告诫税务司,他们"不是处于从属的而是领导的地位",不要尸位素餐,而要积极行动,要尽快熟悉新的环境,熟悉常关的工作情况并筹划改进的方法。⑤ 为此,他要求税务司做好以下几项工作:(1)向海关监督言明,船只与货物的来往情况必须逐日登记并向税务司报告;税收必须正规登记,并将其总额按日、按月、按季度向税务司报告;任何一项原先向海关监督所做的报告,如今应当同时向税务司提供。(2)税务司应当研究税则,查明这些税则被真正执行的程度或背离的情况。(3)应要求海关监督提供一份常关人员名单及其津贴费用的副件,并研究这些人员的工作情况。查明哪些是真正需要的工作人员,每个人

---

① China Maritime Customs. *Inspector General's Circulars*. Second Series, No. 985, 1901.

② China Maritime Customs. *Inspector General's Circulars*. Second Series, No. 993, 1901.

③ China Maritime Customs. *Inspector General's Circulars*. Second Series, No. 985, 1901.

④ 1901年11月17日,赫德致金登干函,Z字911号,见 Fairbank J. K. et al.. *The I. G. in Peking*. Vol. II. Cambridge, Mass. and London: The Belknap Press of Harvard University Press, 1975, p.1291。

⑤ China Maritime Customs. *Inspector General's Circulars*. Second Series, No. 993, 1901.

员干什么工作,按规定领取多少薪金,其职位在多大程度上是有价值的。在此基础上将旧人员加以分类,提出每一类人员的合适数量,需支付薪金的数额等。(4)研究常关的工作程序、该口岸的各种惯例并详加记录,以作为将来废除弊端、改进缺陷的依据。① 赫德要求各口税务司务必于1902年1月底将上述调查研究和工作开展情况向他汇报,并嘱咐各税务司应根据各口岸的具体情况,抓住有利时机,推进兼管工作。②

尽管赫德对海关兼管常关的推行事先做了谨慎、周密的准备与安排,并采取缓慢渐进的兼管策略,兼管的推行仍引起一些骚乱和不满。在九江,"当新旧交接之际,众情汹汹,几肇事故"。③ 芜湖也同样发生了骚乱。④ 清朝的一些封疆大吏,对赫德推行兼管一事甚为不满,严加申斥。1901年12月12日,张之洞致电外务部,指责赫德"借赔款为词,揽办常关……竟欲将中国利权一网打尽,用心亦良险矣"。⑤ 翌日,张之洞又致电两江总督刘坤一,申斥赫德不仅兼管常关,且欲"揽办口外他衙门之税关"。电称:"谨闻此事,赫德志在尽夺外省利权,犹糠及米,何所底止,江省常关不知有似此情形者否,务望合力坚持,公如加电枢译,尤为得力。"⑥张之洞还将此电分致江、闽、浙、广、川、豫各督抚,意在联合他们共同抵制。但对赫德推行兼管常关打击最大的,是1902年初,因江西巡抚李兴锐上奏引起的一系列变化。

清代常关税,原用于支解京协各饷等多项用途,归海关兼管后,若将常关税全部汇解上海以支付赔款,则京协各饷等必无着落。李兴锐因此

---

① China Maritime Customs. *Inspector General's Circulars*. Second Series, No.980, No.985, No.993, 1901.

② China Maritime Customs. *Inspector General's Circulars*. Second Series, No.993, 1901.

③ 中国第一历史档案馆馆藏档案:外务部档案3970号。

④ 1901年11月10日,赫德致金登干函,Z字910号,见Fairbank J. K. et al.. *The I. G. in Peking*. Vol.Ⅱ. Cambridge, Mass. and London: The Belknap Press of Harvard University Press, 1975, p.1289.

⑤ (清)王树枬编:《张文襄公(之洞)全集(电牍)》,收录于沈云龙主编:《近代中国史料丛刊》(第四十七辑),台北:文海出版社,1970年,卷一七五,电牍五十四,第12595页。

⑥ (清)王树枬编:《张文襄公(之洞)全集(电牍)》,收录于沈云龙主编:《近代中国史料丛刊》(第四十七辑),台北:文海出版社,1970年,卷一七五,电牍五十四,第12600页。

奏称:"九江关税改归税司代征,请将京协各饷及耗羡等项分别改拨。"①户部经与外务部会商后,札行赫德,声称:"常关归税司代征,仅稽核征收数目,并非将款项截留划拨,至户部行令各关按月提解,系专指归税司代征以后新增收数而言,非将照常征收各款全行提解",因而"今九江关常税现在改由税司代征,除仍令将增收数目按月解沪,凑还赔款外,其应解京协各饷,抵补货厘并随征耗杂,实在应准开支之款,自可循案办理",并向赫德言明,赔款已"分拨各省通力筹还"。② 赫德因此事关系各省利益甚大,唯恐引起更大风波,故一面声称"税务司并非仅稽收数,实有代征之责";一面则表示"若各省筹拨无误,则所交之款由何项拨来,或亦无人问及",③认可了户部所议。此后,户部又将上议推及其他口岸,并由外务部于7月5日札行赫德,令其"转饬各海关税务司一律办理"④。常关税循旧章拨解京协各饷等,仅将"新增收数按月解沪,归还赔款"⑤。这对赫德借词完全控制常关是一个很大打击。1902年8月4日,赫德通令各口税务司,内称:"由于中国政府用分派各省摊解来代替和约规定的以关税等支付赔款的办法,在兼管常关一事上,急于求成是没有用的。"⑥因此,他要各税务司继续做好调查研究,静待时机。

---

① 外务部札行总税务司,光绪二十八年三月二十五日,见 Wright S. F.. *Documents Illustrative of the Chinese Customs*. Vol.II. Shanghai: Statistical Department of the Inspectorate General of Customs,1938,p.320。

② 外务部札行总税务司,光绪二十八年三月二十五日,见 Wright S. F.. *Documents Illustrative of the Chinese Customs*. Vol.II. Shanghai: Statistical Department of the Inspectorate General of Customs,1938,p.320。

③ 总税务司申复外务部,光绪二十八年三月二十六日,见 Wright S. F.. *Documents Illustrative of the Chinese Customs*. Vol.II. Shanghai: Statistical Department of the Inspectorate General of Customs,1938,p.323。

④ 外务部札行总税务司,光绪二十八年六月初一日,见 Wright S. F.. *Documents Illustrative of the Chinese Customs*. Vol.II. Shanghai: Statistical Department of the Inspectorate General of Customs,1938,p.324。

⑤ 外务部札行总税务司,光绪二十八年六月初一日,见 Wright S. F.. *Documents Illustrative of the Chinese Customs*. Vol.II. Shanghai: Statistical Department of the Inspectorate General of Customs,1938,p.324。

⑥ China Maritime Customs. *Inspector General's Circulars*. Second Series,No.1045,1902。

显然，常关旧人员和清朝官员们的不满和抵制，尤其是李兴锐上奏引起的变化，使赫德在两三年内完全接管常关的设想大受挫折。因而，清末海关对常关的兼管，实际上采取了种种不同形式：有"只限于收受监督方面实征款数的报表，转报中央行政当局者"，如芜湖、沙市、九江等关；"有将常关一切事宜统归税务司直接管理者"，如天津、牛庄、胶州、福州、三都澳等关；而其余多数口岸常关则"由税务司特派人员稽查"。① 直到民国初年，由于各省无力筹拨偿付赔款，总税务司安格联方乘机将上述50里内常关完全置于税务司的直接管理下。②

四、海关兼管常关的历史影响

清末的海关兼管常关，不仅是中国近代海关发展史上的一个重大事件，而且也是近代中国社会经济发展史上的一个重大事件。在海关充任要职数十年的英人魏尔特称它是"《辛丑和约》议和代表所做的势必要引起最深远变化的决定之一"，③这是不无道理的。

首先，海关兼管常关大大扩展了海关的权势。中国近代海关自十九世纪五十年代末创建以来，在总税务司赫德的精心经营下，逐步发展成一个机构庞大、组织严密、自成体系的独立王国，对清政府的政治、经济、军事、外交等诸方面均发生了不容忽视的影响。海关兼管常关，意味着海关从掌握清政府对外贸易征税大权发展到兼并清政府国内贸易征税大权，从而大大扩展了海关权势，使海关对中国财政的干预、控制大大加强了。而海关机构也借此更为扩大，1910年，海关关员已多达

---

① 黄序鹓：《海关通志》（下），上海：商务印书馆，1917年，第134～135页；[美]马士著，张汇文等译：《中华帝国对外关系史（第三卷）》，北京：商务印书馆，1960年，第426页；[英]莱特著，姚曾廙译：《中国关税沿革史》，北京：生活·读书·新知三联书店，1958年，第134页。

② Wright S. F.. *Hart and the Chinese Customs*. Belfast：William Mullan and Son，1950，p.752.

③ Wright S. F.. *Hart and the Chinese Customs*. Belfast：William Mullan and Son，1950，p.747.

19169人。① 无怪乎当赫德知悉他提出的海关兼管常关方案已被公使团接受时,禁不住得意万分地函告金登干:"海关将比过去更为强大","海关还可扩展而更兴旺"。②

其次,海关兼管常关,还使海关与外债的联系更为密切。海关用其关税抵押支付外债而与外债发生联系,肇端于十九世纪五十年代。甲午战后,由于三次大借款均以关税为抵押偿付,并或附有关于海关现行管理制度保持不变的苛刻条件,海关与外债的联系进一步加强了。而海关兼管常关后,海关实际上已成为中国的外国债权人的收款机关,成为为侵华列强罗掘财源并将其源源不断输往债权国的重要工具。

进而言之,海关因兼管常关而扩展了权力,加强了对中国财政的控制,并确立了其作为债权国代理机关的地位,这一切无疑为辛亥革命后海关总税务司侵夺海关关税保管权,进而成为北洋政府太上财政大臣打下了基础、铺设了道路。简言之,海关兼管常关意味着帝国主义对华侵略的加深,对华控制的加强,意味着中国半殖民地化的加深。

然而,海关兼管常关还有其另一方面的影响值得我们详加申论。那就是,它在客观上对常关这一中国传统旧式征税机构的改造,产生了一定的促进作用。

众所周知,清代常关由于实行一套封建的管理制度,弊窦丛生,贪污中饱成风,商人不堪其苦,正直官员对此多有微词。清政府虽也时有三令五申,要求"税厘涓滴归公,力杜中饱滋弊",但无济于事。③ 相比之下,中国近代海关由于吸收了西方先进的管理制度,实行统一的行政管理制度,并制定了较完善的征税管理办法和财务管理制度,管理严密,检查便利,工作效率高,关员舞弊中饱现象,鲜有发生。④ 海关兼管常关后,赫德把

---

① China Maritime Customs. *Service List*, 1910.

② 1901年5月12日,赫德致金登干函,Z字890号;1901年6月23日,赫德致金登干函,Z字894号,见 Fairbank J. K. et al.. *The I. G. in Peking*. Vol. II. Cambridge, Mass. and London: The Belknap Press of Harvard University Press, 1975, pp.1267, 1271。

③ 参阅(清)刘锦藻:《清朝续文献通考》,台北:新兴书局,1965年,卷三〇~卷三三,征榷二~五。

④ 参阅杨德森编:《中国海关制度沿革》,上海:商务印书馆,1925年,第51~114页。

海关管理办法逐步引入常关,对常关管理制度做了一些改造。他或多或少地将各地常关税则删繁就简,减除了一些烦琐的附加税,废止了不正当的手续费,规定了严密的取缔办法,以矫除收贿诛求之积弊;他还或多或少清除了一些工作不力或贪污有据的人员,逐渐减轻了人事臃肿状况;他还改革了旧的徒有其表的薪俸制度,减少了关员的贪污中饱。① 这在一定程度上改造了常关,提高了它的效率,增加了税收。尤其是那些由海关直接管理的常关,成效更大。如三都澳,海关兼管前"正税之外又有例规,不止一端抽取,且分数处,留货耽延,莫此为甚。当税务司接手之初,该关用人至六百名之多,而每年报款,不过一万一千两。经税务司先将在事之六百人,可者留之,不可者去之,计留七十余人,已足敷用,又将一切例规,统行核计,与正税一并征收。商民既少稽延,收数亦不欠少,至光绪三十二年,该关税项年征之数,已及八万余两"。② 又如"福州一处,税务司接手时,年征不过七万余两,自归税务司经理后,至光绪三十二年,该关年征之数竟至二十五万两以上"。③ 而天津常关,兼管前每年最高收入不过四十五万两,兼管后,竟多至百万两左右。④

海关兼管常关后出现的上述变化,尤其是税收的增加,对正陷于财政危机中、急于寻求解救之方的清政府,无疑是一个巨大刺激。它促使清政府试图借鉴海关,整顿常关,剔除弊政。1904年初,户部奏称:"近来常关之交新关代征者,虽各关未能一律足额统计,第一年期满,共溢征银九十七万六千余两,第二年期满,较上届又共溢征银八十八万七千余两。政贵得人,明效彰彰。洵足风示各关,以为之倡。并请特旨宣示,俾各关有所遵循。"⑤ 1906年底,税务处因"常关积弊甚深,尤当设法厘剔",特派度支部主事曹葆珣等一行四人,前往"通商口岸五十里内外

---

① [日]高柳松一郎著,李达译:《中国关税制度论》(第四编),上海:商务印书馆,1926年,第41页;[英]莱特著,姚曾廙译:《中国关税沿革史》,北京:生活·读书·新知三联书店,1958年,第388页;China Maritime Customs. *Inspector General's Circulars*. Second Series,No.1045,1902,No.1162,1904,No.1294,1905.

② 黄序鹓:《海关通志》(下),上海:商务印书馆,1917年,第135页。

③ 黄序鹓:《海关通志》(下),上海:商务印书馆,1917年,第135页。

④ China Maritime Customs. *Native Customs Trade Returns*. 1907, p.7.

⑤ 《户部奏整顿关税折》,《东方杂志》1904年第4期,第75~77页。

各常关"详细调查"应兴应革事宜"。① 税务处为此札行赫德,要求他转饬各口税务司"随时接洽以资参考"。② 赫德于是通令各口税务司,要求他们事先准备好一份简短的备忘录,以便在接洽时向曹葆珣等人提出需要改进的地方。③ 1907年6月,原度支部右侍郎陈璧奏请整顿闽海常关税务,内称:"据最近奏报,自光绪三十年十月初一日起至三十一年九月底止,一年期满共征银三十九万六千三百余两,其所增二十余万两之数,均系附近闽厦两口改派税务司代征之款。一经改良,明效昭著……常关积弊,各省皆然,福建财政艰窘之地,尤不可不亟图整顿,第蠹书猾吏,盘踞舞弊,锢习已深,若欲彻底清厘,自非改弦更张,必无实效。"④

上述表明,清末海关兼管常关,对常关管理制度的改革,确实起了一定的促进作用。进而言之,民国后常关管理制度的进一步改革——统一行政、厘订税率、改良征收手续、改进解款办法等⑤——无疑是清末常关改革的延续与发展。

固然,海关兼管常关所采取的一些改革措施,其根本目的在于罗掘财源,以满足债权国之需,但我们不能因此抹杀它上述客观影响。

---

① 税务处札行总税务司,光绪三十二年十月十六日,处字第五十一号,见 Wright S. F.. *Documents Illustrative of the Chinese Customs*. Vol. II . Shanghai: Statistical Department of the Inspectorate General of Customs, 1938, p.554.

② 税务处札行总税务司,光绪三十二年十月十六日,处字第五十一号,见 Wright S. F, *Documents Illustrative of the Chinese Customs*. Vol. II . Shanghai: Statistical Department of the Inspectorate General of Customs, 1938, p.554.

③ China Maritime Customs. *Inspector General's Circulars*. Second Series, No.1389, 1906.

④ "拟请整顿闽海关税务折",光绪三十三年五月初七日,载(清)陈璧著,陈宗藩辑:《望岩堂奏稿》,收录于沈云龙主编:《近代中国史料丛刊》(第十辑),台北:文海出版社,1967年,卷五,第485~486页。

⑤ 江恒源编:《中国关税史料》(第八编),上海:人文编辑所,1931年,第4~5页。

赫德与澳门：晚清时期澳门民船贸易的管理

晚清时期澳门民船贸易的管理，曾是一个引人注目而又颇为棘手的问题。围绕这一问题葡萄牙澳门当局、中国海关总税务司赫德、清朝中央政府以及广东地方政府间曾引发了诸多风波，对近代澳门和晚清社会均产生了重要影响。本文拟利用中国海关档案资料和其他文献资料，对晚清时期澳门民船贸易管理的曲折演化及其透露的晚清内政外交的若干重要问题，详加评述。

一、澳门周围税厂的建立及其管理制度

众所周知，鸦片战争前，清政府是通过粤海关来管理澳门贸易的。据载，康熙二十七年（1688年），清政府在澳门设立粤海关关部行台，并将澳门改为粤海关关税正口，下设南湾、娘妈角、大马头、关闸4个小口，负责对进出澳门的商船征收船钞、货税，稽查走私，发各种部票和印照等。[①] 然鸦片战争后，葡萄牙国王于1845年擅自宣布澳门为自由港，1849年，澳门总督哑吗嘞更封闭粤海关关部行台，驱逐粤海关关吏和兵役，阻止向商船征税。两广总督徐广缙等"定以商制夷之策，移税口于黄埔。所有澳门贸易，虽已日见萧索，而地方不复过问。其流弊所至，如偷漏税课，招纳叛亡，拐骗丁口及作奸犯科等事，不一而足，中国俱无从措手"[②]。清政府

---

① 参阅（清）梁廷枏：《粤海关志》；（清）张甄陶：《澳门图说》。
② 总理各国事务恭亲王等奏（同治七年闰四月二十），见（清）宝鋆等修：《筹办夷务始末（同治朝）》，收录于沈云龙主编：《近代中国史料丛刊》（第六十二辑），台北：文海出版社有限公司，1966年，卷五十八，第5404～5405页。

对澳门贸易的管理已严重失控,民船走私贸易盛行,其中以鸦片走私最为严重,因"澳门近接香港,香港洋药直可全从澳门走私"[1]。据时人估计,每年有10000~15000箱的鸦片从香港运入澳门,而后从澳门走私运入广东各地。[2] 其他货物的走私也相当严重。如澳门民船贸易的另一大宗——茶叶,"均系漏税而出澳门",每年走私漏税约计6万两。[3]

澳门民船贸易管理的严重失控引起了赫德的关注。赫德自1858年起任英国驻广州领事馆翻译官。1859年,当中国第二个近代海关——粤海新关建立时,他被任命为副税务司,实揽关务大权,这使他对澳门民船走私问题知之甚详。因而,1861年6月,当他作为代理中国海关总税务司赴京晋见总理衙门大臣时,他呈递了精心准备的两件禀、七件清单。内中多处详述了澳门民船走私问题,并提出了他的对策,意在扩大海关势力,但未引起总理衙门的反响。

翌年,澳门总督基马拉士作为葡萄牙特使到北京谈判缔结中葡条约,赫德闻讯后立即致函总理衙门,建议在与基马拉士谈判时提出在澳门建立海关的要求。函件中称:"由中国仍旧派官住彼,照则例征收各项税钞。如何严防偷漏之处,任凭中国设法筹办"[4],但未为总理衙门所采纳。

1867年冬,赫德多次向总理衙门大臣提议赎回澳门,"以清除珠江口上的这一走私中心"[5]。总理衙门虽赞同他的建议,却"苦无机会"。[6] 翌年春,西班牙驻华大使玛斯即将任满回国,总理衙门大臣恭亲王于是奏请采纳赫德建议,委派玛斯代表中国与葡萄牙交涉赎回澳门之事,并提出,赎回澳门之后,"治理地方,设关征税一切事宜,由中国自行办理,大西洋(按:即葡萄

---

[1] (清)李受彤:《澳门形势论》,载(清)王锡祺辑:《小方壶斋舆地丛钞第九帙:中国南海诸群岛文献汇编之五》,台北:台湾学生书局,1975年,第698页。

[2] China Maritime Customs. *Decennial Reports*:*First Issue*,1882-1891,Lappa.

[3] 中华书局整理:《筹办夷务始末(咸丰朝)》(第八册),北京:中华书局,1979年,卷七十九,第2928页。

[4] 外交部档,4616,第一函。赫德致总理衙门函,同治元年五月一日。

[5] Wright S. F.. *Hart and the Chinese Customs*. Belfast:William Mullan and Son,1950,p.596.

[6] 总理各国事务恭亲王等奏(同治七年闰四月二十日),见(清)宝鋆等修:《筹办夷务始末(同治朝)》,收录于沈云龙主编:《近代中国史料丛刊》(第六十二辑),台北:文海出版社有限公司,1966年,卷五十八,第5407页。

牙)不复干预揽越"。可见消除澳门走私贸易的隐患,是赎回澳门的一个重要动因。

赫德为了促成此事,不仅积极与玛斯秘密会谈、筹划,而且还说服总理衙门委派其心腹金登干为协理,与玛斯同往。① 但赎买澳门一事终因葡萄牙、法国等的反对,加之玛斯中途病故而告失败。

与此同时,广东地方当局也开始采取行动来维护其财政税收利益。1866年4月,两广总督瑞麟宣布开放东莞、顺德、香山和开平四地。凡民船载运鸦片前往以上四处,只要缴纳低额厘金,便可行销内地。但此举收效甚微,瑞麟不得不改变办法,于1868年7月宣布,将在凼仔、过路湾、前山、长洲和拱北湾等澳门进出口处设立厘长,征收鸦片厘金,每箱征收银16两,尔后鸦片可行销内地,不再另征关税。② 这一税率与粤海关按协定税则征收的每百斤30两银的税率相比,差别甚大。赫德预感到此举对粤海关税收"将有严重的损害影响",大为不满。他正式向总理衙门提出,各厘长在征收鸦片厘金时应代海关"并征洋药正税",从而厘长"每征收16两厘金,就要偿还海关30两",③瑞麟对此不予理睬。于是赫德进而提出,"在澳门之拱北湾、关闸、石角、前山四处设立公所,代关纳税",并声称"已由总税务司将各关巡查洋税之轮船,调赴广东,其巡船已札粤海关税务司备齐,拟委副税务司布浪专司其事"④,但清政府以"利源所在,洋人每生觊觎"为由,拒绝了赫德的要求,并饬令瑞麟自行设厂开征鸦片正税,

---

① 恭亲王等又奏(同治七年五月),见(清)宝鋆等修:《筹办夷务始末(同治朝)》,收录于沈云龙主编:《近代中国史料丛刊》(第六十二辑),台北:文海出版社有限公司,1966年,卷五十八,第5448~5449页。

② Wright S. F.. *Documents Illustrative of the Origin, Development, and Activities of the Chinese Customs Service*. Vol. Ⅵ. Shanghai: Statistical Department of the Inspectorate General of Customs, 1938, p.237.

③ Wright S. F.. *Documents Illustrative of the Chinese Customs*. Vol. Ⅵ. Shanghai: Statistical Department of the Inspectorate General of Customs, 1938, p.238.

④ 户部总理各国事务衙门奏(同治九年十二月十五日),见(清)宝鋆等修:《筹办夷务始末(同治朝)》,收录于沈云龙主编:《近代中国史料丛刊》(第六十二辑),台北:文海出版社有限公司,1966年,卷七十九,第7337~7338页。

三、近代关税制度的变迁

"详定章程,斟酌委办",以免"洋人越俎代谋"。①

但当瑞麟拟遵旨在拱北湾建立税厂时,却遭到葡萄牙澳门当局的强烈反对,因当时葡澳当局正企图将拱北纳入澳门属地。于是瑞麟派遣副将彭玉立率领由4条巡船组成的船队,并由粤海关的4艘船陪同,于1871年6月前往澳门,与澳门总督谈判。

澳门总督声称他决不同意在拱北湾设立税厂,但他并不反对在距澳门三英里之外的地方设厂,并提出三湾仔为设厂地点,同时要求撤除1868年在拱北湾建立的厘长。彭玉立当即以三湾仔地处偏僻、航道过浅为由,拒绝接受,并奉两广总督之令提出可将税厂改设马溜洲。澳门总督不肯让步,谈判陷入僵局。于是彭玉立奉令封锁了澳门。其率领的船队分别驻守在九岛、鸡颈、十字门和磨刀门等澳门出入口处,检查一切过往的民船,并强制征收鸦片厘金。许多运载着贵重货物滞留在澳门港口的西海岸民船在焦灼地等待着问题的解决,滞留的耗费对它们来说是昂贵的。②

对澳门的封锁持续了一个多月。由于粤海关税务司鲍拉的调停,澳门总督最终同意在小马溜洲建立税厂。原设于前山的厘长也改为税厂。③

建立于澳门出入口处的这两个税厂系归粤海常关监督管辖,由监督和两广总督会同委派委员经管。其建立初期,只对由澳门贩运鸦片到广东各处的民船征收鸦片税厘,即在"各厘卡所征厘金十六两外,自行加收

---

① 谕军机大臣等(同治九年十二月),见(清)宝鋆等修:《筹办夷务始末(同治朝)》,收录于沈云龙主编:《近代中国史料丛刊》(第六十二辑),台北:文海出版社有限公司,1966年,卷七十九,第7344页。

② 1871年7月11日粤海关税务司鲍拉致赫德函,见 Wright S. F.. *Documents Illustrative of the Chinese Customs*. Vol. VI. Shanghai: Statistical Department of the Inspectorate General of Customs, 1938, pp.312-317.

③ 1871年8月5日鲍拉致赫德函,见 Wright S. F.. *Documents Illustrative of the Chinese Customs*. Vol. VI. Shanghai: Statistical Department of the Inspectorate General of Customs, 1938, pp.317-332; China Maritime Customs. *Decennial Reports*: First Issue, 1882-1891, Lappa.

正税银两。……其正税即按三十两之数征收"①。而贩运一般货物来往于澳门广东间的民船,则仍由1849年从澳门移往黄埔长洲的粤海常关分关经管,不在税厂管理之下。但由于长洲口"原非赴澳要路,形同虚设",于是"澳门一带奸商因无关长,仍复进出绕漏,私卸私销。叠经巡船查获,均以该处并无关长为词,多方狡辩"。这种走私活动既损害了清政府的财政税收,又影响了守法商人的贸易开展,于是"澳门各商联名禀请就近设关稽查以便商旅"。两广总督刘坤一便奏请"将长洲关口移设小马溜州,就近征税。所有商船由各下府载货往澳及由澳载货往各下府并改往各口销售者,均赴该关卡报验输税"②。其征税办法,要点有二:(1)"所有各下府运赴澳门货物,销售内地者,照部颁旧例征收",即按粤海常关的税则征收。(2)"遇有出洋土货并进口洋货,仍照洋税新例征收",即按通商条约中的协定税则征收。③

至此,澳门民船贸易便全部置于小马溜州等澳门周围税厂的监管之下。

澳门周围税厂与晚清其他常关同样实行一整套封建管理制度,故弊窦丛生。据总理衙门大臣奏称:税厂"用人杂滥,胥吏中饱","委员等卖放侵渔、利归私囊"④,足见贪污腐败之严重。因而,其实际管理成效甚微,澳门民船的走私贸易仍相当严重。如据当时的一份统计报告,1883年从澳门由民船走私运入广东的鸦片估计约4188担,而1884年为5962担,1885年为6514担。⑤

---

① 户部总理各国事务衙门奏(同治九年十二月十五日),见(清)宝鋆等修:《筹办夷务始末(同治朝)》,收录于沈云龙主编:《近代中国史料丛刊》(第六十二辑),台北:文海出版社有限公司,1966年,卷七十九,第7342页。
② 王彦威辑,王亮编:《清季外交史料》,北京:北平清季外交史料编纂处,1931—1934年,卷六,第30页。
③ 王彦威辑,王亮编:《清季外交史料》,北京:北平清季外交史料编纂处,1931—1934年,卷六,第31页。
④ 王彦威辑,王亮编:《清季外交史料》,北京:北平清季外交史料编纂处,1931—1934年,卷七十,第21页。
⑤ China Maritime Customs. *Opium: Crude and Prepared*. 1888, Lappa, p.69.

上述可见，澳门周围税厂的建立虽然使清政府对澳门民船贸易的管理进入一个新的时期，但澳门民船的走私贸易问题并未得到解决。直到1887年拱北海关的建立，情况才有所改观。

二、拱北海关的建立及其管理制度

澳门拱北海关的建立，是鸦片税厘并征的衍生物，其经过颇为曲折，有必要从头说起。

当鸦片贸易依1858年《天津条约》的规定合法化后，鸦片一直是作为一种特殊进口货处理的，其征税办法和税率均异于一般洋货。其课税大致可分为两类：一类是各通商口岸海关对货主征收的关税，税率为每百斤30两白银；另一类是对买主征收的税捐、厘金等各种内地税。这些内地税有由各口岸的常关征收的，也有由内地各厘金局长征收的，外商统称为厘金。当时各地征收的鸦片厘金税率是大不相同的。这引起了鸦片贩子的强烈不满。赫德便针对这一情况提出了鸦片税厘合并征税的办法，即由贩卖鸦片的外商交纳关税，而由买客一并在海关交纳厘金。这一办法被写进了中英《烟台条约》中。但直到1885年，英国政府才批准了《烟台条约》，并同时签订了中英《烟台条约续增专条》。

依照《续增专条》，赫德作为清政府代表前往香港与香港当局谈判解决香港的鸦片走私问题，以便鸦片税厘并征能切实开办。1886年9月，双方签订了《香港鸦片贸易协定》，议定在九龙设立一个中国海关，专管出入香港的民船贸易。香港当局还提出了实施协定的前提条件：中国必须与澳门当局协定一个同样的办法。[①]

据此，赫德曾三赴澳门，与澳门总督罗沙密谈，达成了《拟议条约》和《续订洋药专条》。随后又说服清政府任命金登干为代表，前往里斯本与葡萄牙政府谈判。最后由金登干代表清政府与葡萄牙政府签订了

---

① 参阅拙著：《近代中国海关与中国财政》，厦门：厦门大学出版社，1993年，第105～106页。

《里斯本会议草约》，以"中国坚准葡国永驻，管理澳门以及澳属之地"为条件，换取葡萄牙政府同意："凡英国在香港施办之件，则葡国在澳类推办理。"①

于是，1887年4月2日，拱北海关正式开办。

拱北海关在建置上隶属于中国海关总税务司署。由海关总税务司赫德选派一名海关税务司主管关政。第一任税务司为法来格。其辖区（即关区）包括整个广东省西南沿海地区、西江地区的一部分及海南岛，即包括晚清广州府、肇庆府、雷州府、高州府、廉州府和琼州府的17个县。②凡上述地区与澳门间的民船往来贸易，均应赴拱北关报关纳税。为了确保对澳门民船贸易的管理，拱北海关在马溜州和前山两处建立了分关。前山分关下面还设有3个分卡：即位于边界栅栏或围门西北和东北面的关闸分卡和吉大分卡，以及位于澳门内港西岸的石角分卡。③此后，随着拱北海关业务工作的发展，又先后添设了崖门、东澳和泥湾门等分关分卡，海关规模渐次扩大。1892年关员人数为247人，1901年已达356人。④

拱北海关虽与其他中国海关一样同属海关总税务司署统一管辖，但却具有许多不同的特点。

首先，拱北海关设立于非通商口岸，它经管的对象为出入澳门的民船贸易。这与中国各通商口岸海关以经管轮船贸易为主要对象是完全不同的。因此，拱北海关建立时，便立有《拱北关商船章程》计12款，详细规定了对出入澳门民船贸易的管理办法。其主要内容为：

（1）凡有商船赴澳门或由澳门驶往别口，均须在关卡外停止，报关纳税，领取放行凭据。

---

① 中国近代经济史资料丛刊编辑委员会主编：《中国海关与中葡里斯本草约》，北京：中华书局，1983年，第9~10页；王铁崖编：《中外旧约章汇编（第一册）》，北京：生活·读书·新知三联书店，1957年，第505页。
② China Maritime Customs. *Returns of Trade at the Treaty Ports*，1887，Lappa.
③ China Maritime Customs. *Decennial Reports：First Issue*，1882-1891，Lappa.
④ China Maritime Customs. *Decennial Reports：Second Issue*，1892-1901，Lappa.

(2)夜间赴澳之商船,若已经澳门华商公会写具保结者,准其于未完税饷之前进港,但不得私起货物,俟次日即报关纳税。未经写具保结者,则须俟税饷完讫后始准进港;或将货物报单呈缴夜间工作之扦子手核实查验,方准先行进港,俟天明时赴关纳税。

(3)凡商人装载鸦片欲由澳门运赴别口,应先赴税务司寓所核定税厘后,即赴汇丰银行如数兑银。俟领有该银行收条,可驶往关卡停泊,以便发给纸据凭单各件。

(4)凡由香港抵澳之商船,须在关闸呈报所载货物。如有九龙关凭据证明实系香港之货,准予免税。

(5)凡由澳赴香港之商船,须在关卡呈报装载货物件数货色,当由关卡发给护照凭单,以便附近香港之关卡各处免纳税饷。

(6)凡商船有假报斤两货色之处,应按照则例所载章程惩办;凡由澳赴香港之商船已领有拱北关护照后并不前赴香港而私往别口,希图影射偷漏者,一经查出,即将船货一并充公,决不宽待。①

其次,在征税制度上,拱北海关也与一般通商口岸海关有别。其征收的税厘主要包括以下4类:

(1)按1885年签订的《烟台条约续增专条》规定的税则征收鸦片税厘。

(2)按粤海常关的常关税则对一般货物征收关税。

(3)按广东地方当局所定税率对一般货物征收厘金。

(4)按广东地方当局的规定对一般货物征收经费税。征收经费税的货物主要限于布匹、煤油、棉线、蜡等几项。

此外,拱北海关还对出口米谷征收一种称为"谷仓税"的捐税。②

其历年征收的各类税款情况。可由表1观之。

---

① 《拱北关商船章程》,载 China Maritime Customs. *Report on Port Practice at Lappa Stations, with Proposed Revised General Regulations*,1892.

② China Maritime Customs. *Decennial Reports: First Issue*,1882-1891,Lappa.

表1 拱北关历年税收一览表(1988—1911)

年份	鸦片 关税（关两）	鸦片 厘金（关两）	普通关税 进口（关两）	普通关税 出口（关两）	普通厘金 进口（本地两）	普通厘金 出口（本地两）	经费（本地两）	总计（两）
1888	54932	146485	92321	13248	55212	22829	23915	408942
1889	59091	157575	101472	12518	56275	20570	18063	425564
1890	63107	168285	113796	12420	66433	20558	19110	463709
1891	56598	150928	107408	12729	62957	20377	52543	463540
1892	42409	113091	98482	12232	55919	19512	48315	389960
1893	49996	133324	86004	13431	47839	19840	45056	395490
1894	65450	174535	74740	12881	41367	18988	36556	424517
1895	45107	120285	78974	11187	44944	18772	41748	361017
1896	56453	150541	76080	13260	45457	25130	43382	410303
1897	63885	170361	80118	14007	60261	26395	46421	461528
1898	76457	203886	69841	16003	47035	25498	21043	459783
1899	72175	192468	68463	14098	47849	24148	17680	436881
1900	52967	141245	70911	13049	45707	24640	18550	367069
1901	48391	129042	84989	17277	52845	28064	27998	378606
1902	57249	152665	94708	15099	58131	28109	18054	424015
1903	42632	113686	114509	9281	62504	21606	21255	385473
1904	38349	102263	129646	8264	66826	18614	21666	385628
1905	53874	143664	120915	5347	64009	16418	20372	424599
1906	49684	132492	120817	4006	60076	13595	17977	398647
1907	43059	114825	116681	3962	61876	11868	16181	368452
1908	38327	102206	104028	6275	57064	13948	15085	336933
1909	31034	82756	98898	9405	53002	14413	12919	302427
1910	46513	124034	108422	13893	58702	16149	15613	383326
1911	42645	109355	96392	15163	52485	14368	13127	343535

资料来源：China Maritime Customs. *Decennial Reports*：*First Issue*，1882-1891，Lappa；*Trade Reports and Returns*，1892-1911，Lappa.

在拱北海关的征税制度中,还有一点值得特别指出的。按照总税务司赫德与葡萄牙赞官斌代表中葡双方于1887年12月在北京签订的《合订洋药如何征收税厘之善后条款》的规定,"凡有完清各项税厘之中国土货进澳门口后,若复运出口往中国各口,除应纳销号费一款之外,不得重征何项税饷"[1],但由于各种中国土货运入澳门之后,有很大一部分在那里被重新整理和打包,因而在从澳门输入内地时,便无法被确认是原货。据此,拱北海关各关卡对从澳门运出的中国货,除征收销号费外,还依据厘金章程中凡货物换船即须重新缴纳厘金的规定,照章抽厘。葡萄牙澳门当局对此颇为不满,争辩说澳门不出产任何东西,所以从澳门运出的中国货,一定都是在运入澳门之前已缴过税厘的。但拱北海关则认为,输入澳门的中国产品大多数是由香港运去的,因而不能认为都已缴过关税和厘金了,故坚持实施上述征税办法。[2]

总之,自拱北海关建立后,晚清澳门民船贸易便被置于较科学、较有成效的管理体制下。从拱北海关每年所提供的贸易统计和贸易报告中,我们可以很清楚地看出晚清澳门民船贸易管理上的这一进步,如拱北海关税收的增长就是一个明证。[3]

三、澳门民船贸易管理问题透视

综上所述,我们可以看出,鸦片战争后,晚清政府对澳门民船贸易的管理大体上经历了三个阶段:

第一阶段,从1849年粤海关被迫撤离澳门到1868年澳门周围厘卡的建立。这是澳门民船贸易管理失控的时期。

---

[1] 王铁崖:《中外旧约章汇编(第一册)》,北京:生活·读书·新知三联书店,1957年,第532页。另,《拱北关商船章程》也有同样规定。

[2] China Maritime Customs. *Decennial Reports*:*First Issue*,1882-1891,Lappa;China Maritime Customs. *Report on Port Practice at Lappa Stations*,*with Proposed Revised General Regulations*,1892.

[3] 参阅上列税收表。

第二阶段，从1868年澳门周围厘卡建立到1887年拱北海关建立。这是粤海常关厘卡税厂管理时期。

第三阶段，从1887年拱北海关建立到清王朝覆灭。这是拱北海关管理时期。

这三个阶段的更替变化，显然呈示出晚清澳门民船贸易管理上的一个进步，在某种程度上表现出这一管理的近代化发展趋势。然而更引人注目的是，在上述晚清澳门民船贸易管理的发展变化中，交织着晚清政府与葡萄牙政府、中国海关与常关、晚清中央政府与地方政府之间一系列的矛盾、冲突和纷争。而身为中国海关总税务司的赫德，则不同程度地卷入了这多重纷争、矛盾中。对此，有详加申论之必要。

第一，晚清政府与葡萄牙政府间的矛盾、冲突。自1845年葡萄牙政府擅自宣布澳门为自由港，将原粤海关设于澳门的税口驱逐出澳门后，葡萄牙澳门当局对于晚清政府加强对澳门民船贸易的管理一事，一直持反对和阻挠的态度。当1870年两广总督奉清政府之令，准备在拱北湾建立税厂时，双方的冲突便达到白热化程度。据赫德派任的粤海关税务司鲍拉在给赫德的报告中所述，当彭玉立副将奉令率船队赴澳门谈判设厂事宜时，澳门要塞的大炮都瞄准着船队，口岸葡萄牙人战船的炮眼也都打开了，大炮伸了出来，冲突随时可能酿成战争。此后虽然由于彭玉立的船队封锁了澳门，加上鲍拉奉赫德之令从中调停，澳门当局不得不同意在小马溜洲建立税厂，但澳门当局对清政府管理澳门民船贸易所持的态度并未改变。①

因而，当1886年赫德为推行鸦片税厘并征，与澳门总督罗沙谈判澳门鸦片贸易的管理问题时，罗沙并不以赫德提出的允许葡萄牙永据澳门这一交换条件为满足，进一步要求停撤澳门周围的税厂厘卡和湾泊巡船并允准葡萄牙驻扎和管理对面山和马溜洲二岛。② 当金登干奉赫德之

---

① 1871年7月11日和8月5日，鲍拉致赫德函，见Wright S. F.. *Documents Illustrative of the Chinese Customs*. Vol. Ⅵ. Shanghai: Statistical Department of the Inspectorate General of Customs, 1938, pp.312-322.

② 中国近代经济史资料丛刊编辑委员会主编：《中国海关与中葡里斯本草约》，北京：中华书局，1983年，第11~12页。

令,代表清政府前往里斯本与葡萄牙政府谈判时,葡方一开始仍坚持上述要求,只是由于清政府坚决不答应,葡萄牙政府才不得不让步。①

拱北海关建立后,澳门当局仍持不合作态度,以至赫德曾为拱北海关会因澳门当局的反对而被迫迁到马溜洲甚或停办而忧心忡忡。②

赫德在中葡矛盾冲突中所持的态度是耐人寻味的。在加强对澳门民船贸易的管理一事上,赫德一直持积极支持的态度。他甚至多次建议从葡萄牙手中赎回澳门,这表明他并不是澳门当局利益的维护者。③但赫德希望看到的是由他主持的中国海关来管理澳门民船贸易,因而,他又乐于借助澳门当局的反对力量来迫使清政府就范。为了达到这一目的,他便不得不对澳门当局做出让步,甚至不惜损害清政府的利益和中国的主权。④

第二,海关与常关的矛盾。自清咸同年间近代中国海关创建后,清朝的关权系统演化为海关与常关两大征税系统。它们在隶属关系、管理体制、职权范围、征课对象、征解制度等诸方面,均有很大不同。两大征税系统在争夺税源上常发生矛盾、冲突。⑤

赫德甫就任总税务司一职时,就强烈地意识到这一问题,并力图通过由海关兼并常关权力的途径,来实现两大征税系统的统一,建立一个由外籍税务司控制的统一的征税系统,以便囊括清政府对外、对内的一切征税大权。⑥对澳门民船贸易管理权的争夺,就是其重要的一步。

如前所述,早在19世纪60年代初,赫德就注意到澳门民船贸易的管

---

① 陈霞飞主编:《中国海关密档——赫德、金登干函电汇编(1874—1907)》(第四卷),北京:中华书局,1992年,第400～668页。
② 1890年4月3日赫德致布朗函;Memorandum on Kowloon and Lappa,见 Wright S. F.. *Documents Illustrative of the Chinese Customs*. Vol.Ⅵ. Shanghai: Statistical Department of the Inspectorate General of Customs, 1938, pp.576-580, 581-582。
③ Wright S. F.. *Hart and the Chinese Customs*. Belfast: William Mullan and Son, 1950, p.596。
④ 1886年10月27日,赫德申呈总理衙门京字第1794号。
⑤ 参阅拙著:《近代中国海关与中国财政》,厦门:厦门大学出版社,1993年,第三章。
⑥ Wright S. F.. *Hart and the Chinese Customs*. Belfast: William Mullan and Son, 1950, p.747;[美]马士著,张汇文等译:《中华帝国对外关系史(第三卷)》,北京:商务印书馆,1960年,第418页。

理问题。1868年两广总督在澳门附近建立厘卡后,他更以此举对海关税收将有严重损害为由,要求由海关出面,在澳门的拱北湾、关闸、石角、前山等4处设立公所,代关纳税,但遭到清政府拒绝。清政府把澳门民船管理权交给了粤海常关,下令设立了由粤海常关管辖的马溜洲、前山等澳门出入口处税厂,赫德对此甚为不满。但当粤海关税务司鲍拉向他报告广东当局设立澳门周围常关税厂一事,声称"怀着焦急渴望的心情"等候赫德指示下一步行动时,赫德却告诫鲍拉不要操之过急,要耐心等待时机来改变这一局面。① 这充分暴露了赫德谨慎、圆滑的性格。

此后,赫德便通过实施鸦片税厘并征这一机会,在拱北湾建立拱北海关,从而将澳门周围的常关税厂一网打尽,归入拱北关的管辖之下,实现了他控制澳门民船贸易管理权的夙愿。

从对澳门民船贸易管理的角度看,我们必须承认赫德控制下的拱北海关比起粤海常关税厂来说,无疑是一种进步。尤其是赫德在一手促成拱北海关的创建后,就其征税制度、人事制度、缉私组织等重要问题,做了大量工作,②使拱北海关一改常关税厂时期用人杂滥、胥吏贪污中饱严重、缺乏强有力的缉私队伍等弊端,因而使澳门民船贸易的管理显得更有成效,更具科学性,也更具现代色彩。

但我们尚须指出,赫德夺取对澳门民船贸易管理控制权,是其兼并常关权力的一个重要组成部分。其目的在于借此扩大海关权势。这是赫德身任海关总税务司以来孜孜以求的目标。因而,他在取得了澳门民船贸易管理权后不无得意地函告远在伦敦的心腹金登干称:"我们业已胜利,现在我们已将广东各通商口岸往来香港和澳门的民船贸易,从粤海关监督的掌握中抢过来,置于税务司的管辖之下。""这是一次不小的扩大权

---

① [美]马士著,张汇文等译:《中华帝国对外关系史(第二卷)》,北京:生活·读书·新知三联书店,1958年,第424页; Wright S. F., *Documents Illustrative of the Chinese Customs*. Vol. Ⅵ. Shanghai: Statistical Department of the Inspectorate General of Customs, 1938, p.306。

② Wright S. F., *Documents Illustrative of the Chinese Customs*. Vol. Ⅵ. Shanghai: Statistical Department of the Inspectorate General of Customs, 1938, pp.560-568.

势,看上去总税务司早晚可以管理通商口岸以外的事情了。"①

为了达到上述目的,赫德竟不惜诱迫清政府同意让葡萄牙永远占据、管理澳门,出卖中国主权,这是赫德在华历史中最可耻的一页,连竭力推崇、赞美他的马士,也不得不承认这一点。②

第三,晚清中央政府与广东地方政府间的矛盾、冲突。晚清自咸同朝后,中央集权的财政体制逐步瓦解。地方督抚控制下的地方财政势力日渐膨胀,由此形成中央与地方财政利益分配上的矛盾与冲突。由于晚清海关税收是直接上缴中央政府,而常关税收则常被地方督抚以各种名目截留,化作地方财政,因而这种矛盾便常和海关与常关的矛盾交织在一起。这特别明显地表现在澳门民船贸易管理权的争夺上。对建立拱北海关以兼并澳门周围税厂权力一事,两广督抚和总理衙门大臣的态度截然不同。

两广总督张之洞和广东巡抚吴大澂等坚决反对将澳门周围税厂交拱北关管理。他们奏称:"厘务为地方官经理,税务为本关经理,均系抽之华人华船,与洋关抽收货船不同。若百货厘金,百货税卡,归洋人管理,窒碍之至!"并声称:"务司虽为我用,终以彼族为疑","各关税司洋人,已成坚据不移之势,不肯用华人,对外海内地税厘财源,统归洋员,实不能无过虑"。当然,对张之洞等人而言,反对交出税厂的最直接、最根本的原因在于这些税厂"通年约可抽百货厘金十数万金,借此数厂补内地之绌"③。

总理衙门大臣的态度则大相径庭。他们支持由拱北关管理澳门周围税厂,其理由在于:(1)这些税厂管理腐败,贪污盛行。每年税收仅够维持税厂开支,"仍于帑项无裨"。④(2)将税厂移归海关税务司经管一事,直接关系到鸦片税厘并征能否实施。总理衙门对赫德声称的实行鸦片税厘

---

① 1887年4月1日赫德致金登干函,陈霞飞主编:《中国海关密档——赫德、金登干函电汇编(1874—1907)》(第四卷),北京:中华书局,1992年,第518~519页。
② [美]马士著,张汇文等译:《中华帝国对外关系史(第二卷)》,北京:生活·读书·新知三联书店,1958年,第429页。
③ 王彦威辑,王亮编:《清季外交史料》,北京:北平清季外交史料编纂处,1931—1934年,卷七十,第24~25页。
④ 王彦威辑,王亮编:《清季外交史料》,北京:北平清季外交史料编纂处,1931—1934年,卷七十,第20页。

并征,每年可增收七八百万两关税一说深信不疑,急思以此巨款来缓解晚清政府的财政困难,应付创办海军之需。故总理衙门大臣电告张之洞:交出税厂权力一事"势在必行。势不能顾惜一隅,摇动全局"。上谕对张之洞的奏折也严词斥责,并称:"海军创始,筹饷万难,有此办法,冀可岁增巨款,纵令六厂区区十余万之数,全行蠲弃,亦无所顾惜!"①

显然,在上述两种不同态度背后隐藏着不同的利益追求。前者因交出澳门周围税厂,失去澳门民船贸易管理权直接损害了地方财政利益而坚决反对;后者则试图借助海关来剔除常关的中饱积弊,增加中央政府的财政收入。在两者为此而进行的纷争中,赫德总是以维护中央政府财政收入来诱迫清政府,但又小心翼翼地不使自己与地方当局结怨太深。这种两边讨乖的圆通手腕并不总是能奏效,张之洞后来成了赫德扩大海关权势的最坚决的反对者,常令赫德感到心惊胆寒。② 究其源,大概始自澳门民船贸易管理权的纷争。

---

① 王彦威辑,王亮编:《清季外交史料》,北京:北平清季外交史料编纂处,1931—1934年,卷七十,第25页,卷七十二,第22页。

② 如张之洞上奏反对海关兼办邮政,海关兼管常关,以及反对赫德《筹饷节略》中的建议等。

四、近代海关与财政关系演化

论近代中国海关与列强对北洋政府财政的控制

北洋政府时期是中国近代史上最为混乱的一个时期。直、皖、奉等各系军阀及其他大小军阀在侵华列强的支持下,拥兵自重,割据称雄,为争权夺利而混战不已。轮番上台的历届北洋政府实际上都为列强所操纵,其财政则自始至终为列强所控制,且有每况愈下之势。这种控制很大程度上是以海关为工具而实现的,即通过对中国关税的全面控制来实施对北洋政府财政命脉的控制。

一

我们知道,北洋政府的财政极其混乱,财政危机相当严重。民国初建时,中央政府并无自己财源,全靠各省解款来维持财政开支。然因各省独立,解款中断,中央政府收入几等于零。① 1913 年后,袁世凯以武力集权中央,各省解款渐有恢复。1913 年各省解款数额为 560 万元,1914 年上升到 1400 万元,1915 年则为 1179 万元。② 但 1916 年后,因袁世凯称帝失败,各省军阀乘机实行封建割据,大肆截留税款,"初则边远请就地截留,继则近畿之省份纷纷留用"③,自 1918 年起,各省解款已完全中断了。

至于北洋政府原为稳定中央财政收入而实行的所谓"中央专款"制度,一者因自 1917 年起西南六省脱离中央独立而受挫,二者因其时军阀

---

① [英]魏尔特:《关税纪实》,上海:海关总税务司公署统计科,1936 年,第 555 页。
② 贾士毅:《民国财政史》,上海:商务印书馆,1917 年,第 10 页。
③ 贾士毅:《民国续财政史》(第一编),上海:商务印书馆,1932 年,第 56 页。

频频内战,中央多由专款指拨各省军费,而"留税之数目多,则解部之数目少"①。专款终至成为拨款。中央专款制度也名存实无了。

在上述财政困境中,关税便更具有举足轻重之作用。北洋政府时期,关税仍持续增长,试看表1。

表1 北洋政府时期关税收入统计表(1912—1926)

单位:万海关两

年度	关税	年度	关税	年度	关税	年度	关税
1912	3995	1916	3776	1920	4982	1924	6960
1913	4397	1917	3819	1921	5901	1925	7073
1914	3892	1918	3635	1922	5936	1926	8044
1915	3675	1919	4061	1923	6350		

资料来源:Hsiao Liang-Lin(肖亮林),*China's Foreign Trade Statistics*(1864-1949),p.133.

由上表可见,北洋政府时期,每年关税收入最低亦有3600多万海关两,最高则达8000余万海关两。关税在政府岁入中所占的比重也曲折上升。由于北洋政府时期财政极其混乱,岁入支离破碎,无从知其确数。然就其十五年间有预算数字可寻的1913、1914、1916、1919和1925年五年观之,关税(包括常关税)收入在预算中所占的比重如表2所示。

表2 北洋政府时期岁入预算中关税所占比重

单位:百万元,%

财政年度	预算总数	关税	占比	财政年度	预算总数	关税	占比
1913	557	68	12	1919	490	94	19
1914	383	79	21	1925	462	120	26
1916	472	72	15				

资料来源:贾士毅:《民国财政史》(上册),第620页;《民国续财政史》(第二编),第341页。

① 贾士毅:《民国续财政史》(第一编),上海:商务印书馆,1932年,第60页。

由于北洋政府时期的财政预算中,"岁入"一门"虚列之数尚多",如1916年的岁入门内,"烟酒公卖、官产收益、解款、专款、公债五项所亏之数,约共八千八百六十余万元"①,因而关税在实际岁入中所占比重肯定比上表所列要高得多。此外,当时关税为列强所控制,专作偿还外债、赔款之用,各省不敢贸然截留。于是关税成了北洋政府最可靠、稳定的财源。

然而,由于关税的征收、保管和支配权均已落入列强之手,这一原为北洋政府最稳定、可靠且数额可观的财源,恰恰成了列强操纵、控制北洋政府的有效工具。列强通过控制关税来控制北洋政府的内外债,从而控制了以借债度日的北洋政府的财政命脉。这便形成了北洋政府时期特有的关税—内外债—财政的连锁关系。

二

先看关税—外债—财政的连锁关系。北洋政府时期,关税收入必须首先用来偿还以关税为担保的外债(包括转化为外债的庚子赔款)的本息。这类外债在民国初建时主要有以下几项:②

(1)1886年10月1日粤海关监督与汇丰银行订借的7厘息银款,总额为库平银70万两,至辛亥革命时尚欠本息总数为规平银320708两。

(2)1894年11月9日清政府与汇丰银行订借的7厘息银款(即汇丰银款),总额为库平银1000万两,至辛亥革命时尚欠本息规平银2408900两。

(3)1895年1月26日清政府与汇丰银行订借的汇丰镑款,总额为300万英镑,至辛亥革命时尚欠本息为896000英镑。

(4)1895年6月20日清政府与南京瑞记洋行订借的6厘息金款(即瑞记借款),总额为100万英镑,至辛亥革命时尚欠300666英镑。

(5)1895年6月28日清政府与伦敦克萨银行订借(经麦加利银行之

---

① 黄绍绪等编:《重编日用百科全书》(上册),上海:商务印书馆,1934年,第1245页。
② 参见[英]魏尔特:《关税纪实》,上海:海关总税务司公署统计科,1936年,第207~224页。

四、近代海关与财政关系演化

手)的 6 厘息金款(即克萨镑款),总额为 100 万英镑,至辛亥革命时尚欠本息 306708 英镑。

(6)1895 年 7 月 6 日清政府与俄法银行团订借的 4 厘息金款(即俄法借款),总额为 4 亿法郎,至辛亥革命时尚欠本息 423094978 法郎。

(7)1896 年 3 月 14 日清政府与汇丰、德华两银行订借的 5 厘息金款(即英德借款),总额为 1600 万英镑,至辛亥革命时尚欠 19741936 英镑。

(8)1898 年 2 月 19 日清政府与汇丰、德华两银行订借的 4.5 厘息金款(即英德续借款),总额为 1600 万英镑,至辛亥革命时尚欠本息 26170602 英镑。

(9)根据 1901 年 9 月 9 日清政府与列强签订的《辛丑各国和约》,清政府须支付 45000 万海关两的赔款。分 39 年还清,年息 4 厘,本息共达 98200 多万两。至辛亥革命时已偿还 19519 多万海关两,尚欠 78881 多万海关两。①

1913 年,袁世凯为发动内战,维持军政开支,向五国银行团举借了 2500 万英镑的巨额外债,名为"善后大借款"。该项借款除以关税偿还上述债赔后的余额作担保外,还规定以盐税和直隶、山东、河南及江苏四省中央税为担保。以后由于关税收入有较大增长,这项借款便主要由关税偿还。据统计,北洋政府统治的 15 年间,以关税偿还的外债总额高达 52082 万海关两,占这一时期关税总收入的 63.32%,关税成了偿还外债之主要财源。②

再看关税—内债—财政的连锁关系。北洋政府的内债一开始便受到列强的操纵、控制,而贯彻列强控制意图的则是海关总税务司安格联。1914 年,北洋政府为发行内债专门设立了"内国公债局",安格联出任公债局董事会的协理兼经理出纳款项的专员。公债局收存款项及内债本息

---

① 庚子赔款的偿还,民国后多有变化,至 1938 年,实际上偿还数字为 65237 多万海关两,见中国近代经济史资料丛刊编辑委员会主编:《中国海关与庚子赔款》,北京:中华书局,1983 年,第 234 页。

② 参阅[英]魏尔特:《关税纪实》,上海:海关总税务司公署统计科,1936 年,第 785 页,附件之二。

偿付事宜，"均需安格联以会计协理的资格签字"①，方能生效，而偿付内债本息的款项，则由汇丰银行存储。

1921年，北洋政府因无法按期偿还公债，遂变换花招，提出所谓整理内国公债办法。为此设立了整理内国公债基金，并成立了经理内债基金处，"由总税务司负责处理一切"②。此后，安格联的权势更大了，北洋政府的"任何债券不管用哪种形式以关税作担保，均须得到海关总税务司的同意"，否则"债券就不能在市场上出售"。③ 如1926年，时任财政总长的顾维钧曾为解决财政困难，拟以对奥赔款停免部分为担保发行一次公债，但因总税务司安格联回英国度假，没他的签字批准而不能发行。④ 是故，时人称安格联为北洋政府的"太上财政总长"，历届财政总长就职后都要先去拜访他。⑤

不仅公债的发行要靠关税作担保，公债的偿还也大多依赖于关税。北洋政府时期，以关税偿还的内债总数达19453.8万规平两，占同期关税收入的28.71%。⑥

三

以上分析表明，正是通过关税—内外债—财政这样一串连锁环节，侵华列强经由他们的在华代理人——总税务司安格联操纵、控制了北洋政

---

① 千家驹编：《旧中国公债史资料(1894—1949年)》，北京：中华书局，1984年，第39~40页。

② 千家驹编：《旧中国公债史资料(1894—1949年)》，北京：中华书局，1984年，第69~72页。

③ 顾维钧著，中国社会科学院近代史研究所译：《顾维钧回忆录(第一分册)》，北京：中华书局，1983年，第306页。

④ 顾维钧著，中国社会科学院近代史研究所译：《顾维钧回忆录(第一分册)》，北京：中华书局，1983年，第306页。

⑤ 顾维钧著，中国社会科学院近代史研究所译：《顾维钧回忆录(第一分册)》，北京：中华书局，1983年，第284页。

⑥ 参阅[英]魏尔特：《关税纪实》，上海：海关总税务司公署统计科，1936年，附件第一、第七、第八。

府的财政。无怪乎当时有人在《东方杂志》上著文感叹道:"历年发行内国公债,大率指关余为担保,而由总税务司保管基金,于是反客为主。商人甚至视总税务司为彼辈所托命,债票非总税务司签字则不生信用,本息愆期则环向总税务司文电呼吁,此真世界未有之怪现象也。"①

不仅如此,帝国主义列强还通过控制关余来控制北洋政府的财政。关余为关税净收入扣除偿还债赔后的余额,其支配权理应在中国政府之手,但列强在京公使团却以保护外国债权人利益为词,借口1912年制定的"总税务司代收关税代付债赔款办法"中对关余处置未做决定,而把关余的支配权抓在手中。公使团声称:"中国政府经过征求公使团同意之正式手续,方可动用关余。"这样,北洋政府要动用关余以解决财政困难时,便须事先照会各国公使"请求商拨"。若公使团"未允照办",北洋政府便也无可奈何,②而公使团又多以安格联的意见为准,故安格联在关余的拨用上更是颐指气使。如1921年底,当社会上盛传安格联允拨关余一事时,安格联在接见记者时,答称:"予以职守攸关,实未允拨一文。"③其霸主口气,显而易见,仿佛关余并非中国政府之财产,而为安氏之私产。

此外,列强还常以手中的关余拨用批准权为要挟,向北洋政府索取更多的在华权益。如1917年,北洋政府照会各国公使,商拨200万两关余以济要需。意大利公使乘机提出附加条件,要求在盐务署内安置一名意大利人。盐务署系因"善后大借款"以盐税作抵而设的一个为列强侵华势力控制的机构。当时盐务署内只用英、法两国人,意大利要求插手其间,显系谋求在控制北洋政府财政上分得一席地位。④

---

① 《东方杂志》,卷21,纪念号,第25页。
② 《申报》,1918年11月24日、10月30日。
③ 《申报》,1921年12月13日。
④ 关税档:外交部致财政部公函,1917年9月27日。

晚清中央与地方财政关系:以近代海关为中心

一、导论:从双边关系到三角关系

晚清中央集权财政管理体制的崩坏、中央政府监管的失控、财权的不断下移,构成了中央与地方财政关系变化的基本态势,由此引发了中央政府与地方当局围绕财权分割的一系列矛盾与冲突。更引人注目的是,由于列强控制下的中国近代海关的介入,这一矛盾、冲突表现出前所未有的复杂性和特殊性。

中国近代海关于1854年首建于上海。[①] 在第二次鸦片战争后的短短几年间,镇江、宁波、天津、福州、九江、汉口、厦门、烟台、淡水、打狗和牛庄等通商口岸也相继开办了近代海关。这些海关统归设在上海的海关总税务司署管辖,[②]并实行一整套外籍税务司制度,初步形成一个新的征税系统。此后,随着中国通商口岸数量的增加,海关数量也不断增加。至1910年海关总数已达49处,拥有近20000名职员,形成一个覆盖全国的海关网。[③]

在晚清财政管理体系中,近代海关是一个与众不同、地位特殊的征税系统。第一,近代海关名为清政府的一个职能部门,实际上管理大权系握

[①] 在晚清的各种文献中,近代海关初建时一般被称为新关,以区别于清康熙年间在广州、厦门、宁波和上海建立的粤、闽、浙、江四海关。亦因其由外籍税务司职掌,管理外国轮船贸易,征收洋税而被称为洋关。后渐被统称为海关。

[②] 海关总税务司署于1866年迁入北京。

[③] China Maritime Customs. *Service List*, 1910.

于以英国为首的在华列强之手,素有"国际官厅"之称。第二,由于海关实行外籍税务司制度,管理的是洋税的征收,清政府将其划归职掌对外事务的总理衙门管辖。由是,近代海关遂与原归户部管辖的户关(包括原粤、闽、江、浙四海关)分别形成两套隶属关系、管理体制、职权范围、征课对象、税钞额则,支款办法均各不同的权关系统。第三,近代海关实行从中央到地方直接的、统一的垂直管理,形似一个"独立王国"。中央的管理机构为总税务司署,其最高首脑为总税务司;各通商口岸海关的管理机构为税务司公署,其最高首脑为税务司。总税务司"对于全国海关,几有一国元首之权威",[①]"各关所有外国人帮办税务事宜,均由总税务司募请调派,其薪水如何增减,其调往各口以及应行撤退,均由总税务司作主"。[②]各口海关行政由总税务司以发布"总税务司通令"的形式来统一步调,而以"总税务司训令"的形式来处理各口的特殊问题。各口税务司定期向总税务司呈送公函,详细报告该关的运作情况,提出需要解决的各种问题,并依照总税务司的训令来处理。海关内部还制定有一系列条款详尽的规章制度,以作为各海关办事的依据。此外,总税务司署还将带有普遍性的问题及其处理情况及时编辑成册,刊印发送各关,以供参照。第四,海关引进西方的人事管理制度、财会制度和统计制度,从而成为一个与清政府旧式衙门完全不同的新型行政机构。[③]海关快捷的工作效率和成功的管理制度与晚清常关管理的腐败、混乱和贪污中饱成风,形成了极其鲜明的对照。

近代海关草创时期,在华列强就将其视为打入清政府财政管理体系的一个楔子。1857年,时任香港总督兼驻华全权公使的包令爵士在向英国外交大臣克拉兰敦陈述不久前上海近代海关建立一事时就明言:"我们现在已经掌握中国财政收入的一个关键。"[④]为了在此基础上逐步营造起一个控制清政府财政的大本营,以维护列强在华利益,近代海关不断地扩

---

① 黄序鹓:《海关通志》(下),上海:商务印书馆,1917年,第193页。
② 杨德森编:《中国海关制度沿革》,上海:商务印书馆,1925年,第14页。
③ China Maritime Customs. *Inspector General's Circulars*. First Series, No.25,1869.
④ Wright S.F.. *Hart and the Chinese Customs*. Belfast: William Mullan and Son, 1950, p.125.

展其征税范围和权限。身任晚清海关总税务司一职长达46年的英人赫德，从未放弃过这一目标。是故，在晚清财权下移，中央与地方财权纷争迭起的特定情势下，近代海关便难以置身其外——不论是有意介入，还是被迫卷入。

久受财政管理失控、贪污中饱公行之累的晚清中央政府虽然一开始对近代海关的建立尚存疑虑，但对近代海关的管理成效及由此呈现的海关税收的迅速增长，却印象颇深。因而，19世纪60年代初，当近代海关尚处于草创时期，中央政府要员便萌生了利用海关以整顿关政、剔除贪污中饱、增加政府财政收入的企图。1861年初，户部左侍郎文祥就私下里对时任英国公使馆中文秘书的威妥玛称：如果在海关里没有外国人的帮忙，如果不是把这些机构置于一个划一的制度下，他们将会无法处理对英、法两国的赔款问题；用中国人不行，因为显然他们都不按照实征数目呈报。他还以薛焕为例，说他近三年来根本没有报过一篇账。① 不久，恭亲王奕䜣等总理衙门大臣也在上奏中称"查洋税一项，向系尽收尽解，该关税吏视为利薮，侵蚀偷漏，百弊丛生，于关税大有妨碍"，因而认为通过近代海关征税，以二成关税扣缴赔款，剩余关税"可丝毫悉入国帑，不能稍有侵蚀，于关税积弊为之廓清，似于关务有益"。② 1864年，恭亲王还上奏为时任海关总税务司的赫德请功称："查苏省连年用兵，一切饷需，均借洋税源源接济，大半皆由赫德稽察洋税之力。"③ 事实上，正是由于近代海关以迅速增加的关税收入有效地帮助清政府解决军饷之需，渡过咸同之际的财政危机，清政府才最终消除疑虑，决定继续"令洋人帮同司税，厚以廪饩"④，完全接纳了近代海关。此后，随着中央财政管理失控、财政危机迭

---

① [英]莱特著，姚曾廙译：《中国关税沿革史》，北京：商务印书馆，1963年，第145页。
② 中华书局整理：《筹办夷务始末(咸丰朝)》(第八册)，北京：中华书局，1979年，卷七十，第2625页；卷七十一，第2677页。
③ 总理各国事务恭亲王等奏(同治三年十一月十九日)，见(清)宝鋆等修：《筹办夷务始末(同治朝)》，收录于沈云龙主编：《近代中国史料丛刊》(第六十二辑)，台北：文海出版社有限公司，1966年，卷三十，第2944～2945页。
④ 恭亲王等又奏(同治四年十二月)，见(清)宝鋆等修：《筹办夷务始末(同治朝)》，收录于沈云龙主编：《近代中国史料丛刊》(第六十二辑)，台北：文海出版社有限公司，1966年，卷三十八，第3615页。

起,财权下移不断加剧,利用近代海关以加强财政管理,增加中央政府财源,确保中央的财政收入,便日渐成为清中央政府的一项理财措施。

自咸同年间,清政府为克服因镇压太平天国等农民起义大举用兵引起的财政危机,不得不允准各省"就地筹饷""自求生理"后,为各省督抚所控制的省一级地方财政体系便逐渐形成。各省通过各种合法或非法途径,实现对地方财政收支的控制。东南各省先后出现了一些以"总粮台""军需局""善后局""筹防局"等为名的,直接受督抚管辖的地方性财政机构。各省藩、运、粮、关等各库也渐为督抚所支配。而厘金局、盐局、厘捐局、捐输局、运局等等,更成了督抚大权在握的地方征税机构。此外,各省还设立了官银局、官钱局、地方银行等自己的金融机构。与此同时,各省当局已通过种种途径,握有厘金、捐纳、杂捐、田赋附加、盐斤加价和官业收入等各种税源。[①] 在此情势下,近代海关征税范围和权限的扩大自然直接侵害到地方当局的财源和地方官员的利益,从而引发了海关与地方当局间的矛盾与冲突。而且,这一矛盾与冲突随着海关权限的不断扩展而不断加剧,愈演愈烈。于是,晚清中央与地方的财政纷争便在一定程度上表现为近代海关与地方当局的财源和财权争夺。

由此,在原中央与地方财政关系的基础上,形成了晚清围绕财权分割、财源争夺,中央政府、地方当局和近代海关三者间错综复杂的关系。这就是本文所欲探讨的问题。

二、开征子口税:海关介入中央与地方财政关系之肇端

溯本探源,近代海关介入晚清中央与地方财政关系始于第二次鸦片战争后子口税的开征。子口税,又称子口半税,是依照1858年签订的中英《天津条约》和《通商章程善后条约·海关税则》由近代海关征收的一种新税。条约规定,外商按值百抽五的税率一次性交纳子口税后,可任便将

---

① 关于清后期的省级地方财政体系,魏光奇在《清代后期中央集权财政体制的瓦解》一文中有较详细的论述,见《近代史研究》,1986年第1期,第213~222页。

进口洋货运入内地,或将出口土货运出内地,沿途概不重征任何内地税。① 这一规定主要是针对以厘金为主的内地税的。是故,子口税又被称为"抵代税",即指以子口税来抵代以厘金为主的内地税。在此背景下,海关征收子口税自然直接影响到厘金的征收,海关子口税的增加意味着内地厘金局卡收入的减少,反之亦然。近代海关在其报告中对此曾简洁地概括为:"子口税与内地厘金互为消长"。② 因此,海关开征子口税,立即引起地方当局的反响。

早在1860年,当子口税制度还"仅仅在上海附近及长江和白河沿岸作过一点试验"时,时任江苏巡抚的薛焕便上奏历数开征子口税的弊端,称:

> 况自军兴以来,各处兵饷,半借商货厘捐。现在既准洋商径入内地,不论何项货物,彼必任意贩运。除进出内地计货本银百两,照章纳税银二两五钱外,不论程途远近,亦只完税一次,更不能向洋商另征厘捐。所增新税无几,所减厘捐甚多。③

薛焕为第二次鸦片战争期间最早主张向列强妥协的清政府地方要员之一,规定子口税条款的中英《通商章程善后条约·海关税则》也是他参与谈判所定。通商章程签订后,薛焕对章程的炮制者李泰国印象颇佳,还保举他出来"组织洋关"。然时隔不久,薛焕对海关开征子口税即如此深恶。由此足见子口税制度推行对地方厘捐收入的影响及这种影响对地方当局的震动。

子口税与厘金间的消长现象,在各地均可明显看到,尤其是在厘金制度盛行之处,如江苏。江苏为厘金制度发源地,厘金局卡林立,收入甚为

---

① 王铁崖:《中外旧约章汇编(第一册)》,北京:生活·读书·新知三联书店,1957年,第99~100、117~118页。
② 总论,《通商各关华洋贸易总册》,上海:总税务司署造册处,1891年。
③ 太平天国历史博物馆编:《吴煦档案选编(第六辑)》,南京:江苏人民出版社,1983年,第42页。

可观。同治初年,每年可收300余万两。① 但子口税制度在这里推行后,随着镇江、上海两地海关子口税收入的节节增长,江苏厘金收入开始呈下跌趋势。② 光绪二年(1876年),两江总督沈葆桢奏称:"江苏各局厘金,从前军务初平时抽收极旺,嗣则逐年减少,有江河日下之势。"究其原因,沈葆桢认定:"其为害最甚而莫可谁何者则莫如洋票(按:即子口税单)。"③

而在四川,据川东道禀复督宪文称:"厘金初设,洋关未开,并无洋纱子口。彼时花布行销,商帆络绎,厘金极形畅旺。近来洋纱盛行,花布稀少,子口日益充斥。不但重庆厘局受其侵占,即近而合州、叙、泸、宁、雅,远而滇黔各厘局,无不交受其困。溯查光绪三、四、五等年,夔厘征至廿七万余金。自开设洋关后,遂逐年递减。盖子口增则厘金绌。"④

"子口增则厘金绌",可谓一语中的。这也正是地方当局怨言所在。因为晚清厘金之创设,原为各省督抚自行其是,清政府既无征收定额,又无对设立局卡数量的限制,更无类似地丁、关税等的考成办法。各省"随收随支,向不报部"。其后虽有厘金章程之制定,实则形同具文,大多数省份仍我行我素,厘金已成了地方财政收入的最主要来源。而子口税则由海关征收,上交国库,是中央政府尚可有效支配的主要税源。子口税的增长,厘金的减少,意味着一大笔中央政府失控的财源经由海关之手转移至中央政府的有效控制之下,地方当局难以擅自挪用,是为地方当局所不容。

为了确保地方财政收入,减少海关开征子口税引致的厘金征收的亏损,地方当局采取了种种措施,竭力阻止子口税的推行,运用经济的或行政的手段与海关争税源。前者如减低厘金税率,使"较之子口税犹属稍轻,以冀商人避重就轻,舍彼适我";后者如拒绝承认子口税单的效力,对

---

① 罗玉东:《中国厘金史》(上册),上海:商务印书馆,1936年,第164页。
② 参阅汤象龙编著:《中国近代海关税收和分配统计:1861—1910》,北京:中华书局,1992年,第97~104页。
③ (清)吴元炳辑:《沈文肃公(葆桢)政书》,收录于沈云龙主编:《近代中国史料丛刊》(第六辑),台北:文海出版社有限公司,1967年,卷六,第1163页。
④ 《巴县档案抄件》,见鲁子健主编:《清代四川财政史料(下)》,成都:四川省社会科学院出版社,1988年,第634页。

持子口税单的商人刻意刁难,借词勒索,或对请领子口税单的商人加以威胁恐吓。①

值得一提的是,地方当局为了维护地方利益,甚至要求以子口税征收数划抵厘金亏损。如光绪初年,由于子口税盛行,四川夔关税收大受影响。光绪五年(1879年),四川总督丁宝桢会同湖广总督李瀚章奏称:"臣思宜昌关新收洋票入川之税,即系夔关照约验放免税之款。夔关免税日多一日,即宜昌等关所收子口之税日增一日。名虽按照约章征收正半各税,实则宜关代收夔关额征之税。此免彼征,同为一商之货。"因而"奏请将夔关短征额税,按照宜昌、江汉两关每年所收入川省子口半税银数,准其划抵"。清廷也只好认可了。②

地方当局的态度如此,那么中央政府的态度又如何呢?我们知道,子口税制度是英国政府为扩展中国市场而提出的。当英国政府将其写入条约时,清政府显然只是被动接受的。而且我们注意到,在中英《天津条约》中,曾做了如下两条规定:(1)出口土货之子口税"在路上首经之子口输交",即向内地常关或厘局交纳;(2)华商不得享用子口税特权。③这表明清政府一开始是力图把海关开征子口税限制在最小的范围内。即对子口税制度的推行持谨慎的保留态度。但在几个月后签订的中英《通商章程善后条约·海关税则》中,上述第一条规定已被改为:"凡英商在内地置货,到第一子口验货,由送货之人开单,注明货物若干,应在何口卸货,呈交该子口存留,发给执照,准其前往路上各子口查验盖戳。至最后子口,先赴出口海关报完内地税,方许过卡。"④即改向海关缴纳。这一更改虽

---

① China Maritime Customs. *Reports on Trade*. 1875,1876,Fuzhou;1881,Wenzhou;1874,Xiamen.

② (清)王延熙、(清)王树敏辑:《皇朝道咸同光奏议》,收录于沈云龙主编:《近代中国史料丛刊》(第三十四辑),台北:文海出版社,1969年,卷三十六《户政类》,第1963页;(清)刘锦藻:《清朝续文献通考》,卷三十一《征榷三·征商·关市》,台北:新兴书局,1965年,第7833页。

③ 王铁崖编:《中外旧约章汇编(第一册)》,北京:生活·读书·新知三联书店,1957年,第100页。

④ 王铁崖编:《中外旧约章汇编(第一册)》,北京:生活·读书·新知三联书店,1957年,第118页。

出自通商章程的主要炮制者、时任上海新关外籍税务监督的李泰国之手，但清政府对此并无异议。

至于华商不得享用子口税特权这一规定的变更，则经历了一段较长的时间。首次变化始于1872年。该年1月，总理衙门曾提出一份关于发还子口税和进口货物转运内地的章程，内中允准中国商人可以持有洋货入内地子口税单，但这一特许"只有九江和宁波两个口岸实行"。① 1876年《烟台条约》签订，将华商可以请领洋货入内地税单的规定正式载入条约。② 但直到1880年，总理衙门才正式允准华商请领洋货入内地税单。③ 1897年，又进一步允准华商请领土货出内地税单。④

清政府对海关开征子口税持谨慎态度的一个重要原因在于清政府对子口税收入能否补偿厘金短收的亏损心存疑虑。《烟台条约》中有关华商可以请领洋货入内地税单的规定出台后，李鸿章在《论赫德劝结滇案条议》中称："华洋各商均准正子并交，请领子口税单，概不重征，不但口岸厘金无可抽收，内地厘卡亦须一律验免。厘金绌则饷源立绝，恐关税所入不足以挹注，殊堪焦忧。"⑤ 此论可以说是抓住了清政府的心病。

就开征子口税而言，近代海关是照章办事，因此而卷入清中央与地方的财政纷争，显然非海关本意。因此，海关一方面为维护在华外商的利益而力图扩展子口税制度，另一方面则鉴于晚清财政体制的特殊状况而竭力避免过分触动地方当局的财政利益，以免招致地方当局的强烈反对。1869年，在海关总税务司的帮助下，阿礼国与清政府签订了中英《新定条约》及《新修条约善后章程》。其中对子口税制度提出了新的实施办法，即

---

① [英]伯尔考维茨著，江载华、陈衍译：《中国通与英国外交部》，北京：商务印书馆，1959年，第132页。

② 王铁崖：《中外旧约章汇编（第一册）》，北京：生活·读书·新知三联书店，1957年，第349页。

③ China Maritime Customs. *Inspector General's Circulars*. Second Series, No.119, 1880.

④ China Maritime Customs. *Inspector General's Circulars*. Second Series, No.803, 1897.

⑤ （清）李鸿章撰，（清）吴汝纶编：《李文忠公（鸿章）全集（六）》，译署函稿五，台北：文海出版社有限公司，第2972~2973页。

进口的洋布、大呢、洋绒三大类纺织品一律于进口时交纳正、子两税,尔后在通商口岸省份,均免重征,不论持货人为洋商或华商;出口土货则一律在沿途所经关卡完纳税厘,华洋商人均同,但所征之税厘合计若超过子口半税,海关应将超过部分退还。① 这一新办法显系在中央与地方财权分配上搞平衡。它将征自出口土货的税厘留归地方当局,以照顾地方财政收入,而把征自进口纺织品的子口税收入留归中央政府。不过它更有利于地方当局的财政利益。因为地方当局还可以从内运到非通商口岸省份的进口纺织品和不论运往何处的其他进口货上获得税厘征收之利。而中央政府则必须承担地方当局对出口土货征收税厘超过子口税部分的退还。清政府允准了这一新办法。但由于英国商人的激烈反对,条约未获英国政府的批准,新办法也便无从实施了。②

1876年初,赫德借中英双方谈判马嘉理事件处理方案之机,提出了一个全面推行子口税制度的方案。其主要内容为:(1)布匹、呢绒、五金和糖等四类进口货进口时,一律同时在海关缴纳正、子两税。尔后转运全国各地均免重征,不拘何时、何地、在何人手中。其余进口货则在起运上岸后,由地方官员按照当地章程处理。(2)茶、丝、糖和棉花等四类出口货在全国各地转运时免纳任何税厘,不拘何时、何地、在何人手中,而在出口时一律同时缴纳正、子两税。其余出口货则由地方官员按照当地章程处理。③ 这一方案同样在平衡中央与地方财政利益上做了折中,即把八类主要进出口货物的子口税收留归中央政府,而将其余进出口货物的税厘征收留归地方当局。但相比之下,它显然更有利于中央政府的财政利益。赫德在两星期后曾向总理衙门递呈了一份补充文件,为清政府算了一笔

---

① 王铁崖:《中外旧约章汇编(第一册)》,北京:生活·读书·新知三联书店,1957年,第308~312页。

② [英]莱特著,姚曾廙译:《中国关税沿革史》,北京:商务印书馆,1963年,第239~240页。

③ Wright S. F.. Documents Illustrative of the Origin, Development, and Activities of the Chinese Customs Service. Vol. Ⅵ. Shanghai: Statistical Department of the Inspectorate General of Customs, 1938, pp.352-370.

账,以示实施这一方案将给清政府带来的财政好处,但清政府未曾接受。①

综上所述,由开征子口税而介入晚清中央与地方财政关系,海关与地方当局之间的矛盾仅是刚刚揭开序幕,并没有形成尖锐的冲突。这一者由于海关开征子口税是照章办事,地方当局抱怨的矛头主要还是针对子口税制度本身的。二者因为子口税的推行在很长一段时间内仅限于外商,且推行的地区也有限。据海关报告所载,在19世纪80年代以前,子口税主要集中于长江中下游地区。② 三者因为清政府开征子口税一直持谨慎的态度;而海关也仅是小心翼翼地伸出触角,避免招致地方当局的过激反应。

三、并征鸦片税厘:海关与地方当局的一次较量

与开征子口税不同,鸦片税厘并征是由海关总税务司赫德提出并一手促成的。为了弄清其来龙去脉,我们不妨稍做回述。史料表明,早在鸦片贸易合法化之前,为了筹集军饷以镇压太平军,江苏、福建等地的地方督抚早已开始私下里对鸦片征收捐税。第二次鸦片战争后,清政府迫于列强压力及财政危机的困扰,于是允准鸦片贸易合法化。至于其征税办法,则中英《通商章程善后条约》内规定:"洋药准其进口,议定每百斤纳税银叁拾两,惟该商止准在口销卖,一经离口,即属中国货物,抵准华商运入内地,外国商人不得护送。即《天津条约》第九条所载英民持照前往内地通商,并二十八条所载内地税之例,与洋药无涉。其如何征税,听凭中国办理,嗣后遇修改税则,仍不得按照别定货税。"③由此可见,被官书称为"洋药"的鸦片,是作为一种特殊进口货处理的,其征税办法和税率均异于

---

① [英]莱特著,姚曾廙译:《中国关税沿革史》,北京:商务印书馆,1963年,第270~272页。
② China Maritime Customs. *Reports on Trade*. 1875.
③ 王铁崖编:《中外旧约章汇编(第一册)》,北京:生活·读书·新知三联书店,1957年,第116~117页。

一般洋货。其课税大致可分为两类：一类是海关在各通商口岸对进口货主征收的关税，税率为每百斤银30两；另一类是对运销内地的货主征收的税捐、厘金等各种内地税，这些内地税有由各口岸的常关征收的，也有由内地各厘金局卡征收的。外商将这些内地税统统称为厘金，至于其税率则因地而异、大不相同。①

上述对进口鸦片的征税办法引起了以英国商人为主的外国鸦片贩子的不满。1861年6月，刚出任代理海关总税务司一职的原广州关副税务司赫德，从广州赴京会晤总理衙门大臣奕䜣，在当面递呈的禀呈和清单中，首次提出了鸦片税厘并征的办法。赫德建议的办法有二：其一是在鸦片"进口时征一次重税，即每箱六十两。完税之后，准往各处，而不另征别税"；其二是在"进口时按则例征税，俟洋药入内地后，由中国自行设法办理"，即在鸦片进口时由货主完纳正税每箱30两，由买主完纳子口半税每箱15两，尔后可在本府所属各州县售卖，不重征税饷。但一出本府交界，运往别处，则凭地方官随时设法办理。②尽管奕䜣等人对此建议颇为欣赏，但时当清军与太平军激烈交战，各地军需孔急，竭力就地筹款之际，清政府最终没有采纳。

1875年3月马嘉理事件发生后，居间调停的赫德再次对鸦片税厘并征问题提出自己的一套方案。其要点是，鸦片运抵通商口岸后向海关完纳每担120两的进口税，尔后在口岸30华里的范围内概免重征；运出30华里之外，则视为中国商品，不论何时、何地、在何人手中，均应缴纳一切内地税厘。③这一方案显系15年前他对总理衙门大臣建议的翻版，只是为了满足清政府的财政需要，以诱使清政府采纳，他将进口税率大大提高了。随后签订的中英《烟台条约》采纳了赫德方案的基本精神，即将鸦片征税权最大限度转入海关手中。该条约规定："英商于贩运洋药入口时，

---

① [英]莱特著，姚曾廙译：《中国关税沿革史》，北京：商务印书馆，1963年，第220~221页。

② 中华书局整理：《筹办夷务始末（咸丰朝）》（第八册），北京：中华书局，1979年，卷七十五，第2933~2935页。

③ Wright S. F.. *Documents Illustrative of the Chinese Customs*. Vol. Ⅵ. Shanghai: Statistical Department of the Inspectorate General of Customs, 1938, p.372.

由新关派人稽查,封存栈房或船,俟售卖时洋商照则完税,并令买客一并在新关输纳厘税,以免偷漏,其应抽收厘税若干,由各省察勘情形酌办。"①这一规定将所有对鸦片征收的内地税厘均改在口岸向海关一次性完纳,从而剥夺了内地关卡对鸦片的抽厘征税权,这便是所谓的鸦片税厘并征。

清政府在条约签订后的第四天便予以批准,但英国政府却由于印度殖民当局和英国鸦片贩子的激烈反对而迟迟不予批准。为了满足鸦片贩子的要求,英国政府就并征后鸦片税厘的税率等问题与清政府不断交涉。直到1885年,双方才签订了《烟台条约续增专条》,对鸦片税厘并征实施的具体办法做了规定,即规定进口鸦片每百斤须向海关交纳正税30两,厘金80两,尔后运入内地,无须再完纳任何税捐。② 此后,为尽快实施鸦片税厘并征,清政府一面不惜听凭赫德出卖中国主权,由金登干代表清政府与葡萄牙签定了《里斯本会议草约》,应允"葡国永驻、管理澳门以及澳属之地,与葡国治理他处无异"③;一面则竭力迫使地方当局就范,由此引起了种种纷争。支持海关接管粤海常关在广东洋面的六个税厂,就是一个突出的例子。

为了向来往于广东和香港、澳门间的民船贸易开征税厘,1871年,两广总督瑞麟分别在香港周围的佛头洲、长洲、汲水门、九龙城四处和澳门周围的马溜洲、前山二处设立了税厂,开征鸦片税厘。从1873年起,这些税厂也同时对民船贸易的一般货物征税。这六个税厂均属海常关管辖。④ 至19世纪80年代中期,据时任两广总督的张之洞奏称,这些税厂"通年约可抽百货厘金十数万金,借此数厂补内地之绌"。⑤ 可见这些税

---

① 王铁崖编:《中外旧约章汇编(第一册)》,北京:生活・读书・新知三联书店,1957年,第349页。
② 王铁崖编:《中外旧约章汇编(第一册)》,北京:生活・读书・新知三联书店,1957年,第471~472页。
③ 王铁崖编:《中外旧约章汇编(第一册)》,北京:生活・读书・新知三联书店,1957年,第505页。
④ [英]莱特著,姚曾廙译:《中国关税沿革史》,北京:商务印书馆,1963年,第298页。
⑤ 王彦威辑,王亮编:《清季外交史料》,北京:北平清季外交史料编纂处,1931—1934年,卷七十,第13页。

厂的税厘收入已构成地方财政收入的重要组成部分。因此,当1887年海关总税务司赫德利用推行鸦片税厘并征之机,要求接管上述六个税厂,建立九龙、拱北两个海关时,张之洞和广东巡抚吴大澂等地方官吏都坚决反对,奏称:"厘务为地方官经理,税务为本关经理,均系抽之华人华船,与洋关抽收货船不同。若百货厘金,百货税卡归洋人管理,窒碍之至!"为了说服朝廷,他们还抬出了"华夷之辨"的法宝,称:"税务司虽为我用,终以彼族为疑","熟察各关税司洋人,已成坚据不移之势,不肯用华人。对外海内地税厘财源统归洋员,实不能无过虑"。①

但总理衙门大臣却大力支持让海关接管广东的六个税厂,理由有二:其一,"该(六厂)委员等卖放侵渔,利归私囊","自同治十年前督臣瑞麟等奏请开办以来,每年征收数十六七万两,而用费亦在十五六万两,仍于帑项无俾"。由海关税务司接管,"无非冀除一分中饱,即增一滴饷源",而且可以"省糜费而一事权"。其二,海关接管六个税厂是开办鸦片税厘并征的先决条件,而总理衙门对赫德声称的实行鸦片税厘并征每年可增收七八百万两关税一说深信不疑,急思借此款项来应付创办海军之需。故总理衙门在给张之洞的电文中称,若不允将六厂交出,"巨款终成画饼";"此时事在必行,势不能顾惜一隅,动摇全局"。② 上谕也对外籍税务司管理海关一事褒奖有加,内称"税司由我而设,洋税自我而收,现在海关岁入增至一千五百余万,业已明效可观",斥责张之洞等人的"对外海内地税厘财源统归洋员,实不能无过虑"之说,是"挟持偏见,故作危词",并称:"海军创始,筹饷万难,有此办法,冀可岁增巨款。纵令六厂区区十余万之数全行蠲弃,亦无所顾惜。"③寥寥数语,清廷的态度与用意已一清二楚了。

在清政府的支持下,海关最终接管了广东六厂。随之于1886年11月,总理衙门依照赫德的要求,通告各省督抚:各省厘局的鸦片厘金征收

---

① 王彦威辑,王亮编:《清季外交史料》,北京:北平清季外交史料编纂处,1931—1934年,卷七十,第23页。

② 王彦威辑,王亮编:《清季外交史料》,北京:北平清季外交史料编纂处,1931—1934年,卷七十,第15页。

③ 王彦威辑,王亮编:《清季外交史料》,北京:北平清季外交史料编纂处,1931—1934年,卷七十,第25页。

工作"以新正初八为止。初九日(即 1887 年 2 月 1 日)起,一律归洋关开办",①即正式推行鸦片税厘并征。这意味着,一方面,在围绕鸦片税厘并征的这场较量中,海关已占了上风。海关与地方当局的矛盾自然也因此而加深。在地方当局反对将进口鸦片"统交洋人税厘并征"的呼声中,赫德不得不承认:"从牛庄到北海,在道台、抚台和厘金委员中,我们随处结了许多冤家。"②另一方面,鸦片税厘并征的推行,使原先归地方征收的一大笔鸦片厘金,经由海关之手,直接成为中央政府的财政收入。这在一定程度上调节了日趋下倾的中央与地方的财政关系。

四、接管厘金局卡:海关与地方当局的又一次较量

甲午战后,随着清政府财政收支失衡的加剧、财权下移的日趋严重,清廷更迫切希冀借助海关,即通过将部分原归地方经征的税收项目的管理征收权交到海关手中,来保证中央的财政收入,减缓财政压力。早在1895 年 3 月间,赫德就在给他的心腹金登干的信中透露说,清政府已"考虑扩大海关的权力",要交给海关"新的任务"。③ 这些新的任务是什么,赫德没有详加说明。直到 1896 年 5 月,赫德才在给金登干的另一封信中列举了这些新任务。信中说:"昨天总理衙门问我是否愿意负责管理内地的土产鸦片。各通商口岸的常关、厘金、盐税等,如有可能,也都将交我管。"④翌年 3 月,他抑制不住兴奋地函告金登干:"前几天户部的两位尚书奉皇帝谕旨,将土产鸦片管理事宜交给我办,我正草拟计划中。恐怕厘

---

① 王彦威辑,王亮编:《清季外交史料》,北京:北平清季外交史料编纂处,1931—1934年,卷六十九,第 36 页。
② 中国史学会编:《中日战争》(第二册),上海:新知识出版社,1956 年,第 526 页。
③ 中国近代经济史资料丛刊编辑委员会主编:《中国海关与中日战争》,北京:中华书局,1983 年,第 136 页。
④ 中国近代经济史资料丛刊编辑委员会主编:《中国海关与英德续借款》,北京:中华书局,1983 年,第 1 页。

金、盐税甚至田赋都可能照样交给我办。"①但赫德高兴得太早了。由于引起地方当局的强烈不满和反对,几个月后,清政府改变初衷,将土产鸦片税交由各省去征收,而且也"不肯答应由英人管理厘金"。②

于是,赫德一面求助于正同清政府谈判英德续借款的汇丰银行,让其提出"由总税务司代管厘金这一担保"作为贷款条件,一面则诱使清政府同意。③1898年2月,总理衙门最终接受了赫德的借款方案,允准将厘金交海关管理征收,以充作担保。④3月《英德续借款合同》正式签订。该合同规定:除以关税作为借款之担保外,还应以苏州、淞沪、九江、浙东、宜昌、鄂岸和皖岸七处货厘、盐厘为抵偿还,并规定:"以上各处厘金,现计共银五百万两,应即行派委总税务司代征,照广东六厂办法。"⑤这样,海关便获得了对苏州等七处厘金局卡的管理征税权。

应该说,赫德本人对于接管厘金工作的困难和复杂性是有所预见的。早在英德续借款合同签订前,赫德就曾函告金登干:"管理厘金不是一件好玩的事,尤其因为各省当局都要反对。"⑥因此,合同正式签订的第二天,赫德即以"设立新关以来,各关税务司并未经手此项厘金,而总税务司于各该处之办法亦难立时熟悉"为由,要求总理衙门提供如下信息:(1)各总厘局系在何处设立。(2)各总局中系何员总理,曾奉何员所派,其属下系何项人员。(3)各总局中有何项章程。(4)各总局之分卡均分设何处。(5)各该分卡各系何员管理,奉何员派委,其属下均系何人役。(6)各分卡中有何项章程。(7)七处各按何项则例抽厘。(8)

---

① 中国近代经济史资料丛刊编辑委员会主编:《中国海关与英德续借款》,北京:中华书局,1983年,第11页。

② 中国近代经济史资料丛刊编辑委员会主编:《中国海关与英德续借款》,北京:中华书局,1983年,第9、11、12、17页。

③ 中国近代经济史资料丛刊编辑委员会主编:《中国海关与英德续借款》,北京:中华书局,1983年,第35页。

④ 中国近代经济史资料丛刊编辑委员会主编:《中国海关与英德续借款》,北京:中华书局,1983年,第36页。

⑤ 王铁崖:《中外旧约章汇编(第一册)》,北京:生活·读书·新知三联书店,1957年,第735页。

⑥ 中国近代经济史资料丛刊编辑委员会主编:《中国海关与英德续借款》,北京:中华书局,1983年,第37页。

光绪二十二年分,每处各抽厘金若干。(9)七处厘局各辖境内之地图。①
于是总理衙门立即上奏要求户部示复。户部的答复颇能说明晚清中央政府对各地厘金征收的失控及其无奈,特照引如下:

> 查厘金始于咸丰初年,就地筹饷,因军务倥偬,随收随支,各省向不报部;嗣虽将每年数目笼统造报,而各项章程、详细条例,仍未能一一奏咨。就其中有案可稽者,大约总局则设立省城、各府城,分卡则设立市、镇或水陆要区;管理人员,总局则派道府大员,分卡则派州县佐贰,其下有司事、巡丁人等;征收例章或值百抽五,或值百抽二,或按引抽收,或按斤加价,或进厂先缴四成,落地再缴六成,或上卡抽厘,下卡验票,一收一验,不再重征;光绪二十二年七处各抽厘若干,浙江仅开总数,浙东难以画分,然就各处通盘合计,多寡牵算,足敷500万之数;如有不敷,本部自应另筹补足,如有盈余即解还各该省备用;至七处厘局辖境,苏州则辖苏、常、镇三府属,松沪则辖松、太两府州属,浙东则辖宁、绍、台、温、处五府属,九江则辖本府属,宜昌万户沱则在湖北上游,为川盐入楚要路,鄂岸则专指湖北汉口,皖岸则专指安徽大通;唯各省向来办法,未将地图绘明,无凭贴说送阅。②

户部在复文最后声称:"总税务司自可派员就近会同地方官员,将各该处厘金章程、局卡地段,详加考订,切实履勘,定期交接,照案代征;一面由本部行知该省,俟总税务司派人前往时,将向来一切办法详细告知。"③ 这意味着让海关直接去同地方当局打交道了。

由于地方当局的阻挠和抵制,接管厘金局卡的工作举步维艰。为了尽早实施接管工作,海关总税务司于1898年4月初从各地选派了一批精

---

① China Maritime Customs. *Inspector General's Circulars*. Second Series, No. 820, 1898.

② China Maritime Customs. *Inspector General's Circulars*. Second Series, No. 830, 1898.

③ China Maritime Customs. *Inspector General's Circulars*. Second Series, No. 830, 1898.

干的副税务司,前往七处厘局所在地,开展调查,准备接管事宜。从海关总税务司与这些副税务司的大量来往信函可以看出,各处的调查和筹备事宜均困难重重。如在九江,负责接管工作的海关副税务司纪默理一开始就在管辖范围与权限问题上碰了一鼻子灰。他原以为九江府属厘金局卡应全部在他的管辖权限内,不料地方当局不以为然,声称,合同规定指抵债款的九江厘金局卡"应以湖口厘局所辖分卡为限,不能以九江府地面所设局卡为限",即仅包括"湖口厘局,二套口厘卡,龙开河、小池口两分卡。此外内地厘卡虽在九江府属境内,不归湖口管辖,应照旧章办理。"[①]这就大大缩小了拟归海关接管的范围。

接着,纪默理在调查中发现彭泽县西门外回塘坎上有一卡,专门征收茶厘,要求详示。九江关监督在复函中称:彭泽县所设的厘卡是专收皖省茶厘的,其银系解皖南茶厘局兑收充饷,与江西无涉;且仅设数月,茶叶竣事即行停止。[②] 纪默理又发现九江府城西门外设有土药税厘局,瑞昌县亦设有土药税厘局,要求示复其详。九江关监督复函称,九江土药税厘局"系按内地例,由本监督会同省城牙厘总局专派委员征收,其税厘银两向系分解省局,汇总解部充饷,不在九江货厘之内",[③]又一口回绝。纪默理处处碰了软钉子,颇为不满,却也无可奈何。

由于厘金的征收向来是一笔糊涂账,其征收的项类、办法和税率因地而异、无章可循,加上地方当局的反对和抵制,因此,尽管赫德一再发出通令催促各副税务司加快筹备工作,但事情仍无多大进展。有些副税务司甚至敲起退堂鼓,如主管浙东方面的副税务司孟家美提出,没有绝对的必要马上接管厘金征收工作。[④] 于是,海关接管七处厘金一事一拖再拖,一

---

① China Maritime Customs. *Working of Likin Collectorates*:Kiukiang, Soochow and Hangchow. 1907, pp.21-22.

② China Maritime Customs. *Working of Likin Collectorates*:Kiukiang, Soochow and Hangchow. 1907, p.22.

③ China Maritime Customs. *Working of Likin Collectorates*:Kiukiang, Soochow and Hangchow. 1907, pp.212-213.

④ China Maritime Customs. *Working of Likin Collectorates*:Kiukiang, Soochow and Hangchow. 1907, p.165.

直未能实施。^① 最后,海关对七处厘金的管理仅保持一种松散的监督,所有的征收工作一仍其旧,人员、章程、则例均无变更,只是由各总局定期将厘金拨交经管的海关副税务司,由该副税务司经手汇往上海总税务司的厘金账内。^② 就此看来,在围绕接管苏州等七处厘金局卡的这场较量中,尽管有中央政府的支持,海关还是败在地方当局的手中。这也从一个侧面反映了甲午战后中央政府与地方当局力量对比的变化。

五、兼管常关:海关介入中央与地方财政关系的终结

如前所述,自近代海关制度建立后,各通商口岸的近代海关与常关便成为两个隶属关系、管理体制、职权范围、征课对象均各不同的征税系统。海关为外籍税务司所执掌,负责管理对外以轮船贸易为主的征税事宜;常关则归关道管辖,负责管理对中国民船贸易为主的征税事宜。因而,自19世纪60年代起,海关总税务司赫德便一直寻求机会,力图兼并常关权力,建立一个外籍税务司所控制的统一的征税系统,以囊括清政府对外、对内的一切关税征收大权。^③ 前述海关接管原属粤海常关管辖的广东六厂就是一例。但直到20世纪初,八国联军镇压义和团运动之后,赫德才找到合适时机全面推行海关对常关权力的侵夺。

1900年8月,八国联军攻占北京,镇压了义和团运动,远逃西安的清廷急欲求和。总理衙门在京总办舒文等人乞求赫德出面调停,大力维持和局。于是,赫德利用他充任清政府与各国公使谈判牵线人的有利地位,

---

① 罗玉东先生在《中国厘金史》一书中称:苏州和淞沪两地厘金,自光绪二十四年闰三月(1898年4月)起由派往该处经管的副税务司自收,光绪二十五年仍由副税务司自收。光绪二十六年方改归厘局征收(见罗玉东:《中国厘金史》(上册),上海:商务印书馆,1936年,第248页)。不知此说所据为何?据《海关文件》第88号所载,则派往苏州和淞沪两处的副税务司从未自行征收过厘金。(Office Series, Customs Papers No.88. *Working of Likin Collectorates: Kiukiang, Soochow and Hangchow*. 1907, p.56.)

② 戴一峰:《近代中国海关与中国财政》,厦门:厦门大学出版社,1993年,第162~171页。

③ 戴一峰:《论清末海关兼管常关》,《历史研究》,1989年第6期,第95~96页。

一方面向清政府申呈了一份节略，主张以常税等税源充作偿付赔款的财源，而仿照1898年英德续借款合同中约定以苏州等七处货厘、盐厘作抵，归税务司代征的办法，将常关税收"由税务司经理"；①一方面则向由英、法、日、德四国公使组成的，专门研究中国支付赔款财源问题的委员会提交了一份备忘录，提出"将各通商口岸的常关与该地的海关合并"。② 赫德的方案最终被接受。于是，在1901年9月7日签订的《辛丑条约》中规定："所有常关各进款，在各通商口岸之常关，均归新关管理。"③即由海关兼管常关。

晚清的海关兼管常关是近代海关扩展征税范围和财政管理权限动作最大、影响最深的一次。据统计，先后有东海关、江海关、芜湖关、浙海关、瓯海关、九江关、宜昌关、闽海关、潮海关、北海关、琼海关、沙市关、福海关、厦门关、胶海关、三水关、梧州关、粤海关、山海关和津海关等20处近代海关参与了对常关的兼管。所兼管的常关计有正关22处，分关、分卡112处。如此大规模的兼管举措，自然引起地方当局的强烈反响。

当总税务司与清政府交涉如何界定海关兼管的常关税范围时，各关道对此颇为不满，多有抵制，使赫德"在各个口岸都遭到了很大困难"。如荆宜关道反对把荆州工关所征之木税船料归沙市、宜昌关税务司经理。④东海关道提出："货税应归税务司兼理而船料一项不应交接。"⑤江汉关道声称："此间并无所谓常关，只有府关"，其所征之税，不应归税务司经理。⑥上海道台则"坚持把握着一切非出海沙船及其货载的管理权不

---

① 中国近代经济史资料丛刊编辑委员会主编：《中国海关与义和团运动》，北京：中华书局，1983年，第45～46页。

② *Foreign Relations of the United States*. 1901, Appendix, pp.118-119.

③ 王铁崖：《中外旧约章汇编（第一册）》，北京：生活·读书·新知三联书店，1957年，第1006页。

④ Wright S. F.. *Documents Illustrative of the Chinese Customs*. Vol. Ⅱ. Shanghai：Statistical Department of the Inspectorate General of Customs，1938，p.301.

⑤ Wright S. F.. *Documents Illustrative of the Chinese Customs*. Vol. Ⅱ. Shanghai：Statistical Department of the Inspectorate General of Customs，1938，p.304.

⑥ Wright S. F.. *Documents Illustrative of the Chinese Customs*. Vol. Ⅱ. Shanghai：Statistical Department of the Inspectorate General of Customs，1938，p.304.

放"。① 津海关道亦将工关征收的竹木二税仍由通永道经征,而不交税务司管理。②

而当海关开始着手兼管常关时,尽管事先已做了谨慎、周密的准备与安排,并采取缓慢渐进的兼管策略,兼管的推行仍引起骚乱和不满。在九江"当新旧交接之际,众情汹汹,几肇事故",而芜湖也同样发生了骚乱。③ 清朝的一些封疆大吏,更是对赫德推行兼管一事甚为不满,严加申斥。1901年12月12日,张之洞通电外务部,指责海关总税务司"借赔款为词,揽办常关……意欲将中国利权一网打尽,用心亦良险矣"。④ 翌日,张之洞又通电两江总督刘坤一,申斥赫德不仅兼管常关,且欲"揽办口外他衙门之税关"。电称:"谨闻此事,赫德志在尽夺外省利权,猓糠及米,何所底止,江省常关不知有似此情形者否,务望合力坚持。公如加电枢译,尤为得力。"⑤张之洞还将此电分致江浙、闽广、四川、河南各督抚院,意在联合各省大臣,共同抵制。至此,地方当局与海关的矛盾、冲突已达白热化程度。

对海关兼管常关一事,清政府似乎存在一种矛盾心态。一方面,随着海关权势的不断扩展,各地指责外人侵权的呼声迭起,清政府对此也不能不有所顾虑。而且,更重要的是,由于甲午战后的三次大借款均以海关税收为担保,税款中仅余一小部分可供清廷需用。这样一来,正如曾任近代海关要职的马士所言:"洋关的存在,主要是作为外国债权人的收款代理人,而再不能达成作为它继续存在之根本的那个目的——认真征收和照实呈报一笔足额的税款以供帝国的使用。"⑥因而,在涉及哪些常关该归

---

① [英]莱特著,姚曾廙译:《中国关税沿革史》,北京:商务印书馆,1963年,第389页。
② [英]魏尔特:《关税纪实》,上海:海关总税务司公署统计科,1936年,第73页。
③ Fairbank J. K. et al.. *The I. G. in Peking*. Vol. Ⅱ. Cambridge, Mass. and London: The Belknap Press of Harvard University Press,1975,p.1289.
④ (清)王树枏编:《张文襄公(之洞)全集(电牍)》,收录于沈云龙主编:《近代中国史料丛刊》(第四十七辑),台北:文海出版社,1970年,卷一七五,电牍五十四,第12595页。
⑤ (清)王树枏编:《张文襄公(之洞)全集(电牍)》,收录于沈云龙主编:《近代中国史料丛刊》(第四十七辑),台北:文海出版社,1970年,卷一七五,电牍五十四,第12600页。
⑥ [美]马士著,张汇文等译:《中华帝国对外关系史(第三卷)》,北京:商务印书馆,1960年,第431~432页。

海关兼管,哪些常关税该归海关征收等问题上,清政府一直持谨慎态度,尽量缩小范围。尤其是当海关总税务司提出,通商口岸外大关(按:即常关正关)之分关也应考虑归税务司兼管,并以"此层如何定夺,赔款之数即随之为增减。倘竟减收,必有由各国另请加指他项为抵之累"为由,①诱迫清政府应允时,作为清政府谈判代表的奕劻、李鸿章据理回驳,称:"常关分设税局在内地,距口岸自数里至数十里、数百里不等。其距口岸太远者,归税司兼管,甚多不便。应定明内地分局在距口岸50里以内者,归税司兼管,其在五十里以外者,仍由各该关监督专管,以清界限。"②赫德自知理亏,只好作罢。因而海关兼管的常关范围便仅限于各通商口岸50里以内。③

但另一方面,面对《辛丑条约》签订后的财政危机,清政府对海关兼管常关所出现的税收激增,还是颇为动心。户部在1904年初的一份上奏中称:"近来常关之交新关代征者,虽各关未能一律足额统计,第一年期满,共溢征银九十七万六千余两。第二年期满,较上届又共溢征银八十八万七千余两。政贵得人,明效彰彰。洵足风示各关,以为之倡。并请特旨宣示,俾各关有所遵循。"④

不过,就清政府与海关总税务司围绕兼管常关的范围与权限所展开的长达近半年的交涉观之,清政府对海关兼管常关是心有疑惧的。这透露出海关与清政府的关系正在发生微妙的变化。事实上,正是由于地方当局的激烈反对,加上清政府的保留态度,海关兼管常关的结局并没有如海关总税务司所期望的。

1902年初,江西巡抚李兴锐为抵制海关兼管常关,以常关归海关兼管后,若将常关税全部汇解上海以支付赔款,则京协各饷等必无着落为由

---

① Wright S. F.. *Documents Illustrative of the Chinese Customs*. Vol. Ⅱ. Shanghai: Statistical Department of the Inspectorate General of Customs,1938,p.270.

② Wright S. F.. *Documents Illustrative of the Chinese Customs*. Vol. Ⅱ. Shanghai: Statistical Department of the Inspectorate General of Customs,1938,p.272.

③ Wright S. F.. *Documents Illustrative of the Chinese Customs*. Vol. Ⅱ. Shanghai: Statistical Department of the Inspectorate General of Customs,1938,p.276.

④《户部奏整顿关税折》,《东方杂志》,1904年第4期,第75~77页。

奏称："九江关税改归税司代征，请将京协各饷及耗羡等项分别改拨。"①户部经与外务部会商后，札行赫德，声称："常关归税司代征，仅稽核征收数目，并非将款项截留划拨。至户部行令各关按月提解，系专指归税司代征以后新增新收数而言，非将照常征收各款全行提解"，因而"今九江关常税现在改由税司代征，除仍令将增收数目按月解沪、凑还赔款外，其应解京协各饷，抵补货厘并随征耗杂，实在应准开支之款，自可循案办理"，并向赫德言明，赔款已"分拨各省通力筹还"。②赫德因此事关系各省利益甚大，唯恐引起更大风波，故一面声称"税务司并非仅稽收数，实有代征之责"，一面则表示："若各省筹拨无误，则所交之款由何项拨来，或亦无人问及"③，认可了户部所议。此后，户部又将上议推及其他口岸，并由外务部于7月5日札行赫德，令其"转饬各海关税务司一律办理"，④这使赫德在两三年内完全接管常关的设想大受挫折。因而，清末海关对常关的兼管实际上采取了种种不同形式：有"只限于收受监督方面实征款数的报表，转报中央行政当局者"，如芜湖、沙市、九江等关；"有将常关一切事宜统归税务司直接管理者"，如天津、牛庄、胶州、福州、三都澳等关；而其余多数常关则仅"由税务司派人员稽查"。⑤

现在我们应当转而考察海关自身的态度与活动。如前所述，海关兼管常关是海关总税务司蓄谋已久的一次权力扩张。因而，赫德不仅策划了以海关兼管常关作为庚子赔款的担保条件，而且还竭力扩大兼管的范围和权限，软硬兼施以迫使清政府就范。这可从围绕哪些常关应归海关兼管的问题，赫德与清政府进行的交涉中清楚地看出。

1901年8月29日，经赫德催促，奕劻、李鸿章札行赫德，开列了拟归

---

① Wright S. F.. *Documents Illustrative of the Chinese Customs*. Vol. Ⅱ. Shanghai：Statistical Department of the Inspectorate General of Customs，1938，p.320.

② Wright S. F.. *Documents Illustrative of the Chinese Customs*. Vol. Ⅱ. Shanghai：Statistical Department of the Inspectorate General of Customs，1938，p.320.

③ Wright S. F.. *Documents Illustrative of the Chinese Customs*. Vol. Ⅱ. Shanghai：Statistical Department of the Inspectorate General of Customs，1938，p.323.

④ Wright S. F.. *Documents Illustrative of the Chinese Customs*. Vol. Ⅱ. Shanghai：Statistical Department of the Inspectorate General of Customs，1938，p.324.

⑤ 黄序鹓：《海关通志》（下），上海：商务印书馆，1917年，第134～135页。

海关兼管的通商口岸常关名目,计有东海关等14处,并解释说:"奉天之山海关,直隶之津海关现为洋兵占据尚未收回",故不包括在内;"至甘肃之嘉峪关与云南之蒙自关,广西之龙州关,地虽通商,却非沿江沿海口岸,土货亦少,自应不在新关代征之列";此外,"粤海关监督现时征税各处,应仍由监督自行管理"。① 赫德闻讯申复奕、李二人,声称:"札内所指如山东之东海等14关,此外尚有征收等项土税如山东之胶州,湖北之沙市,江苏之南京,福建之三都澳与厦门,广东之三水、甘竹、江门、肇庆,广西之梧州各处,似应一体兼办,方符新约。至现为洋兵占据之山海、津海两关,山海之常关已由俄国嘱新关税务司会同兼理,俟两国交涉事务议定后,仍由该税务司兼办;至津海一关,虽驻有洋兵,若由税务司兼办常税,与现已开征之洋税一体办理,似无不可。唯粤海一关扣出,不归新关一节,如此定办,非总税务司所能主。"② 几乎一个也不放过。清政府无可奈何,只得应允添入赫德所开列海关,合计23处,由外务部"通行各监督遵办",但仍保留粤海一关。③ 赫德深知"常关税之中,唯粤关为最旺",对此自然不甘罢手。11月4日和18日,赫德两次致函外务部,以"各该国非无耳目……倘有税务司应兼办而不办者,深恐有不便之事出"及各国公使参赞追询此事为辞,威胁清政府。④ 清政府终于屈服,于1902年1月"电达粤海关监督照允交出,归税务司代征"。⑤

上述可见,在兼管常关的过程中,海关依靠的并不是清中央政府的支持,而是借助在华列强的势力来迫使清政府就范。这表明,至此,近代海关的权力扩张在走向巅峰状态的同时也走向它与中央及地方政府关系的

---

① Wright S. F.. *Documents Illustrative of the Chinese Customs*. Vol. II. Shanghai: Statistical Department of the Inspectorate General of Customs, 1938, p.271.

② Wright S. F.. *Documents Illustrative of the Chinese Customs*. Vol. II. Shanghai: Statistical Department of the Inspectorate General of Customs, 1938, p.276.

③ Wright S. F.. *Documents Illustrative of the Chinese Customs*. Vol. II. Shanghai: Statistical Department of the Inspectorate General of Customs, 1938, p.287.

④ 中国近代经济史资料丛刊编辑委员会主编:《中国海关与义和团运动》,北京:中华书局,1983年,第60~61页。

⑤ 中国近代经济史资料丛刊编辑委员会主编:《中国海关与义和团运动》,北京:中华书局,1983年,第62页。

死胡同。因为,正如曾任海关总税务司署高级官员的魏尔特指出的,一方面,海关兼管常关只是"以牺牲各省当局的利益来扩大总税务司的新地盘"①,从而使海关与地方当局的矛盾异常尖锐化;另一方面,海关兼管常关也"进一步证明海关的存在只是为了支持外国的利益"②,从而使海关与中央政府的关系产生变化。而按马士的话说,即近代海关已"变成了它的主人(按:指清政府)的主人;现在要扩大它的重要性的是外国关系方面,而不再是中国人;可是,失去了中国人的欢心,它也就失去了它的大部分重要性"。③ 因此,1906年5月至7月间,在事先未曾透露半点消息的情况下,清政府突然宣布派户部尚书铁良为督办税务大臣,外务部右侍郎唐绍仪为会办税务大臣,"所有海关所用华洋人员统归节制"。不久又成立了税务处,管辖各地海关。④ 这意味着近代海关介入中央与地方财政关系,伺机扩张权势的日子正在走向终结。

六、结论:一个错综复杂的三角关系

从英国驻沪领事阿礼国设计出中国近代海关模式到英、美、法三国驻沪领事利用上海小刀会起义之机,联手诱使上海地方当局屈服,建立第一个近代海关——江海关,近代海关的产生可以说完全是在华列强意志的产物。但在第二次鸦片战争后近代海关制度建立的过程中,清政府开始加入了自己的某些意图。其中之一,就是利用近代海关来整顿关政,剔除贪污。此后,随着中央集权的财政管理体制的逐渐崩坏,财权下移的逐渐加剧,清政府更试图利用海关来扩大财源,增加税收,

---

① Wright S. F.. *Hart and the Chinese Customs*. Belfast: William Mullan and Son, 1950, p.818.

② Wright S. F.. *Hart and the Chinese Customs*. Belfast: William Mullan and Son, 1950, p.818.

③ [美]马士著,张汇文等译:《中华帝国对外关系史(第三卷)》,北京:商务印书馆,1960年,第432页。

④ China Maritime Customs. *Inspector General's Circulars*. Second Series, No.209, 1883.

收回财权,确保中央的财政收入。以至到甲午战后,陷入严重财政危机的清政府萌生了这样一种理财措施,即将厘金、常关税、土鸦片税等各种内地税交给海关征收,以求通过海关从地方当局手中收回部分财权,并向中央政府提供可靠的税收。

就确保中央政府的财政收入而言,清政府的上述意图确实起了一定的作用。试以鸦片税厘并征为例,由于实施这一举措,甲午战前,海关每年向清政府提供了 600 万海关两左右的鸦片厘金,占关税总收入的 26% 左右。① 再如海关接管广东六厂后,九龙和拱北两个海关每年向清政府提供了 100 万两左右的税收。② 与接管前的每年 16 万～17 万两相比,效益是相当明显的。况且,先前的 16 万～17 万两收入中,地方用费已耗去 15 万～16 万两,对中央政府毫无利益可言。③ 但另一方面,清政府的上述意图也为近代海关扩大征税范围、扩张权力提供了活动空间和种种方便,加剧了与地方当局的矛盾和冲突。

再者,由于近代海关的介入,晚清中央与地方的财政关系更形错综复杂。作为在华列强利益的代表,近代海关追求的首要目标是维护外商和列强债权人的利益。为此,海关不断致力于扩展自己的征税范围和权力。这在中央与地方财政关系上产生了两种截然不同的效应。其一,由于海关在晚清财政体系中的特殊地位及其本身统一、有序、高效的管理制度,海关征税范围和权力的扩大不但为帮助清政府克服财政困难提供了不断增加的税收,而且还不断使部分原中央政府已基本失控的财源和财权通过海关重新置于中央政府较为有效的控制下。这意味着,代表列强利益的海关和清中央政府在某些利益上取得了一致。其二,由于海关权力的扩张直接侵夺了地方财源,侵害了地方当局的利益,遂使海关置身于地方当局的对立面。用海关总税务司自己的话说,即"在道台、抚台和厘金委

---

① Hsiao Lian-lin. *China's Foreign Trade Statistics*, *1864-1949*. Cambridge, Mass.: East Asian Research Center, Harvard University, 1974, pp.132-133.
② China Maritime Customs. *Returns of Trade and Trade Reports*. 1888-1894.
③ 王彦威辑,王亮编:《清季外交史料》,北京:北平清季外交史料编纂处,1931—1934年,卷七十,第 20 页。

员中,我们随处结了许多冤家"。① 而晚清中央与地方的财权纷争,便在一定程度上经由海关与地方当局对征税权的争夺表现出来。

但是,列强势力操纵下的近代海关对晚清中央与地方财政关系的影响带有某些不可逾越的局限性。首先,海关扩展权力的背后不免拖着一条长长的"外人侵权"的阴影,因而,尽管清政府曾试图借助海关来理财,收回财权,但却不能全然放心地把各种内地税的征收管理权交到海关手中。而海关的特殊身份又使它在与地方当局争夺财权时,易于成为攻击的目标,在舆论上处于下风,这大大限制了海关的活动。其次,更重要的是,近代海关一开始就与清政府的外债、赔款发生某种特殊关系,即被作为外债、赔款的担保。因此,为了确保列强债权人的利益,海关关心的是如何使清政府获得足够的财政收入以偿还外债和赔款。随着甲午战后海关与外债、赔款关系的急剧发展,与列强在华金融势力关系的日益密切,海关已成了列强债权人的在华代理人。绝大多数海关经征的税收都经由海关—外国在华银行的渠道,直接流入外国债权人手中。海关再也难以向清政府提供它所需要的财源了。在此情势下,清政府利用海关的意图已失去现实基础,海关与清政府的关系也随之发生变化。尤其是借着《辛丑条约》展开的大规模的权力扩张,使海关在与中央及地方的关系中处于腹背受敌的境地。1906年税务大臣的任命和税务处的成立,就是一个明显的标志。

---

① 中国史学会编:《中日战争》(第二册),上海:新知识出版社,1956年,第526页。

论北洋政府时期的海关与内债

北洋政府时期,由于各省军阀拥兵自重,割据称雄,为争权夺利而混战不已,政府财政陷入严重危机。历届北洋政府不得不靠滥放内债以度日。这些内债的担保和偿还,又大多依赖关税。海关与内债由此建立起一种异乎寻常的关系。这种关系,为侵华列强控制中国财政提供了中介。

一、海关与内债关系的建立和发展

民国后,北洋政府为缓解财政危机,于 1914 年开始大量发行内债。该年发行的"民国三年内国公债",成了海关与内债建立关系的肇端。其时正梦想着黄袍加身、恢复帝制的袁世凯,为求内债顺利发行,竟求助于外国侵华势力的支持,于是设立了内国公债局。局内"组织董事会,参用华洋人员",并以海关总税务司安格联为"经理专员,定名为会计协理。以有该局收存款项及预备偿本付息及支付存款,均由该员安格联经理,以专责成。一切关于公债款项出纳事务,除经总理签字外,仍均由安格联副署"。[①] 这实际上是把掌管内债大权交给安格联。而财政部在呈文中声称:"本部覆查公债局协理,总税务司安格联,办理全国海关收入及偿还各国款项事务,措置咸宜,久为中外绅商之所信仰。"[②]可谓认贼作父。

由于有列强势力作后盾,加上北洋政府强迫官吏认购,"民国三年内国公债"的发行颇为顺利。原定发行 1600 万元,因应募者甚众,于是再扩

---

① 徐沧水编:《内国公债史》,上海:商务印书馆,1923 年,第 35~36 页。
② 徐沧水编:《内国公债史》,上海:商务印书馆,1923 年,第 36~37 页。

充债额,增发 800 万元,合计实际发放的债额达 2492 多万元。①

此后,北洋政府财政危机日重,举借内债不断,海关与内债关系也随之愈形密切。这一关系的发展,大致可以 1921 年为界,划为前后两个阶段。

自 1914 年北洋政府成立内国公债局,总税务司安格联出任会计协理,至 1921 年北洋政府进行内债整理,这是第一阶段。其间由安格联经办的内债有三项,即:

(1)民国三年内国公债,发行总额 24926110 元。

(2)四年内国公债,发行总额 25832965 元。

(3)民国七年六厘短期公债,发行总额 4800 万元。②

三项公债合计总发行额近 9876 万元。这些公债基金的存放、本息的偿付,均由安格联一手包办。但这一时期内尚有"五年公债""民国七年六厘公债""民国八年公债""整理金融短期公债"等数项未被安格联染指。③故这一时期安格联对中国内债的控制、操纵,还仅处于初始阶段。

至 1921 年,北洋政府此前所发公债,除民国三、四年及七年短期公债尚可如期支付半息外,大多均无债信可言,"抽签还本,不免时有愆期,以致信用日坠,价格日落"。④ 而该年应付各种内国公债本息高达 3970 万元,为政府财政所无力应对。⑤ 于是,安格联乘机出面干预,经与银行公会副总裁张嘉璈、财政总长周自齐迭次磋商之后,提出设立整理内国公债基金之建议。该建议由财政总长于 3 月 3 日呈报大总统。经大总统批准后,财政部便于 3 月 13 日拟就了整理内国公债详细办法 9 条。其主要内容为:

(1)将此前发行的"八厘军需公债""爱国公债""元年公债""五年公

---

① [英]魏尔特:《关税纪实》,上海:海关总税务司公署统计科,1936 年,第 460~461 页。

② 千家驹编:《旧中国公债史资料(1894—1949 年)》,北京:中华书局,1984 年,第 367 页。

③ [英]魏尔特:《关税纪实》,上海:海关总税务司公署统计科,1936 年,第 459~461、581~584 页。

④ 1921 年 3 月 3 日,财政部整理内国公债确定本息基金呈大总统文。

⑤ 1921 年 3 月 3 日,财政部整理内国公债确定本息基金呈大总统文。

债""七年长期公债""八年七厘公债""整理金融公债"等共计 7 项公债,均列入整理案内。

(2)指拨本息基金。即以常关收入和海关税余款,除偿付三、四年公债及七年短期公债本息外,所有余款尽数作抵。不足之数,在盐余项下指拨,每年总数以 1400 万元为度;并在烟酒收入项下提拨,每年总数以 1000 万元为度。

(3)基金保管方法。系统仿照三、四年及七年短期公债办法,由各该机关商定拨款手续,拨交总税务司安格联,一面由内国公债局暨银行方面推举代表,与该总税务司会同办理。①

同日,大总统指令批准了这一整理公债办法。4 月 1 日,经理内债基金处正式成立,"遂由总税务司负责处理一切"。② 这样,几乎所有以前由北洋政府正式发行的公债均已归入总税务司的经管之下。北洋政府就这样把内债基金的保管、支配权和内债半息支付的经办权,都拱手奉送给总税务司。此后,安格联基本上控制了北洋政府的内债,是为第二阶段。

二、关税与内债的担保

由于辛亥革命时期关税保管、支配权的旁落,关税全部被指定用以偿付外债赔款。因而,北洋政府初期发行的公债,未有以关税担保者。然至 1917 年,由于北洋政府加入协约国,参与第一次世界大战,3 月 14 日,中德断交,8 月 14 日,对德、奥宣战,于是原对德、奥支付的庚子赔款部分遂告中止。时正值三、四年内国公债停止付息,债信动摇,北洋政府采纳了安格联之建议,以停付德国赔款的关税充作该两项内债付息之担保。此后,德国部分的庚子赔款先后被用为"民国三年内国公债"利息、"民国十三年治安库券""民国十四年八厘公债"、民国十五年北京银行公会临时

---

① 1921 年 3 月 13 日,财政部整理内国公债详细办法呈大总统文。
② 1921 年 3 月 13 日,财政部整理内国公债详细办法呈大总统文。

四、近代海关与财政关系演化

治安借款债券本息等多项担保。①

以停付之德国庚子赔款充作公债担保,开启了庚子赔款充作公债担保之先例。这对北洋政府公债的发行与维持,产生了不容忽视的影响。故魏尔特称其"不啻为内国证券辟一新纪元"。②

此后,北洋政府不断采纳安格联的建议,用停付和缓付的庚子赔款充作公债担保。计有以下几项:

(1)民国十年(1921年)起,将停付之奥国部分庚子赔款充作内债基金,以作为担保内债还本之用。此后又改用作为"民国十五年二四库券之担保"。③

(2)民国十一年(1922年)起,将停付之俄国部分庚子赔款充作三、四年公债及七年短期公债之还本基金。④

(3)民国七年(1918年),将协约国因中国参加欧战,应允中国延缓5年偿付的庚子赔款充作该年发行的"七年六厘短期公债"之担保。民国十一年,该项公债还清后,俄国的缓付部分便先后被指作"民国十一年八厘短期公债""民国十二年八厘使领经费特种库券""民国十三年八厘教育经费特种库券"等的担保。⑤

除了上述以停付、缓付的庚子赔款(即原偿付庚子赔款之关税)充作公债担保外,北洋政府还采纳了安格联的建议,以关余充作公债担保。

关余首次出现于1917年。该年关税净收入除偿付以关税为担保之各项外债、赔款,并拨还盐务稽核总所所付善后大借款基金外,尚余规元1000万两。此后关余历年有所增加。至1920年,关余更多达规元2236

---

① [英]魏尔特:《关税纪实》,上海:海关总税务司公署统计科,1936年,第382~384页。
② [英]魏尔特:《关税纪实》,上海:海关总税务司公署统计科,1936年,第476页。
③ [英]魏尔特:《关税纪实》,上海:海关总税务司公署统计科,1936年,第387~388页。
④ China Maritime Customs. *Inspector General's Circulars*. Second Series, No.3536, 1924.
⑤ [英]魏尔特:《关税纪实》,上海:海关总税务司公署统计科,1936年,第389~392、396页。

万两。于是,该年发行的"九年整理金融短期公债",便以关余充作担保。①

1921年,北洋政府开始整理内国公债,成立经理内债基金处。关余便被指定为拨充内债基金的财源之一,以担保整理案内各项公债的偿本付息。② 指定拨充内债基金的除关余外,原尚有盐余、烟酒收入和交通部交通事业余利等三项。然烟酒收入项下一直分文未拨;交通部交通事业余利项下,自1921年11月后也停止拨付;至于盐余项下,因受各省军事当局任意截留之影响,也时拨时停,自1922年8月后则完全停拨。因而,事实上拨充内债基金的,唯剩关余一项。③

此外,关余还被指作"民国十五年春节时特种库券"和"十五年秋节库券"之担保。④

关税在北洋政府内债担保中所起的重要作用,还可以由以下一组数据中看出。据统计,北洋政府时期正式发行的公债共27项,原定发行额为87679万元,实际发行额为61206万元。其中有基金确实担保者计18项,实发行额为45151万元。而以关税为担保的占15项,实发额为35523万元,占78.7%。⑤ 可见关税已成了北洋政府发行公债之主要担保品。

三、关税与内债的偿还

关税不仅是北洋政府发行公债的主要担保,而且还是北洋政府偿付公债本息的主要财源。用以偿付内债的关税包括停付缓付的庚子赔

---

① [英]魏尔特:《关税纪实》,上海:海关总税务司公署统计科,1936年,第554~555、567、583~584页。

② 1921年3月13日,财政部整理内国公债详细办法呈大总统文。

③ [英]魏尔特:《关税纪实》,上海:海关总税务司公署统计科,1936年,第594~602页。

④ 千家驹编:《旧中国公债史资料(1894—1949年)》,北京:中华书局,1984年,第368~369页。

⑤ 贾德怀编:《民国财政简史》(上册),上海:商务印书馆,1946年,第267~279页。

款和关余两类。

以停付的庚子赔款偿付内债,始于1917年。该年3月,北洋政府采纳安格联之建议,以停付的德国部分庚子赔款拨付三、四年内国公债还息之款。从4月至7月的4个月里,每月提拨12万元。8月后,则将该部分赔款全数拨充三、四年内国公债基金,以作付息之款。而停付之奥国部分庚子赔款,则从1919年11月起,全数拨入三、四年内国公债基金以作还本之款。1922年后,停付之俄国部分庚子赔款也拨入三、四年内国公债基金,以作还本之款。①

至于缓付的庚子赔款,则从1918年至1922年一直拨作"七年短期公债"还本付息之款。总数计达39008871两(规平银,下同)。②

关余从1919年起开始拨充各项公债基金,以作偿付公债本息之款。该年拨充"四年公债"第一次抽签还本之数额为2652628两。同时还拨付2436444两,补助"七年短期公债"第四次抽签还本之不足。

翌年,则从关余中拨款充作以下几项公债本息偿付之款:(1)"七年短期公债"2585295两。(2)"三、四年公债"3037165两。(3)"九年整理金融短期公债"1152300两。③ 此后,每年均从关余中拨出规平银1000余万两,充作内债基金以偿付各项公债本息。1925年更高达2000万两。④

北洋政府时期以关税拨充各项公债基金,作偿还本息之款的具体数额,可由表1观之:

---

① [英]魏尔特:《关税纪实》,上海:海关总税务司公署统计科,1936年,第475~476、488~489、387~388页。

② [英]魏尔特:《关税纪实》,上海:海关总税务司公署统计科,1936年,第391~392页。

③ [英]魏尔特:《关税纪实》,上海:海关总税务司公署统计科,1936年,第566~568页。

④ [英]魏尔特:《关税纪实》,上海:海关总税务司公署统计科,1936年,第742~761页。

表1 1917—1926年关税拨充内债基金数统计表

单位：1000规平两

年份	关余	停付庚子赔款 德国部分	停付庚子赔款 奥国部分	停付庚子赔款 俄国部分*	缓付庚子赔款	合计
1917	—	1172	—	—	708	1880
1918	—	2294	—	—	8365	10659
1919	5343	2112	34	—	6733	14222
1920	6415	2096	203	—	5522	14236
1921	14398	2081	185	—	9136	25800
1922	12122	2087	194	4080	8545	27028
1923	10507	2075	208	6668	—	19458
1924	16334	2081	199	6473	—	25087
1925	20068	2091	208	6752	—	29119
1926	17064	2080	236	7669	—	27049
总计	102251	20169	1467	31642	39009	194538

注：*自1923年起，俄国部分包括原缓付部分的赔款数。

资料来源：根据《关税纪实》附件第一、第七、第八、第九等提供资料编制。

上表可见，在1917—1926年的10年间，拨充内债基金以偿付公债本息的关税累计近2亿两，平均每年近2000万两。尽管受资料限制，我们未能确知每年拨充内债基金的关税额在该年偿付公债本息总额中所占比重，但从以下几件事实中亦可知其大致情况。

其一，据1921年北洋政府财政总长周自齐为整理内债事呈大总统文所云，则该年遵照公债条例，应按期偿付的公债本息总计达3970万元。①而如上表所示，该年拨充内债基金以偿还公债本息的关税计达2580万两，合3608万元，占上述总额的90.88%。

其二，北洋政府前期最重要的两项公债，即"民国三年内国公债"和"四年内国公债"，在几度还本付息危机中，均赖关税拨付以逃过难关，避

---

① 1921年3月3日，财政部整理内国公债确定本息基金呈大总统文。

免债信之破产。①

其三，民国七年（1918年）发行的"七年短期公债"，其本息之偿还，悉数来自关税，总数达5592万元。②

四、海关与内债关系的历史影响

综上所述，不难看出，北洋政府时期海关与内债的关系，实质上是作为侵华列强代理人的海关总税务司对北洋政府内债的控制。而这种控制又是以关税与内债的关系为基础的——关税既是内债发行的重要担保，又是内债本息偿付的主要财源，具有举足轻重之作用。而这一关系所造成的历史影响，大致可归纳为两个方面。

第一，海关与内债关系的建立，使北洋政府借债度日的财政政策得以维持，但也使北洋政府债台高筑，危如累卵。而海关总税务司安格联则借此不断加深对北洋政府的财政控制。

据曾任北洋政府财政总长的顾维钧回忆，当时北洋政府的"任何债券，不管用哪种形式以关税作担保，均须得到海关总税务司的同意"，否则，"债券就不能在市场上出售"。1926年顾维钧为缓解财政困境，拟用原对奥赔款的停免部分作担保，发行一次内债，但因总税务司安格联回英国度假，没有他的签字批准，内债终不能发行。③

同时，若没有安格联的允准，北洋政府也不能动用作为公债基金的关余。④无怪乎当时有人在《东方杂志》上著文感叹道："历年发行内国公债，大率指关余为担保，而总税务司保管基金。于是反客为主，商人甚至

---

① [英]魏尔特：《关税纪实》，上海：海关总税务司公署统计科，1936年，第471～475、484～487页。

② [英]魏尔特：《关税纪实》，上海：海关总税务司公署统计科，1936年，第981页，附件第12。

③ 顾维钧著，中国社会科学院近代史研究所译：《顾维钧回忆录（第一分册）》，北京：中华书局，1983年，第306页。

④ 《申报》，1921年12月18日。

视总税务司为彼辈所托命,债票非总税务司签字则不生信用,本息愆期则环向总税务司文电呼吁。此真世界未有之怪现象也。"①

是故,时人称安格联为北洋政府的"太上财政总长",历届财政总长就职后,都要先去拜见他。②

第二,借助于北洋政府的内债,海关与外国在华金融势力的联盟又有了进一步发展。

海关与外国在华金融势力的联盟始于19世纪60年代。中日甲午战后,借助于清政府的三次大借款,这一联盟迅速发展。"庚子之役"后,由于八国联军迫使清政府签订了《辛丑条约》,索取巨额的"庚子赔款",海关与外国在华金融势力的联盟进一步扩展。而北洋政府时期海关与内债关系的建立,则将这一联盟推入其"黄金时期"。

当1914年北洋政府成立内国公债局,发行"民国三年内国公债"时,其公债条例上便明确规定,此项公债应付息银"拨交公债局指定之外国银行,永远存储";另每月拨8万元,同样"拨交指定之外国银行存储,以备每届付息之用"。③ 但事实上,该项公债之保息款项,一开始是均分3份,一份分别存于上海和汉口的汇丰银行;一份存于汉口的道胜银行;一份则分别存于北京的中国银行和交通银行。而"民国四年内国公债"的保息款项,则按条例规定,存于中国和交通两家银行。④

1916年后,三、四年内国公债还息出现困难,债信面临危机。于是安格联乘机提出以停付之德国部分庚子赔款拨充息款,并以安全保险为词,在上海汇丰银行开设内国公债利息账,将拨款存入该行。于是,至1918年,原北京中国和交通两银行的内国债账宣告结束。至此,除了北京麦加利银行存有定期款项12万元为保息基金之一部分外,所有三、四两年内

---

① 《东方杂志》,卷21,纪念号,第25页。
② 顾维钧著,中国社会科学院近代史研究所译:《顾维钧回忆录(第一分册)》,北京:中华书局,1983年,第284页。
③ 《内国公债局章程》,见徐沧水编:《内国公债史》,上海:商务印书馆,1923年,第89页。
④ [英]魏尔特:《关税纪实》,上海:海关总税务司公署统计科,1936年,第469页。

国公债之息款，全部存于上海汇丰银行了。①

至于三、四两年内国公债的还本基金，北洋政府原指定以50里外常关税拨付。于是从1918年1月起，各50里外常关的税款，由海关监督或每月拨交税务司，或迳直汇交上海汇丰银行内的总税务司内债基金账上。但因各地对常关税多有截留，汇集内债基金账上的税款不足所需，于是先从关余中拨充。至1922年后，则以停付之俄国部分庚子赔款拨充。安格联便又于上海的麦加利银行内设立内债基金规元账，以存储拨充基金之赔款。②

1921年，北洋政府进行整理公债之初，所有整理案内公债还本付息基金系平均分存于上海中国银行和交通银行的整理公债还本付息基金账内。但由于原指定拨充整理公债基金的其他几项财源先后中止，唯剩关余一项，③1922年7月，安格联向国务总理颜惠庆建议，将关余"专为整理公债基金之用"，为陷于财政困境中的北洋政府所采纳。于是安格联复在上海汇丰银行内开立内债基金账（原开设之内债基金账于1921年转入麦加利银行），将拨充公债还本付息基金的全部关余都存入此账内。④

此外，拨充其他各项以关税为担保的公债的还本付息基金，也是先拨入有关之外国银行，至还本付息届期前才转入中国、交通两银行的。⑤

上述可见，北洋政府时期各项公债还本付息基金大多存放于外国银行。这一趋势的不断强化恰恰是关税在内债担保和偿付中的作用不断加强的结果。在此基础上，海关与外国在华金融势力的联盟得以加固、扩展。

---

① ［英］魏尔特：《关税纪实》，上海：海关总税务司公署统计科，1936年，第469~470、475~478页。
② ［英］魏尔特：《关税纪实》，上海：海关总税务司公署统计科，1936年，第480~489页。
③ 参阅本文第三节。
④ "民国11年总税务司建议指拨关余整理内债之变通办法"，见［英］魏尔特：《关税纪实》，上海：海关总税务司公署统计科，1936年，附件第20。
⑤ ［英］魏尔特：《关税纪实》，上海：海关总税务司公署统计科，1936年，第510~529页。

清季海关与外债的关系和列强争夺海关的斗争[①]

中国近代的海关,是个畸形的海关。它拥有庞杂的职务外的职责,其影响最大的是参与外交活动和外债的管理。海关的外交活动是作为业余或秘密的活动来进行的;而外债的管理则是列强赋予的职责,它和海关外籍税务司制度几乎是相始终的。海关与外债的联系,促进了中国海关半殖民地化的加深,这是中国近代海关史研究中一个非常重要的课题。本文拟就清代末年海关和外债联系的建立和发展做个综合的论述,至于从外债的管理发展到垄断中国财政的问题则将另文详论。

一、甲午战争前海关与外债联系的建立

在近代中国,外债是列强侵略中国的重要手段之一,也是它们相互之间争夺控制中国政治、经济、财政各种权益的工具。

鸦片战争以后,清政府向西方列强举借了一系列的外债(包括赔款转变的债务在内)。由于近代中国海关是根据不平等条约的规定而设立、并由外籍税务司管理的,海关税收随着中国对外贸易的发展和海关行政的某些改进而大幅度地增加,因此,关税被列强视为最可靠的外债抵押品。清政府所举借的外债,大多以关税为抵押。这就使近代中国海关与外债发生了极密切的联系,从而提高了海关在列强和清政府中的地位。

清政府举借外债始于咸丰初年。时值上海小刀会响应太平天国革

---

① 本文与陈诗启先生合写。

命,在上海发动起义,占领上海县城。上海地方官员为了雇募外国炮船攻打上海县城,于 1853—1854 年间,由原广东同顺行行商——当时任苏松太道的吴健彰经手,向上海洋商举借了外债。这笔外债的数额不详,仅就 1855 年和 1856 年两次江海关洋税中扣还的银数就达 127728.409 库平两。

第二次鸦片战争期间,英法联军占领广州府城,广东人民纷起抗战,并响应太平天国运动而起义。两广总督黄宗汉因军费孔急,便以粤海关印票作抵,经由怡和行行商伍崇曜向美商旗昌洋行借库平银 32 万两,月息 6 厘。这笔债务到 1866—1870 年间,才由粤海关税收如数还本(利息由伍崇曜负担)。①

由此可见,近代清政府举借外债一开始就和海关联系在一起,并对镇压人民起义起了一定的作用。

1860 年,英法联军攻占北京城,清政府和英法两国签订了《北京条约》。《北京条约》规定清政府赔偿英法各 800 万两银子。关于其偿还办法,中法《北京条约》规定:"在中国各海关每年收税银若干,按五分之一扣归,其支银之时,系三个月交一次……。"而中英《北京条约》则规定:除先缴小部分现银外,"其余银两应于通商各关所纳总数内分结,扣缴二成,以英月三个月为一结,即行算清(按:近代中国海关财政季度以结为名,便是从这个规定开始的)。……如此陆续扣缴八百万总数完结。"并进一步规定,偿还赔款的关税,除"均当随结清交大英钦差大臣专派委员监收外,两国彼此各应先期添派数员稽查数目清单等件,以昭慎重"②。据此规定,则不仅赔款须由海关洋税偿还,而且英国还取得稽查中国海关账目的权力。署总税务司赫德(当时总税务司李泰国请假回英)毅然承担清偿赔款的责任,乘机统一了全国海关行政。

赔款终于 1866 年 1 月如期清偿完毕。赔款清偿之后,原充赔款部分的税收除部拨京饷之外,还按结提出四成解交部库。这就增加了清朝中

---

① 以上两笔外债参阅徐义生编:《中国近代外债史统计资料(1853—1927)》,北京:中华书局,1962 年,第 1 页。

② 王铁崖编:《中外旧约章汇编(第一册)》,北京:生活·读书·新知三联书店,1957 年,第 144~145、147 页。

央政府的财政收入,清政府对此极为赞赏。总理衙门奏称:"查数年以来,洋人充当中国司税,办理尚属认真",议准"令洋人仍帮同司税,厚以廪饩"。① 这样,海关外籍税务司制度在谕旨的肯定和支持下继续发展下去了。

英法赔款虽然没有转变成为债务,但它的如期清偿,却为清政府举借外债提供信用敞开了大门,因而使海关和外债的关系紧密起来。

据比较可靠的记载,甲午战争前,清政府共举借外债43次,总数为库平银45922968两。其中以洋税作为偿还抵押的有25次,总数32361103两,占70.5%。② 海关和外债关系的紧密,由此可见一斑。

由于海关和外债的关系密切,清政府在需款紧迫时,如不依靠海关的信用,借款就有困难。这样,外债的担保便成为海关一项不可忽视的职责。总税务司赫德在1867年7月的一个通札中曾札行各关税务司:"关于地方借款和地方当局向外国商人与银行借款的经常尝试……非经本总税务司批准,拒绝签署任何期票,或提供任何性质的帮助。""无论何时谕旨批准一笔借款,总理衙门就会通知本总税务司札行有关海关;一俟办完,各税务司就有权盖章和副署省当局或者海关监督发出的期票或文件。""如果没有本总税务司的准札,各税务司就得十分明确地拒绝证明任何抵押品的效力。"③可见,以关税为抵押的外债的成立,第一,要有清政府谕旨的批准;第二,要有总税务司的批准,二者缺一不可。而且作为外债抵押品的海关印票,须有关税务司的画押、副署才能生效。如1867年左宗棠为镇压陕甘回民起义的借款,"以上海税务司不肯画押,几被阻挠",左宗棠不得不奏请"饬下总理衙门转饬赫德会办此事,督饬上海税务

---

① 恭亲王等又奏(同治四年十二月),见(清)宝鋆等修:《筹办夷务始末(同治朝)》,收录于沈云龙主编:《近代中国史料丛刊》(第六十二辑),台北:文海出版社有限公司,1966年,卷三十八,第3615页。

② 根据徐义生编:《中国近代外债史统计资料(1853—1927)》,北京:中华书局,1962年,第4~11页,表一统计。

③ 总税务司1867年第11号通札。译自 Wright S. F.. *Documents Illustrative of the Origin, Development, and Activities of the Chinese Customs Service*. Vol.I. Shanghai: Statistical Department of the Inspectorate General of Customs, 1937, pp.80-81。

司画押"①。税务司干预借款权力之大,由此可想而知了。

　　清政府举借的外债,在19世纪70年代以前,一般都是由地方官员向外商洋行举借的。70年代以后,上述情况有了显著的变化。清政府举借外债转向外国银行,尤其是转向在华势力最大的汇丰银行。

　　汇丰银行于1866年正式成立,在香港注册,总行设在香港。汇丰银行成立后,业务迅速发展,在甲午战争前的20余年间,其分行遍设上海、福州、宁波、汉口、汕头、厦门、烟台、九江、广州、北海、天津、澳门、打狗、北京、牛庄、基隆等处,形成一个遍布中国南北沿海及沿江内地的金融网。它的主要支持者都是在中国经营多年、财大势众的洋行老板,是主宰近代中国长达85年之久的英国金融势力的堡垒。1874年,汇丰银行向台湾海防大臣沈葆桢贷款200万库平两,用于镇压台湾高山族人民起义,时称"福建台防借款"②。这次借款一改70年代以前的情况,揭开了清政府向外国银行借款的序幕。此后,清政府的借款基本上转向外国银行,其中以汇丰银行雄居榜首。据统计,从"台防借款"到甲午战争20年间,清政府共举借外债41366621库平两,其中汇丰银行就占了28965175库平两,达70%之多。③ 而汇丰银行的贷款,大多是以海关关税为抵押的,并且早在"台防借款"中便首次明确约定,必须有"税务司印押方能兑银"。④因而,

---

① 陕甘总督左宗棠奏(同治六年十二月二十二日),见(清)宝鋆等修:《筹办夷务始末(同治朝)》,收录于沈云龙主编:《近代中国史料丛刊》(第六十二辑),台北:文海出版社有限公司,1966年,卷五十六,第5232页。

② 办理台湾等处海防大臣沈葆桢等奏(同治十三年七月二十一日),户部总理各国事务衙门奏(同治九年十二月十五日),见(清)宝鋆等修:《筹办夷务始末(同治朝)》,收录于沈云龙主编:《近代中国史料丛刊》(第六十二辑),台北:文海出版社有限公司,1966年,卷九十六,第8787~8790页;(清)吴元炳辑:《沈文肃公(葆桢)政书》,收录于沈云龙主编:《近代中国史料丛刊》(第六辑),台北:文海出版社有限公司,1967年,卷六《奏折》,第1114~1115页;(清)欧阳昱:《见闻琐录》(后集),卷一,第5页。

③ 根据徐义生编:《中国近代外债史统计资料(1853—1927)》,北京:中华书局,1962年,表一统计。

④ 办理台湾等处海防大臣沈葆桢等奏(同治十三年七月二十一日),户部总理各国事务衙门奏(同治九年十二月十五日),见(清)宝鋆等修:《筹办夷务始末(同治朝)》,收录于沈云龙主编:《近代中国史料丛刊》(第六十二辑),台北:文海出版社有限公司,1966年,卷九十六,第8789页。

正是在清政府和汇丰银行发生借贷关系上,赫德一手控制的海关与汇丰银行结成了联盟。1878年,赫德曾企图向清政府推荐汇丰银行作为经理有关借款事务的专门银行。[①] 到80年代初,汇丰银行经理嘉谟伦已成了赫德的座上客。[②] 显而易见,甲午战争前海关与汇丰银行的关系已如胶似漆,而这种结合正是借助于海关与外债的联系而形成的,反过来又加深了这种联系。

综上所述,甲午战争前,清政府的外债便与海关发生了密切的联系。这种联系对海关的演化产生了一系列影响,即扩大了海关的权力,促使海关与汇丰银行结合。

但这一时期清政府举借的外债,数额尚属有限,外债本利的支付,平均只占政府支出总额的4.3%;关税用于支付外债本利的款额平均约占关税总收入的15.8%,最多的一年亦仅占19.6%。[③] 因此,外债与海关的联系还处于初级阶段,其重要性还未完全显露。

甲午战争期间,清政府为了筹集军费,共举借了4次数额较大的外债。其总额达41089936库平两,其中向汇丰银行举借2次,即所谓"汇丰银款"和"汇丰镑款",总额为28653962库平两,占70%。[④] 这两次借款都是赫德经办的。

赫德知道,通过借款"可能延长海关的寿命,也可能扩大海关职权范围"[⑤]。因此,中日战争一爆发,他便和汇丰银行及伦敦方面频繁联系,策划对清政府的贷款事宜。赫德竭力排除其他列强对借款的染指,终使汇

[①] Fairbank J. K. et al.. *The I. G. in Peking*: *Letters of Robert Hart*, *Chinese Maritime Customs*, *1868-1907*. Vol.I. Cambridge, Mass. and London: The Belknap Press of Harvard University Press, 1975, p.259.

[②] Fairbank J. K. et al.. *The I. G. in Peking*: *Letters of Robert Hart*, *Chinese Maritime Customs*, *1868-1907*. Vol.I. Cambridge, Mass. and London: The Belknap Press of Harvard University Press, 1975, p.366.

[③] 徐义生编:《中国近代外债史统计资料(1853—1927)》,北京:中华书局,1962年,第5页。

[④] 据徐义生编:《中国近代外债史统计资料(1853—1927)》北京:中华书局,1962年,第28页提供数据统计。

[⑤] 1895年1月6日赫德致金登干Z字第674号函,见中国近代经济史资料丛刊编辑委员会主编:《中国海关与中日战争》,北京:中华书局,1983年,第136页。

丰银行获得了两次借款。通过这两次借款，海关进一步与汇丰银行结合起来，确立了垄断清政府外债事务的地位。1894年10月25日，当汇丰银行与清政府签订第一次借款的草合同时，总理衙门便授权汇丰银行与总税务司署驻伦敦办事处税务司金登干"商办借款事宜"，这就为海关与汇丰银行垄断外债提供了口实。所以金登干以后多次催促赫德诱使清政府"由总理衙门指定汇丰银行为中国一切外债的经理人，随时与总税务司协商进行"[①]，而以金登干为"外债专员"。

通过上述两次借款，赫德进一步扩大了海关权力。如前所述，早在甲午战争前，以关税为抵押的外债的成立不仅要有谕旨的批准，而且还要总税务司的批准。甲午战争期间，汇丰银行的两次借款，不仅在合同里明确规定了总税务司的批准权和各口税务司的签署权，而且赫德还电告伦敦："一切从债款账内拨款的命令，只能由我交汇丰银行驻北京代表转达伦敦汇丰银行，否则不准由账内拨付任何款项。"[②]据此，汇丰银行拒绝了驻伦敦中国使馆根据户部通知要求的拨款。[③] 这就垄断了清政府对外借款的支付权力。

总之，甲午战争期间赫德联合汇丰银行对清政府的两次借款，进一步密切了海关与外债的联系，扩大了海关总税务司的权力，加强了海关和汇丰银行对中国外债的垄断。这是甲午战争前后海关与外债联系发展变化的一个中间环节，一个铺垫，一个前奏。

二、甲午战争后的三次大借款与列强争夺海关的尖锐斗争

由新兴的封建军事帝国日本所发动的中日甲午战争，以清政府的失

[①] 1894年12月11日金登干致赫德第848号电，见中国近代经济史资料丛刊编辑委员会主编：《中国海关与中日战争》，北京：中华书局，1983年，第126页。

[②] 1894年12月12日赫德致金登干第570号电，见中国近代经济史资料丛刊编辑委员会主编：《中国海关与中日战争》，北京：中华书局，1983年，第127页。

[③] 1894年12月14日金登干致赫德Z字第914号函，见中国近代经济史资料丛刊编辑委员会主编：《中国海关与中日战争》，北京：中华书局，1983年，第127页。

败而告终。在日本政府的胁迫下，清政府和日本签订了可耻的《马关条约》。该条约规定，清政府赔偿日本库平银2亿两。清政府当时每年只有0.9亿两左右的财政收入，当然无力支付这项庞大的赔款，只得举借外债。列强为了通过借款控制清政府，争相向清政府贷款，于是出现了中国近代史上列强对华借款的激烈斗争。甲午战后的大借款与甲午战争前借款的联系和区别在于：它们都附有苛刻的政治条件，带着明显的帝国主义时代的印记。而在其所附的政治条件中，有关海关问题的规定显得特别突出，引人注目。这充分表明海关已成了这一时期列强争夺中国权益的焦点之一。

海关为什么会成为列强争夺的焦点呢？这是中国海关长期发展演变的必然结果，也是19世纪末这一特定历史时期的必然产物。

近代中国半殖民地海关自1854年在上海草创之后，在50年代末从外籍税务监督制度过渡到外籍税务司制度，并相继扩展到全国各通商口岸。1861年，赫德署理总税务司之后殚精竭虑地扩展海关权力。正如他在19世纪末给他的亲信金登干的一封信中所说的："我过去所作所为都是为了使海关站得住脚，并且不放松任何机会来扩展它的根基，从而保证它的稳定。"[①]远在60年代前半期，赫德便排挤了由清政府任命的各口海关行政长官——海关监督，窃夺了各口海关行政权，建立了一套由总税务司直接统辖各口海关的独立的统一的行政系统，海关成为清政府行政组织中的"独立王国"。在甲午战争前的30多年间，由于长期占据总税务司职位的赫德的精心策划，中国海关权势迅速扩展。它不仅牢靠地掌握中国对外贸易的征税权，成为监督清政府履行不平等条约关于关税方面的"必要的依赖"[②]；还超越了海关的业务范围，参与、干预清政府的财政、外交、洋务等方面的活动，攫取了各种职务外的权力，初步控制了清政府的外债事务。与此同时，海关的规模也不断扩大。海关的设立已从沿海、沿

[①] 1896年6月14日赫德致金登干Z字第712号函，见中国近代经济史资料丛刊编辑委员会主编：《中国海关与英德续借款》，北京：中华书局，1983年，第5页。

[②] "1864年11月赫德关于中国洋关创办问题备忘录"，见 Wright S. F., *Documents Illustrative of the Chinese Customs*. Vol.Ⅵ. Shanghai: Statistical Department of the Inspectorate General of Customs, 1938, p.190。

江发展到西南边陲,海关人员在海关初创时期仅有1400～1500人①,而到中日甲午战争时,已增加到4300多人了。②

由上述可见,甲午战争前,海关已是一个规模庞大、发挥着重大影响的特殊机构了。这不能不引起列强对海关的注目。甲午战争前,赫德虽然小心翼翼地在遴选海关官员时对国籍做出某种平衡,以减少列强对海关权力的争夺,借以获得列强的普遍支持,但由于当时英国在华利益占据优势,英籍人员在海关中一直占据领导地位。赫德甚至声称:"海关首要的是其领导权必须掌握在英国手里。"③"中国海关的主要特点是一个由不同国籍构成的国际性机构,而首要条件是只有一个首脑。"④这个首脑当然是英国了。因此,海关中的英国势力,一直占据统治地位。

19世纪90年代以前,各资本主义国家在中国的矛盾斗争比较缓和,所以对海关的争夺并不严重。到了19世纪末,随着列强争夺中国斗争的尖锐化,对海关的争夺也就日益激化了。

19世纪末叶,各资本主义国家相继进入帝国主义阶段。帝国主义列强在世界各地争相瓜分殖民地。当"世界上其他地方已经瓜分完毕的时候",争夺半殖民地国家的斗争便特别尖锐起来。⑤当时的半殖民地中国是列强在远东争夺的焦点。日本帝国主义发动了中日甲午战争,揭开了列强肢解中国的序幕。《马关条约》的签订使清政府的腐败无能暴露无遗。于是,列强都相继扑到中国身上,为攫取更多的权益而激烈斗争。这时,海关已发展成为清政府的太上机构,而总税务司赫德也成为清政府的太上顾问,其重要性显得更为突出;而英国人独占海关要职,控制海关的

---

① Wright S. F.. *Documents Illustrative of the Chinese Customs*. Vol. Ⅵ. Shanghai: Statistical Department of the Inspectorate General of Customs,1938, p.177.

② 参阅 China Maritime Customs. *Service List*,1894。

③ 1885年8月26日,赫德致欧格讷函,见 Wright S. F.. *Documents Illustrative of the Chinese Customs*. Vol. Ⅵ. Shanghai: Statistical Department of the Inspectorate General of Customs,1938, p.543。

④ 1895年5月20日赫德致金登干新字第858号电,见中国近代经济史资料丛刊编辑委员会主编:《中国海关与中日战争》,北京:中华书局,1983年,第175页。

⑤ 中共中央马克思恩格斯列宁斯大林著作编译局编:《列宁选集》(第二卷),北京:人民出版社,1972年,第802页。

局面也使其他国家不堪忍受。这样,争夺海关的斗争便一触即发了。

　　甲午战争后列强争夺海关的斗争是英、德、法、俄四国围绕着三次大借款而展开的。其间赫德代表英国利益,极力利用他对清政府的影响,争取清政府向英国借款,以确保英国对海关的控制。

　　1895年2月12日,威海卫军港陷落,北洋海军覆没,清政府决心求和。赫德闻风而动,积极策划控制清政府为筹付战争赔款而举借的外债。他与英国政府频繁联系,并告知:"战争结束后,中国需要大批款项。"他当时就估计到,"对日赔款如交我筹借,恐怕除了海关之外,还有许多别的职权交到我手中"。[①] 因此,他一直窥测清政府的动向。清政府当时为了筹付第一批对日赔款和赎辽款项,决定举借第一次外债。4月12日,总理衙门通知赫德和汇丰银行联系借款事宜。赫德当即急电英政府,并提出借款应附有"由总税务司管理常关税收以作担保"或"用盐税、厘金或田赋,或以海南岛或舟山群岛作抵"[②]等条件。五天后,《马关条约》在日本签订,赫德闻信加紧筹划贷款活动。但俄、法、德三国由于联合干涉日本归还辽东半岛而获得清政府的欢心,大大加强了与英国对抗的实力。一时间,俄、德、法三国的联合势力占据上风。它们一面大造舆论,鼓吹"中国海关应由欧洲各国共同管理,以作赔款担保"[③];一面密谋三国"一同控制海关,排挤现在的[海关]当局……安置他们本国人为联合管理人,从而获取一切特殊商业利益和铁路特权等等,完全挤掉英国的市场"[④]。德、俄两国皇帝"决计要使法、德、俄三国取得对华的大借款,而把英国排挤出去"[⑤]。

---

　　① 1895年3月3日赫德致金登干Z字第654号函,见中国近代经济史资料丛刊编辑委员会主编:《中国海关与中日战争》,北京:中华书局,1983年,第149页。
　　② 1895年4月14日赫德致金登干第626号电,见中国近代经济史资料丛刊编辑委员会主编:《中国海关与中日战争》,北京:中华书局,1983年,第157页。
　　③ 1895年5月9日金登干致赫德第936号电,见中国近代经济史资料丛刊编辑委员会主编:《中国海关与中日战争》,北京:中华书局,1983年,第168页。
　　④ 1895年5月8日金登干致赫德新字第759号电,见中国近代经济史资料丛刊编辑委员会主编:《中国海关与中日战争》,北京:中华书局,1983年,第167页。
　　⑤ 1895年5月17日金登干致赫德Z字第946号函,见中国近代经济史资料丛刊编辑委员会主编:《中国海关与中日战争》,北京:中华书局,1983年,第172页。

是年(1895年)5月初,俄国外交大臣罗巴诺夫向清政府驻俄公使许景澄表示了俄国政府对英国独揽借款的不满:"闻中国拟将偿费借付日本,此事俄国户部已筹良策,有益中国,预备询商。乃闻欲向不肯合劝[还辽]之英国商借,颇觉诧异。特请代达国家,应先商俄国,方见交谊。"①数日后,俄国财政大臣威特又向许景澄声称:财政部已筹好借款,并询问清政府的偿付方法与借款担保。当时俄国金融资本尚不雄厚,只得暗地里拉拢法国,共揽借款。在取得法国支持后,威特再次向许景澄提出具体方案,其要点包括:借款以中国海关收入担保,海关收入不够偿还时,由俄国政府加保,俄国派人来中国查访海关情形。②俄国染指海关与中国财政大权的野心,溢于言表。在沙俄威迫下,清政府不得不同意借款,但电令许景澄向俄国声明:"海关进项足敷分年抵还之用,有税司总册可凭,无须查访。"③6月9日,俄国财政部与外交部联合向许景澄提出借款最后条件,放弃查访海关一条,但仍附加"中国以后借款,如允海关及他项权利,亦准俄国均沾"。④

在俄国频繁活动之际,赫德三番五次地催促汇丰银行:"趁别人还在谈判时抢先办妥","速办为要"。⑤一面又通过英国政府"对中国施加压力,劝中国听从忠告",拒绝向俄国借款。但俄国以干涉还辽居功,对清政府多方胁迫,借款合同终于7月6日在彼得堡签订,时称《俄法洋款合同》,亦称《中俄四厘借款合同》。该项借款数额为俄银1亿金卢布,合中国1亿两,利息4厘,"以海关所入税项及股票作为抵押"。在所附声明文件中宣称:"因此借款之事,中国声明无论何国何故,决不许其办理照看税

---

① 许同莘:《许文肃公(景澄)遗集》,收录于沈云龙主编:《近代中国史料丛刊》(第十九辑),台北:文海出版社,1968年,卷十,第609页。
② 许同莘:《许文肃公(景澄)遗集》,收录于沈云龙主编:《近代中国史料丛刊》(第十九辑),台北:文海出版社,1968年,卷十,第609页。
③ 王彦威辑,王亮编:《清季外交史料》,北京:北平清季外交史料编纂处,1931—1934年,卷一百十二,第20页。
④ 许同莘:《许文肃公(景澄)遗集》,收录于沈云龙主编:《近代中国史料丛刊》(第十九辑),台北:文海出版社,1968年,卷十,第612页。
⑤ 1895年5月24日金登干致赫德Z字第947号函;5月12日赫德致金登干第637号电,见中国近代经济史资料丛刊编辑委员会主编:《中国海关和中日战争》,北京:中华书局,1983年,第178、169页。

入等项权利；如中国经允他国此种权利，亦准俄国均沾。"①赫德因所谋落空，忧心忡忡，喟然长叹："我们已经被排挤在一边了，俄法现在可以随心所欲，俄国已提出共同分享管理海关的权利，这是企图控制海关的楔子。只要我一走，他们必定立刻下手。"②英国已面临俄、法的严重挑战。

俄法借款签订后，俄、法两国虽暂时处于优势，但争夺海关控制权的斗争远未结束。俄法两国趁热打铁，企图包揽第二次借款。英国"自俄国借款以来，英使馆用一切力量争取其余借款，以缓和财政控制，分割政治上的统治……如中国接受[俄法贷款]，则英国将来对华交涉，将失去重要把柄"。为此，赫德"建议英国出面担保，提供低利贷款，可望取得政治上的优势。如若法俄联合继续下去，则他们得利，英国吃亏，以后造成同盟和军事上的优势，为害是无穷的"③。于是，英国拉拢俄法借款中被半途排挤而满腹牢骚的德国，迫使清政府把下一次借款留给英德两国。1896年2月，俄法借款合同规定的清政府6个月内不得另借外债的期限届满，那时第二次对日赔款偿还的限期也已迫近，列强的借款斗争因而加剧了。2月20日，金登干电告赫德："法俄反对英国分润中国借款，据揣测，目的在于排斥英国将来对于海关的发言权。"④赫德当即回电："阻止俄方控制增强的唯一方法是在借款上帮忙（清政府）。"⑤即取得对清政府的贷款。为此，驻京英国使馆"用一切力量争取其余借款"。到3月初，双方的争夺达到白热化程度。法国大使力促总理衙门接受法方借款，条件是法国取代英国管理海关，还要求粤桂滇三省的大量特权。俄国大使大助其焰。英法公使闹得总理衙门像个拍卖场。当时任军机大臣的翁同龢记述这种

---

① 王彦威辑，王亮编：《清季外交史料》，北京：北平清季外交史料编纂处，1931—1934年，卷一百十五，第7～14页。

② 1895年8月25日赫德致金登干Z字第674号函，见中国近代经济史资料丛刊编辑委员会主编：《中国海关与中日战争》，北京：中华书局，1983年，第190页。

③ 1896年3月1日赫德致金登干新字第836号电，见中国近代经济史资料丛刊编辑委员会主编：《中国海关与中日战争》，北京：中华书局，1983年，第205页。

④ 1896年2月20日金登干致赫德新字第726号电，见中国近代经济史资料丛刊编辑委员会主编：《中国海关与中日战争》，北京：中华书局，1983年，第202页。

⑤ 1896年2月26日赫德致金登干新字第838号电，见中国近代经济史资料丛刊编辑委员会主编：《中国海关与中日战争》，北京：中华书局，1983年，第203页。

嚣张威逼的情况:英国公使"咆哮恣肆,为借款也。此等恶趣,我何以堪!"法国公使"无耻无餍,日在犬羊丛中"。① 总理衙门因法国条件太苛,最后决定将借款事宜交赫德办理。赫德喜出望外,第二天就办妥了,并急电英政府。3月23日,借款合同正式签订。这次借款是由英国汇丰银行与德国德华银行合揽的,一般简称英德洋款。此次借款共1600万镑,合中国1亿两,利息5厘。借款合同附有不变更海关行政的规定,即:"至此次借款未付还时,中国总理海关事务应照现今办理之法办理。"②由于合同中规定"借款三十六年内还清。中国不得或加项归还,或清还,或更章还"③,这就使英国将继续保持控制海关达36年。无怪乎借款合同签字后,赫德抑制不住内心的得意之情,电告金登干:"借款签字,海关终获保全。我在总理衙门的地位也满意。"④关于借款期限和清还前保持现有海关办法的规定,显然是赫德策划的,因为他早就说过:"为对日赔款所借外债,或可使海关维持到下一世纪的中叶。"⑤

英德借款使英国终于保住了在海关的统治地位,但俄法两国并不就此罢休。1897年6月,清政府为了尽早筹集借款以付清对日赔款,计划筹措第三次借款。亲俄派李鸿章主张向俄国举借。赫德得到情报:"听说[俄使喀西尼]已经掌握[中国驻俄公使]张荫桓,沙皇也请他作客,并表示愿意帮助中国渡过财政难关,办理借款等等。"赫德认为"英国想要抵销这种拼命追求的唯一办法,就是指示英格兰银行(汇丰已承担了前一笔借款,筹款困难)承办三厘息的中国借款,而由英国担保……除非这样办,中国就越来越陷入俄国的圈套里,而长时期出不来了"。⑥ 后来看到汇丰银

---

① (清)翁同龢:《翁文恭公日记》,光绪二十二年正月二十三日。
② 王铁崖编:《中外旧约章汇编(第一册)》,北京:生活·读书·新知三联书店,1957年,第642~643页。
③ 王铁崖编:《中外旧约章汇编(第一册)》,北京:生活·读书·新知三联书店,1957年,第642~643页。
④ 1897年7月18日赫德致金登干Z字第759号函,见中国近代经济史资料丛刊编辑委员会主编:《中国海关与英德续借款》,北京:中华书局,1983年,第12页。
⑤ 1895年4月21日赫德致金登干Z字第657号函,见中国近代经济史资料丛刊编辑委员会主编:《中国海关与中日战争》,北京:中华书局,1983年,第162页。
⑥ 1897年7月18日赫德致金登干Z字第759号函,见中国近代经济史资料丛刊编辑委员会主编:《中国海关与英德续借款》,北京:中华书局,1983年,第12页。

行还有筹款能力,他表示完全支持汇丰,以"打破对方的阴谋"①。金登干电告赫德:"借款如无英国政府支持,决不能成功。汇丰银行昨已函首相提出要求。……您(赫德)那里也必须使用压力,使英国外交部充分了解现在局势对英国利益有莫大危险。"②赫德认为总理衙门"只求眼前能渡过难关,苟安一时,甘愿听信俄国。俄国出面干涉还辽,中国非常感激,它所提方案自然易被接受";但他以为"英国现在出力帮忙,虽然不能获得同样的感激,仍可改变以后局面。目前形势危迫,关系到远东大局!我非常希望汇丰能取得英国外交部的有力支持"③。汇丰银行要求英国外交部出面,外交部询问了赫德关于关税还有多少可以抵押的情况。赫德趁机提出:"借款对于中国极重要。我希望汇丰银行能够承办,提出由总税务司代管厘金这个担保,是非常好的,希望很大。"④赫德对于管理厘金有很大兴趣。他说:"总理衙门对我说,'如果你收的厘金比现在收的多,那就证明我们不顾所有财政官员们的反对把厘金交给你管理是正确的,而且将来扩大你的管理范围也就更有理由了。'有了这样的远景,我想许多改革都可以有指望。"⑤

在争夺这笔借款时,俄国也在大力活动,企图通过此项借款,夺取海关总税务司职位。1897年底,俄国提出三项借款条件,其中第二条规定:中国海关总税务司职位出缺时,应该任命一位俄国人充任。于是俄、英两国又围绕着借款问题展开了一场争夺总税务司职位的尖锐斗争。

总税务司是中国海关的总负责人。他是清政府总理衙门的属员,而总理衙门则拥有内阁一样的权力。赫德也自称是清政府的太上顾问,可

---

① 1897年12月23日赫德致金登干新字第720号电,见中国近代经济史资料丛刊编辑委员会主编:《中国海关与英德续借款》,北京:中华书局,1983年,第23页。
② 1897年12月25日金登干致赫德新字第557号电,见中国近代经济史资料丛刊编辑委员会主编:《中国海关与英德续借款》,北京:中华书局,1983年,第27页。
③ 1897年12月27日赫德致金登干新字第718号电,见中国近代经济史资料丛刊编辑委员会主编:《中国海关与英德续借款》,北京:中华书局,1983年,第27页。
④ 1898年2月13日赫德致金登干乙字第783号函,见中国近代经济史资料丛刊编辑委员会主编:《中国海关与英德续借款》,北京:中华书局,1983年,第35页。
⑤ 1898年2月13日赫德致金登干乙字第783号函,见中国近代经济史资料丛刊编辑委员会主编:《中国海关与英德续借款》,北京:中华书局,1983年,第35页。

见其影响之大。改良派陈炽曾说:赫德"引党类数百人,糜工资二百万。渐而阴持朝议,显绾邦交,偶或侵之,颠蹶立至。……中外大臣,皆尊而信之!"①正因为总税务司拥有这样的权力,所以当中法战争结束后,英国政府任命赫德为驻华、驻朝鲜公使时,赫德因恐总税务司一职为德国人德璀琳所谋取,宁愿辞去公使要职,继续担任总税务司。在他看来,抓住总税务司这个职位,也就掌握了海关领导权和对清政府的控制权。

总税务司一职既然如此重要,英人独占的局面在俄、法等列强看来,当非打破不可。早在甲午战争刚结束时,俄、法、德等国便通知总理衙门,三国政府认为赫德继续留任总税务司是非常不适宜的,要求撤换②,但未获成功。

1897年10月,俄国派出大批财政顾问进入朝鲜,接管朝鲜财政大权。11月,朝鲜国王任命俄人阿列谢也夫为朝鲜海关税务司,原税务司英人柏卓安被迫撤离朝鲜。赫德预感到自己的地位岌岌可危,函告金登干:"下一回就是争夺我的位子,争夺完了,'总税务司'就会成为过去的名词了!"③两天后,金登干来电说:俄法政府"正逼迫中国用俄国人继您充任总税务司"④。果然,12月14日,当李鸿章向俄国提出借款1万万两白银的要求时,俄国趁机提出了"中国海关总税务司职位出缺时,应任命一位俄国人充任"⑤的条件,这是俄国第一次公开提出对总税务司一职的要求。英国政府闻信大惊失色,担心俄国借款谈判成功,"海关也就不再在英国人的手中了",因而一面对俄国的要求表示抗议,一面强迫总理衙门接受英国借款,并提出6个借款条件。第一条便宣称:"切实管理中国的财政包括海关、厘金、盐课和常关在内。"⑥消息一传出,俄、法两国顿起反

---

① (清)陈炽:《庸书·外篇》,卷上《税司》,第18～20页。
② 1897年11月9日金登干致赫德新字第577号电,见中国近代经济史资料丛刊编辑委员会主编:《中国海关与英德续借款》,北京:中华书局,1983年,第25页。
③ 1897年11月7日赫德致金登干Z字第774号函,见中国近代经济史资料丛刊编辑委员会主编:《中国海关与英德续借款》,北京:中华书局,1983年,第25页。
④ 1897年11月7日赫德致金登干Z字第774号函,见中国近代经济史资料丛刊编辑委员会主编:《中国海关与英德续借款》,北京:中华书局,1983年,第25页。
⑤ 英国国会档案《1898年中国(第1号)》,第9页。
⑥ 英国国会档案《1898年中国(第1号)》,第9页。

对,两国公使轮番对总理衙门施加压力,俄国驻华代办巴布罗福甚至以绝交相威胁。翁同龢日记记载,俄使语:"若中国不借俄而借英,伊国必问罪。"①在俄法联合恫吓威胁下,清政府不敢贸然承诺英国的借款。英国当然不肯示弱。英国财政大臣公开宣称:"我们把中国视为英国和全世界最有希望的商业市场,因此,英国政府有决心绝对不使中国市场的大门关闭,即使诉之战争也在所不惜。"他还声称:"我们不能承认欧洲或其他国家征服或割据中国土地。"②英政府狗急跳墙,于1898年2月初通过驻华公使窦讷乐照会总理衙门:"由于英国对华贸易凌驾于其他各国,英国政府认为嗣后总税务司一职应一如既往,任用英籍人员。"③总理衙门被迫于2月10日复照表示:"若赫德离任,中国彻查各口贸易,英商如居多数,必将责令赫德推荐才能相等的英人接任。"④两天后,总理衙门因害怕激怒俄、法等国,连忙补充声明:"将来他国贸易较多于英国,中国自不必聘用英人充任总税务司之职。"⑤

英、俄两国一直为争夺第三次借款而明争暗斗。总理衙门为避免开罪任何一方,提出双方各借一半的主张,但遭双方拒绝。总理衙门又欲以募内债办法,另筹款项,也因发行内债条件并未具备而无法实现。最后,因"英款利息低而期限长",在英国外交部、汇丰银行、总税务司以及总理衙门各方合拍之下,英国终于夺得了这笔借款。1898年2月21日借款草合同签字。赫德认为"此事除去政治上的重要性以外,并可认为改革财政的开端,也是中国复兴的先决条件,前途大有希望"!英国舆论界也"反应良好,对英外交部所公布的中国政府与英国的协议极表满意"。于是

---

① (清)翁同龢:《翁文恭公日记》,光绪二十二年十二月二十三日。
② 1898年1月18日金登干致赫德新字第541号电,见中国近代经济史资料丛刊编辑委员会主编:《中国海关与英德续借款》,北京:中华书局,1983年,第31页。
③ 英国国会档案《1899年中国(第1号)》,第201~202页;王铁崖编:《中外旧约章汇编(第一册)》,北京:生活·读书·新知三联书店,1957年,第732页。
④ 英国国会档案《1899年中国(第1号)》,第201~202页;王铁崖编:《中外旧约章汇编(第一册)》,北京:生活·读书·新知三联书店,1957年,第732页。
⑤ 英国国会档案《1899年中国(第1号)》,第201~202页;王铁崖编:《中外旧约章汇编(第一册)》,北京:生活·读书·新知三联书店,1957年,第732页。

"五厘债券涨出票面 2%",至于"俄国人无可奈何,法国人暗图报复"①。

3月1日,借款正式合同签订,由汇丰银行与德华银行共同承揽,时称"英德续借款"。借款合同规定:借款数额仍为1600万镑,利息4.5厘。借款以海关税收为抵押,但不足抵付,又加上苏州、淞沪、九江、浙东四处货厘及宜昌、湖北、安徽3处盐厘。以上7处货厘及盐厘由海关总税务司派员征收。这样,海关势力进一步打进了内地税领域。此外,还重申关于海关行政问题的规定,即借款偿还之前,"海关事务应照现今办理之法办理"。而其借款偿还期限从上次英德洋款的36年延长到45年。②

这样,通过英德续借款,英国不仅巩固了在海关的统治地位,而且还可以延长45年。

以上三次大借款,都是以海关关税为担保,以争夺海关为目标。总税务司赫德为了保住英国对海关的统治地位,竟然作为斗争的主角参加了斗争的行列,使得中国海关的半殖民地化程度越来越深。关于这个问题,长期担任税务司的英人魏尔特在其《关税纪实》一书中不加隐讳,所论尚称公允。兹将其论点扼述如下。

魏尔特在论述以上各借款合同特点时说:"上述各种外债,俱以关税为担保。海关本为中国最可靠之税源……今乃以债约之故,每年须牺牲若干税款,以付外债之本息,其事已至痛惜;然中国所订外债,其明言或暗示之条文,有堪指摘者尚多,兹分别论列如左。"

第一,"海关制度不得变更也"。赫德力争的《英德正借款》和《英德续借款》,都有"至此款未清偿前,海关事务应照现今之法办理"的规定。所谓"现今之法",即在英国控制下的国际机构。据此规定,在借款未清还之前,也就是在45年内,海关都得在英国控制之下。这个合同关系到"民国元年以后总税务司职权之扩大"和"中国行政权之缩小"(指总税务司剥夺中国海关税款保管权),"实无可讳言"。

---

① 1898年2月24日金登干致赫德新字第526号、3月2日赫德致金登干新字第702号电,见中国近代经济史资料丛刊编辑委员会主编:《中国海关与英德续借款》,北京:中华书局,1983年,第36、38页。

② 王彦威辑,王亮编:《清季外交史料》,北京:北平清季外交史料编纂处,1931—1934年,卷一百二十九,第221~228页。

413

第二,"贷款而有国际背景也"。"各国银团当贷款之初,实曾纵横捭阖,极外交之能事;及磋商条件之时,其驻华使节或躬自参加会议,或暗中操纵而瞭然于经过之情形。……实际与此有关之列强,辄认中国此种债务,与其对华政策,有重大关系也。"

第三,"承担各款俱未十足交付也"。上述各借款,"俱不按债票额定价格交付中国,其发行时有较实收债款之成数为高者,则利益悉为承募之外国银团所得,而中国无与焉"。"目击[中国]实收之数,仅为百分之九五者,而发行后短期内售出之价格则达百分之一零五至一零六,其对债权者所采希腊人赠与礼物之手段,诚不胜其惭赧耳。"不仅如此,"归还期限延长,利率又高,而债款又多以金币计值,中国于偿还本息时,更须受付款日兑行市的支配"。因此,中国负担的债务,"遂不胜其重矣"。以英德正续二借款而言,中国实收英金 28320000 金镑,但往日所付和今后应付的本息,约共 72200240 金镑,"几与借一还三无异"。俄法借款,则"在实得之数二倍以上也"。

此外,还有下列各点:首先,合同"未经明白规定偿还责任"。这样,设偿付债款的货币,因价格低落而发生汇兑亏折,或所汇款项因意外事故(如战争、银行倒闭等)不能提用时,此种损失,自应由中国政府补偿,而经理债款的银行则不负责任。其次,合同"无确切账目以资稽核也"。因此,如遇政局变化、船舶沉没、军事征发等事件,使债票有毁坏及遗失时,遂予银行以牟利之机,而中国则须一债两还,即一付持票人,一付债权国。在这种情况下,经理银行应有详尽账目,报告中国政府,但原合同中并无此项规定,"宁非怪事"!又次,抽中债票及息票之取现,应有一定的时期,过此即无效,此乃一般通例。但各合同竟无确切规定。再次,合同规定还本付息应先期偿付,这使在固定还本付息日期之前,中国就得按月将应付款项预付经理银行。这无异给予外国银行以莫大利益。至于到期未经取现的债款本息,银行得自由保管,长存账内,甚至债权人终不取现的,合同中亦无将余款交还中国政府的明文。最后,中国不能提前偿还债款,更是无理之至!

这种不公平的借款合同,魏尔特认为"即贷款者乘中国国运不昌之际,欺其对国际财政之无经历,以剥夺其利益而已"。①

总税务司赫德对于两次英德借款合同,始终参与其事,其对合同应负的责任是推卸不了的。三次大借款争夺的结果:首先,使中国海关长期牢牢地掌握在以英国为首的列强控制之中;其次,巨额的债款本息大大加重了中国的财政负担。

三、庚子赔款与中国海关权势的登峰造极

19世纪末叶,列强在中国掀起割地狂潮,使中国处于空前严重的民族危机中,致使以农民为主体的义和团运动爆发了。发源于山东的义和团,于1900年6月初,在"扶清灭洋"的旗帜下,进入北京城,猛烈围攻使馆区。8月中旬,八国联军攻占北京,义和团运动被扼杀于血泊中。几天后,龟缩于使馆区内的总税务司赫德宣布复职。当时由于清廷逃往西安,八国联军在北京城内恣意烧杀抢劫,京城陷入一片恐怖与混乱之中。八国联军虽然共同占领了北京,但它们同床异梦,各自怀着侵夺中国权益的不可告人的偌大野心。远逃西安的清政府前途难卜,中国财政以至英国控制下的海关,都处于潜在的危机中。赫德,这个在清政府和列强中有影响的人物,在总理衙门驻京总办的哀求下,出面为清政府和八国联军谈判拉线,成为双方谈判的幕后人物。海关终于作为显赫的角色而被赋予承担偿还巨额赔款的庞大任务。

从八国联军攻占北京到《辛丑和约》签订,经历了一年多的时间。在此期间,赫德一方面为奕劻、李鸿章和八国联军举行谈判拉线;另一方面多方奔走,对各国公使施加影响,使谈判朝着有利于英国和海关的方面发展,特别是警惕俄、法等国借赔款问题染指海关,侵夺英国的权力。10月初,奕劻和李鸿章把议和建议送交各国使馆。各国公使讨价还价,"每一

---

① [英]魏尔特:《关税纪实》,上海:海关总税务司公署统计科,1936年,第231~238页。

国家都想推行它自己的一套,而人人为许多小事争吵不休"①。

谈判期间,赔款是个复杂而棘手的问题。1900年12月,各国公使提交谈判大臣奕劻的联衔照会中声称:所有占据京师和直隶境内的各国军队,应俟清政府完全允诺照会内所列各项要求,始能撤退。照会内有损害赔偿的专款,除要求清政府赔偿损失外,还要求采取各国所能同意的财政计划,以为偿付此项赔款及外债本息的保证。这是一个有关各国经济利益的共同问题,各国公使都格外重视。

3月23日,一个包括德国、法国、英国和日本公使在内的委员会产生了。这个委员会专门负责研究中国的赔款和财源问题。在开会期间,各方面提供了许多意见书、建议书。因为海关和外债、赔款发生了密切的联系,所以总税务司的意见,受到了委员会的重视。早在各国公使商谈议和条件时,赫德就密切注视着赔款问题。他最害怕的是各国借着赔款的理由,组织国际管理委员会,共管中国财政。他说:"一个国际管理委员会管理中国财政,对于海关将造成不利的局面。""最讨厌的是:有些国家过去在中国并没有利益,可是他们比别人还起劲,只等候有机会就插手进来,要求成立国际委员会的就是这班人,而这正是中国最应避免的。"②正因如此,他在义和团围攻使馆中饱受惊慌,本有回国休养的打算,但看到列强争夺中国财政的严重性,他打消了回国念头。他说:"我仍将坚持留在这里,以便应付危机","我坚持留下是为了海关,为了中国,为了大家的利益。我想我可以有作用,也只有我才能在目前对于三方面都有作用",否则,"将带来灾难"③。

他一直留意委员会的研讨情况。"据信可能的结果将是法国管理邮政,德国管理盐务,而英国管理海关;但另一种传说是可能成立国际管理

---

① 1900年11月7日赫德致金登干新字第632号电,见中国近代经济史资料丛刊编辑委员会主编:《中国海关与义和团运动》,北京:中华书局,1983年,第16页。

② 1900年11月15日赫德致金登干函(未编号);1901年2月6日赫德致金登干乙字第881号函,见中国近代经济史资料丛刊编辑委员会主编:《中国海关与义和团运动》,北京:中华书局,1983年,第16,17~18页。

③ 1900年9月8日赫德致金登干函(未编号);1901年3月18日赫德致金登干函乙字第885号函,见中国近代经济史资料丛刊编辑委员会主编:《中国海关与义和团运动》,北京:中华书局,1983年,第10,18页。

委员会来代替管理这三个机构。"①

早于 2 月 25 日,他就向清政府提交"围攻使臣始末节略八"②。节略指出:偿付赔款"最妙者系中国不借洋款,只按年付银若干,如此办理,约须定为五十年,还本带息,每年少则二千万两,多则三千万两";这么庞大的赔款,如果举借洋款,用新的抵押办法,"大约各国必须自行派人料理其事"。如不借外债,怎样支付?他提出以下的办法:"查末次(1898 年英德续借款)所借四分五厘之洋款,已指抵七处货厘、盐厘,归税务司代征,历办三年,与应还之款并无贻误,与自主之权亦无妨碍。"因此,建议以常税、盐课、漕运改征折色、京饷节款、修改税则等五项款项抵偿,并称"所列五项,若由税务司经理,倘有盈余,即可就近拨交各该省藩部或听部拨"。③这个节略如果付诸实施,则一,阻止了列强成立一个国际管理委员会,使海关权力不受侵夺;二,按年分期摊还赔款,使赔款转为债务,可以加强海关对外债的控制,延长英国对海关的统治;三,海关得乘机扩大管理中国财政的权力。

这个时候税务司贺璧理刚刚请假回英国。英国外交部约他"以非官方方式提供(财政)资料以协助他们确定中国力能支付的赔款数额和有利于一般利益的最好筹款方法";还希望他的建议"能减低赔款数目,并防止国际共管财政等"。④赫德当即电示:"请即协助外交部",希望英外交部允许将税则中的税率都增加 1/3,这样海关每年可提供 2200 万两。"我们希望各国能接受按年分摊的办法,因为举债太不划算。"⑤他希望通过贺璧理影响英国外交部,支持他的建议。

---

① 1901 年 4 月 18 日赫德致金登干 Z 字第 887 号函,见中国近代经济史资料丛刊编辑委员会主编:《中国海关与义和团运动》,北京:中华书局,1983 年,第 19 页。

② 中国近代经济史资料丛刊编辑委员会主编:《中国海关与义和团运动》,北京:中华书局,1983 年,第 45~49 页。

③ 1901 年 2 月 25 日"围攻使臣始末节略八",见中国近代经济史资料丛刊编辑委员会主编:《中国海关与义和团运动》,北京:中华书局,1983 年,第 45~46 页。

④ 2 月 10 日金登干代贺璧理发给赫德的新字第 402 号电,见中国近代经济史资料丛刊编辑委员会主编:《中国海关与义和团运动》,北京:中华书局,1983 年,第 18 页。

⑤ 1901 年 2 月 11 日,5 月 6 日新字第 621、609 号电,见中国近代经济史资料丛刊编辑委员会主编:《中国海关与义和团运动》,北京:中华书局,1983 年,第 18、19 页。

当时处于举足轻重地位的德国关于赔款问题的态度,对赫德的观点可能起了很大的支持作用。早于赔款问题提出之前,德国首相布洛夫就向驻伦敦大使馆参事克来孟脱做了关于赔款问题的阐述。他高度评价赫德管理中国海关的成绩,"我们不特承认他有卓越的专门知识,而且是大公无私的对于我们的经济利益予以公平的考虑。我们不欲限制赫德爵士将来的职权,且将乐意他仍长久留在他的现职上"。因此,关于赔款的管理,首相认为"首先并主要地,我们要依靠赫德与其领导的机构"。他对于下面几种做法都不同意:"设立一个欧洲领导,或者只是用欧洲人管理中国的财政制度,我们认为都是不可能的。把建立在小国如埃及、希腊的制度,搬到中国,我们亦认为是无法实行的。大规模夺取中国国内各项税收如田赋,亦势难达到目的。"他的办法是"海关系统之适当改组,赫德爵士职权的扩大,及其职员之充分增加,似乎是为解决财政问题应争取的目标。在这件事中,把海关提供分期赔款的款项尽可能直接交给欧洲收税处,不使中国人过手是有利的。这种改革的实行可委诸赫德爵士"。① 布洛夫的看法从当时形势看来是比较可行的。

其他各国,有的主张成立国际管理委员会,有的主张联合贷款给中国,议论纷纭,莫衷一是。但要撇下海关,采取其他办法,正如布洛夫所说的是不可能的。

赫德充分估计了海关的力量和作用,意识到除非借助于海关,其他办法是行不通的。因此,他在委员会成立后第三天便向它提出一个经过精心筹划的意见书。意见书用他所掌握的中国财政的详尽资料,支持他的论点。意见书分为四个部分:

一、中国究竟能赔款多少?他分析了中国财政收入的情况后,做出了"每年不应超过二千万两"的结论。

二、用什么方式支付赔款最为适当?他说如借洋款,须付高额佣金,而讨论担保和条件,耽搁时日。因此,以"分期摊还"办法最好。

三、最容易取得的税源是什么?盐税和常关税;还有就是恢复海关税

---

① 1900年12月29日1265号布洛夫致伦敦俄国大使馆参事克来孟脱草稿,见孙瑞芹译:《德国外交文件有关中国交涉史料选译(第二卷)》,北京:商务印书馆,1960年,第331~332页。

则的关平两价值,即按原定税银 1 两以英金 6 先令 8 便士的银款完纳(当时 1 两仅折合 3 先令)。这就可以大大增加税收,加强支付赔款能力。

四、怎样监督才适应? 第一,通商各口的常关归海关管辖;第二,把 1898 年抵押英德续借款盐厘的管理办法,推广到全部盐政收入,也就是由海关派员征收盐税。①

这个意见书提出后,虽然各国仍继续不断争论,但赫德已经清楚看到:"最后恐怕还是会落到我的手里的。因此,我已做好一切准备";"各使馆终于发现不能忽视海关了"。② 可见他的建议已受到委员会的重视。

八、九月间,各国公使倾向于利用海关作为履行偿还赔款的机构。9 月 9 日,列强根据十二条议和大纲拟定了《辛丑和约》。

根据《辛丑和约》的规定,清政府必须支付 4.5 亿海关两的赔款,分 39 年还清,年息 4 厘,本利共达 98200 多万两。上述赔款以海关关税、常关税、盐课为承担保票的财源,而"在通商口岸之常关,均归新关管辖"。

《辛丑和约》关于赔款的规定,虽然没有全部接受赫德的建议,但其主要部分却被接受了。

从赔款的总数看,赔款总数本来是综合各国、各教会、各私人的损失而计算出来的,但仍有出入,仍有争执。其所以确定为 4.5 亿海关两,这和赫德意见书所做的论证不无关系。意见书论述了中国人民每年负担的情况,它说中国人民的负担,每人每年充其量只有 5 钱银子,而日本人则是日元 7 元,美国人甚至是美元 15 元。所以中国人的赋税负担,"比谁都轻"。还有,"这里的生活程度低……一个钱可以买若干东西"。这无异说中国人还有相当大的负担能力,尽管他说增加税收可能引起人民的反抗,但他认为赔款"每年不应超过二千万两"。说得明白些,就是中国人每年承担 2000 万两,没有问题。按《辛丑和约》规定,赔款总数分 39 年摊还,本息共为 9.8 亿多两,平均每年约为 0.2 亿两,这和意见书所拟定的数目

---

① 1901 年 3 月 25 日赫德致北京公使团赔款委员会意见书,见中国近代经济史资料丛刊编辑委员会主编:《中国海关与义和团运动》,北京:中华书局,1983 年,第 64~69 页。
② 1901 年 5 月 7 日赫德致金登干 Z 字第 889 号函,5 月 12 日 Z 字 890 号函,见中国近代经济史资料丛刊编辑委员会主编:《中国海关和义和团运动》,北京:中华书局,1983 年,第 19、20 页。

也是一致的。

关于分期摊还的办法,完全为《辛丑和约》接受下来。这不但保证了赔款的偿付,而且保证了英国对海关的长期统治。

关于以盐税和常税作为赔款保票财源一点,也被接受下来。虽然海关接管盐政的目的没有达到,但因接管常税,通商口岸的常关也被连带接管了。这是海关开办邮政官局(1896年)以来在权力上一次最大的扩充。

从上述三个方面看来,意见书显然是以牺牲中国的利益来成全列强、英国及其控制下的海关的利益的。这对于历受清廷恩渥的赫德来说,不能不说是昧了良心!

但是意见书对中国也不是完全不利的,我们也不好回避。这就是要求列强按英镑时值缴纳税银。意见书说:40年前制定通商税则时,关平银3两等于英金1镑。后因白银跌价,1英镑就要关平银7两了。但外商仍按定3两等于1镑的定额纳税,于是,"现在大都货物只按值付税百分之二到百分之三,甚至有许多货物只付百分之一或百分之二。结果中国税收遭受损失,吃亏的是中国政府"(意见书第三条)。这个建议可以说是持平的。

奕劻和李鸿章关于这一点也有相同看法。在赔款委员会还在争吵不休时,他们札行赫德:"……但能商允核实镑价,按时值计算,(每年)即可增出二千数百万,足敷偿款之用。""英国商务在华为多,果肯实力相助,此事实于中国大有益,而于英仍无损"。因此,他们迫切要求赫德:"该总税务司为中国办事,素有实心,识见亦能远到。值此中国时事艰难之际,本五大臣倚赖尤深,所有按价征税事宜,立即妥细筹划,竭力相助,与英公使及各国全权大臣再四磋商,期底于成。"[1]

赫德的意见书,关于这一点,确实提出来了;而且远在李鸿章出游欧洲时就做出类似的建议;此外,也电示过贺璧理要求英国外交部支持增税1/3的建议。

在这方面,可以说赫德确已出了力,但却遭到各国的拒绝,而其按镑

---

[1] 1901年5月3日庆亲王、李鸿章札行赫德,见中国近代经济史资料丛刊编辑委员会主编:《中国海关与义和团运动》,北京:中华书局,1983年,第51~52页。

价时值交纳税银的建议,却被改为进口货税增为按件"切实值百抽五"。可是"切实值百抽五"的规定的执行,经过一再谈判,一再迁延,终成画饼。这当然不好归罪于赫德。

从赔款这个问题上,可以看出赫德的意见书主要是谋求列强的利益,但也有有利于中国的建议,这可以说是他的列强利益总代表和清政府海关总负责人的双重身份所决定的。处于这种双重身份的赫德,如果不是考虑双方的利益,他不可能取得双方的信任,更不可能担任总税务司职务达半个世纪之久。但是我们也应该看到,在列强势力控制下的中国,当需要成全列强的利益而牺牲中国时,他是在所不惜的。

当时的清政府,就像一具任人摆布的僵尸一样。它所求的是在列强的宽恕下维持它的统治,只要列强迅速退兵,什么都在所不惜。因此,对于《辛丑和约》所提各项要求,全都接受下来。

《辛丑和约》签订的结果,第一,是中国被枷上9.8亿多两的长期债务,海关税、通商口岸常关税以及盐税抵押殆尽,负担沉重,财政竭蹶,农工商业的发展遭受严重的阻碍;第二,海关沦为各新旧债权国的总代理机关,各国对海关的控制更加强化了;第三,赔款分39年摊还的限期,加强了英德续借款46年偿还限期内不改海关现行制度的保证,也意味着英国控制海关的地位的巩固;第四,海关接管了全国常关的主要部分——通商口岸常关,使它的权力达到顶峰。正如赫德所说的:"我在担任此项任务下将比过去权力更为强大"了;"海关还可扩展而更兴旺"了。[①] 最后,在辛亥革命中,总税务司利用统一的海关行政,以关税抵押债赔为理由,一声令下,在一两个月中,便把全国海关税款保管权剥夺净尽。从此以后的20年间,海关税款从征收权到保管权全部落进总税务司的掌握中,这就为其垄断中国财政打下了基础。

[①] 1901年5月12日赫德致金登干Z字第890号,6月23日Z字第894号函,见中国近代经济史资料丛刊编辑委员会主编:《中国海关与义和团运动》,北京:中华书局,1983年,第20、22页。

四、结束语

综上所述,清季海关与外债的关系可划分为三个阶段:

第一阶段,甲午战争前,是海关关税抵押支付外债的发端期。这一时期的外债绝大多数是以海关洋税作抵支付的。这使海关外籍税务司的职权扩大到外债事务上。另外,由于外债与海关的联系,总税务司和汇丰银行开始结合起来,初步控制了清政府外债事宜,为英国控制清政府的财政打入了一个楔子。但由于这一阶段清政府举借的外债尚属有限,用以抵押、支付的关税占关税总收入的比重尚微,所以海关与外债的联系还不重要,海关还只是承担小部分偿还外债的任务而已。关税的绝大部分还是留在中国,供清政府的行政和其他费用。因此,还具有一定的积极作用。

第二阶段,甲午战争后,清政府为支付中日战争赔款举借了三次总数约3亿关平两的巨大外债。围绕这三次外债,各侵华列强展开了一场激烈角逐。争夺海关控制权与总税务司职位成了其主要的角逐目标。这场角逐是19世纪末帝国主义列强为争夺在华权益,肢解中国而展开的拉锯战的一个重要组成部分。总税务司赫德充当了英国势力的急先锋。他处心积虑,多方奔走,终使英国与德国联合承揽了第二、第三两次大借款,因而巩固了英国对中国海关的控制优势,并进而扩大了海关的权力。这样,中国海关便沦为几个有关债务国的代理机关,海关与外债的关系密不可分了。海关的作用,随着列强争夺中国权益的加剧,也在迅速地变化。

第三阶段,义和团运动期间,列强拼凑的武装集团——八国联军,扼杀了义和团运动,迫使清政府签订了《辛丑和约》。《辛丑和约》关于赔款问题的规定,促使海关和外债、赔款紧密结合起来,海关成为新旧债权国的总代理机关。海关征收的关税,转化为外债赔款的款项,通过海关这一导管,源源不绝地输到外国债权者的荷包里。海关在承担偿还巨额债赔任务中,扩大了管理清政府财政的范围,从而把海关权势推上顶峰。这就为其在辛亥革命中夺取中国关税税款保管权和在北洋政府时代垄断中国财政创造了条件。显然,海关和债赔的结合,使中国社会的半殖民地化程度大大加深了。

海关沦为列强债权国的总代理机关和海关权力的恶性膨胀,必然暴露它的危害性并加深它与清政府的矛盾。因而,1906年5月间,上谕成立税务处,统辖海关。从此,海关的权力大为削弱。民国初年,海关虽然乘着政局混乱的机会,嚣张一时,但因民族民主运动的不断高涨,它终究改变不了衰落的趋势。

五、近代海关档案评介与利用

《中国海关密档:赫德、金登干函电汇编》评介

一

由中国社会科学院近代史研究所研究员陈霞飞主编的《中国海关密档:赫德、金登干函电汇编》(以下简称《汇编》)终于问世,这是史学界值得庆贺的大事。① 《汇编》收集了 1874—1907 年 34 年间,中国海关总税务司赫德与其亲信、中国海关伦敦办事处主任金登干之间的全部来往函电,共计 3528 封信件、4486 份电稿,另有赫德与其弟赫政在印藏条约订立期间往来的 426 份电报。全书计 400 余万字,其卷帙浩繁,堪称一项大工程。

这些函电在当事人生前是被严加保密的。其中赫德致金登干原信在 1907 年金登干死后,存放于北京,1928 年安格联离职后将其带回英国。另有两份副本,一份由最后一任海关总税务司李度于 1949 年上海解放前夕,带往台湾,尔后带到美国,存于哈佛大学;另一份则存于上海总税务司署,新中国成立后移存中国海关总署。而金登干致赫德原信,在义和团运动期间被焚毁,其副本在金登干死后存伦敦办事处,1947 年该办事处撤销后运回中国,存于江海关图书馆,现存中国第二历史档案馆。该副本中缺 1874—1877 年及 1898—1906 年这几年中的部分信件,这些信件现存于伦敦大学亚非学院图书馆。至于两人往来电报,系使用经常变换的密码,电稿全部存于中国海关。

---

① 该《汇编》分中、英文两种版本,中文版共 8 卷,现已出前两卷,其余 6 卷将陆续问世;英文版共 4 卷,现已出第一卷,今年可望出齐(补注:本文发表于 1991 年,如今《汇编》中英文本均已出齐。中文版最终出了 9 卷)。

事实上,学界很早便注意到这份珍贵的档案。从1953年起,中国海关总署曾陆续编译出版了一套海关档案资料丛书,即"帝国主义与中国海关",其中相当一部分资料即选自赫德与金登干函电。但由于这套丛书按专题选编函电内容,人们未能见其全貌。

1975年,原哈佛大学亚洲研究中心主任费正清教授将李度交给哈佛大学的赫德致金登干信函副本编辑出版,题名为《总税务司在北京》(The I. G. in Peking—Letter of Robert Hart Chinese Maritime Customs 1868-1907),但该书仅收入赫德致金登干信函而缺金登干致赫德的函电,致使这套珍贵档案资料缺乏完整性,其使用价值颇受影响。

为了及时抢救这份珍贵档案,为中国近代史研究提供重要的第一手资料,1980年,中国社会科学院近代史研究所与中国第二历史档案馆合作,决定将赫德与金登干函电全部整理、翻译、编辑出版。在全体工作人员的共同努力下,历经十载,终于把一套完整的赫金函电,以英中两种文本的形式献给了学界。中国海关学会顾问宦乡在序言中称道这一工作是"做了件大好事","是件大有意义的工作",实为中肯之评价。

整理、编译这样一套大部头的档案资料,无疑需要付出极其艰辛的劳作。尤其是现存的金登干信函,系原信函的副本,由于保存年代已久,加上受潮,许多地方已出现叠印,字迹模糊难辨,整个工作必须从辨识开始,经打字,反复校勘,尔后方能进入译编,这更增加了工作难度。据笔者所知,主编陈霞飞为完成这项工程,差不多把一双眼睛都赔上了,其艰辛困顿之状,可想而知。

此外,值得指出的是,为了便于研究使用,该《汇编》对函电涉及的事件、人名、地名、职称和机构沿革等均尽可能做了简明扼要的注释。全书数千条注释,计40余万字,大大提高了《汇编》的使用价值。

二

众所周知,近代中国海关是一个颇为奇特的机构,它名义上隶属于中国政府,实则长期为侵华列强,尤其是英国所控制,推行一整套半殖民地的海关制度。在清代后期数十年间,赫德以海关为大本营,插手清政府的政治、经济、军事、文化等各领域,举凡外交谈判,签订条约,派遣使团,举借外债,筹办港务、海务,经办博览会,兼办邮政,协办同文馆,建立近代海军等等,不一而足。正因此,作为中国海关两个显赫人物间的函电,自然远非一般函电可比,其涉及的内容相当广泛,具有极高的史料价值。

首先,它提供了研究赫德和金登干等重要历史人物的基本史料。拿赫德来说,他是中国近代海关的营造者,正是在他的精心筹划下,中国海关俨然成为一个自成体系的"独立王国",而赫德本人则成了王国中的独裁者。从1861年赫德代理总税务司一职到1911年去世,他盘踞此位长达半世纪之久。对于这样一个在中国近代史上颇有影响的历史人物,国内外学者历来看法分歧甚大,自不待言;即便是在国内学界,近年来也已多见分歧,并由此引起对如何评价近代中西关系的不同看法。[1] 常言道:"观其言而察其行",《汇编》中记载了大量赫德的言与行,相信将有助于人们更深刻、更全面地来认识赫德其人。

其次,《汇编》提供了研究近代中国海关史的丰富史料。由于赫德与金登干间的特殊关系,赫德常在信中对金登干述说海关内部运作情况,诸如海关的人事管理、财务管理、统计制度等等。这对于解剖海关的内部结构自然是大有帮助的。此外,海关插手清政府的内政外交,大多与伦敦办事处密切相关,因而赫、金间的函电中常可见到他们就这些活动进行的密谋、筹划以及追求的目标。譬如,通过插手、控制清政府的外债,中国海关与以汇丰银行为代表的英国侵华金融势力结成联盟,逐步加深对中国的财政金融控制,这是中国近代海关史以至中国近代史上极其重要的一页。《汇编》中有大量史料,披露了赫德和金登干在每次借款前后的活动情况以及海关与汇丰银行关系的演化。

再次,由于海关在近代中国的特殊地位与作用,《汇编》对于晚清的社会、政治、经济、军事、文化和对外关系等诸方面均提供了大量可资利用的

---

[1] 参阅邱克:《试评汪敬虞先生的〈赫德与近代中西关系〉》,《近代史研究》,1989年第3期;汪敬虞:《近代中国社会和中西关系的实质问题》,《近代史研究》,1990年第1期。

资料,比如就社会经济而言,晚清财政体制的演化是一个相当重要的研究课题,这一演化与海关外籍税务制度的建立与发展、与海关权势的不断扩张都是密切相关的,并因海关的介入而显得更加扑朔迷离。对此,《汇编》为我们提供了大量珍贵的史料。此外,关于晚清的许多外交事件,晚清洋务企业的兴办,近代海关的创建,同文馆的设立等等,《汇编》中也可找到许多第一手资料。

总之,《汇编》是一套具有极高史料价值的档案汇编。相信它的出版,有助于中国近代史许多领域研究的进一步深化。

三

《汇编》出版的意义,远不止于为学界提供丰富而珍贵的原始资料,它还为整理出版旧中国海关档案做出了一个很好的表率,并将大大促进对旧中国海关档案的综合利用。

旧中国海关档案数量甚巨,可谓汗牛充栋。据我们所知,除了中国第二历史档案馆较集中地收藏了大量旧海关档案资料外,中国第一历史档案馆,广东、福建等省档案馆、档案局,中国社会科学院经济研究所图书馆,北京大学图书馆,对外经济贸易大学图书馆,上海图书馆以及许多地方海关档案室,均藏有数量不等的旧海关档案。

如中国第二历史档案馆收藏有海关总税司联署档案计5.3万卷以上,文件所属年代为1861—1949年,内容涉及海关法规、组织、人事、会议、计划、报告、税则、关税征收、关税自主、缉私、航政、港务、船务、关税用途、海关财政制度、贸易管理、邮政等诸多方面,另有海关进行的多种调查,收集整理的大量中国各地政治经济情报和资料。

再如厦门海关档案室,收藏有数千卷旧海关档案。内有厦门海关与驻厦各国领事馆的来往信函,厦门海关与鼓浪屿公共租界工部局的来往信函,厦门海关与监督公署的来往信函,厦门海关与总税务司署的来往信函,厦门海关与伦敦办事处的来往信函,厦门海关与其他海关的来往信函以及商人致海关的信函等,均为十分珍贵的第一手资料。

毫无疑问,旧中国海关档案犹如一座丰富的宝库,至今人们尚未知晓其全貌。开发利用这一宝藏,是学界亟待努力的一项特大工程。我们希望有更多的人来关心、从事这一开发工作。

《厦门海关历史档案选编》(第一辑)前言

一

近代厦门海关创设于1862年3月。在此后的80年间,它留存了大量档案资料。据我们所知,它是全国海关中旧海关档案资料保存最完整的海关之一。经整理后的厦门海关历史档案资料包括两大部分:一是原海关税务司署收存的档案资料,一是原海关监督公署收存的档案资料。前者又分为两大类,一为海关出版物及其他出版物,一为未出版的档案。这部分档案资料以英文为多,另有少量中文、日文和法文。后者则基本为中文,仅有少量英文和日文。其详况如下:

(一)海关出版物及其他出版物

原厦门海关税务司署收存的海关出版物系指由海关造册处编辑出版的海关档案资料。它共分7类,前6类是海关造册处在编辑出版时已按其内容加以归类的6种专题丛书。

1.统计丛书。统计丛书包括:

(1)贸易统计月报

(2)海关公报

(3)贸易统计季报

(4)贸易统计年报

(5)通商各口华洋贸易总册

(6)海关十年报告

(7)上海对外贸易统计月报

(8)上海对外贸易统计年报

(9)厦门关贸易册

(10)常关贸易统计

2.特种丛书。特种丛书主要涉及中国某一进出口专项商品如鸦片、茶、丝、药材、大豆等的产销情况调查,或有关中国某地区如西江、长江流域等地的贸易情况。如《从汉口及其他长江口岸出口的药材目录及药材的关税》(1917年)、《茶:1888年》(1889年)、《丝:统计,1879—88年》(1889年)、《满洲里的大豆》(1911年)、《西江关于贸易状况的报告》(1901年)等。

3.杂项丛书。杂项丛书以编辑各种海关税则、法规为主。此外还包括沿海灯塔管理,参加世界博览会展品收集,中外条约以及贸易统计等诸多方面的档案资料。如《1863—1872年通商品口岸贸易统计》(1873年)、《中药材目录》(1889年)、《中外条约汇编》等。

4.关务丛书。关务丛书包括三大类:

(1)一般关务的档案资料。如《海关内班诫程》(1883年)、《海关外班诫程》(1883年)等。

(2)新关题名录。即海关职员名录,每年编一次。

(3)总税务司通令。

5.官署丛书。官署丛书主要为有关港务、海务以及常关税、盐税、厘金等国内税别的档案资料。如《灯塔、浮标和信号灯的报告》(每年编次)、《厘金:关于湖北、安徽、宜昌和九江征收工作的特别报告》(1899年)、《厘金征收:安徽(大通)的盐,盐销售量和厘金征收数统计》(1904年)、《常关,福州和福建:关于税收、民船、贸易、财政等的报告》(1904年)、《厦门常关工作报告》等。

6.总署丛书:总税务司署丛书主要收入有关海关参与长江航运章程的制定,香港协定的签订等外交活动的档案资料,如《香港与中国海关》(1930年)、《关于修订长江章程的建议》(1890年)等。

此外,该丛书中还收入1911—1931年的100份总税务司机要通令。

7.未列入丛书的海关出版物,大多是有关贸易、航运和税务的专著或专题报告。如《中国的引水事宜》(1923年)、《棉布关税目录》(1929年)、

《中华民国海关出口税则》(1934年)、《中华民国海关进口税则》(1934年)等。

厦门海关档案室现藏的出版物,除上述7类海关出版物外,还有一部分其他机构出版的与海关业务有一定关系的书刊。我们在整理时将其分为7类。即:

(1)邮政类。如《大清邮政局名》《邮政储蓄银行的报告》。

(2)条约、法规类。如《光绪丙午年交涉要览》《章程成案》《新纂约章大全》等。

(3)海务、港务类。如《检疫法》《航船手册》《交通部注册船名录》等。

(4)贸易、税务类。如《各口岸指南》《台湾对外贸易年表》《中国商务手册》《朝鲜对外贸易年报》《中日等地工商行名录与编年史》等。

(5)百科全书类。如《中国百科全书》《华英万字录》《欧洲语言目录大全》等。

(6)杂类。如《厦门市政填筑海滩章程》《福建通志》《厦门侨务局周年纪念刊》等。

(7)期刊类。如《中国经济月刊》《工商经济周刊》《领事报告》等。

(二)厦门海关税务司署档案

厦门海关档案室所藏的未出版的原海关税务司署档案共分8类(其中第1类又分为8个子类),即:

1.总类:

(1)与总税务司来往函件

(2)与总税务司署各科及其他各关来往函件

(3)与下属各关卡来往函件

(4)与海关监督公署来往函件

(5)与地方各机关团体、企业及商人等来往函件

(6)与各方面来往电文

(7)厦门关税务司训令、布告

(8)总税务司通令

2.总务课类

3.贸易、税务类

4. 海务、港务类

5. 缉私类

6. 财务类

7. 人事类

8. 杂件类

(三)厦门海关监督公署档案

厦门海关监督公署与厦门海关税务司署原为两个互相独立的、管辖对象互不相同的海关机构。那么海关监督公署的档案何以为厦门海关档案室所保藏呢?对此,有必要略加解释。

清康熙二十三年(1684年)清政府开海禁、设海关时,闽海关是以厦门为总口。1862年厦门近代海关设立后,厦门口岸便并存两种海关机构,一为实行外籍税务司制度的厦门近代海关,时称"新关"或"洋关",主要管理轮船贸易;一为闽海关厦门口,时改称厦门常关,专管民船贸易。当时的闽海关系委福州将军兼管。闽海关监督在厦门派驻佐领或协领,负责督理厦门常关和洋关事务。

光绪三十年(1904年),闽海关监督辖下设立业务处。翌年,厦门口设立关务分处,由厦门关委员负责经管。至民国二年(1913年),厦门口设立了厦门关监督公署,直接经管泉州、石码、铜山三个总关及其所属的28个分关分卡,厦门口委员亦移归厦门关监督辖下。

民国二十六年(1937年)厦门关监督公署奉令裁撤,海关监督移驻海关税务司署办公,其房屋、地产以及档案等公物也一并移交海关税务司署。正因此,新中国成立后,这批档案方留存在厦门海关。

厦门海关档案室现藏的厦门海关监督公署档案,总数有2700余卷,近10万件。这些档案均为民国时期档案,主要为各类函件。包括:

1. 海关监督与中央主管部门来往函件;

2. 海关监督与所属各常关局长来往函件;

3. 海关监督与地方政府部门来往函件;

4. 海关监督与海关税务司来往函件;

5. 海关监督与地方机关团体、商行、商人等来往函件。

此外，还有部分税收账册，关务登记簿以及常关税则和各种法规、章程等。

由于这部分档案原已按年代顺序装订成册，我们在整理时无法按前两部分档案资料的分类办法给予重新编排。

二

本书所选编的厦门海关历史档案，为1911—1949年间厦门海关税务司与总税务司来往的半官函和密函。这些信函除涉及一般关务问题外，还广泛涉及全国和地方的政治、经济、文化等多种内容。

众所周知，中国近代海关自创建立日起，便长期被以英国为首的外国在华势力所把持。遍布全国各地的海关，犹如一张情报网。各地海关外籍税务司依照总税务司的指令，长期广泛搜集各种地方情报，定期或不定期地报告总税务司。这些情报除了部分记录在各地海关的年度贸易报告和十年报告中外，便较集中地收录于海关税务司与总税务司的来往信函中，尤其是半官函和密函。

此外，近代中国海关曾长期介入中国社会、政治、经济、外交、文化等诸多领域，其活动范围十分广泛。各地海关税务司便是通过与总税务司通信的形式，就海关在各种活动中所遇到的问题，向总税务司报告请示；总税务司也通过信函形式传达他的指令。这便使这类信函具有极宝贵的史料价值。

本书所选编的这些半官函和密函，其涉及的内容相当广泛。其中一部分涉及当时一些全国性问题，如辛亥革命后中国海关税款保管权的丧失问题，民国初期的军阀混战和局势演化问题，20世纪30年代的废除常关、厘卡和开征新税种问题，币制改革问题，白银的进出口问题，东南沿海的走私与反走私问题，以及民国后期海关内部的人事制度、财政制度改革问题等。

但这些信函涉及最多的还是民国时期厦门及其附近地区（包括整个福建南部地区）的社会、政治、经济、文化等。如民国时期各路军阀势力在厦门的消长变化以及厦门政治、经济所受到的影响,厦门国内外贸易的发展变化,厦门近代航运业的发展变化,外国在厦洋行的活动,厦门商会的活动与商界的演化,鼓浪屿万国租界及其工部局的活动,厦门教育事业的发展变化,厦门城市建设的发展变化,日据台时期日本势力在厦门的消长变化,日籍浪人在厦门的活动,闽台的经贸关系等等,在本书所选编的信函中均可见到。

三

整理开发厦门海关历史档案资料系由厦门大学中国海关史研究中心原主任陈诗启教授所建议。厦门海关原关长秦惠中对这一建议给予热情支持,并自始至终关注这一工作的进展,及时给予指导帮助。自1991年起,厦门海关和厦门大学中国海关史研究中心开始合作从事这项工作。为此成立了由原厦门海关办公室副主任李俊玲、档案室负责人黄承歇和厦门大学中国海关史研究中心副主任戴一峰组成的领导小组。黄承歇具体负责日常事务,戴一峰则负责主持全部档案的整理开发。

由于厦门海关历史档案数量庞大,整理开发工作系从清查摸底开始。参加这一工作的有黄承歇、戴一峰、赵榕芝、魏娅娅、张燕、黄福才、连心豪、薛鹏志、詹庆华、孙建国等。经过重新整理、归类装盒装箱、编制目录,方使全部旧海关历史档案资料一一归档定位。

在此基础上,我们从厦门海关税务司与总税务司来往半官函、密函中筛选材料,经辨读、翻译、校对,最后编辑成书。参加本书原始档案资料筛选工作的有戴一峰、陈大冰、詹庆华等,承担本书翻译工作的为吴世福、潘幼仲、庄汉平、唐仁光等。至于全书的校对和编辑工作则由戴一峰承担。全部工作幸赖档案室全体人员自始至终的热心参与和支持,方得以顺利进行。厦门海关和厦门海关学会诸位领导,始终关心和支持厦门海关历史档案开发整理工作的开展,在此特致谢意。

闻其言,察其行:《赫德日记》解读
——兼论中西文化中介人

一、导论

英人赫德无疑是中国近代海关史上一个举足轻重、影响甚巨的人物,也是中、英近代史和中英关系史上一个显赫一时、不可忽视的人物。他于1854年应英国外交部招聘,到中国充任领事馆编外译员。9年后,即1863年,受命担任正处于草创时期的中国近代海关首脑——总税务司,直到1908年回国休假,1911年病逝英国。正是在赫德执掌大权的近半个世纪里,中国近代海关形成了一套颇为完整、系统的行政管理制度和业务运作制度,并逐渐发展成一个号称"国际官厅"的"独立王国"。而赫德则成了这一"独立王国"的独裁者,"对于全国海关,几有一国元首之权威"。[①] 对于这样一个历史人物,至今为止,中外学术界的评价可谓各执一词,莫衷一是,毁誉参半,大相径庭。然而有一个共同之处就是,这些评述大多立足于赫德执掌海关总税务司大权后的活动。赫德的这些活动当然是评述赫德的主要依据。但是,当我们想完整、准确复原、认知,从而全面、科学评价赫德这样一个历史人物时,我们显然需要放宽考察视野、拉长考察视线和变换考察视角。就赫德而言,从他来华到执掌海关大权的这段时间,即他进入中国后的最初10年,显然是一个很值得关注的阶段,因为正是在这一阶段里,赫德的经历清楚地向我们展示了一个来自异邦的年轻人如何登上中国近代海关总税务司这样一个关系中国历史命运的

---

① 黄序鹓:《海关通志》(下),上海:商务印书馆,1917年,第192页。

重要职位;同时也向我们提示了决定他此后一系列活动的若干基本要素是如何形成的。由此,我们又可以得出什么样的理论思考呢?

本文主要利用赫德自己的日记。赫德自来到中国后就有意识地坚持写日记,[①]直到他1908年离开中国,留下的日记总数多达77册。著名的汉学家费正清和他的两个同事经过艰辛的工作,整理出版了两卷本的《赫德日记》。其中第一卷覆盖了1854年至1863年这一历史时期,即赫德进入中国后的最初10年。尽管赫德自己晚年时曾因私人原因销毁了部分日记,给后人的研究留下许多遗憾,但尚存的这些日记已向我们透露足够多的有关这一时期赫德工作、学习、社交,以至日常生活起居等活动信息,以及他面对在华遭遇的惊奇、喜悦、困惑、失望、痛苦等种种情感体验和思想感触信息。因此,本文力图运用历史学、文化学、社会学和心理学等学科理论,细细解读这一段时期赫德的日记,力图更全面、完整地把握赫德,探讨我们由此触发的若干思考。

二、角色定位:特定历史时空内的文化中介人

任何一个显赫的历史人物都是一定的历史时空的产物,这是一条已被理论界普遍接受的唯物史观的基本原理,赫德自然也不例外。因此,界定产生赫德的这一历史时空,显然是我们科学认识他的前提和起点。众所周知,在赫德所处的时代,西方资本主义列强正为本国新兴资产阶级的生存与发展竭力寻求扩大世界市场。"它迫使一切民族——如果他们不想灭亡的话——采用资产阶级的生产方式;它迫使他们在自己那里推行所谓文明制度,即变成资产者。一句话,它按照自己的面貌为自己创造出一个世界。"[②]即创造出一个——按沃勒斯坦的世界体系理论——以西方

---

① 参见[美]凯瑟琳·F.布鲁纳、[美]费正清、[美]理查德·J.司马富编,傅曾仁、刘壮翀、潘昌运等译:《步入中国清廷仕途——赫德日记(1854~1863)》,北京:中国海关出版社,2003年,第16页。

② 中共中央马克思恩格斯列宁斯大林著作编译局编:《马克思恩格斯选集》(第一卷),北京:人民出版社,1972年,第255页。

为中心的覆盖全球的资本主义世界体系。①而此时的中国,作为一个正处于封建时代晚期,腐朽的社会政治与经济体制正日趋衰败,内部正滋长着各种破坏性和革命性因素的古老帝国,被迫卷入这个扩张中的资本主义世界体系边缘。简言之,赫德进入中国的最初10年,正值清王朝这个正在解体、衰败中的"木乃伊",被不断卷入急遽扩展中的以西方列强为首的资本主义世界体系,开始接受——从被动到主动——西方文明的改造,把这种文明嫁接到自己的躯体上。这样,从文化学的意义上说,赫德所处的历史时空,就是在19世纪后期的中西文化碰撞、交流中,于两者边缘形成的一个交错重叠文化带。而赫德,就是活动于这一文化带的一个文化中介人。当然,我们必须指出,这一时期中西文化碰撞交流主体部分的本质特征是它的不平等性。一系列不平等条约的存在就是它的外部表征。这种不平等性源自双方势能的不对等,信息的不对称。

事实上,在近代中国,我们可以清楚辨认出活跃于上述中西文化交错、重叠带的各种文化中介人社会群体,如海关洋员、传教士、买办和留学生等。他们带着各自不同的社会标识,有着各自主要的活动领域、活动方式和目标追求,因而有着不同的历史结局和作用。赫德正是第一种社会群体,即海关洋员的突出代表。这一社会群体是附着于中国近代海关,以海关为其活动大本营的,这就决定了这一群体的基本特征与中国近代海关密切相连。而中国近代海关,正是清王朝嫁接西方文明的最初产物。嫁接之所以从这里开始,是因为在当时,商品是西方列强摧毁一切万里长城的基本手段。扩大对华贸易,占领并控制中国市场,乃是中西贸易交通最初阶段,西方列强所追求的目标。而中国近代海关作为中西贸易的管理征税机构,自然首当其冲,最先进入西方列强的视野,成了首先改造的对象。

嫁接一开始是强制性的。这是西方列强按照自己的面貌改造清王朝的重要一环。通过第一次鸦片战争,以英国为首的西方列强迫使清政府签订了一系列不平等条约,从而摧毁了清王朝的中西贸易管理征税旧体

---

① 参阅[美]伊曼纽尔·沃勒斯坦著,庞卓恒等译:《现代世界体系(第三卷)》,北京:高等教育出版社,2000年。

制,代之以以领事监督为主导的新的管理征税体制。这是西方列强强行嫁接、染指海关行政管理权的肇端。但嫁接并不能一蹴而就,由于鸦片战争后数年间中西贸易陷入困境,西方列强在要求修改条约的同时,又开始新的嫁接行动。这便是上海近代海关的建立和外籍税务监督制度的产生。此后中西关系进入一个新的发展阶段,嫁接的形式亦随之有所变更。

从19世纪50年代中期到60年代初期,当西方列强在努力寻求扩大在华权益的最佳途径和手段时,清王朝的内部危机正随着中国卷入资本主义世界体系的加深而不断加重,并酿成了以太平天国为主的、声势浩大的农民起义,严重威胁着清王朝的统治,由此导致了清王朝与西方列强的相互重新认识。认识的结果是:内外交困的清政府把农民起义视为心腹之患,必先除之,方得生存,为此必须对外妥协,寻求西方列强的帮助,接受西方文明的改造;而西方列强则把清王朝视为扩大在华权益的最好工具,应先扶植,以求得利。这就引致了中西关系的变化,把原先冲突、对抗的双方引向合作。此时,嫁接渐渐从强制转向自愿,从被迫转向主动。正是在这样的历史背景下,第二次鸦片战争后,中国近代海关便相继在各通商口岸建立,外籍税务司制度随之形成。清政府视其为摆脱财政困境、剔除关政弊端,以至调节、和谐中西关系的有效手段;西方列强则视其为改造清政府、谋求在华权益的有效工具。因此,在外籍税务司制度下形成的以赫德为首的海关洋员群体的历史使命就是如何成功嫁接西方资本主义制度与观念,从而有效地维护由不平等条约所建构和规范的中西贸易交通秩序,进而言之,维护由西方列强建构和规范的、以西方列强为中心的资本主义世界体系。这就是上述特定的历史时空对以赫德为代表的中西文化中介人群体,即中国近代海关洋员群体的最基本的角色定位。

在赫德的日记中我们可以读到上述中西关系演化的若干片段。他在宁波时虽然地位尚低,且远离中西政治经济交锋的中心,但有关的信息仍然不断传来,引起他的注意。[1] 到广州时,正值英法联军已攻占广州,关押了两广总督叶名琛,成立联军委员会治理广州,扶植广州巡抚柏贵充当

---

[1] [美]凯瑟琳·F.布鲁纳、[美]费正清、[美]理查德·J.司马富编,傅曾仁、刘壮翀、潘昌运等译:《步入中国清廷仕途——赫德日记(1854~1863)》,北京:中国海关出版社,2003年,第136~138、142、155、157、158~160、174页。

傀儡。赫德由于充任当时有"实际上的两广总督"之称的巴夏礼的助手，进入权力中心，得以耳闻目睹当时联军委员会如何在广州维持所谓的"华洋共治"。[①] 待到1863年赫德再次来到北京，他已是海关洋员群体的首脑人物之一，并且成了作为中西合作标志的总理衙门的座上宾，成了总理衙门要员们信任的顾问。从此时赫德日记中，我们已可以清楚看到清政府如何由被动转为主动地接受西方文明——主要是物质文明——的嫁接，而赫德又是如何发挥他作为中西文化中介人的作用与影响。[②]

三、角色认同：文化中介人的个人因素

论及历史上的显赫人物，唯物史观在强调其活动的历史必然性、时代特征与局限性时，并不排斥个人因素的作用。诚如列宁曾经指出的："历史必然性的思想也丝毫不损害个人在历史上的作用，因为全部历史正是由那些无疑是活动家的个人的行动构成的。"[③] 就文化中介人而言，他们在中西文化交错重叠带活动的成效在很大程度上取决于他们个人的角色认同，以及由此对两种交错文化的理解、适应和融会。从赫德日记里，我们可以清楚看到在来华后的最初10年间，他如何逐渐了解、体察和适应他赖以生存和活动的文化带，以及他的某些性格特点，如何有利于他对一种异质文化的体验、理解和适应。

在对历史上显赫人物的认知和研究中，一种引人注目的普遍现象是，人们易于神化该历史人物的生平，尤其是他的少年、青年时期，以至到了显赫人物的第一声啼哭也似乎与众不同的荒唐地步。这实际上是唯心天

[①] 参见[美]凯瑟琳·F.布鲁纳、[美]费正清、[美]理查德·J.司马富编，傅曾仁、刘壮翀、潘昌运等译：《步入中国清廷仕途——赫德日记（1854～1863）》，北京：中国海关出版社，2003年，第232～296页。

[②] 参见[美]凯瑟琳·F.布鲁纳、[美]费正清、[美]理查德·J.司马富编，傅曾仁、刘壮翀、潘昌运等译：《步入中国清廷仕途——赫德日记（1854～1863）》，北京：中国海关出版社，2003年，第329～394页。

[③] 黎澍主编：《马克思恩格斯列宁斯大林论历史科学》，北京：人民出版社，1980年，第194页。

才论的作祟。读赫德进入中国头一年——无论是在香港和上海的短暂停留,还是在宁波生活时——的日记,我们看到的是一个刚踏上异国他乡土地的普通青年,看到一个多重性格的赫德:一个虔诚的新教徒,一个内心孤独、易于伤感的性情中人,一个勤奋好学、渴望成功的年轻人,一个敏感柔顺、言举谨慎的异乡人,等等。在此之前,这个出生于北爱尔兰一个繁华小镇的年轻人,在贝尔法斯特——一个迅速发展的爱尔兰工业城市——完成了他的高等教育,面对着职业选择举棋不定,最终被维多利亚女王时期大英帝国的扩张浪潮推到遥远的东方古国。①

在中国的头一年里,赫德似乎一直沉浸在一种浓烈的宗教情绪中。事实上,他的第一篇日记就是以教徒式的诉说和祈祷开始的。② 他甚至一度希望自己成为传教士,在中国从事传教活动。③ 此后,他不仅参加礼拜、听布道、阅读宗教书籍、和周围的人讨论宗教问题,而且时常在日记里连篇累牍地探讨宗教问题,剖析自己的思想和行为。④ 然细读他的日记,我们不难觉察到,在赫德的宗教情绪背后,是他对现实困惑的一种挣扎,试图从宗教信仰中寻求慰藉和安宁。因为此时的赫德,一方面正为自己在到中国前在家乡的荒唐行为感到道德压力和内疚;另一方面则面对异

---

① [美]凯瑟琳·F.布鲁纳、[美]费正清、[美]理查德·J.司马富编,傅曾仁、刘壮翀、潘昌运等译:《步入中国清廷仕途——赫德日记(1854~1863)》,北京:中国海关出版社,2003年,第3~11页。

② [美]凯瑟琳·F.布鲁纳、[美]费正清、[美]理查德·J.司马富编,傅曾仁、刘壮翀、潘昌运等译:《步入中国清廷仕途——赫德日记(1854—1863)》,北京:中国海关出版社,2003年,第13~17页。这篇于1854年8月27日写于香港的日记特别引人注目,因为这是刚刚踏上异国他乡的赫德,第一次以日记的形式总结自己的过去,考虑自己的将来,并力图规范自己的生活。我们从中可以窥见赫德性格的某些特点,详见下文分析。

③ [美]凯瑟琳·F.布鲁纳、[美]费正清、[美]理查德·J.司马富编,傅曾仁、刘壮翀、潘昌运等译:《步入中国清廷仕途——赫德日记(1854~1863)》,北京:中国海关出版社,2003年,第103、113、124页。

④ 在《赫德日记》中,相关的记载很多,见[美]凯瑟琳·F.布鲁纳、[美]费正清、[美]理查德·J.司马富编,傅曾仁、刘壮翀、潘昌运等译:《步入中国清廷仕途——赫德日记(1854~1863)》,北京:中国海关出版社,2003年,第21、75~76、77、81~85、92~93、94~95、96~97、98、99~100、104、112~113、114、115、118、127~128、139~140、144、145~146、148~149、156页。

国的孤独、单调生活和不确定的前景感到沮丧、忧虑和躁动不安。① 他甚至后悔自己选择到中国来,多次萌生打道回国的念头,对自己追求功名的念头大加责难。② 他在1854年10月4日的日记中这样写道:"由于我已下决心尽早回爱尔兰,所以感到更快活和满足。是的,最好是回到自己的朋友当中去,那会更使人感到欣慰,比在异域没有社交圈,没有任何创业的乐趣要好得多;在异域即使成功立业,身体垮了也无法享受,或只是能够享受有限的几年。这岂非虚度年华?我不应该是这样。"③这一时期的赫德,显然正处于对自己社会角色认同、异质文化适应的磨合阶段。当1858年3月他到广州任新职后,他的日记显示,他已经基本度过了角色认同的困惑阶段。但对异质文化的认知和适应,仍在继续,尤其是对中国官场文化的认知和适应。④

勤奋好学、刻苦学习,可以说是赫德品格中突出的一点。他具有良好的阅读学习习惯。在他写于1854年8月27日的第一篇日记中,他给自己设计了一个每日活动安排表,其中阅读学习占了绝大部分时间。⑤ 从他此后的日记中可以看到,他确实保持良好的阅读学习习惯。他不但从

---

① [美]凯瑟琳·F.布鲁纳、[美]费正清、[美]理查德·J.司马富编,傅曾仁、刘壮翀、潘昌运等译:《步入中国清廷仕途——赫德日记(1854～1863)》,北京:中国海关出版社,2003年,第27、38、81、143、170～171、178、181～184页。

② [美]凯瑟琳·F.布鲁纳、[美]费正清、[美]理查德·J.司马富编,傅曾仁、刘壮翀、潘昌运等译:《步入中国清廷仕途——赫德日记(1854～1863)》,北京:中国海关出版社,2003年,第18、25、26、87、103、122、160页。

③ [美]凯瑟琳·F.布鲁纳、[美]费正清、[美]理查德·J.司马富编,傅曾仁、刘壮翀、潘昌运等译:《步入中国清廷仕途——赫德日记(1854～1863)》,北京:中国海关出版社,2003年,第26页。

④ 参阅[美]凯瑟琳·F.布鲁纳、[美]费正清、[美]理查德·J.司马富编,傅曾仁、刘壮翀、潘昌运等译:《步入中国清廷仕途——赫德日记(1854～1863)》,北京:中国海关出版社,2003年,第六章。

⑤ [美]凯瑟琳·F.布鲁纳、[美]费正清、[美]理查德·J.司马富编,傅曾仁、刘壮翀、潘昌运等译:《步入中国清廷仕途——赫德日记(1854～1863)》,北京:中国海关出版社,2003年,第16页。

欧洲订阅了杂志、书籍,还时常向同事、朋友借阅书刊。[①] 当然,这一时期对他而言,最重要的是他的中文学习。在他的日记中留下大量关于中文学习的记录。从中我们得知,赫德不仅聘用了以他微薄的工资所能请到的当地最好的官话教师教他汉语,而且自己坚持阅读各种中文书籍,包括四书五经这样的古籍经典、《圣谕广训》这样的道德说教和《红楼梦》这样的清代小说。他还曾学习当地方言——宁波土话。他确实在学习中文上下了功夫。他在日记中这样写道:"除了刻苦又刻苦的学习之外,没有别的办法可以克服学习汉语和中国文学中的困难。我下定决心要完全掌握它们。"[②]

　　赫德后来的汉语水平一直为人们所称道。精通汉语确实给他在中国的活动提供了许多便利和优势。这是他扮演中西文化中介人的一个最基本、最重要的条件。在他以后的事业生涯中,他反复对海关洋员强调学习中文的重要性和必要性,表明他对自己和海关洋员群体角色定位的清晰认知。这种认知,无疑是从他进入中国的最初阶段开始的。

　　不过,在赫德的个人性格中,影响他对文化中介人角色认同最大的是他的敏感、柔顺和谨慎。这是一种多血质的性格。敏感使他对周围的事物保持着强烈的新鲜感和好奇心,同时具有敏锐、细致的观察力。我们时常可以在他的日记中看到他对周围事物的体察入微的描写。正是通过这些观察和体验,赫德逐渐了解了中国民众的生活状况、风俗习惯、民间信仰、为人处世的态度和规矩,尤其是了解了中国传统官僚体制的基本状况和官场的运作规矩。[③] 作为文化中介人,这是他体验异质文化的一种重要品质。

---

① [美]凯瑟琳·F.布鲁纳、[美]费正清、[美]理查德·J.司马富编,傅曾仁、刘壮翀、潘昌运等译:《步入中国清廷仕途——赫德日记(1854～1863)》,北京:中国海关出版社,2003年,第90页。

② [美]凯瑟琳·F.布鲁纳、[美]费正清、[美]理查德·J.司马富编,傅曾仁、刘壮翀、潘昌运等译:《步入中国清廷仕途——赫德日记(1854～1863)》,北京:中国海关出版社,2003年,第92页。

③ [美]凯瑟琳·F.布鲁纳、[美]费正清、[美]理查德·J.司马富编,傅曾仁、刘壮翀、潘昌运等译:《步入中国清廷仕途——赫德日记(1854～1863)》,北京:中国海关出版社,2003年,第29、31～33、73～75、86～87、104、148～150、151、162、168、175～176、186～193页。

在赫德执掌海关大权后,他一直是以对部下的严厉著称,这使人们忽视了他性格中柔顺、谨慎,甚至于羞涩的一面。但在他进入中国的头 10 年中,他性格的这一面可以比较清楚地看出。事实上,他日记中对于自己内心矛盾和灵魂拷问的许多记载,已经透露出他性格柔顺、纤弱的这一面。① 甚至在面对和处理个人日常生活问题时,我们也时时可以领略到他的这一性格特征。我们不妨举一个典型的例子。赫德一度迷恋上玛丽亚·戴尔小姐,但当在一次集体出外旅游,表达自己情感的机会来临时,他却羞于启口。他在日记中这样写道:"我走在戴尔小姐轿边大约 1 小时,在这段时间里我说得很少。当我要'宣布爱情'等等时,我有六七次几乎晕倒。我有一次竟然清了清嗓子,但我喘不过气来,也就说不下去了。我让机会溜掉——究竟是幸还是不幸,我不知道。我是个什么样的青年呀!!!(一连 3 个感叹号——笔者)"② 赫德性格的这一面使他更易于立足中西文化交错带。尤其是考虑到中国传统官场中的"面子"文化,考虑到当时清朝官员刚刚睁眼看世界时的矛盾心态,我们几乎可以肯定,赫德性格的这一特点,使他更易于和清朝官员打交道。这点,在他 1861 年进入北京,奔走游说于总理衙门时得到特别突出的表现,以致他深得恭亲王奕䜣和文祥等总理衙门要员的欢心,被他们视为"我们的赫德",力荐他出任总税务司一职,并在给咸丰帝的奏折中称赫德:"察其性情,尚属驯顺",③ 可见赫德性格的这一面给他们留下的深刻印象。对此,我们在下面还要对比李泰国做进一步分析。

---

① [美]凯瑟琳·F.布鲁纳、[美]费正清、[美]理查德·J.司马富编,傅曾仁、刘壮翀、潘昌运等译:《步入中国清廷仕途——赫德日记(1854~1863)》,北京:中国海关出版社,2003 年,第 19、150 页。

② [美]凯瑟琳·F.布鲁纳、[美]费正清、[美]理查德·J.司马富编,傅曾仁、刘壮翀、潘昌运等译:《步入中国清廷仕途——赫德日记(1854~1863)》,北京:中国海关出版社,2003 年,第 108、130、165 页。

③ 中华书局整理:《筹办夷务始末(咸丰朝)》(第八册),北京:中华书局,1979 年,卷七十九,第 2917 页。

四、角色对比:赫德与李泰国的性格遭遇

人们常说,任何一个显赫的历史人物都是特定时代的产物,如果没有赫德,当时的中西关系也会创造出一个类似的人物。这样说并没错。但是,如果我们变换思考的角度,我们可以进一步设问:为什么历史选择了赫德而不是别人?我们上一节的论述已经基本回答了这一问题。在本节中,我们拟以赫德与李泰国不同遭遇的对比,进一步加深对这一问题的认知。

李泰国和赫德有许多共同之处。他们同样是英国人,同样受过中西两种文化的教育和熏陶,同样在青年时期以英国驻华机构编外译员的身份开始自己在中国的政治生涯,同样曾执掌中国近代海关大权,成为海关洋员群体的首脑。作为中西文化中介人,李泰国甚至曾拥有远比赫德有利的条件和资源。李泰国的父亲李太郭早在1841年就来到中国,曾历任英国驻广州、福州和厦门的领事。这使李泰国在开始其政治生涯时,有着远比赫德丰富的政治关系可资利用。此外,李泰国比赫德早7年,即于1847年,来到中国。在他于1855年接替威妥玛出任新建上海海关英籍税务监督,进入海关工作之前,他已经先后担任过英国驻香港商务监督署编外译员、二等助理,香港警务署及最高法院译员,英国驻广州领事馆初级助理,英国驻上海领事馆译员、代理副领事等职。而赫德在1859年出任广州海关副税务司之前,仅担任过英国驻宁波领事馆编外译员、英国驻广州领事馆二等副翻译,兼任英法三人委员会秘书等职。因此,就进入海关时的个人条件而言,李泰国无论是汉语交流能力还是实际工作经验都比赫德要强。[①]

命运似乎也曾一度青睐过李泰国。在他担任上海海关税务监督后,他的工作得到中英双方官方的首肯。1858年他作为额尔金使团的随行翻译前往天津参加谈判,大大提升了他的政治名声,也为他扩展海关外籍

[①] 关于李泰国的生平事迹,可参阅[加]葛松著,中国海关史研究中心译:《李泰国与中英关系》,厦门:厦门大学出版社,1991年。

税务司制度创造了有利时机和条件。1859年5月,何桂清委派他为海关总税务司。他随即在广州和汕头仿照上海建立了两个新式海关。1861年3月,他获得来自清廷的正式任命。至此,历史似乎选择了李泰国。但此后的情况急转而下。他在获得正式任命的同时迫不及待地告假回国,全然不顾恭亲王约他到北京议事的信息,也不考虑卜鲁斯对他的劝告和指责。不久,他更因购置小舰队一事和清廷要员交恶,直至于1863年11月被清廷免职,黯然退出在华活动舞台。① 接替他的正是赫德,这个4年前在广州接受他的委任,以副税务司身份进入海关的后起者。当时的赫德,在李泰国的眼里还仅仅是个职位低微的人。李泰国原先只是想让赫德进海关当译员,但遭到拒绝。② 斗转星移,历史最终抛弃了李泰国,选择了赫德。这颇具讽刺意义的结果令人深思。

作为中西文化中介人,李泰国是个失败者。学术界在探讨李泰国在华生涯的可悲结局时大都注意到了李泰国的性格缺陷。现有史料表明,与上述赫德性格柔顺、谨慎的一面相反,李泰国生性狂妄自大,傲慢暴躁。早在1858年他参与天津谈判时,他就因在清廷钦差大臣面前大发脾气、狂怒暴跳、肆意威胁而被视为"难以驾驭的骄悍外夷"。③ 在小舰队事件中,他简直视舰队为己有,越权与阿思本签订所谓"十三条合同",甚至荒唐地向清廷伸手要一座王宫作为官邸。清廷在解除他的职位时称他:"狡狯异常,中外皆知,屡欲去之而不能,今因办船错误,正可借此驱逐。"④ 可见对他嫌恶之极。相比之下,同样对小舰队事件负有责任的赫德,不仅没受到清廷的指责,而且还因此得以接替李泰国,职掌了海关大权。这很大程度上是因为在此之前,他已博得总理衙门要员们的信任和欢心。这已见前述。

---

① [加]葛松著,中国海关史研究中心译:《李泰国与中英关系》,厦门:厦门大学出版社,1991年,第五、六、九章。

② 卢汉超:《赫德传》,上海:上海人民出版社,1986年,第36页。

③ [加]葛松著,中国海关史研究中心译:《李泰国与中英关系》,厦门:厦门大学出版社,1991年,第82页。

④ 恭亲王等又奏(同治二年十月),见(清)宝鋆等修:《筹办夷务始末(同治朝)》,收录于沈云龙主编:《近代中国史料丛刊》(第六十二辑),台北:文海出版社有限公司,1966年,卷二十一,第2119页。

在赫德于1863年间所写的日记里,我们读到他对李泰国处理小舰队一事所表现出来个人品性与办事风格的多次评论,从中可以窥见他们两人在这一方面的差异。该年5月,当赫德和刚从英国返华的李泰国在上海会面时,他就注意到李泰国的英国派作风,"担心他同中国人共事将是非常吃力的。"因为"他不会迎合他们的意图,他一定会坚持己见,他一定会说教,而不做解释"。[①] 6月间,当李泰国在小舰队的指挥权归属上与总理衙门要员发生冲突,在赫德面前发牢骚时,赫德告诉他,必须体谅别人,而且应当把事情解释得更为详尽。关系到如此重要的事情,说"就这样办"是不行的;不办就发怒,也不作解释,这也是不行的。赫德还在日记中透露,"李泰国确实对待他们(指文祥等要员——笔者)非常粗暴"。[②] 在6月29日的日记中,赫德再次这样评论李泰国:"他素来非常骄傲,一味过分地依仗英国公使,动不动就用公使不高兴来吓唬他们。他对他们说,他丝毫也不信任他们,而同时又要求他们完全信任他——毫不置疑地信任他。他把自己称为(大英),自称可以和任何人平起平坐,好发号施令而不与人商量,要求有座府邸,出门就要坐轿子,和各地方官有过多次争吵,老是指手画脚地开条件,自以为对他们来说,他就是一切的一切,没有他,他们就无法过日子等等。"[③]

综上所述,我们可以看出,作为海关第一任总税务司,李泰国原本可以完成赫德后来所做的事情,但他的性格缺陷断送了他的前程。这表明,他并不适合于中西文化中介人这一角色。与他性格相异的赫德,后来者居上,终究被历史选中为19世纪后期中西文化冲撞、交流的中介人。这一历史事实再次提示我们:历史的选择,是与被选择者的个人因素密切相关的。

---

① [美]凯瑟琳·F.布鲁纳、[美]费正清、[美]理查德·J.司马富编,傅曾仁、刘壮翀、潘昌运等译:《步入中国清廷仕途——赫德日记(1854~1863)》,北京:中国海关出版社,2003年,第329页。

② [美]凯瑟琳·F.布鲁纳、[美]费正清、[美]理查德·J.司马富编,傅曾仁、刘壮翀、潘昌运等译:《步入中国清廷仕途——赫德日记(1854~1863)》,北京:中国海关出版社,2003年,第344页。

③ [美]凯瑟琳·F.布鲁纳、[美]费正清、[美]理查德·J.司马富编,傅曾仁、刘壮翀、潘昌运等译:《步入中国清廷仕途——赫德日记(1854~1863)》,北京:中国海关出版社,2003年,第363页。

五、结论

赫德在来华的最初 10 年间，从一个领事馆的编外翻译员迅速登上中国近代海关总税务司宝座，成为显赫一时的人物。这一历史现象引人注目。本文透过赫德本人在这 10 年间的日记，重构了他的这段历程，并由此得出如下的思考。

历史上，任何一个显赫人物的出现都有其历史的必然性，即都是特定历史时空的产物。赫德，中国近代海关洋员群体的首脑和突出代表，就是适应 19 世纪后期中西文化碰撞、交流的需要而出现的文化中介人。但显赫人物产生的历史必然性并不排斥该人物个人因素的影响和作用。事实上，只有当个人因素和历史时空所建构的环境不断互动、和谐交融时，历史必然性才能得到充分的体现。显赫历史人物的产生，应当是历史时空与个人因素两者不断互动的结果。赫德来华的最初 10 年，正是他与环境互动、磨合的阶段。他的日记生动、具体地再现了这一复杂的历史过程。

作为 19 世纪后期中西文化中介人，赫德的活动空间在于中西文化交错、重叠地带，他的角色使命则在于维护由一系列不平等条约所建构和规范的中西政治、经济关系，维护以西方为中心的资本主义世界体系。赫德的在华生涯，完全体现了他的这一角色使命。把他称为中国人民的真正朋友，显然是对历史的无知，或者错读。他广为人知的"骑马理论"，虽然带着刻意粉饰的痕迹，但仍然透露出他对自己作为文化中介人角色的理解。其要害之处自然在于当面对中英利益冲突时，作为一个文化中介人，他的回答是"我固英国人也"。其意尽在不言中！

晚清海关与通商口岸城市调研

众所周知,海关是一个国家的进出关境监督管理机构。然而,肇端于清咸丰四年(1854)江海新关的建立,以实行外籍税务司管理制度为标识的晚清新式海关,即洋关,却别具一格,成为晚清中国一个极其特殊的组织。与一般的海关不同,除遵照一系列中外条约的相关规定以及海关制定的规章开展监管、查私、征税和统计等四项本体业务外,晚清海关还曾兼管、兼办国内税关、邮政、海务、教育等各种事务,参与、介入清政府的政治、经济、外交和军事等各种活动。与此相呼应,晚清海关曾在各通商口岸城市展开各种调研,留下数量可观的调研档案资料。本文意在爬梳晚清海关的相关档案资料,对晚清海关在通商口岸城市开展的调研活动做一个初步探究。

一、晚清海关通商口岸城市调研的肇端:贸易报告

晚清海关在通商口岸开展的调研活动,最初是围绕口岸贸易展开的。清咸丰九年(1859),江海关和粤海关开始编制年度贸易统计。其后,潮海关(咸丰十年,1860年)、津海关、浙海关、闽海关(咸丰十一年,1861年)、厦门关(同治元年,1862年)、东海关、九江关、镇江关、江汉关(同治二年,1863年)、牛庄关、打狗关(同治三年,1864年)等相继开始编制各自的年度贸易统计,就地印行。各关贸易统计大多以半年为一册,其内容甚为简

单,且各关统计项目并不完全一致,缺乏规范。①

　　同治三年(1864),随着海关外籍税务司制度的确立,关政趋于统一,海关总税务司赫德先后发布通令,要求统一编制年度贸易统计,并将各关贸易统计送至江海关税务司处,由江海关的印书房汇集出版。② 贸易统计的编制及其内容因此有了较大改观:各关贸易统计开始由半年一期改为一年一期,统计的项目、口径亦开始统一、规范。③

　　同治四年(1865)起,各口开始按照总税务司通令的要求,在年度贸易统计之外,另外编制年度贸易报告,由各口海关税务司亲自负责编写。④ 各通商口岸海关的年度贸易报告除记载所在口岸当年的贸易发展趋势、贸易环境、主要进出口贸易对象和贸易物品的量值变化,以及进出口商品的集散流通路线等与该口岸贸易直接相关的信息外,还记录和评述各关所在通商口岸及其附近地区的经济、政治、军事、社会等各种信息,叙述颇为详细。其信息来源,或是各关税务司以及其他关员亲自前往调查目的地开展调研活动;或是通过向当地社会各界,尤其是商界,函件咨询收集相关信息;或是通过当地报刊登载的各种相关报道收集信息。⑤ 此是为晚清海关通商口岸调研的肇端。光绪元年(1875)起,海关造册处税务司开始负责撰写全国贸易报告,置于各关贸易报告之前。⑥

　　晚清海关对各通商口岸的贸易报告非常重视。光绪五年(1879),由于部分海关没能按时寄送年度贸易报告,甚至有两处海关没有提交光绪三年(1877)的贸易报告,海关总税务司专门发布通令,要求各关今后务必按时寄送年度贸易报告,如果延误,必须向总税务司呈递公文,说明缘由。⑦

　　光绪八年(1882),贸易统计年报与年度贸易报告合并,以全国与各关

---

① 《中国旧海关史料》编辑委员会编:《中国旧海关史料(1859—1948)》(第 1 册),北京:京华出版社,2001 年影印本,第 1～350 页。
② China Maritime Customs. *Inspector General's Circulars*. First Series, No.1, No.9, 1864; No.3, 1865.
③ China Maritime Customs. *Annual Returns of Trade and Trade Reports*, 1864.
④ China Maritime Customs. *Annual Returns of Trade and Trade Reports*, 1865.
⑤ China Maritime Customs. *Reports on Trade*, 1864-1874.
⑥ China Maritime Customs. *Reports on Trade*, 1875.
⑦ China Maritime Customs. *Inspector General's Circulars*. Second Series, No.57, 1879.

为界别,分成二册。上册为"全国贸易报告及统计辑要",下册为"各关贸易报告及统计"。上下二册所载内容与上年各部相较,无多大改动。但因是年总税务司通令要求各关贸易报告应将重点放在与进出口贸易相关的内容上,并将其篇幅限定为4页,因而,全国及各关之贸易报告篇幅大大减小。① 但这并非意味着晚清海关开始减弱其通商口岸的调研,相反的,晚清海关总税务司已酝酿着更大规模和范围的通商口岸调研,这便是数年后海关十年报告的出台。

光绪十六年(1890),总税务司通令明确要求各关撰写年度贸易报告的内容应依次叙述所在口岸的贸易情形概况、税收、对外贸易、埠际贸易、内地税则、船只、旅客、金银、药材(洋药、土药)和杂论等十项,同时重申其篇幅不能超过4页。② 由此形成了晚清海关年度贸易报告的基本格式和内容。

晚清海关贸易报告涉及的时间长达近半个世纪,记载的内容覆盖面较宽,且具有很强的连续性。这无疑为通商口岸城市研究提供了丰富的原始资料。尤其是19世纪60—80年代,海关十年报告出台之前的贸易报告,更是研究通商口岸城市的珍贵资料。

二、晚清海关通商口岸城市调研的扩展:专项调研

清同治中叶,随着晚清海关外籍税务司制度的确立,晚清海关兼管或介入事务的增加、权势的扩展,依据独揽晚清海关行政管理大权的总税务司的指令,晚清海关在通商口岸城市的调研也逐渐扩展到各种专项调研。医务、港务和金融等方面的调研,就是其中引人瞩目的几项。

1. 医务调研

同治九年(1870)12月31日,总税务司发布当年的第19号通令,要

---

① China Maritime Customs. *Inspector General's Circulars*. Second Series, No. 200, 1882.

② China Maritime Customs. *Inspector General's Circulars*. Second Series, No. 476, 1890.

求各地海关自1871年起,每半年提交一份医务报告,由海关造册处汇集出版。日期定为每年的3月和9月。① 根据该通令,医务报告的内容主要包括对海关所在口岸中国人和外国人各种主要疾病发生情况的情报收集和对当地医疗条件、医生状况的调查。为此提出以下几项调查和收集情报的主要项目：

(1) 当地居民的健康状况,外国人的死亡率及其死亡的原因；

(2) 当地流行的主要疾病是什么；

(3) 当地流行病的特殊性、复杂性和治疗的特殊办法；

(4) 发病的季节,地方的风土,以及之间的因果关系；

(5) 当地有无特别的疾病；

(6) 当地有无瘟疫,产生的原因,治疗的办法,死亡率。

从同治十年(1871)至宣统三年(1911),晚清海关总计刊发了80期的医务报告。在光绪二十六年(1900)之前,医务报告涉及牛庄、宁波、天津、福州、烟台、淡水、汉口、高雄、九江、厦门、镇江、汕头、广州和上海等口岸。其后则扩大到其他通商口岸。②

显而易见,这些调查记录,为口岸城市医疗卫生史的研究提供了极其珍贵的原始资料。而且,医务报告中对疾病原因的记载也为研究当地的人口变动、都市民俗、饮食状况,以及生活习性等问题提供了丰富的史料。③

2. 港务调研

咸丰八年(1858),清政府与英、美、法三国分别签订《天津条约》及其附约《通商章程善后条约》,内中规定：任凭总理大臣邀请英(美、法)人帮办税务并严查漏税、判定口界、派人指泊船只及分设浮桩、号船、塔表、望楼等事。其浮桩、号船、塔表、望楼等经费,在于船钞下拨用。通商各口分

---

① China Maritime Customs. *Inspector General's Circulars*. First Series, No.19, 1870.
② China Maritime Customs. *Medical Report*. 1871-1911.
③ 参见[日]滨下武志：《中国近代经济史研究——清末海关财政与开放港口市场区域》,东京：汲古书院,1989年,第649~650页。

设浮桩、号船、塔表、望楼,由领事官与地方官会同酌视建造。① 于是,始自咸丰十一年(1861),随着各口新式海关的陆续建立,各关税务司相继因地制宜地开展港务工作。同治七年(1868)四月,晚清海关正式设立船钞部门,其主要职能在于负责海港浮桩、号船、塔表、望楼等助航设施的建造和维护,指泊出入港口船只,测量船只吨位,验察损伤船只,调查失事缘由,验看引水执照等。由于该部门的经费完全来自于船钞专款收入,故名。②

船钞部门的设立,是海关第一次大规模兼管海关本务外的业务,也是海关组织机构的第一次部门扩张,由此形成海关组织系统的第二个大部门。其在海关内部的重要性仅次于征税部门。

船钞部门内设三类机构:其一,营造处(Engineers),参与一切有关改善沿河沿海之航行,改善海港以及监督与此相关之所有公共工程;其二,理船厅(Harbours),委以监督船只锚泊与河道巡吏考试任用及引水之责;其三,灯塔处(Lights),总管灯标部门事宜。③

同治十一年(1872),船钞部门开始遵照总税务司的指令,汇总各通商口岸上报的调查资料,编制中国沿海及沿江灯塔、灯船、浮标和信标目录,每年印行一期。④ 光绪元年(1875),则进一步提交一份有关各通商口岸附近海域灯塔、浮标、信标等引航设施建置以及航道情况的调查报告,同样每年印行一期。其内容至少包括以下几项:

(1)用以标明沿海危险之处灯塔的建设与维护情况;

(2)驻于不能设置灯塔之岸边灯船的购置与维护情况;

(3)用以标明通向港口之航道及河流、港内应予避开之处浮标及灯桩的设置与维护情况;

---

① 王铁崖编:《中外旧约章汇编(第一册)》,北京:生活·读书·新知三联书店,1957年,第118页。
② China Maritime Customs. *Inspector General's Circulars*. First Series, No.10,1868.
③ China Maritime Customs. *Inspector General's Circulars*. First Series, No.25,1869.
④ China Maritime Customs. *List of Chinese Lighthouses, Light-vessels, Buoys, Beacons, etc., on the Coast and Rivers of Chin*a, 1872-1911.

(4)清除沉船、疏浚航道和加深航道等改善航道措施的实施情况。①

从光绪元年(1875)到宣统三年(1911),晚清海关造册处共印行了33期的港务报告。② 这些调查报告为我们提供了有关清末各通商口岸附近海域助航设施分布以及航道状况变化的翔实信息。③

3.金融调研

晚清海关对通商口岸城市金融的调研,起因于对海关银号的调研。考海关银号之设立,实起于第一次鸦片战争后。由于《南京条约》的签订,公行制度废除,行商代外商赴关纳税的制度随之不复存在。为寻求新的替代者,道光二十三年(1843)签订的中英《五口通商章程:海关税则》中,对外商纳税办法做了如下规定:海关应择殷实铺户,设立银号数处,发给执照,注明准某号代纳英商税银字样,作为凭据,以便英商按期前往。④ 次年的中美、中法《五口贸易章程:海关税则》也均做了类似规定。⑤ 依照这一规定,五口开放通商后,各通商口岸先后设立海关银号,执掌海关税银的收纳,按期上缴。咸同年间,各口新关相继建立后,海关银号仍沿旧例,没有变更,大抵每埠俱设海关税收银号一所,但亦有设二所者。⑥ 且海关银号向来开设新关之侧,以方便商人前往纳税。⑦ 其时海关银号约分两类:一系经官府允准,由较为殷实知名的旧式钱庄、票号承办;一系海关监督或地方官员自办,委托其亲朋好友经营。以前者为多。但无论何

---

① China Maritime Customs. *Report on Lights,Buoys,and Beacons*,1875-1908;*Report of the Marine Department*,1909-1911.
② 1876年和1881年没有报告;1898年的报告未印行;1909年和1910年的报告为合刊。
③ 民国二十二年(1933),海关副税务司班思德(Banister, T. Roger)依据港务报告编写出版了《中国沿海灯塔志》(*The Coastwise Lights of China*),由海关总税务司公署统计科印行。中文译本为海关副税务司李廷元所译。
④ 王铁崖编:《中外旧约章汇编(第一册)》,北京:生活·读书·新知三联书店,1957年,第41页。
⑤ 王铁崖编:《中外旧约章汇编(第一册)》,北京:生活·读书·新知三联书店,1957年,第53页。
⑥ [英]魏尔特等:《关税纪实》,上海:海关总税务司公署统计科,1936年,第2页。
⑦ 《申报》,1897年2月11日。

者,均归海关监督或海关道管辖,无容各口税务司插足之余地。①

光绪三年(1877),总税务司向各口税务司发出一道通令,要求他们对本口岸海关银号的运作做一详细调查,呈报总税务司。调查内容包括:

(1)谁是本口岸海关银号经办人,他是政府官员还是从事贸易活动的,海关银号所雇人员是些什么样的人;

(2)海关银号的经费开支由谁提供;

(3)现行体制的运转是否令人满意,有什么抱怨;

(4)税务司本人有什么建议。

赫德在通令中要求各税务司务必详细调查,确保信息准确可靠和完整,并要求他们复制一些当地的有关资料。②

遵照总税务司通令,牛庄、天津、芝罘、汉口、九江、芜湖、镇江、上海、宁波、温州、福州、淡水、高雄、厦门、汕头、广州、琼州和北海等18处海关对所在通商口岸的钱庄、票号等民间金融机构以及当地的货币制度做了较详细的调研,并撰写了相关的报告,递交总税务司。光绪五年(1879)各口税务司的调研报告,由晚清海关造册处以《通商口岸海关银号制度与当地货币问题报告书》为题编制成册③。

这些调研报告为我们保留了有关19世纪中叶主要通商口岸金融状况的极其珍贵的史料。

三、晚清海关通商口岸城市调研的深化:综合调研

光绪十六年(1890),鉴于自光绪八年(1882)以来,始于同治四年

---

① [英]魏尔特著,陆琢成等译,戴一峰校:《赫德与中国海关》,厦门:厦门大学出版社,1993年,第220~221页;[英]魏尔特等:《关税纪实》,上海:海关总税务司公署统计科,1936年,第1~3页。

② China Maritime Customs. *Inspector General's Circulars*. Second Series, No. 32, 1877.

③ China Maritime Customs. *Reports on the Haikwan Banking System and Local Currency at the Treaty Ports*. 1879, Shanghai.

(1865)的海关年度贸易报告被要求缩小篇幅至4页,与年度贸易统计合并印行,致使每十年将十年间的贸易统计与贸易报告综合成册出版成为必要,总税务司发布通令,要求各关税务司下一年(光绪十七年,1891),除撰写4页之贸易报告外,还应编制从光绪八年(1882)至十七年(1891)的"十年报告",于十七年十二月初一日(1891年12月31日)前完成,提供海关造册处汇编出版。①

通令同时对十年报告的内容、篇幅和编写方式、方法均做了明确要求。通令要求各关税务司,该文件应可读,引人入胜,并可扩展至30页。除可以将当地见闻编入外,不应忽略下列诸项:

1. 回顾1881年报告后十年间之形势,并对十年间各关所在口岸、所辖地区以及所在行省发生之要事均应发表评论。

2. 贸易方面之变化,不论流通供求,旧商品消失与新商品出现,连同贸易总值之增减,商品价格之任何急剧波动等均应陈述。

3. 税收之增减,包括总额、分类,或因特种商品引起之消长,均应标示清楚。

4. 洋药贸易形势,每年销售数量,不同品种洋药之价格,各类本土鸦片及其价格与产地,两者在供应方面在本地区本口岸之竞争程度,均应予以说明。

5. 货币行情,以兑换率应显示:(1)关平两各年兑换多少英镑,(2)关平两兑换多少当地货币;并表明在本口岸或本辖区或产地,关平两是否仍能购得往昔同等数量之本土产品及其变化。

6. 与其他通商口岸无关联之自开口岸,其到岸货物与离岸货物之价值应做出比较(按造册处税务司1889年报告中"贸易平衡"方法处理,亦即以进口货起岸时之货值减进口税及费用,出口货装船时之货值加出口税及费用)。

7. 本口岸在人口方面,包括华人洋人之人数、成分、身份或职业有否特殊变化。

---

① China Maritime Customs. *Inspector General's Circulars*. Second Series,No.524,1890.

8.堤岸、道路、警察、街道照明等是否有改进。

9.邻近口岸水域中有无航道变浅、淤塞、加深、疏浚等方面之变化。

10.各口岸辖区内有无灯塔、浮标、标桩等新设置助航设备。

11.各口岸所在行省中有无怪异事故、流行瘟疫、台风、洪水、旱灾、暴动等任何不幸事件之记载,以及官方或私人为应付此等事件采取之重大步骤。

12.曾否发生任何引人关注之大事,诸如显要人物来访及对其接待,其过程又如何。

13.各省赴京参加殿试名列前茅者人数,并列出此一时期该省之状元、榜眼、探花之姓名。

14.各省曾否举办任何文学方面之专门活动,诸如公共图书馆之创办或翻修,文学会社之组成,为文学目的而进行之大额捐款或遗赠。

15.各省可选考多少秀才与举人,文盲人数及其所占百分比,是否有受过一些教育之妇女。

16.各省之一般自然特征,主要自然物产及其主要产业,通常用于运输者为挑夫、牲畜抑或船只。

17.各关税务司所辖口岸之本国船舶总数,民船有多少种,每种民船之中文名称及民船从事贸易之性质,贸易口岸,其所持执照详情、船员人数、拥有之资本、航行之收益、损失百分率,以及民船是否有任何形式之本国保险。

18.有何本国银行行号以及与何地往来,其费率及工作方式如何。

19.有何本国邮政局所以及如何管理,信件发往及来自何地,如何并在何处交付邮资。

20.各关税务司直属海关部门是否发生过较为特殊之情况,诸如规章之重大变更、所辖人员数量显著增加、工作量或工作部门之增加或增设。

21.从国外观点视之,在各关税务司辖区之邻近地方,是否出现过海陆军、工业、财政或行政方面之特别事务。

22.各口岸所在行省,有何种传教团体,以及传教士与皈依者之人数,等等。

23.在各口岸有何省设有会馆以及各口岸在何省设有会馆,此类会馆或行会之规章及会员之特权与义务,等等。

24.在此期间有何著名官员曾在各口岸所在省任职或出自本省,等等。

25.是否在此期间曾有任何著名之书籍在各口岸所在省出现,等等。

26.当地在此期间之历史,或1891年末该地之状况与形式是否显示出该地将来之前景,等等。

通令还告诫各关税务司:"上述虽非包罗一切,然多少对在税务司之调查方向有直接帮助,并示明期望编写何种文件。各关税务司接此通令后,应立即浏览前任编写之报告,保持1881年前后问题一致,并自行决定此类报告中何一部分可再利用,或何种观点应予以采纳,且详述、修改、质疑或评论之。此外亦可考虑是否将各项中之某项题目分予属下人员,并指示华员及欧籍人员,按题目及指示方向,代各关税务司调查。过往十年间所编写之要事月报亦应指定一人加以查阅,对有助于编辑十年报告之处做出标注。"①

通令最后要求:该十年报告之日期应署光绪十七年十二月初一日(1891年12月31日),并应在十八年三月初(1892年3月底)之前送交造册处税务司。十年以后,应再编写另一十年报告,其日期署光绪二十七年十一月二十一日(1901年12月31日),以此类推。②

光绪十九年(1893),首期十年报告正式出版,全称为《关于中国、朝鲜向外国开放口岸贸易航运工业以及口岸所在地省情的十年报告:1882年至1891年》。其内容系按照总税务司通令规定的26个项目,逐一编写。各项内容的详略,取决于不同海关所在地省情的特殊性。另有部分海关或由于资料的缺乏,或由于所在省份具体情况的限制,部分项目空缺。报告中还附上有关该口岸十年间进出口贸易货值、税收,以及进出港船舶数量与吨位等统计表,可供比较该口岸十年间的变化。③

---

① China Maritime Customs. *Inspector General's Circulars*. Second Series, No. 524, 1890.
② China Maritime Customs. *Inspector General's Circulars*. Second Series, No. 524, 1890.
③ China Maritime Customs. *Decennial Reports*: *First Issue*, 1882-1891.

依照总税务司通令的要求,十年报告每隔十年编制出版一期。因此,光绪三十年(1904),第 2 期十年报告问世。该期内容仍按照总税务司通令规定的 26 个项目编写。但由于各关叙述益加详细,篇幅有所扩大,以至本期十年报告分为二卷:第一卷包括华北以及长江流域各关,第二卷包括华南各关。①

鉴于前两期十年报告已对各口岸省情做过综合性的描述,为避免重复,宣统二年(1910),新任总税务司安格联发布通令,要求各关税务司在编写第三期十年报告时,应主要关注各地物质和道德的进步方面,一切无关紧要的内容和表格应尽量减少。为此,通令对先前的 26 个项目加以整合,缩减为 21 项,即:(1)贸易与航运、(2)税收、(3)鸦片、(4)货币与金融、(5)人口、(6)港口设施、(7)灯塔航标、(8)邮政电报、(9)各省行政和省议会、(10)司法、(11)农业、(12)矿山与矿物、(13)制造业、(14)铁路公路、(15)教育、(16)卫生改善和博物馆、(17)移民、(18)物价与工资、(19)饥荒水灾霍乱及传染病、(20)陆海军、(21)当地报刊。②

通令称:这些项目已足以描述各口岸十年内发展情况,如果还不够,针对各地特殊情况可以增加其他一些内容,但除非万不得已,每一段篇幅尽可能不超过 30 行(500 字左右)。③

由于辛亥革命的爆发,第三期十年报告(1902—1911)正式出版时,已是民国二年(1913)了。④

晚清海关十年报告是在海关年度贸易统计和贸易报告的基础上衍生而成的一种海关文献,它以十年为期编制,故名。显而易见,十年报告对口岸城市及其附近地区——部分扩大到所在省份——在晚清 30 年间(1882—1911)经济、政治、军事、社会等各方面发展变化情状的不间断记录,为我们的口岸城市研究提供了极为珍贵的原始资料。

---

① China Maritime Customs. *Decennial Reports*: Second Issue, 1892-1901.
② China Maritime Customs. *Inspector General's Circulars*. Second Series, No.1737, 1910.
③ China Maritime Customs. *Inspector General's Circulars*. Second Series, No.1737, 1910.
④ China Maritime Customs. *Decennial Reports*: Third Issue, 1902-1911.

四、晚清海关通商口岸城市调研的特点与价值

在19世纪中后期晚清帝国走向衰亡,西方列强在华势力不断膨胀的特定历史时期,晚清海关的通商口岸调研无疑是一个令人瞩目的现象。研究表明,晚清海关在其演化历程中形成的若干特质,使得晚清海关的通商口岸调研成为可能,同时也在很大程度上决定了它的特色和价值。

首先,自同治四年(1865)确立外籍税务司管理体制后,总税务司赫德就竭力将晚清海关打造成晚清帝国行政体系中的一个独立王国。其时,晚清海关所统辖的海关总关已达14处。至光绪二十年(1894)则增加到25处,关员多达4293人,宣统二年(1910)更增至44处,关员已达19169人。众多的海关遍布沿海、沿江各通商口岸,连同其管辖下为数更多的分关、分卡,形成一个规模庞大的海关网络。[①] 与此同时,这个规模庞大的独立王国内部实行垂直的统一管理。各口关政由海关总税务司以发布"总税务司通令"的形式来统一步调,以"总税务司训令"的形式来处理各口海关的特殊问题,各口海关税务司则定期向总税务司呈送函电,详细报告各种事务。这使得晚清海关内部信息交流及时,渠道畅通,办事有令可依,有章可循,有效保持着高度的行政统一性。[②] 这为晚清海关通商口岸调查的实施提供了一个良好的组织基础。

其次,维多利亚女王时期英国驻华领事馆译员出身的赫德,担任晚清海关总税务司一职长达近半个世纪。在其任职期间,他野心勃勃地致力于扩展海关势力,强化海关作用,扩大海关影响,提升海关地位。为此,晚清海关挟其优势,先后兼管常关和厘金,兼办大清邮政、海务、新式教育,以及筹办世博会参展事宜等;海关总税务司以及部分高级关员,甚至参与清政府的许多外交活动,插手清政府的财政金融改革以及新式海军的创办。海关由此在晚清的经济、政治、文化、外交和军事等各个领域均留下

---

① China Maritime Customs. *Service List*. 1894,1910.
② 戴一峰:《近代中国海关与中国财政》,厦门:厦门大学出版社,1993年,第262~263页。

深浅不同的印记。与此同时,海关总税务司有计划、有操作规范地要求各地海关调查、收集当地的各种政治、经济、人文、军事和社会等等资料并定期汇报,尔后将这些调研资料汇编印行,提供给中外各种组织和个人。晚清海关的通商口岸城市调研便是其重要组成部分之一。

  是故,晚清海关的通商口岸城市调研档案资料具有如下几个明显特点:第一,覆盖面广;第二,连续性强;第三,权威性高;第四,情报色彩浓厚。这使得晚清海关通商口岸城市调研的档案资料具有很高的史料价值。早在新中国成立初期,晚清海关的通商口岸城市调研资料,尤其是其中的年度贸易报告和十年报告,就受到史学界,尤其是经济史学界的关注。20世纪50年代到60年代初,中国科学院经济研究所主编的"中国近代经济史参考资料丛刊",就选用了部分海关年度报告和十年报告中的资料。① 20世纪80年代以来,随着改革开放带来的史学繁荣,研究领域的不断扩展,尤其是城市史研究的迅速推进,已有上海、厦门、苏州、广州、福州、拱北、杭州、重庆、汕头和天津等地旧海关的年度贸易报告、十年报告被翻译、出版。② 更值得一提的是,2001年,中国第二历史档案馆和海关总署办公厅合作,由京华出版社影印出版了海关贸易年报和十年报告,是为总计170册的《中国旧海关史料(1859—1948)》。其间,也不断有学

---

① 如:孙毓棠编:《中国近代工业史资料》(第一辑),北京:科学出版社,1957年;汪敬虞编:《中国近代工业史资料》(第二辑),北京:科学出版社,1957年;姚贤镐的《中国近代对外贸易史资料(1840—1895)》(3册),宓汝成的《中国近代铁路史资料》(3册)、徐义生的《中国近代外债史统计资料(1853—1927)》和彭泽益的《中国近代手工业史资料》(4册)等。

② 徐雪筠等译编:《上海近代社会经济发展概况(1882—1931)——〈海关十年报告〉译编》,上海:上海社会科学院出版社,1985年;戴一峰译编:《近代厦门社会经济概况》,厦门:鹭江出版社,1990年;陆允昌:《苏州洋关史料(1896—1945)》,南京:南京大学出版社,1991年;张富强、乐正等译编:《广州现代化的历程——粤海关十年报告(1882—1941年)译编》,广州:广州出版社,1993年;福州海关编:《近代福州及闽东地区社会经济概况》,北京:华艺出版社,1992年;莫世祥等译编:《近代拱北海关报告汇编》,澳门:澳门基金会,1998年;中华人民共和国杭州海关译编:《近代浙江通商口岸经济社会概况——浙海关 瓯海关 杭州关贸易报告集成》,杭州:浙江人民出版社,2002年;周勇、刘景修译编:《近代重庆经济与社会发展》,成都:四川大学出版社,1987年;中国海关学会汕头海关小组、汕头市地方志编纂委员会办公室译编:《潮海关史料汇编》,中国海关学会汕头海关小组印行,1988年;吴弘明编译:《津海关贸易年报(1865—1946)》,天津:天津社会科学院出版社,2006年。

五、近代海关档案评介与利用

者对海关年度贸易报告和十年报告加以评介,或在研究中加以利用。①笔者认为,晚清海关的通商口岸城市调研及其留存的这批珍贵资料,还有待进一步的挖掘、梳理、辨识,尤其是有待更充分的解读和利用。故作本文以抛砖引玉。

---

① 评介方面,如:方志钦:《近代中国海关的特异功能——洋员对华的情报活动》,《广东社会科学》,1995年第5期;詹庆华:《中国近代海关贸易报告的传播及影响》,《厦门大学学报(哲学社会科学版)》,2003年第4期;詹庆华:《中国近代海关贸易报告述论》,《中国社会经济史研究》,2003年第2期;吴松弟、方书生:《一座尚未充分利用的近代史资料宝库——中国旧海关系列出版物评述》,《史学月刊》,2005年第3期等。至于利用方面,散见于各种论著,恕不一一列举。

文本阐释与历史建构：
晚清海关档案资料的解读与利用

（讲座提纲）

一、元文本：晚清海关档案资料概貌

（一）海关内部往来公文、函件、电文

1. 总税务司署与各关往来一般公文（令文和呈文）。

2. 总税务司署与各关税务司往来半官函，英文为 Semi-Official Letter（简称 S/O Letter）。这是每月至少两次各关与总税务司的来往函件，涉及当地发生的重要事件。

［厦门海关档案室编，戴一峰主编：《厦门海关历史档案选编》（第一辑），厦门：厦门大学出版社，1997年。］

3. 总税务司通令（I.G. Circular）。通令是海关总税务司指挥、协调全国海关的重要手段，每隔若干年由海关造册处编辑印行。

［海关总署编译委员会：《旧中国海关总税务司署通令选编（1861—1942）》，北京：中国海关出版社，2003年。］

4. 总税务司机要通令（I.G. Semi-Official Circular）。机要通令较多涉及社会政治、外交、军事和经济等内容。

5. 副总税务司遍发各关之通函。

6. 总署各部门税务司与各关往来通函。

7. 密件。密件的内容与半官函相似。

8. 电报和代电。

9. 海关发布的训令。

(二)海关与外部关系文件

1. 海关与海关监督公署往来文件。

2. 海关与政府机构往来文件。

3. 海关与各种社会团体、企业往来函件。

4. 海关与官员、社会人士、商人等往来函件。

5. 海关发布的布告。

(三)海关各部门业务文件

1. 总务类。

2. 缉私类。

3. 财务类。

4. 人事类。

5. 税务类。

6. 海务、港务类。

7. 杂务类。

(四)海关监督衙门档案

由于清末海关兼管常关,被兼管常关口岸的部分海关监督衙门的档案也归入海关。

1. 海关监督与主管部门往来函件。

2. 海关监督与所属各关卡的往来函件。

3. 海关监督与地方政府部门的往来函件。

4. 海关监督与海关税务司的往来函件。

5. 海关监督与地方机关团体、商行、商人等的往来函件。

6. 各种税收账册、关务登记簿等业务档案。

(五)海关官员个人档案资料

1. 李泰国

李泰国私人信函。

2. 赫德

赫德日记、私人函电(与家人、友人、海关官员、驻华领事、公使、外交官员、议员等)。其中数量最大的是与驻英办事处税务司金登干的往来函电,已编辑出版。

[中国第二历史档案馆等编:《中国海关密档:赫德、金登干函电汇编》(1—9卷),北京:中华书局,1990—1996年。]

3. 其他海关职员

如包罗、包腊、梅乐和、费士来等人的私人信函。

(六)海关出版物

海关出版物系指由海关造册处编印的各种文献、档案资料。其中相当一部分已由海关造册处按专题分为7类,其余的出版物则未归类。

1. 统计丛书

2. 特种丛书

主要是关于贸易商品产销情况的调查报告。如《茶:1888年》《丝:统计,1879—88年》《西江关于贸易状况的报告》《从汉口及其他长江口岸出口的药材目录及药材的关税》等。

3. 杂项丛书

涉及内容较杂,包括:

(1)海关税则、法规。

(2)沿海灯塔管理。

(3)各次世界博览会。

(4)中外条约。

4. 关务丛书

主要包括3类档案资料:

(1)海关内部各种诫程,如《海关内班诫程》《海关外班诫程》等。

(2)新关题名录,即海关职员名录,每年一编。

(3)总税务司通令。

5. 官署丛书

(1)关于海务、港务的资料,如《灯塔、浮标和信号灯的报告》(每年一编)。

(2)关于厘金、盐税、常关税等各种税收的统计、报告,如《常关,福州和福建:关于税收、民船、贸易、财政等的报告》(1904年),《厘金:关于湖北、安徽、宜昌和九江征收工作的特别报告》(1899年)等。

6. 总署丛书

主要涉及总税务司参与的各种外交活动以及特别项目建设的记录。

7. 邮政通令（Postal Circulars）

1896年3月，海关开始兼办大清邮政，总税务司赫德本人兼任总邮政司，总揽全国的邮政事务；驻上海的海关造册处税务司葛显礼兼任邮政总办；各口海关税务司则兼任邮政司，负责管理当地的邮政事务。1897年，由于葛显礼休假，戴乐尔出任造册处税务司兼邮政总办，在北京的总税务司署另设一名副总办，署理邮政总办，由署理税务司阿理嗣充任。11月9日，阿理嗣由总税务司授命，以署理邮政总办的名义发布第1号"邮政通令"。此后，依照总税务司的指令，"邮政通令"成为海关系统内的一个特别通令系列，直到1911年5月28日大清邮政局被邮传部收编。

8. 未列入丛书类出版物

数量众多。

Wright, S. F. *Documents Illustrative of the Origin, Development and Activities of the Chinese Customs Service*. Shanghai, Statistical Department of the Inspectorate General of Customs, 1937-1940.（魏尔特：《中国海关起源、发展和活动文件汇编》，共7卷。）

二、读文本：晚清海关档案资料的解读

(一) 史料学视野下的文本

1. 基本观念：作为史料的文本（文献）是历史研究的媒介，它包含着历史事实；经由对史料的考证、辨析，追寻源流、辨明真伪、考订谬误，可以获得真实、可靠的历史信息。

2. 方法论的演进：汇集古文字学、铭文学、年代学、世系学、考古学、语言学、版本学、训诂学、考据学等知识和技术，形成一套公认的史料考订准则。

3. 典型代表：兰克学派、傅斯年

(二)阐释学视野下的文本

1. 基本观念:文本是文化和社会建构的产物,涉及本文、叙述者、阅读者三者之间的关系;它渗透了叙述者及其所处社会文化背景的主观意志,并非历史的自然话语;文本所包含的信息(语言符号)与所指事物之间存在着距离;对文本的理解并非用空白的头脑去被动接受,而是以头脑中预先准备好的"前理解"为基础,用活动的意识去积极参与理解;文本的意义并非叙述者给定的"原意",而是由阅读者参与建构的;文本是体验和理解的过程,不存在对一个文本的规范性解读,对于同一文本,总有新的不同的理解。

2. 典型代表:格尔茨的"深描"(阐释人类学):理解的理解,解释的解释。

[美]克利福德·格尔茨:《文化的解释》,韩莉译,译林出版社,1999年;《地方性知识:阐释人类学论文集》,王海龙、张家瑄译,中央编译出版社,2004年。

(三)后现代视野下的文本

1. 基本观念:所有的历史文本,基本上都是建构在叙述者的"诗性行为"之上,历史和文学、实在和虚构、事实和想象之间并无特定的区别,无刻意区分之必要,虚构化的文本,或许具有更高的价值。

2. 典型代表:罗兰·巴特、海登·怀特

海登·怀特:《元史学:十九世纪欧洲的历史想象》,陈新译,译林出版社,2004年;《后现代历史叙事学》,陈永国、张万娟译,中国社会科学出版社,2003年。

三、写文本:晚清海关档案资料的利用

(一)历史的建构:从历史本体到历史话语

对象物(历史实在)—叙述者1—文本1(历史记录)—阅读者—叙述者2—文本2(历史编撰)

(二)正读与反读:文本本体的研究

娜塔莉·泽蒙·戴维斯:《档案中的虚构:十六世纪法国司法档案中的赦罪故事及故事的叙述者》

(三)构件与媒介:文本的史料价值

1. 业务文件

内外来往公文、信函、训令、告示、电文

2. 统计资料

贸易、税收、航运、人口移动、金银流动、物价变动

3. 调查报告

贸易报告、十年报告、专题调查报告

4. 私人文书

《赫德日记》

《中国海关密档:赫德、金登干函电汇编》

(注:本文是2012年1月9日出席复旦大学吴松弟教授领衔的国家社科基金重大项目"中国旧海关内部出版物的整理与研究"开题报告专家评议会期间,应邀给复旦大学学子所做讲座的提纲。)

六、书评、序言及其他

评陈诗启著《中国近代海关史》

陈诗启先生是中国近代海关史研究的开拓者。从 70 年代初,他便开始了对中国近代海关史的研究工作,自 1980 年起,相继发表多篇专题论文,并出版了具有开拓意义的专著《中国近代海关史问题初探》。今天呈现在读者面前的《中国近代海关史》,是陈先生 20 余年潜心研究的结晶。

中国近代海关史作为一个新的研究领域,有待探索的问题甚多。本书在许多方面都提出了自己独到的见解。如中国近代海关是以英国为首的列强重建半殖民地贸易新秩序的产物,海关是英国控制下的"国际官厅",是晚清政府的业余外交部,等等。这里需要特别提到的是"海关是英国对华关系的基石"这一命题。

作者认为这是研究中国近代海关史的"一个带根本性的问题"。在海关由管理对外贸易征税事宜的机构演化成英国对华关系的基石的过程中,有两个因素起了关键作用。其一,中国近代海关创建时期,正值英国对华政策从以武力征服为主的"猛进政策"向以扶植、加强清政府统治为主的"缓进政策"转变的时期。第二次鸦片战争时英国远征军统帅额尔金认识到,"外籍税务司制度可以保证外国利益的合法权利和义务得到满足",因而提出了把海关建成英国对华关系基石的设想。额尔金的弟弟卜鲁斯则把这种设想逐步具体化了。其二,这一时期,清廷被迫打开国门,却不知外交为何物,便试图利用名为中国政府雇员的海关洋员了解外情,沟通中外关系。因此,总理衙门设立后,海关便归总理衙门统辖,总税务司署成为总理衙门的附属机构,这为海关演化成英国对华关系的基石奠定了基础。

海关成为英国对华关系的基石,最突出地表现在总税务司以业余外交为主要活动。1866 年海关总税务司署从上海迁至北京,此后,总税务司几乎介入晚清所有重要的外交事务。1874年,总税务司赫德为了加强业余外交活动,特派心腹金登干出任中国海关总税务司署伦敦办事处税务司,由此建立起一条畅通的秘密外交渠道。渠道的一端是清政府的外交部门——总理衙门,另一端则是外国政府(尤其是英国政府)的外交部门。总税务司稳稳地抓住了总理衙门这一端,又通过金登干接通外国政府外交部门那一端,因而"清政府的主要外交事件,几乎没有一件不是通过总税务司和伦敦办事处税务司去处理的"。

毫无疑问,正因为海关具有作为英国对华关系基石的特殊作用,总税务司赫德才会辞去英国驻华公使这一重要的职务,持续担任总税务司一职,并多次强调中国海关的领导权应掌握在英国人手里。也正是因为同样的理由,总税务司在英国政府支持下,千方百计地利用一切机会扩展海关权势,以加强海关对清政府的影响。

由此不难看出,"海关是英国对华关系的基石"这一命题不仅是对中国近代海关实质的深刻把握,而且是理解海关种种活动的一把钥匙。

中国近代海关并非仅仅是一个负责管理对外贸易征税事宜的机构。"它以征收对外贸易关税,监督对外贸易为核心,兼办港务、航政、气象、检疫、引水、灯塔、浮标等海事业务,还经办外债、内债、赔款及以邮政为主的洋务,从事大量的业余外交活动。"海关职能内外的多种活动,使海关史的研究,必然包括近代中国政治、经济、文化和军事等多方面内容。本书对此予以了较多的关注。如本书特辟一章,深入探讨海关与洋务运动的关系,并提出了一些发人深思的见解。

第一,西方列强与晚清洋务运动发轫的关系。学术界对这一问题多有争论,作者则着重剖析了总税务司赫德在《中国问题纪略》一文中所反映的英国官方对清政府举办洋务的态度:一方面要让清政府因自身的需要而走上改革之途,另一方面又要以不平等条约为动力来迫使清政府进行改革。基于这一态度,总税务司向清政府提交了《局外旁观论》的呈文。作者认为由于总税务司赫德和英国驻华公使威妥玛的这一呈文,以自强为目的的洋务活动在统治阶级内部开展起来,并迅速形成一个运动。

第二,海关经办的洋务。本书详细列举了海关总税务司以海关的名义和力量参与经办的一系列洋务,主要包括:(1)"提倡和帮助"同文馆由学习外国语言的学校变成"介绍近代思想进入中国教育制度的先驱",并从经费、人员等方面扶植同文馆的发展。(2)发动和促成清政府派遣对外使节,开拓"近代外交"。(3)劝导清政府购置舰艇,加强海防,促成清政府海军的创建,并负责经办清政府舰艇的采买事宜。(4)主持近代中国海务工作,引进西方的技术设备和管理制度。(5)主办近代邮政。

作者在全面、系统剖析中国近代海关发展、演变过程的基础上,力求对海关做出客观的评价。作者首先指出,中国近代海关是以英国为首的西方列强重建在华半殖民地贸易新秩序的产物。英国最初的目标是借助海关使清政府按照不平等条约规定的贸易方向行动,更大的目标则是使海关成为英国对华关系的基石。中国近代海关便是沿着这个方向发展成英国控制下的"国际官厅",成为维护和发展列强(尤其是英国)在华权益的工具。这是海关的主导方面,是海关的本质所在。另一方面,作者又指出,中国近代海关"是作为资本主义因素出现在中国的,这就不可避免地带进了资本主义的新事物"。如海关为了最大限度地发挥关员的工作效率,引进了西方的人事管理制度。"这种制度从管理学的角度看,是科学的,对当时的中国来说,也是先进的。"又如海关的财务管理制度,也是在吸收西方先进会计制度的基础上形成的,有一套严格的财务纪律及其审查制度,因此海关财务很少发生舞弊现象。上述人事和财务管理制度与中国封建时代海关的任人唯亲、滥用家丁、贪污中饱成风相比,显然是一种进步。

正如作者所指出的,"笼统地把海关工作都看作消极的,这是不符合历史事实的"。如海关的海务工作,这是与征税工作平行的两项基本业务之一。晚清时期,海关在海务方面做了大量工作:(1)在沿海、内河险要地点设置从西方引进的先进的海务技术设备和管理方法,并构成了一定的体系。(2)在沿海、沿江及内陆设立许多测候所(气象站),在全国大部分重要地区形成了气象联络体系。(3)参与测量、疏浚水道,绘制水道图,制定航行章程,刊发航行公告。(4)制定和发布各种船舶管理、助航设备分界和海难营救等章程办法,加强了船舶和助航设备的管理。(5)制定检疫章程,执行检疫任务,提供瘟疫情报。这些工作使晚清海务"从原始、落后状态跃进世界先进行列"。

作者进一步对海务工作和征税工作做了比较,指出二者"对中国所起的作用显然不同。征税工作是执行不平等条约有关关税问题的规定,对中国民族工商业的发展起了阻碍作用。至于海务工作,一方面大大便利了外商轮船的航行,从而加速了它们在中国的经济侵略;但另一方面,对于便利中国的商船、民船甚至海军舰艇的航行也有不可忽视的作用。在这一点上,不能不承认海务工作具有一定的公益性质"。这一分析是妥切的、中肯的。

　　本书的出版,为深入研究中国近代海关史打下了良好的基础,同时也向学术界提出了一些有待于探讨的问题,如各地海关史的研究、海关洋员群体的研究、海关与专门史的研究等等。相信在不远的将来,中国近代海关史研究会取得更加丰硕的成果。

　　(《中国近代海关史》,陈诗启著,45万字,人民出版社1993年7月出版。)

《全球化视野:中国海关洋员与中西文化传播》序言

中国近代海关是近代中国一个极其特殊的机构:它名义上为中国政府属下的一个管理部门,但其管理大权却长期为在华外籍人士所操持;它名义上为监管中国对外贸易的一个职能部门,但却长期染指近代中国的港务、邮政、教育以至外交领域。正是在这样一个特殊的机构里,形成了近代中国社会一个活动能量颇为可观的特殊群体——海关洋员。这一社会群体的成员来自 20 多个国家,以至中国近代海关素来有"国际官厅"之称。随着中国近代海关机构与职能的不断扩展,这一群体的即时规模,从最初的数十人,发展到 20 世纪初的千余人。直到 20 世纪 30 年代,才开始有所萎缩。若就洋员把持中国近代海关的近百年而言,其总数当有数万人之多。

20 世纪 70 年代末 80 年代初,由于陈诗启先生的开拓性研究,中国近代海关引起学术界的广泛关注,一批学术成果问世,但对海关洋员这一特殊群体,却鲜有学者涉及。有感于此,我在 1996 年撰文对中国近代海关史研究做学术史回顾时,写了如下一段话:

"海关人物的研究有待突破。这一突破不但指应对一些重要的海关人物做更深入细致的探讨,而且指更应当把近代海关洋员作为近代中国一个特殊的社会群体来加以考察,从总体上把握这一社会群体的成员构成、社会心态、行为特点、社会功能等各方面的特点。这一社会群体虽然人数不多,但由于近代海关的特殊地位,他们具有很大的活动能量。他们与近代中国的政界、商界、军界、学界以至宗教界等,均有相当密切的联系,社会影响甚大。对这一社会群体的深入研究,无疑将为海关史研究开拓出一片新园地。此外,这一研究还可以同近代在华传教士群体、外商群体等外国人在华社会群体做比较,以深化对近代中外关系的认识。"

是故,8年前詹庆华跟随我攻读博士学位,当他提出拟以海关洋员作为其博士论文的研究对象时,我深表赞同,并对他敏锐的学术视觉颇为赞赏。

此后,作为一名在职攻读博士学位的博士生,詹庆华不辞辛劳,严谨治学,利用一切空余时间,广泛搜集各种原始资料,并认真整理、解读,终于利用5年时间完成了他的博士论文:《中国海关洋员与中西文化传播(1854—1950年)》。该博士论文获得评审专家的一致好评,并毫无悬念地被评为"优秀博士论文"。在此基础上,詹庆华又不断扩充资料、修改完善。于是就有了现在呈现在读者面前的这本学术专著。

本书以中国近代海关洋员群体作为研究对象,采用深入描述的笔触,对这一特殊群体参与的中西文化交流传播活动,进行较为全面而细致入微的考察。作者首先借助社会学的视野,考察了海关洋员群体的形成、分布、生活待遇、社会地位、社会关系和社会功能,由此探析了海关洋员介入中西文化交流传播的前提和背景。尔后,又借助文化学的视野,考察了海关洋员在西学东渐和汉学西传中的种种活动。诸如,在港务、海务、邮政、矿务、医疗等领域引进西式先进设备与管理理念;在海关机构内部推行仿效西方的财务制度、人事制度和统计制度等各种管理制度;积极传播西方先进的科学文化,推进近代中国的西学教育;与此同时,在汉学西传中则充当传播与教育的先行者。基于上述史实的考察,作者最后以文化全球化视角,对海关洋员在近代中西文化交流传播中的作用做了较中肯的评析。作者指出:作为跨文化生存的文化中介人或边缘人群体,中国近代海关洋员在近代中西文化碰撞交流的特定时空氛围中,历史地扮演了文化交流传播桥梁的角色;其众多活动对近代中国社会的影响有着正负兼具的特征,不能简单以"文明使者"或"文化侵略者"加以概论。

通览全书,令人印象深刻者有三:一是史料翔实丰富。其中有些资料先前鲜为人知,系经由作者首次系统整理披露的。二是不拘泥于陈见。作者坚持实事求是的治学精神,勇于表述自己立足于史实之上所得出的独到见解。三是视野新颖独特。全书将海关洋员在中西文化交流传播中的各种活动置于文化全球化的分析框架内,令人有耳目一新之感。

詹庆华从硕士到博士,一直钟情于中国海关史研究,且在海关工作之余笔耕不辍,至今已发表不少成果,并参加了多次国际学术研讨会。本书是其多年努力的结晶,浸透了他辛劳的汗水。相信读者会在阅读中感受到他的学术魅力。

　　中国近代海关的存在是近代中国社会一个极其特殊的现象。海关洋员的广泛活动,覆盖了近代中国的社会政治、经济、文化和军事等各领域,产生了许多错综复杂的历史问题。国内外学术界因此有了种种不同的解读,形成了种种不同的话语。詹庆华对海关洋员涉足近代中西文化交流传播的文化性解读,为我们提供了一个新颖的视角。不论读者认同或不认同他透过这一视角表达的学术见解,其显示的学术勇气和学术视野显然是值得称道的。希望他再接再厉,在中国海关史这一宽阔的研究园地中走得更远。也希望他学以致用,为中国现代海关制度尤其是海关文化建设做出更大贡献。

　　是为序。

《上海网络与近代东亚》中译本序：
地域、网络与亚洲近代历史的重构

古田和子为日本当代著名历史学家，专攻亚洲经济史。她早年曾先后求学于日本东京大学和美国普林斯顿大学等世界知名高等学府，由此积累了丰富的学识，奠定了扎实的功底，养成了严谨的治学风格。1988年获得普林斯顿大学历史学博士学位后，她先在日本东洋英和女子大学任教，继而于1997年转入庆应义塾大学经济学部担任教授至今。由东京大学出版会于2000年10月间出版的《上海ネットワークと近代東アジア》（即本书日文原著）一书，汇集了她多年研究成果，是为她的代表作。

2000年9月，因参加在北京举行的"第二届近代中国与世界国际学术研讨会"，我有幸认识古田和子，她是我提交会议论文的评论员。会后，承蒙她惠赠本书日文原著，得以先睹为快，领略了她驾驭史料的娴熟技巧和剖析问题的缜密思辨。如今欣闻她的大作将由中国社会科学出版社出版中译本，列入"中国近代史研究译丛"，出版社邀我撰写中译本序言，盛情难却，欣然应允。然提笔之际，颇感踌躇。贸然为名著作序，恐非本人学识所能担当。是故，在此仅能谈谈我再次通读全书之后的片段感触，冀望能有助于读者对本书的理解。

一

诚如古田和子在本书的序论中所言："（本书）是把上海放到亚洲区域内经济关系中加以考察，在这个意义上，本书是'亚洲交易圈'理论的一个具体的、实证的研究。"所谓"亚洲交易圈"理论，是20世纪80年代以来,日本学术界对"欧洲中心观"批判性反思的产物,试图重建亚洲近代历史一个新视角、新观念、新架构,在方法论上具有范式革新的意义。本书正是这一批判性反思的力作之一。是故,若要充分理解本书的要义,首先需了解日本学术界这场批评性思潮的概貌。

在二战以来的很长一段时期内,亚洲近代历史的建构,一直处于"欧洲中心论"的阴影下,但批判性的反思也从未停止过。早在20世纪50年代,著名英国历史学家霍尔(Hall, D. G. E.)就曾指出:"看东南亚历史,要以其自身的观点而不能用任何其他观点,才能看准。"进入70年代,在美国更形成一股力求摆脱殖民主义史观,按照非西方社会自身的观点来研究其社会发展进程的思潮。反映在中国史研究领域,便是被柯文(Cohen, P. A.)称之为"中国中心观"的出现。80年代后,日本史学界也掀起了一股批判"西方冲击"论、重写亚洲近代历史的思潮。由两位日本领军学者主编的一套七卷本丛书的标题:"从亚洲思考",正是这一思潮的诉求与标识。与以往的批判性反思不同的是,日本学者引入地域圈概念,主张"从体现历史纽带的亚洲区域内的国际秩序和国际贸易关系的整体内在变化之中,去把握作为亚洲史发展形态的亚洲近代"(滨下武志语),由此形成著名的"亚洲经济圈"理论,亦称"亚洲交易圈"理论。本译丛译介的第一部日文名著《近代中国的国际契机:朝贡贸易体系与近代亚洲经济圈》就是这一理论的代表作。其作者滨下武志则是这一理论的首创者和代表人物之一。

这一理论的提出,从学术史的渊源上说,显然是对以区位理论为基石的区域经济理论的借鉴和发展,同时也吸收了沃勒斯坦世界体系理论的若干思想。其作为方法论的重要贡献在于:在批判"欧洲中心论""亚洲从属论"等流行理论的基础上,深刻揭示以往将"国家"以及由他们相互间组成的"国际"作为分析近代史前提和框架的局限性,主张把处于"国民经济"和"世界经济"间媒介地位的"地域经济圈"纳入研究的视野,并聚焦于流通领域以及作为其中介的商人及其组织,从而充分把握具有双重和多重色彩的实态"亚洲交易圈"的内在联系及其自律性、连续性演化。

值得一提的是,在对亚洲经济圈的实证研究和理论探索中,日本学者对海域有着特别的关注和理解。这是与亚洲地理形态的某些特点密切相关的。诚如已有的诸多研究成果所显示,从东北亚到东南亚,存在着一片以"中国海"命名的海域。这一地区海域的连锁结构最多,而且极其错综复杂。滨下武志因此称其为"具有把地中海海域的内部结构组成南北更大规模扩大的格局"。这片海域被大陆、半岛、岛屿所环抱,由此形成若干相互区分又相互联系、相互交错的海域圈。所谓的亚洲经济圈,正是由处于陆域边缘的城市和口岸,借助这些辽阔的海域圈形成的一个个有机网络构成的。本书所关注的上海网络,就其空间格局而言,便同时覆盖了东中国海(东海)和北中国海(黄海)两个海域圈。

作为一名专攻亚洲经济史的日本专家,尤其是作为志在重建亚洲近代历史的日本学术群体的一名重要成员,古田和子自然熟知上述批评性思潮的真谛及其在日本学术界引致的争议。是故,本书即运用"亚洲交易圈"理论展开对19世纪后期上海网络实态的实证性研究,借助对上海网络多侧面、多功能的具体细致的描述,加深了人们对亚洲交易圈内在发展逻辑的认知,强化了"从亚洲思考"这一新范式的说服力,同时又保持对这一理论体系的批评性思考。就此,古田和子通过对上海网络承担转运洋货(英国棉布)功能的考察,指出在强调亚洲内在发展的自律性、自在性的同时,应避免"亚洲交易圈"理论中亚洲中心主义的复活;她质疑开港以后亚洲海域存在亚洲与欧洲绝然对立的真实性,并主张扬弃亚欧二元对立的思维模式。这确实是一个很值得进一步深入探讨的话题,它涉及全球视野与地域视野如何协调、交融和互补。

二

如同本书的标题所揭示的,"上海网络"是本书的研究对象与主题。古田和子笔下的上海网络,时间定格于19世纪晚期,空间以东海海域和黄海海域为其铺展的平台,结构上以中、日、朝三国开放口岸为其节点,功能上则是东亚地域物质、信息交流的载体。更重要的是,在古田和子看来,上海网络是东亚经济秩序的表征与主体。本书日文原著内封,便是以"*Shanghai Network：The Economic Order in Late Nineteenth Century*

East Asia"（上海网络：19世纪晚期的东亚经济秩序）作为其书名的英文译名的。因此，古田和子透过在上海—神户、上海—长崎—朝鲜、上海—仁川—阪神（大阪与神户）间流动的"物"及其媒介"人"（商人），揭示了上海网络，即近代东亚经济秩序的双重性格：它既是亚洲本地的物流网络，也是世界商品的流动网络。她由此得以将三个看似独立的议题——上海网络在东亚近代史的位置，网络透视下的中华帝国经济特征，网络在市场秩序形成与维系过程中的功能——联结、并置在上海网络的分析中。

然欲剖析上海网络，自然离不开网络理论。实际上，"亚洲交易圈"理论的创立与发展，在很大程度上得益于网络理论这一有效、便利的分析工具。"网络"概念的出现虽然可以追溯到20世纪初德国社会学家齐美尔（Georg Simmel）的论著，并在40年代首次被英国人类学家拉德克利夫-布朗（A. R. Radcliffe-Brown）所明确使用。但直到50年代，由于英国人类学"曼彻斯特学派"的实证研究和理论诠释，网络理论才逐渐从一种隐喻性的描述技巧，转变为一种分析工具。70年代以降，随着众多研究者的不断努力，网络理论不断丰富，逐渐成形，成为一个跨学科的社会科学理论，并被广泛运用于各种学术研究领域，生成一系列新的概念、命题和相关理论。

网络的定义与定位，虽因学科不同或研究对象不同而多有差异，但作为"关系"的描述与分析工具，网络的基本特征，诸如空间性、扁平性、灵活性、跨界性等，已为学界所普遍认同。正因此，当"亚洲交易圈"理论力图消解以国家为研究视野的局限性，将目光聚焦于介于国家与国家之间的跨国地域时，有着"非国家空间"之称的网络及其理论，自然受到青睐和广泛运用。

在本书，古田和子视网络为"支配着空间的关系"，借此对19世纪晚期上海网络的空间格局、内部功能、运行实态以及演化轨迹，均给予细致入微的描述和剖析。其特别值得关注点有二：第一，与学术界大多以人际关系网络来阐释中国商人网络不同，古田和子将中国商人网络的软件，即存在形态，分解为"股的网络"和"客帮网络"。前者建立在中国传统的"合股"经营形态上，是一种以股的形式持有份额和责任为前提，经由双边关系扩展的、互相协作的多边信用关系。后者则建立在前者的基础上，是一种由移动的、散居的、具有地域认同的商人群体,在承担交换和交易功能中建构的关系。第二,与许多学者对网络的静态描述不同,古田和子更注重在动态中把握上海网络的特征,因而充分注意到上海网络自19世纪70年代以降经历的变迁,尤其是在原上海网络覆盖空间内,黄海交易圈的生成、成长,及其离心倾向的逐渐增强。由此展示近代东亚经济秩序内在发展的复杂性和多面性。

值得一提的是,近年来,学术界对20世纪90年代以来网络理论在亚洲交易圈研究,尤其是海外华人社会经济研究中的泛化现象提出种种批评性反思。廖赤阳和刘宏两位学者在为其编著的《错综于市场、社会与国家之间:东亚口岸城市的华人社会与区域商业网络之建构》一书所作的序论中,就此做了精到的归纳与诠释,提出两个值得进一步探讨的论点:其一,网络理论的泛化,使其理论内涵有被空洞化之虞,需要有更多实证性研究加以支撑。其二,网络论在试图将国家相对化时,忽视了国家、制度、法律体系等外在环境对于网络的制约。因此,需要"找回国家",重新辨识和考量网络与国家的关系。本书对"上海网络"所作的实证性研究,可以说已经对此做出了初步的回应。

三

借助近代中国海关统计资料,运用统计分析方法,通过对具体商品在东亚各开放口岸流通量变化的细心分析,使得上海网络的功能更清晰,形态更具体,特征更明显。这是本书的又一突出特点。

贸易统计为海关的重要职能之一。中国近代新式海关的贸易统计,始自咸丰九年(1859年)。该年,江海关和粤海关各自印行了自己的年度贸易统计,是为海关统计制度之滥觞。其后,相继建立的各口海关,也先后就地印行了自己的年度贸易统计。咸丰十一年(1861年),海关开始使用统一的统计报表。同治三年(1864年),海关总税务司则进一步要求各口海关将年度贸易清册送至江海关税务司出版。十二年(1873年),由于统计工作的发展及其日益增长的重要性,海关总税务司将原来属于江海关的印书房(Printing Office)和总储房(Return Department)剥离出来组成一个独立的部门,称为造册处,由一个税务司管理。造册处不仅负责汇总、整理、编印和发行各类海关贸易统计和贸易报告,而且为规范各关统计,设计、提供各种统一的统计表格,并介绍其使用方法。由此,海关统计工作进一步规范,统计的项目也随之不断增多。

近代中国海关出版的贸易统计种类甚多,包括统计日报、月报、季报、年报、十年报告以及海关公报(取代季报)等等。这是近代中国统计时间跨度最长、数据最完整的统计资料,是一套极其珍贵的统计资料。事实上,本书所引用的《北华捷报》(*The North China Herald*)上登载的贸易统计数据,均来源于相关的海关贸易统计。但诚如古田和子所指出的,利用这些统计资料,存在着一个如何"读"的问题。据笔者所见,在日本学者中,滨下武志是最早留心收集和使用包括海关贸易统计资料在内的各种中国近代海关资料的。在其出版于80年代末的《中国近代经济史研究:清末海关财政与通商口岸市场圈》一书中,滨下武志率先倡导利用海关资料研究地域经济圈。本书以对海关贸易统计资料新的读法,回应了滨下武志的倡议。与以往学术界大多将海关统计资料作为国民经济视野下的对外贸易统计来利用不同,这一新的读法,将通商口岸视为交易网络的中心或结点,由此得以透过数据,读出其背后隐藏的历史实态,从而大大丰富本书的网络分析。

值得进一步指出的是,实际上,近代中国海关留下了极其丰富的资料,这些资料大致可以划分为已出版(出版物)和未出版(档案)两大类。前者包括统计丛书(海关贸易统计资料,即归入此丛书)、特种丛书、杂项丛书、关务丛书、官署丛书、总署丛书和邮政丛书7个系列,以及未归入系列的其他出版物;后者则包括总税务司署各部门以及各口海关保存的各种来往函件、电文、会议纪要、缉私记录、职员考核、账本等等。这些珍贵的海关资料,实有待我们以不同的读法,细心地开发、爬梳和利用。

《泉州海关志·总述》

一

　　泉州地处我国福建省东南沿海,北通津沪,东邻台湾,南接厦汕,地理位置十分优越。唐宋以来,随着泉州地区社会经济的发展,泉州港的海上贸易发展神速,进入其鼎盛时期。北宋哲宗元祐二年(1087年),政府在这里设置了专门掌管来往海外船舶贸易、征税事宜和接待朝贡使者的机构,即市舶司。这是泉州最早出现的具有类似现代海关功能的管理机构。因当时泉州属福建路,故称福建路市舶司,与属广南东路的广州市舶司,属两浙路的杭州市舶司、明州市舶司并称"三路市舶司"。南宋乾道二年(1166年)政府宣布撤销杭州、明州市舶司,只保留广州、泉州两市舶司后,文献多称两地市舶司为"闽广两路舶司"。

　　作为"掌蕃货、海舶、征榷、贸易之事"的管理机构,泉州市舶司按照宋朝政府制定的一系列市舶法则实施管理。海舶商人出海前,须向市舶司呈报所载人、船、物货及所要前往的地点,并由殷实之户作保。市舶司经验查核实后,发给海商"公凭"(亦称公据),即为出海贸易许可证。海商归国时,应将公凭上缴市舶司。市舶司就地抽解,即征收市舶税。市舶收入直接上缴中央政府,其数量相当可观。据载,南宋绍兴末年泉州港的市舶收入,每年在百万缗上下,约占南宋政府年财政收入的百分之二点五。

　　泉州市舶司的设立及其市舶管理制度的相对完善,保障了泉州地区海外贸易的有序开展。但由于封建权豪官员营私舞弊现象的日益加重,南宋时期,泉州地区一度出现蕃商日渐减少的状况,引起朝廷关注。南宋宁宗嘉定十二年(1219年),南宋政府曾因此特下诏严饬舶务,不许地方权贵官吏私自抽买。违禁者,以赃论。

元世祖忽必烈统一全国后,元朝政府下诏恢复海外贸易,于至元十四年(1277年)首先在泉州重新设置市舶司,并派蒙古人银青光禄大夫忙古䚟主持。于是,泉州成了元朝政府招徕外商,组织海外贸易,尤其是与南海诸国交通贸易的中心。泉州港进入其历史上的黄金时代。意大利商人马可·波罗就曾目睹、见证了这一时期泉州港的繁荣景象。

元代泉州市舶司的市舶管理制度不断完善。依照元朝政府的指令,市舶司按统一标准对舶货进行抽分,同时裁撤前代设置的禁榷、博买,设立征收现钱的舶税。舶税在泉州首先实施后,于至元三十年(1293年)推广到其他各市舶司。该年,元朝政府还正式制定《市舶抽分则例》二十二条。延祐元年(1314年)又在原有基础上进行修订,形成成文法二十一条。这是现存我国古代最早、最系统的管理海外贸易的法规。

明朝建立后,明政府于洪武三年(1370年)在福建、广东、浙江设市舶提举司。福建市舶司仍然设在泉州,管理与琉球进行的勘合贸易。洪武七年(1374年)八月,明政府因倭患严重而加强海禁,裁撤三地市舶司。直至永乐元年(1403年)才再度恢复。

按明政府规定,市舶司的职责为"掌海外诸蕃朝贡之事,辨其使人表文勘合之真伪,禁通番,征私货,平交易,闲其出入而慎馆谷之",市舶司实际上成为接待贡使的机构。为"怀柔远人",显示宗主国恩泽,明朝廷对入贡一概免以征收市舶税,且赏赉优厚,甚至随贡附带私物前来市易者,也悉免其税,实行高价收买的政策。

明永乐以后,由于主管泉州市舶司的太监提督驻福州,加上琉球贡船多停泊福州城南河口,为加强对中琉贸易的管理和控制,成化八年(1472年),明政府将市舶司衙门从泉州北移到福州。历时近400年的泉州市舶司时代就此结束。

作为中国古代驰名中外的四大市舶司之一,泉州市舶司在穿越近400年历史风云的坎坷历程中,不仅见证了泉州地区昔日的繁荣与衰落,梦想与奋斗,而且为中国古代海关制度的演化与变革,涂上自己浓重的色彩,留下一份弥足珍贵的文化遗产。

二

在泉州海关结束市舶司时代的200多年后,历史又翻开新的一页。清康熙二十三年(1684年),清政府开放海禁,在东南沿海先后设置了闽、粤、江、浙四处海关。其中,闽海关在当代泉州海关辖地内先后设立了泉州南门外、法石、安海、秀涂、洛阳、陈埭、永宁、蚶江、深沪和新桥等征税小口。泉州海关由此进入一个新的历史时期——闽海关时期。此后,闽海关泉州各口(一度也称税馆)的隶属关系屡有变更,直到乾隆三年(1738年)后,方由福州将军兼管。其主要职能则在于依照清政府先后颁布的各种则例,监管贸易商船,征收关税。

1854年,侵华列强侵夺中国海关管理大权,在上海建立起第一个实行外籍税务司制度的海关。第二次鸦片战争后,实行外籍税务司制度的海关陆续在全国各通商口岸建立。这些海关在中文文献上一般称新关,外文文献则称洋关。原有的海关,在中文文献上多称旧关、老关或常关,在外文文献上则称常关。因此,1862年厦门的洋关建立后,原闽海关泉州府属各口,均改称常关,仍归兼任关监督的福州将军管辖,由将军委派的官员管理。1901年后,泉州地区的常关已形成一个由泉州总口(或称泉州总关)及其管辖下的法石、秀涂、洛阳、崇武、獭窟、蚶江、安海、马头山、深沪、陈埭、玉洲、石码、刘五店、浦头、金门和新桥等十六处分口构成的常关系统。此时,泉州总口由福州将军委派泉州知府兼办。

1913年,泉州总口更名为泉州常税总局,连同其辖下的分口一并划归刚设立的厦门关监督公署管辖。至1915年,泉州常税总局下辖法石、秀涂、洛阳、蚶江、陈埭、安海、崇武、獭窟等八处分局,以及深马、永宁、新桥和祥古等四处分卡。此后,由于民国时期泉州地方局势动荡不宁,土匪横行,各种军事势力轮番控制该地区,泉州常税总局及其下辖的许多分局、分卡或招商包办,或时停时办,多有变故。

鸦片战争后的泉州常关虽然建制屡有变化,但其基本职能却大致保持不变,即按照中国政府先后颁布的税则和条例,管理来往的中国商船,征收税费,查缉走私。

1931年后,泉州常关建制再次变更,总局(或称总关)更名为"厦门关泉州分关",下设秀涂、蚶江、永深(永宁、深沪)、崇獭(崇武、獭窟)和安海五个分卡,及祥芝、古浮、浦内、围头、石井、东石、石圳和水头八处查验所。泉州分关由厦门关税务司派员直接管理,成为厦门洋关的一部分。此后,泉州分关及其下属分卡便依照统一的海关税则,管理贸易商船,征收关税。但由于许多关卡设备缺乏,人员不足,加上管理上的弊端,税收一直不旺。因此,自1932起,泉州分关下属的分卡就陆续奉命裁撤。至1933年,仅存留泉州和秀涂两个海关机构。

1937年7月抗日战争全面爆发。翌年5月厦门沦陷后,泉州分卡和秀涂分卡一度停办。复办后的泉州分卡于8月1日改归福州海关(闽海关)临时管辖,更名为"闽海关泉州分卡"。至1941年6月又因福州沦陷,原直属闽海关的涵江、东山、龙溪、石码和嵩屿等五个海关分卡一度划归泉州分卡管辖。

1944年,福建各海关奉令更名。泉州分卡于该年4月1日更名为"晋江支关",下辖崇武、秀涂两支所。但次年抗日战争胜利后,崇武支所奉令裁撤。晋江支关的下属机构仅留秀涂支所。

1948年12月1日,秀涂支所暂行停办。1949年7月,晋江支关和秀涂支所奉命裁撤。持续260多年的泉州海关的常关和洋关时代终告结束。

监管往来货物、船舶,征收关税,查缉走私,是近代各个时期泉州海关的主要功能。由于自清乾隆朝以来,泉州地区与台湾、澎湖之间的海上贸易往来一直是该地区海上贸易的主要组成部分,对这一部分贸易船舶和货物的监管和征税构成泉州海关货运监管和关税征收的重要内容。泉州海关税收或旺或淡,与泉州地区和台湾地区两地贸易情势的演化密切相关。这是泉州海关运作的主要特色之一。

泉州地区虽地处东南沿海,却在通商口岸五十里之外,在1931年常关奉命裁撤之前的很长一段历史时期内,泉州海关一直是作为常关存在,采用中国政府自主制定的税则,征收常税,受外籍税务司控制的时间很短。这构成了近代泉州海关运作的另一个特色。但这并没有使旧泉州海关摆脱管理混乱无序,腐败成风,人事、财务管理制度形同虚设的痼疾。加上人员短缺,设备匮乏,经费紧缺,尤其是长期以来既无武装人员,又无适合缉私的船只,面对武装的集团走私,关员缉私不力,很难进行有效的缉私行动,遂使本来管理制度就不完善的泉州海关漏洞更多。因此,泉州地区的走私活动特别猖獗。

民国前期,泉州地区战事不断,政局动荡不宁,正常贸易深受其害,日趋衰落、萧条,关税收入旺月少、淡月多,海关经费常常入不敷出。加上土匪横行无阻,肆意抢劫海关,各种军事势力也轮番控制海关,视其为摇钱树,海关正常运作无从开展。因此,泉州常关实行"包商制",即常税局卡将关税征收权交由地方商人承包,并视各局卡情形,规定每年应上缴的定额税款,盈余部分由包商自行处理,常关仅起徒有其名的监督作用。这是民国时期泉州海关的一大运作特色。

三

1949年10月,伴随着新中国的诞生,中华人民共和国海关总署在北京设立,中国海关从此翻开崭新的一页。在此之前,中国人民解放军已于8月31日解放了泉州市区,于10月17日,解放了厦门,并于22日由中国人民解放军厦门市军事管制委员会派员接管厦门关税务司署。12月19日,晋江支关和秀涂支所挂牌成立,并于次日宣布开始对外办公。泉州海关也从此开始全新的历程。此时,晋江支关有人员10名,秀涂支所有5名,均由厦门关派遣。

此后,泉州海关的建制和隶属关系屡有变更。其业务则因受台湾海峡两岸紧张关系的影响,不断减少。至1957年1月,在经过秀涂支所撤并、晋江支关更名、"关局合并"等一系列事件后,经海关总署同意,泉州支关停止办公,机构保留。此后泉州海关一停就是20余年。直到1979年,随着中国改革开放政策的推行,泉州海关才重新开张,并迎来她的黄金时期。

1980年1月1日,泉州支关正式恢复对外办公,一开始仅有9名工作人员。1985年2月,遵照海关总署的指令,泉州支关改称为"中华人民共和国泉州海关",划归福州海关管辖。同时从科级机构升格为处级海关。由于厦门关和福州关抽调人员支援,泉州海关的人员达到30人。翌年,泉州海关重新划归厦门海关管辖。

此后,泉州海关随着业务的迅速扩展,机构建制和规模也不断扩大。先后成立了石狮海关、泉州海关缉私分局、石狮海关缉私分局和肖厝海关。至2003年,在泉州市行政区域内已正式形成"三关两局"的海关机构格局。在此期间,泉州海关工作人员的队伍不断扩大,1993年,实际在编人员为112人,达到最高纪录。至2003年底,实际在编人员为93人。与此同时,泉州海关的业务管辖范围也不断变更。至2003年12月,管辖范围具体包括泉州市的鲤城区、丰泽区、洛江区、泉港区、泉州经济技术开发区、南安市、惠安县、安溪县、永春县、德化县。

对进出境运输工具和货物的监管是海关的四大职能之一。泉州海关的监管业务是随着改革开放后泉州对外贸易的迅速发展和1983年1月1日泉州港正式对外轮开放,才迅速扩展的。至1998年12月,泉州海、陆、空的出入境通道全部开通,泉州海关依法对辖区内的出入境船舶、车辆和航空器进行监管。其监管区先后包括泉州港、东石港、辋川港、崇武港、蟳埔港、泉州内港、陆路进出口货物报验中心(先设在晋江县紫帽镇,后搬迁到清濛科技工业开发区)、肖厝港、石井港、晋江机场。在此期间,泉州海关运输工具监管的对象呈现多样化,监管的范围不断扩大,货物监管的业务量不断增加。为适应这一变化,一方面,泉州海关的监管设施和监管手段随之不断完善,不断高科技化;另一方面,泉州海关采取各种措施,不断改进对运输工具监管的方式和方法,不断简化监管的程序和手续,努力做到"进出方便、监管有效"。与此同时,对本口岸的进出境货物区别其不同性质,分别适用相应的政策和规定,采取相应的办法进行监管。在依法监管的同时,不断改革通关作业制度,采取各项便利措施,支持货物的合法进出,逐渐形成一个制度规范、运作高效的全新的通关管理模式。

征收税费是泉州海关的另一主要职能。泉州海关依照中央政府历次颁布的税则和相关法规、法令征收各种税费。其先后征收的税费包括进出口税、特别关税、附加关税、行邮物品税、进口调节税、代征的工商统一税、工商税、产品税、增值税、(特别)消费税、对台贸易调节税、船舶吨税、出口商品利润调节税、港务建设费(浚河建港费)、车辆购置附加费、地方附加税和口岸管理费,以及海关规费、滞报金、监管手续费和进口商品退税(关)手续费、报关单位注册登记手续费、进出口货物加班速办费和货物进出口证明书费(签证费)等其他行政事业性收费。各项税费开征和停止的时间不尽相同。随着泉州海关业务的发展,海关税费总额也不断上升。

为了确保海关监管、征税工作的有序、顺畅开展,维护国家利益,泉州海关不遗余力地打击走私行为。尤其是在改革开放后,随着泉州地区对外经济联系的加强,走私活动乘隙而入,愈演愈烈。走私活动的形式、途径和手段不断变化。既有利用来料加工进行的"飞料"走私,也有利用对台小额贸易进行的群众性走私;既有境外走私集团介入的大规模走私,也有被称为"蚂蚁搬家"的各类小规模走私;既有传统的个体走私,也有法人走私的新动向。泉州地区甚至一度成为海上走私的高发区和陆上贩私的聚散中心。为了有效遏止不断恶化的走私风潮,泉州海关采取各种有效措施,坚持长期不懈地打击走私,并在缉私斗争中及时总结经验,完善体制,认真调查、研究各种走私新动向,采取有针对性的解决办法,有效打击了走私活动。为了加大反走私力度,泉州海关曾先后启动了稽查制度,成立了海关专职缉私警察队伍,并实现了"以办案为主转向以查缉为主、以查处个案为主转向以规范企业行为为主"的工作重心的转移。

编制海关统计,包括贸易统计和业务统计,是法律赋予海关的职能。新中国成立初期,泉州海关继续沿用旧海关的统计方法,直到1956年海关新统计制度初步建立。1980年1月,泉州海关恢复办公后,作为隶属基层海关,并不直接编制和发布海关统计,而是负责本关区统计原始资料的收集、审核、汇总和上报工作。1991年3月泉州海关增设征税统计科后,泉州海关不断完善统计制度,改进统计手段,提高统计质量,使统计工作得到进一步加强,成为促进对外贸易发展和强化海关监督管理的有效手段。

泉州海关在不断扩展业务,忠实履行职责的同时,也不断提高自身的业务素质和管理水平,并充分应用科技进步的新成果,努力加强科技和业务的一体化建设。通过入关教育、道德教育、学历教育、岗位培训和业务培训等各种教育与培训,海关员工的职业道德和业务能力不断提高。而随着一大批先进的仪器和设备陆续投入使用,防伪技术和计算机技术等各种高新技术的不断推广运用,随着报关单联网核查系统、手册备案数据异地传输、许可证联网核查系统、口岸电子执法系统和通关单联网核查系统等联网核查系统的不断建立,高新科学技术在海关业务和行政管理中应用范围的不断扩大,应用水平的不断提高,泉州海关报关自动化、财务电算化、办公自动化和管理数字化的程度不断提升。

  当代泉州海关,既伴随着新中国的诞生而重获新生,也伴随着新中国的成长而健步前进。尽管在50多年的历程中不乏挫折和失误,但步履始终是坚定的,方向始终是明确的。沐浴着改革开放的春风,迈入新世纪的泉州海关必将进一步发挥"把关"和"服务"的职能,为维护国家的主权和利益,为促进当地的经济发展和对外交流做出更大贡献。

《中国海关与中国近代社会》前言

陈诗启教授是中国近代海关史研究的开拓者,是在海内外享有盛誉的中国海关史专家。无论在哪里,一提起中国海关史研究,人们总会想到陈诗启先生。他倾注了三十多年的艰辛心血,以惊人的毅力和深厚的功力,先后在 78 岁和 84 岁高龄完成了《中国近代海关史(晚清部分)》和《中国近代海关史(民国部分)》两部巨著(计 91 万字),填补了历史学领域长期遗存的一大空白,为中国近代海关史研究留下了传世之作。《中国近代海关史》是国家"七五"规划社会科学基金项目。该书由人民出版社出版面世后,先后七次获奖,屡膺国家最高奖项。《中国近代海关史(晚清部分)》荣获国家教委首届全国高校人文社会科学研究优秀成果二等奖、首届国家社会科学基金项目优秀成果二等奖。2002 年,《中国近代海关史(晚清部分)》和《中国近代海关史(民国部分)》被选作教育部"研究生教学用书"并合订再版。再版后又荣获第四届吴玉章人文社会科学优秀奖和第二届郭沫若中国历史学奖二等奖。

陈教授 1915 年 2 月出生于福建省德化县赤水镇。1935 年毕业于集美师范,1941 年毕业于国立厦门大学历史系,1945 年后在厦门大学从事行政、教学和研究工作,历任历史系讲师、副教授、教授,厦门大学历史系主任,厦门大学中国海关史研究中心主任、名誉主任等职。在 20 世纪五六十年代,陈教授即以明代官手工业、近代中国资本主义的成长和近代市场形成问题的研究而享誉学术界,著有《明代官手工业的研究》《明史讲义》等。他在遭遇"文革"冲击和磨难的艰难时刻,于 1972 年毅然选定中国近代海关史研究作为自己后半生的奋斗目标,搜集、整理和翻译了多达 300 余万字的资料,首次建构了整个近代海关演变的基本脉络,汇编了 120 万字的《中国近代海关史资料选辑》,选译了七卷本的《中国近代海关历史文件汇编》，拟定了《中国近代海关史总目录》。从1979年起，他陆续在《历史研究》《近代史研究》等权威刊物发表数十篇引人瞩目的高水平专题论文，奠定了在中国近代海关史研究领域的学术地位。1987年，他的第一部中国海关史专著《中国近代海关史问题初探》由中国展望出版社出版，被学术界誉为"一部具有开拓意义的专著"。

陈教授不仅开拓了中国海关史研究的荒漠，还致力于推动中国海关史的学科建设。1985年，他卸去厦门大学历史系主任的重任，集中精力推动中国海关史研究的全面开展。他倡议中国海关学会和厦门大学合办中国海关史研究中心，亲自出任研究中心主任，全力领导研究中心工作。他亲自主编了一套中国海关史研究工具书，共三种，第一册：《中国近代海关地名英汉对照》，第二册：《中国近代海关名词及常用语英汉对照》，第三册：《中国近代海关机构职衔名称英汉对照》，组织翻译《李泰国与中英关系》《赫德与中国海关》《东印度公司对华贸易编年史》《赫德日记（第一卷）》等国外有关著作；发动研究中心和中国第二历史档案馆合作整理档案《中国海关与中英外交关系（1912—1949）》（6册），与厦门海关合作整理《厦门海关历史档案选编》。为了建立一支研究队伍和学术梯队，他在国内率先招收中国海关史硕士研究生，为国家培养了一批又一批优秀人才。

根据海关总署和中国海关学会关于"研究中心对于各关史志的编写，应发挥指导作用"的文件精神，研究中心每年派员分片访问各海关，协助各关史志的编写。陈教授亲自访问了全国15个海关，开设中国海关史讲习班和海关史志编写工作座谈会，审阅了一些海关的关志稿，提出修改意见。各地海关负责编志同志也纷纷专程来厦和陈教授磋商修志问题。为了表彰陈教授对中国海关史研究和海关史志编修工作的巨大贡献，海关总署于1987年特授予他海关金质纪念章。

鉴于近代中国海关是英国控制下的"国际官厅"，英美等国外交档案和海关外籍人员保存了大量有关中国海关的档案和文献资料，而各国学者对于中国海关史问题也时有涉及，很有必要开展国际交流，以推进研究工作的全面发展。在陈教授的热切倡导下，香港大学于1988年承办首届中国海关史国际学术研讨会。1990年，由中国海关史研究中心牵头，联合《历史研究》编辑部、《近代史研究》编辑部、中山大学历史系、广东省社会科学院历史研究所在厦门大学主办中国海关史第二次国际学术研讨会。1995年,香港中文大学历史系主办中国海关史第三次国际学术研讨会,并结集出版《中国海关史论文集》。这些国际学术研讨会的召开,对推进中国海关史研究的国际交流与合作起到积极的作用。原香港大学校长王赓武教授在1990年就对研究中心和陈教授的研究工作有个总的评价:"中国海关史研究中心是国内海关史研究的重镇。在中心主任陈诗启教授领导下积极推动研究活动和培养后进人才,多年来极有成效。倡议的首次中国海关史国际研讨会虽由港大主办,但研究中心和陈教授是推动者,贡献至大。"

2003年6月间,为了表达对陈诗启教授的崇敬之情,厦门大学中国海关史研究中心全体同仁决定在2004年2月为他从教六十周年暨九十华诞举办一场庆祝会,同时出版一本论文集。此后,我们陆续收到了美国特拉华大学教授庞百腾,美国莱斯大学教授司马富,加拿大列城大学教授邝兆江,中国经济史学会,中国社会科学院中国经济史研究室,《中国经济史研究》编辑部,中国历史学会会长金冲及,中国社会科学院经济研究所研究员汪敬虞、宓汝成、江太新,中国社会科学院历史研究所研究员林甘泉,华中师范大学教授章开沅,北京师范大学教授龚书铎,《历史研究》编审阮芳纪,中国社会科学院近代史研究所研究员虞和平,中国人民大学教授叶凤美,台湾"中研院"近代史所研究员张存武、林满红,台湾"关税总局"研究员赵继祖等组织和个人寄来的贺信或大作。为感谢和表彰陈诗启教授对中国海关事业做出的特殊贡献,中国海关学会会长赵光华、厦门海关关长毛新堂、厦门海关学会会长朱才良也寄来热情洋溢的贺函。在此,借本书出版之机,我谨代表厦门大学中国海关史研究中心全体同仁向各位表示诚挚的感谢。

收入本论文集的文章,除了来自海内外专家的佳作外,还有出自陈诗启教授弟子及在读研究生之手的一批新作。此外,还收录部分专家、学者的贺信,以及陈诗启教授从教六十周年暨九十华诞庆祝会上部分来宾的即席发言。

谨以本论文集表达我们对陈诗启教授的敬重和爱戴。

《中国海关通志》出版研讨会发言稿

　　星移斗转,春华秋实,历经六载,《中国海关通志》终于问世。这是当今中国海关文化建设的一件大事,也是学界闻讯雀跃的一件特大喜事。作为一名专攻中国海关史研究的学者,多年来我曾有幸参与《中国海关通志》编纂的部分早期工作,并一直关注着这一工作后期的进展。如今面对长达600万字,堪称鸿篇巨著的6册《中国海关通志》,感触良多。

　　盛世修志,乃我们中华民族独具特色的优良文化传统。自20世纪80年代中叶以降,乘着改革开放的强劲东风,我国各项事业都取得了骄人的业绩,编修志书工作也在神州大地上适时兴起。各地区、各行业、部门的修志工作如雨后春笋,破土而出,方兴未艾,蔚成大观。在迄今业已问世的林林总总数万志书中,《中国海关通志》确实达到"篇目结构合理,体例结构完整,文献资料翔实,文字通顺流畅,专业特色鲜明"的预期目标,堪称上乘之作。

　　注重质量,追求精品,是我面对《中国海关通志》的第一个深切感触。《中国海关通志》的编纂工作,发轫于2006年。此前,海关系统在总署的统一部署和有力领导下,在历届学会的精心操持下,在各地海关的不懈努力下,在修志方面已经取得可喜的成绩,陆续出版了数十部地方海关志。海关总署及时总结第一轮修志的经验,决定启动《中国海关通志》的编修工作。时任总署署长的牟新生在《中国海关通志》编纂委员会第一次会议上的讲话中,以编纂《中国海关通志》是当代海关人的神圣使命、历史责任和光荣任务这般回肠荡气的使命感,要求"坚持质量第一的原则,力争编出经得起历史检验的精品佳作。创精品、出名志"。时任中国海关学会会长赵光华在关于修志工作的报告中也表达了同样的理念,明确提出:"确保质量是编修《中国海关通志》的第一要务。"正是这种强烈的质量意识,为《中国海关通志》的编撰工作提出了高标准、严要求的指导原则,为编纂工作奠定了良好的基础。

遵循质量第一的修志理念,海关总署不仅成立了编纂委员会和下属的办公室以及由各地海关遴选合适人员组成的编写组,并适时地为编写组成员举办培训班,提高成员的修志水平,形成一支精干有为的修志团队,而且筹划了详细的各种路线图和时间表,有条不紊地开展修志工作。此外,在通志编修过程中,编委会还先后举行数次研讨会,及时研究处理修志中出现的问题,协调各方的需求。由此确保了《中国海关通志》的优良品质。

夯实基础,厚积薄发,是我面对《中国海关通志》的另一个深切感触。志书本质上是一种资料性文献,这已是学界共识。是故,资料是否全面系统、丰富翔实、准确可靠就成了判定志书质量的首要标准。中国海关源远流长,在其漫长的演化进程中,留下了汗牛充栋的资料,散落各处。收集、挖掘、爬梳、辨析和分类整理海关历史资料,无疑是一件相当艰辛、困难的工作。此外,近代新式海关由于其管理权长期为外籍税务人员所把持,留下大量的英文和日文档案资料,需要先行翻译成中文,更增加了资料收集、整理工作的难度。

如前所述,在启动《中国海关通志》编修工作之前,各地海关已经相继开展了编纂地方海关志工作,因而已经各自积累了相当丰富的各类海关历史资料。但《中国海关通志》编纂委员会和编写组全体同仁并没有止步于此。为了实现编委会制订的使《中国海关通志》的资料真实、准确,充分体现其科学性、史料性和权威性的目标,全体编写组成员展开新一轮更为周密细致的资料收集工作,并反复辨析,去伪存真、去粗取精,这使得我们可以在《中国海关通志》书中见到不少珍贵的原始资料。据悉,《中国海关通志》编纂工作完成后,编委会将编写组成员抄录的资料整理编辑成《〈中国海关通志〉资料汇编》,存放于上海海关学院图书馆。该汇编总计267册,除1册为总目录外,其余266册为资料。分为古代卷4类,近代卷12类,及当代卷15类,合计6361条目,1300余万字。由此可见编写组同仁在资料上下的功夫有多足。

博采众长,集思广益,是我面对《中国海关通志》的又一个深切感触。

收集资料,去伪存真,去粗取精,这是编修工作的主要任务。据载,由清代梁廷枏于道光年间主修的《粤海关志》是我国第一部地方海关志,内容翔实,保留了大量前清粤海关的原始记录。民国初年,黄序鹓主修的《海关通志》,首次以通志的体例记载中国海关发展历史,非常值得借鉴。近年来,全国28个直属海关、14个隶属海关共完成42部志书,编纂出版了一批在文化界、历史界、学术界中颇有影响的地情资料书。20世纪90年代,海关总署也先后组织编纂出版了《当代中国海关》等史志性书籍,都具有重要的参考价值。编纂委员会组织人员认真梳理、研究这些海关史志的研究成果,把其中有益的成果拿来为我所用,不断进行修志理论创新、工作思路创新、修志手段创新,有效提高编纂工作的质量和水平。

《中国海关通志》编委会不仅多次广泛听取海关系统人员的意见,而且多次广泛征求海关系统外各界人士,尤其是专家学者的意见,对此,我有切身体验,感触尤深。

2007年初,《中国海关通志》编辑部将《中国海关通志》目录的征求意见稿发送各地海关学会及其相关组织机构。由于我们厦门大学海关史研究中心素来与中国海关学会密切合作,曾参与海关系统各地海关志的修志工作,因此,厦门海关学会转来了该征求意见稿。我在细读该目录后,发现该征求意见稿在整体框架的设计上,将其主体部分分成建制沿革、法律法规、货运监管、物品监管、保税货物监管、税费征管、海关统计、查缉走私、科技装备及应用、对外交往、人事教育、文化建设、财务和关产、人物等十四篇,每一篇均试图从古至今加以叙述。这一设计显然是参考了先前各地海关志编纂的经验。但我认为,这恰恰是地方海关志编纂上的不足之处。我们认为,由于中国海关历史悠久,各个阶段、不同形态的海关及其制度差异甚大,相互间并没有直接的一一对应的承继关系。如果试图按照当代海关的基本职能和基本内涵细分出的篇章节来编撰长达数千年的海关历史,当遇到某一海关职能在古代、近代和现代变异较大时,难免会出现有些章或节里,根本没有相应的古代或近代的内容;有些章节分类又会顾此失彼,甚至出现有的海关志生搬硬套、削足适履的问题,以致使人在阅读时感到生硬、别扭和混乱。事实上,几年前我应邀参与《泉州海关志》的编撰时,就为此提出了将海关志分成古代、近代和当代三部分的框架结构,为《泉州海关志》编委会所采纳。因此,我建议:作为全国性的海关通志,其主体框架可以考虑分成以下四编:古代海关志、近代海关志、现代海关志和各地海关志。各编下面再根据不同历史时段海关的特点分出篇、章、节和目。这样的设计,在分为四部分的基础上,仍然符合"以类为纲、依时叙事"或"横分门类,纵述始末"的志书编撰传统。而其最大优点是各编下面的篇、章、节、目的标题和内容会显得很和谐。另,增加一个"各地海关志",是因为全国性通志难以反映出各地海关建置沿革的情况。不久后,我应邀为在天津举办的编写组成员培训班讲课时,再次详细表达了自己的意见。令我深感欣慰的是,我的建议被采纳了。我也因此对通志编委会领导的虚怀若谷,睿智大度印象深刻。

学海无涯,精益求精,是我面对《中国海关通志》的第四个深切感触。《中国海关通志》是集体通力合作的产物。作为一项多人参与、合作的大工程,很容易出现在不同部分,对于同一个概念、事物或事件,说法不一的问题。这在大多数由集体完成的志书上都可以遇见。《中国海关通志》在这方面已经尽了最大努力,取得了不俗成绩。但令人遗憾的是,依然留下少许的瑕疵。比如关于粤海关洋关设立的时间,在书中不同地方的说法就不一致。

当然,如此浩大的一个工程,少许的瑕疵是难免的。瑕不掩瑜,《中国海关通志》无疑仍然堪称新时代志书的典范。相信它将充分发挥"存史、资治、育人"的功能,有力推进当代中国海关事业的蓬勃健康发展。

(注:本文是2013年9月底,笔者应邀前往北京参加《中国海关通志》出版研讨会的发言稿。)

《红色征程——中国共产党领导下的海关革命斗争史》审稿意见

一、总体评价

  海关总署和中国海关学会向来重视海关革命斗争史研究，无论是资料收集、整理还是各种专题研究，此前都已经有了不少成果。不仅出版了两辑的《海关职工革命斗争史资料选集》，而且早在1990年就出版了《海关职工革命斗争史文集》，此后也一直陆续有相关文章问世。在此基础上，本书以5编20章的篇幅，较为全面完整地展现了中国共产党领导和影响下的海关革命斗争的历史面貌。全书覆盖了建党初期在中国共产党领导和感召下收回海关自主权的斗争，从土地革命时期到抗日战争结束期间中国共产党在国统区和沦陷区领导开展的海关革命斗争，中国共产党创建的红色政权中海关的初创与发展，随着解放战争的节节胜利中国共产党对全国海关的接管，以及新中国成立后对旧海关的改造等各种历史事件和英雄人物，内容丰富，多姿多彩，较为生动展示了那段值得大书特书的红色历史征程。

二、学术价值及亮点

  在近代中国，为了推翻压在中国人民头上的帝国主义、封建主义和官僚资本主义三座大山，建设一个人民当家作主的新中国，中国共产党领导中国人民开展了艰苦卓绝的革命斗争。中国共产党领导下的海关革命斗争就是这部可歌可泣的伟大斗争历史的一个有机组成部分。本书首次较为全面完整地展现了其历史风貌,难能可贵。尤其是在全国开展"四史"学习教育的当下,更具现实意义。

全书结构严谨,叙事逻辑清晰,史料丰富,部分章节涉及以往史学界甚少开掘的领域和探讨的问题,显示出作者良好的学术视野和问题意识。

三、存在的主要问题

本书作为初稿,尚有一些有待完善之处,试列举如下:

第一,文中的部分文字和表述或不甚准确,或存在不确定性(作者自己也打了问号),或用词不当,或错别字,或标点符号出错等等。就此,我在阅读时有的顺手修改了(如第 7、9、10、23、42、61、62、80、84、104、164、178、211、228、229、237、255、259、260、262、264、275、296 页,等等);有的则仅仅涂红以提请关注(如第 10、13、14、33、61、66、68、80、112、124、130、132、133、147、148、169、170、176、192、234、246、248、285 页,等等)

第二,注释有待统一规范。有的我已经顺手涂红了(如第 15、16、17、35、36、40、80、84、86、95、96、104、112、113、115、116、127、145、146、203、204、205、262、294、296、299 页,等等)。此类问题较多,涂红可能多有遗漏。

第三,重复叙述的问题。本书就其结构而言,虽然也关照时间轴的顺序,但总体上是按照以块为主即以事项为主来设计的,因此在时间上会有交叉,叙事内容也难免出现重复。尤其是在多人参与撰写的情况下,重复现象更难避免。建议主持人在统稿时做详略处理,或变换表述方式处理。

第四,史料问题。有些史料的搜集、辨识和使用还有待查细坐实,准确无误。如第 125 页在"颁行税则税率"条目下,叙述苏维埃临时中央政府成立后在 1931 年 12 月 1 日颁行的《中华苏维埃共和国暂行税则》。作者也清楚这一税则并非仅仅针对关税,而是"开征商业税、农业税、工业税三类。主要对根据地内农业生产和商品生产、流通、消费征税",但在下文中却这样写道:"《暂行税则》于 1932 年 7 月修订。修改后的税则,起征点从200元下降到100元,税率大幅度提高,如资本金在3001元至5000元的商人,原税率6.5%,修改后税率为12%,负担增加了84.5%。征收期限也由每年征收两次,改为每月征收一次。"这里所述显然并非涉及关税。

再如关于《关声》的存续历史,书中多处涉及(如第49、50、61、66页等),但叙述不甚准确,请再查实。

第五,标题序号有误,如第80、84页。

此外,文中多处出现乱码,不知何故?我大多也顺手涂红了(如第21、32、36、37、104、109、110、117、118、133、134、174、175、197、200、201、243、244、293页,等等)。

四、修改建议

第一,我顺手修改的部分仅供参考。

第二,涂红部分要不要修改以及如何修改由原作者做主。

第三,注释请按照出版社要求统一规范。

第四,重复问题建议如上述。

第五,史料问题请自行查实修订。

第六,第241页作者提问"是否需要将津海关接管经验概述几条?"我写了一句"评注":"考虑到其作为经验推广的重要性,应该简要归纳出来。"请参阅。

至于乱码,估计是word版本不同所致,回到原文版本应无大碍,就此作罢。

此外,建议增加些历史图像。

审稿人:戴一峰
日期:2021年4月21日—5月7日

(注:2021年4月,中国海关学会寄来《红色征程——中国共产党领导下的海关革命斗争史》一书初稿。本文是我应邀撰写的审稿意见。)

关于《中国海关法制史(古代)》初稿的通信

徐先生您好！

　　这段时间陆续读完了您的大作《中国海关法制史(古代)》，对您孜孜以求、刻苦认真的治史精神，甚为感佩。诚如你来信所言，海关法制史以往学界并无专著问世，专题论文也屈指可数。由此可见这一选题的价值，也可以想象您撰写本书难度之大。看得出您查阅了大量的相关典籍，也阅读了许多前人的相关论著，包括海关史、关税史、对外贸易史、法制史论著中的相关论述，这使得您的研究具备了良好的基础。已经完成的初稿体量甚大，涉及面甚广，其中不乏您精心研究、独立思考的成果。作为一个进入一片鲜为人开垦的研究领域的开拓者，您撰写的初稿自然也会存在一些值得进一步探讨的问题。您自己显然对此也有清醒认知，所以特地写信提出8个您在研究中深感困惑，或踌躇不决的问题。我自己对海关法制史并无专门深入研究，只能带着探讨问题的态度，从您来信提出的问题入手，谈谈我的读后感，供您参考。

　　一、概念界定

　　作为一本学术著作，首先要阐明自己对研究对象及其关联对象的界定，这是常规。您提了两个概念：海关和海关法制。

　　您在研究中也发现以往部分研究者在将海关界定为国家间交往的监管机构的同时，又将各种国内税关纳入叙述范畴，两者存在矛盾。由此您建议给海关下一个新的定义。我个人觉得这个定义不妥。因为这个定义实际上是对所有税关的界定。然而，海关是税关中的一种特殊形态。国内关卡则是税关的另一种特殊形态。两者一道构成了税关。两者的共同之处在于都是对人、物流通的监管，其区别则在于前者监管的是在国家间流动的人和物，后者监管的是在国家内部流动的人和物。当然，由于中国历史进程的复杂性,两者在许多历史时期并非泾渭分明的,但解决之道不是去改变原有海关定义的本质,而是在具体的历史场景下做出辨析和说明。《中国海关史十六讲》一书在处理这个问题上做了一些有益的探索。您可以参考、借鉴。

法制这一术语的界定,学界向来就有广义与狭义的不同版本。您将海关法制的涵义概括为法律规范和法律秩序两个方面,属广义理解,自然并无不妥之处。只是,从全书观之,您并非自始至终按照这一界定来研究和讨论海关法制的演化、变迁。需要在相关之处有一个准确把握和适当说明。此外,秩序一词含义甚广。就法律秩序而言,涉及法律制度的推行、监察,以及产生的社会效应等等。如何把握,需要思量。

二、全书结构

本书以海关法制的历史变迁为主轴,对不同历史阶段、时期的海关法制,从背景、渊源、内容和特点四个方面展开论述。这个叙述框架挺好的。不过,在具体书写中,可以根据不同历史阶段、时期海关法制的特点,在章节安排上有所变化,有所侧重,这样可以增加本书的可读性。

三、历史分期

我对古代海关法制史没有专门研究,对阶段划分不敢妄议。感觉你的三段分法可以接受。不过,对阶段的标题归纳有点异议。中国古代海关法制并非在汉代形成一个体系,此后的历史演化就沿着这个体系发展、变化。因此,第一阶段的标题称为"确立"似乎有点不妥,请考虑。明清时期的海关法制说它成熟,应无问题,但称它"衰落",似乎费解。明清两朝的"闭关禁海"(对此学界还有许多深入研究)并不意味着法制的衰落。这是两个不同概念。是否可以改为发育、发展和成熟三个阶段的表述。仅供参考。

四、指导思想

这个归纳很有意思。它涉及法律文化范畴。看得出您对此颇为潜心、用心。只是我觉得,中国古代海关法制背后潜伏的思想文化,各个历史阶段、时期还是有所差异的。本书作为一章放在最前面,有集中论述的优点,但似乎也有过于笼统和混搭之嫌。是否可以考虑将其分开,置放到全书的相关部分,结合各个历史阶段、时期海关法制的具体样貌及其特点来加以归纳、阐述。

五、主要特点

这应该是您深入研究、独立思考的结晶,是本书出彩之处。特点的论述,可以考虑历史背景和思想渊源的影响与制约。

六、涉及内容

您有点担心本书内容"涉及面太广,有些并不属于海关管理范畴"。这确实是本书存在的一个问题。其实这个问题和您的概念界定是密切相关的(见问题一)。由于您界定的海关其实包括所有税关,您界定的海关法制又包括内容较为宽泛的法律秩序,因此,您书写内容的自由裁量权就被放大了。

我想,解决之道有二:其一,您依然保持现在的书写内容,只要您全书的叙述逻辑能够自洽,也就可以了。学术研究原本就没有所谓的定见,见仁见智吧。当然,对于部分明显过量的叙述,还是可以尽量简洁些。其二,从概念的重新探讨入手,重新确定内容的涉及面,以及详略书写的处理。这样工程量就会大大增加了。仅供参考。

此外,关于内容还有一点需注意的。不能仅仅依据手头资料的多少来决定书写的内容和该内容的书写篇幅。应当严格依据论证自己研究主题和问题意识的需要,遵从论证的内在逻辑,恰当稳妥安排书写内容的选择和详略处理。

七、税则问题

《钦定户部税则》确实如您所说的并没有对进出口税则做明确的划分。但从海关税则演化的历史看,这毕竟是第一部比较完整的海关税则。至于您说的宋太祖制定的《商税则例》,其纳税对象包括各种商业活动,甚至包括"民间典卖庄田",却不适用于榷场和市舶,显然不好视为第一部较完整的海关税则。

关于明代月港征收的陆饷,您信中提到的两种观点都有出处。请查阅明人张燮的《东西洋考》卷七《饷税考》。我想您可以有自己正确的判断。

八、对外贸易

国内有关中国古代对外贸易史的著作,确实大多如您所说不叙述分裂时期中国版图内不同王朝（王国）间的贸易交往。其中的原因实际上和我们讨论古代海关的界定问题相关。对此,学界的观点是比较一致的。理由可以简要表述为,当原本统一的国家分裂后,不同王朝（王国）间的贸易往来,并非中国的对外贸易往来,而是中国内部不同政治集团（共同体）间的贸易往来。

以上是直接回应您信中提出的8个问题。此外,还有几个问题。

第一,您显然查阅了许多古代典籍,但您在某些注释中,在典籍后面接着写上"转引自"某某著作。这不妥。因为这些典籍并非秘籍、孤本,是较容易查阅的。您可以自己查阅,然后直接引用。实际上在查阅中,您还可能发现别人著作中的引文在原本典籍中还有一些有价值的上下文,有利于您的研究。

第二,全书页码标识尚未统一,注释也尚未统一。

第三,部分内容缺漏。如第五章第二节第79页到81页。

第四,作为学术专著,应该考虑最后安排"结论"一章。

第五,您在研究中注意到本书研究对象与海关史、关税史、外贸史、法制史等研究领域密切相关。除此之外,也应该关注它与财政史的相关性。

我在阅读您的书稿时还有如下两点体会。

第一,本书的研究对象是中国古代的海关法制。从制度理论的角度说,法制是一种正式制度安排,其本质是行为规范。海关作为一种组织,其涉及的法制包括两大类:一是对海关自身行为约束的规范,一是海关遵照执行的对海关监管对象行为约束的规范。两者虽然有所联系和交错,但又是明显区别,且有各自的内涵和意义。研究者对此应有明晰的判别、辨析和认知,并依据自己研究主题和问题意识有所选择和侧重。

第二,回到历史现场,我们知道,历史上,法制作为一种正式制度安排,在实际运作中并非完全落实的。海关法制也不例外。因此应当考虑海关运作中非正式制度,甚至潜规则的影响与制约。

最后,我要再次重申,我对海关法制史并无专门研究,这回读了您的书稿很有收益,也思考了一些相关问题,因此提出来和您交流。所言并非确论,仅供参考。

代向左会长、贺秘书长问好!

顺颂

安好!

戴一峰
2018 年 9 月 16 日

［注:2018 年 9 月中国海关学会徐立春先生将他的书稿《中国海关法制史(古代)》寄给我,请我审稿,并附信提出 8 个问题,咨询我的意见。这是我阅读书稿后的回信。］

关于《江海关沿革史》的讲座、通信

一、说明

2017年10月间,上海海关学会史会长和金秘书长到厦门大学邀我见面,商谈上海海关学会组织人员撰写《江海关沿革史》事宜。在近代中国海关体系中,地处长江口的江海关无疑具有举足轻重的地位。因此,我闻讯深表赞同和支持,并应允担任学术顾问。

在此后三年多的时间里,我们除了在上海海关大楼和厦门海关大楼有两次面对面的直接交流之外,一直利用电子邮件保持着及时、必要的沟通。下面是我们之间交流的若干文献。收入本文集,一是为了纪念那段难忘的时光,二是希望我在里面表达的一些审稿意见,或许对各地海关书写海关历史有所裨益。

二、讲座:江海关沿革史

(注:2018年1月12日,我应邀在上海海关大楼为《江海关沿革史》编写组成员做了一场辅导讲座。此前的1月9日,编写组成员寄来目录和试写稿。)

导言:历史三要素
时间、空间、事物
事物:江海关(组织)

空间：上海及其关系网络的空间格局

时间：历史进程：产生、发展、变迁、转型、消亡

(节点、制约要素、过程、后果、影响)

(一) 内部

1. 名称

市舶司、江海关(老关、大关、常关)、江海新关(洋关)

2. 结构

部门、人事

3. 功能(职能)

本职(征税、监管、缉私、统计)

衍生(海务、港务、常关、厘金、邮政、参展世博会)

参与(外交、军事)

管辖范围(关区)

4. 制度

业务、行政、人事、财务

5. 关员组织

俱乐部、联合会、党组织

6. 事件

7. 人物

(二) 外部

1. 背景(影响因子)

政治、经济、外交、军事、社会

2. 关系(网络)

主管部门、同行组织、关联组织、其他组织

(三) 几个需谨慎处理的问题

1. 横向与纵向

分门别类与历史变迁

2. 共性与个性

全国海关与江海关

3. 内部与外部

江海关内部制度变迁与外部制约要素

4. 科学性与趣味性

解析式与叙事式

基线、结构、素材和语言

5. 其他

全书结构的调整

篇、章、节的标题

史料的挖掘、整理与取舍

三、关于试写稿的审读意见

史会长及编写组各位同仁：

大家好！经上周五的零距离交流，以及拜读了各位撰写的试写稿，总体感觉是，各位具备较好的查阅整理史料和写作能力，加上各位对海关史研究的学术兴趣，史会长的运筹帷幄，以及关长的大力支持，我想，本书的撰写已经具备必要的基本条件。事在人为，只要大家齐心协力，持之以恒，假以时日，一定能编写一部好的海关史著作。

下面谈谈我的一些不成熟思考，供各位参考。

第一，叙事的内在逻辑问题。任何事物的发展变化都是一个沿着既定时间轴的，具有一定向度的演进过程，即具有其内在的历史逻辑。当我们以既定的事物为研究对象，书写其演化历史时，实际上即是在重现或重构其演进样貌，因而必须遵循其原有的历史逻辑，即同样存在着一定的叙事逻辑。是故，在书写历史时，首先应当对书写对象演进的历史进程有一个清晰的顺序认知，清楚判定相关史料涉及的时间及其在演进过程中的位置，才能给出一个内在逻辑清晰的叙述。

第二，史料的收集、运用问题。所谓史料，即研究者借以重现或重构研究对象的材料。因此，对任何事物的研究都涉及史料的搜集、整理、辨识、考证和运用的问题，由此形成史料学。这里主要谈谈史料的收集与运用。

第一篇和第二篇的史料收集难度较大。不过,有关上海地区的历史研究论著可谓汗牛充栋,你们可以从已有的相关论著,尤其是有关对外贸易的论著中获得一些史料,还可以从相关论著的注释中获悉一些文献,循迹查阅这些文献,或许也可以有所收获。

从试写稿观之,如何运用史料的问题较为突出。有一分史料说一分话,这是史学研究的基本要求。因此,研究者总是尽最大可能全面搜集相关史料,但这并不意味着在利用史料书写论著时,堆砌越多的史料就越好。而是应当在详细分析史料的基础上,做出判断和选择,以足够充分支撑自己所要阐述的结论为依据。

一般而言,在论著撰述中运用史料可以分为直接运用和间接运用两大类。前者指将相关文献资料的有关记载直接引用到论著,即常见的加了引号的引文;后者则是用自己的语言来转述相关史料。两者经常交替运用,或交叉运用。这取决于文本的叙事风格和上下文的叙述连贯与和谐。运用不当极可能造成文本叙事语言的文白交杂,叙述的重叠累赘。

第三,全书的统一性问题。首先是叙事风格的统一。由多人合作撰写一部史学著作容易出现由于合作者各自叙事风格的差异造成的全书叙事风格的非规整性问题。从试写稿观之,四位撰写人的书写风格存在一定差异,但差异性不是太突出,适当调整即可。建议各位互相传阅试写稿,并一起讨论一些基本要求,寻求一定程度上的统一。以后每隔一段时间也一样传阅各自完成的部分,以便增强了解,不断趋近统一。

其次是注释的统一。建议一致采用页下注,且每页的序号均从1重新开始。注释规格则遵照目前学术界流行的要求。

再次是涉及的各种概念、称谓的统一。可以在传阅中发现问题时及时解决。

第四,结构性调整问题。从目录来看,部分章节的结构可能需要调整,我已经批注在目录初稿上,请参考。

至于全书的结构,可以等下一阶段依据各位史料收集情况,以及初稿完成情况再做讨论,议决。

以上所谈的问题,我就不一一举例。你们可以对照阅读我在目录和试写稿上的批注。如有疑惑不解之处,可以来信交流。

最后,祝各位工作顺利!

戴一峰
2018 年 1 月 17 日

四、关于第一稿的审读意见

(注:2018 年 6 月,《江海关沿革史》编写组成员来到厦门,我们在厦门海关大楼面谈。由于对文稿的具体意见我直接写在文稿的对应处,故下面只是为面谈草拟的几个主要问题的提纲。)

1. 结构。

整本书的结构如何考虑?要不要分篇?

此回 4 位撰稿人的标题混乱,表明首先需要梳理结构。

建议:考虑到各篇的篇幅规模差异较大,建议不要分篇,只设章、节或章、节、目。

可以考虑先理出结构性目录。

2. 格式。

章、节开首要不要有引言,请尽量统一。

如果要,请考虑引言的写作要求,适当统一。

引言的类型:概括型、解释型、承接型。

3. 叙事风格。

需要统一。

学术著作?通俗读物?话本?

注意引用资料表述风格的影响。

4. 章节标题。

章节标题如何书写,请考虑,尽量统一。

5. 内容。

如何兼顾江海关历史与近代海关史的联系和区别。什么该写,什么不该写;什么详写,什么略写。涉及材料的选择。

6. 注释。

要统一注释要求，以免将来返工。

要尽量引用原始材料，并注明出处。

戴一峰

2018 年 6 月 2 日

五、关于第二稿的审读意见

各位好！具体审读意见已经标注在文本里，下面是对主要问题的归纳和提示，供参考。

(一) 关于市舶司时期

1. 总体感觉由于资料所限，关于上海地区市舶司的具体内容依然比较单薄，尤其是明代部分。当然，这里还有一些关键要素的制约。

其一，上海地区对外贸易的历史演化，对其地位与角色的全面认知。

其二，市舶司设置的演化，时设时罢的特点。

2. 一些具体问题

其一，逻辑结构（叙述的逻辑性）。

其二，地图。

其三，引文注释的规范性问题，有的没有注释，有的注释没有注页码等等。

3. 有待讨论的问题

其一，可以考虑从上海地区的地理形势演化开始叙事（将清前期部分的前两节改写后放到这一部分），再加上地方经济的发展以及对外经济交通（外贸）的描述。可以参考第一稿的第一章。

其二，明代部分如果没什么内容（这是这一历史时期的特点所限制的），可以考虑合并到元代，成为元明两朝市舶司的兴衰。

建议读一读《中国古代海外贸易史》（李金明、廖大珂，广西人民出版社，1995 年）。

(二)关于清前期的江海关

1. 部分内容的转移,见前。

2. 结构的调整。

3. 引文注释。

(三)关于晚清江海关

1. 引言太长。

2. 重复问题。

3. 如何处理史料。

(四)民国江海关

第十章:

1. 内容与标题的冲突(第3节已经超出辛亥革命时期,似乎应归入第十一章,对照原拟定目录来重新考虑)。

2. 整段引文的格式问题(上下要空行)。

第十一章:

1. 注释问题。

2. 行文规范问题。

(五)整体还需考虑的问题

1. 要有绪论和结论(结语),谁来承担。

2. 考虑附录。

3. 内容的扩展。

(1)与地方社会的关系(尤其是晚清和民国时期)。

(2)海关与常关、税务司署与海关监督衙门、税务司与海关监督等之间的关系及其演化。

(3)海关人物。

戴一峰
2019年6月27日

六、关于书稿章节提纲的确认

各位好!

来信及《提纲》收悉。由于近来恰逢学校毕业季,各项事务繁多,没能得空及时阅读,迟复为歉。

总的看来,各位设计的章节大致可以,我在每一章后面都写了简要评语,请参考。

至于章节具体写法的差异,问题不大,届时再调整。我试着将章节标题适当统一,形成下面的目录,仅供参考。你们可以再修改或润色。

目录

第一章　古代上海地区市舶机构的兴衰
　　第一节　宋代市舶机构的兴起
　　第二节　元代市舶机构的发展
　　第三节　明代市舶机构的衰落
第二章　清代江海关的设立
　　第一节　江海关设立的背景
　　第二节　江海关设立的概况
第三章　江海关组织机构的演进
　　第一节　外部组织管理的承袭
　　第二节　内部组织结构的确立
第四章　江海关的日常运作
　　第一节　税务的征收与管理
　　第二节　关税的报解制度
第五章　对鸦片战争前江海关的再认识
　　第一节　对外贸易形势变化与江海关
　　第二节　江南地区社会经济演变与江海关
第六章　鸦片战争后江海新关的创设
　　第一节　五口通商对江海关的影响

第二节 江海关行政全面停顿

第三节 江海新关的设立

（注：第七、八、九三章，请参考我在你们提交的《提纲》里写的"评语"，重新考虑内容的选取和章节安排。再议。）

第十章 辛亥革命时期的江海关

第一节 江海关对革命力量的态度

第二节 江海关与外债的偿付

第三节 江海关职权的扩张

第十一章 江海关"辐射全国"地位的巩固

第一节 江海关行政组织的调整与扩大

第二节 层出不穷的江海关经验

第三节 江海关与总税务司署的密切联系

第四节 外滩新地标——江海关大厦

第十二章 大革命影响下江海关职工运动的高涨

第一节 海关外班华员俱乐部

第二节 海关华员联合会

第三节 海关同仁俱乐部

第十三章 南京国民政府前期江海关的改革

第一节 关制改革与江海关

第二节 江海关行政组织的调整变化

第三节 江海关承担的业务创新

第十四章 抗日救亡运动与江海关易帜

第一节 "孤岛"时期的江海关

第二节 江海关华员的抗日救亡运动

第三节 上海沦陷与江海关易帜

第十五章 抗战胜利后江海关的接收与重建

第一节 接收江海关

第二节 战后的开放经济体制

第三节 门阀权贵的逐利通道

第十六章 风雨飘摇时局中的江海关

第一节　经济的总崩溃与江海关的"崩坏"

第二节　剧变前的混乱

第三节　江海关党组织迎接解放的行动

至于参考书，我觉得要写出江海关的特色，关键还是靠原始资料。你们应当把主要精力花在爬梳原始资料上，从中发现一些江海关历史细节，否则容易与全国海关的历史重叠，失去特色。

如果还有问题，请及时提出，我会尽力回应。

代向史会长问好！

祝各位写作顺利！

戴一峰
2018 年 7 月 4 日

（注：最后商定确认的第七章、第八章和第九章目录如下）

第七章　江海关组织建构与管理制度变迁

 第一节　江海关机构及人员编制的变化及其特征

 第二节　江海关管理制度的沿革与创新

第八章　江海关业务制度的形成与发展

 第一节　多样化船货监管模式的形成与变化

 第二节　应征尽征的税收征管制度

 第三节　缉私体制的形成与完善

 第四节　海关统计发端于江海关

第九章　江海关职能的演变与拓展

 第一节　江海关港务职能的沿袭与发展

 第二节　江海关海务职能的兴起与延续

 第三节　江海关邮政业务的创办与演化

 第四节　总税务司署兼并事务的执行者

七、关于第三稿的审读意见

（注：由于第三稿各位成员发送给我的时间不一，回复时间也有所差异。）

(一)晚清部分(第八、九、十章)

1. 第八章按照现代海关的四大基本职能来叙述江海关本体业务制度的形成与发展,条理清晰,内容丰富,但也因此会遭遇一些需要细心处理的问题,比如重复问题、详略处置问题、内容配置的合理性问题,等等。其中以子口税制度、保结制度等最明显。我在文本中已经详细做了评语,请慎重考虑。

2. 第九章叙述海关的海务工作,第十章叙述海关兼管的其他事务。但是,就作者引用的赫德对海务的界定观之,港口检疫和天文、水文观测并不在海务范畴内。另一方面,第十章叙述海关兼管的邮政业务和商标挂号业务,内容比较少,尤其是在删除商标部分的民国时期内容后,显得更单薄了。因此,还是建议将第九、第十两章合并。

3. 江海关执行海务职能的机构及其组织结构、职责分工、人员配置等可以进一步补充、完善。

4. 请注意注释的规范性,表述的准确性,以及史料转述的流畅等问题。

5. 本次提交的三章,加上先前先后提交的两章(第六、七章),晚清部分就完成了。接下来,一是需要参考我先后几次审读的意见,进一步打磨;二是请考虑晚清江海关是否还有值得写,却被忽视的内容,比如江海关监管常关、江海关与世博会,以及江海关介入地区性事务等等。

6. 具体请参见文本的修订和批注。

(二)民国部分(第十到第十七章,共八章,由于晚清部分多写了一章,所以出现两个第十章,请协调修订)

1. 第十二章用一章篇幅写海关大厦,其叙事风格与其他各章迥异,内容也缺少勾连。建议作为附录,放到全书后面。

2. 缺乏注释的规范性是一个突出的问题。许多地方都没有注释,应该补上。

3. 表述的规范也是一个较为突出的问题。

4. 以原文形式引用文献资料时,要注意上下文的顺畅。

5. 最后一章的"后记"(我改为"尾声")如果作为全书结束,显得单薄。

6. 民国部分是按照辛亥革命时期、民国前期、南京国民政府时期、抗战时期和解放战争时期几个历史阶段的顺序来书写的,其中有关江海关组织机构的演化,要注意前后的对照,突出变迁的内容、缘由及其影响要素。

7. 民国部分至此也全部完成了。接下来,一是同样需要打磨,注意行文表述的规范;二是考虑民国部分采用目前这种写法,作为海关主体业务的监管、征税、缉私和统计,由于散置开来,部分内容会被一定程度淡化。另,江海关的地方性联系也可继续挖掘。

8. 具体请参见文本的修订与批注。

戴一峰
2020 年 5 月 10 日

(三)市舶机构部分

1. 注释的格式不对。按照惯例,顺序应该是:作者、书名(或文章标题)、出版社(或刊载的刊物)、出版时间(或刊物年份和期数)。

另,注释的规范性问题较大,且缺乏统一性。

2. 请注意标点符号的准确使用。

3. 请注意一些空格的误置。

4. 明代部分过简。如果确实找不到相关地方史料,也只能暂且如此,再议。

戴一峰
2020 年 11 月 21 日

(四)清前期部分

1. 注释的规范性问题。

(1)该注释的地方未见注释。

(2)页下注释过于简单,不规范。

另,注释序号的标识,全书应统一。本部分采用不分页的连续标号,市舶司部分则是采用每页重新起始的标号。请统一。建议采用市舶司部分的标号方式。

2. 注意涂红部分叙述的准确性。

3. 关税的征收与报解部分,即第四章的第二节、第三节,有点混乱。

关键是要先准确了解清代的关税制度。

4. 第五章大部分内容与江海关历史无关，建议不设。其中有关船舶监管部分可以考虑合并重写，作为海关职能之一。

戴一峰

2020 年 11 月 22 日

关于纪录片《民国海关密档》的通信

王导演：

你好！

来信早已收悉，由于学校事务缠身，迟复为歉。读你创作的纪录片《民国海关密档》的故事设计，有所感悟。现结合你来信所提的问题，回复如下。

你在信中说："现在的纪录片，主要是以故事来展现历史，且本片的主题是'海关'，我们关注的最主要的核心，就是在清末民初的'海关'中，清廷、列强、海关人员本身等几方势力的利益角逐。"此外还可以加上，本片第一集是以海关总税务司赫德的在华活动为主线。这可以从故事设计读出。

作为影视纪录片，讲故事自然是其必要的表现手法。实际上，在学术界，以故事展现历史的史学著作也一直存在。始自上一世纪后期，还逐渐形成一种流派，称新叙事史学。前一阵子颇受媒体关注的史景迁访华，其著作之一《王氏之死》就是一个典型样例。这一学派的掌门人之一戴维斯由此认为，史学叙事和文学叙事，其实并无本质区别。以故事展现历史，关键点和难点在于史料。一般说来，具有故事特征的文献史料极少。这也是新叙事史学作品经常借助合理的想象来构造故事的缘故。不过，作为影视作品，其画面感原本就足于弥补故事性不足的缺憾。历史纪录片在一定程度上可以视为图说历史。需要费心的只是如何巧妙地将这些画面串联成故事。因此，你在来信中多次问我：有没有什么故事。而我只能提供可以形成故事的事件。至于故事，得以各种相关史料自行去重新建构。此其一。

其二，与一般的海关不同，晚清海关先后承担业务内外的诸多职能。

除遵照一系列中外条约的相关规定以及海关制定的规章开展监管、查私、征税和统计等四项本体业务外,晚清海关还挟其优势,先后兼管常关和厘金,兼办大清邮政、海务、新式教育,以及筹办世博会参展事宜等;海关总税务司以及部分高级关员,甚至参与清政府的许多外交活动,插手清政府的财政金融改革以及新式海军的创办。由此在晚清的经济、政治、文化、外交和军事等各个领域均留下深浅不同的印记。是故,以晚清海关为题编写一部历史纪录片,除了全景式的描述之外,可以选取的角度自然很多。但选取什么角度,取决于作者的意图。本片如果聚焦于围绕晚清海关各种利益相关方的错综复杂关系——矛盾冲突、抗争交涉、妥协合作等等,那么其背后要向观众表达的是什么呢?即创作意图是什么呢?这将制约你的选材。

其三,在晚清海关历史演进过程中,不仅清廷、列强和海关三方的关系错综复杂,而且由此衍生的清廷中央与地方,列强内部,列强政府及其在华代表与海关,以及列强在华商人与海关等等多组关系也是错综复杂的。要在20分钟的篇幅里讲清楚,似乎有点勉为其难。而事实上,从本片的设计大纲看,也似乎并非紧扣上述中心议题的。比如第五部分。

其四,无论就海关历史还是就围绕晚清海关各种利益相关方的错综复杂关系而言,第一个新式海关——江海关的建立自然最重要,也最多故事。你设计的第二部分就是关于这段历史的。不过此时赫德尚未崭露头角。故事主角之一是赫德的前任李泰国。另有一点要指出,赫德来到中国,途经上海前往宁波时,江海新关的管理权已落在英美法三国驻上海领事各自指派的税务管理人员组成的管理委员会手中。

其五,关于第三部分,如果要聚焦于赫德执掌海关管理大权前期利益各方的关系(从第四部分聚焦于马嘉理事件看,所谓前期是指此前的一段海关历史),那么主要有:(1)各地建立新海关时与地方利益的冲突。(2)因海关征收子口税引发的与地方利益的冲突。(3)海关税务司与海关监督的关系。(4)赫德如何协调平衡在华列强在海关洋员的占比。这在我的著作和一些文章中均有描述。陈诗启先生的著作中也有描述。

其六,关于第四部分。马嘉理事件是近代边疆危机的重要构成之一,与海关的关系主要表现在两点:一是赫德介入清廷外交,二是海关权力的扩展。我觉得这一部分可以延伸到甲午战争前后围绕三次大借款和列强争夺海关控制权的明争暗斗。

最后,预祝纪录片制作成功!

戴一峰

2014 年 4 月 6 日

(注:2014 年央视纪录片频道拟制作纪录片《民国海关密档》,导演寄来第一集大纲,并附信咨询若干问题。这是我的回信。)

致国家出版基金管理委员会的推荐信

国家出版基金管理委员会：

一般而言，海关是国家的进出关境监督管理机构，但旧中国海关却是一个非常特殊的机构。它实行一整套外籍税务司管理制度，管理大权旁落。因此，与一般的海关不同，旧中国海关除遵照一系列中外条约的相关规定以及海关制定的规章开展监管、查私、征税和统计等四项本体业务外，还挟其优势，先后兼管常关和厘金，兼办大清邮政、海务、港务、检疫、气象、内外债、对外赔款的担保与清偿支付、新式教育，以及筹办世博会参展事宜等。晚清海关总税务司以及部分高级关员，甚至参与清政府的许多外交活动，插手清政府的财政金融改革以及新式海军的创办。由此在旧中国的经济、政治、文化、外交和军事等各个领域均留下深浅不同的印记。是故，作为旧中国一个极其特殊的组织，旧中国海关在其运行中，曾留下数量颇巨、涉及范围颇广的各种档案资料，成为研究旧中国历史最为系统完整的资料。

新中国成立以来，虽然陆续编译出版了部分旧中国海关史料，但为数尚很有限。如今欣闻广西师范大学出版社拟将复旦大学吴松弟教授在美国哈佛大学图书馆发现的，该馆收藏的一批数量可观的旧中国海关史料编辑出版，深感这是学术界的一大喜事。

据悉，广西师大出版社拟出版的《美国哈佛大学图书馆藏未刊中国旧海关史料》多达214册。编辑者还撰写了对相关史料形成过程、特点、内容变迁的研究说明，或"书目提要"，十分便于读者的利用。因此，相信这套史料的出版，将大大有益于学术界的相关研究，获得学林的广泛赞誉。

是故，作为一名长期研究旧中国海关的学者，我十分乐意向国家出版基金管理委员会推荐这套史料，希望能获得出版经费上的有力支持。

厦门大学中国海关史研究中心主任

戴一峰教授

2013 年 7 月 17 日

（注：本文是笔者应吴松弟和广西师范大学出版社邀请，为出版《美国哈佛大学图书馆藏未刊中国旧海关史料》写给国家出版基金管理委员会的推荐信。）

向海关总署推荐整理海关总署
所属各档案馆收藏的海关档案

中国旧海关内部出版物数量庞大、内容丰富,极富史料价值,素来为各界所推重。不仅学术界利用它来从事相关研究工作,而且许多单位部门也利用它来了解各种信息,借此做出科学决策。中国海关总署曾与南京第二历史档案馆合作,于2001年出版了170本的《中国旧海关史料(1859—1948)》,获得普遍好评。近年来,上海复旦大学历史地理研究所的吴松弟教授又将其在哈佛大学图书馆发现的中国旧海关出版物整理成《美国哈佛大学图书馆藏未刊中国旧海关史料》260余册,拟于明年上半年出版。在此基础上,吴松弟教授申请的国家社会科学基金重大项目"中国旧海关内部出版物的整理与研究"获得批准,将进一步收集整理国内外其他地方的机构收藏的中国旧海关出版物。现拟利用中国海关总署所属各档案馆提供的方便,将其收藏的中国旧海关出版物整理出版,以便能使中国旧海关出版物整理出版工作获得圆满结局。作为长期从事中国海关史研究工作的学者,我深知此项工程的重大意义,故乐意全力推荐。

推荐专家签字:戴一峰
专家所在单位名称及职称:厦门大学人文学院教授、博导
2012年12月25日

(注:这是2012年应吴松弟邀请,向海关总署推荐整理海关总署所属各档案馆收藏的海关档案。)

推荐《美国哈佛大学图书馆藏未刊中国旧海关史料(1860—1949)》参评第四届中国出版政府奖图书奖

推荐书

晚清以降,我国旧海关一直为洋人掌控。但正因如此,当时的海关与国内的其他机构风格迥异,导致海关档案中保存了大量国内档案中不会涉及的珍贵资料,且记载时间长达近90年,具有明显的系统性和连续性,其史料价值之大,自可不言而明。

此前,学者们通常利用京华出版社出版的170册《中国旧海关史料(1859—1948)》进行研究,而哈佛大学图书馆所藏我国"旧海关"史料之总量远多于此,且前者只有统计系列,而后者举凡统计、特种、杂项、关务、官署、总署、邮政等系列均有所搜罗,覆盖面较广。

复旦大学吴松弟教授于哈佛大学图书馆发现这批史料后,穷尽十年时间,潜心钩沉、整理编辑,又发凡要旨、撰写题解,与广西师范大学出版社合作,出版了《美国哈佛大学图书馆藏未刊中国旧海关史料(1860—1949)》精装影印本共283册,实乃嘉惠学林之举。且《中国旧海关史料(1859—1948)》的地图均为A4大小、一律黑白,而该书所收的百余幅近代地图,均按原大原色原则复制,不仅漂亮,更便于阅览和使用,殊为难得。

相信此编必将成为研究近代海关史、贸易史、中外关系史、社会经济史、区域史、环境变迁史等多个领域学者案头的常备图书。

因此,我极为乐意推荐参评第四届中国出版政府奖图书奖。

推荐人:戴一峰

单位:厦门大学中国海关史研究中心

时间:2016 年 10 月 25 日

(注:这是 2016 年 10 月应吴松弟教授邀请撰写的推荐书。)

推荐《海关总署档案馆藏未刊中国旧海关出版物(1860—1949)》丛书参评第五届中国出版政府奖图书奖

推荐书

中国旧海关内部出版物数量庞大,内容丰富。其内容不仅涉及中国旧海关自身的组织建构、行政管理和日常运作,而且还涉及近代中国的外交关系、对外经贸、关税制度、交通运输、航政演化、金融变革、邮政事务、气象工作、文化习俗,乃至地方社会变迁等诸多方面,是追寻和研究近代中国社会政治、经济、文化等演化风貌和历程的一座史料宝库,弥足珍贵,历来为学界所重视。先前虽然已有《中国旧海关史料(1859—1948)》、《中国近代海关总税务司通令全编》和《美国哈佛大学图书馆藏未刊中国旧海关史料(1860—1949)》等相关三套丛书问世,但仍未能搜集完全,多有遗漏,留下缺憾。由中华人民共和国海关总署办公厅、中国海关学会选编,中国海关出版社出版的《海关总署档案馆藏未刊中国旧海关出版物(1860—1949)》丛书,遴选了先前遗漏的259种旧海关出版物,补缺补漏,弥补了先前的缺憾。

因此,这套总计50册的大型丛书的出版,无疑极其有利于推进近代中国历史研究的深入开展,从而助力于中国学术界建构习近平总书记所倡导的具有中国特色的哲学社会科学学科体系、学术体系和话语体系。

是故,本人特推荐该丛书参评第五届中国出版政府奖图书奖。

戴一峰
厦门大学中国海关史研究中心主任
2021 年 2 月 24 日

（注：这是2021年应中国海关学会邀请，推荐《海关总署档案馆藏未刊中国旧海关出版物(1860—1949)》丛书参评第五届中国出版政府奖图书奖。）

关于厦门海关关史陈列馆建设的讲座提纲

一、厦门海关产生与发展的历史进程

1. 厦门海关历史进程的制约要素

区位要素

社会要素

制度要素

2. 厦门海关历史的发展线索

泉州—漳州—厦门

市舶司、督饷馆、海关(钞关、榷关)、新关(洋关)、海关与常关

3. 古代的厦门海关

(1) 泉州市舶司

北宋宋哲宗元祐二年(1087年)始置

元朝时,改名为泉州市舶提举司

明朝洪武七年(1374年),关闭废弃

明永乐元年(1403年),复置

明朝成化八年(1472年),迁往福州

管理泉州诸港的海外贸易及有关事务

管理制度:市舶条例

(2) 漳州督饷馆

隆庆元年(1567年)解除海禁,福建巡抚奏请开设

设漳州府督饷海防同知

管理私人海外贸易

相关规定:出海贸易的船只不得携带违禁物品;船主要向督饷馆领取船引并交纳引税;对日本的贸易仍在禁止之内,若私自前往,则处以"通倭"之罪。

关税制度:船引、陆饷、水饷

(3)闽海关厦门口

康熙二十二年(1683年),清王朝平定台湾,下令开海贸易。

康熙二十三年(1684年),清廷决定粤、闽两省先行创设海关。

该年十月闽海关设立。"设闽海钞关,许百姓造船浮海而贸易焉。"

闽海关初用满汉二员监督,分驻南、厦二口,衙署分设于省会福州城外南台中洲和厦门养元宫旁。厦门口的衙署道光年间移设岛美路头。

乾隆三年(1738年)闽海关改由福州将军兼管,形成定例。

清朝钞关体系:关税则例

管理海洋贸易事宜

4. 近代时期的厦门海关

(1)厦门新关的设立

第一次鸦片战争

五口通商—江海新关肇建—洋关制度萌生

第二次鸦片战争

制度确立—渐次推广—厦门新关设立(同治元年三月初一)

订立关章13款

华为士为首任税务司

厦门新关地处厦门岛新路头

(2)厦门新关的演化

(A)发展阶段

晚清时期(甲午战争、庚子事变、辛丑条约)

民国时期(北洋政府、南京国民政府、抗日战争)

(B)组织与管理

组织结构

各项管理制度

(C)功能与活动

监管、征税、缉私、统计

兼管常关、海务、港务、邮政

二、厦门海关关史陈列馆建设

1. 目的与主题

构建海关组织文化

培育海关人的历史感

实现中国梦:海关梦

2. 红线与珍珠

红线:历史演化的轨迹

珍珠:重大事件、演化节点

3. 纵向与横向

纵向:时间序列的展开

横向:空间序列的展开

4. 重点与特色

(1)闽台关系中的厦门海关

(2)中国与东南亚关系中的厦门海关

(3)区域社会变迁中的厦门海关

5. 文字与文物

文字:准确、简洁、流畅

文物:丰富、多样、典型

(注:这是2015年5月,应厦门海关邀请,为该关筹建关史陈列馆工作人员所作讲座的提纲。)

陈诗启与中国近代海关史的研究

一、梅花香自苦寒来

在当今中国学界,提起中国近代海关史的研究,人们自然想到陈诗启先生。陈先生不但开拓了中国近代海关史研究的领域,取得丰硕成果,而且培养出一批新生的中青年研究人才,建立起广泛的国际学术交流网络。不过,陈诗启先生从事中国近代海关史研究之前,曾历尽了曲折坎坷的人生旅途。

1915年,陈诗启先生出生于福建山区德化县赤水镇一个普通商人家庭。在他十来岁时,只读过两年私塾的父亲便怀着求取功名、荣宗耀祖的传统观念,把他推上求学之途。于是,他先后在锦水小学、永春崇实中学和集美师范学校完成了学业。在此期间,因倾家荡产以赎回被匪徒绑架的父亲,家道中落,举家被迫迁往邻县永春,仰赖父亲在一家杉木公司任掌柜的微薄收入维生。

1934年冬,毕业于集美师范的陈先生幸得母校崇实中学校长的器重,担任了小学部主任(校长)一职,并兼任中学部国文教员。

强烈的向上愿望使陈先生决心投考大学,他白天教书,晚上批改作业,凌晨四点半起床准备投考大学的课程。他的努力没有白费。1937年,他终于考上了厦门大学历史系。

在大学期间,家庭无力提供在学费用,陈先生不得不为兼任中学教员而耗费大量时间,但他仍勤奋学习,并积极参加当时的抗日宣传活动。

1941年夏,陈先生大学毕业后,曾先后在两所国立中学任教。1943年,因厦大萨本栋校长的力荐,他担任了长汀县立中学校长,他雄心勃勃地想开创一番事业,却因开罪了地方豪绅而四处碰壁,于是愤然辞职,于1945年夏回到厦门大学,任总务处庶务主任,兼任中国史的教学工作。直到1953年,他才调入历史系,卸掉行政职务,专任教学研究工作,实现了他的夙愿,开始了他新的史学研究生涯。

此后,陈先生先后从事明清史和中国近代史的教学与研究工作。在《历史研究》《历史教学》《厦大学报》等杂志上发表了一系列有关明代官手工业及近代资本主义产生、国内统一市场发育与形成等问题的专题论文,并出版了《明代官手工业的研究》一书。这些论著在国内外学术界产生了良好反响。有的论文被转载,有的论点被引为一家之说。此外,陈先生还收集了大量有关太平天国在福建活动的史料,编出了一本80万字的史料汇编,可惜在1966年的"文化大革命"风暴中被抄没遗失。

1963年,陈先生因受极左思潮的政治运动之影响,被迫中止研究工作。1966年"文化大革命"爆发后,他和他的家庭陷入艰难之困境中。直到70年代初,他抓住稍得喘息的机会,毅然选定中国近代海关史这一研究对象,开始了搜集整理资料工作。

陈诗启先生能以50多岁的高龄,在"文化大革命"期间的艰辛环境下,毅然选择研究中国近代海关史作为自己后半生的奋斗目标,这不能不令人佩服他的胆识。这一选择,是陈先生人生道路和学术生涯的重要转折点。从此,陈先生便与中国近代海关史的研究结下了不解之缘。

二、开拓中国近代海关史研究领域

中国近代海关是一个十分奇特的机构,名义上隶属于清政府,实际上却长期为外籍税务司所把持。其势力影响及近代中国的政治、经济、文化、军事等各领域,然对于海关的研究,却一直未能引起学界的充分重视。本世纪20年代,有一些爱国志士和海关华员,为配合收回关税自主权,撰写了一批揭露海关阴暗内幕的专著和文章。但由于受主客观条件的制约,还称不上系统、全面的研究。而后随着时代环境改变,这类论著也随之渐趋沉寂。

1950年以后，中国近代经济史资料丛刊编委会和海关总署研究室曾于50年代后期编译出版了一套"帝国主义与中国海关"丛书，推出了一批海关档案，但学界却未给予充分重视，只是从研究中外关系史的角度加以利用，而未深入探讨中国近代海关自身。因而，当陈先生选择中国近代海关史作为研究对象时，他面对的是一个新的史学领域，一个有待填补的史学研究空白，其工作难度是可想而知的。但陈先生并没有畏惧退缩。早期的学术生涯培养了他严谨认真的治学风格，他扎扎实实地以广泛搜集资料开始了自己的研究工作。为了搜集资料，他动员全家帮助他抄写、校对；为了搜集资料，他不顾50多岁高龄，坚持自学英语，边学边用，边用边学；为了搜集资料，他多次来到堆放着海关档案资料的厦门海关潮湿的仓库，从杂乱无章的档案中查阅需要的材料。

有耕耘就有收获。到1978年，陈先生已收集了二百七八十万字的资料，其中他自己翻译的档案资料就有数十万字。1979年，陈先生恢复了正常教学与研究工作，分秒必争，全力以赴投入研究工作。他整理出《中国近代海关史资料》的总目录，并在此基础上开始撰写论文。1980年，陈先生终于发表了他的第一批研究成果，即《中国近代海关史总述之一：中国半殖民地海关的创设及其巩固过程(1840—1875)》、《中国近代海关史总述之二：中国半殖民地海关的扩展时期(1875—1901)》以及《论中国近代海关行政的几个特点》。这批研究成果在学界立即引起反响，它向学界同仁展示了一个充满吸引力和活力的新的研究领域。1987年，他出版了第一本海关史专著——《中国近代海关史问题初探》。1993年，又出版了另一本海关史专著《中国近代海关史(晚清部分)》。此外，他还在《历史研究》《近代史研究》《中国经济史研究》等杂志上发表了一批专题论文。

陈先生拓荒性的研究在国内外学界引起了广泛注目。《中国近代海关史问题初探》一书出版后，权威杂志《中国社会科学》发表评论文章，称该书"是大陆史学界在近代中国海关史研究领域一部具有开拓意义的专著"。《中国近代海关史》新近刚问世，汤象龙、汪敬虞、聂宝璋、宓汝成等许多学界前辈专家立即发来函电，赞誉陈先生"以惊人之毅力与功力，完成此一艰巨工程"。

陈诗启先生的主要贡献有三：

第一，陈先生是第一位全面、系统、科学地向人们揭示了中国近代海关发生、发展的历史学者。中国近代海关是一个庞杂的行政机构，它以征收关税、监督对外贸易为核心，兼办港务、航政、气象、检疫、引水、灯塔、浮标等海事业务，还经办外债、内债、赔款及以邮政为主的洋务，从事大量的业余外交活动。要弄清楚上述如此众多方面的问题，殊非易事。陈先生通过对大量海关档案数据和文献数据的爬梳分析，成功地解决了这些难题，从而使人们对中国近代海关的全貌有了一个清晰的、条理分明的了解，为后人进一步研究中国近代海关打下了良好的基础。

第二，陈先生对中国近代海关的性质与作用问题，给予深入评价。陈先生认为，对中国近代海关的评价问题也是一个如何对待历史研究的态度问题。从事历史研究的最起码态度应是忠实地依据历史资料，从历史事实出发进行探讨；要把历史事件放在特定的历史条件下加以辩证的分析；要用全面的观点来考察问题。因而，他在对中国近代海关的各种活动做了细致入微的考察后，从当时特殊的时代背景出发，指出中国近代海关是封建中国被一步步卷入资本主义世界市场的产物，它一方面是作为资本主义因素出现在中国，不可避免地带进了资本主义的新事物，另一方面，也是主导方面，则是作为维护、发展列强经济的工具，因而也就不可避免地阻碍了中国社会的发展。

第三，中国近代海关的业务与活动，涉及近代中国的对外贸易、财政、港务、洋务、对外关系等诸多方面，因而陈先生对中国近代海关史的深入研究，自然大大丰富了上述各学科领域的研究成果，如陈先生对海关参与晚清洋务运动问题的研究，使人们得以从另一个角度考察洋务运动。

三、创办中国海关史研究中心

1980年代初，陈先生开始思考如何培养青年研究力量，建立一支科研队伍。1985年，陈先生开始招收中国近代海关史专业的硕士研究生，这在大陆学术界尚属首创。此后，陈先生先后培养了四批硕士研究生。

与此同时,陈先生还萌生了设置中国海关史研究机构的构想。

恰巧这一年(1985年),中国海关学会在北京酝酿成立。陈先生便提出由厦门大学和中国海关学会合办中国海关史研究中心。为实现这一目标,陈先生不顾自己年迈,奔走于京、厦两地,与有关方面会谈、磋商。在陈先生的不懈努力下,1985年11月,中国海关史研究中心终于在厦门大学正式成立。这是中国学术界第一个研究中国海关史的专业研究机构。

中国海关史研究中心在陈先生亲自主持下,多年来积极开拓,努力耕耘,取得了不少成绩。

第一,积极收集与整理资料。资料是社会科学研究的基础和前提,对于处于拓荒阶段的中国近代海关史来说,则更是如此。陈先生发动研究中心同仁,循序渐进,扎扎实实地搜集、积累资料。几年来已复印了数百册海关档案资料,添置了一批书刊。鉴于海关档案资料多为英文,为方便翻译、研究,并统一海关专有名词,陈先生组织中心成员编辑了一套《中国海关史研究工具书》,包括《中国近代海关地名录(英汉对照)》《中国近代海关名词及常用语英汉对照》《中国近代海关机关职衔名称英汉对照》等,由研究中心印行。

此外,还组织翻译了一批有较高史料价值的外国专著或档案资料,如马士著的《东印度公司对华贸易编年史》(已出版)、葛松的《李泰国与中英关系》(已出版)、费正清等编的《1854—1863年赫德日记》等。

值得一提的是,在陈先生的倡议和努力下,研究中心与厦门海关自1991年开始,合作整理、开发厦门海关档案室所收藏的海关全宗档案。笔者有幸受陈先生之托,主持这项工作,已翻译、编辑近百万字海关税务司与总税务司来往的密函、半官函等。

第二,积极开展中国近代海关史研究工作,几年来已出版了5种著译,60余篇论文。研究范围涉及海关的演化、内部结构、管理手段、海关与常关的关系、海关缉私工作的发展、地方海关的特色、海关与洋务的关系以及海关的历史作用与影响等诸多方面。这大大丰富了中国近代海关史的研究内容,推进了海关史研究向深、广两方面发展。

第三,协助中国海关学会做好各海关史志编写工作。各地海关在中国海关学会领导下,都先后建立了编写关志办公室,形成一批数百人的编撰队伍,这是中国海关史研究的一支不可忽视的力量。陈先生充分发挥研究中心的优势,不仅为编撰人员讲课,传授海关史的知识和研究方法,而且多次亲自走访长沙、武汉、九江、芜湖、南京、九龙、沈阳、大连、秦皇岛、天津、青岛等十余个海关,为编志人员排忧解难,及时解决编志中的问题。同时也先后接待了各海关编志人员的来访,解答来访者的疑难问题。

正是由于陈先生身体力行,筹划有方,研究中心多年来的工作已获得国内外学界的注目和良好的评价。香港大学校长王赓武教授就曾称研究中心为"国内研究中国海关史的重镇"。

四、大力推进国际学术交流

陈诗启先生在多年的研究中深切感到,中国近代海关是在外籍税务司管理下,又和外国的政治、经济、文化紧密联系,英美等国外交档案中保存了大量有关中国海关的档案资料;随着海关外籍人员的返国,还有许多私人信件、日记等分散各国,而各国学者研究中国海关史和海关人物的也不乏其人,因此,有必要在国际范围内交流各国有关的研究资料、研究成果和不同观点,求同存异,共同促进,才能推进这门学科的全面发展。因此他也一直致力于推进中国近代海关史研究的国际协作与交流,除与海内外学者保持联系外,陈先生还倡议举办中国海关史国际学术研讨会,这一倡议得到香港大学王赓武教授的大力支持。于是1988年11月,首届中国海关史国际学术研讨会由香港大学主办,在香港举行。与会各国学者提交论文29篇,分5个专题进行报告、讨论和交流,大大加深了国际学术界的相互了解。

1990年8月,在陈先生筹划下,第二届中国海关史会议,在厦门大学举行。来自美国、加拿大、日本、中国香港、台湾和大陆的45名专家学者,就"中国近代海关的作用与影响"这一主题,分5个专题进行了报告和讨论。

此外,陈先生还曾帮助筹办了1987年在泉州举行的"中国历史上市舶制度与海外贸易学术讨论会"。有110名国内外专家学者出席会议,提

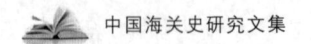

交论文 92 篇。陈先生致开幕词并主持了第一次研讨会。

五、老骥伏枥志千里

陈诗启先生在中国近代海关史研究领域已辛勤耕耘了近二十年,成就与贡献卓著。他先后担任厦门大学历史系主任、中国海关史研究中心主任、中国近代经济史编辑委员会编委、《中国社会经济史研究》顾问、中国海关学会理事、厦门海关学会顾问等。目前,陈先生正致力于撰写中国近代海关史民国部分,期于一两年内完稿。他仍在朝着自己既定的目标迈进!

附录:陈诗启先生主要著述目录

专著:

《明代官手工业的研究》,武汉:湖北人民出版社,1958 年。

《中国近代海关史问题初探》,北京:中国展望出版社,1987 年。

《中国近代海关史(晚清部分)》,北京:人民出版社,1993 年。

主编《中国近代海关史工具书》,1989 年到 1990 年由厦门大学中国海关史研究中心陆续印行:

《中国近代海关地名录(英汉对照)》,詹庆华编。

《中国近代海关名词及常用语英汉对照》,陈诗启、孙修福编。

《中国近代海关机构职衔名称英汉对照》,连心豪、薛鹏志、孙建国编。

主要论文:

《明代的工匠制度》,《历史研究》,1955 年第 6 期。

《明代的灶户和盐的生产》,《厦门大学学报》,1957 年第 1 期。

《明代的官手工业及其演变》,《历史教学》,1962 年第 19 期。

《甲午战前中国农村手工棉纺织业的变化和资本主义生产的成长》,

《历史研究》,1959 年第 2 期;转载于上海人民出版社出版的《中国近代经济史论文集》、福建人民出版社出版的《中国近代史论文集》。

《论鸦片战争前的买办和买办资产阶级的产生》,《社会科学战线》,1982 年第 2 期,转载于人民出版社出版的《鸦片战争论文专集续编》。

《关于中国资本原始积累问题的商榷》,《厦门大学学报》,1961 年第 3 期。

《近代中国有没有民族市场的形成》,《中国经济问题》,1961 年第 5～6 期。

《论中国近代海关行政的几个特点》,《历史研究》,1980 年第 5 期。

《中国近代海关史总述之一:中国半殖民地海关的创设及其巩固过程(1840—1875)》,《厦门大学学报》,1980 年第 1 期。

《中国近代海关史总述之二:中国半殖民地海关的扩展时期(1875—1901)》,《厦门大学学报》,1980 年第 2 期。

《海关总税务司对鸦片税厘并征与粤海常关权力的争夺和葡萄牙的永据澳门》,《中国社会经济史研究》,1982 年第 1 期。

《中国近代海关海务部门的设立和海务工作的设施》,《近代史研究》,1986 年第 6 期。

《英商否认海关洋员关于违章处分案件的管辖权和〈会讯船货入官章程〉的制定》,《厦门大学学报》,1987 年第 1 期。

《论中国近代海关的"国际性"和洋员统治的演变》,《中国经济史研究》,1987 年第 1 期。

《清季海关与外债的关系和列强争夺海关的斗争》(与戴一峰合写),《海关研究》,1986 年第 1 期。

《清末税务处的设立和海关隶属关系的改变》,《历史研究》,1987 年第 3 期。

《中日甲午战争中国际资本主义在中国的干涉活动和矛盾斗争》,《厦门大学学报》,1959 年第 2 期、1960 年第 1 期连载。

《郑成功驱逐荷兰前后台湾的社会经济》,《厦门大学学报》,1962 年第 1 期。

《试论清代中叶白莲教大起义》,《厦门大学学报》,1956 年第 3 期。

《闽南小刀会起义始末》(与叶国庆合写),载洪卜仁主编:《闽南小刀会起义史料选编》,厦门:鹭江出版社,1994年。

[注:本文系1994年底笔者应台湾历史学家张存武先生邀约,撰稿向台湾同仁介绍陈诗启先生在中国海关史领域的开拓性研究成果。文后附录的陈诗启先生主要著述目录,有所疏漏,尤其是此后陈先生尚有一批成果问世。故借着这次出版文集的机会,一并补上,如下。

专著:

《中国近代海关史(民国部分)》,北京:人民出版社,1999年。

《中国近代海关史》,北京:人民出版社,2002年(2021年由中国海关出版社再版)。

《从明代官手工业到中国近代海关史研究》,厦门:厦门大学出版社,2004年。

工具书:

《中国近代海关常用词语英汉对照宝典》(与孙修福共同主编),北京:中国海关出版社,2002年。

论文:

《海关总税务司和海关税款保管权的丧失》,《厦门大学学报》,1982年第4期。

《中国海关与引水问题》,《近代史研究》,1989年第5期。

《从总税务司职位的争夺看中国近代海关的作用》,《历史研究》,1991年第2期。

《从赫德与德璀琳争夺中法战争谈判看中国海关的作用》,《海关研究》,1991年增刊。

《迈向关税自主的第一步:广东国民政府开征二·五附加税》,《近代史研究》,1995年第1期。

《南京政府的关税行政改革》,《历史研究》,1995年第3期。]

老骥伏枥,志在千里:我所认识的陈诗启教授

作为一名后学,在我摸索着前行于史学界的 20 余年中,许多老一辈历史学家不仅以其令人钦慕的丰硕成果哺育、启示了我,更以其令人敬仰的高尚人格和治学风范为我树立了良好楷模。业师陈诗启教授就是其中的第一位。1982 年春,我有幸成为陈诗启教授的第一届研究生,开始步入中国近代经济史园地。完成学业后,我留校任教,在陈先生的引领下步入中国近代海关史研究领域,并协助陈先生开展工作。在频繁的接触中,我日益深切感受到陈先生对学术事业孜孜不倦地追求的忘我精神和一丝不苟治学的学者风范。在我自己也成了研究生导师后,我每每以陈先生的学术追求和治学精神来教导和激励学生。每逢此时,往事如送暖的春风,阵阵吹拂过我的心田。如今欣逢陈先生九十华诞,我不揣谫陋,以点滴回忆,表达我衷心的庆贺。

追忆当年,陈先生是在他的书房里为我们上课的。名为书房,其实只是由木板从厅堂隔离出的一小块空间。书房里除了陈旧的书架、陈旧的书桌和靠背椅、陈旧的资料橱,以及同样陈旧的一张长沙发外,就是随处堆放的夹着各种纸条的书籍和杂志。而给人印象最深的则是已近七十高龄的陈先生雍容自若的神态、抖擞振奋的精神和慈祥可亲的笑颜。这与简陋甚至略显得有点破旧的书房,形成如此强烈对比,令我终生难忘。时隔二十余年,如今闭上眼睛,当年在书房里聆听陈先生教诲的情景,历历在目,栩栩如生。多年以后我才逐渐领悟到,事实上,那时的陈先生正处于他事业的重要转折点。

早在上世纪 50 年代,陈先生就以一系列颇具分量的学术成果,奠定了自己在中国经济史学术领域的地位。但自 60 年代中期起,由于众所周知的原因,他被迫中止了自己的研究工作。70 年代初,尽管自己和家庭

都正陷入异常艰难之困境，但陈先生仍然抓住稍得喘息的机会，毅然选定中国近代海关史作为自己新的研究对象，开始悄悄地，甚至可以说是"偷偷摸摸"地收集整理相关的资料。陈先生能在近六十岁高龄，在"文化大革命"狂潮席卷全国的艰辛环境下，毅然选择中国近代海关史研究这样一个全新的、尚待填补学术研究空白的领域作为自己晚年的奋斗目标，令人不能不由衷钦佩和折服于他的过人胆识、坚韧毅力和高尚人格。这一选择，开启了陈先生人生道路和学术生涯的重要转折。从此，陈先生就与中国近代海关史研究结下了不解之缘。

70 年代末，在拨乱反正、改革开放春风的吹拂下，陈先生终于得以恢复正常的教学和科研工作。他全力以赴、争分夺秒地在中国近代海关史这一新园地里辛勤耕耘。由于有多年来积累的近 300 万字的中英文档案资料的扎实基础，他很快完成了自己的第一批研究成果：即《中国半殖民地海关的创设及其巩固过程》、《中国半殖民地海关的扩展时期》和《论中国近代海关行政的几个特点》等系列论文。这些拓荒性的成果向学界同仁展示了一个充满吸引力和活力的新的研究领域，立即在学术界引起阵阵反响。而目光远大的陈先生则开始筹划如何拓展中国海关史研究领域。他同时着手四个方面的工作：培育青年研究力量，建立一支有效的科研队伍；创建一个常设的专门研究机构；大力推进国内外的学术交流；开展大规模的档案资料开发和整理工作。

1985 年，陈先生开始招收中国近代海关史专业的硕士研究生，这在学术界和教育界尚属首创。此后陈先生先后培养了 4 届该专业的研究生。如今，他们或成为中国海关史研究领域的后起之秀，或成为我国海关系统的骨干力量。与此同时，陈先生还借协助中国海关学会推动各地海关编写地方海关志之机，通过举办培训班、走访各地海关学会、接待各地海关志编撰人员，努力在海关系统中培养研究人才。由于陈先生的大力发动和倡导，到 90 年代初，国内已初步形成一支中国海关史研究队伍，出版了 10 余部专著和译著，发表了 240 余篇论文。

1985 年 11 月，在陈先生的筹划和奔走下，由厦门大学和中国海关学会合作，成立了中国海关史研究中心，陈先生亲自出任中心主任，主持工作。这是我国第一个，也是至今唯一一个研究海关史的专门机构。多年来,陈先生带领中国海关史研究中心的全体同仁,积极开拓,努力耕耘,不断拓宽研究广度,挖掘研究深度,先后出版了多种著作和译作,发表了百余篇学术论文,整理、编辑了数百万字的海关档案资料,推进了中国海关史研究的长足发展。更值得一提的是,在陈先生的带领下,中国海关史研究中心为推进各地海关志的编纂发挥了不可替代的作用。陈先生也因此受到中国海关学会的高度赞扬,被授予金质奖章。

1988年11月,在陈先生的倡导和努力筹划下,在香港大学王赓武校长的大力支持下,第一届中国海关史国际学术研讨会在香港顺利举办。中国海关史领域的国际学术交流由此揭开序幕。此后,在陈先生的努力筹划下,中国海关史研究中心还先后与《历史研究》编辑部、《近代史研究》编辑部、中山大学、广东社会科学院以及香港中文大学等多家学术机构或高等院校合作,在厦门大学和香港中文大学举办了第二届和第三届中国海关史国际学术研讨会,大大推进了该领域的国内外学术交流与合作。

90年代初,在陈先生的倡议和积极筹划下,中国海关史研究中心与厦门海关合作,整理、开发厦门海关所藏的内容丰富的海关历史档案。90年代末,研究中心又与南京第二历史档案馆合作,开发、整理该馆所藏的有关中国近代海关与中英关系的历史档案。我受陈先生委托先后主持这两项工作,深切感受到陈先生对资料建设工作的重视。历时多年的海关档案资料开发整理工作对我的学术生涯影响甚巨,使我至今受益匪浅。

作为拓荒者,陈先生在中国近代海关史研究领域已辛勤耕耘了30余年,他的卓著贡献得到了学术界的充分肯定。他的研究成果先后荣获国家教委首届全国高校人文社会科学研究优秀成果二等奖、首届国家社会科学基金项目优秀成果二等奖、第四届吴玉章人文社会科学优秀奖和第二届郭沫若中国历史学奖二等奖等各种高级别的奖励,他的事迹被载入各种名人传记、辞典中,但陈先生并没有以此为满足,他仍在抓紧一切机会工作。老骥伏枥,志在千里,生命不息,奋斗不止!这就是我所认识和崇敬的陈诗启教授。

不舍的追求、艰辛的开拓：
陈诗启先生学术生平启示录

陈诗启先生是我国著名的史学家、中国近代海关史研究的开拓者、中国海关史学的奠基者。他倾注了三十多年的艰辛心血，以惊人的毅力和深厚的功力，为中国近代海关史研究留下了传世之作。他的人生之旅和学术生涯交织着辛酸与欢乐、磨难与荣耀。今年是陈先生100周年诞辰，谨以此文表达我们对陈先生的缅怀和崇敬之情。

一、山海交融：早年的求学与前期的治学

1915年2月，陈先生出生于福建省德化县赤水镇一个小商人家庭。当时的赤水镇地处横贯福建中部地区的戴云山脉主脊坐落之处。这里群山连绵，森林茂密；海拔1800余米的主峰雄伟挺拔，气势磅礴，素有"闽中屋脊"之称。或许是这种自然环境孕育了这里居民们倔强不屈的精神和刚直不阿的性格。陈先生就在这里度过了自己的童年时光，并在镇上唯一的一所半书塾小学——锦水小学完成了自己的初等教育。

由于遭受地方民军的盘剥、敲诈，家道中落，1929年春，陈先生随家人迁居邻县永春。全家仰赖父亲在一家杉木公司任掌柜的微薄收入维持生计。但深受中国传统观念浸染的父亲，依然想方设法确保陈先生的学业不中断。陈先生在永春崇实学校完成初中教育后，远赴厦门，求学于集美师范学校。1935年学成后，回到永春母校任教。

1937年夏，陈先生考入厦门大学历史系，开始接受史学训练。由于家境困顿，无力提供学费，陈先生一边勤奋学习，一边勤工俭学，艰辛完成

学业。1941年夏毕业后,陈先生先后任教于两所中学。两年后,由于萨本栋校长的力荐,他出任长汀县立中学校长。雄心勃勃想干一番事业的他却因为得罪当地的豪绅而四处碰壁,于是愤然辞职,于1945年夏回到厦门大学,出任总务处庶务主任,兼任中国史的教学工作。1953年,陈先生调入历史系,卸掉行政职务,专任教学科研工作,终于实现他的夙愿。此后,陈先生历任历史系讲师、副教授、教授,厦门大学历史系主任,厦门大学中国海关史研究中心主任、名誉主任等职。

20世纪50年代,陈先生从研究明代官手工业入手,开始了自己在史学领域的探索。他先后发表了《明代的工匠制度》、《明代的灶户和盐的生产》和《明代的官手工业及其演变》等论文,出版了专著《明代官手工业的研究》(湖北人民出版社1958年版)。20世纪50年代末,他转向中国近代经济史的研究,发表了《甲午战前中国农村手工棉纺织业的变化和资本主义生产的成长》、《关于中国资本原始积累问题的商榷》、《近代中国有没有民族市场的形式》、《中日甲午战争中国际资本主义在中国的干涉活动和矛盾斗争》和《论鸦片战争前的买办和近代买办资产阶级的产生》等一批论文,享誉史学界。

罗曼·罗兰曾经断言:对于胸怀大志者而言,灾难有绝对的价值,不幸是力量的源泉。1966年爆发的"文化大革命",一度改变了陈先生的人生,却也促成了他史学研究的转向。当时陈先生被打成"牛鬼蛇神",身处逆境的他,被剥夺教学科研工作,下放到历史系资料室接受管制。备受歧视和凌辱的陈先生并没有因此向困境低头,自甘沉沦。他忍辱负重,迎难而上,千方百计寻求机会,继续自己酷爱的史学研究。凭借他在前期研究中的学术积累,他选择了中国近代海关史这一新的研究领域,开始了他此后三十余年不懈的探索。

二、老当益壮:开拓中国近代海关史研究

中国近代海关是一个非常奇特的机构。它名义上隶属于清政府,实际上却长期为外籍税务司所把持,素有"国际官厅"之称。其势力渗透近

代中国的政治、经济、文化、军事等各领域,对近代中国社会变迁影响甚巨。然而,一直以来,对中国近代海关历史的研究却未能引起学术界的充分重视。因而,当陈先生选择中国近代海关史作为研究对象时,他所面对的是一个全新的史学领域,一个有待填补的史学研究空白,其难度可想而知。况且,其时的陈先生已年过五旬,且身背"牛鬼蛇神"的黑锅。但陈先生并没有畏惧退缩。凭借对学术研究的不舍追求,也凭借前期学术历练所养成的严谨治学作风,他扎扎实实地从收集资料开始自己的海关史学探索之旅。

为了做好资料的搜集、整理,陈先生动员全家帮他抄录、校对;为了做好资料的搜集、整理,他自学英语,边学边用;为了做好资料的搜集、整理,他不仅查遍资料室、图书馆,而且多次到堆放海关档案资料的厦门海关地下仓库,翻阅检索需要的史料。日积月累,到1978年,陈先生已收集了多达300余万字的资料,首次建构了整个近代海关演变的基本脉络,汇编了120万字的《中国近代海关史资料选辑》,选译了七卷本的《中国近代海关历史文件汇编》,拟定了《中国近代海关史总目录》。

1979年,沐浴着科学春天的和煦阳光,陈先生终于恢复了正常的教学科研工作。由于有多年来积累的中英文档案资料的扎实基础,他很快完成了自己的第一批研究成果。始自1980年,他接连在《厦门大学学报》、《历史研究》、《近代史研究》和《中国经济史研究》等杂志上发表了《中国半殖民地海关的创设及其巩固过程》、《中国半殖民地海关的扩展时期》、《论中国近代海关行政的几个特点》、《中国近代海务部门的设立和海务工作的设施》和《论中国近代海关的"国际性"和洋员统治的演变》等系列论文。并于1987年出版了他的第一本海关史专著《中国近代海关史问题初探》。这些拓荒性的成果向学界同仁展示了一个充满吸引力和活力的新的研究领域,立即在学术界引起阵阵反响。中国社科界权威杂志《中国社会科学》发表评论文章称《中国近代海关史问题初探》一书:"是大陆史学界在近代中国海关史研究领域一部具有开拓意义的专著。"

此后,耄耋之年的陈先生犹如逢春之古树,在春风春雨中萌发出满枝的绿叶,显露出旺盛的生命力。他先后在七十八岁和八十四岁高龄完成了《中国近代海关史(晚清部分)》和《中国近代海关史(民国部分)》两部巨著,为中国近代海关史研究留下了传世之作。他也因此获得学术界同仁的高度赞赏,收获实至名归的荣誉。他的学术专著多次荣获国家级奖项。其中,《中国近代海关史(晚清部分)》于 1995 年获全国高等学校人文社会科学研究优秀成果二等奖,1999 年获国家社会科学基金项目优秀成果二等奖;《中国近代海关史》(合订本)于 2002 年获第二届郭沫若中国历史学奖二等奖和第四届吴玉章人文社会科学优秀奖,并入选教育部研究生工作办公室推荐的研究生教学用书。

三、心存高远:创办中国海关史研究中心

在致力于中国近代海关史研究的同时,心存高远的陈先生一直思考着如何着手建构中国海关史学这一新的学科。为此,他相继在创办学术机构、组建研究队伍、培养新生力量、开展学术交流等诸方面运筹帷幄,倾注全力。

1985 年,陈先生开始招收中国近代海关史专业方向的硕士研究生,这在我国高校尚属首创。同年 11 月,他创办并亲自主持工作的中国海关史研究中心在厦门大学正式成立。这是我国学术界第一个研究中国海关史的专门研究机构,被时任香港大学校长的王赓武先生赞誉为"国内研究中国海关史的重镇"。

中国海关史研究中心成立后,在陈先生的主持下迅速有效开展各项工作。首先是积极收集整理资料。拥有翔实史料是史学研究的前提与基础。对于尚处于拓荒阶段的中国近代海关史而言,则更是如此了。因此,研究中心全力以赴地开展资料收集整理工作:先后收集复印了数百册的海关档案资料;与中国第二历史档案馆合作,整理编辑了 7 卷本的《中国近代海关档案资料汇编》(未刊本);与厦门海关合作,整理、开发厦门海关档案室收藏的海关档案资料,出版了《近代厦门社会经济概况》(1990 年)和《厦门海关历史档案选编》(1997 年)两部资料书;组织翻译了一批具有高度史料价值的外文著作,如马士编的《东印度公司对华贸易编年史》、葛松著的《李泰国与中英关系》和费正清等编的《赫德日记》等。鉴于近代海

关档案资料大多为英文，且其使用的地名、机构和职衔名称以及一些常用词汇都有内部较固定的对应中文，陈先生还组织中心成员编辑了一套供翻译者使用的工具书，包括《中国近代海关地名（英汉对照）》、《中国近代海关名词及常用语英汉对照》和《中国近代海关机构职衔名称英汉对照》等。

其次是全面展开中国近代海关史研究。研究中心全体成员分工合作，相继在中国近代海关的演化历程、海关组织结构与管理制度、海关兼管常关与近代榷关制度演化、海关与近代中国财政、海关缉私工作、海关与近代洋务运动、地方海关与地方经贸发展，以及海关的历史作用与影响等诸多方面，发表了百余篇学术论文，出版了一批专著，大大丰富了中国近代海关史的研究内容，推进了海关研究在广度和深度两方面的发展。

再次是积极开展国内外学术交流与合作。研究中心成立后，在陈先生的大力推动和有效指导下，先后与中国社会科学院近代史所和经济所、中山大学、西南财经大学、香港中文大学、台湾"中央研究院"近代史研究所、美国哈佛大学东亚研究中心、美国海运学院、美国莱斯大学、日本东京大学东洋文化研究所等国内外高校和研究机构的同仁建立良好的学术交流关系。为了加强国际学术交流，在陈先生的倡议和筹划下，在香港大学王赓武校长的大力支持下，香港大学于1988年冬主办了首届中国海关史国际学术研讨会。两年后，由中国海关史研究中心牵头，《历史研究》编辑部、《近代史研究》编辑部、中山大学历史系、广东省社科院历史研究所联合，在厦门大学举办第二次国际学术研讨会。1995年5月则在香港中文大学举办了第三次以研讨中国近代海关与中国社会为主题的国际学术研讨会。

四、服务社会：为当代海关文化建设添砖加瓦

在陈先生的学术生涯中，与中国海关学会的密切合作，协助海关学会开展科学研究和编撰海关志书，是具有特殊意义、值得浓墨重彩书写的一页。事实上，中国海关史研究中心最初便是在海关总署的支持下，由厦门

大学和中国海关学会合办的。尽管后来由于客观原因改由厦门大学独办,但两个组织间的良好合作关系一直保持着。

中国海关学会是海关总署领导下的一个组织,其成员均为海关关员,其宗旨在于组织推动海关专业理论和基础理论的研究,为进一步深化业务改革和建设有中国特色的现代海关制度服务。为了总结历史经验,以史为鉴,中国海关史研究是其工作的一个重要组成部分。1985年,海关总署要求全国各地海关组织开展编写海关志工作。各地海关在海关学会的领导下,先后建立了编写关志办公室,形成一支由数百名海关关员构成的编写队伍。这是中国海关史研究队伍中一支不可忽视的力量。陈先生充分发挥海关史研究中心的学术优势,遵照海关总署关于"研究中心对于各关史志的编写,应发挥指导作用"的通知精神,为协助各地海关编撰海关志开展卓有成效的工作。

1985年,陈诗启应中国海关学会的邀请,在厦门举办的中国海关史学习班上讲授中国近代海关史,为各关编写海关志提供基础知识。1987年,他又在上海举办的海关志编写工作座谈会上做了总结性报告,提出改进意见。期间,陈先生不顾年迈,亲自走访了长沙、武汉、九江、芜湖、南京、无锡、张家港、上海、沈阳、大连、秦皇岛、天津、青岛、广州、深圳等十余处海关,与编志人员进行面对面的座谈,为他们排忧解难,及时解决编志过程中的问题,并认真审阅一些已经完成的海关志初稿,提出具体的修改、补充意见。与此同时,陈先生还先后接待了来访研究中心的全国各地海关编志人员,指导他们收集史料的方法和途径,并解答他们的疑难问题。

海关总署和中国海关学会充分肯定了陈先生的工作。中国海关学会来函称赞他"对帮助和推动基层海关编写地方海关志发挥了很好的作用"。海关总署则授予他金质纪念章,以表彰他对中国海关史研究和各地海关志编撰所做的巨大贡献。

五、后继有人：中国海关史学前景璀璨

回顾陈先生的学术生平，我们不禁对他独具慧眼的学术视野、不离不弃的学术追求、安贫乐道的生活态度、一丝不苟的治学风范深怀崇敬和钦佩。如今，在深切缅怀陈先生之际，令人欣慰的是，在陈先生开拓的中国近代海关史研究领域，接踵而至的耕耘者日众，五彩缤纷、争奇斗艳的花朵相继绽放。作为中国史学的一个分支，中国近代海关史学已经取得令人欣喜的发展。

首先，我们已经有了一支初具规模的研究队伍。这支队伍由两个群体组成：一是来自高校和科研机构的专业研究人员，一是来自海关系统的业余研究人员。两个群体各具优势，他们的合作潜力无限。而且在这支队伍中，老中青的梯队已经形成。令人可喜的是，一批受过良好的学术训练的博士、硕士构成了中青年群体的中坚力量。

其次，一批质量较高的学术成果问世。尤其是一批近些年来由博士论文修订发表和出版的论著，从中国近代海关的洋员与中西文化传播、新式海关建立与榷关制度演化、海关总税务司和税务司个案研究，以及海关人事制度等诸多方面，深化了对近代海关历史原貌的探究，提出了诸多新颖的见解。

再次，海关档案资料的挖掘、整理和出版取得了突出的进展。不仅由京华出版社影印出版了总计170册、题名为《中国旧海关史料（1859—1948）》的历年各口海关贸易年报和海关十年报告，而且由中国海关出版社出版了《历史镜鉴：旧中国海关诫律》、《旧中国海关总税务司署通令选编（1861—1942）》（3卷）、《中国近代海关高级职员年表》和《中国旧海关稀见文献全编》等一批海关档案资料。此外，广西师范大学出版社则影印出版了数百册的中国近代海关出版物。

最后，更值得一提的是，中国海关史研究中心继承陈先生开创的事业，不仅培养了一批又一批研习中国近代海关史的博士和硕士，为海关史研究的队伍建设奠定基础，而且不断扩展和深化中国近代海关史研究，先

后发表和出版了一批论著,承担了国家重点科研工程——清史工程中《海关篇》的编撰,获得学术界好评。与此同时,研究中心悉心巩固和进一步发展与中国海关学会的良好关系。不仅先后参与了中国海关学会大型工具书《中国海关百科全书》和大型志书《中国海关通志》的编撰工作,为编修人员开设辅导性讲座,解答编修人员的疑难问题,而且近期内还为海关学会开设的海关史培训班提供内容丰富的讲座,深得学员的欢迎。研究中心成员还受聘担任厦门海关关史陈列馆专家组成员,为厦门海关关史陈列馆建设提供了诸多宝贵意见。

陈诗启先生坎坷而丰满的学术生平不仅给我们留下了影响深远的学术成果,而且还给我们留下了弥足珍贵的精神财富。陈先生开拓的中国海关史学研究后继有人,前景璀璨夺目。

附 录
中国海关史研究论著目录(1914—2022)

说　明

一、整理编辑本目录,起因有二:其一,中国海关历史研究已经跨越了百余年,积累了比较丰富的成果。这些成果既勾勒出该领域的学术演进脉络,也为此后的研究者提供了深化研究的基础。将这些成果辑录成册,显然可以给广大研究者提供查阅的便利。其二,历经百余年的研究之后,中国海关历史研究需要一部贯通古今的通史。因此,2021年底,国家社科基金重大项目《中国海关通史》立项。本目录即为该项目的第一阶段成果,以便为下一阶段研究工作的有效、顺利开展打下扎实的基础。

二、本目录广泛收集各种与中国古代和近代海关历史的研究相关的论著以及出版的档案资料,并收入了硕士、博士的学位论文。除了中文文献之外,也尽力收集整理了英文和日文等外文文献。

三、为了便于查阅和辨识,本目录的中文部分做如下分类:一、书籍类,包括(一)著作文集、(二)档案资料、(三)工具书;二、报刊文章类,包括(一)古代、(二)近代、(三)跨代、(四)综述、(五)档案资料、(六)其他;三、学位论文。外文部分则分为:一、书籍类,二、报刊文章类。同时,各类文献都按照时间顺序排列。

四、本目录由李思慧协助部分论著的收集、整理,戴一峰编辑、审定。

中　文

一、书籍类

(一) 著作文集

黄序鹓:《海关通志》(上、下),商务印书馆,1917年。

漆运钧编:《民国七年修改进口税则纪事》,中国政府财政部修改税则会议处,1919年。

朱进撰,主张国际税法平等会译:《中国关税问题》,主张国际税法平等会印行,1919年。

盛俊:《海关税务纪要》,财政部印刷局,1919年。

[英]戴乐尔著,卢梦颜译:《中国海关改良刍议》,华洋公论报出版部,1920年。

赵管侯编:《中国税关论》,新社会日刊社,1920年。

[日]高柳松一郎著,李达译:《中国关税制度论》,商务印书馆,1924年。(1972年由台北文海出版社再版,2015年由陕西人民出版社再版)

戴蔼庐编:《关税特别会议史(上编)》,北京银行月刊社,1925年。

杨德森:《中国海关制度沿革》,商务印书馆,1925年。(2014年由山西人民出版社再版)

陈立廷著,孙祖基增订:《关税问题讨论大纲》,青年协会书局,1926年。

陈立廷编:《增订关税问题》,青年协会书局,1926年。

陈向元:《中国关税史》,世界书局,1926年。

[日]根岸佶著,余葆贞译:《中国最近关税问题》,出版社不详,1926年。

童蒙正:《中国陆路关税史》,商务印书馆,1926年。

赵文锐编:《关税问题专刊》,中国经济学社,1926年。

贾士毅:《关税与国权》,商务印书馆,1927年。

[英]魏尔特著,陶乐均译:《民国以来关税纪实(卷一)》,商务印书馆,1927年。

金葆光编:《海关权与民国前途》,商务印书馆,1928年。

陈子明、甘汝棠编著:《中国关税小史与关税新约》,关税自主云南宣传委员会,1929年。

姜丕承:《中国关税自主运动经过》,中央政治会议武汉分会宣传股,1929年。

李权时:《自由贸易与保护关税》,东南书店,1929年。

[日]桑原骘藏著,陈裕菁译:《蒲寿庚考》,中华书局,1929年。(另有中华书局1954年版、1957年版、2009年版)

外交部编纂委员会:《中国恢复关税主权之经过》,外交部编纂委员会印行,1929年。

张贻志编:《芜关纪要》,上海中华书局,1929年。

贾士毅:《关税与国权补遗》,商务印书馆,1930年。

马寅初:《中国关税问题》,商务印书馆,1930年。(1934年再版)

武堉干:《中国关税问题》,商务印书馆,1930年。(1931年版也标为初版,1933年国难后第1版,1934年国难后第2版;2014年由山西人民出版社出版影印本,收录于许嘉璐主编"近代名家散佚学术著作丛刊")

华民编:《中国海关之实际状况》,神州国光社,1933年。

查士骥译(著者不详):《关税政策与倾销》,华通书局,1933年。

周念明:《中国海关之组织及其事务》,商务印书馆,1933年。(1934年由商务印书馆再版)

刘世超编:《湖南之海关贸易》,湖南经济调查所,1934年。

童蒙正:《关税论》,商务印书馆,1934年。

(清)梁廷枏:《粤海关志》,文殿阁书庄,1935年。(清道光年间撰;1935年北京文殿阁排印一部分;1968年台北成文出版社全4册;1975年台北文海出版社影印本全30卷,收录于沈云龙主编《近代中国史料丛刊续编·第十九辑》;2002年由广东人民出版社出版袁钟仁校注本,2014年校注本再版)

[日]上田贞次郎著,陈城译:《最近各国关税政策》,商务印书馆,1935年。

李权时:《中国关税问题》(上、下),商务印书馆,1936年。

[日]藤田丰八著,魏重庆译:《宋代之市舶司与市舶条例》,商务印书馆,1936年。(2015年由山西人民出版社再版)

吴兆莘:《中国税制史》(上、下),商务印书馆,1937年。

(明)李叔元著,(明)高岐辑:《福建市舶提举司志》,出版社不详,1939年。(2020年商务印书馆出版陈丽华点校本)

郑友揆:《我国关税自主后进口税率水准之变迁》,商务印书馆,1939年。

高秉坊:《中国直接税史实》,重庆财务部直接税处经济研究室,1943年。

童蒙正:《关税概论》,商务印书馆,1945年。

彭雨新:《清代关税制度》,湖北人民出版社,1956年。

[英]莱特著,姚曾廙译:《中国关税沿革史》,三联书店(北京),1958年。(1963年由商务印书馆再版)

陈高华、吴泰:《宋元时期的海外贸易》,天津人民出版社,1981年。

林乐明:《海关服务卅五年回忆录》,龙门书店有限公司,1982年。

赵淑敏:《中国海关史》,"中央"文物供应社(台北),1982年。

陈荣华、何友良:《九江通商口岸史略》,江西教育出版社,1985年。

卢汉超:《赫德传》,上海人民出版社,1986年。

汪敬虞:《赫德与近代中西关系》,人民出版社,1987年。

陈诗启:《中国近代海关史问题初探》,展望出版社,1987年。

林仁川:《明末清初私人海上贸易》,华东师范大学出版社,1987年。

蔡渭洲编著:《中国海关简史》,展望出版社,1989年。

周熊:《海关古今谈》,上海教育出版社,1989年。

邱克:《局内旁观者——赫德》,陕西人民出版社,1990年。

中国海关学会:《海关职工革命斗争史文集》,展望出版社,1990年。

[加]葛松著,中国海关史研究中心译,邝兆江校:《李泰国与中英关系》,厦门大学出版社,1991年。

林仁川:《福建对外贸易与海关史》,鹭江出版社,1991年。

叶松年:《中国近代海关税则史》,三联书店(上海),1991年。

中华人民共和国福州海关编:《福州海关志》,鹭江出版社,1991年。

汤象龙编著:《中国近代海关税收和分配统计》,中华书局,1992年。

陈诗启:《中国近代海关史(晚清部分)》,人民出版社,1993年。

陈尚胜:《闭关与开放:中国封建晚期对外关系研究》,山东人民出版社,1993年。

戴一峰:《近代中国海关与中国财政》,厦门大学出版社,1993年。

九龙海关编志办公室编:《九龙海关志:1887—1990》,广东人民出版社,1993年。

卢海鸣:《海关蜕变年代——任职海关四十二载经历》,台北雨利美术印刷有限公司,1993年。

南京地方志编纂委员会:《南京海关志》,中国城市出版社,1993年。

叶凤美:《失守的国门——旧中国的海关》,高等教育出版社,1993年。

[英]魏尔特著,陈敩才等译,戴一峰校:《赫德与中国海关》(上、下),厦门大学出版社,1993年。

中华人民共和国拱北海关编:《拱北海关志》,海洋出版社,1993年。

关履权著:《宋代广州的海外贸易》,广东人民出版社,1994年。

王鹤鸣:《芜湖海关》,黄山书社,1994年。

王杰:《中国古代对外航海贸易管理史》,大连海事大学出版社,1994年。

中华人民共和国厦门海关编著:《厦门海关志》,科学出版社,1994年。

吉林省地方志编纂委员会编纂:《吉林省志(卷三十四)·海关商检志》,吉林人民出版社,1995年。

李金明、廖大珂:《中国古代海外贸易史》,广西人民出版社,1995年。

陈争平:《1895—1936年中国国际收支研究》,中国社会科学出版社,1996年。

中国海关学会编:《中国海关史论文集》,中国海关学会,1996年。

中华人民共和国昆明海关编撰:《昆明海关志》,云南人民出版社,1996年。

朱荣基编著:《近代中国海关及其档案》,海天出版社,1996年。

广州海关编志办公室编:《广州海关志》,广东人民出版社,1997年。

广西壮族自治区地方志编纂委员会编:《广西通志·海关志》,广西人民出版社,1997年。

刘武坤编著:《西藏亚东关史》,中国矿业大学出版社,1997年。

山东省地方史志编纂委员会:《山东省志·海关志》,山东人民出版社,1997年。

上海海关志编委会编:《上海海关志》,上海社会科学院出版社,1997年。

王意家等编著:《中国海关概论》,中山大学出版社,1997年。(2002年由中国海关出版社再版)

吴伦霓霞、何佩然主编：《中国海关史论文集》，香港中文大学，1997年。

中华人民共和国北海海关编：《北海海关志》，广西人民出版社，1997年。

江苏省地方志编纂委员会：《江苏省志·海关志》，江苏古籍出版社，1998年。

青岛市史志办公室编：《青岛市志·海关志》，新华出版社，1998年。

绥芬河海关编：《绥芬河海关志（1907—1966年）》，新华出版社，1998年。

［日］滨下武志著，朱荫贵、欧阳菲译：《近代中国的国际契机：朝贡贸易体系与近代亚洲经济圈》，中国社会科学出版社，1999年。

陈诗启：《中国近代海关史（民国部分）》，人民出版社，1999年。

李文环：《高雄海关史》，高雄关税局，1999年。

《满洲里海关志》编委会编：《满洲里海关志》，远方出版社，1999年。

《长春海关志》编委会编：《长春海关志》，吉林摄影出版社，2000年。

陈霞飞、蔡渭洲：《海关史话》，社会科学文献出版社，2000年。

程喜霖著：《唐代过所研究》，中华书局，2000年。

黄国盛：《鸦片战争前的东南四省海关》，福建人民出版社，2000年。

《宁波海关志》编纂委员会编：《宁波海关志》，浙江科学技术出版社，2000年。

王宏斌：《赫德爵士传：大清海关洋总管》，文化艺术出版社，2000年。

《新疆通志·海关志》编纂委员会编：《新疆通志·海关志》，新疆人民出版社，2000年。

王川：《市舶太监与南海贸易：明代广东市舶太监研究》，天马图书有限公司（香港），2001年。

陈诗启：《中国近代海关史》，人民出版社，2002年。（2021年由中国海关出版社再版）

广东省地方史志编纂委员会编：《广东省志·海关志》，广东人民出版社，2002年。

齐春风：《中日经济战中的走私活动》，人民出版社，2002年。

姚梅琳主编：《中国海关概论》，中国海关出版社，2002年。

陈伟明：《从中国走向世界：十六世纪中叶至二十世纪初的粤闽海商》，中国华侨出版社，2003年。

长沙海关志编纂委员会:《长沙海关志》,五洲传播出版社,2003年。

杭州海关志编纂委员会编:《杭州海关志》,浙江人民出版社,2003年。

黄纯艳:《宋代海外贸易》,社会科学文献出版社,2003年。

梁元生著,陈同译:《上海道台研究:转变社会中之联系人物,1843—1890》,上海古籍出版社,2003年。

米镇波:《清代中俄恰克图边境贸易》,南开大学出版社,2003年。

孙文学主编:《中国关税史》,中国财政经济出版社,2003年。

赵长天:《孤独的外来者——大清海关总税务司赫德》,文汇出版社,2003年。

陈诗启:《从明代官手工业到中国近代海关史研究》,厦门大学出版社,2004年。

连心豪:《中国海关与对外贸易》,岳麓书社,2004年。

[日]久保亨著,王小嘉译:《走向自立之路:两次世界大战之间中国的关税通货政策和经济发展》,中国社会科学出版社,2004年。

郑有国:《中国市舶制度研究》,福建教育出版社,2004年。

中国海关学会编:《赫德与旧中国海关论文选》,中国海关出版社,2004年。

晁中辰:《明代海禁与海外贸易》,人民出版社,2005年。

边佩全主编:《烟台海关史概要(1862—2004)》,山东人民出版社,2005年。

大连海关志编纂委员会:《大连海关志》,中国海关出版社,2005年。

李爱丽:《晚清美籍税务司研究》,天津古籍出版社,2005年。

连心豪:《水客走水:近代中国沿海的走私与反走私》,江西高校出版社,2005年。

刘增合著:《鸦片税收与清末新政》,生活·读书·新知三联书店,2005年。(2020年由四川人民出版社出版修订版)

泉州海关编:《泉州海关志》,厦门大学出版社,2005年。

戴一峰主编:《中国海关与中国近代社会:陈诗启教授九秩华诞祝寿文集》,厦门大学出版社,2005年。

姚梅琳编著:《中国海关史话》,中国海关出版社,2005年。

张耀华编著:《旧中国海关历史图说》,中国海关出版社,2005年。

[日]滨下武志著,高淑娟、孙彬译:《中国近代经济史研究:清末海关财政与通商口岸市场圈》(上、下),江苏人民出版社,2006年。(2008年由江苏人民出版社再版)

孙宝根:《抗战时期国民政府缉私研究:1931—1945》,中国档案出版社,2006年。

文松:《近代中国海关洋员概略:以五任总税务司为主》,中国海关出版社,2006年。

[日]朝仓弘教著,吕博等译:《世界海关和关税史》,中国海关出版社,2006年。

程麟荪、张之香主编:《张福运与近代中国海关》,上海社会科学院出版社,2007年。

吴煮冰:《历史的痕迹:1840—1950年的中国海关》,昆仑出版社,2007年。

吴煮冰:《江汉关史话》,中国海关出版社,2007年。

西藏自治区地方志编纂委员会编:《西藏自治区志·海关志》,中国海关出版社,2007年。

中华人民共和国海关总署:《中国海关文物集萃》,中国海关出版社,2007年。

邓亦兵:《清代前期关税制度研究》,北京燕山出版社,2008年。

孙建伟:《开禁:海关诉说》,外国文学出版社,2008年。

游清松:《台中海关简史》,台中关税局,2008年。

詹庆华:《全球化视野:中国海关洋员与中西文化传播》,中国海关出版社,2008年。

[英]毕可思:《1932年的石碑山——灯塔阴影里的生与死》,孙立新、吕一旭主编:《殖民主义与中国近代社会国际学术会议论文集》,人民出版社,2009年。

[美]托马斯·莱昂斯著,毛立坤等译:《中国海关与贸易统计(1859—1948)》,浙江大学出版社,2009年。

卢汉超:《中国第一客卿:鹭宾·赫德传》,上海社会科学院出版社,2009年。

《苏州海关志》编纂委员会编:《苏州海关志》,苏州大学出版社,2009年。

廖声丰:《清代常关与区域经济研究》,人民出版社,2010年。

倪玉平:《清朝嘉道关税研究》,北京师范大学出版社,2010年。(2017年由科学出版社出版第2版)

孙修福:《中国近代海关首脑更迭与国际关系:"国中之国国王"登基内幕》,中国海关出版社,2010年。

王川:《市舶太监与南海贸易:广州口岸史研究》,人民出版社,2010年。

郑有国:《福建市舶司与海洋贸易研究》,中华书局,2010年。

胡丕阳、乐承耀:《浙海关与近代宁波》,人民出版社,2011年。

连心豪:《近代中国的走私与海关缉私》,厦门大学出版社,2011年。

[英]Donna Brunero著,黄胜强等译:《英帝国在华利益之基石:近代中国海关》,中国海关出版社,2012年。

晁中辰:《明代海外贸易研究》,故宫出版社,2012年。

马丁:《民国时期浙江对外贸易研究(1911—1936)》,中国社会科学出版社,2012年。

任智勇:《晚清海关再研究:以二元体制为中心》,中国人民大学出版社,2012年。

王文圣:《晚清重庆海关的历史考察》,安徽大学出版社,2012年。

张志勇:《赫德与晚清中英外交》,上海书店出版社,2012年。

赵长天:《赫德传:大清王朝的英籍公务员》,人民文学出版社,2012年。

《中国海关通志》编纂委员会:《中国海关通志》(全6卷),方志出版社,2012年。

吴煮冰:《帝国海关:从海关看中国的沧桑巨变》,中华工商联合出版社,2013年。

杨文新:《宋代市舶司研究》,厦门大学出版社,2013年。(2004年陕西师范大学博士论文)

中国海关博物馆广州分馆编:《粤海关史话》,中国海关出版社,2013年。

陈国栋:《清代前期的粤海关与十三行》,广东人民出版社,2014年。

孙宝根:《抗战时期国民政府关税政策研究:1937—1945》,中国社会科学出版社,2014年。

孙修福:《中国近代海关秘史》,天津教育出版社,2014年。

《西安海关志》编纂委员会编:《西安海关志》,陕西人民出版社,2014年。

姚永超、王晓刚编:《中国海关史十六讲》,复旦大学出版社,2014年。

谷儒堂:《晚清海关廉政文化建设研究》,中国海关出版社,2015年。

马丁:《晚清民国时期杭州对外贸易研究(1895—1937)》,中国社会科学出版社,2015年。

彭建、李笙清:《武汉江汉关故事》,长江出版社,2015年。

杨智友:《海关密档:民国海关事件掠影》,浙江大学出版社,2015年。

杨智友:《大事件:帝国海关风云》,中国海关出版社,2015年。

王澧华、吴颖主编:《近代海关洋员汉语教材研究》,广西师范大学出版社,2016年。

袁峰:《黄埔海关考》,中央编译出版社,2016年。

中国海关博物馆编:《烽火硝烟守国门:中国海关与抗战(1931—1945)》,中国海关出版社,2016年。

[英]方德万著,姚永超、蔡维屏译:《潮来潮去:海关与中国现代性的全球起源》,山西人民出版社,2017年。

梁俊艳:《清末民初亚东关税务司研究》,中国藏学出版社,2017年。

[英]玛丽·蒂芬著,戴宁、潘一宁译:《中国岁月:赫德爵士和他的红颜知己》,广西师范大学出版社,2017年。

[英]马克·奥尼尔著,程翰译:《赫德传——大清爱尔兰重臣步上位高权重之路》,三联书店(香港)有限公司,2017年。

倪玉平:《清代关税:1644—1911年》,科学出版社,2017年。

吴煮冰:《洋人撬动的中国》,中国画报出版社,2017年。

杨智友:《晚清海关》,江苏人民出版社,2017年。

张永帅:《空间视角下的近代云南口岸贸易研究:1889—1937》,中国社会科学出版社,2017年。

中国海关博物馆编著:《中国近代海关建筑图释》,中国海关出版社,2017年。

蔡鸿生:《广州海事录——从市舶时代到洋舶时代》,商务印书馆,2018年。

[英]查尔斯·德雷格著,潘一宁、戴宁译:《龙廷洋大臣:海关税务司包腊父子与近代中国》,广西师范大学出版社,2018年。

甘肃省地方志编纂委员会:《甘肃省志·海关志(1882—2007)》,甘肃文化出版社,2018年。

林仁川:《大航海时代:福建海洋贸易与管理演变历程》,鹭江出版社,2018年。

谭春玲:《晚清津海关道研究》,中国社会科学出版社,2018年。

吴松弟主编:《海关文献与近代中国研究学术论文集》,广西师范大学出版社,2018年。

张喜琴:《清代中俄陆路贸易研究》,中国财政经济出版社,2018年。

赵岳译著:《德纳罗密档——1877年中国海关筹印邮票之秘辛》,中华书局,2018年。

吕铁贞:《转型与发展:近代中国的海关法制》,法律出版社,2019年。

吴松弟:《吴松弟中国近代经济地理与旧海关资料研究集》,广西师范大学出版社,2019年。

杨智友:《潮起潮落:帝国海关秘辛》,中国海关出版社,2019年。

云南省档案馆编:《云南近代海关与外贸史话》,云南民族出版社,2019年。

胡凡:《明代九边形成及演变研究》,高等教育出版社,2020年。

任智勇:《咸同时期的榷关与财政》,北京师范大学出版社,2020年。

谢松:《钟声悠远:近代中国海关史研究涉及若干基本问题略考》,中国海关出版社,2020年。

张珊珊:《近代汉口港与其腹地经济关系变迁(1862—1936)》,齐鲁书社,2020年。

鲍广东:《海关银号与海关银锭的研究》,中国海关出版社,2020年。

戴一峰主编:《近代中国海关与中国社会:纪念陈诗启先生百年诞辰文集》,厦门大学出版社,2021年。

[美]费正清著,牛贯杰译:《中国沿海的贸易与外交:通商口岸的开埠》(上),山西人民出版社,2021年。

胡公启:《晚清关税制度与对外贸易的关系研究》,中国财政经济出版社,2021年。

伍伶飞:《"西风已至":近代东亚灯塔体系及其与航运格局关系研究》,厦门大学出版社,2021年。

杨智友、李宁:《抗战时期的中国海关》,江苏人民出版社,2021年。

张志勇:《赫德与晚清外交》,中华书局,2021年。

(二)档案资料

裴式楷著,顾维钧译:《修改海关税则与内地税项问题1卷》,外交部总务厅统计科,1914年。

黄炎培、庞松编著:《中国四十年海关商务统计图表:1876—1915》,龙门书店,1916年。

何廉:《中国六十年进口物量指数物价指数及物物交易率指数(1867—1927)》,天津南开大学社会经济研究委员会,1930年。

江恒源编:《中国关税史料》,中华书局,1931年。

杨瑞六:《十五年来中国国际贸易统计》,中央研究院社会调查所,1931年。

陈海超:《关税文牍辑要》,京华印书馆,1933年。

先导社编:《九龙设关问题》,先导社,1934年。

实业部国际贸易局:《最近三十四年来中国通商口岸对外贸易统计(1900—1933)》,商务印书馆,1935年。

蔡谦、郑友揆:《中国各通商口岸对各国进出口贸易统计》,商务印书馆,1936年。

陈伯庄、黄荫莱编纂:《中国海关铁路主要商品流通概况:上册(1912年—1936年)》,交通大学研究所,1937年。

韩启桐:《中国埠际贸易统计》,中国科学院出版社,1951年。

许金元:《中国关税问题年表》,包遵彭等编纂:《中国近代史论丛》,正中书局(台北),1956—1968年。

[美]马士撰,谦祥译:《1882—1891年台湾淡水海关报告书》,台湾银行经济研究室编:《台湾经济史六集》,台湾银行经济研究室印行,1957年。

[美]孟国美撰,谦祥译:《1882—1891年台湾台南海关报告书》,台湾银行经济研究室编:《台湾经济史六集》,台湾银行经济研究室印行,1957年。

王铁崖:《中外旧约章汇编》(第一册),三联书店(北京),1957年。

中国近代经济史资料丛刊编辑委员会主编:《帝国主义与中国海关第四编:中国海关与中法战争》,科学出版社,1957年。

中国近代经济史资料丛刊编辑委员会主编:《帝国主义与中国海关第五

编：中国海关与缅藏问题》，科学出版社，1958年。

中国近代经济史资料丛刊编辑委员会主编：《帝国主义与中国海关第七编：中国海关与中日战争》，科学出版社，1958年。

王铁崖：《中外旧约章汇编》（第二册），三联书店（北京），1959年。

中国近代经济史资料丛刊编辑委员会主编：《帝国主义与中国海关第六编：中国海关与中葡里斯本草约》，科学出版社，1959年。

中国近代经济史资料丛刊编辑委员会主编：《帝国主义与中国海关第八编：中国海关与英德续借款》，科学出版社，1959年。

中国近代经济史资料丛刊编辑委员会主编：《帝国主义与中国海关第九编：中国海关与义和团运动》，科学出版社，1959年。

中国近代经济史资料丛刊编辑委员会主编：《帝国主义与中国海关第十二编：中国海关与邮政》，科学出版社，1961年。

王铁崖：《中外旧约章汇编》（第三册），三联书店（北京），1962年。（王铁崖《中外旧约章汇编》于2019年由上海财经大学出版社再版）

姚贤镐：《中国近代对外贸易史资料》，中华书局，1962年。

中国近代经济史资料丛刊编辑委员会主编：《帝国主义与中国海关第十编：中国海关与庚子赔款》，中华书局，1962年。

中国近代经济史资料丛刊编辑委员会主编：《帝国主义与中国海关第十三编：中国海关与辛亥革命》，中华书局，1964年。

中国近代经济史资料丛刊编辑委员会主编：《帝国主义与中国海关第十五编：一九三八年英日关于中国海关的非法协定》，中华书局，1965年。（中国近代经济史资料丛刊编辑委员会主编的"帝国主义与中国海关"丛编十本于1983年由中华书局再版并重新编序一～十，1983年版丛编名为"帝国主义与中国海关资料丛编"）

陈向元等编：《中国关税问题资料四种》，学海出版社，1971年。

徐雪筠等译编：《上海近代社会经济发展概况（1882—1931）——海关十年报告译编》，上海社会科学院出版社，1985年。

中国人民政治协商会议福建省委员会文史资料委员会编：《福建文史资料（第十辑）·闽海关史料专辑》，福建人民出版社，1985年。

青岛市档案馆编：《帝国主义与胶海关》，档案出版社，1986年。

杨清江、陈苍松辑著：《福建市舶司人物录：纪念泉州市舶司设置九百周年》，温陵书画院印务馆，1987年。

周勇等译：《近代重庆经济与社会发展(1876—1949)》，四川大学出版社，1987年。

天津市档案馆、中国集邮出版社编，许和平、张俊桓译：《清末天津海关邮政档案选编》，中国集邮出版社，1988年。

仇润喜主编：《天津邮政史料》(第一辑)，北京航空学院出版社，1988年。

汕头市地方志编纂委员会办公室、中国海关学会汕头海关小组编：《潮海关史料汇编》，出版社不详，1988年。

戴一峰译编：《近代厦门社会经济概况》，鹭江出版社，1990年。

中国第二历史档案馆、社科院近代史研究所合编，陈霞飞主编：《中国海关密档：赫德·金登干函电汇编(1874—1907)》(第一卷)，中华书局，1990年。

中国第二历史档案馆、社科院近代史研究所合编，陈霞飞主编：《中国海关密档：赫德·金登干函电汇编(1874—1907)》(第二卷)，中华书局，1990年。

陆允昌：《苏州洋关史料》，南京大学出版社，1991年。

福州海关编：《近代福州及闽东地区社会经济概况》，华艺出版社，1992年。

天津市档案馆编：《三口通商大臣致津海关税务司札文选编》，天津人民出版社，1992年。

中国第二历史档案馆、社科院近代史研究所合编，陈霞飞主编：《中国海关密档：赫德·金登干函电汇编(1874—1907)》(第三卷)，中华书局，1992年。

中国第二历史档案馆、社科院近代史研究所合编，陈霞飞主编：《中国海关密档：赫德·金登干函电汇编(1874—1907)》(第四卷)，中华书局，1992年。

张富强、乐正等译编：《广州现代化的历程——粤海关十年报告(1882—1941年)译编》，广州出版社，1993年。

中国近代经济史资料丛刊编辑委员会主编，中华人民共和国海关总署研究室编译：《辛丑和约订立以后的商约谈判》，中华书局，1994年。

中国第二历史档案馆、社科院近代史研究所合编，陈霞飞主编：《中国海关密档:赫德·金登干函电汇编(1874—1907)》(第五卷),中华书局,1994年。

中国第二历史档案馆、社科院近代史研究所合编,陈霞飞主编:《中国海关密档:赫德·金登干函电汇编(1874—1907)》(第六卷),中华书局,1995年。

中国第二历史档案馆、社科院近代史研究所合编,陈霞飞主编:《中国海关密档:赫德·金登干函电汇编(1874—1907)》(第七卷),中华书局,1995年。

中国第二历史档案馆、社科院近代史研究所合编,陈霞飞主编:《中国海关密档:赫德·金登干函电汇编(1874—1907)》(第八卷),中华书局,1995年。

《广州史志丛书》编审委员会:《近代广州口岸经济社会概况:粤海关报告汇集》,暨南大学出版社,1995年。

中国第二历史档案馆、社科院近代史研究所合编,陈霞飞主编:《中国海关密档:赫德·金登干函电汇编(1874—1907)》(第九卷),中华书局,1996年。(《中国海关密档:赫德·金登干函电汇编(1874—1907)》英文版四卷本于1990—1993年由外文出版社出版)

戴一峰主编:《厦门海关历史档案选编(1911—1949)》(第一辑),厦门大学出版社,1997年。

黄富三等主编:《清末台湾海关历年资料》(影印本),台湾"中央研究院"近代史研究所,1997年。

莫世祥等译编:《近代拱北海关报告汇编》,澳门基金会,1998年。

中国第二历史档案馆,中国藏学研究中心编:《西藏亚东关档案选编》(上、下),中国藏学出版社,2000年。

黄臻等编译:《历史镜鉴:旧中国海关诫律》,中国海关出版社,2001年。

中国旧海关史料编辑委员会编:《中国旧海关史料(1859—1948)》(全170册),京华出版社,2001年。

中华人民共和国杭州海关译编:《近代浙江通商口岸经济社会概况——浙海关、瓯海关、杭州关贸易报告集成》,浙江人民出版社,2002年。

海关总署《旧中国海关总税务司署通令选编》编译委员会:《旧中国海关总税务司署通令选编》(第一、二、三卷),中国海关出版社,2003年。

［美］凯瑟琳·F.布鲁纳等编,傅曾仁译:《赫德日记:步入中国清廷仕途》,中国海关出版社,2003年。

天津海关译编委员会编:《津海关史要览》,中国海关出版社,2004年。

［美］凯瑟琳·F.布鲁纳等编,傅曾仁译:《赫德日记:赫德与中国早期现代化》,中国海关出版社,2005年。

青岛海关编:《山东解放区海关史料综览》(全4册),中国海关出版社,2006年。

天津市档案馆、天津海关编译:《津海关秘档解译——天津近代历史记录》,中国海关出版社,2006年。

吴弘明编译:《津海关贸易年报:1865—1946》,天津社会科学院出版社,2006年。

中国第二历史档案馆、中国海关总署办公厅编著:《中国旧海关与近代社会图史:1840—1949》(全10册),中国海关出版社,2006年。

海关总署《旧中国海关总税务司署通令选编》编译委员会:《旧中国海关总税务司署通令选编》(第四、五卷),中国海关出版社,2007年。

刘辉主编:《中国旧海关稀见文献全编》(全23册),中国海关出版社,2008年。(6类档案资料汇编,于2009年拆分再版)

刘辉编:《民国时期各国海关行政制度类编》(上、下卷),中国海关出版社,2009年。

刘辉编:《五十年各埠海关报告:1882—1931》(全14册),中国海关出版社,2009年。

刘辉编:《民国时期关税史料之一:修改税则始末记》(上、下卷),中国海关出版社,2009年。

刘辉编:《民国时期关税史料之二:中国关税史》,中国海关出版社,2009年。

刘辉编:《民国时期关税史料之三:中国关税史料》(上、下卷),中国海关出版社,2009年。

刘辉编:《民国时期关税史料之四:关税纪实》(上、下卷),中国海关出版社,2009年。

［美］阿林敦著,叶凤美译:《青龙过眼》,中华书局,2011年。

天津市海关档案馆编:《天津海关档案》(全36册),天津古籍出版社,

2013年。

杨伟编:《潮海关档案选译》,中国海关出版社,2013年。

中华人民共和国海关总署办公厅编:《中国近代海关总税务司通令全编》(全46卷),中国海关出版社,2013年。

金陵关税务司编:《金陵关十年报告》,南京出版社,2014年。(2022年由南京出版社再版)

吴松弟整理:《美国哈佛大学图书馆藏未刊中国旧海关史料:1860—1949》(全283册,影印本),广西师范大学出版社,2014年。

赵肖为译编:《近代温州社会经济发展概况:瓯海关贸易报告与十年报告译编》,三联书店(上海),2014年。

郭卫东编:《中外旧约章补编(清朝)》,中华书局,2018年。

《江海关档案译文选编》编委会编:《江海关档案译文选编》,中国海关出版社,2018年。

青岛市档案馆、青岛大学哲学与历史学院编:《胶海关档案史料选编》(全5卷),青岛出版社,2018年。

温州市档案局(馆)译编:《近代温州疾病及医疗概况:瓯海关〈医报〉译编》,社会科学文献出版社,2018年。

粤海关博物馆编:《粤海关历史档案资料辑要:1685—1949》,广东人民出版社,2018年。

广东省档案馆编:《民国广州要闻录:近代广东海关档案粤海关情报卷》(全20册),广东人民出版社,2018年。

许新民、康春华译著:《近代云南海关十年报告译编》,云南人民出版社,2018年。

魏文享主编:《民国时期税收史料汇编》(全30册),国家图书馆出版社,2018年。

中华人民共和国海关总署办公厅,中国海关学会编:《海关总署档案馆藏未刊中国旧海关出版物:1860—1949》,中国海关出版社,2018年。

方前移编译:《芜湖海关十年报告》,安徽师范大学出版社,2019年。

叶农、黄素芳整理、点校:《清宫藏鸦片战争后粤海关税收报告》,广东人民出版社,2019年。

天津市档案馆编:《近代海关贸易档案:一九〇六——一九三七》(全32

册),北京燕山出版社,2019年。

吴松弟主编,赵伐、周彩英编译:《浙江省档案馆藏未刊中国旧海关内部出版物》(全14册,影印本),广西师范大学出版社,2020年。

何强:《晚清江汉关档案史料汇编(税收清单卷)》,湖北人民出版社,2020年。

李明义译编,李晓舟校订:《近代宜昌海关〈十年报告〉译编:1882—1931》,团结出版社,2020年。

浙江省档案馆编:《旧海关档案中的浙江记忆》,国家图书馆出版社,2020年。

王澧华主编:《近代中国海关洋员汉语学习要籍简编》(影印本,全6册),广西师范大学出版社,2021年。

中国海关学会编译:《旧中国海关历史文件选编》,中国海关出版社有限公司,2021年。

黑龙江省档案馆编译:《瑷珲海关历史档案辑要》(全7卷),社会科学文献出版社,2022年。

赵岳、张娇娇编译:《〈海关职员任调公报〉综览·1865—1913征税部内班卷》,广西师范大学出版社,2022年。

(三)工具书

Williams, C. A. S.:《海关语言必须》(*An Anglo-Chinese glossary for customs and commercial use*),商务印书馆,1914年。

冈本大八:《海关英华语言录》(*Custom officers' English-Chinese vade-mecum, compiled with a view to being useful to members of the Chinese maritime customs service*),商务印书馆,1915年。

Williams, C. A. S.:《海关商务华英新名词》(*Anglo-Chinese glossary of modern terms for customs and commercial use*),北平海关学校出版部,1933年。

罗静远编:《海关投考全书》,环球书局,1936年。

奚惠廉、奚识之编:《投考邮局海关指南》,商业书局,1936年。

陈诗启、孙修福主编:《中国近代海关常用词语英汉对照宝典》,中国海关出版社,2002年。

孙修福编:《近代中国华洋机构译名大全》,中国海关出版社,2003年。

孙修福编译:《中国近代海关高级职员年表》,中国海关出版社,2004年。

孙修福主编:《中国近代海关史大事记》,中国海关出版社,2005年。

张耀华编著:《中国近代海关英汉大辞典》,上海人民出版社,2019年。

中国海关博物馆、宫献国编译:《中国近代海关出版物综览:1859—1949》,中国海关出版社,2020年。

吴松弟、方书生主撰:《中国旧海关内部出版物使用手册》,广西师范大学出版社,2021年。

二、报刊文章类

(一)古代

方慕关:《中国海关史》(上篇),《留京潮州学会年刊》(汕头),1926年第2期。

江海关监督公署:《江海关监督公署沿革及组织略史》,《江海关监督公署季刊》,1930年第1期。

张德昌:《明代广州之海舶贸易》,《清华大学学报(自然科学版)》,1932年第2期。

王干:《由元代市舶抽分则例观察元代国际贸易》,《工商学志》,1935年。

薛澄清:《明末福建海关情况及其地点变迁考略》,《禹贡》,1936年第7期。(收录于张德昌等:《明代国际贸易》,台北学生书局,1968年)

萨士武:《明成化嘉靖间福建市舶司移置福州考》,《禹贡》,1937年第1~2期。(收录于张德昌等:《明代国际贸易》,台北学生书局,1968年)

钱卓升:《唐宋以来之市舶司制度》,《遗族校刊》,1937年第3期。

[日]加藤繁撰,周乾荣译:《宋金榷场的规制》,《益世报》,1937年2月23日。(摘译自加藤繁:《宋と金国との贸易に就いて》,《史学雑誌》,第48卷第1号,1937年)

[日]加藤繁撰,傅衣凌译:《关于宋金的贸易》,《生力旬刊》,1938年第16期。

汤象龙:《十八世纪中叶粤海关的腐败——乾隆二十四年法国商人要求改善通商关系的意见》,《人文科学学报》,1942年第1卷第1期。(收录于包

遵彭等编纂:《中国近代史论丛》,第1辑第3册,台北正中书局,1956年)

胡寄馨:《明代福建市舶司及漳州舶税征收机关考》,《社会科学(福建)》,1945年第4期。

赵之蕳:《澶渊之盟以后宋辽的榷场贸易》,《中央日报》,1947年2月15日。

王仁忱:《满清的海禁与"闭关"》,《历史教学》,1954年第12期。

张亮采:《宋辽间的榷场贸易》,《东北师范大学科学集刊》,1957年第3期。

曲守约:《古代之关》,《大陆杂志》,1958年第10期。

李燕光:《明代辽东关市交易与女真社会的发展》,《光明日报》,1963年5月22日。

石文济:《宋代市舶司的设置与职权》,《史学汇刊》,1968年。

张菼:《关于台湾郑氏的"牌饷"》,《台湾文献》,1968年第2期。

张菼:《台湾郑氏"牌饷"(梁头税)的征收》,1968年第3期。

石文济:《宋代市舶司的设置》,宋史研究会编:《宋史研究集(第五辑)》,台北中华丛书委员会,1970年。

汪伯琴:《宋代西北边境的榷场》,《大陆杂志》,1976年第12期。

胡平生:《粤海关志初探》,《史原》(台湾),1978年第8期。

王冠倬:《元代市舶制度简述》,《中国历史博物馆馆刊》,1979年。

陈高华:《北宋时期前往高丽贸易的泉州舶商——兼论泉州市舶司的设置》,《海交史研究》,1980年。

郑世刚:《宋代海外贸易政策初探》,《上海师范大学学报(哲学社会科学版)》,1980年第1期。

陈国栋:《清代前期粤海关监督的派遣:一六八三——一八四二》,《史原》(台湾),1980年第10期。

林士民:《古代的港口城市——宁波》,《海交史研究》,1981年。

林瑛:《明州市舶史略》,《海交史研究》,1981年。

吴泰:《试论汉唐时期海外贸易的几个问题》,《海交史研究》,1981年。

陈国栋:《粤海关(1684—1842)的行政体系》,《食货月刊》(台湾),1981年第4期。

何楚南:《略述广州市舶司》,《广东文献》,1981年第4期。

林萌:《关于唐代市舶机构问题的探讨》,《海交史研究》,1982年。

林萌:《关于唐、五代市舶机构问题的探讨》,《海交史研究》,1982年。

王冠倬:《唐代市舶司建地初探》,《海交史研究》,1982年。

陈国栋:《清代前期粤海关的利益分配(1684—1842)——粤海关监督的角色与功能》,《食货月刊》(台湾),1982年第1期。

樊树志:《从恰克图贸易到广州"通商"》,《社会科学战线》,1982年第2期。

李龙潜:《明代广东的对外贸易》,《文史哲》,1982年第2期。

林仁川:《明代漳州海上贸易的发展与海商反对税监高寀的斗争》,《厦门大学学报(哲学社会科学版)》,1982年第3期。

唐文基:《明朝对行商的管理和征税》,《中国史研究》,1982年第3期。

陈国栋:《鸦片战争以前清朝政府对进出口商品的管理》,《大陆杂志》(台湾),1982年第6期。

陈国栋:《清代前期粤海关的税务行政(1683—1842)》,《食货月刊》(台湾),1982年第10期。

陈泗东:《略述明代福建沿海的反走私措施》,《光明日报》,1982年4月12日。

陈自强:《论明代漳州月港的历史地位》,《海交史研究》,1983年。

余思伟:《广州市舶司的历史沿革及其在对外贸易中的作用和影响》,《海交史研究》,1983年。

陈自强:《"蒲寿庚宋末提举市舶三十年"说考辨》,《中国史研究》,1983年第1期。

杜正胜:《说古代的关》,《食货月刊》(台湾),1983年第1～2期。

汪敬虞:《论清代前期的禁海闭关》,《中国社会经济史研究》,1983年第2期。

房建昌:《海关始于汉代之珠崖》,《学术研究》,1983年第3期。

傅宗文:《宋代泉州市舶司设立问题探索》,《福建论坛》,1983年第3期。

何本方:《清代户部诸关初探》,《南开大学学报(社会科学版)》,1983年第3期。

刘伯午:《我国古代市舶制度初探》,《现代财经——天津财经学院学报》,1983年第3期。

唐晓:《略论明代月港的海外贸易》,《福建社联通讯》,1983年第3期。

姬乃军:《宋与西夏在保安军互市榷场位置考》,《宁夏大学学报(社会科学版)》,1983年第4期。

蔡渭洲、谢咸铠:《我国古代的陆地关——海关史话之二》,《国际贸易》,1984年第1期。

吴建雍:《清前期榷关及其管理制度》,《中国史研究》,1984年第2期。

蔡渭洲、谢咸铠:《唐宋元明的沿海海关——市舶司——我国海关史话之三》,《国际贸易》,1984年第2期。

邓端本:《鸦片战争前的粤海关》,《岭南文史》,1984年第2期。

蔡渭洲、谢咸铠:《清朝前期的沿海四关——海关史话之四》,《国际贸易》,1984年第3期。

陈尚胜:《福建市舶司废于嘉靖六年吗?》,《厦门大学学报(哲学社会科学版)》,1984年第3期。

彭泽益:《清初四榷关地点和贸易量的考察》,《社会科学战线》,1984年第3期。

周熊:《我国古代的关市》,《历史知识》,1984年第3期。

邓开颂、黄启臣:《唐代的广州市舶司》,《复印报刊资料(经济史)》,1984年第6期。

丁宁:《论梁廷枬》,《齐鲁学刊》,1984年第6期。

邓开颂、黄启臣:《宋代的广州市舶司》,《南方日报》,1984年6月18日。

陈当胜:《明代设过多少市舶司机构?——〈明史〉标点本辨误》,《海交史研究》,1985年第1期。

戴和:《试论清前期粤海关征税用人的弊端》,《广州研究》,1985年第1期。

黄广廓:《鸦片战前的清海关是资本主义萌芽的桎梏》,《郑州大学学报(哲学社会科学版)》,1985年第1期。

罗开玉:《先秦的外商及关税管理》,《国内外经济管理》,1985年第1期。

卢苇:《宋代海外贸易和东南亚各国关系》,《海交史研究》,1985年第1期。

漆侠:《宋代市舶抽解制度》,《河南大学学报(哲学社会科学版)》,1985年第1期。

何本方:《清代的榷关与内务府》,《故宫博物院院刊》,1985年第2期。

陈宏茂:《试论宋辽间的榷场贸易》,《河南财经学院学报》,1985年第3期。

邓坚雄:《浅论康熙的开海政策》,《广西师范大学学报》,1985年第4期。

孔宝康:《我国海关的起源》,《外贸教学与研究》,1985年第6期。

郑功臣:《古代的"关"和"税"》,《商业研究》,1985年第6期。

方舟:《市舶使》,《国际贸易》,1985年第7期。

李荣昌:《江海关究竟设在哪里》,《学术月刊》,1985年第11期。

方舟:《市舶法则》,《国际贸易》,1985年第12期。

彭年:《秦汉的"关"、"关市"及其管理》,《国内外经济管理》,1985年第46～47期。

陈尚胜:《明代太仓、交阯市舶司考辨》,《苏州大学学报》,1986年第1期。

邓端本:《宋代广州市舶司》,《岭南文史》,1986年第1期。

高绵:《略论宋代海外贸易政策》,《泉州师专学报》,1986年第1期。

刘志伟:《明代广东市舶司迁移电白、澳门说质疑》,《广东史志》,1986年第1期。

陈尚胜:《论明代市舶司制度的演变》,《文史哲》1986年第2期。

连心豪:《市舶司职能的演变》,《海关教学与研究》,1986年第2期。

谯枢铭:《清乾嘉时期的上海港与英国人寻找新的通商口岸》,《史林》,1986年第2期。

沈福伟:《论唐代对外贸易的四大海港》,《海交史研究》,1986年第2期。

粟明鲜:《清代前期中暹民间贸易》,《海交史研究》,1986年第2期。

王铁藩:《福州明代福建市舶司衙署考》,《海交史研究》,1986年第2期。

吴亚敏:《粤海关制度》,《海关教学与研究》,1986年第2期。

徐温:《唐朝市舶司(使)的设置》,《海关教学与研究》,1986年第2期。

林仁川:《论明代贡舶管理制度的衰落与封建海关制度的发展》,《海关研究》,1986年第3期。

吴治敏:《清代前期闽海关设立时间及地点的探讨》,《海关研究》,1986年第3期。

周熊:《从唐代的关津制度看我国古代海关的初步形成》,《海关教学与研究》,1986 年第 3 期。

黄启臣:《清代前期海外贸易的发展》,《历史研究》,1986 年第 4 期。

解秀芬、文韬:《试论明初茶马贸易的"金牌制"》,《甘肃民族研究》,1986 年第 4 期。

丁宁、周正山:《梁廷枏与〈粤海关志〉》,《学术月刊》,1986 年第 6 期。

伊永文:《漫话宋代"关扑"》,《华声报》,1986 年 1 月 24 日。

陈东林、李丹慧:《乾隆限令广州一口通商政策及英商洪任辉事件述论》,《历史档案》,1987 年第 1 期。

陈尚胜:《明代市舶司制度与海外贸易》,《中国社会经济史研究》,1987 年第 1 期。

邓端本:《唐代广州市舶管理的几个问题》,《岭南文史》,1987 年第 1 期。

何本方:《清代商税制度刍议》,《社会科学研究》,1987 年第 1 期。

李玉昆:《泉州市舶司史略》,《泉州市志通讯》,1987 年第 1 期。

沈毅:《粤海关设置地点在广州》,《广州研究》,1987 年第 1 期。

孙文学:《元朝市舶制度论》,《内蒙古大学学报》,1987 年第 1 期。

徐明德:《论十六世纪浙江双屿港国际贸易市场》,《海交史研究》,1987 年第 1 期。

庄国土:《清初(1683—1727 年)海上贸易政策和南洋禁航令》,《海交史研究》,1987 年第 1 期。

陈尚胜:《明代浙江市舶司兴废问题考辨》,《浙江学刊》,1987 年第 2 期。

陈坚红:《关于唐代广州港年外舶数及外商人数之质疑》,《海交史研究》,1987 年第 2 期。

胡家庆、丁辉君:《市舶使与市舶司》,《广州对外贸易学院学报》,1987 年第 2 期。

李金明:《明代市舶司的沿革与市舶司制度的演变》,《南洋问题》,1987 年第 2 期。

刘成:《论明代的海禁政策》,《海交史研究》,1987 年第 2 期。

聂德宁:《〈诸蕃志〉中的"番商"与"舶商"辨析》,《海交史研究》,1987 年第 2 期。

[日]松浦章、常家勤:《康熙帝与日本的海舶互市新例》,《社会科学辑刊》,1987 年第 2 期。

汶江:《元代的开放政策与我国海外交通的发展》,《海交史研究》,1987年第2期。

萧国亮:《明代后期蒙汉互市及其社会影响》,《中国社会科学院研究生院学报》,1987年第2期。

郦永庆、宿丰林:《乾隆年间恰克图贸易三次闭关辨析》,《历史档案》,1987年第3期。

张忠民:《清前期上海港发展演变新探》,《中国经济史研究》,1987年第3期。

何本方:《乾隆年间榷关的免税措施》,《历史档案》,1987年第4期。

蒋作舟、陈申如:《评明、清两朝的"海禁"、"闭关"政策》,《历史教学问题》,1987年第4期。

彭年:《汉代的关、关市和关禁制度》,《四川师范大学学报(社会科学版)》,1987年第4期。

左书谔、解秀芬:《"金牌制"考略》,《民族研究》,1987年第4期。

高美玲:《广州市舶司始于何时》,《广州史志》,1987年第5期。

蔡渭洲:《钞关和常关》,《中国海关》,1987年第11期。

陈苍松:《泉州市舶司与泉州海关》,《海关研究》,1988年第1期。

陈苍松:《市舶管理在海外贸易中的作用和影响——从宋代广州与泉州的海外贸易谈起》,《海交史研究》,1988年第1期。

陈存广:《"舶"与"市舶"及其他——从训诂角度纵谈市舶史有关问题》,《海交史研究》,1988年第1期。

陈希育:《清朝海关对于民间海外贸易的管理》,《海交史研究》,1988年第1期。

陈自强:《月港督饷制度述要》,《海交史研究》,1988年第1期。

戴和:《清代粤海关税收述论》,《中国社会经济史研究》,1988年第1期。

戴和:《清代粤海关税收的考核与报解制度述论》,《海交史研究》,1988年第1期。

杜石然:《宋元算书中的市舶贸易算题》,《海交史研究》,1988年第1期。

邓端本:《论明代的市舶管理》,《海交史研究》,1988年第1期。

傅宗文:《中国古代海关探源》,《海交史研究》,1988年第1期。

关镜石:《市舶原则与关税制度》,《海交史研究》,1988年第1期。

郭宗保:《市舶制度与海关制度比较——兼谈陆地边关与海关有关的问

题》,《海交史研究》,1988年第1期。

黄盛璋:《明代后期海禁开放后海外贸易若干问题》,《海交史研究》,1988年第1期。

孔宝康:《我国古代市舶制度初探》,《海交史研究》,1988年第1期。

李庆新:《明代广州对外贸易试探》,《广东社会科学》,1988年第1期。

林仁川:《明代中琉贸易的特点与福建市舶司的衰亡》,《海交史研究》,1988年第1期。

连心豪:《略论市舶制度在宋代海外贸易中的地位与作用》,《海交史研究》,1988年第1期。

陆靭:《论市舶司性质和历史作用的变化》,《海交史研究》,1988年第1期。

沈玉水:《略论福建市舶司的迁司问题》,《海交史研究》,1988年第1期。

沈玉水:《略论福建市舶司的设迁问题》,《福建史志》,1988年第1期。

施存龙:《上海"江海关"始设港口论证》,《海交史研究》,1988年第1期。

孙光圻:《论洪仁辉案》,《海交史研究》,1988年第1期。

谭启浩:《明代广东的珠池市舶太监》,《海交史研究》,1988年第1期。

[日]土肥祐子:《陈俑和泉州市舶司的设置》,《海交史研究》,1988年第1期。

吴振华:《杭州市舶司研究》,《海交史研究》,1988年第1期。

杨钦章:《从若干碑铭看清代中前期泉州的海关及贸易》,《海交史研究》,1988年第1期。

张健:《宋元时期温州海外贸易发展初探》,《海交史研究》,1988年第1期。

周振鹤:《宋代江阴军市舶务小史》,《海交史研究》,1988年第1期。

朱江:《唐代扬州市舶司的机构及其职能》,《海交史研究》,1988年第1期。

关镜石:《市舶原则与关税制度》,《海关研究》,1988年第2期。

林文益:《金代的市场和商业及其与宋之间的互市》,《安徽财贸学院学报》,1988年第2期。

毛起雄:《唐代海外贸易与法律调整》,《海交史研究》,1988年第2期。

毛乾标:《我国古代"关市之征"的起源应在殷商时期》,《海关教学与研究》,1988 年第 2 期。

夏秀瑞:《清代前期的海外贸易政策》,《广东社会科学》,1988 年第 2 期。

谢玉杰:《"金牌信符制"考辨》,《西北民族研究》,1988 年第 2 期。

张庆龄:《宋辽间的走私贸易》,《史林》,1988 年第 2 期。

陈一石:《明代茶马互市政策研究》,《中国藏学》,1988 年第 3 期。

杜常顺:《明清时期黄河上游地区的民族贸易市场》,《民族研究》,1998 年第 3 期。

杜建录:《宋夏商业贸易初探》,《宁夏社会科学》,1988 年第 3 期。

孔宝康:《明代海禁期间的贡舶管理》,《海关教学与研究》,1988 年第 3 期。

李金明:《明代广东三十六行新论》,《学术研究》,1988 年第 3 期。

廖大珂:《试论宋代市舶司官制的演变》,《历史研究》,1998 年第 3 期。

沈毅:《清代粤海关机构及人事管理》,《海关教学与研究》,1988 年第 3 期。

谢咸铠:《浅谈〈唐律疏议〉中的关津律》,《海关研究》,1988 年第 3 期。

陈希育:《清代福建的外贸港口》,《中国社会经济史研究》,1988 年第 4 期。

杜建录:《宋夏保安军榷场贸易论略》,《固原师专学报(社会科学版)》,1988 年第 4 期。

黄启臣:《清代前期广东的对外贸易》,《中国经济史研究》,1988 年第 4 期。

章深:《重评宋代市舶司的主要功能》,《广东社会科学》,1998 年第 4 期。

朱雍:《洪仁辉事件与乾隆的限关政策》,《故宫博物院院刊》,1988 年第 4 期。

邓端本:《元代的海禁及市舶司研究(上)》,《羊城今古》,1989 年第 1 期。

顾卫民:《广州通商制度与鸦片战争》,《历史研究》,1989 年第 1 期。

宿丰林:《清代恰克图边关互市早期市场的历史考察》,《求是学刊》,1989 年第 1 期。

严仁:《唐代扬州的市舶事务与"所由"》,《海交史研究》,1989 年第 1 期。

邓端本:《元代的海禁及市舶司研究(中)》,《羊城今古》,1989 年第 2 期。

孔宝康:《清代鸦片战争前粤海关制度述论》,《海关教学与研究》,1989

年第 2 期。

毛起雄：《唐朝海外贸易与法律调整》，《海交史研究》，1989 年第 2 期。

毛乾标：《周代"关市之赋"中的门、关、市》，《海关教学与研究》，1989 年第 2 期。

彭年：《汉代关税始征于何时？》，《天府新论》，1989 年第 2 期。

王玉群：《谈谈两宋的市舶开放政策》，《渤海学刊》，1989 年第 2 期。

汶江：《唐代的开放政策与海外贸易的发展》，《海交史研究》，1989 年第 2 期。

邓端本：《元代的海禁及市舶司研究（下）》，《羊城今古》，1989 年第 3 期。

沈毅：《宋元市舶制度的发展与泉州海外贸易》，《海关教学与研究》，1989 年第 3 期。

谭启浩：《关于明代交阯云屯市舶司》，《海关研究》，1989 年第 3 期。

韦庆远：《论康熙时期从禁海到开海的政策演变》，《中国人民大学学报》，1989 年第 3 期。

詹庆华：《清代前期粤海关引水挂号制度述论》，《海关教学与研究》，1989 年第 3 期。

竺晓莉：《杭州市舶司和海关沿革述略》，《杭州市志通讯》，1989 年第 3 期。

杜建录：《宋夏保安军榷场位置考》，《青海民族学院学报》，1989 年第 4 期。

高志凯：《清代西藏设关资料》，《海关研究》，1989 年第 4 期。

詹庆华：《鸦片战争前粤海关外船管理制度的形成与发展述略》，《海关研究》，1989 年第 4 期。

谭启浩：《粤海关的"太太税"》，《海关研究》，1989 年增刊 1。

朱卫庆、顾夏强：《上海地区海关制度的起源与古代市舶司》，《海关研究》，1989 年增刊 2。

陈一石：《有关金牌制的几个问题——兼与左书谔解秀芬同志商榷》，《民族研究》，1990 年第 1 期。

黄国盛、谢必震：《清代闽海关重要史实考略》，《海交史研究》，1990 年第 1 期。

马建和：《鸦片战争前粤海关的重要税口——黄埔挂号口》，《广东史志》,1990 年第 1 期。

毛乾标:《秦汉时期的关、关禁、关税和关政》,《海关教学与研究》,1990 年第 1 期。

颜锡钧:《我国古代的关税——海关知识讲座第一讲》,《国际贸易》,1990 年第 1 期。

顾敦信:《略论唐代的市舶事务》,《扬州师院学报(社会科学版)》,1990 年第 2 期。

廖大珂:《宋代牙人牙行与海外贸易》,《海交史研究》,1990 年第 2 期。

谭启浩:《浅议元代海北海南市舶司》,《海关研究》,1990 年第 2 期。

许檀等:《清代前期商税问题初探》,《中国经济史研究》,1990 年第 2 期。

吴永涛等:《江海关究竟设在哪里》,《西北大学学报(哲学社会科学版)》,1990 年第 3 期。

张维光:《明朝政府在青海的茶马互市政策述论》,《青海社会科学》,1990 年第 3 期。

黄启臣:《明代广州的海外贸易》,《中国经济史研究》,1990 年第 4 期。

靳华:《宋、金榷场贸易的特点》,《华中师范大学学报(哲学社会科学版)》,1990 年第 4 期。

饶怀民、周新国:《清代的闭关政策述评》,《西南民族学院学报(哲学社会科学版)》,1990 年第 5 期。

谢俊美:《清初江海关关址质疑》,《历史教学》,1990 年第 12 期。

郭孟良:《明代茶马贸易的展开及其管理制度》,《汉中师院学报(哲学社会科学版)》,1991 年第 1 期。

[泰]沙拉信·维拉福尔、颜章炮:《清初的中暹走私贸易》,《南洋资料译丛》,1991 年第 1 期。

蔡渭洲、陈苍松:《中国古代海关管理与"海上丝绸之路"》,《海关研究》,1991 年第 2 期。

霍义平:《江海关考》,《海关研究》,1991 年第 2 期。

李金明:《明代后期海澄月港的开禁与督饷馆的设置》,《海交史研究》,1991 年第 2 期。

李天锡:《泉州市舶司的设置与闽南华侨的出国》,《华侨华人历史研究》,1991 年第 2 期。

詹庆华、王秀丽:《宋代市舶司人事考核制度钩沉》,《海关教学与研究》,1991年第2期。

陈希育:《清代前期的厦门海关与海外贸易》,《厦门大学学报》,1991年第3期。

郑镛、许毅鸣:《闽海关设置地点各说之辨析》,《漳州师范学院学报(哲学社会科学版)》,1991年第3期。

许毅民:《闽海关设置地点辨析》,《海关研究》,1991年第4期。

蔡渭洲:《鲁迅的〈出关〉和中国古代关制略谈》,《中国海关》,1991年第8期。

孔宝康:《清初江海关设立及其关址初探》,《海关教学与研究》,1992年第1期。

连心豪:《中国海关起源刍议》,《海交史研究》,1992年第1期。

廖大珂:《北宋熙宁、元丰年间的市舶制度改革》,《南洋问题研究》,1992年第1期。

施存龙:《唐五代两宋两浙和明州市舶机构建地建时问题探讨(上)》,《海关史研究》,1992年第1期。

萧白省:《清代外贸及关税立法述略》,《陕西工商学院学报》,1992年第1期。

施存龙:《唐五代两宋两浙和明州市舶机构建地建时问题探讨(下)》,《海关史研究》,1992年第2期。

齐凤山:《"丝绸之路"与玉门关》,《中国海关》,1992年第2期。

韩晓东:《浅论明代泉州市舶司移置福州的原因》,《海关教学与研究》,1992年第3期。

孔宝康:《清前期粤海关外船管理的特点及其局限初探》,《海关教学与研究》,1992年第3期。

李传印:《宋代发展海上贸易的政策措施》,《安庆师院社会科学学报》,1992年第3期。

李金明:《清代海关的设置与关税的征收》,《南洋问题研究》,1992年第3期。

沈毅:《古代中日贸易及其市舶管理》,《海关教学与研究》,1992年第3期。

赵毅:《论明代茶马互市的经营管理》,《重庆师院学报(哲学社会科学版)》,1992 年第 4 期。

詹庆华:《宋代市舶官制述论》,《海关研究》,1992 年第 5 期。

章深:《南宋市舶司初探》,《学术研究》,1992 年第 5 期。

许毅、隆武华:《试论清代前期对外贸易政策与海禁的性质》,《财政研究》,1992 年第 7 期。

邹瑞汉:《中国海关法起源于何时》,《中国海关》,1992 年第 8 期。

方裕谨:《康熙前期有关赋税征收御史奏章》,《历史档案》,1993 年第 1 期。

孔宝康:《江海关始设何地考略》,《中国海关》,1993 年第 1 期。

李金明:《1757 年广州一口通商与洪任辉事件》,《南洋问题研究》,1993 年第 2 期。

王杰:《中国最早的海外贸易管理官员创置于汉代》,《海交史研究》,1993 年第 2 期。

卫心:《茶马互市》,《青海民族研究》,1993 年第 2 期。

杨仁飞:《论清政府对澳门的海关管理》,《广东社会科学》,1993 年第 2 期。

赵毅:《明代茶马金牌停止时间考》,《西南师范大学学报(人文社会科学版)》,1993 年第 2 期。

沈毅:《闭关锁国时代中日两国市舶管理比较》,《海关教学与研究》,1993 年第 3 期。

汪廷奎:《两宋市舶贸易出口税初探》,《广东社会科学》,1993 年第 3 期。

陈尚胜:《也论清前期的海外贸易——与黄启臣先生商榷》,《中国经济史研究》,1993 年第 4 期。

姚继荣:《明代西北诸茶马司的置废及管理》,《青海师专学报》,1993 年第 3 期。

施由民:《清代茶马政策与茶马互市》,《农业考古》,1993 年第 4 期。

叶玉梅:《明代茶马互市中的金牌信符制度》,《青海民族学院学报》,1993 年第 4 期。

谭启浩:《广东省海康县出土粤海关收税铜砝码》,《海交史研究》,1994 年第 1 期。

杨仁飞:《论明朝对澳门实施的外贸税制》,《学术研究》,1994年第2期。

刘奇俊:《清初开放海禁考略》,《福建师范大学学报(哲学社会科学版)》,1994年第3期。

谭启浩:《林则徐与海关》,《中国海关》,1994年第3期。

姚继荣:《明代茶马互市中的"勘合制"问题》,《青海民族学院学报》,1994年第3期。

王文素:《宁江州榷场与女真族起兵抗辽》,《黑龙江农垦师专学报》,1994年第4期。

杨晓灵:《浙江最早的海关》,《浙江档案》,1994年第4期。

叶伦会:《中国早期海关征收关税的源起》,《海关研究》,1994年第5期。

路守伟:《〈红楼梦〉与海关》,《海关研究》,1994年第5期。

唐文基:《洪任辉事件与乾隆的闭关政策》,《福建学刊》,1994年第6期。

张耀华:《江海关始设地址之我见》,《学术月刊》,1994年第10期。

程喜霖:《唐代过所与胡汉商人贸易》,《西域研究》,1995年第1期。

胡沧泽:《宋代福建海外贸易的管理》,《福建师范大学学报(哲学社会科学版)》,1995年第1期。

谭启浩:《〈粤海关志〉的一处辨误》,《海交史研究》,1995年第1期。

张慧:《西夏黄河沿岸的榷场经济——兼论西夏及中亚地区的贸易往来》,《内蒙古地方志》,1995年第3期。

黄国盛、李森林:《清代闽海关沿革》,《文史知识》,1995年第4期。

李金明:《清代粤海关的设置与关税征收》,《中国社会经济史研究》,1995年第4期。

湛江海关:《粤海关始设地问题考略》,《海关研究》,1995年第4期。

章深:《北宋"元丰市舶条"试析——兼论中国古代的商品经济》,《广东社会科学》,1995年第5期。

蔡渭洲:《我国历代关税述略(一)》,《中国海关》,1995年第10期。

陈尚胜:《论明朝月港开放的局限性》,《海交史研究》,1996年第1期。

黄启臣:《明清时期中国政府对澳门海关的管理》,《中山大学学报(社会科学版)》,1996年第1期。

宁志新:《试论唐代市舶使的职能及其任职特点》,《中国社会经济史研究》,1996年第1期。

丁柏传：《试论西夏与北宋的经贸往来及其影响》，《河北大学学报（哲学社会科学版）》，1996年第2期。

方祖猷、俞信芳：《五代宋明州市舶机构初建时间及演变考》，《海交史研究》，1996年第2期。

宁志新：《唐代市舶使设置地区考辨》，《海交史研究》，1996年第2期。

吕健行、陈锡标：《从历史背景试析粤海关始建地》，《海关研究》，1996年第3期。

叶青：《元代单双抽制：中国保护关税政策的起源》，《涉外税务》，1996年第4期。

姚梅琳：《对中国古代海关起源问题的若干思考》，《海关研究》，1996年第6期。

晓冬：《康熙创建"海关"》，《税收征纳》，1996年第11期。

傅宗文：《中国古代海外贸易的管理传统与早期海关》，《海交史研究》，1997年第1期。

靳华：《试析宋、金榷场建立的目的及作用》，《湖北民族学院学报（社会科学版）》，1997年第1期。

廖大珂：《北宋市舶的抽解、禁榷、和买制度》，《南洋问题研究》，1997年第1期。

宁志新：《唐代市舶制度若干问题研究》，《中国经济史研究》，1997年第1期。

陶勉：《清韩中江贸易述略》，《中国边疆史地研究》，1997年第1期。

王福君：《辽宋夏金时期宋的榷场贸易考述》，《鞍山师范学院学报》，1997年第1期。

杜瑜：《明清时期潮、汕、漳、厦港口的发展及其局限》，《海交史研究》，1997年第2期。

刘淼：《明代金牌制下的"差发马"易茶形态》，《中国社会经济史研究》，1997年第2期。

王亚春：《汉代关税小考》，《山西大学学报（哲学社会科学版）》，1997年第3期。

李三谋：《明清茶马互市探析》，《农业考古》，1997年第4期。

黄国盛：《鸦片战争前粤海关当局与"大班"的关系及其演变》，《福建论坛(文史哲版)》,1998年第1期。

李庆新:《唐代市舶使若干问题的再思考》,《海交史研究》,1998年第2期。

黎虎:《唐代的市舶使与市舶管理》,《历史研究》,1998年第3期。

孙彩红:《唐、五代时期中原与契丹、奚的互市贸易》,《河北师范大学学报(哲学社会科学版)》,1998年第4期。

施存龙:《明代广州市舶司迁设澳门考》,《文化杂志》,1998年第34期。

黄富元:《浅谈宋元时期的泉州市舶课税》,《福建税务》,1998年第S1期。

张亨道:《明代后期督饷馆税制》,赵毅、林凤萍主编:《第七届明史国际学术讨论会论文集》,东北师范大学出版社,1999年。

韩仕海:《洪仁辉事件与单口通商体制的形成》,《广西右江民族师专学报》,1999年第1期。

许立坤:《明代的贡赏与互市——明王朝民族政策研究之三》,《广西社会主义学院学报》,1999年第1期。

程喜霖:《论唐代关津与过所的关系及其国防治安功能》,《湖北大学学报(哲学社会科学版)》,1999年第2期。

黄国盛:《清初四省海关衙署设置新探》,《福建师范大学学报(哲学社会科学版)》,1999年第2期。

孙善根:《清浙海关建关时间考》,《浙江档案》,1999年第2期。

曹家齐:《宋朝对边塞进出境人员及贸易的管理》,《广西大学学报(哲学社会科学版)》,1999年第2期。

刘建丽:《宋代吐蕃的商业贸易》,《西北师大学报(社会科学版)》1999年第2期。

李金明:《十六世纪中国海外贸易的发展与漳州月港的崛起》,《南洋问题研究》,1999年第4期。

彭建英:《略论金牌制的两重性》,《中央民族大学学报》,1999年第4期。

陈明德:《试论明代福建市舶司移置福州的原因及其影响》,《福建论坛(文史哲版)》,1999年第6期。

黄国盛:《清代前期开海设关的历史地位与经验教训》,《东南学术》,1999年第6期。

李庆新:《明代市舶司制度的变态及其政治文化意蕴》,《海交史研究》,2000年第1期。

连心豪:《施琅与清初开海设关通洋》,《中国社会经济史研究》,2000年第1期。

刘美云:《论明清政府在澳门海关行使主权》,《雁北师范学院学报》,2000年第1期。

王川:《论明代市舶太监牛荣走私案》,《海交史研究》,2000年第1期。

王杰、周炜:《明代市舶司治所及其变迁》,《郑和研究》,2000年第1期。

余清良:《试论澳门在早期(1635—1842)中英贸易关系中的地位和作用》,《海交史研究》,2000年第1期。

晁中辰:《明代海关税制的演变》,《东岳论丛》,2000年第2期。

王川:《论市舶太监在唐代岭南之产生》,《中山大学学报(社会科学版)》,2000年第2期。

罗晃潮:《简论我国早期海关之雏型设于徐闻》,《岭南文史》,2000年第4期。

贺达、邱书林:《宋代官员外贸走私腐败探析》,《河北师范大学学报(哲学社会科学版)》,2000年第4期。

王日根:《明清海洋管理政策刍论》,《社会科学战线》,2000年第4期。

朱淑娣:《清代海关的"政治关税"特点、成因及其教训》,《法商研究(中南政法学院学报)》,2000年第4期。

张耀华:《〈至元市舶则法〉中的整治腐败条款》,《中国海关》,2000年第4期。

魏志江:《辽金与高丽的经济文化交流》,《社会科学战线》,2000年第5期。

郭孟良:《"蜀茶总入诸蕃市,胡马常从万里来"——宋代茶马贸易述论》,《河南商业高等专科学校学报》,2000年第6期。

黄纯艳:《论宋代贸易港的布局与管理》,《中州学刊》,2000年第6期。

刘玉峰:《试论唐代海外贸易的管理》,《山东大学学报(哲学社会科学版)》,2000年第6期。

杨伟鲁:《两宋时代的对外贸易政策和市舶体制》,《山西财经大学学报》,2000年第S1期。

卢建一：《论清前期闽台海防对海外贸易的影响》，《海交史研究》，2001年第1期。

董少新：《广州市舶史研究的新成果——评王川〈市舶太监与南海贸易〉》，《海交史研究》，2001年第2期。

林枫：《明代中后期的市舶税》，《中国社会经济史研究》，2001年第2期。

刘清荣：《明代茶马贸易经管体系述论》，《农业考古》，2001年第2期。

周熊：《论我国海关的起源和发展》，《上海师范大学学报（哲学社会科学版）》，2001年第3期。

沈冬梅：《乾德二年江北榷场考》，《中国史研究》，2001年第4期。

徐蔚葳、竺晓莉：《宋代市舶司及其与后代海关的关系》，《海关研究》，2001年第5期。

刘小萌：《清代海关的走私和反走私》，《中国海关》，2001年第12期。

金国平：《Hopo的词源及其设立年代考》，《暨南史学》，2002年。

王川：《明代市舶太监的历史作用》，中国中外关系史学会编：《中西初识二编——明清之际中国和西方国家的文化交流之二》，大象出版社，2002年。

王莉等：《宋代泉州等市舶机构的设置及其兴衰沿革考辨》，中国航海学会、泉州市人民政府：《"泉州港与海上丝绸之路"国际学术研讨会论文集》，中国社会科学出版社，2002年。

陈君静：《略论清代前期宁波口岸的中英贸易》，《宁波大学学报（人文科学版）》，2002年第1期。

徐信艳、王昉：《中西方古代关税思想的特色比较》，《怀化师专学报》，2002年第1期。

郭孟良：《清代前期海外贸易管理中的具结现象》，《中国边疆史地研究》，2002年第2期。

李均明：《汉简所反映的关津制度》，《历史研究》，2002年第3期。

吕妍：《清代中俄恰克图边关互市始末》，《西伯利亚研究》，2002年第3期。

连心豪、谢广生：《再论施琅与清初开放海禁》，《中国社会经济史研究》，2002年第4期。

彭巧红：《明代海外贸易管理机构的演变》，《南洋问题研究》，2002年第4期。

陈尚胜:《"闭关"或"开放"类型分析的局限性——近 20 年清朝前期海外贸易政策研究述评》,《文史哲》,2002 年第 6 期。

章深:《市舶司对海外贸易的消极作用——兼论中国古代工商业的发展前途》,《浙江学刊》,2002 年第 6 期。

徐从花:《福建市舶司副提举罗伦与泉州》,福建省炎黄文化研究会、中国人民政治协商会议泉州市委员会编:《闽南文化研究——第二届闽南文化研讨会论文集(上)》,海峡文艺出版社,2003 年。

王兴文:《略论宋代市舶制度》,《白城师范学院学报》,2003 年第 1 期。

王元林:《明代初期广东沿海贡舶贸易港考》,《中国历史地理论丛》,2003 年第 1 期。

李健:《中国历史上最早的海关之一——云梯关》,《海关研究》,2003 年第 2 期。

张雪慧:《试论元代中国与高丽的贸易》,《中国社会经济史研究》,2003 年第 3 期。

廖大珂:《宋代市舶税利的抽收、分割与市舶本钱》,《中国史研究》,2003 年第 4 期。

袁瑞芹:《清前期粤海关腐败研究》,《广东史志》,2003 年第 4 期。

李永福:《鸦片战争前清政府对外政策的嬗变——以海关贸易为例》,《南都学坛》,2003 年第 6 期。

徐从花:《福建市舶司副提举罗伦与泉州》,福建省炎黄文化研究会、中国人民政治协商会议泉州市委员会编:《闽南文化研究——第二届闽南文化研讨会论文集(上)》,海峡文艺出版社,2004 年。

杨家俊:《简论宋代的外商政策》,《重庆广播电视大学学报》,2004 年第 1 期。

王兴文:《宋代市舶关税的抽解制度及其经济地位》,《经济师》,2004 年第 3 期。

王晓燕:《论宋与辽、夏、金的榷场贸易》,《西北民族大学学报(哲学社会科学版)》,2004 年第 4 期。

陈明光、靳小龙:《论唐代广州的海外交易、市舶制度与财政》,《中国经济史研究》,2005 年第 1 期。

陈旭:《宋夏之间的走私贸易》,《中国史研究》,2005 年第 1 期。

刘利民:《试论条约前时代清政府对领水主权的维护》,《信阳师范学院学报(哲学社会科学版)》,2005年第1期。

吴义雄:《鸦片战争前粤海关税费问题与战后海关税则谈判》,《历史研究》,2005年第1期。

陈自强:《关于宋代泉州舶使的若干人与事——读史札记》,《海交史研究》,2005年第2期。

赵立人:《再论明清之际的十三行与澳门贸易》,《海交史研究》,2005年第2期。

韩生存:《西京大同和辽宋边境走私贸易》,《大同职业技术学院学报》,2005年第3期。

刘文波:《唐五代泉州海外贸易管理刍议》,《泉州师范学院学报》,2005年第3期。

李晓光:《小议市舶贸易管理制度的变迁》,《白城师范学院学报》,2005年第4期。

马冠朝:《明代茶马贸易官营体制的理论探析》,《宁夏社会科学》,2005年第4期。

韩生存:《西京大同和辽宋边境贸易》,《太原城市职业技术学院学报》,2005年第5期。

夏金梅、张波:《西周至秦汉关税收入增长原因分析》,《延安大学学报(社会科学版)》,2005年第5期。

祝凤梧:《中国古代关税漫谈》,《税收征纳》,2005年第7期。

李庆新:《明前期市舶宦官与朝贡贸易管理》,《学术研究》,2005年第8期。

霍贺:《浅析宋代的对外贸易》,《青海社会科学》,2006年第1期。

卢金玲、刘正刚:《乾隆时期的粤海关腐败案》,《江苏商论》,2006年第1期。

任满军:《宋朝〈市舶条法〉基本范畴简析》,《江苏警官学院学报》,2006年第1期。

高艳林:《明代万历时期中朝"中江关市"设罢之始末》,《中国历史文物》,2006年第2期。

李金明:《16世纪漳泉贸易港与日本的走私贸易》,《海交史研究》,2006

年第 2 期。

任满军:《简析宋朝〈市舶条法〉的基本范畴》,《盐城师范学院学报(人文社会科学版)》,2006 年第 2 期。

王丽英:《简论清代前期的外商政策》,《惠州学院学报(社会科学版)》,2006 年第 2 期。

赵树廷:《江南省海关设于庙湾考》,《江海学刊》,2006 年第 2 期。

何斌士:《与泉州海关历史有关的碑刻背景资料及碑文探考》,《海关研究》,2006 年第 4 期。

李金明:《论明初的海禁与朝贡贸易》,《福建论坛(人文社会科学版)》,2006 年第 7 期。

王平:《小议宋代的市舶制》,《中国市场》,2006 年第 35 期。

张恒宇:《明朝福建市舶司从泉州移置福州的原因探讨》,福建省闽学研究会编:《朱熹理学与晋江文化学术研讨会论文集》,出版社不详,2007 年。

张耀华:《中国海关起源之我见》,上海市社会科学界联合会编:《上海市社会科学界第五届学术年会文集(2007 年度)(哲学·历史·人文学科卷)》,上海人民出版社,2007 年。

陈少华:《试论海关权力的产生》,《理论月刊》,2007 年第 3 期。

廖声丰:《乾隆实施"一口通商"政策的原因——以清代前期海关税收的考察为中心》,《江西财经大学学报》,2007 年第 3 期。

祁美琴:《论清代长城边口贸易的时代特征》,《清史研究》,2007 年第 3 期。

吕文利:《清代蒙古地区票照制度初探》,《中国边疆史地研究》,2007 年第 4 期。

杨国桢:《禁烟运动中的粤海关与沿海贸易——英国收藏的豫堃致林则徐咨文考释》,《中国社会经济史研究》,2007 年第 4 期。

张晓堂:《论清朝对外贸易法及其属性》,《北京工商大学学报(社会科学版)》,2007 年第 4 期。

梁军:《浅议唐代市舶制度》,《甘肃政法成人教育学院学报》,2007 年第 5 期。

马冠朝:《明代官营茶马贸易体制的理论探析——制度建构》,《农业考古》,2007 年第 5 期。

王炳庆、刘文波:《宋代海外贸易政策的转变与福建海商的崛起》,《江西科技师范学院学报》,2007年第6期。

陈汉成:《闽海关创设和福建海运》,《炎黄纵横》,2007年第7期。

沈自强:《浅析元朝海外贸易政策》,《辽宁教育行政学院学报》,2007年第11期。

张晓堂:《清朝海关证税额的递增机制》,《商业文化》,2007年第15期。

覃波:《粤海关与乾隆"一口通商"决策》,中国第一历史档案馆编:《庆祝中国第一历史档案馆成立80周年——明清档案与历史研究学术讨论会论文集》,新华出版社,2008年。

白斌、王慕民:《明代浙江市舶司废止考》,《海交史研究》,2008年第1期。

黎宏韬:《明代广东的市舶太监》,《汕头大学学报(人文社会科学版)》,2008年第1期。

李想、杨维波:《清朝前期海外贸易政策的"非闭关性"》,《粤海风》,2008年第1期。

张耀华:《中国海关起源之我见》,《上海海关学院学报》,2008年第1期。

左长缨、祁伟:《论西夏时期的对外贸易》,《宁夏师范学院学报》,2008年第1期。

左长缨:《以榷场贸易为主的西夏贸易》,《宁夏社会科学》,2008年第3期。

江波:《清代广州"十三行"制度的政治考量》,《佛山科学技术学院学报(社会科学版)》,2008年第5期。

廖声丰:《清代前期江海关的商品流通与上海经济的发展》,《上海财经大学学报》,2008年第5期。

刘冉冉:《试论清朝政府对澳门的贸易管治——以查禁澳门鸦片走私贸易为中心》,《唐都学刊》,2008年第5期。

黄天华:《试论中国关税制度的起源》,《社会科学》,2008年第8期。

张代春:《条约前广州港港务管理及强制引水制度的确立》,《兰台世界》,2008年第18期。

廖声丰:《鸦片战争前的粤海关》,《五邑大学学报(社会科学版)》,2009年第1期。

廖声丰:《清代前期粤海关的商品流通及税收》,《华南农业大学学报(社会科学版)》,2009年第1期。

王德朋:《论金与周边政权的商业贸易》,《中国社会科学院研究生院学报》,2009年第1期。

黄楼:《〈进岭南王馆市舶使院图表〉撰者及制作年代考——兼论唐代市舶使职掌及其演变等相关问题》,《中山大学学报(社会科学版)》,2009年第2期。

李兴龙:《明代中后期宁夏镇的互市贸易状况及其成因试析》,《青海师专学报》,2009年第2期。

廖大珂:《朱纨事件与东亚海上贸易体系的形成》,《文史哲》,2009年第2期。

廖声丰:《鸦片战争前的天津关》,《江西广播电视大学学报》,2009年第2期。

杨富学、陈爱峰:《黑水城出土夏金榷场贸易文书研究》,《中国史研究》,2009年第2期。

杨洋:《浅谈明初市舶司的职能》,《科教文汇(上旬刊)》,2009年第2期。

陈恩维:《梁廷枏〈粤海关志〉及其海关史研究》,《史学史研究》,2009年第3期。

满霞、荆晓燕:《论明末清初福建对日走私贸易》,《山东教育学院学报》,2009年第3期。

李叶宏:《唐朝丝绸之路贸易管理法律制度探析——以过所为例》,《武汉理工大学学报(社会科学版)》,2009年第5期。

关汉华:《梁廷枏〈粤海关志〉文献价值初探》,《图书馆论坛》,2009年第6期。

王元林、李娜:《约束、惩戒与调适——浅析宋廷与市舶官员的互动》,《历史教学(高校版)》,2009年第8期。

高凯等:《略论汉代边关文明的代价》,《学术研究》,2009年第10期。

曹凛:《北宋末年市舶司》,《中国船检》,2009年第12期。

杜建录:《黑城出土西夏榷场文书考释》,《中国经济史研究》,2010年第1期。

林仁川:《漳州月港督饷馆的功能和性质》,《闽台文化交流》,2010年第1期。

陶德臣:《宋代茶叶外销管理机构述论》,《中国茶叶》,2010年第1期。

廖声丰、符刚:《试论"一口通商"时期闽海关的商品流通》,《江西财经大学学报》,2010年第2期。

邱普艳:《从道光〈厦门志〉看清朝前期的厦门海关》,《中国地方志》,2010年第2期。

杨文:《北宋在河湟地区的官营榷场贸易及土地买卖政策》,《青海民族大学学报(社会科学版)》,2010年第2期。

周长山:《广西古代关隘与关隘文化》,《广西地方志》,2010年第2期。

黄真真:《清代泉州海商碑刻资料辑述》,《中国社会经济史研究》,2010年第3期。

王巨新:《清前期粤海关税则考》,《历史教学(下半月刊)》,2010年第5期。

周加胜:《岭南市舶使研究》,《漯河职业技术学院学报》,2010年第6期。

倪月菊:《洪仁辉与"一口通商"》,《中国海关》,2010年第12期。

张雪峰:《粤海关与黄埔挂号口》,《大经贸》,2010年第12期。

谭阿勇:《宋丽海上贸易及互市舶法研究》,《河南省政法管理干部学院学报》,2011年第1期。

孙继民、许会玲:《西夏榷场使文书所见西夏尺度关系研究》,《西夏研究》,2011年第2期。

况腊生、张胜辉:《唐律中关防制度考析》,《西安政治学院学报》,2011年第3期。

林旭鸣:《论唐宋时期两广地区海外贸易与市舶贸易官制的变化》,《岭南文史》,2011年第3期。

曹小波:《论南宋与金对峙时期淮河下游的榷场贸易》,《南昌教育学院学报》,2011年第3期。

荆晓燕:《明朝中后期广东地区的对日走私贸易》,《青岛大学师范学院学报》,2011年第4期。

孙继民、许会玲:《西夏汉文"南边榷场使文书"再研究》,《历史研究》,2011年第4期。

王宏斌:《乾隆皇帝从未下令关闭江、浙、闽三海关》,《史学月刊》,2011年第6期。

夏时华:《宋代香药走私贸易》,《云南社会科学》,2011年第6期。

张雪峰:《粤海关与十三行》,《大经贸》,2011年第6期。

曹凛:《元朝市舶司与海船勘验》,《中国船检》,2011年第9期。

胡江川等:《宋代市舶制度初探》,《学理论》,2011年第22期。

陈武强:《宋代茶马互市的法律规制》,《石河子大学学报(哲学社会科学版)》,2012年第1期。

赖惠敏:《清政府对恰克图商人的管理(1755—1799)》,《内蒙古师范大学学报(哲学社会科学版)》,2012年第1期。

叶柏川:《17—18世纪清朝理藩院对中俄贸易的监督与管理》,《清史研究》,2012年第1期。

郑有国:《"督饷馆"始置时间考》,《漳州师范学院学报(哲学社会科学版)》,2012年第1期。

黄友泉:《明代月港督饷馆杂考——兼与郑有国先生商榷》,《漳州师范学院学报(哲学社会科学版)》,2012年第3期。

李世荣:《清代粤海关一口通商时期财政管理体制论析》,《宁夏师范学院学报》,2012年第5期。

李锦绣:《从波斯胡伊娑郝银铤看唐代海外贸易管理》,《暨南史学》,2013年。

郑云:《明代漳州月港对外贸易考略》,《福建文博》,2013年第2期。

曹家齐:《宋朝限定沿海发舶港口问题新探》,《上海交通大学学报(哲学社会科学版)》,2013年第3期。

冯金忠:《榷场的历史考察——兼论西夏榷场使的制度来源》,《宁夏社会科学》,2013年第3期。

倪彬:《"敌国"互市之"厉禁"——两宋榷场相关法律、法规浅析》,《宁夏社会科学》,2013年第3期。

濮蕾:《试论明朝政府的"茶马互市"管理制度》,《贵州大学学报(社会科学版)》,2013年第3期。

张重艳:《北宋对辽榷场置废及位置考》,《宁夏社会科学》,2013年第3期。

陈瑞青:《略论西夏的三司与榷场——以俄藏 ИНВ.No.348 号文书为中心的考察》,《黄河科技大学学报》,2013 年第 5 期。

胡铁球:《明清海外贸易中的"歇家牙行"与海禁政策的调整》,《浙江学刊》,2013 年第 6 期。

邱志诚:《宋代温州市舶务设置时间考辨》,《浙江海洋学院学报(人文科学版)》,2013 年第 6 期。

曹凛:《明中后期市舶课税中的船体丈量》,《中国船检》,2013 年第 9 期。

汪树穹:《宋代边境贸易法律规制述略》,《湖北警官学院学报》,2013 年第 12 期。

段玉芳:《1757 年"一口通商令"形成原因的研究综述》,《前沿》,2013 年第 20 期。

陈瑞青:《从黑水城文献看西夏榷场管理体制》,《宁夏社会科学》,2014 年第 1 期。

杜立晖:《黑水城西夏汉文南边榷场使文书补考》,《宁夏社会科学》,2014 年第 1 期。

李辉:《试论宋金交聘中的走私贸易》,《国际社会科学杂志(中文版)》,2014 年第 2 期。

柳平生、葛金芳:《南宋市舶司的建置沿革及其职能考述》,《浙江学刊》,2014 年第 2 期。

宋坤:《黑水城所出〈西夏榷场使文书〉所见川绢、河北绢问题补释》,《宁夏社会科学》,2014 年第 2 期。

蔡鸿生:《市舶时代广府的新事物》,《河南大学学报(社会科学版)》,2014 年第 3 期。

王涛:《清代广州对外贸易中的引航制度》,《历史教学(下半月刊)》,2014 年第 3 期。

张耀华:《论元代〈市舶则法〉在古代海关法中的历史地位》,《海关与经贸研究》,2014 年第 3 期。

米建平:《论清朝前期海关立法之时代特点和历史影响》,《海关研究》,2014 年第 4 期。

俞世峰、李远:《宋元时期海上运输法中的国际私法规则研究——以〈市舶条法〉为视角》,《国家航海》,2014 年第 4 期。

沙锋、曹凛:《清初四海关的设置与二次禁海》,《中国船检》,2014 年第 5 期。

夏时华:《宋代市舶香药的抽解与博买》,《云南社会科学》,2014 年第 5 期。

杨文新:《宋代市舶官员的选任与监管研究》,《运城学院学报》,2014 年第 6 期。

周海霞:《清初广东市舶司的建置与沿革》,《湖北社会科学》,2014 年第 10 期。

廖大珂:《清代海外贸易通事初探》,《海洋史研究》,2015 年第 1 期。

叶伟华:《北宋广州、明州市舶司功能定位探析》,《广东造船》,2015 年第 1 期。

程嘉静:《辽代榷场设置述论》,《内蒙古社会科学(汉文版)》,2015 年第 2 期。

姚永超:《论中国古代海关的起源、布局与体系演化》,《中国历史地理论丛》,2015 年第 2 期。

赵莹波:《南华禅寺宋碑与广州市舶司建制小考》,《元史及民族与边疆研究集刊》,2015 年第 2 期。

陈瑞青:《黑水城所出西夏榷场使文书中的"头子"》,《中华文史论丛》,2015 年第 3 期。

郭永泉:《中国古代海关思想述评》,《海关与经贸研究》,2015 年第 4 期。

周海霞等:《清初粤海关设立前的"粤东海关"与"庵埠海关"——由〈庵埠邓氏族谱〉所载展开》,《韩山师范学院学报》,2015 年第 4 期。

郭坤、陈瑞青:《交易有无:宋、夏、金榷场贸易的融通与互动——以黑水城西夏榷场使文书为中心的考察》,《宁夏社会科学》,2015 年第 5 期。

刘霞、张玉海:《〈金史〉夏金榷场考论》,《宁夏社会科学》,2015 年第 6 期。

夏时华:《宋代市舶香药纲运考述》,《云南社会科学》,2015 年第 6 期。

张喜琴:《清代恰克图贸易的制度框架、交易方式及启示》,《上海财经大学学报》,2015 年第 6 期。

曹凛:《清中前期珠江沿岸的航政管理与船舶检查》,《中国船检》,2015 年第 8 期。

杜珊珊:《浅论金夏间的贡榷贸易》,《新西部(理论版)》,2015年第8期。

曹凛:《清中前期广东船舶的管理与检查》,《中国船检》,2015年第11期。

梁二平:《唐宋市舶:阿拉伯与中国的海上商圈》,《丝绸之路》,2015年第17期。

刘晔等:《西夏榷场贸易档案中计量单位探讨》,《兰台世界》,2015年第33期。

许淑慧:《宋辽"榷场"贸易考究》,《兰台世界》,2015年第33期。

李锦绣:《押蕃舶使、阅货宴与唐代的海外贸易管理》,《隋唐辽宋金元史论丛》,2016年。

李乐营:《北方游牧王朝与高丽的榷场贸易》,《朝鲜·韩国历史研究》,2016年。

章文钦:《清代广东十三行与粤海关》,《广州文博》,2016年。

陈瑞青:《从黑水城文献看西夏榷场税率》,《西夏学》,2016年第1期。

陈少丰:《宋代未立市舶机构港口之海外贸易》,《海交史研究》,2016年第1期。

洪学东:《名开榷场,实修堡垒——宋元襄樊战役元军筑堡年代考》,《元史及民族与边疆研究集刊》,2016年第1期。

李庆新:《地方主导与制度转型——明中后期海外贸易管理体制演变及其区域特色》,《学术月刊》,2016年第1期。

赵磊:《清乾隆时期粤海关外洋船牌刍议》,《客家文博》,2016年第1期。

陈少丰:《舍市舶取博易:宋朝与交州边境贸易体系形成原因再析》,《元史及民族与边疆研究集刊》,2016年第2期。

魏俊:《广州、粤海关与广州十三行》,《兰台世界》,2016年第2期。

陈少丰:《宋代海南岛"市舶"考辨》,《濮阳职业技术学院学报》,2016年第3期。

段莹:《南宋榷场与书画回流》,《故宫博物院院刊》,2016年第3期。

刘建生、王锦:《恰克图与广州对外贸易管理体制比较研究》,《史志学刊》,2016年第3期。

高同同、仇钰奕:《大理国与宋贸易探析》,《唐山师范学院学报》,2016年第4期。

吴宇翔:《唐代市舶使吴德鄘墓志考释》,《岭南文史》,2016年第4期。

黄晖菲:《略论市舶司制度及其对宋元时期泉州海外贸易之影响》,《泉州师范学院学报》,2016年第5期。

赵彦龙:《西夏汉文榷场贸易档案中计量单位再研究》,《宁夏师范学院学报》,2016年第5期。

袁伯韬、胡瑞琴:《洪任辉事件与清王朝的对策探析》,《鲁东大学学报(哲学社会科学版)》,2016年第6期。

汪炜:《试论清代前期"四口通商"的成因及其财政特点》,《经济研究参考》,2016年第45期。

广州海关统计处课题组:《清代粤海关统计制度与其历史作用研究》,《海关研究》,2016年增刊3。

裴跃松:《陈偁与泉州市舶司》,《福建日报》,2016年12月13日。

黄超:《乾隆年间粤海关监督唐英研究——以新发现的中西史料为中心》,李庆新主编:《海洋史研究(第十一辑)》,社会科学文献出版社,2017年。

阮锋、范少垒:《粤海关"笔帖式"考述》,李庆新主编:《海洋史研究(第十一辑)》,社会科学文献出版社,2017年。

肖琰:《唐代市舶使与唐代海外贸易》,《乾陵文化研究》,2017年。

米建平:《试论清朝前期海关法制之法律渊源、时代特点和历史影响》,《海关与经贸研究》,2017年第1期。

汪喜:《粤海关广盈库大使设置之小议》,《广州文博》,2017年第1期。

陈瑞青:《西夏榷场使文书中"川绢""河北绢"问题再探》,《西夏学》,2017年第2期。

杜立晖:《黑水城西夏南边榷场使文书所见"替头"考》,《文献》,2017年第3期。

陈少丰:《宋朝的发舶港与发舶权》,《史志学刊》,2017年第4期。

郭梦圆:《宋代海外贸易港管理制度探析》,《海南广播电视大学学报》,2017年第4期。

刘炳薏:《宋代茶马互市的法律规制探究》,《福建茶叶》,2017年第4期。

杨帆:《北宋雄州榷场初探》,《廊坊师范学院学报(社会科学版)》,2017年第4期。

袁峰:《〈粤海关志〉中有关问题的考辨》,《海关研究》,2017年第5期。

李素:《明清时期福州地方政府机构与琉球进贡》,《三明学院学报》,2017年第5期。

戚文闯:《宁波"争贡"事件与中日海上走私贸易》,《浙江海洋大学学报(人文科学版)》,2017年第6期。

于盼:《试论辽宋对峙下的边民与双边贸易》,《兰州教育学院学报》,2017年第10期。

唐博:《千年雄安:宋辽时代的榷场边贸》,《共产党员(河北)》,2017年第14期。

全汉升:《宋金间走私贸易》,《历史语言研究所集刊(第十一辑)》,江苏古籍出版社,2018年。

陈少丰:《宋代两浙路市舶司补探》,《国家航海》,2018年第1期。

靖永坤:《明清之际的中朝中江关刍议》,《唐山师范学院学报》,2018年第1期。

罗亮亮:《清代前期粤海关监察制度特点简析》,《海交史研究》,2018年第1期。

彭纯玲等:《鸦片战争前粤海关统计制度探析》,《海交史研究》,2018年第1期。

吴昊:《禁海与开海——论清代前期政府海疆治策的转变》,《中国边疆学》,2018年第1期。

陈少丰:《范锷奏议与密州市舶司的设立》,《合肥师范学院学报》,2018年第2期。

顾童:《元代市舶则法变迁分析及启示》,《公共经济与政策研究》,2018年第2期。

陈支平、戴美玲:《明代"番舶"征税考实》,《中国高校社会科学》,2018年第3期。

马建春、许琳琳:《元代市舶贸易中贝币的流入及于云南地方的通用》,《暨南史学》,2018年第3期。

苏铁:《唐、明二朝市舶太监制度钩沉——兼述对"海上丝绸之路"的负面影响》,《海关与经贸研究》,2018年第3期。

王华锋:《乾隆朝"一口通商"政策出台原委析论》,《华南师范大学学报(社会科学版)》,2018年第4期。

姚永超:《传统税关体系的特殊性与复杂性 中国古代海关的起源、布局与演化》,《文明》,2018 年第 5 期。

张然:《试探督饷馆的设立与晚明海外贸易间的关系》,《中国民族博览》,2018 年第 7 期。

王可佳:《北宋密州市舶司兴起原因考略》,《黑龙江史志》,2018 年第 8 期。

孙魏:《明代茶马贸易管理机构考论》,《兰台世界》,2018 年第 9 期。

刘可欣:《浅论我国古代市舶制度》,《卷宗》,2018 年第 16 期。

陈尚胜:《隆庆开海:明朝海外贸易政策的重大变革》,《人民论坛》,2018 年第 30 期。

陈少丰:《南宋温州市舶务设置新考》,中国航海博物馆编:《广域万象:人类航海的维度与面向》,上海古籍出版社,2019 年。

贾瑞、刘建生:《清代对外贸易政府管理体制探析——恰克图和广州对外贸易政府管理体制的比较研究》,《求是学刊》,2019 年第 1 期。

薛彦乔:《北宋广州知州兼劝农市舶使方慎言墓志铭初考》,《莆田学院学报》,2019 年第 1 期。

陈支平、林东杰:《明代市舶司与提督市舶太监》,《东南学术》,2019 年第 2 期。

陈少丰:《宋代秀州华亭市舶沿革小史》,《史志学刊》,2019 年第 3 期。

刘智博、李秀莲:《金宋榷场贸易的历史分期与特征》,《山西大同大学学报(社会科学版)》,2019 年第 3 期。

刘正刚:《明成化时期海洋走私贸易研究——基于条例考察》,《暨南学报(哲学社会科学版)》,2019 年第 8 期。

陈忠海:《宋朝的市舶司》,《中国发展观察》,2019 年第 13 期。

周丽静:《北宋密州板桥镇市舶司设置始末》,《中国科技博览》,2019 年 18 期。

王文耀:《宋金时期陕西凤翔府榷场位置略考》,《辽宁省博物馆馆刊》,2020 年。

高建国、李田田:《宋夏宁星和市位置考辨》,《西夏学》,2020 年第 1 期。

罗一星:《论清代前期的佛山市舶》,《中国社会经济史研究》,2020 年第 2 期。

赵殿红:《明代"私出外境及违禁下海"律探析》,《社会科学》,2020年第3期。

刘荻、杨永康:《朝贡视阈下的明蒙互市述论》,《中国经济史研究》,2020年第3期。

刘璐璐:《明代海洋社会中的"报水"研究》,《海交史研究》,2020年第4期。

薛彦乔:《宋代泉州市舶官员辑补》,《福建文博》,2020年第4期。

陈瑞青:《凭空消失的七尺绢:西夏榷场尺度新论》,《宁夏社会科学》,2020年第5期。

保宏彪:《宋夏时期的镇戎军与镇戎军榷场》,《宁夏师范学院学报》,2020年第6期。

陈乌桥、黄忠族:《探寻泉州市舶司》,《中国海关》,2020年第11期。

《珠江水运》编辑部:《市舶司:中国古代海关的千年沉浮》,《珠江水运》,2020年第18期。

弭云琪:《宋代市舶司机构的变迁》,《文教资料》,2020年第29期。

谢章辉、王智汪:《明代泉州市舶司设置沿革与职能变迁考述》,《湖南工程学院学报(社会科学版)》,2021年第1期。

赵淑清:《瓦剌与明代大同贡市》,《中国历史地理论丛》,2021年第1期。

吴镇国:《对宋代福建市舶司提举的考察》,《文化学刊》,2021年第2期。

辛婉怡、高石钢:《浅析北宋与西夏间贸易走私原因》,《西部学刊》,2021年第2期。

贾洁蕊:《中国古代市舶征税向海关税的变迁及其财政意义》,《太原师范学院学报(社会科学版)》,2021年第3期。

陈佳臻:《元代〈市舶则法〉的演变及其"官法同构"现象》,《江西社会科学》,2021年第5期。

侯莎:《现代经济法视域下的福建市舶司法制批判》,《中国政法大学学报》,2021年第5期。

刘锶:《密州胶西榷场探讨》,《现代商贸工业》,2021年第5期。

于媛媛:《陕北大地互市榷场初探》,《延安文学》,2021年第6期。

杨子玉:《西汉前中期经济政策中的边关经济》,《黄河·黄土·黄种人》,2021年第21期。

王宸胤:《"陆路海关"的经济价值》,《张家口日报》,2021年4月19日。

陈彬强:《宋蒲寿庚任职市舶提举文献史料补说》,《泉州师范学院学报》,2022年第1期。

郭桂坤:《再论唐代市舶使置废问题》,《中国社会经济史研究》,2022年第1期。

黄友泉:《明后期月港海外贸易监管体制及其权力运行——兼论月港衰弱的体制原因》,《国家航海》,2022年第2期。

[日]山崎觉士撰,高雅云译,陈硕炫校译:《宋代两浙地区的市舶司行政》,《海交史研究》,2022年第2期。

吴宏岐、朱丽:《宋代广州市舶司的地方运作》,《南都学坛》,2022年第2期。

戴佳辉:《也谈明代的"报水"问题》,《海交史研究》,2022年第3期。

刘小宝:《明代广东海关税制(番舶抽分)考论》,《湖北经济学院学报(人文社会科学版)》,2022年第3期。

曹雪斐:《试论北宋与辽国的霸州榷场贸易》,《今古文创》,2022年第37期。

(二)近代

高劳:《中国之国内关税》,《东方杂志》,1919年第1期。

张彰:《实行"关税自主"之先决条件》,《学艺》,1925年第4期。

杨洪麟:《中国引水沿革史》,《兴业杂志》,1926年第4期。

唐有壬:《安格联与中央财政》,《现代评论》,1926年第91期。

汤象龙:《光绪三十年粤海关的改革》,《中国近代经济史研究集刊》,1935年第1期。

汤象龙:《民国以前关税担保之外债》,《中国近代经济史研究集刊》,1935年第1期。

刘涛天:《邮政海关职业概况调查》,《教育与职业》,1935年第9期。

刘涛天:《邮政海关职业概况调查(完)》,《教育与职业》,1935年第10期。

关方端:《清代关税厘金杂税概述》,《中央日报》,1947年6月4日。

邓严:《赫德与中国邮政》,《现代邮政》,1948年第1期。

孙毓棠:《中国人民收回了海关管理权》,《进步日报》,1950 年 4 月 16 日。

曹锡珍:《美帝百年来对我国关税侵略一笔血账——美帝侵华真相之三》,《文汇报》,1950 年 11 月 20 日。

张白:《美帝怎样侵略中国的海关》,《光明日报》,1950 年 12 月 6 日。

北京历史博物馆设计组:《帝国主义把持中国海关的罪行证件》,《大公报》,1951 年 4 月 6 日。

马天增:《赫德是什么人?他参与中国政治的情况怎样?》,《新史学通讯》,1954 年第 5 期。

施瑛:《第一个把持中国海关的英国侵略者——李泰国》,列岛编:《鸦片战争史论文专集》,三联书店(北京),1958 年。

郭存孝:《太平天国"天海关"考》,《历史教学》,1959 年第 12 期。

金立成:《赫德——阴险的帝国主义分子——一页帝国主义侵占中国海港史》,《学术月刊》,1960 年第 10 期。

郭存孝:《太平天国"芦墟关"卡票考》,《文物》,1961 年第 1 期。

刘杰三:《我国最早的邮票》,《集邮》,1961 年第 2 期。

华东师大历史系:《子口税、厘金制度、良民牌》,《历史教学》,1961 年第 8~9 期。

华东师大历史系《简明历史辞典》编委会:《子口税(名词解释)》,《历史教学》,1961 年第 8、9 期。

任唯铿:《帝国主义劫夺我国引水权的始末》,《学术月刊》,1961 年第 9 期。

时鸣:《大龙票和小龙票》,《集邮》,1962 年第 11 期。

陈胜粦:《一九二三年的"关余事件"和中国人民的反美斗争》,《学术研究》,1965 年第 6 期。

林满红:《晚清的鸦片税(1858—1909)》,《思与言》,1979 年第 5 期。

尚刚:《上海引水史料》,《学术月刊》,1979 年第 8 期。

黄光域:《关于赫德致金登干的书信》,《历史研究》,1979 年第 12 期。

陈诗启:《中国半殖民地海关的创设及其巩固过程(1840—1875)》,《厦门大学学报(哲学社会科学版)》,1980 年第 1 期。

陈诗启:《中国近代海关史总述之二——中国半殖民地海关的扩展时期

(1875—1901)》,《厦门大学学报(哲学社会科学版)》,1980年第2期。

陈诗启:《论中国近代海关行政的几个特点》,《历史研究》,1980年第5期。

栾斯:《长江的海关》,《长江日报》,1980年4月27日。

李光一:《一九二五年——一九二六年的关税会议与法权会议》,《河南师大学报(社会科学版)》,1981年第5期。

姚贤镐:《两次鸦片战争后西方侵略势力对中国关税自主权的破坏》,《中国社会科学》,1981年第5期。

史济宏:《〈海关小龙〉邮票浅谈》,《集邮》,1981年第6期。

[美]费维恺撰,程麟荪译:《二十世纪初期的海关、邮局、盐政》,《上海经济研究》,1981年第7期。

张包:《大龙邮票最早实寄封的来踪去迹》,《集邮》,1981年第11期。

陈瑞诚:《上海开埠以来运输报关业的兴衰概略》,《上海外贸调研》,1981年第21期。

李恩涵:《北伐前后收回关税自主权的交涉》,李恩涵:《近代中国史事研究论集》,台湾商务印书馆,1982年。

陈诗启:《海关总税司对鸦片税厘并征与粤海关常关权力的争夺和葡萄牙的永据澳门》,《中国社会经济史研究》,1982年第1期。

王善中:《崇文门关税与北洋政府》,《北京史苑》,1982年第2期。

汤象龙:《台湾海关税收和税收分配统计(1862—1894)》,《中国社会经济史研究》,1982年第3期。

陈诗启:《海关总税务司和海关税款保管权的丧失》,《厦门大学学报》,1982年第4期。

孙克荣:《三十年代北方的走私贸易》,《国际贸易》,1982年第5期。

禾元:《旧中国关税史上的值百抽五税则是何时确定的?后来有过怎样的修改变更?》,《历史教学》,1982年第9期。

李恩涵:《北伐前后收回关税自主权的交涉》,《近代中国》,1982年第28期。

潘君祥:《我国近代最早自主的新式邮政——一八八八年台湾邮政改革略述》,《中国社会经济史研究》,1983年第1期。

黄成:《清末近代邮政的创办和发展》,《杭州大学学报(哲学社会科学版)》,1983 年第 3 期。

汤象龙:《重庆海关税收和分配统计(1891—1910)》,《四川文史资料》,1983 年第 3 期。

姚贤镐:《第一次鸦片战争后中国海关行政权丧失述略》,《社会科学战线》,1983 年第 3 期。

李再伦:《在半殖民地半封建社会里的"报关行"》,《上海经济研究》,1983 年第 11 期。

魏传述:《中国海关的被侵夺和赫德》,《外国史知识》,1983 年第 11 期。

杨上池:《我国早期的海港检疫》,《国境卫生检疫》,1983 年第 S1 期。

叶振辉:《台湾海关的成立》,《台湾风物》,1984 年第 4 期。

卞鼎孙:《我所知道的旧中国海关》,中国人民政治协商会议天津市委员会文史资料委员会编:《天津文史资料选辑(第三十辑)》,天津人民出版社,1985 年。

程海鹏:《中原会战阎锡山接管津海关始末》,中国人民政治协商会议天津市委员会文史资料委员会编:《天津文史资料选辑(第三十辑)》,天津人民出版社,1985 年。

梁润庠:《中国旧海关的点滴回忆》,中国人民政治协商会议天津市委员会文史资料委员会编:《天津文史资料选辑(第三十辑)》,天津人民出版社,1985 年。

杨周绍:《旧时代的天津大关》,中国人民政治协商会议天津市委员会文史资料委员会编:《天津文史资料选辑(第三十辑)》,天津人民出版社,1985 年。

姚洪卓:《解放前的天津海关》,中国人民政治协商会议天津市委员会文史资料委员会编:《天津文史资料选辑(第三十辑)》,天津人民出版社,1985 年。

叶凤美:《赫德在中国》,夏良才主编:《近代中国对外关系》,四川人民出版社,1985 年。

李真锦:《略论国民党政府初期进口税则主权问题》,《广东社会科学》,1985 年第 1 期。

佘崇一:《悼念佘毅烈士》,《中国海关》,1985 年第 1 期。

周熊:《江海关职工的反日斗争》,《海关教学与研究》,1985 年第 1 期。

丁抒明:《东海关设关考略》,《近代史研究》,1985年第2期。

李晶:《关于税务处问题之中英交涉》,《史学月刊》,1985年第2期。

梁家瑛:《解放战争初期在天津的斗争》,《中国海关》,1985年第2期。

刘武坤:《从旧中国海关高级职员的属籍看帝国主义对海关的控制》,《历史教学》,1985年第2期。

钱建明:《从北洋政府关税档案史料看帝国主义对中国税收的控制与掠夺》,《历史教学》,1985年第2期。

盛卓禾:《宁波海关史话》,《中国海关》,1985年第3期。

谭启浩:《北海港和北海海关的变迁》,《中国海关》,1985年第3期。

程镇芳、黄国盛:《赫德与总税务司制度的建立》,《福建师范大学学报(哲学社会科学版)》,1985年第4期。

邓利娟:《十九世纪下半期台湾海关税收分析》,《台湾研究集刊》,1985年第4期。

金泰彦:《延边海关建制沿革》,《中国海关》,1985年第5期。

毛如利:《抗战中的茅丽瑛》,《上海党史资料通讯》,1985年第6期。

文珊、麒敬:《原九龙关起义的前前后后》,《中国海关》,1985年增刊。

周育民:《晚清的厘金、子口税与加税免厘》,上海市历史学会编:《中国史论集》(内部刊印),1986年。

黄逸平、叶松年:《1929—1934年"国定税则"与"关税自主"剖析》,《中国社会经济史研究》,1986年第1期。

姚会元:《1933—1936年日本在华北的走私活动》,《中国社会经济史研究》,1986年第1期。

陈诗启、戴一峰:《清季海关与外债的关系和列强争夺海关的斗争》,《海关研究》,1986年第3期。

甘胜禄:《江汉关职工收回海关主权斗争》,《海关研究》,1986年第3期。

郭宗保:《中国近代海关性质初探》,《海关研究》,1986年第3期。

姜学民:《龙口海关史略》,《海关研究》,1986年第3期。

李良玉:《论民国时期的关税自主》,《南京大学学报》,1986年第3期。

佘崇一:《回忆上海海关同人救亡长征团》,《海关研究》,1986年第3期。

孙修福:《日本帝国主义攫夺中国沦陷区海关述略》,《海关研究》,1986年第3期。

谭启浩:《孙中山收回广东海关权益的斗争》,《海关研究》,1986年第3期。

张超:《回忆胶东解放区海关工作的前前后后》,《海关研究》,1986年第3期。

孙国权:《省港大罢工与征收关税附加税的开端》,《中国海关》,1986年第5~6期。

陈诗启:《中国近代海关海务部门的设立和海务工作的设施》,《近代史研究》,1986年第6期。

孙辅世:《旧中国的海关与水利事业》,《中国水利》,1986年第6期。

凌立:《我国近代的第一所税务学堂》,《中国税务》,1986年第7期。

杨浩:《李泰国汉名小考》,《历史教学》,1986年第7期。

孔宝康:《我国近代最早的"洋务学堂"——同文馆》,《中国海关》,1986年第7~8期。

[日]久保亨撰,程麟荪、钱小明译:《二十世纪三十年代中国的关税政策与资产阶级》,张仲礼主编:《中国近代经济史论著选译》,上海社会科学院出版社,1987年。

陈诗启:《论中国近代海关的"国际性"和洋员统治的演变》,《中国经济史研究》,1987年第1期。

陈诗启:《英商否认海关洋员关于走私违章处分的管辖权和〈会讯船货入官章程〉的制定》,《厦门大学学报(哲学社会科学版)》,1987年第1期。

高德福:《试论国民党政府的关税自主政策》,《史学月刊》,1987年第1期。

王美嘉:《粤海关关于孙中山任护法军政府大元帅期间广东财政状况情报选》,《民国档案》,1987年第1期。

习五一:《论顾维钧内阁征收海关附加税与罢免安格联事件》,《民国档案》,1987年第1期。

姚寿山:《论"年终考绩报告"》,《海关研究》,1987年第1期。

戴一峰:《近代中国租借地海关及其关税制度试探》,《海关研究》,1987年第2期。

李桂林:《日本帝国主义在我国华北冀东秦皇岛地区进行大规模走私述略》,《海关研究》,1987年第2期。

鲁子健:《近代四川的土药经营》,《社会科学研究》,1987年第2期。

谭吉昌、渠淑敏:《烟台开埠与东海关建关始末》,《海关研究》,1987年第2期。

张家禄:《清代海关试办邮政时期的邮政》,《天津集邮》,1987年第2期。

陈诗启:《清末税务处的设立和海关隶属关系的改变》,《历史研究》,1987年第3期。

刘武坤:《旧海关总税务司署简介》,《民国档案》,1987年第3期。

刘武坤:《旧海关总税务司署组织机构及其沿革》,《海关研究》,1987年第3期。

谭启浩:《试评鸦片战争时期的粤海关监督豫堃》,《海关研究》,1987年第3期。

王兆勋:《不应该推荐旧海关的"年终考绩报告"——与姚寿山同志商榷》,《海关研究》,1987年第3期。

仪季寿:《雷州关的管理工作》,《海关研究》,1987年第3期。

张景岩:《"九·一八"——"七·七"期间日本帝国主义在华北的走私活动》,《海关研究》,1987年第3期。

胡刚:《近代子口税制度初探》,《中国社会经济史研究》,1987年第4期。

黄福才:《论中国海关在办理近代邮政中的作用》,《海关研究》,1987年第4期。

马振举:《北洋军阀政府时期的关税与财政》,《南开学报》,1987年第4期。

王翔:《试论民初沪、苏商民"裁厘加税"之争》,《史林》,1987年第4期。

张均仁:《日伪统治时期的东北海关》,《海关研究》,1987年第4期。

张祖国:《三十年代中期日本在冀东地区的走私贸易》,《天津社会科学》,1987年第4期。

赵叔文:《原九龙关华南缉私舰队的基本概况》,《海关研究》,1987年第4期。

李佩良:《评南京国民政府的关税自主活动》,《江海学刊》,1987年第5期。

周新怀:《郭沫若曾任潮海关监督》,《中国海关》,1987年第5期。

华强:《太平天国的海关》,《历史教学》,1987年第6期。

黄国盛、王民:《司税、税务司与总税务司设置考》,《历史教学》,1987年第6期。

钱建明:《孙中山争取关税使用权的斗争》,《历史教学》,1987年第8期。

廖菲:《略论近代中国半殖民地海关制度的确立》,《历史教学》,1987年第9期。

邱克:《英人赫德与澳门问题》,《广州研究》,1987年第12期。

蔡渭洲:《鸦片战争后中国人民收回海关主权的斗争及其经验教训》,《海关研究》,1988年第1期。

郭炳森:《当年的解放区埕口海关》,《中国海关》,1988年第1期。

黄广廓:《中国近代海关关税制度与资本主义萌芽》,《海关研究》,1988年第1期。

兰穗:《也论"年终考绩报告"》,《海关研究》,1988年第1期。

朱祖强:《对中国近代邮政创办日期的新见解》,《邮电企业管理》,1988年第1期。

戴一峰:《清末东北地区开埠设关及其关税制度》,《社会科学战线》,1988年第2期。

邓伯南等:《林森曾在九江海关工作》,《中国海关》,1988年第2期。

孔宝康:《培植近代海关专业人才的高等学府——税务专门学校》,《海关教学与研究》,1988年第2期。

刘安:《清政府澳门拱北创关纪略》,《海关研究》,1988年第2期。

尚作湖:《津海关发行大龙邮票拾零》,《海关研究》,1988年第2期。

孙修福:《李泰国汉名小考》,《中国海关》,1988年第2期。

姚洪卓:《"七七"事变前夕华北地区的海关缉私》,《海关研究》,1988年第2期。

周新怀:《一九二六年一月收回汕头常关始末》,《海关研究》,1988年第2期。

周育民:《晚清加税裁厘交涉案初探》,《中国社会经济史研究》,1988年第2期。

九龙海关修志办:《中港〈关务协定〉签订始末》,《海关研究》,1988年第3期。

李毅华:《纪念大龙邮票发行一一〇周年》,《紫禁城》,1988年第3期。

梁侃:《马沙利与上海海关》,《近代史研究》,1988年第3期。

沈毅:《粤海关机构设置及其人事管理》,《海关教学与研究》,1988年第3期。

王翔:《从"裁厘认捐"到"裁厘加税"——清末民初江苏商民的两次重要斗争》,《近代史研究》,1988年第3期。

姚寿山:《江海关华员联合会》,《海关教学与研究》,1988年第3期。

于醒民:《"阿思本舰队事件"始末》,《社会科学战线》,1988年第3期。

邹瑞汉:《一份珍贵的海关史料——〈汕头海关歌〉》,《中国海关》,1988年第3期。

崔凤成、邵新梅:《绥芬河海关史略》,《海关研究》,1988年第4期。

戴和:《外国资本主义侵夺粤海关主权的历史考察》,《中山大学学报(哲学社会科学版)》,1988年第4期。

李桂林:《抗日战争期间日本攫夺秦皇岛海关行政管理权简史》,《海关研究》,1988年第4期。

刘建辉:《从古代邮驿到现代邮政——大龙邮票的发行及其历史意义》,《故宫博物院院刊》,1988年第4期。

商永胜:《津海关区长城各口分卡的设立经过及其结局》,《海关研究》,1988年第4期。

张均仁:《东北解放区的海关》,《海关研究》,1988年第4期。

丁抒明:《东海关设关考略》,《近代史研究》,1988年第5期。

王鹤鸣:《二十世纪初期芜湖海关的对外贸易》,《学术界》,1988年第5期。

刘存宽:《19世纪下半叶的九龙中国海关及其有关交涉》,《近代史研究》,1988年第6期。

孔宝康:《金登干——总税务司赫德的忠实帮凶》,《中国海关》,1988年第6期。

黄广廓:《子口税述论》,《郑州大学学报》,1988年第8期。

吴亚敏:《"福建事变"和海关问题》,《中国海关》,1988年第9期。

陈霞飞:《〈赫德、金登干函电汇编〉前言》,《海关研究》,1989年第1期。

陈霞飞:《赫德其人——〈赫德、金登干函电汇编〉前言(第二部分)》,《邮电企业管理》,1989年第1期。

戴一峰:《近代中外陆路通商关税制度》,《海关研究》,1989年第1期。

侯淑平:《天津常关》,《海关研究》,1989年第1期。

黄新发:《浅议旧海关职衔职称的特点》,《海关研究》,1989年第1期。

毛乾标:《关于前税务专门学校》,《海关教学与研究》,1989年第1期。

吴亚敏:《中原战争与津海关事件》,《海关教学与研究》,1989年第1期。

杨文华:《论中法战争以前厘金与子口税的消长变迁》,《史学月刊》,1989年第1期。

杜圣余:《近代中国第一套邮票——大龙邮票》,《中国海关》,1989年第2期。

黄捷芬:《对〈浅议旧海关职衔职称特点〉一文的质疑》,《海关研究》,1989年第2期。

李泽彧、苏鑫鸿:《辛亥革命前的外债与中国海关》,《长沙水电师院学报（社会科学版）》,1989年第2期。

连心豪:《抗日战争期间国民党统治区的缉私工作》,《海关研究》,1989年第2期。

刘俊生、吴二利:《中国近代海关行政管理权的丧失及对社会经济的影响》,《宁夏大学学报（社会科学版）》,1989年第2期。

马建和:《粤海关时期的黄埔口与虎门口》,《岭南文史》,1989年第2期。

邱克:《〈清史稿·赫德传〉补注——兼评中外辞书传记有关赫德词目的失误》,《海关研究》,1989年第2期。

尚作湖:《阎锡山强占津海关始末》,《天津史志》,1989年第2期。

卫东峰、石根庆:《安格联与中国近代海关》,《海关研究》,1989年第2期。

赵淑敏:《"税专"与中国海关的人事制度》,《历史研究》,1989年第2期。

朱人秀:《1938年江海关华员护关运动》,《海关研究》,1989年第2期。

尚作湖:《津海关监督》,《中国海关》,1989年第2～3期。

蔡渭洲:《论马关条约、辛丑条约对海关制度的影响》,《对外经济贸易大学学报》,1989年第3期。

长弓:《论赫德思想内涵的多重性及矛盾性》,《海关教学与研究》,1989年第3期。

邓开颂:《拱北海关的建立及其历史特点》,《广东史志》,1989年第3期。

何财:《1949年九龙关的护产起义》,《海关研究》,1989年第3期。

黄启臣:《赫德是中国海关主权的彻底破坏者》,《中山大学学报(哲学社会科学版)》,1989年第3期。

孔宝康:《论旧海关的"国际性"与赫德的"业余外交"侵略活动》,《海关教学与研究》,1989年第3期。

刘润芝:《赫德新论》,《湘潭大学学报(社会科学版)》,1989年第3期。

连心豪:《南京国民政府建立初期海关缉私工作的整顿与加强》,《厦门大学学报(哲学社会科学版)》,1989年第3期。

林仁川:《福建洋关的建立与福建近代社会》,《海关研究》,1989年第3期。

章鸣九:《海关总税务司赫德与洋务运动》,《上海社会科学院学术季刊》,1989年第3期。

赵永敬:《福州两次沦陷期间的洋税务司》,《中国海关》,1989年第3期。

蓝振露:《太平天国的关卡税收体系初探》,《苏州大学学报》,1989年第4期。

连心豪:《南京国民政府建立初期海关缉私工作述评》,《中国社会经济史研究》,1989年第4期。

毛乾标:《旧中国海关华员的"抗日爱国捐"》,《海关研究》,1989年第4期。

袁成毅:《评1931年南京国民政府的"裁厘改税"》,《杭州师范学院学报(社会科学版)》,1989年第4期。

虞崇胜:《孙中山与截留粤海关关余的斗争》,《广东社会科学》,1989年第4期。

周德华:《1935年苏州丝织业的衰落——海关书简一瞥》,《丝绸》,1989年第4期。

蔡渭洲:《旧海关总税务司署》,《中国海关》,1989年第5期。

陈诗启:《中国海关与引水问题》,《近代史研究》,1989年第5期。

龙永行:《赫德的调停与中法和约的签订》,《云南社会科学》,1989年第5期。

叶凤美:《帝国主义侵略与中国海关的半殖民地化》,《高校社会科学》,1989年第5期。

戴一峰：《论清末海关兼管常关》，《历史研究》，1989年第6期。

[美]司马富撰，邱克译：《赫德与中国早期近代化(1862—1874)》，《近代史研究》，1989年第6期。

张寄谦：《金登干(J. D. Campbell)与中国海关》，《近代史研究》，1989年第6期。

张俊义：《英国强租和接管九龙新界的历史经过》，《近代史研究》，1989年第6期。

余崇一：《纪念茅丽瑛烈士殉国五十周年》，《中国海关》，1989年第7期。

潘启后：《海关职工在"省港大罢工"中的斗争》，《海关研究》，1989年增刊1。

吴弘明：《关税和外债赔款》，《海关研究》，1989年增刊1。

甘胜录：《关于江汉关设立年限的考证》，《海关研究》，1989年增刊2。

胡实声、钦士业：《上海海关抗日战争时期和解放战争时期党的统一战线工作》，《海关研究》，1989年增刊2。

夏良才：《中国近代化与海关的关系——论中国海关驻伦敦办事处》，中国社会科学院近代史研究所科研组织处编：《走向近代世界的中国——中国社会科学院近代史研究所建所40周年学术讨论会论文集》，成都出版社，1990年。

陈铁生：《北洋政府修改通商进口税则经过(1912—1918)》，《民国档案》，1990年第1期。

戴一峰：《十九世纪后期西南边疆的开埠设关及其关税制度》，《海关研究》，1990年第1期。

郝秀清：《近代芜湖海关的鸦片贸易》，《安徽史学》，1990年第1期。

黄国盛：《李泰国与外籍税务司制度的产生》，《内蒙古大学学报》，1990年第1期。

康之国：《从"切实值百抽五"看帝国主义对中国关税的控制与掠夺》，《史学月刊》，1990年第1期。

孔宝康：《论赫德监控同文馆及该馆的历史作用》，《海关教学与研究》，1990年第1期。

梁冬梅：《粤海关与广州同文馆》，《海关研究》，1990年第1期。

梁家瑛：《中国共产党的领导是海关职工革命斗争胜利的保证》，《海研究》,1990 年第 1 期。

彭重威:《南京国民政府时期引水事权亲历记》,《档案与历史》,1990 年第 1 期。

孙国权:《中国共产党关于收回海关主权的早期政策》,《海关研究》,1990 年第 1 期。

汪敬虞:《近代中国社会和中西关系的实质问题》,《近代史研究》,1990 年第 1 期。

吴亚敏:《关税自主运动和总税务司的频繁更迭》,《海关教学与研究》,1990 年第 1 期。

杨上池:《我国收回检疫主权的斗争》,《中华医史杂志》,1990 年第 1 期。

张剑红、陈敬文:《记海门户关(常关)两块告示碑》,《海关研究》,1990 年第 1 期。

长弓:《简论中国近代海关的历史作用》,《海关教学与研究》,1990 年第 2 期。

程钺:《拱北地区解放前筹建香洲和唐家自由港失败始末记》,《海关研究》,1990 年第 2 期。

傅国亮:《潮海关史略》,《海关研究》,1990 年第 2 期。

苏鑫鸿、李泽彧:《近代赔款与中国海关》,《史学月刊》,1990 年第 2 期。

孙宝康:《旧中国报关行兴衰浅析》,《海关教学与研究》,1990 年第 2 期。

颜锡钧:《我国的近代海关——海关知识讲座第二讲》,《国际贸易》,1990 年第 2 期。

杨煜达:《试析腾越海关与近代滇缅贸易》,《云南地理环境研究》,1990 年第 2 期。

朱建忠:《梅乐和与旧中国海关》,《中国海关》,1990 年第 2 期。

程钺:《中葡〈里斯本草案〉谈判和拱北关的建立》,《海关教学与研究》,1990 年第 3 期。

崔乐文:《谈鸦片战争以来我国海关主权的丧失》,《党校学报》,1990 年第 3 期。

姜学民:《营口海关解放前后》,《海关研究》,1990 年第 3 期。

林吉玲:《论近代中国半殖民地海关制度的建立》,《德州师专学报》,1990 年第 3 期。

孙锡文:《清代海关发行的邮票》,《海关研究》,1990年第3期。

颜锡钧:《我国的半殖民地海关——海关知识讲座第三讲》,《国际贸易》,1990年第3期。

詹庆华:《清代粤海关外船管理权丧失的历史考察》,《海关研究》,1990年第3期。

陈锡宝:《南京国民政府裁厘平议》,《安徽师大学报(哲学社会科学版)》,1990年第4期。

迟吉哈:《"税专"各班级沿革》,《海关研究》,1990年第4期。

孙宝康:《旧中国的报关行》,《中国海关》,1990年第4期。

汪敬虞:《威厚阔、李德立与裁厘加税——记八十八年前的一次争论》,《中国社会经济史研究》,1990年第4期。

夏笠:《关于鸦片贸易合法化的几个问题》,《上海师范大学学报(哲学社会科学版)》,1990年第4期。

仪季寿:《浅谈旧海关的人事制度》,《中国海关》,1990年第5期。

周运保:《黄埔海关与黄埔军校孙中山旧址纪念馆》,《中国海关》,1990年第5期。

金木、学敏:《国门失守之后(访谈录)——从近代海关看外国资本主义入侵对中国社会发展的影响》,《教学与研究》,1990年第6期。

杜圣余:《近代中国第一套纪念邮票——"万寿票"》,《中国海关》,1990年第7期。

甘胜禄:《日帝侵占时期的江汉关》,《中国海关》,1990年第8期。

颜锡钧:《近代海关的估价制度——海关知识讲座第八讲》,《国际贸易》,1990年第8期。

谭启浩:《爱国的清代粤海关监督——豫堃》,《中国海关》,1990年第10期。

赵永敬:《罗星塔在诉说(中法战争与马尾海关)》,《中国海关》,1990年第11期。

杨晨光:《推荐〈海关职工革命斗争史文集〉》,《中国海关》,1990年第12期。

戴一峰:《论鸦片战争后清朝中西贸易管理征税体制的变革》,《海交史研究》,1991年第1期。

李正华:《"九·一八事变"至"七·七事变"期间日本在华北走私述略》,《云南教育学院学报》,1991年第1期。

刘武坤:《试析赫德赫政兄弟在中英缅藏交涉谈判中的作用》,《海关研究》,1991年第1期。

尚作湖:《德璀琳其人》,《海关研究》,1991年第1期。

庄清水:《清末厦门英租界闹关事件始末》,《海关研究》,1991年第1期。

陈华新:《赫德的广州妻子》,《岭南文史》,1991年第2期。

陈诗启:《从总税务司职位的争夺看中国近代海关的作用》,《历史研究》,1991年第2期。

康之国:《略论近代中国常关制度半殖民化的形成及影响》,《河南师范大学学报(哲学社会科学版)》,1991年第2期。

李振敏:《解放战争时期的渤海海关》,《海关研究》,1991年第2期。

连心豪:《抗日战争时期海关缉私工作的破坏》,《中国社会经济史研究》,1991年第2期。

陆晓敏:《略论九龙海关的设立》,《史志文萃》,1991年第2期。

罗亮畴:《晚清的半殖民地海关统计》,《统计研究》,1991年第2期。

吴亚敏:《二十年代末三十年代初中国海关关税行政的变化》,《海关教学与研究》,1991年第2期。

夏良才:《海关与中国近代化的关系——论中国海关驻伦敦办事处》,《历史研究》,1991年第2期。

章有义:《海关报告中的近代中国农业生产力状况》,《中国农史》,1991年第2期。

黄启臣:《赫德与〈中葡和好通商条约〉》,《中山大学学报(社会科学版)》,1991年第3期。

李丹慧:《赫德的权力错位和矛盾性格》,《近代史研究》,1991年第3期。

梁家瑛:《前事不忘,后事之师——海关职工革命斗争历史述略》,《海关研究》,1991年第3期。

牛济:《对左宗棠筹借外债的再认识》,《人文杂志》,1991年第3期。

魏刚:《解放战争时期山东下洼海关的海上斗争情况》,《海关研究》,1991年第3期。

薛鹏志:《中国近代保税关栈的起源和设立》,《近代史研究》,1991年第3期。

詹庆华:《略论唐绍仪与清季海关》,《海关研究》,1991年第3期。

邓开颂:《九龙海关的设立与赫德》,《广东社会科学》,1991年第4期。

皮明庥、李策:《汉口开埠设关与武汉城市格局的形成》,《近代史研究》,1991年第4期。

悠悠:《清代上海的海关邮政》,《上海师范大学学报(哲学社会科学版)》,1991年第4期。

张立真:《中英鸦片税厘并征交涉》,《社会科学辑刊》,1991年第4期。

王唤青:《辛亥革命与关税自主斗争》,《历史教学》,1991年第10期。

陈诗启:《从赫德与德璀琳争夺中法战争谈判看中国海关的作用》,《海关研究》,1991年增刊。

程铖:《拱北海关的历史起源考略》,《海关研究》,1991年增刊。

车明辉:《晚清时期的协定关税》,《湖南税专学报》,1992年第1期。

李正华:《抗战前南京国民政府关税自主及关税政策述评》,《云南教育学院学报》,1992年第1期。

刘平、尹磊:《浅论近代中国海关的作用》,《海关研究》,1992年第1期。

蒋宝林:《上海印制的我国第一套大龙邮票》,《上海档案工作》,1992年第1期。

梁冬梅:《筹办粤海新关略考》,《海关研究》,1992年第1期。

叶松年:《试论中国近代海关税则中的"值百抽五"片面协定税率的确立与消失问题》,《海关研究》,1992年第1期。

翟后柱:《试述海关防杜子口税流弊的改进措施》,《中国社会经济史研究》,1992年第1期。

朱宇:《略述鸦片战争后中国关税主权的丧失》,《江苏教育学院学报》,1992年第1期。

李茂刚:《清末至民国时期四川的气象事业》,《四川气象》,1992年第2期。

吴亚敏:《论海关在中国内战中的中立原则》,《福建论坛(文史哲版)》,1992年第2期。

郑泽隆:《代理总税务司罗福德对近代中国海关缉私情形的回顾》,《历史档案》,1992 年第 2 期。

戴一峰:《近代洋关制度形成时期清政府态度剖析》,《中国社会经济史研究》,1992 年第 3 期。

何尚文:《试论赫德对晚清外交的影响》,《福建师大福清分校学报》,1992 年第 3 期。

连心豪:《总税务司垄断北洋政府财政述论》,《海关研究》,1992 年第 3 期。

刘明智:《旧中国海关与北洋政府的财政》,《海关教学与研究》,1992 年第 3 期。

刘武坤:《赫德兄弟干预〈藏印条约〉谈判之伎俩》,《历史档案》,1992 年第 3 期。

唐凌:《协定关税——一条束缚中国的巨大绳索》,《广西师范大学学报(哲学社会科学版)》,1992 年第 3 期。

吴亚敏:《东北海关的沦陷与梅乐和》,《海关教学与研究》,1992 年第 3 期。

熊志勇:《试析 20 年代美国对中国收回主权运动的态度》,《近代史研究》,1992 年第 3 期。

连心豪:《战后中国海关缉私述论》,《厦门大学学报》(哲学社会科学版),1992 年第 4 期。

林仁川:《近代福建海关的建立及对社会经济的影响》,《中国社会经济史研究》,1992 年第 4 期。

刘新业:《对抗战前后北平税专二六级"读书会"与江海关"乐文社"等的回忆》,《海关研究》,1992 年第 4 期。

汤象龙等:《〈中国近代海关税收和分配统计(1861—1910)〉序言三篇》,《财经科学》,1992 年第 4 期。

朱剑白:《抗日战争时期晋冀鲁豫边区财贸工作述略》,《海关研究》,1992 年第 4 期。

九龙海关编志办:《解放前的九龙关警队》,《海关研究》,1992 年第 5 期。

曹必宏:《南京国民政府裁厘改税述评》,《学海》,1992 年第 6 期。

程道德:《试述南京国民政府建立初期争取关税自主权的对外交涉》,《近代史研究》,1992 年第 6 期。

连心豪:《海关总税务司与北洋政府财政》,《历史教学》,1992年第8期。

詹庆华:《唐绍仪与清季海关》,《历史教学》,1992年第8期。

徐思彦:《关税与中外约章》,《历史教学》,1992年第9期。

胡国礼:《近代昆明关史略》,《海关研究》,1993年第1期。

连心豪、詹庆华:《论赫德、海关近代化与洋务运动的关系》,《中国社会经济史研究》,1993年第1期。

孙英涛:《子口税》,《税务纵横》,1993年第1期。

叶松年:《试评北洋政府的"关税自主"活动》,《海关研究》,1993年第1期。

周荣国:《历史上龙州关的几个片断》,《海关研究》,1993年第1期。

陈建华:《中国西管乐器史上不可遗忘的人物——罗伯特·赫德》,《乐器》,1993年第2期。

亦然、洪钧:《略谈营口开埠设关及其经济地位的兴衰》,《社会科学辑刊》,1993年第2期。

张生:《南京国民政府初期关税改革述评》,《近代史研究》,1993年第2期。

张伟红:《论近代上海海关税务司制度的建立》,《山东社会科学》,1993年第2期。

蔡渭洲:《容闳与海关》,《中国海关》,1993年第3期。

林仁川:《北洋军阀时期财政与关税自主》,《中国社会经济史研究》,1993年第3期。

詹庆华:《略论贺璧理与门户开放政策的形成》,《海关教学与研究》,1993年第3期。

戴一峰:《论晚清的子口税与厘金》,《中国社会经济史研究》,1993年第4期。

刘武坤:《亚东关为什么不征税》,《历史档案》,1993年第4期。

刘武坤:《亚东关始末》,《海关研究》,1993年第4期。

凌弓:《论海关洋员与中国近代邮政》,《史林》,1993年第4期。

彭平:《重庆海关监督参加"万县惨案"对英谈判始末》,《海关研究》,1993年第4期。

魏娅娅:《1935年日军炮击海关"专条号"巡缉舰事件始末》,《海关研究》,1993 年第 4 期。

戴一峰:《论近代中国海关与鸦片税厘并征》,《福建论坛》,1993 年第 5 期。

林仁川:《北洋时期的关税自主斗争》,《海关研究》,1993 年第 5 期。

陆仰渊:《中国海关自主权的挽回》,《民国春秋》,1993 年第 5 期。

吕健行:《从开征二·五附加税浅析英国政府和安格联的态度》,《海关研究》,1993 年第 5 期。

姚洪卓:《"七七"事变前夕日本帝国主义在华北的走私》,《历史教学》,1993 年第 5 期。

陈敬之:《简析张謇为收回关税自主权所作的贡献》,《海关研究》,1993 年第 6 期。

戴一峰:《论近代中国海关与列强对北洋政府财政的控制》,《海关研究》,1993 年第 6 期。

甘胜禄:《江汉关的设立及演变》,《中国海关》,1993 年第 6 期。

佘崇一:《纪念佘毅烈士殉国五十周年》,《海关研究》,1993 年第 6 期。

王艳芬:《马士与〈中华帝国对外关系史〉》,《史学月刊》,1993 年第 6 期。

詹庆华:《顾维钧与民国海关》,《海关研究》,1993 年第 6 期。

吴亚敏:《帝国主义侵略中国海关的罪证》,《中国海关》,1993 年第 10 期。

方堃:《赫德与阿思本舰队事件》,《天津师大学报(社会科学版)》,1994 年第 1 期。

黄少坚:《浅论关税问题与辛亥革命失败》,《柳州师专学报》,1994 年第 1 期。

黄汪然:《左江苏维埃收回龙州海关史略》,《海关研究》,1994 年第 1 期。

刘武坤:《亚东海关及洋税务司》,《中国藏学》,1994 年第 1 期。

王庆成:《新发现的"天王御照"和"天海关照会"——1861 年春太平天国和英国的交往》,《历史研究》,1994 年第 1 期。

周厚才:《温州的开埠与瓯海关的设立》,《海关研究》,1994 年第 1 期。

甘胜录:《江汉关英人税务司参与夺取关税保管权内幕》,《武汉文史资料》,1994 年第 2 期。

刘建新:《中国近代海关史的不朽丰碑——记太平天国海关》,《海关研究》,1994 年第 2 期。

谭启浩:《广东商民保护西江捕权运动与海关》,《海关研究》,1994 年第 2 期。

陈敏辉:《第一次鸦片战争后进出口税率史实考》,《福建师范大学学报(哲学社会科学版)》,1994 年第 3 期。

何刚:《评南京国民政府时期的"关税自主"》,《东南文化》,1994 年第 3 期。

孙修福:《"关余"之由来及其真正含义》,《民国春秋》,1994 年第 3 期。

谭启浩:《善后大借款与海关》,《海关研究》,1994 年第 3 期。

周德权:《北海通商前后海运与洋关管理史略》,《海关研究》,1994 年第 3 期。

戴一峰:《论北洋政府时期的海关与内债》,《中国社会经济史研究》,1994 年第 4 期。

刘建新:《太平天国海关史述略》,《海关研究》,1994 年第 4 期。

佘崇一:《陆志仁同志与海关革命史料》,《海关研究》,1994 年第 4 期。

吴弘明:《晚清后期"裁厘加税"论争辨析》,《海关研究》,1994 年第 5 期。

方子文:《江海关大权旁落记》,《上海财税》,1994 年第 6 期。

黄尊严:《1914—1922 年日本在山东的非法贸易和走私活动》,《齐鲁学刊》,1994 年第 6 期。

连心豪:《唐绍仪与中山港无税口岸》,《历史教学》,1994 年第 6 期。

王立其等:《镇江关百年沧桑》,《中国海关》,1994 年第 8 期。

蔡渭洲:《安格联——赫德的接班人》,《中国海关》,1994 年第 11 期。

汪敬虞:《1927 年海关总税务司安格联的去职》,《中国经济史研究》,1994 年增刊。

陈诗启:《迈向关税自主的第一步:广东国民政府开征二·五附加税》,《近代史研究》,1995 年第 1 期。

孙修福:《辛亥革命时期福建军政府关于接管福建各海关之交涉》,《海关研究》,1995 年第 1 期。

王玉玲、张晓峰:《改订新约运动新评》,《北方论丛》,1995 年第 1 期。

汪玉林、朱火金:《中央苏区创立的税关与关税制度初探》,《海关研究》,1995 年第 1 期。

詹庆华:《中国近代海关总税务司募用洋员特权问题新论》,《近代史研究》,1995年第1期。

曹力强:《清政府对朝鲜海关的控制》,《东北师大学报》,1995年第2期。

郭亚非、张敏:《试论云南近代海关》,《云南师范大学学报(哲学社会科学版)》,1995年第2期。

单素玉:《英国入侵与营口开埠》,《辽宁大学学报(哲学社会科学版)》,1995年第2期。

陈诗启:《南京政府的关税行政改革》,《历史研究》,1995年第3期。

戴一峰:《赫德与澳门:晚清时期澳门民船贸易的管理》,《中国经济史研究》,1995年第3期。

刘明智:《设立保税关栈的起源》,《漳州师院学报》,1995年第3期。

姚会元:《华北走私是日本侵华总政策的经济先导》,《山西师大学报(社会科学版)》,1995年第3期。

何刚:《简论北洋军阀统治时期的"关税自主"》,《安徽史学》,1995年第4期。

王良行:《1929年中国国定税则性质之数量分析》,《近代史研究》,1995年第4期。

吴弘明:《试论郑观应的关税观》,《海关研究》,1995年第4期。

曾业英:《日本侵占华北海关及其后果》,《近代史研究》,1995年第4期。

董方奎:《赫德与海关、洋务运动》,《江汉大学学报》,1995年第5期。

康之国:《试论近代中国海关完全殖民地化的特征》,《史学月刊》,1995年第5期。

方志钦:《近代中国海关的特异功能——洋员对华的情报活动》,《广东社会科学》,1995年第5期。

彭晨辉:《赫德与晚清政治》,《中学历史教学参考》,1995年第6期。

谭启浩:《清末税务司的品秩》,《中国海关》,1995年第6期。

一丁:《阎锡山携弹闯海关》,《民国春秋》,1995年第6期。

永川:《〈辛丑和约订立以后的商约谈判〉出版》,《中国海关》,1995年第6期。

蔡渭洲:《略谈抗日战争时期的中国海关》,《中国海关》,1995年第8期。

蔡渭洲:《1938年的上海护关运动》,《中国海关》,1995年第8期。

陈运富:《刘少奇与中国海关关徽》,《党史文汇》,1995年第9期。

胡实声:《海关职工抗日斗争与"税专"校友》,《中国海关》,1995年第9期。

胡实声:《抗战期间海关职工和税专校友的救亡斗争》,《中国海关》,1995年第9期。

蔡渭洲:《我国历代关税述略(二)》,《中国海关》,1995年第11期。

戴一峰:《陈先生与中国近代海关史的研究》,《近代中国史研究通讯》(台湾),1995年第19期。

唐启华:《北洋政府时期海关总税务安格联之初步研究》,《"中央研究院"近代史研究所集刊》(台北),1995年第24期下册。

陈霞飞:《再谈旧中国海关与中国现代化》,《海关研究》,1996年第1期。

连心豪:《近代潮汕地区的走私问题》,《中国社会经济史研究》,1996年第1期。

刘广实:《海关邮政时期的进口欠资戳封》,《上海集邮》,1996年第1期。

孙修福:《中国近代海关与禁烟禁毒》,《历史档案》,1996年第1期。

张九洲:《"值百抽五"的税则究竟何时确立?》,《史学月刊》,1996年第1期。

郭亚非:《再论云南近代海关》,《云南师范大学学报(哲学社会科学版)》,1996年第2期。

黄尊严:《胶澳战后围绕青岛海关问题的中日交涉述论》,《东方论坛》,1996年第2期。

刘敏:《敢于和旧海关洋人统治者抗争的潮海关监督》,《海关研究》,1996年第2期。

孙修福:《日本侵华期间海关损失初探》,《海关研究》,1996年第2期。

詹庆华:《略论英人贺璧理与"门户开放"政策的形成》,《历史教学》,1996年第2期。

黄福才:《试论近代海关邮政与民信局的关系》,《中国社会经济史研究》,1996年第3期。

姜文求:《从关税特别会议召开的背景看其失败的原因》,《民国档案》,1996年第3期。

康之国:《赫德与近代中国不平等条约》,《河南教育学院学报(哲学社会科学版)》,1996年第3期。

刘武坤:《亚东关监督述略》,《海关研究》,1996年第3期。

孙修福:《一项谈判四十年才签订的协定》,《民国春秋》,1996年第3期。

张家瑞:《赫德与中国近代海军建设》,《海关研究》,1996年第4期。

杜圣余:《江海关第一份邮政通告》,《上海集邮》,1996年第5期。

谭启浩:《太平关与粤海关》,《海关研究》,1996年第5期。

陈文桂:《中法战争期间赫德"业余外交"研究》,《近代史研究》,1996年第6期。

姜贵卿、杨宗旭:《胶东半岛东大门的金钥匙——石岛海关》,《中国海关》,1996年第6期。

申义植:《试论张謇关于厘金税的思想》,《江海学刊》,1996年第6期。

刘云长:《南京国民政府初期的税务整顿》,《历史教学》,1996年第8期。

姜铎:《晚清海关与洋务运动》,《学术月刊》,1996年第12期。

程宗璋:《略论阿礼国在中国的活动》,《三峡学刊(四川三峡学院社会科学学报)》,1997年第1期。

连心豪:《日本夺取中国东北海关述略》,《厦门大学学报(哲学社会科学版)》,1997年第1期。

刘武坤:《王曲策忍与辛亥革命后的亚东关》,《民国档案》,1997年第1期。

马陵合:《试析左宗棠西征借款与协饷的关系》,《历史档案》,1997年第1期。

崔禄春:《抗战初期日本劫夺华北海关税款管理权述论》,《历史教学》,1997年第2期。

连心豪:《三十年代台湾海峡海上走私与海关缉私》,《中国社会经济史研究》,1997年第3期。

余心言:《大龙、小龙和蟠龙邮票》,《百科知识》,1997年第3期。

申晓云:《南京国民政府"撤废不平等条约"交涉述评——兼评王正廷"革命外交"》,《近代史研究》,1997年第3期。

宓汝成:《庚子赔款的债务化及其清偿、"退还"和总清算》,《近代史研究》,1997年第5期。

袁燮铭：《晚清五口通商大臣移设上海始末》，《档案与史学》，1997 年第 5 期。

金德成：《"蒋记"海关缉私舰走私军火》，《航海》，1997 年第 6 期。

刘文洁：《清政府"封锁香港"事件始末》，《世纪行》，1997 年第 6 期。

于一贫：《晚清时期的"帮办税务"》，《涉外税务》，1997 年第 6 期。

林轩：《中国邮票收藏与鉴赏（之一）——清代邮票（上）》，《百科知识》，1997 年第 9 期。

王燕萍：《赫德与近代九龙关的建立》，《学习论坛》，1997 年第 9 期。

连心豪：《近代海港检疫与东南亚华侨移民》，《华侨华人历史研究》，1997 年第 S1 期。

金德成：《解放前海关船为何不设 CAPTAIN？》，《航海》，1998 年第 1 期。

王燕萍：《论赫德在建立九龙关中的历史作用》，《广东史志》，1998 年第 1 期。

薛鹏志：《中国海关与庚子赔款谈判》，《近代史研究》，1998 年第 1 期。

张生：《1927—1937 年南京国民政府关税政策与实践述评》，《江苏社会科学》，1998 年第 2 期。

谭启浩：《梁士诒与海关》，《海关研究》，1998 年第 3 期。

杨天宏：《清季自开商埠海关的设置及其运作制度》，《社会科学研究》，1998 年第 3 期。

郑作勋、温春来：《清末粤海关税收评析（1861—1910 年）》，《中山大学研究生学刊（社会科学版）》，1998 年第 3 期。

黄顺力：《近代海关与洋务思潮论略》，《学术月刊》，1998 年第 4 期。

刘梅英：《厘金制度和子口税制度比较浅析》，《学术论坛》，1998 年第 4 期。

沈绍根、阳三平：《1900 年前后的赫德》，《湘潭师范学院学报（社会科学版）》，1998 年第 4 期。

杨卫东：《〈烟台条约〉的签订地——东海关公署》，《中国海关》，1998 年第 6 期。

陈凤民：《赫德：操纵中国海关近半个世纪的英国人》，《中学历史教学参考》，1998 年第 7 期。

黎浩:《试论南京国民政府的裁厘改税》,《历史教学》,1998年第8期。

刘广实:《中国海关邮政三议》,《上海集邮》,1998年第9期。

彭重威:《北洋时期的引水事务》,中国人民政治协商会议全国委员会、文史资料研究委员会《文史资料选辑》编辑部编:《文史资料选辑》(第34卷第100辑),中国文史出版社,1999年。

郭剑林:《略论赫德对晚清海防的影响》,《集美大学学报(哲学社会科学版)》,1999年第1期。

齐春风:《抗战时期国统区与沦陷区间走私贸易述论》,《民国档案》,1999年第1期。

卫春回:《论张謇的税制改革思想》,《兰州商学院学报》,1999年第1期。

许毅明:《太平军与厦门洋关》,《中国海关》,1999年第1期。

甄鸣:《近代中国海关警史探微——关于缉私警察制度的历史启示》,《现代法学》,1999年第1期。

段国正:《赫德操纵中法谈判的原因探析》,《西北师大学报(社会科学版)》,1999年第2期。

康之国:《赫德与近代中国邮政》,《河南商业高等专科学校学报》,1999年第2期。

齐春风:《1946～1948年间中国的走私贸易》,《中州学刊》,1999年第2期。

康之国:《赫德与近代中国赔款》,《河南教育学院学报(哲学社会科学版)》,1999年第3期。

吴雪岩、孙梦健:《许景澄与中俄四厘借款》,《北方论丛》,1999年第3期。

黄定天:《黑龙江地区海关的设立及其殖民地化》,《中国边疆史地研究》,1999年第4期。

李宜霞:《议1883年赫德的五个〈节略〉》,《桂林市教育学院学报(综合版)》,1999年第4期。

刘明春:《近代海关与邮政的创办》,《牡丹江师范学院学报(哲学社会科学版)》,1999年第4期。

乔乐林:《北洋军阀统治时期的关税自主运动述评》,《新疆师范大学学报(哲学社会科学版)》,1999年第4期。

谭启浩:《税务学堂创办人辨析》,《上海海关高等专科学校学报》,1999年第4期。

相瑞花:《赫德与中葡〈和好通商条约〉》,《中国边疆史地研究》,1999年第4期。

康之国:《赫德与澳门主权》,《河南大学学报(社会科学版)》,1999年第5期。

余国正、康之国:《中国近代常关管理权的丧失及影响》,《河南商业高等专科学校学报》,1999年第5期。

刘武坤:《也谈亚东关及其他》,《中国海关》,1999年第6期。

莫世祥:《近代澳门贸易地位的变迁——拱北海关报告展示的历史轨迹》,《中国社会科学》,1999年第6期。

张模超:《赫德与葡萄牙强占澳门》,《西南师范大学学报(人文社会科学版)》,1999年第6期。

杜圣余:《中国近代邮政的起源——海关邮政第一份邮递文件》,《上海集邮》,1999年第9期。

戴一峰:《近代海关与晚清财政》,《历史月刊》(台湾),1999年第10期。

沈学海:《从澳门回归看赫德当年的阴谋活动》,《中国海关》,1999年第12期。

王建华、江宏卫:《略论赫德与晚清中国国家邮政》,《苏州大学学报》,2000年第1期。

许碧晏:《近代中国海关外籍税务司制度的形成及影响》,《云南师范大学学报(哲学社会科学版)》,2000年第1期。

白秀瑞:《牛庄海关旧址》,《辽宁大学学报(哲学社会科学版)》,2000年第2期。

刘咏华:《中国关税自主与中日交涉》,《日本学论坛》,2000年第2期。

刘子良:《清末中国海关自主权的丧失》,《文史精华》,2000年第2期。

张晓辉:《略论抗战后的粤港贸易关系(1945.9—1949.10)》,《暨南学报(哲学社会科学)》,2000年第2期。

周熊:《赫德与中国海关关系新探》,《上海师范大学学报(哲学社会科学版)》,2000年第2期。

李恭忠:《〈中国引水总章〉及其在近代中国的影响》,《历史档案》,2000

年第 3 期。

刘咏华:《北京关税会议与日本》,《日本研究》,2000 年第 3 期。

宋时娟:《江海关二五附税国库券基金保管委员会始末》,《档案与史学》,2000 年第 3 期。

周武:《论晚清驻沪领事和外籍关员》,《学术月刊》,2000 年第 3 期。

陈晓东:《港、澳鸦片税厘并征与中葡北京条约》,《苏州铁道师范学院学报(社会科学版)》,2000 年第 4 期。

戴一峰:《晚清中央与地方财政关系:以近代海关为中心》,《中国经济史研究》,2000 年第 4 期。

蒋贤斌:《试论近代的地方外交交涉机关》,《江西师范大学学报》,2000 年第 4 期。

景乃权:《比利时所见清"粤海关外洋船牌"》,《文献》,2000 年第 4 期。

薛平等:《从"协定关税"到"国定税则"——关税自主运动成功的原因及其估价》,《扬州大学税务学院学报》,2000 年第 4 期。

姚梅琳:《中国古代的走私与反走私》,《上海海关高等专科学校学报》,2000 年第 4 期。

张湘豫、杜志华:《简述近代中国海关税率的四次修订》,《河南商业高等专科学校学报》,2000 年第 4 期。

王宇博:《甲午战争期间赫德与英国远东政策》,《江苏社会科学》,2000 年第 5 期。

王淑萍:《赫德是中国第一任海关总税务司吗?》,《中学历史教学参考》,2000 年第 7 期。

冈本隆司:《辛亥革命与海关》,中国史学会编:《辛亥革命与 20 世纪的中国——纪念辛亥革命九十周年国际学术讨论会论文集(下)》,中央文献出版社,2001 年。

郑会欣:《步向全面侵华战争前的准备——论九一八事变后日本对中国财政的破坏》,中国社会科学院中日历史研究中心编:《九一八事变与近代中日关系——九一八事变 70 周年国际学术讨论会论文集》,社会科学文献出版社,2001 年。

邱霖:《论 1938 年海关协定和英日在华冲突》,《南京建筑工程学院学报(社会科学版)》,2001 年第 1 期。

李恭忠:《近代中国引水权的收回》,《近代中国》(台北),2001年第1期。

张晓辉:《略论民国中后期港粤边界的走私畸态(1930—1949)》,《广东社会科学》,2001年第1期。

易伟新:《晚清湖南邮政述论》,《湖南大学学报(社会科学版)》,2001年第1期。

张晓辉:《略论民国中后期港粤边界的走私畸态(1930—1949)》,《广东社会科学》,2001年第1期。

沙子芬:《关于对赫德的评价问题》,《上海集邮》,2001年第2期。

苏黎明:《庚子赔款的四次变故》,《求是学刊》,2001年第2期。

王立诚:《英国与近代中外贸易"法治"的建立》,《历史研究》,2001年第2期。

李爱丽:《中美历史上的一次关税交涉——1853—1854年美商欠税偿还案》,《中国社会经济史研究》,2001年第3期。

李恭忠:《观念的成长与主体的缺席——20年代初收回引水权的尝试》,《福建论坛(人文社会科学版)》,2001年第3期。

叶玮:《30年代初期国民政府进口关税征金改革述论》,《民国档案》,2001年第3期。

冯立军:《试论清朝前期厦门海外贸易管理》,《南洋问题研究》,2001年第4期。

吴正俊:《旧中国收回关税自主权的艰难历程》,《重庆交通学院学报(社会科学版)》,2001年第4期。

姚琦:《江海关外籍税务监督的设立》,《历史教学问题》,2001年第4期。

崔志海:《试论1903年中美〈通商行船续订条约〉》,《近代史研究》,2001年第5期。

齐春风、张民:《失守的国门——近代以来中国反走私的经验教训》,《社会科学战线》,2001年第6期。

夏红:《封存洋总税务司》,《中国海关》,2001年第8期。

石汝广:《辛亥革命时期海关"中立"之表现及其原因》,《江西社会科学》,2001年第9期。

刘小萌:《清末海关的薪酬制度》,《中国海关》,2001年第10期。

张俊义:《近代中国海关的反走私努力与1948年中英关于香港〈关务协

定〉的签订》,中国社会科学院近代史研究所编:《中国社会科学院近代史研究所青年学术论坛(2001年卷)》,社会科学文献出版社,2002年。

董振平:《南京国民政府关税自主的背景分析》,《齐鲁学刊》,2002年第1期。

樊清:《古邮驿的衰落与近代邮政的兴办》,《河北师范大学学报(哲学社会科学版)》,2002年第1期。

梁向阳:《20世纪30年代粤港走私问题探析》,《五邑大学学报(社会科学版)》,2002年第1期。

仇华飞:《美国与中国关税自主》,《民国档案》,2002年第1期。

仇华飞:《南京政府成立初期的中美商税纠纷》,《历史档案》,2002年第1期。

杨华山:《论中国近代早期改良派的"裁厘加税"思想》,《辽宁大学学报(哲学社会科学版)》,2002年第1期。

杨家余:《华北事变后国民政府遏制华北走私活动述论》,《安徽史学》,2002年第1期。

杨国明:《简析晚清小说中的近代海关形象》,《南通纺织职业技术学院学报》,2002年第1期。

于一贫:《中江税收与近代中朝边贸》,《涉外税务》,2002年第1期。

黄建洪:《辛亥革命时期列强攫取中国关税保管权和支配权析论——以〈中国海关与辛亥革命〉为中心》,《西南交通大学学报(社会科学版)》,2002年第2期。

廖宗麟、张壮强:《赫德和中法和约》,《湛江海洋大学学报》,2002年第2期。

单冠初:《日本与南京国民政府初期的关税自主运动》,《档案与史学》,2002年第2期。

单冠初:《中国关税自主和安格联事件中的日本》,《史林》,2002年第2期。

孙修福、何玲:《外籍税务司制度下的中国海关人事制度的特点与弊端》,《民国档案》,2002年第2期。

文松:《近代海关华洋员人数变迁及分布管窥》,《民国档案》,2002年第2期。

祁美琴:《晚清常关考述》,《清史研究》,2002 年第 4 期。

王建朗:《日本与国民政府的"革命外交":对关税自主交涉的考察》,《历史研究》,2002 年第 4 期。

姚寿山:《赫德其人》,《上海海关高等专科学校学报》,2002 年第 4 期。

李全安、郭迎春:《关税自主权的丧失对近代中国民族工商业的影响》,《天中学刊》,2002 年第 6 期。

易继苍、张祥晶:《1927—1937 年南京国民政府的关税改革》,《许昌师专学报》,2002 年第 6 期。

文君:《陈独秀与国民革命时期的关税自主运动》,《漳州师范学院学报（哲学社会科学版）》,2003 年第 1 期。

游早明、彭宇梅:《简析中华苏维埃政府的关税政策》,《沪关理论研究》,2003 年第 1 期。

章宏伟:《海关造册处出版物探略》,《出版史料》,2003 年第 1 期。

李爱丽:《中国参加 1878 年巴黎博览会述略》,《中国社会经济史研究》,2003 年第 2 期。

钱进:《近代中国与国际博览会》,《档案与史学》,2003 年第 2 期。

姚梅琳:《论赫德与中国现代化》,《海关研究》,2003 年第 2 期。

詹庆华:《中国近代海关贸易报告述论》,《中国社会经济史研究》,2003 年第 2 期。

张徐乐:《南京国民政府时期修订海关进口税则的再评价》,《历史教学问题》,2003 年第 2 期。

庄清水:《正确把握赫德研究的方向》,《海关研究》,2003 年第 2 期。

齐春风:《抗战时期日本在港澳湾地区的走私活动》,《中国边疆史地研究》,2003 年第 3 期。

申学锋:《晚清户部与内务府财政关系探微》,《清史研究》,2003 年第 3 期。

王国平:《论近代中国的协定税则》,《江海学刊》,2003 年第 3 期。

杨智友:《华籍洋关副总税务司丁贵堂》,《民国档案》,2003 年第 3 期。

章宏伟:《海关造册处初探》,《中国出版》,2003 年第 3 期。

蔡晓荣:《对近代中国第一个海关税则的一点新认识》,《福建论坛（人文社会科学版）》,2003 年第 4 期。

李虎:《中国近代海关与清政府的薪酬制度比较——以赫德时期(1863—1911年)为例》,《历史教学》,2003年第4期。

李恭忠:《条约文本与实践:晚清上海港引水权的丧失》,《徐州师范大学学报》,2003年第4期。

刘文鹏:《清代驿传体系的近代转型》,《清史研究》,2003年第4期。

王珍富:《关税特别会议的议事范围及其突破》,《四川师范大学学报(社会科学版)》,2003年第4期。

姚琦:《海关与中国近代邮政的创办史》,《上海电力学院学报》,2003年第4期。

詹庆华:《中国近代海关贸易报告的传播及影响》,《厦门大学学报(哲学社会科学版)》,2003年第4期。

陈家鹦:《我国近代官办邮政史话》,《上海档案》,2003年第5期。

戴一峰:《闻其言、察其行:〈赫德日记〉解读——兼论中西文化中介人》,《海关研究》,2003年第5期。(该文也收录于中国海关学会编:《赫德与旧中国海关论文选》,中国海关出版社,2004年。)

叶凤美:《从〈中国问题论集〉看赫德》,《海关研究》,2003年第5期。

赵淼:《赫德与中国近代海关制度》,《海关研究》,2003年第5期。

郑博、郭伟亮:《烟台开埠与西方列强对烟台的侵略和掠夺》,《山东档案》,2003年第6期。

吴弘明:《天津常关的演变》,《天津经济》,2003年第9期。

纪宗安、陈勇:《清末粤海关税款收支权探析》,《暨南史学》,2003年辑刊。

张泽伟、陈嘉亮:《天津海关发现日军侵华证据》,《新华每日电讯》,2003年1月27日。

陈锋:《20世纪的晚清财政史研究》,《近代史研究》,2004年第1期。

陈钢:《近代中国邮政述略》,《历史档案》,2004年第1期。

葛建男:《赫德与阿斯本舰队风波》,《沧州师范专科学校学报》,2004年第1期。

王茜:《黑河海关90年的历史变迁》,《黑龙江史志》,2004年第1期。

王新华:《1898年清政府自主开放秦皇岛港背景探析》,《海交史研究》,2004年第1期。

吴羽:《试论中国近代海关行政管理权的丧失》,《安顺师范高等专科学校学报(综合版)》,2004年第1期。

易伟新:《略论晚清邮政近代化》,《株洲工学院学报》,2004年第1期。

詹庆华:《记忆的历史——解读海关洋员眼里的赫德》,《上海海关高等专科学校学报》,2004年第1期。

孙宝根:《论近代中国海关缉私制度的确立》,《广西民族学院学报(哲学社会科学版)》2004年第2期。

孙宝根:《晚清海关缉私体制述论》,《苏州科技学院学报(社会科学版)》,2004年第2期。

文松:《近代中国海关雇用洋员的历史原因探析》,《北京联合大学学报(人文社会科学版)》,2004年第2期。

简萍:《试析1933—1937年间华北走私及其影响和冲击》,《中国经济史研究》,2004年第3期。

陈钢:《近代中国早期邮票发行述要》,《中国地方志》,2004年第4期。

任智勇:《晚清海关监督制度初探》,《历史档案》,2004年第4期。

沈惠芬:《走向世界——晚清中国海关与1873年维也纳世界博览会》,《福建师范大学学报(哲学社会科学版)》,2004年第4期。

奚霞:《全国海港检疫管理处》,《民国档案》,2004年第4期。

张北根:《1918—1921年英国对待关余问题的态度》,《民国档案》,2004年第4期。

赵正建:《海关试办邮政时邮运第一"承包商"》,《集邮博览》,2004年第5期。

戴东阳:《日本修改条约交涉与何如璋的条约认识》,《近代史研究》,2004年第6期。

纪宗安、陈勇:《赫德与晚清印花税》,《学术研究》,2004年第6期。

张耀华:《中国第一套大龙邮票设计始末》,《档案与史学》,2004年第6期。

赵玉华:《一名侵略者为清政府开具的"药方"——评清末新政时期赫德的改革思想》,《理论学刊》,2004年第6期。

宋茂萃:《近代中国海关与维也纳世界博览会》,《桂海论丛》,2004年第S2期(11月增刊)。

陈争平:《不平等条约下近代关税制度的形成及对中国经济的影响》,陈绛主编:《近代中国(第十五辑)》,上海社会科学院出版社,2005年。

林能士、陈进金:《一九三〇年天津海关事件》,中国社会科学院近代史研究所编:《近代中国与世界——第二届近代中国与世界学术讨论会论文集(第一卷)》,社会科学文献出版社,2005年。

张盛:《抗战初期英日关于中国海关的非法协定述评》,福建省炎黄文化研究会等编:《台湾建省与抗日战争研究:纪念抗日战争胜利60周年暨台湾建省120周年学术研讨会论文集》,鹭江出版社,2005年。

张志勇:《赫德与1868~1869年的中英修约》,中国社会科学院近代史研究所编:《中国社会科学院近代史研究所青年学术论坛(2005年卷)》,社会科学文献出版社,2005年。

蔡晓荣:《晚清海关洋员职务行为涉讼再探讨——以英籍洋员为考察中心》,《苏州大学学报》,2005年第1期。

陈赞绵、胡艳杰:《近代中国低关税局面形成的原因》,《苏州市职业大学学报》,2005年第1期。

黄定天:《日本侵占东北时期的吉林海关》,《吉林师范大学学报(人文社会科学版)》,2005年第1期。

李恭忠:《晚清的引水业和引水人》,《浙江海洋学院学报(人文科学版)》,2005年第1期。

文松:《关于赫德评价问题》,《历史教学》,2005年第1期。

龚辉:《论国民政府战时关金政策的演变——兼论抗日战争期间中日财政金融的争斗》,《军事历史研究》,2005年第2期。

饶品良:《1923—1924年广州关余事件中的民众运动》,《党史研究与教学》,2005年第2期。

文松:《近代海关内部业务分工结构及衍变述略》,《北京联合大学学报(人文社会科学版)》,2005年第2期。

曹必宏:《赫德与中法谈判(1884—1885年)》,《历史档案》,2005年第3期。

丁志华:《第一个担任海关副税务司的中国人——忆父亲——"留美幼童"丁崇吉》,《徐州师范大学学报》,2005年第3期。

贾伟川:《浅析晚清海外采购的渠道》,《广西社会科学》,2005年第3期。

孙宝根、单淮:《抗日根据地缉私述论》,《理论学刊》,2005年第3期。

水海刚:《论近代海关与地方社团的关系——以近代厦门海关兼管常关为例》,《史林》,2005年第3期。

肖美贞:《略议北洋政府时期的关款存放问题》,《五邑大学学报(社会科学版)》,2005年第3期。

陈跃:《1931年南京国民政府裁厘述论》,《江苏工业学院学报(社会科学版)》,2005年第4期。

孙若怡:《"关税特别会议"中有关附加税及税率问题之讨论》,《民国档案》,2005年第4期。

孙修福:《试论近代海关监督及其维权斗争》,《民国档案》,2005年第4期。

杨智友:《收回粤海关运动新论》,《民国档案》,2005年第4期。

王洪涛:《浅谈日本对华北海关的侵占》,《江西师范大学学报》,2005年第5期。

郑成林:《抗战前商会对日本在华北走私的反应与对策》,《华中师范大学学报(人文社会科学版)》,2005年第5期。

辛俊玲、李泽陆:《东海关税务司公署旧址》,《中国海关》,2005年第6期。

黄发忠:《琼海关的日本劫证》,《中国海关》,2005年第8期。

方耀成:《大龙邮票的设计者仍是谜》,《集邮博览》,2005年第9期。

李照南:《帝国主义列强对营口的侵略》,《兰台世界》,2005年第9期。

[日]冈本隆司:《北洋时期的海关与关税特别会议——英国外交的看法》,金光耀、王建朗主编:《北洋时期的中国外交》,复旦大学出版社,2006年。

黄庆华:《"澳门地位"、"澳门属地"与赫德》,王建朗、栾景河主编:《"近代中国、东亚与世界"国际学术讨论会论文集(下册)》,社会科学文献出版社,2006年。

蒋清宏:《试论中国近代海关的行政管理制度(1854~1869年)》,《中国社会科学院近代史研究所青年学术论坛(2006年卷)》,2006年。

蒋耘:《一战期间英国在华海关利益》,金光耀、王建朗主编:《北洋时期的中国外交》,复旦大学出版社,2006年。

杨洪林:《朝野纠葛:北京政府时期的舆论与外交——以关税特别会议为个案的考察》,金光耀、王建朗主编:《北洋时期的中国外交》,复旦大学出版社,2006年。

杨智友:《孙中山与中国恢复海关主权的尝试》,邹东涛主编:《纪念孙中山诞辰140周年国际学术研讨会论文集(上卷)》,社会科学文献出版社,2006年。

张志勇:《赫德与中英滇案交涉》,中国社会科学院近代史研究所编:《中国社会科学院近代史研究所青年学术论坛(2006年卷)》,社会科学文献出版社,2006年。

黄丰学:《试论赫德在中国近代海关的廉政建设》,《绥化学院学报》,2006年第1期。

蒋耘:《李泰国与天津条约》,《历史档案》,2006年第1期。

李虎:《中国近代海关的洋员录用制度(1854—1911年)》,《历史教学》,2006年第1期。

连心豪:《近代中国通商口岸与内地——厦门、泉州常关内地税个案研究》,《闽台文化交流》,2006年第1期。

毛立坤:《晚清时期中外贸易的个案分析——以香港转口贸易为例》,《中国历史地理论丛》,2006年第1期。

吴弘明:《千秋龙票》,《中国海关》,2006年第1期。

谢振治:《中英〈续议通商行船条约〉裁厘加税条款的谈判》,《玉林师范学院学报》,2006年第1期。

杨军:《外籍税务司制度下晚清海关行政管理体制的确立》,《湘潭师范学院学报(社会科学版)》,2006年第1期。

杨智友:《百年风云江海关》,《钟山风雨》,2006年第1期。

易伟新:《晚清的邮权统一政策述论》,《重庆邮电学院学报(社会科学版)》,2006年第1期。

詹庆华:《跨文化传播的桥梁:中国近代海关洋员与中西文化交流》,《海交史研究》,2006年第1期。

段晋丽:《赫德与中国近代海关制度的确立》,《太原师范学院学报(社会科学版)》,2006年第2期。

李永胜:《清政府收回海关权的最初谋划》,《历史档案》,2006年第2期。

张革英等:《南京国民政府初期"改订新约运动"再探讨》,《南华大学学报(社会科学版)》,2006年第2期。

张耀华:《晚清时期中国海关统管出国参展世博会始末》,《上海海关高等专科学校学报》,2006年第2期。

程动田:《对南京国民政府"改订新约运动"的再认识》,《攀登》,2006年第3期。

高宝华:《宋子文与南京国民政府初期的关税改革》,《北京教育学院学报》,2006年第3期。

李军:《晚清烟台东海关税收及其结构分析(1861—1911年)》,《鲁东大学学报(哲学社会科学版)》,2006年第3期。

吴铁稳、张亚东:《论1938年英日关于中国海关问题的非法协定》,《湖南科技大学学报(社会科学版)》,2006年第3期。

陈勇:《赫德与鸦片"税厘并征"》,《暨南学报(哲学社会科学版)》,2006年第4期。

杨军:《海关行政管理与晚清铁路建设的现代化》,《唐都学刊》,2006年第4期。

杨智友:《江海关——钟声里的记忆》,《档案春秋》,2006年第4期。

詹庆华:《中国海关洋员与哈佛的汉学研究——以马士与费正清为中心》,《上海海关高等专科学校学报》,2006年第4期。

刘杰:《南京国民政府关税自主述评》,《中共郑州市委党校学报》,2006年第5期。

江怀:《晚清引水权的丧失与收回》,《珠江水运》,2006年第6期。

吕铁贞:《晚清涉外税法中偷漏税的预防与惩治》,《中州学刊》,2006年第6期。

吴弘明:《从海关档看中国邮政之肇基——以赫德所颁第1—10号邮令为例》,《历史教学》,2006年第6期。

杨军:《论海关行政管理对晚清政制改革的影响》,《经济师》,2006年第6期。

杨智友:《"津海关事件"纪实》,《文史精华》,2006年第8期。

张星:《从管理学的角度看近代海关的组织结构》,《文教资料》,2006年第8期。

黄臻:《赫德的半截遗嘱》,《中国海关》,2006年第9期。

许庆发:《中国邮政的创办及其特点》,《集邮博览》,2006年第11期。

王宏伟:《孙少颖中国近代邮政史应提前18年》,《中国集邮报》,2006年3月28日。

由林鹏:《1907~1932年的大连海关》,《大连近代史研究》,2007年。

虞和平:《洋务运动时期中外贸易状况变化的几个问题》,中国社会科学院近代史研究所政治史研究室、苏州大学社会学院编:《首届"晚清国家与社会"国际学术讨论会论文集》,社会科学文献出版社,2007年。

姜萍:《浅析近代中国的关款保管问题》,《天中学刊》,2007年第1期。

蒋清宏:《中国近代海关行政制度研究(1854—1869年)》,《人文杂志》,2007年第1期。

李琴:《浅析抗战后华南缉私制度(1945—1949)》,《华南理工大学学报(社会科学版)》,2007年第1期。

李云:《赫德与中西音乐文化交流史实初探》,《海交史研究》,2007年第1期。

汪良平:《浅谈近代中国海关自主权的丧失》,《江苏教育学院学报(社会科学版)》,2007年第1期。

张俊义:《南方政府截取关余事件与英国的反应(1923—1924)》,《历史研究》,2007年第1期。

周伟伟:《日本侵华时期梅乐和的海关"完整性"政策》,《船山学刊》,2007年第1期。

陈彦生:《1928年中国恢复关税主权努力的历史透视》,《社会科学辑刊》,2007年第2期。

谷娴子等:《粤海关"Jadestone进口记录"的发现及其意义》,《宝石和宝石学杂志》,2007年第2期。

孙宝根:《论1934年〈海关缉私条例〉的历史地位》,《求索》,2007年第2期。

孙宝根、张兆龄:《山东抗日根据地缉私述论》,《湘潭大学学报(哲学社会科学版)》,2007年第2期。

王斌:《中国近代邮政的创办及国有化之路》,《湘潭师范学院学报(社会科学版)》,2007年第2期。

杨国明:《〈京华烟云〉与抗日战争爆发前的海关》,《上海海关高等专科学校学报》,2007年第2期。

余林:《试论赫德对中国近代海关制度的革新》,《宜宾学院学报》,2007年第2期。

陈勇:《简论晚清海关制度的双重性》,《理论界》,2007年第3期。

戴鞍钢:《近代上海与长江三角洲的邮电通讯》,《江汉论坛》,2007年第3期。

李爱丽:《从粤海关档案看清末广东省两次公债发行》,《近代史研究》,2007年第3期。

李云:《赫德爵士与中国音乐的西传》,《乐府新声(沈阳音乐学院学报)》,2007年第3期。

孙绪秀、姜虹:《1922年以前的胶海关与山东经济变迁》,《青岛农业大学学报(社会科学版)》,2007年第3期。

文松:《近代海关与中国高等教育(一)》,《海关研究》,2007年第3期。

苟德仪:《上海道台与"借师助剿"政策关系探微》,《历史教学(高校版)》,2007年第4期。

贾熟村:《赫德与丁汝昌》,《东方论坛》,2007年第4期。

潘健:《太平洋战争爆发后汪伪政权的财政收入——以关、盐、统三税为中心》,《福建论坛(人文社会科学版)》,2007年第4期。

文松:《近代海关与中国高等教育(二)》,《海关研究》,2007年第4期。

吴弘明:《客卿赫德成功之道探微》,《上海海关学院学报》,2007年第4期。

徐国富:《赫德时期中国近代海关俸禄制及其启示》,《湖北社会科学》,2007年第4期。

黄臻:《清末海关邮政50年》,《中国海关》,2007年第5期。

黄珍德:《与港澳商战的幻灭——中山港无税口岸的筹建和夭折》,《中山大学学报(社会科学版)》,2007年第5期。

杨天宏:《北洋外交与华府会议条约规定的突破——关税会议的事实梳理与问题分析》,《历史研究》,2007年第5期。

杨智友:《辛博森遇刺案》,《文史春秋》,2007年第6期。

赵长天:《畸形的清廷海关》,《文史博览》,2007年第6期。

朱艳:《伪满洲国时期的东北海关》,《枣庄学院学报》,2007年第6期。

王立璋、顾旭娥:《晚清时期"裁厘加税"问题的历史考察》,《兰州学刊》,2007年第7期。

吴松弟、方书生:《中国旧海关统计的认知与利用》,《史学月刊》,2007年第7期。

吴景平、龚辉:《1930年代初中国海关金单位制度的建立述论》,《史学月刊》,2007年第10期。

谭锐:《浅析晚清海关监督职权变化及其原因》,《乐山师范学院学报》,2007年第10期。

冷强:《浅谈1905年胶海关征税办法》,《时代经贸(下旬刊)》,2007年第11期。

戴一峰:《制度变迁与企业发展:近代报关行初探》,张忠民等主编:《近代中国社会环境与企业发展》,上海社会科学出版社,2008年。

连心豪:《清末民初龙口开埠设关论略》,耿昇等主编:《登州与海上丝绸之路——登州与海上丝绸之路国际学术研讨会论文集》,人民出版社,2008年。

石方城:《上海邮政总局大楼的沧桑》,《都会遗踪》,2008年。

张俊义:《南方政府截取关余事件与英国政府的态度及反应(1923~1924)》,王建朗、栾景河主编:《"近代中国、东亚与世界"国际学术讨论会论文集(下册)》,社会科学文献出版社,2008年。

胡中升:《近代中国邮政人事制度探析》,《重庆邮电大学学报(社会科学版)》,2008年第1期。

贾熟村:《赫德与琅威理》,《东方论坛》,2008年第1期。

贾熟村:《曾纪泽与赫德的争斗》,《吉首大学学报(社会科学版)》,2008年第1期。

廖声丰:《晚清常关改革述论》,《江西财经大学学报》,2008年第1期。

睢萌萌:《晚清中英鸦片税厘纷争的阶段性特点及其影响》,《廊坊师范学院学报》,2008年第1期。

盛立生:《赫德与近代常关》,《巢湖学院学报》,2008年第1期。

徐素琴:《晚清粤澳民船贸易及其影响》,《中国边疆史地研究》,2008年第1期。

周伟伟、孙宝根:《津海关事件中总税务司梅乐和的"完整性"政策探析》,《甘肃联合大学学报(社会科学版)》,2008年第1期。

辛俊玲:《东海关1876》,《中国海关》,2008年第1~2期。

黄海泉:《税务学堂的历史使命及其历史功绩》,《上海海关学院学报》,2008年第2期。

贾熟村:《义和团时期的赫德》,《湖南科技学院学报》,2008年第2期。

王志军:《子口税对近代中国民族工业的影响》,《殷都学刊》,2008年第2期。

于阜民、阎海:《营口开埠与营口海关》,《北方文物》,2008年第2期。

烟台市档案局:《烟台东海关》,《山东档案》,2008年第2期。

张雪峰、赵广军:《清朝广东沿海鸦片走私与反走私斗争浅析》,《广东海洋大学学报》,2008年第2期。

戴一峰:《中国近代报关行管理制度述论》,《中国经济史研究》,2008年第3期。

高小亮:《太平天国苏福省海关初探》,《苏州科技学院学报(社会科学版)》,2008年第3期。

黄臻:《税务司制时期海关人事管理制度简介》,《海关研究》,2008年第3期。

康大寿、杨宁:《近代外国人在华海关行政管理权的取得》,《江苏科技大学学报(社会科学版)》,2008年第3期。

李汶:《税务专门学校为中国培育了首批海务领军人才——为纪念税专百年校庆而作》,《上海海关学院学报》,2008年第3期。

刘晓霞:《金登干(James·Duncan·Campbell)与〈中法和约草约〉》,《绵阳师范学院学报》,2008年第3期。

孙宝根、任晓玲:《抗战时期晋察冀抗日根据地缉私述论》,《石家庄经济学院学报》,2008年第3期。

于新娟:《民初至抗战前长江三角洲棉制品进口贸易态势——以海关史料为中心的考察》,《中国社会经济史研究》,2008年第3期。

张志勇:《赫德与中英〈藏印条约〉》,《中国边疆史地研究》,2008年第3期。

侯吉昌:《西方列强在华海关税则制定权的获得——以两次鸦片战争为

视角》,《大庆师范学院学报》,2008 年第 4 期。

贾熟村:《赫德与德璀琳》,《东方论坛》,2008 年第 4 期。

刘毅:《再论"税专"与"关院"一脉相承》,《上海海关学院学报》,2008 年第 4 期。

陈宏明:《赫德与〈中法停战条件〉》,《文史天地》,2008 年第 5 期。

范彬:《现代化视角下的近代中国邮政述略》,《重庆邮电大学学报(社会科学版)》,2008 年第 5 期。

廖声丰:《近代常关衰落与交通格局的变迁》,《宁夏社会科学》,2008 年第 5 期。

谢振治:《赫德与 1902 年中英商约谈判》,《经济与社会发展》,2008 年第 6 期。

胡万庆:《海关洋员在晚清中外不平等条约签订中的特征》,《边疆经济与文化》,2008 年第 7 期。

郭润康:《大龙研究 任重道远》,《集邮博览》,2008 年第 9 期。

刘涛:《关于赫德担任中国海关总税务司的时间》,《中学历史教学》,2008 年第 9 期。

李爱丽:《马士在通商口岸外国人群体中的领袖地位初探——以 1907 年的活动为例》,《历史教学(高校版)》,2008 年第 10 期。

李惠利:《晚清时期的外籍税务司制与拉哈苏苏海关》,《黑龙江史志》,2008 年第 10 期。

郑祖安:《旧上海一个海关高级职员的闲暇生活》,《档案春秋》,2008 年第 10 期。

徐玲玲:《试论近代海关兼管常关》,《宜宾学院学报》,2008 年第 11 期。

李丽:《论太平天国时期海关自主权的沦丧》,《学术交流》,2008 年第 12 期。

张仲秋:《中国历史上的"另一个"赫德——论赫德对中国现代化的贡献》,《法制与社会》,2008 年第 29 期。

毕可思、张志云:《太平洋战争时期的中国海关》,《民国研究》,2008 年第 Z1 期。

马光:《晚清珠三角地区鸦片贸易、走私与缉私——以新香六厂为个案研究(1866—1899)》,《澳门研究》,2009 年第 6 期。

646

潘懋元、刘海峰:《同文馆与中国近代海关的关系》,《纪念〈教育史研究〉创刊二十周年论文集(3)——中国教育制度史研究》,出版者不详,2009年。

任智勇:《三成船钞与同文馆》,邹东涛主编:《中国社会科学院近代史研究所青年学术论坛(2008年卷)》,社会科学文献出版社,2009年。

任智勇:《中英、中法〈北京条约〉赔款的偿付》,中国社会科学院近代史研究所编:《中国社会科学院近代史研究所青年学术论坛(2007年卷)》,社会科学文献出版社,2009年。

汪敬虞:《中国现代化征程中的艰难跋涉——〈赫德日记〉中的一个启示》,陈绛主编:《近代中国(第十九辑)》,上海社会科学院出版社,2009年。

戴一峰:《晚清粤海关(洋关)设立问题考辨》,《中国社会经济史研究》,2009年第1期。

贾熟村:《赫德与马格里》,《东方论坛》,2009年第1期。

连心豪:《清末民初龙口开埠设关论略》,《鲁东大学学报(哲学社会科学版)》,2009年第1期。

梁大忠:《近代海关学科课程设置及其启示》,《上海海关学院学报》,2009年第1期。

姚梅琳:《海关教育的特点与传承——回眸20世纪前期的海关学校》,《上海海关学院学报》,2009年第1期。

余大乐:《中国现代化背景下的"税专"与"关校"》,《上海海关学院学报》,2009年第1期。

袁成亮:《试论抗战前日本华北走私及其影响(1935.8—1937.6)》,《苏州大学学报(哲学社会科学版)》,2009年第1期。

詹庆华:《略论近代中国海关与早期高等教育》,《上海海关学院学报》,2009年第1期。

陈勇:《鸦片税政演变与晚清中央、地方利益之调整》,《中国经济史研究》,2009年第2期。

邓云:《开埠对近代烟台社会的影响探析》,《西安社会科学》,2009年第2期。

孙晟:《南京国民政府"裁厘改统"效果评析》,《武汉交通职业学院学报》,2009年第2期。

吴松弟:《走向世界:中国参加早期世界博览会的历史研究——以中国

旧海关出版物为中心》,《史林》,2009年第2期。

高小亮、王国平:《论太平天国的税关与海关》,《广西师范大学学报(哲学社会科学版)》,2009年第3期。

贾熟村:《赫德与日意格》,《东方论坛》,2009年第3期。

李永胜:《1904年中葡交涉述论》,《历史档案》,2009年第3期。

林力:《近代天津海关制度变迁及其经济学分析》,《现代财经——天津财经大学学报》,2009年第3期。

倪玉平:《鸦片战争与道光朝关税征收》,《清华大学学报(哲学社会科学版)》,2009年第3期。

钱宗灏:《从三代江海关署的更替看近代上海建筑的国际性》,《同济大学学报(社会科学版)》,2009年第3期。

程皓:《论元代市舶制度与海外贸易》,《江南论坛》,2009年第4期。

苟德仪:《"海关道"内涵考释》,《西昌学院学报(社会科学版)》,2009年第4期。

江勇辉:《中华苏维埃共和国临时中央政府关税探究》,《上海海关学院学报》,2009年第4期。

廖声丰:《简论近代常关衰落的三个阶段》,《学术研究》,2009年第4期。

孙宝根、徐玲玲:《华中抗日根据地缉私述论》,《宜宾学院学报》,2009年第4期。

丁骞:《论赫德长期控制晚清海关的原因》,《宜宾学院学报》,2009年第5期。

张代春:《论近代中国引水权的沦丧》,《经济与社会发展》,2009年第5期。

马长伟、马陵合:《晚清芜湖子口贸易》,《安徽师范大学学报(人文社会科学版)》,2009年第6期。

孙建伟:《海关外籍税务司制度沿革》,《中国海关》,2009年第6期。

武菁:《梅乐和维护海关行政"完整"若干活动再探析》,《安徽大学学报(哲学社会科学版)》,2009年第6期。

张建和:《从财政收入角度浅析晚清财权外转——以晚清海关为中心》,《沧桑》,2009年第6期。

李国华:《近代列强攫取在华沿海和内河航行权的经过》,《史学月刊》,

2009年第9期。

周凤华:《浅论德国建立胶海关》,《青年文学家》,2009年第9期。

龙国存:《金登干与中国清政府外债》,《黑龙江史志》,2009年第10期。

欧阳跃峰、叶东:《近代芜湖海关与对外贸易》,《北华大学学报(社会科学版)》,2009年第10期。

徐建国:《赫德与近代中国邮政制度的确立和初步发展》,《历史教学(高校版)》,2009年第10期。

张卫明:《赫德与晚清国际法的系统传入》,《求索》,2009年第10期。

钟荣启:《中央苏区关税制度的建立及其历史作用》,《党史文苑》,2009年第16期。

王志军:《论子口税制度下华商权利的变化》,《生产力研究》,2009年第22期。

李爱丽:《1911~1913年粤海关接管高雷常关始末:一次失败的海关权力扩张》,栾景河、张俊义主编:《近代中国:文化与外交(上卷)》,社会科学文献出版社,2010年。

麦劲生:《清末洋幕员的权力分配和斗争——以德璀琳和汉纳根为例》,栾景河、张俊义主编:《近代中国:文化与外交(上卷)》,社会科学文献出版社,2010年。

任智勇:《晚清财政开支的另一种面相——以三成船钞为例》,《近代史学刊》,2010年。

任智勇:《道光、咸丰朝的粤海关与关监督》,邹东涛主编:《清代满汉关系研究》,社会科学文献出版社,2010年。

孙修福:《辛亥革命时期的泛三角地区近代海关》,《近代中国》,2010年。

唐燕、伍小明:《赫德与近代中国海关行政管理制度》,《人文论谭》,2010年。

张侃:《试论抗战时期中国外债的摊存及相关问题》,中国抗日战争史学会、中国人民抗日战争纪念馆编:《中华民族的抗争与复兴——第一、二届海峡两岸抗日战争史学术研讨会论文集(下)》,团结出版社,2010年。

陈勇:《晚清海关"洋税侵夺常税"析论》,《中国社会经济史研究》,2010年第1期。

洪崇恩:《赫德其像其人其事及其他》,《都会遗踪》,2010年第1期。

贾熟村:《赫德与戈登》,《东方论坛》,2010年第1期。

杨成、杨换宇:《民国后期的江汉关与长江中下游航道维护》,《武汉交通职业学院学报》,2010年第1期。

杨智友:《宋子文与近代中国海关》,《民国档案》,2010年第1期。

刘伟:《晚清关道的职能及其演变》,《华中师范大学学报(人文社会科学版)》,2010年第2期。

吕兴邦:《近代广西对外贸易商品结构分析(1877—1931)——基于海关贸易档案的考察》,《广西民族研究》,2010年第2期。

魏延秋:《抗战后中国走私贸易问题研究——以华南地区为例(1946—1949年)》,《信阳师范学院学报(哲学社会科学版)》,2010年第2期。

曹传清:《赫德影响晚清中国社会的动机探析——以社会性动机为视角》,《上海海关学院学报》,2010年第3期。

陈先松:《海防经费原拨数额考》,《中国经济史研究》,2010年第3期。

唐博:《赫德:中国世博会第一人》,《地图》,2010年第3期。

詹庆华:《晚清海关洋员与世界博览会——以海关洋员眼里的世博会为例》,《上海海关学院学报》,2010年第3期。

张畅:《德璀琳与赫德的矛盾关系》,《历史档案》,2010年第3期。

张侃:《抗日战争时期中国政府外债摊存及偿债基金之演变》,《中国社会经济史研究》,2010年第3期。

陈红:《从九江关"子口贸易"看开埠通商对腹地赣南的影响》,《农业考古》,2010年第4期。

陈勇:《潮海开关史事考略》,《汕头大学学报(人文社会科学版)》,2010年第4期。

侯林:《晚清时期的中国与世博会》,《晋中学院学报》,2010年第4期。

吴海勇:《大清海关贪不贪?》,《同舟共进》,2010年第4期。

易伟新:《从驿站到近代邮政制度的演变》,《湖南师范大学社会科学学报》,2010年第4期。

曹传清:《赫德性格特征研究》,《湖南大学学报(社会科学版)》,2010年第5期。

贾熟村:《赫德与翁同龢》,《东方论坛》,2010年第5期。

石岩:《"九·一八"事变后日本对中国东北海关的劫夺》,《山西大同大学学报(社会科学版)》,2010年第5期。

王子彦、谌湘蓉:《民国时期关税自主成功的意义与影响》,《湖南城市学院学报》,2010年第5期。

蔡胜、吴春梅:《抗战前夕广东洋米免税风潮述论》,《中国发展》,2010年第6期。

曹传清:《赫德的气质类型探析》,《湖南社会科学》,2010年第6期。

曹传清:《赫德的政治性格探析》,《社会科学辑刊》,2010年第6期。

张生、陈志刚:《一九二三年关余危机与广州大本营外交之嬗变》,《历史研究》,2010年第6期。

王志军:《晚清中英关于子口税财政归属问题的纠纷》,《江汉论坛》,2010年第7期。

王哲:《晚清—民国埠际贸易的网络体系(1885—1940)——基于海关数据的分析》,《史学月刊》,2010年第9期。

张雪峰:《李泰国:洋人如何管理中国海关》,《大经贸》,2010年第9期。

曹传清:《近代中国海关税务司制度的伦理思考》,《求索》,2010年第10期。

黄祥辉等:《大龙邮票印制地点探寻记》,《上海集邮》,2010年第10期。

王哲、吴松弟:《中国近代港口贸易网络的空间结构——基于旧海关对外—埠际贸易数据的分析(1877—1947)》,《地理学报》,2010年第10期。

张雪峰:《洋人赫德奠基中国近代海关》,《大经贸》,2010年第10期。

吴昱:《官民分立与邮递并制:清代"邮政"制度的演化》,《学术研究》,2010年第11期。

张雪峰:《近代海关与世博会》,《大经贸》,2010年第11期。

彭宓蕾:《论1934年航政改用新制度量衡》,《科教导刊(中旬刊)》,2010年第14期。

庞志伟:《清末津海关道之探究》,《兰台世界》,2010年第17期。

周媛:《浅析赫德获得清政府重用的原因——以阿斯本舰队事件的解决为例》,《黑龙江史志》,2010年第19期。

夏攀:《企业文化变迁与民国时期报关行》,《黑龙江史志》,2010年第21期。

王澧华:《赫德的海关汉语推广》,《传承》,2010年第31期。

冯翠:《晚清粤海关丝织品贸易探析(1860—1875年)》,《中国市场》,2010年第36期。

朱军舟:《近代琼州海关的设立及其活动》,《传承》,2010年第36期。

任智勇:《晚清海关二元体制沿革考》,中国社会科学院近代史研究所编:《中国社会科学院近代史研究所青年学术论坛(2010年卷)》,社会科学文献出版社,2011年。

吴艺:《京师同文馆海关洋员研究初探》,福建省海洋与渔业厅等编:《海洋文化与福建发展》,鹭江出版社,2011年。

王哲:《中国近代贸易网络的空间分布——基于旧海关史料等的分析(1873—1942)》,中国地理学会编:《地理学核心问题与主线——中国地理学会2011年学术年会暨中国科学院新疆生态与地理研究所建所五十年庆典论文摘要集》,出版社不详,2011年。

张畅、刘悦:《津海关税务司德璀琳与近代天津城市发展》,《城市史研究》,2011年。

张志勇:《赫德与晚清中国驻英使馆》,中国社会科学院近代史研究所编:《中国社会科学院近代史研究所青年学术论坛(2010年卷)》,社会科学文献出版社,2011年。

乔培华:《抗战胜利后国人对引水权的全力争取》,《广州航海高等专科学校学报》,2011年第1期。

谭春玲、郭琪:《保荐与钦准之间:晚清中央权力状况的透视——以首任津海关道陈钦的任职经历为视角》,《历史档案》,2011年第1期。

夏攀:《近代报关业起源及报关纳税初探》,《上海海关学院学报》,2011年第1期。

杨燕:《论近代中国海关的变迁——兼评赫德与外籍税务司制度》,《理论观察》,2011年第1期。

姚翠翠:《20世纪80年代以来国内赫德研究综述》,《许昌学院学报》,2011年第1期。

张雪峰:《海关孕育中国近代邮政》,《大经贸》,2011年第1期。

赵强:《大龙上的"邮政局"(上)》,《集邮博览》,2011年第1期。

钟勇华:《庚子议和时期赫德改革方案述评》,《社科纵横》,2011年第1期。

陈荆淮:《汕头开埠时间专论》,《汕头大学学报(人文社会科学版)》,2011年第2期。

贾熟村:《赫德与英国》,《东方论坛》,2011年第2期。

张雪峰:《近代海关助推新式教育》,《大经贸》,2011年第2期。

赵强:《大龙上的"邮政局"(下)》,《集邮博览》,2011年第2期。

陈勇:《晚清时期海关洋税的统计与汇报》,《历史档案》,2011年第3期。

朱军舟、胡素萍:《琼海关与近代海南社会的变迁》,《新东方》,2011年第3期。

曹英:《子口税制度与近代中国沿海贸易的异态》,《湘潭大学学报(哲学社会科学版)》,2011年第4期。

付丽颖:《伪满洲国初期的对外贸易》,《外国问题研究》,2011年第4期。

侯宣杰:《环北部湾内河港埠对外贸易的近代嬗变——基于清末龙州、梧州、南宁海关档案的实证》,《广西师范学院学报(哲学社会科学版)》,2011年第4期。

贾熟村:《赫德与中国》,《东方论坛》,2011年第4期。

刘振华:《赫德、金登干与晚清舰船的购买》,《军事历史研究》,2011年第4期。

吕兴邦、宋永忠:《近代广西对外贸易条件分析(1877—1931年)——基于海关贸易报告的考察》,《玉林师范学院学报》,2011年第4期。

张雪峰:《晚清近代化外交的海关推力》,《大经贸》,2011年第4期。

朱勇:《从海关到家庭:近代中国法律制度变革的价值效应》,《中国法学》,2011年第4期。

陈勇:《晚清咸同之际税关间的关税纠葛及其调解》,《暨南学报(哲学社会科学版)》,2011年第5期。

丁英顺:《赫德与晚清复进口税》,《税收经济研究》,2011年第5期。

王珍富:《关税特别会议的评价问题——以"关税自主案"为中心的分析》,《史学集刊》,2011年第5期。

吴昱:《清代邮政的初期运转及其运行障碍》,《盐城师范学院学报(人文社会科学版)》,2011年第5期。

洪振快:《晚清海关何以不腐》,《廉政瞭望》,2011年第6期。

贾熟村:《赫德与中国海关》,《东方论坛》,2011年第6期。

徐静玉:《英国政府与南北和谈——以关余问题为中心》,《湖南科技大学学报(社会科学版)》,2011年第6期。

周瑶:《赫德与晚清海关》,《牡丹江教育学院学报》,2011年第6期。

孙建伟:《1949,海关舰船拒驶台湾》,《档案春秋》,2011年第7期。

张雪峰:《近代海关与海务》,《大经贸》,2011年第7期。

熊金武:《近代中国海关制度变迁的解构和解释——基于制度职能定位与制度安排变迁的视角》,《贵州社会科学》,2011年第8期。

张雪峰:《近代海关的"国际官厅"》,《大经贸》,2011年第8期。

董振平:《二十世纪二十年代中国共产党与关税自主活动》,《中共党史研究》,2011年第9期。

胡丕阳:《从书信馆到海关邮政》,《中国海关》,2011年第9期。

丁耀琳:《我的父亲"丁海关"》,《炎黄春秋》,2011年第11期。

程龙:《赫德书信的流转》,《读书》,2011年第11期。

吴松弟:《中国旧海关出版物评述——以美国哈佛燕京图书馆收藏为中心》,《史学月刊》,2011年第12期。

苏肖:《海关税收在清末同文馆办学过程中的作用》,《兰台世界》,2011年第13期。

刘吉同:《赫德的经验值得注意》,《政府法制》,2011年第14期。

江涛:《近代中国海关助航仪器购买的程序探析——以购买灯塔为例》,《黑龙江史志》,2011年第17期。

陈鲁民:《晚清海关为何清廉》,《学习月刊》,2011年第21期。

陈群元:《国民政府1933年关税税率问题与日本:税率公布之前的双方动向》,栾景河、张俊义主编:《近代中国:文化与外交(下卷)》,社会科学文献出版社,2012年。

陈群元:《1933年中国关税税率的改订问题与日本:以初期的中日交涉为中心》,应俊豪等:《多元视野下的中华民国外交》,政治大学人文中心,2012年。

任智勇:《辛亥革命中的税务司与关税》,中国社会科学院近代史研究所编:《中国社会科学院近代史研究所青年学术论坛(2011年卷)》,社会科学文献出版社,2012年。

吴剑杰:《张之洞与〈辛丑条约〉签订后的商约谈判——以"裁厘加税"为

例》,《中国经济与社会史评论》,2012年。

张耀华:《中国近代海关之航标》,上海中国航海博物馆编:《上海:海与城的交融》,上海古籍出版社,2012年。

张志云:《分裂的中国与统一的海关:梅乐和与汪精卫政府(1940—1941)》,周惠民主编:《国际法在中国的诠释与应用》,政大出版社,2012年。

陈群元:《日本与国民政府1933年关税税率问题:税率公布之前的双方动向》,《社会科学研究》,2012年第1期。

郭雁冰:《拱北关东澳海关考》,《岭南文史》,2012年第1期。

单丽:《1902年中国南方霍乱的海路港口传入与内陆蔓延》,《国家航海》,2012年第1期。

任智勇:《道光、咸丰朝的粤海关监督考》,《中国经济史研究》,2012年第1期。

王立璋:《中英商约谈判中的"裁厘加税"问题》,《文教资料》,2012年第1期。

陈勇:《晚清海关洋税的分成制度探析》,《近代史研究》,2012年第2期。

廖声丰、廖慧贞:《浅析晚清常关衰落的原因》,《历史档案》,2012年第2期。

吴松弟:《中国旧海关出版物的书名、内容和流变考证:统计丛书之日报、月报和季报》,《上海海关学院学报》,2012年第2期。

詹庆华:《中国近代海关医员与西医在华传播初探(一)——以中国旧海关出版物为视角》,《上海海关学院学报》,2012年第2期。

贾熟村:《赫德与中国近代邮政》,《东方论坛》,2012年第3期。

刘恋:《论近代三都澳自开商埠与闽东北区域经济发展——基于三都澳海关十年报告(1899—1931)的考察》,《华侨大学学报(哲学社会科学版)》,2012年第3期。

孙扬:《尴尬的外交成果:1948年香港关务协定实施之困境论析》,《南京大学学报(哲学·人文科学·社会科学版)》,2012年第3期。

于耀洲:《九一八事变后日本对东北海关的强占》,《溥仪研究》,2012年第3期。

詹庆华:《中国近代海关医员与西医在华传播初探(二)——以中国旧海关出版物为视角》,《上海海关学院学报》,2012年第3期。

詹庆华：《中国近代海关医员与西方文化在华传播——以西医传播为视角（一）》，《海关研究》，2012年第3期。

陈开科：《俄总领事与清津海关道——从刻本史料看同治年间地方层面的中俄交涉》，《中国社会科学》，2012年第4期。

陈勇：《拨与解：晚清海关的解款困局及其应对》，《中国社会经济史研究》，2012年第4期。

贾熟村：《赫德与葛雷森的恩怨》，《东方论坛》，2012年第4期。

刘生文、廖声丰：《试论近代江西邮政业的发展——基于九江海关办邮政的考察》，《南昌航空大学学报（社会科学版）》，2012年第4期。

杨祥银、王少阳：《〈海关医报〉与近代温州的疾病》，《浙江学刊》，2012年第4期。

詹庆华：《中国近代海关医员与西方文化在华传播——以西医传播为视角（二）》，《海关研究》，2012年第4期。

张波：《开埠对烟台经济社会的影响》，《春秋》，2012年第4期。

季履平：《赫德铜像的建与毁》，《上海城市规划》，2012年第5期。

薛广平：《阿里文与胶海关的建立和发展》，《湖北函授大学学报》，2012年第5期。

詹庆华：《试论中国近代海关的制度创新——西方制度文化在华传播环境分析》，《上海海关学院学报》，2012年第5期。

詹庆华：《中国近代海关医员与西方文化在华传播——以西医传播为视角（三）》，《海关研究》，2012年第5期。

张国义：《近代中国海关转型中的权力、利益博弈及其启示》，《上海财经大学学报》，2012年第5期。

贾熟村：《赫德与北京同文馆》，《东方论坛》，2012年第6期。

荆蕙兰、李娇：《日本殖民统治时期的大连海关》，《佳木斯大学社会科学学报》，2012年第6期。

刘生文：《近代九江海关农副产品流通探析（1861—1911）》，《农业考古》，2012年第6期。

盛波：《税制调适与利益博弈——以抗战前夕的粤省洋米免税之争为视点》，《鲁东大学学报（哲学社会科学版）》，2012年第6期。

王守谦、张明水：《赫德：〈辛丑条约〉签订的幕后操刀手》，《寻根》，2012

年第6期。

邹晓昇:《辛亥革命前后的上海道库存款》,《史林》,2012年第6期。

纪宁:《赫德参与中法谈判的原因浅析》,《南昌教育学院学报》,2012年第8期。

王少阳、杨祥银:《晚清浙江通商口岸的疾病统计与分析——以〈海关医报〉为例》,《浙江档案》,2012年第8期。

杨梅:《近代云南海关年度贸易报告述要》,《云南档案》,2012年第8期。

刘生文:《近代九江海关商品流通探析(1861—1911)》,《兰台世界》,2012年第33期。

佳宏伟:《十九世纪后期厦门港埠的疾病与医疗社会——基于〈海关医报〉的分析》,《中国社会历史评论》,2013年。

梁俊艳:《清代亚东关署理税务司巴尔在藏事迹研究》,《中国边疆民族研究》,2013年。

马铭德:《"华洋之隔"的破局——试论小刀会时期的阿礼国与上海海关》,陈绛主编:《近代中国(第二十三辑)》,上海社会科学院出版社,2013年。

任智勇:《同治初年厦门的海关监督与税务司》,中国社会科学院近代史研究所编:《中国社会科学院近代史研究所青年学术论坛(2012年卷)》,社会科学文献出版社,2013年。

任智勇:《辛亥革命前后的安格联》,中国社会科学院近代史研究所政治史研究室、杭州师大浙江省民国浙江史研究中心编:《中国社会科学论坛文集——政治精英与近代中国》,中国社会科学出版社,2013年。

张志勇:《赫德与英德借款》,中国社会科学院近代史研究所编:《中国社会科学院近代史研究所青年学术论坛(2012年卷)》,社会科学文献出版社,2013年。

张志云、范毅军:《中国近代史观的分歧——"赫德工程"衍生的讨论与争议》,《新史学》,2013年。

陈泫伊:《近代云南海关法律制度研究》,《思想战线》,2013年第1期。

陈勇:《晚清税关与内务府财政关系管窥》,《暨南学报(哲学社会科学版)》,2013年第1期。

孙锋:《近代中国海关的内控措施及其启示——以〈旧中国海关总税务司署通令选编〉为据》,《上海海关学院学报》,2013年第1期。

谭庆云：《近代约章冲突下的中外交涉初探——以九江关征收美商船钞案交涉为例》，《许昌学院学报》，2013年第1期。

谭新喜：《晚清海关洋员抚恤制度述略——以〈中国海关密档〉为中心的考察》，《中国经济史研究》，2013年第1期。

吴松弟、方书生：《中国旧海关出版物的书名、内容和流变考证：统计丛书之年刊系统》，《上海海关学院学报》，2013年第1期。

吴昱：《方案与实践：清末中央管邮机构的设立与制度冲突》，《暨南学报（哲学社会科学版）》，2013年第1期。

易慧：《从〈赫德日记〉看〈局外旁观论〉》，《剑南文学（经典教苑）》，2013年第1期。

王哲：《源一汇数据在近代经济史中的使用初探——以19世纪末长江中下游诸港的子口税贸易数据为例》，《中国经济史研究》，2013年第2期。

张志勇：《赫德：一个专业的"业余"外交家》，《博览群书》，2013年第2期。

常宽：《赫德时期中国近代海关的廉政法制构建》，《法制与社会》，2013年第3期。

冯翠：《二战后粤澳之间走私活动探析（1945—1949年）》，《暨南学报（哲学社会科学版）》，2013年第3期。

胡雪涛：《民众在1938年英日关于中国海关问题交涉中的影响》，《江西社会科学》，2013年第3期。

贾熟村：《赫德与李凤苞》，《东方论坛》，2013年第3期。

马光：《晚清民初广东外国鸦片的进口与税收》，《国家航海》，2013年第3期。

车辚：《云南邮政的近代化》，《南京邮电大学学报（社会科学版）》，2013年第4期。

刘敏：《晚清邮政近代化与中央机关的调适——从总理衙门到邮传部》，《前沿》，2013年第4期。

彭建、李笙清：《浅论江汉关的人事管理制度》，《武汉文博》，2013年第4期。

吴松弟、伍伶飞：《近代海关贸易数据摘编本存在的问题分析——以全国年进出口额和各关直接对外贸易额为例》，《中国社会经济史研究》，2013年第4期。

杨秀云：《赫德与晚清中外约章研究综述》，《西南大学学报（社会科学版）》，2013年第4期。

詹庆华：《全球招聘：中国近代海关洋员群体的组成特征分析》，《上海海关学院学报》，2013年第4期。

姜萍、姜胜：《晚清士人与中国关税问题》，《淮南师范学院学报》，2013年第5期。

王玉英：《赫德与近代中国高等教育》，《新课程（中旬）》，2013年第5期。

郑明浩：《试析晚清时期中朝间公文的传达体系——以天津海关为中心》，《延边教育学院学报》，2013年第5期。

周棉、魏善玲：《清末民初社会转型中的唐绍仪》，《江苏行政学院学报》，2013年第5期。

曹英：《领事担保制探析》，《安徽史学》，2013年第6期。

费志杰、文双发：《试析海关监督在近代华洋军火贸易中的重要角色——以盛宣怀为例》，《史林》，2013年第6期。

刘霆：《"西南关余案"之探析》，《江苏社会科学》，2013年第6期。

芦笛：《从旧海关出版物挖掘中国近代食用菌贸易史料（以1859—1863年为例）》，《食药用菌》，2013年第6期。

王守谦、张江波：《从海关洋员通信观义和团运动》，《寻根》，2013年第6期。

一鸿：《海上缉私的前世》，《中国海关》，2013年第6期。

于耀洲：《九一八事变后日本对东北海关的强占与东北贸易的变化》，《学习与探索》，2013年第6期。

丁英顺：《中国近代高等教育开端探究——赫德与同文馆》，《黑龙江教育（高教研究与评估）》，2013年第9期。

杨智友：《丁贵堂与江海关"护关运动"》，《中国档案》，2013年第12期。

杨潜：《家国情怀——从烟台走出的中国海关首位华人关长张福运》，《走向世界》，2013年第13期。

刘创业：《近代海关与20世纪20年代延边地区的国际贸易》，《黑龙江史志》，2013年第17期。

李文巍：《晚清闽海关医员与福州教会医院》，《黑龙江史志》，2013年第21期。

姜艳艳、张志勇:《特殊的翻译——兼论赫德兄弟在中英〈藏印条约〉谈判中的作用》,《兰台世界》,2013年第22期。

刘静:《中国邮政的近代化之路》,《文教资料》,2013年第30期。

李亮、单冠初:《英国对华政策调整与〈中英关税条约〉》,陈绛主编:《近代中国(第二十三辑)》,上海社会科学院出版社,2014年。

张志云:《革命时期的财政秩序——辛亥革命与海关结余存放权之转移》,唐启华等:《近代中国的中外冲突与肆应》,政大出版社,2014年。

张志云:《中国海关战后复员与关员审查(1943—1945)》,周惠民主编:《国际秩序与中国外交的形塑》,政大出版社,2014年。

陈国栋:《红单与红单船——英国剑桥大学所藏粤海关出口关票》,《海洋史研究》,2014年第1期。

贾熟村:《赫德与陈季同》,《东方论坛》,2014年第1期。

李爱丽:《1868年美国人廷得尔对海南岛的考察——兼论1872年美国向琼州派驻领事的尝试》,《海南师范大学学报(社会科学版)》,2014年第1期。

刘岸冰、何兰萍:《近代上海海港检疫的历史考察》,《南京中医药大学学报(社会科学版)》,2014年第1期。

刘创业:《浅析20世纪初期延边地区的海关与关税问题》,《佳木斯大学社会科学学报》,2014年第1期。

刘振华:《赫德、金登干购舰问题再探讨》,《军事历史研究》,2014年第1期。

杨祥银、王鹏:《民族主义与现代化:伍连德对收回海港检疫权的混合论述》,《华侨华人历史研究》,2014年第1期。

戴一峰:《晚清海关与通商口岸城市调研》,《社会科学》,2014年第2期。

傅国涌:《辛亥变局中的海关挂旗之争》,《中国经济报告》,2014年第2期。

李亮、单冠初:《中美关约交涉与日本外交应对》,《史林》,2014年第2期。

吴昱:《外籍身份与制度转型:以海关邮政兼并工部书信馆为例》,《兰州学刊》,2014年第2期。

杨换宇:《抗战初期日本侵夺津、秦海关税款保管权问题再考察》,《民国档案》,2014 年第 2 期。

姚永超:《中国旧海关海图的时空特征研究》,《历史地理》,2014 年第 2 期。

郑明浩、韩顺兰:《试析 19 世纪 80 年代中朝间关于朝鲜雇聘西方人的交涉——以天津海关为例》,《延边党校学报》,2014 年第 2 期。

傅娟等:《从粤海关的更替看中国近代海关类建筑的发展》,《古建园林技术》,2014 年第 3 期。

贾熟村:《赫德与汉纳根》,《东方论坛》,2014 年第 3 期。

滕宇鹏:《从旧海关档案看抗战初期温州港贸易特征》,《浙江档案》,2014 年第 3 期。

杨智友:《津海关事件起因探析》,《海关与经贸研究》,2014 年第 3 期。

周育民:《鸦片战争以后的五口开埠问题》,《清史研究》,2014 年第 3 期。

朱洪:《晚清海关促进洋员汉语学习的政策措施研究》,《云南师范大学学报(对外汉语教学与研究版)》,2014 年第 3 期。

陈莉:《清末民初时期粤海关管理下的广州港航道发展概况》,《珠江水运》,2014 年第 4 期。

邓凤瑶:《赫德与近代中国海关国外研究述评》,《普洱学院学报》,2014 年第 4 期。

金燕、叶美兰:《英国与晚清中国邮政发展研究(1840—1911)》,《南京邮电大学学报(社会科学版)》,2014 年第 4 期。

梁俊艳:《清代亚东关首任税务司戴乐尔》,《中国藏学》,2014 年第 4 期。

刘平、江林泽:《叛乱与现代性——上海小刀会起义与上海现代化的关系》,《安徽史学》,2014 年第 4 期。

佘建明:《论中国近代海关的法治体系》,《海关与经贸研究》,2014 年第 4 期。

张志勇:《赫德与英德续借款》,《江苏社会科学》,2014 年第 4 期。

刘爱华:《裂变中的传承:清末民初广州航政管理的变迁与近代化》,《广东技术师范学院学报》,2014 年第 5 期。

吕铁贞:《晚清海关外籍总税务司的法律地位》,《中州学刊》,2014 年第 5 期。

王卫斌:《苏区关税征管实践》,《云南档案》,2014 年第 5 期。

徐中锋、张耀:《细说清代海关银锭的收藏》,《东方收藏》,2014 年第 5 期。

郑元:《近代海关贸易报告中的重商主义思想》,《开封教育学院学报》,2014 年第 5 期。

马光:《1858—1911 年珠三角地区鸦片走私与缉私》,《近代史研究》,2014 年第 6 期。

刘利民:《南京国民政府收回海港检疫权活动探论》,《武陵学刊》,2014 年第 6 期。

杨敬敏:《中国近代海关税务司监督机制的建设过程及现实意义》,《海关与经贸研究》,2014 年第 6 期。

杨光:《从拉哈苏苏海关的设立看近代黑龙江海关的殖民性》,《对外经贸》,2014 年第 7 期。

殷婷茹:《赫德与中国近代教育的发展》,《科教导刊(中旬刊)》,2014 年第 8 期。

潘一宁:《海关洋员包腊与晚清中国外交》,《学术研究》,2014 年第 9 期。

吴松弟:《旧海关出版物与近代中国研究》,《社会科学家》,2014 年第 12 期。

王慧君:《海关洋员通信中的义和团运动》,《兰台世界》,2014 年第 13 期。

杨国明:《中国近现代小说对恢复海关主权的想象与反映》,《戏剧之家》,2014 年第 14 期。

黄朔:《试分析赫德对晚清军事方面的干预》,《黑龙江史志》,2014 年第 15 期。

邢晔、赵宁宁:《民国后期粤港边界走私与缉私探析》,《兰台世界》,2014 年第 16 期。

顾振兴、金曙:《1854 年江海关关务协定及其影响》,《海关研究》,2014 年增刊 5。

刘怡:《清帝国合伙人:总税务司赫德传奇》,《时代周刊》,2014 年 1 月 23 日。

张振鹍:《赫德与北洋海军:购买军舰》,中国社会科学院近代史研究所编:《第三届近代中国与世界国际学术研讨会论文集·第一卷·政治·外交

(上)》,社会科学文献出版社,2015年。

张志云:《中国财政与一战纾困(1895—1918):庚子赔款、外债和内国公债》,《一战与中国:一战百年会议论文集》,人民出版社,2015年。

陈晋文:《国民政府战前关税政策研究》,《兰州学刊》,2015年第1期。

陈勇:《"经制"与"新增":五口通商时期清廷对海关夷税的管理》,《中国经济史研究》,2015年第1期。

郭雁冰:《1887—1915年拱北关鸦片贸易述略》,《历史档案》,2015年第1期。

贾熟村:《赫德与李鸿章的恩怨》,《东方论坛》,2015年第1期。

刘畅:《〈中国旧海关史料〉中的近代烟台贸易》,《黄海学术论坛》,2015年第1期。

徐玉英:《晚清海关与中国近代教育的发轫》,《华北水利水电大学学报(社会科学版)》,2015年第1期。

宫宏宇:《晚清海关洋员与国际博览会上的中国音乐——以1884年伦敦国际卫生博览会为例》,《中央音乐学院学报》,2015年第2期。

郭丽娜:《20世纪上半叶法国在广州湾的鸦片走私活动》,《中山大学学报(社会科学版)》,2015年第2期。

李军:《晚清日本驻烟台领事贸易报告初探——以1908年年报为例》,《鲁东大学学报(哲学社会科学版)》,2015年第2期。

马陵合、王平子:《克萨借款考辩——兼论甲午战争时期的地方外债》,《社会科学研究》,2015年第2期。

王星晨:《外国势力与清末新政时期口岸地区教育现代化——以海关〈十年报告〉(1902—1911)为中心的考察》,《齐齐哈尔大学学报(哲学社会科学版)》,2015年第2期。

杨涛:《梁士诒与一战爆发后的土货出口》,《殷都学刊》,2015年第2期。

洪富忠、汪丽媛:《鼎革与延续:北京政府"修约外交"与南京国民政府"改定新约运动"之比较》,《重庆工商大学学报(社会科学版)》,2015年第3期。

马忠文:《张荫桓与英德续借款》,《近代史研究》,2015年第3期。

张丽:《日本阻挠中国开征二·五附加税始末》,《抗日战争研究》,2015年第3期。

傅亮:《混乱的秩序:珍珠港事变后海关总税务司的人事更迭》,《抗日战争研究》,2015年第4期。

向元芬:《一波三折始设江汉关》,《湖北档案》,2015年第4期。

杨秀云:《试析大连租界设关征税缔约》,《大庆师范学院学报》,2015年第4期。

姚永超:《中国近代海关的〈海务报告〉考论》,《国家航海》,2015年第4期。

张淑生、齐春风:《1930年代日本在华走私白银活动述评》,《安徽史学》,2015年第4期。

张志勇:《李泰国与第二次鸦片战争》,《北方论丛》,2015年第4期。

蒋立场:《外商银行与近代中国财政——以清末民初关盐税款的移存为中心》,《兰州学刊》,2015年第5期。

姜艳艳、张志勇:《赫政与中英〈藏印条款〉谈判》,《兰州大学学报(社会科学版)》,2015年第5期。

李珊:《晚清时期〈北华捷报〉上的中国声音》,《近代史研究》,2015年第5期。

孙雨露:《抗战时期海关机构及关税政策的调整》,《海关与经贸研究》,2015年第5期。

王澧华:《赫德的汉语推广与晚清洋员的汉语培训》,《上海师范大学学报(哲学社会科学版)》,2015年第6期。

杨秀云:《青岛租界设关征税缔约探析》,《哈尔滨学院学报》,2015年第6期。

姜艳艳、张志勇:《赫德与近代翻译》,《兰州学刊》,2015年第8期。

曹凛:《晚清的海关航政管理与船只检查》,《中国船检》,2015年第12期。

张淑生:《白银走私者的控诉》,《兰台世界》,2015年第19期。

杨宗鸣:《九一八事变前后日本对辽宁海关的控制》,《兰台世界》,2015年第S3期(6月增刊)。

李志雄:《上海"赫德图书馆"寻"古"》,《海关研究》,2015年增刊2。

佘建明、徐立春:《中国近代海关总税务司署内设机构探究》,《海关研究》,2015年增刊2。

许毅明:《厦门关税务司公馆"呲吐庐"钩沉》,《海关研究》,2015 年增刊 2。

许宗茂:《清末安徽两任巡抚关税奏折的浅疏及衍伸》,《海关研究》,2015 年增刊 2。

张建国:《高效廉洁政府的制度性思考》,《海关研究》,2015 年增刊 2。

张宏:《老外在晚清反腐》,《明遇刊》,2015 年 5 月 18 日。

戴一峰:《晚清海关组织建构述论》,王玉茹等编:《经济发展与市场变迁:吴承明先生百年诞辰纪念文集》,南开大学出版社,2016 年。

侯彦伯:《中国新式海关模式的输出:以朝鲜海关的建立及运作为中心》,周惠民主编:《全球视野下的中国外交史论》,政大出版社,2016 年。

侯彦伯:《亚东开埠与抵关贸易(1876—1895)》,王文隆等:《近代中国外交的大历史与小历史》,政大出版社,2016 年。

温长松:《浅析日俄战争后东北三省开埠设关》,《大连近代史研究》,2016 年。

张志云:《中国海关关员的遗留和抉择(1949—1950)》,王文隆等:《近代中国外交的大历史与小历史》,政大出版社,2016 年。

曹凛:《鸦片战争初西方列强插手中国船舶检查与管理》,《中国船检》,2016 年第 1 期。

吕铁贞:《论清代海关监督的法律职权》,《南京大学法律评论》,2016 年第 1 期。

司马义·热西提:《论南京国民政府关税自主政策》,《哈尔滨师范大学社会科学学报》,2016 年第 1 期。

王淑慧、蔡明坤:《清末恒春地区涉外事件与鹅銮鼻灯塔兴建之关系(1867—1883)》,《美和学报》(台湾),2016 年第 1 期。

曹凛:《晚清洋海关的船舶丈量、检验章程》,《中国船检》,2016 年第 2 期。

陈勇:《洋税为何分成:对〈何为"洋税分成"〉一文的回应》,《中国经济史研究》,2016 年第 2 期。

傅亮:《1930 年代瓯海关与反日会缉私权之冲突》,《民国档案》,2016 年第 2 期。

何强、陈锋:《晚清汉口设关征税史事考》,《人文论丛》,2016 年第 2 期。

倪玉平:《〈中国近代海关税收和分配统计:1861—1910〉税收统计补正》,《清华大学学报(哲学社会科学版)》,2016年第2期。

佘建明、徐立春:《中国近代海关机构人员编制管理的分析及启示》,《海关与经贸研究》,2016年第2期。

王瑞成:《何为"洋税分成":〈晚清海关洋税的分成制度探析〉一文辨正》,《中国经济史研究》,2016年第2期。

张志勇:《赫德与中日甲午战争》,《安徽史学》,2016年第2期。

周修东:《"潮州九正口"与潮州新关开关时间考辨——就〈潮海开关史事考略〉商榷一二》,《汕头大学学报(人文社会科学版)》,2016年第2期。

曹凛:《晚清〈天津条约〉及相关续约中的航政管理和船只检查规定》,《中国船检》,2016年第3期。

陈勇:《清季粤海关库款侵蚀案及其治理——兼论税务司制度对监督制度的影响》,《安徽史学》,2016年第3期。

方前移:《口岸市场上中外鸦片的竞争与替代(1877—1912)——基于芜湖海关资料分析》,《安徽史学》,2016年第3期。

侯彦伯:《1869年粤海关监督奏销折与粤海关税务司贸易报表中洋税收入数据之考核》,《国家航海》,2016年第3期。

刘利民:《近代中国水道测量事业的民族化进程述论——以海道测量局为中心的考察》,《晋阳学刊》,2016年第3期。

林玉茹:《日据时期台湾的税关资料及其运用》,《国家航海》,2016年第3期。

罗词安:《九江新关关税及银锭浅议》,《中国钱币》,2016年第3期。

杨换宇:《梅乐和与江门开埠设关情形论略》,《国家航海》,2016年第3期。

姚永超:《中国近代海关的航海知识生产及其谱系研究》,《国家航海》,2016年第3期。

张利民:《20世纪初期天津对外贸易变化简析——从海关史的角度》,《国家航海》,2016年第3期。

张志云、车群:《税务专门学校与华籍关员(1908~1949年)——中国新行政官僚体系的建立》,《国家航海》,2016年第3期。

方书生:《中国旧海关数据与经济史研究》,《上海经济研究》,2016年第4期。

费志杰、邵先军:《晚清军品走私及其屡禁不止之缘由》,《军事历史研究》,2016 年第 4 期。

胡新民:《晚清海关的特色腐败》,《同舟共进》,2016 年第 4 期。

蓝勇、刘静:《晚清海关〈中国救生船〉与东西洋红船情结》,《学术研究》,2016 年第 4 期。

卢铭君:《从海关洋员到汉学家——德国人穆麟德的汉学之路及其汉学思想》,《国际汉学》,2016 年第 4 期。

肖伊绯:《赫德:龙旗下的沉思者》,《寻根》,2016 年第 5 期。

杨欢:《论南京国民政府初期的关税改革》,《哈尔滨师范大学社会科学学报》,2016 年第 5 期。

郑加莉:《赫德时期中国海关治理的转型——基于理性官僚制的分析》,《海关与经贸研究》,2016 年第 5 期。

陈洁:《晚清海关华员与洋员的对比分析——以人事管理制度为例》,《陇东学院学报》,2016 年第 6 期。

曹凛:《清末海关总税务司下辖部门"兼管检验船舶各务"》,《中国船检》,2016 年第 8 期。

田锡全:《多重利益分歧与广东免征洋米税风潮》,《社会科学》,2016 年第 8 期。

杨智友:《梅生军火走私案》,《档案春秋》,2016 年第 9 期。

曹凛:《北洋时期江海关的航政和船检管理》,《中国船检》,2016 年第 10 期。

杨智友:《孙中山与"粤海关事件"》,《档案春秋》,2016 年第 11 期。

胡茹叶:《琼海关的设立及其对海南近代社会的影响》,《现代交际》,2016 年第 16 期。

王倩倩、宋花乐:《"中间人"赫德:从观众到演员的历程》,《新西部(理论版)》,2016 年第 23 期。

丁劲松:《海关邮政在香港邮资片上的使用(1879—1897)》,《上海集邮》,2016 年第 S1 期。

王军等:《粤海关"赴港澳轮船章程"释析》,《海关研究》,2016 年增刊 3。

顾振兴:《一个税务司与三座海关大厦》,《海关研究》,2016 年增刊 4。

郭永泉:《晚清时期海关监督与税务司关系之辨析》,《海关研究》,2016

年增刊 4。

李志雄:《赫德与潮海关石碑山灯塔的一段往事》,《海关研究》,2016 年增刊 4。

常城:《现代化视域下的晚清湖北江汉关研究》,《武汉商学院学报》,2017 年第 1 期。

胡中升:《中国近代新式邮政兴办成功的原因探析》,《重庆邮电大学学报(社会科学版)》,2017 年第 1 期。

谭新喜:《晚清海关洋员司法保护初探》,《陕西理工学院学报(社会科学版)》,2017 年第 1 期。

吴松弟、杨洋洋:《海关关区空间结构变动探析——以近代广东沿海为中心》,《云南大学学报(社会科学版)》,2017 年第 1 期。

杨梅:《近代云南海关〈十年报告〉述论》,《昆明学院学报》,2017 年第 1 期。

张家菖、常城:《江汉关与晚清湖北现代化》,《新乡学院学报》,2017 年第 1 期。

丁娅平:《近代蒙自海关对外贸易发展趋向》,《红河学院学报》,2017 年第 2 期。

何绪军:《从〈粤海关志〉看清代前中期琼州府属口岸在全粤海关中之地位》,《海南师范大学学报(社会科学版)》,2017 年第 2 期。

金曙:《近代海关保税关栈制度的构筑特点——基于"共治"模式的视角》,《海关与经贸研究》,2017 年第 2 期。

李富周:《清末民初广东双毫大量输港现象研究——以江门关近代文献记录为中心》,《海洋史研究》,2017 年第 2 期。

李娜娜:《浅析近代海关的文档管理制度及其特征——以粤海关税务司署档案为中心》,《海交史研究》,2017 年第 2 期。

李娜娜:《中国近代海关文档管理制度评析》,《海洋史研究》,2017 年第 2 期。

刘利民:《南京国民政府前期修改引水章程活动述论》,《晋阳学刊》,2017 年第 2 期。

王雪梅:《全面抗战前夕四川的对日防私缉私活动探析》,《民国研究》,2017 年第 2 期。

王一雕：《粤海关税务司贝泐(F. H. Bell)与省港大罢工》，《海洋史研究》，2017年第2期。

伍伶飞：《近代长江中下游灯塔体系及其防护》，《云南大学学报(社会科学版)》，2017年第2期。

张志勇：《赫德与早期中葡通商通航条约谈判》，《国际汉学》，2017年第2期。

周修东：《〈粤海关志〉修纂者及重纂本〈叙例〉新考——方东树〈粤海关志〉叙例〉及两篇代作〈粤海关志〉序〉解读》，《海交史研究》，2017年第2期。

陈园园：《抗日战争中的浙海关》，《宁波工程学院学报》，2017年第3期。

何溪澄、冯颖竹：《〈海关医报〉与1877—1894年广州气象观测记录》，《气象科技进展》，2017年第3期。

李蕾：《中华邮政制度管理研究》，《四川职业技术学院学报》，2017年第3期。

马跃、刘喜涛：《日本侵华背景下的东北近代海关研究评论》，《日本侵华史研究》，2017年第3期。

张诗丰：《赫德和晚清蚊子船订造中的佣金惯例》，《海关与经贸研究》，2017年第3期。

张永攀：《从帕里到噶伦堡：清末西藏亚东关初建与近代西藏关贸肇始》，《青海民族研究》，2017年第3期。

陈勇：《近代常关衰落另论》，《中国社会经济史研究》，2017年第4期。

江宇翔、李圣恺：《上海外滩的赫德铜像始末》，《上海集邮》，2017年第4期。

任智勇：《从榷税到夷税：1843—1854年粤海关体制》，《历史研究》，2017年第4期。

翁敏：《1926—1930年中日修改商约交涉研究述评》，《理论观察》，2017年第4期。

赵维玺：《试论清末腾越开关及其影响》，《保山学院学报》，2017年第4期。

曹凛：《北洋时期广西的航政管理及船质检查》，《中国船检》，2017年第5期。

杨智友：《漫漫邮路——近代邮政制度在中国的确立》，《档案春秋》，

2017年第5期。

张惠玉:《广州湾海关机构设置的变迁及其成因》,《岭南师范学院学报》,2017年第5期。

张军、费驰:《近代东北海关与对外贸易研究》,《辽宁大学学报(哲学社会科学版)》,2017年第5期。

伍伶飞:《船钞的收与支:近代关税史的一个侧面》,《中国经济史研究》,2017年第6期。

张媚荣:《浅谈晚清邮政的人事制度》,《中国邮政》,2017年第8期。

张丽:《安格联的平衡之策及其破产——北京政府罢免安格联事件之再探讨》,《兰州学刊》,2017年第9期。

袁灿兴:《光绪三十年的粤海关改革》,《同舟共进》,2017年第11期。

广州海关南海办事处课题组:《大历史观下的中国近代海关会计制度考略》,《海关研究》,2017年增刊4。

米建平:《试论近代粤海关缉私体系建立的历史背景和发展过程》,《海关研究》,2017年增刊4。

孙子航:《刍议晚清政府基于既定国力条件之博弈策略:让渡海关管理权》,《海关研究》,2017年增刊4。

张诗丰:《19世纪70年代海关购舰中赫德挑战国际佣金惯例研究》,《海关研究》,2017年增刊4。

周修东:《潮州新关开关时间及李泰国莅汕帮办略考》,《海关研究》,2017年增刊4。

杨敬敏、张诗丰:《〈旧海关十年报告〉收录地图源流、内容及史料价值初探》,《海关研究》,2017年增刊5。

吴松弟:《近代中国旧海关地图探析》,《海关研究》,2017年增刊5。

李爱丽:《〈中国岁月〉:女性视角下晚清海关洋员的家族史》,《中华读书报》,2017年5月10日。

夏和顺:《档案里的中国近代海关》,《深圳商报》,2017年10月15日。

温长松:《浅析日俄战争后东北三省开埠设关对东北的城市化影响》,张连兴主编:《张氏父子与东北城市现代化建设暨冯庸抗战思想与实践学术研讨会论文集》,辽宁人民出版社,2018年。

广州海关办公室秘书科课题组:《论〈新关内班诫程〉中的公文管理制

度》,《海交史研究》,2018 年第 1 期。

国恩松:《胶海关建置及其历史地位探析》,《海关研究》,2018 年第 1 期。

李文杰:《息借商款与晚清财政》,《历史研究》,2018 年第 1 期。

王泽京:《德璀琳与中国第一套邮票》,《北京档案》,2018 年第 1 期。

曹瑞冬:《灯塔的景观叙事与中国的地理想象(1856—1936)》,《中外文化与文论》,2018 年第 2 期。

贾熟村:《赫德与晚清中外关系》,《东方论坛》,2018 年第 2 期。

田锡全:《1937 年春洋米免税令在广东的实施及其波折》,《复旦学报(社会科学版)》,2018 年第 2 期。

王鹏、杨祥银:《海关医官与西医东渐:以宜昌〈海关医报〉(1880—1928)为中心》,《江汉论坛》,2018 年第 2 期。

伍伶飞:《近代东亚灯塔体系与航运格局研究》,《中国经济史研究》,2018 年第 2 期。

邢思琳:《英国新发现粤海关中英文船钞执照》,《国家航海》,2018 年第 2 期。

苑琛:《接班人之困:赫德继任人选交涉与中英海关控制权的争夺》,《暨南史学》,2018 年第 2 期。

郑加莉:《赫德式海关制度移植的经验与启示》,《海关与经贸研究》,2018 年第 2 期。

周伟峰、郭声波:《近代三水口岸海关地图研究》,《暨南史学》,2018 年第 2 期。

傅亮:《太平洋战争爆发后洛阳关的征税与缉私(1942—1945)》,《抗日战争研究》,2018 年第 3 期。

侯彦伯:《从财政透明化评价清末海关兼管常关》,《中山大学学报(社会科学版)》,2018 年第 3 期。

李鹏:《近代海关对长江上游航道图的发售与编绘》,《长江文明》,2018 年第 3 期。

刘杰、李莎莎:《海关总税务司安格联与 20 世纪 20 年代北京政府内债的整理与管理》,《暨南史学》,2018 年第 3 期。

吴成国:《晚清时期江汉关邮政述论》,《安庆师范大学学报(社会科学版)》,2018 年第 3 期。

肖伊绯:《赫德:龙旗下的"局外人"》,《同舟共进》,2018年第3期。

杨智友:《李泰国,晚清海关的始作俑者》,《档案春秋》,2018年第3期。

傅亮:《国民政府海关战时消费税的开征与撤销(1942—1945)》,《苏州大学学报(哲学社会科学版)》,2018年第4期。

李凯伦:《江海关二五券会运作及作用评析》,《唐山学院学报》,2018年第4期。

奚樊杰:《光绪时期外国人在辽宁开埠设关情况研究》,《兰台世界》,2018年第4期。

许宗茂:《"赫德之赛会"的潮起与潮落》,《海关与经贸研究》,2018年第4期。

张诗丰:《晚清海关大巡船的沿海灯塔防卫职能研究》,《海关与经贸研究》,2018年第4期。

张志勇:《1885年赫德拒绝英国驻华公使职位始末》,《晋阳学刊》,2018年第4期。

国家海洋博物馆:《晚清时期的中国海关与"世博会"》,《百科探秘(海底世界)》,2018年第5期。

任智勇:《〈中国近代关税收入与分配统计〉校勘记》,《中国经济史研究》,2018年第5期。

谢松:《从粤海关"一口通商"到洋关终结的历史"画像"(一)——关于洋关历史变迁若干问题的思考》,《海关与经贸研究》,2018年第5期。

胡公启:《晚清中国关税制度变迁及影响》,《郑州航空工业管理学院学报(社会科学版)》,2018年第6期。

肖红松:《1933—1937年间华北白银走私与中国各方应对探析》,《江苏师范大学学报(哲学社会科学版)》,2018年第6期。

谢松:《从粤海关"一口通商"到洋关终结的历史"画像"(二)——关于洋关历史变迁若干问题的思考》,《海关与经贸研究》,2018年第6期。

刘利民:《近代海港检疫权的丧失及其危害探论》,《历史教学(下半月刊)》,2018年第7期。

吴成国、张宁:《江汉关人事体制研究》,《决策与信息》,2018年第7期。

蔡盛:《大龙邮票发行以前的海关邮件(1872~1878)》,《集邮博览》,2018年第8期。

陈玥:《从多元到整合的晚清汉口邮政——以江汉关博物馆馆藏为视角》,《集邮博览》,2018 年第 8 期。

方敏、冯锦祥:《赫德与中国海关邮政》,《集邮博览》,2018 年第 8 期。

龚秀彬:《大龙邮票发行时期贴大龙邮票之封片邮资探讨》,《集邮博览》,2018 年第 8 期。

何辉庆:《贴用大龙邮票的明信片及其邮资变化》,《集邮博览》,2018 年第 8 期。

纪觉英:《简述香港邮资明信片在中国海关邮政时期的发行与应用》,《集邮博览》,2018 年第 8 期。

李岩:《晚清海关总税务司赫德的条约观》,《兰台世界》,2018 年第 8 期。

连心豪:《首版海关大龙邮票考略》,《集邮博览》,2018 年第 8 期。

刘逸忱:《从清代邮政地图看近代山东海关兼办邮政》,《集邮博览》,2018 年第 8 期。

刘燕:《晚清士绅收回关税自主权之主张》,《兰台世界》,2018 年第 8 期。

米建平、江育春:《略论清朝末期粤海关与广东邮政近代化——基于〈大清邮政舆图〉广东省图的拓展研究》,《集邮博览》,2018 年第 8 期。

孙鑫如:《试析大龙邮票发行的历史意义》,《集邮博览》,2018 年第 8 期。

佘建明:《中国近代海关行邮物品监管制度述评》,《集邮博览》,2018 年第 8 期。

王含梅:《近代邮政舆图"第一图"》,《集邮博览》,2018 年第 8 期。

王剑智:《清代海关邮政与驿站的合作》,《集邮博览》,2018 年第 8 期。

张兰青:《海关邮政时期寄往美国的大龙混贴封片》,《集邮博览》,2018 年第 8 期。

张宁:《汉口邮政总局与汉口邮界研究》,《集邮博览》,2018 年第 8 期。

张晓钢:《1876 年"烟台议邮"始末——中国海关试办邮政的先声》,《集邮博览》,2018 年第 8 期。

张志云:《中国海关与国家邮政创办(1878～1911)》,《集邮博览》,2018 年第 8 期。

赵强:《大龙邮票筹印中的英德角力》,《集邮博览》,2018 年第 8 期。

周修东:《潮海关兼办邮政及基层推广》,《集邮博览》,2018 年第 8 期。

邹子阳:《海关洋员绵嘉义参加 1888 年巴塞罗那世界博览会》,《集邮博览》,2018年第8期。

金泽:《再说1878年上海海关邮政通告》,《上海集邮》,2018年第11期。

刘利民:《南京国民政府与收回长江航路标识管理权的争论》,《学术研究》,2018年第11期。

盛卓禾:《"贴着海关发财":近代浙江报关业流变钩沉》,《海关研究》,2018年增刊。

张益明、张雅淇:《抗战时期兰州海关税务司公署建制始末及作用》,《海关研究》,2018年增刊。

张志云:《重新检视中国海关华洋关员间的不平等待遇(1927—1937)》,王文隆等:《近现代中国国际合作面面观》,政大出版社,2019年。

高龙彬:《中俄关系视野下的滨江关道设治和职能研究》,《中国边疆学》,2019年第1期。

李涛:《近代广西的外贸走私与海关缉私》,《广西质量监督导报》,2019年第1期。

彭建:《近代江汉关财务管理机制探析》,《武汉学研究》,2019年第1期。

水海刚、张庭祯:《战时经验与制度变迁:山东解放区对东海关的接收与改造(1945—1949)》,《近代史学刊》,2019年第1期。

滕德永:《粤海关与晚清宫廷的购金》,《中国经济史研究》,2019年第1期。

张弘毅:《东北海关二五附加税的开征和中日交涉》,《近代史学刊》,2019年第1期。

董圣兰:《影射叙事:晚清〈廿载繁华梦〉中的粤海关库书及其顶充》,《海交史研究》,2019年第2期。

方前移:《近代长江口岸市场铜元套利现象研究——基于旧海关资料的分析》,《历史教学(下半月刊)》,2019年第2期。

方书生、吴松弟:《近代中国旧海关贸易统计的形式与内容》,《国家航海》,2019年第2期。

冯国林:《日本政府对津海关事件的观察与因应》,《国家航海》,2019年第2期。

侯彦伯:《从中国海关接管粤海常关论晚清海关二元体制的主要原则(1902~1903)》,《国家航海》,2019年第2期。

江宇翔:《黄龙旗下的伦敦办事处主任》,《集邮博览》,2019 年第 2 期。

匡长福:《中国近代史基本问题研究——浅谈中国近代的海关与总税务司》,《马克思主义学刊》,2019 年第 2 期。

马斗成、张欣羽:《无声的抗议:近代胶州地区华商走私初探(1899~1912)》,《城市史研究》,2019 年第 2 期。

王钢等:《汉口开埠设关对武汉城市近代化的意义》,《武汉学研究》,2019 年第 2 期。

姚永超:《近代海关与英式海图的东渐与转译研究》,《国家航海》,2019 年第 2 期。

张军、费驰:《20 世纪初黑龙江流域中俄边境贸易之探讨——基于瑷珲海关视域下》,《辽宁大学学报(哲学社会科学版)》,2019 年第 2 期。

张志勇:《赫德与中法越南交涉》,《近代史研究》,2019 年第 2 期。

朱莉、王有珍:《略论江汉关的主要业务职能——以江汉关大楼文物保护工程及全国首次可移动文物普查新发现为例》,《国家航海》,2019 年第 2 期。

陈涛:《中央苏区关税制度的建立与实践》,《海关与经贸研究》,2019 年第 3 期。

林涛:《大工匠杨斯盛与江海关》,《建筑设计管理》,2019 年第 3 期。

王舍梅:《"邮政时刻表"的形成与晚清邮政的时效经营》,《南京大学学报(哲学·人文科学·社会科学)》,2019 年第 3 期。

姚永超:《百年前洋山等舟山北片岛屿的交通环境——1921 年中国旧海关绘刊"杭州湾及其入口航道图"解析》,《云南大学学报(社会科学版)》,2019 年第 3 期。

张志勇:《晚清时期赫德与英国驻华使领馆矛盾论析——以中英商务司法案件交涉为中心》,《北京教育学院学报》,2019 年第 3 期。

佘建明:《中共地下党组织与江海关的解放》,《海关与经贸研究》,2019 年第 4 期。

邢蕴莹:《中国共产党完整接收改造旧海关的成功范例和经验——以接收津海关为例》,《海关与经贸研究》,2019 年第 4 期。

许宗茂、张诗丰:《税务专门学校与上海市军管会接管》,《海关与经贸研究》,2019 年第 4 期。

张同乐:《引爆祸端:20世纪30年代中期的冀东走私》,《晋阳学刊》,2019年第4期。

崔禄春:《晚清不平等条约中厘金条款的考察与思考》,《浙江社会科学》,2019年第5期。

刘翠翠:《天津与中国近代邮政》,《集邮博览》,2019年第5期。

刘利民:《近代中国收回海关代办航政管理权探论(1909—1931)》,《史学月刊》,2019年第5期。

焦雨楠:《试析赫德对义和团之认知》,《史学月刊》,2019年第6期。

李岩:《赫德与大清洋海关——从海关总税务司署通令看大清洋海关的建立与扩张》,《北京档案》,2019年第6期。

胡相花:《广东省博物馆藏中国近代海关造册处税务司马士新史料探究》,《中国国家博物馆馆刊》,2019年第9期。

李建伟、侯发全:《东海关档案里的历史风云》,《中国海关》,2019年第11期。

卢仕豪:《九一八事变前日本对安东关缉私工作的破坏》,《绥化学院学报》,2019年第11期。

侯彦伯:《以Despatch为中心的海关资料体系》,李庆新主编:《海洋史研究》(第十五辑),社会科学文献出版社,2020年。

高廉、袁为鹏:《论晚清邮政地理分布的经济特征》,《西南大学学报(社会科学版)》,2020年第1期。

刘超建、孙珊:《抗战时期南宁口岸贸易——"近代广西海关与区域社会"系列研究之一》,《贺州学院学报》,2020年第1期。

彭建:《试析近代江汉关职能的运行管理》,《长江文明》,2020年第1期。

单丽:《近代中国沿海灯船的变迁:以牛庄灯船为中心》,《元史及民族与边疆研究集刊》,2020年第1期。

陈宫、张竞琼:《〈中国旧海关史料〉中民国时期进口西装面辅料分析》,《服装学报》,2020年第2期。

刘杰:《多维政治博弈视野下的孙中山与1923—1924年粤海关关余争拨》,《近代史学刊》,2020年第2期。

施智源:《从几则海关文献看近现代厦门海关与台湾关系》,《鼓浪屿研究》,2020年第2期。

郑彬彬、张志云：《江汉关开埠与汉口国际贸易（1858—1869）》，《近代史研究》，2020年第2期。

郑敏：《从近代世界博览会看海关洋员在中国文化对外传播中的意义与影响》，《鼓浪屿研究》，2020年第2期。

朱向峰：《旧中国海关图书馆述评：治理、视野与现代性兴起》，《南开学报（哲学社会科学版）》，2020年第2期。

曹曦：《近代宣纸出口路线探析——以"中国旧海关史料"为中心》，《中国农史》，2020年第3期。

霍晓敏：《从〈中国旧海关史料〉看琼海关常关贸易与海南社会发展——以1903至1919年为例》，《河北农机》，2020年第3期。

江宇翔、李圣恺：《赫德路上的海关总税务司署上海办事处》，《上海集邮》，2020年第3期。

佘崇懿：《从抗日救亡到建设新中国海关》，《中国海关》，2020年第3期。

张丽：《内战、海关与列强——中原大战时期的天津海关事件探析》，《晋阳学刊》，2020年第3期。

朱江：《张謇与晚清江海关税务司好博逊》，《档案与建设》，2020年第3期。

黄志敏：《〈天津海关贸易年报〉中的近代蒙古地区对外贸易发展变迁》，《云南民族大学学报（哲学社会科学版）》，2020年第4期。

梅谦立：《康熙年间两广总督石琳与法国船"安菲特利特号"的广州之行》，《学术研究》，2020年第4期。

彭欣雨：《1939年中英围绕停付关税担保外债的交涉》，《抗日战争研究》，2020年第4期。

谭嘉伟：《晚清时期广州口岸的子口税制初探》，《中国社会经济史研究》，2020年第4期。

王卉：《近代广东海关档案中的拼音名词规范控制研究——以粤海关为中心》，《档案学研究》，2020年第4期。

曾潍嘉：《清末四川邮政空间布局研究（1891—1911）》，《南京邮电大学学报（社会科学版）》，2020年第4期。

中国海关博物馆藏品部：《检疫史话》，《中国海关》，2020年第4期。

胡安江：《海关官员/走私者：晚清译者的文化身份和文化立场研究》，

《上海翻译》,2020年第5期。

石博文:《近代宁波港贸易发展研究——基于对档案史料〈海关公报〉的分析》,《浙江档案》,2020年第5期。

张丽娟、范晓峰:《论赫德〈局外旁观论〉的政治变革思想》,《齐齐哈尔大学学报(哲学社会科学版)》,2020年第5期。

胡珀、梁洁:《哈尔滨关道性质考论——兼论哈尔滨设治时间》,《沈阳师范大学学报(社会科学版)》,2020年第6期。

景菲菲:《1914—1915年中日胶海关交涉》,《安徽史学》,2020年第6期。

荣晓峰:《清末天津化宝银危机与制度调整》,《安徽师范大学学报(人文社会科学版)》,2020年第6期。

唐俊:《近代粤海关职工斗争的发展历程(1917—1949)》,《海关与经贸研究》,2020年第6期。

吴松弟:《中国旧海关内部出版物的形成、结构与学术价值》,《史林》,2020年第6期。

张家康:《风雨沧桑中的近代芜湖海关》,《江淮文史》,2020年第6期。

张志勇:《赫德与列强瓜分中国狂潮时的中外交涉》,《北京教育学院学报》,2020年第6期。

张志勇:《压迫与抗争:海关总税务司赫德继任者问题新探》,《安徽史学》,2020年第6期。

张志勇:《中英税务处问题交涉之再研究》,《北方论丛》,2020年第6期。

关博:《近代海关检疫略史》,《文物天地》,2020年第8期。

孙广治、王敬文:《接管营口海关始末》,《中国海关》,2020年第9期。

汤群:《近代湖北航政史略》,《档案记忆》,2020年第10期。

董慧珠:《近代海关高等教育招考制度探析——基于对税务专门学校档案的分析》,《兰台世界》,2020年第11期。

欧阳秀兰、曾耀辉:《苏区进出口税征收管理回顾与启示》,《国际税收》,2020年第12期。

雷萍、马长伟:《开征与纷争:近代子口税的设置问题》,《财政监督》,2020年第18期。

王剑:《天津港与大龙邮票的"缘"》,《工会信息》,2020年第18期。

何强:《晚清海关监督奏销折计量单位考——以江汉关为例》,《中国经济与社会史评论》,2021年。

吴张迪:《海关接管前后的粤海常关》,《广州文博》,2021年。

孙珊、刘超建:《民国时期南宁口岸贸易发展的不利因素——"近代广西海关与区域社会"系列研究之二》,《贺州学院学报》,2021年第1期。

谢松:《中国近代常关职能演进述略——内外力作用下一个机构变迁的脉络与逻辑》,《海关与经贸研究》,2021年第1期。

邢宇晨:《清末海关造册处出版〈圣谕广训〉特征考》,《印刷文化(中英文)》,2021年第1期。

蔡诚、张志云:《方言与晚清海关同文供事数据库研究:1876—1911》,《中国社会经济史研究》,2021年第2期。

滕淑娜、李明慧:《失去与收复:近代中国关税主权变迁探析》,《聊城大学学报(社会科学版)》,2021年第2期。

张尉华:《汕头外马路——邮电、侨批和海关》,《集邮博览》,2021年第2期。

柴鹏辉:《南京国民政府时期海关缉私界线划定述论》,《中国边疆史地研究》,2021年第3期。

金曙:《从"邮递"到"邮政"——以江海关邮政事务的创办为例》,《海关与经贸研究》,2021年第3期。

刘锦增:《晚清时期清政府经略西北中的海关协饷》,《青海社会科学》,2021年第3期。

刘少波:《周馥与津海关》,《中国海关》,2021年第3期。

潘健:《南京国民政府统治初期裁厘改税的尝试与挫败——以1929年特种消费税开征为中心》,《福建论坛(人文社会科学版)》,2021年第3期。

涂薛亮、晏昌贵:《近代长江镇江段航道变迁研究(1861—1922)——以旧海关地图为中心》,《皖西学院学报》,2021年第3期。

邢宇晨:《海关造册处:中国最早开展出版贸易的机构》,《中国出版史研究》,2021年第3期。

张晓明:《历经两个朝代的北京税务学堂》,《北京档案》,2021年第4期。

朱海:《张荫桓与芜湖海关》,《江淮文史》,2021年第4期。

娄万锁:《论中国海关的产生》,《上海海关学院学报》,2012年第5期。

杨勉:《香洲开埠:清季创设"无税口岸"的尝试》,《四川大学学报(哲学社会科学版)》,2021年第5期。

丁怡骏、张志云:《海关图书馆与中国政治进程(1863—1951)》,《苏州大学学报(哲学社会科学版)》,2021年第6期。

傅亮:《关税特别会议与英国对华海关新政策(1925—1926)》,《史林》,2021年第6期。

侯彦伯:《晚清泛珠三角模式的贸易特色:华商、中式帆船与粤海常关的积极作用(1860—1911)》,《中国经济史研究》,2021年第6期。

胡素萍、高宁:《近代海关与沿海灯塔的修建——以琼海关为例》,《海南师范大学学报(社会科学版)》,2021年第6期。

杜丽红、刘嘉:《管辖权嬗变与利益博弈——近代汕头海港检疫权的收回》,《史学月刊》,2021年第7期。

郭宝藩、王敬文:《营口海关兼办邮政及发行大龙邮票的经过》,《营口日报》,2021年11月29日。

刘庆、李彩虹:《1899—1912年胶海关缉私活动初探》,《青岛科技大学学报(社会科学版)》,2022年第1期。

陈晓鸣:《近代九江茶叶贸易效益分析——以海关资料为中心》,《农业考古》,2022年第2期。

刘锦增、武进升:《晚清经略西北中的海关协饷调拨——以闽海关为例》,《历史档案》,2022年第2期。

刘苗:《近代天津海港检疫机构的创建历程与检疫措施》,《广西民族大学学报(自然科学版)》,2022年第2期。

刘巍:《1930年代安徽省"裁厘改税"研究》,《淮北师范大学学报(哲学社会科学版)》,2022年第2期。

熊昌锟:《晚清关税税银征解中的纠纷与调解》,《福建论坛(人文社会科学版)》,2022年第2期。

许文心:《赫德海关气象网络的构建与转移(1869—1882)》,《海关与经贸研究》,2022年第2期。

张志云:《中国海关医员的中医研究与〈海关医报〉的编纂(1871—1883)》,《医疗社会史研究》,2022年第2期。

蔡诚、张志云:《晚清海关税则之比较研究:1843—1902年》,《清史研究》,2022年第3期。

郭昭昭、陈海懿：《九一八事变后国际联盟对东北海关的聚焦与日本的应对——以李顿调查团为视角的考察》，《安徽史学》，2022年第3期。

李宁：《九一八事变后东北海关被劫与国民政府的因应》，《日本侵华南京大屠杀研究》，2022年第3期。

任智勇：《清代官印与关防制度疏证》，《地方文化研究》，2022年第3期。

张诗丰、许宗茂：《试析民国初期海关监督对地方派系的依附性——以粤海关监督罗诚为例》，《海关与经贸研究》，2022年第3期。

管伟康：《晚清税务司对海关管理规则化的推动》，《河南财经政法大学学报》，2022年第4期。

刘炳涛、单丽：《自然、技术与航道：海洋视域下近代上海港发展的再分析》，《中国历史地理论丛》，2022年第4期。

沈高阳、张志云：《描述视域下〈三国演义〉邓罗译本比较研究》，《上海翻译》，2022年第4期。

孙毓斐：《美国对广州南方政府第三次关余事件的干涉》，《史学月刊》，2022年第4期。

张永帅：《外部市场、腹地区域与近代亚东关贸易的变动趋势(1895—1913)》，《中国经济史研究》，2022年第4期。

赵岳、张娇娇：《晚清华洋书信馆再研究——海关邮政初期介入民间邮务的尝试》，《海关与经贸研究》，2022年第4期。

马维熙：《还金还银？庚子赔款偿付问题再研究》，《清史研究》，2022年第5期。

赵成彬、刘雅仙：《海关医官与晚清江苏通商口岸的医疗卫生——以〈海关医报〉为中心》，《南京医科大学学报(社会科学版)》，2022年第5期。

高潮：《近代中国海关沉船打捞制度探讨》，《兰台世界》，2022年第5期。

马斗成、张世煜：《管制之外：战后青岛走私活动述论(1945—1949)》，《史学月刊》，2022年第8期。

刘少波：《两广总督岑春煊整顿粤海关与"丁未政潮"》，《文史天地》，2022年第10期。

(三) 跨代

刘大钧：《中国关税沿革考略》，《银行月刊》，1926年第1期。

江恒源:《中国关税史料纲要》,《人文》,1930年第1期。

陈雪涛:《中国关税史纲》,《学艺》,1930年第7、9期。

淬廉:《中国关税之沿革及其现状》,《国货研究月刊》,1932年第3期。

郑友揆:《我国海关贸易统计编制方法及其内容之沿革考》,《社会科学杂志》,1934年第3期。

詹汝珊:《中国关税之沿革》,《河北省银行经济》,1947年第7期。

胡慧傅:《我国关税制度之过去与现在》,《工商知识》,1948年第3期。

王天奖:《常关》,《史学月刊》,1960年第4期。

袁元龙、洪可尧:《宁波港考略》,《海交史研究》,1981年。

赵淑敏:《〈中国海关史〉自序》,《传记文学》,1982年第4期。

顾金祥:《我国海港检疫史略》,《国境卫生检疫》,1983年第S1期。

黄启臣、邓开颂:《略论粤海关的若干特殊制度及其影响》,《广州研究》,1985年第1期。

李晓:《山东胶州港兴衰问题初探》,《海交史研究》,1985年第1期。

周中夏:《宁波港历史上的衰落》,《海交史研究》,1985年第1期。

吴瑞和:《海关妇女的今昔》,《中国海关》,1986年第5~6期。

杨伟:《汕头海关简史》,《中国海关》,1987年第2期。

杨子江:《辽宁海关述略》,《东北地方史研究》,1987年第4期。

李辉:《渤海海关简介》,《中国海关》,1987年第6期。

南京海关:《南京海关简志》,《中国海关》,1987年第7期。

张捷:《佛山海关简史》,《中国海关》,1987年第9期。

刘志成:《泉州海关史迹调查》,《海交史研究》,1988年第1期。

许毅明:《泉州海关的设立及其历史演变》,《海交史研究》,1988年第1期。

张健:《温州海关简史》,《海关教学与研究》,1988年第3期。

周运保:《黄埔海关史略》,《中国海关》,1988年第8期。

蔡渭洲:《门、关、海关》,《中国海关》,1989年第1期。

吴小宇:《拱北海关史初探》,《岭南文史》,1989年第1期。

余羊:《重庆海关简史》,《中国海关》,1989年第2~3期。

曹占泉:《简述西安海关的历史背景》,《海关研究》,1989年第3期。

李辉、竺晓莉:《杭州海关小史》,《海关研究》,1989年增刊1。

潘斯镇:《略谈厦门海关沿革及业务特点》,《海关研究》,1989年增刊1。

沈毅:《广州湾的硇洲灯塔》,《海关研究》,1989年增刊1。

王斌:《江门海关简史》,《海关研究》,1989年增刊2。

马东玉:《清代海关的索贿弊习及其恶果》,《史学月刊》,1990年第4期。

周长海:《西安海关古今谈》,《中国海关》,1990年第4期。

任鹤年:《石臼海关史考》,《海关研究》,1991年第1期。

沈毅:《湛江海关史话》,《海关教学与研究》,1991年第2期。

关镜石:《连云港海关简史》,《海关研究》,1991年第4期。

许毅明:《闽海关(福建常关)历史沿革初探》,《海交史研究》,1992年第1期。

王其毅:《通关凭证小史》,《中国海关》,1992年第11期。

林立飞:《古代、近代福建水运关税制度的历史演变》,《福建史志》,1994年第3期。

宗建亮:《鸦片战争前后的中国关税》,《贵州文史丛刊》,1996年第5期。

九龙海关:《九龙海关风雨沧桑一百年》,《中国海关》,1997年第5期。

刘清江:《绥芬河海关史简述》,《海关研究》,1998年第3期。

孙修福:《澳门与旧中国海关》,《档案与史学》,1999年第5期。

刘毅:《借鉴税专历史经验 提高关校办学水平》,《上海海关高等专科学校学报》,2000年第2期。

张耀华:《海关制度探源》,《中国海关》,2000年第6期。

曾庆龙、王力刚:《通关大变革》,《中国海关》,2001年第1期。

魏志文等:《镇江邮驿:中国邮政的缩影》,《档案与建设》,2002年第11期。

马英明:《粤海关史述评》,《广州航海高等专科学校学报》,2006年第2期。

费驰:《清代中朝边境互市贸易的演变探析(1636—1894)》,《东北师大学报》,2006年第3期。

廖声丰:《清代常关及其历史地位述论》,《南昌航空工业学院学报(社会科学版)》,2007年第1期。

陈立平:《拱北海关的百年镜像》,《中国海关》,2007年第7期。

倪玉平:《清朝嘉道时期的关税收入——以"道光萧条"为中心的考察》,

《学术月刊》,2010年第6期。

顾宇辉:《船钞稽考》,《国家航海》,2011年第1期。

许檀、高福美:《乾隆至道光年间天津的关税与海税》,《中国史研究》,2011年第2期。

谢俊美:《清代江海关关址的演变》,《国家航海》,2012年第2期。

潘济华:《论鸦片战争前后中国海关行商垄断制的演变》,《贺州学院学报》,2013年第3期。

倪玉平:《清朝嘉道关税再研究》,《石家庄学院学报》,2015年第1期。

周育民:《从江海关到江海新关(1685—1858)》,《清史研究》,2016年第2期。

曹琼:《浙海关沿革与白水权斗争》,《中国港口》,2016年增刊第1期。

谢松:《海关史研究若干基本问题刍议》,李庆新主编:《海洋史研究(第十一辑)》,社会科学文献出版社,2017年。

米建平:《粤海关在中国沿海开放中的主要举措和历史作用述论》,《海交史研究》,2017年第2期。

张惠玉、蒋敬权:《浅谈历史地图在研究粤西海关史中的应用》,《海关研究》,2017年增刊5。

倪玉平:《清代关税的长期表现》,《清华大学学报(哲学社会科学版)》,2018年第3期。

袁峰:《从历史地图看黄埔海关发展进程》,《海关研究》,2019年增刊。

肖代龙:《清代粤海关外洋船牌文本考订》,《暨南史学》,2020年第2期。

(四)综述

李玉昆:《近年中国市舶司制度研究综述》,《中国史研究动态》,1988年第1期。

杨毅:《"中国泉州市舶司设置九百周年学术讨论会"综述》,《中国史研究动态》,1988年第3期。

京良:《中国海关史研究首届国际研讨会择介》,《近代史研究》,1989年第2期。

孙国权:《海关史研究中的几个史观方面的问题》,《海关研究》,1990年第4期。

同仁:《中国海关史第二次国际学术研讨会概况》,《中国社会经济史研究》,1991 年第 1 期。

薛鹏志:《中国海关史第二次国际学术研讨会综述》,《历史研究》,1991 年第 2 期。

戴一峰:《中国近代社会经济史的研究与旧中国海关档案资料的利用》,《中国现代史研究通信》(日本),1994 年第 2 期。

连心豪:《探索中国近代史研究新的切入点——中国海关史第三次国际学术研讨会综述》,《中国社会经济史研究》,1995 年第 4 期。

戴一峰:《中国近代海关史研究述评》,《厦门大学学报(哲学社会科学版)》,1996 年第 3 期。

佳宏伟:《近 20 年来近代中国海关史研究述评》,《近代史研究》,2005 年第 6 期。

赵宏林:《晚清地方对外交涉机构研究述评》,《西南大学学报(社会科学版)》,2008 年第 1 期。

刘旺、杨海群:《近二十年来近代中国外籍税务司制度研究述评》,《长沙大学学报》,2009 年第 4 期。

张瑞霞:《晚清海关史研究综述》,《高校社科动态》,2010 年第 3 期。

顾钧:《赫德的三个研究者》,《读书》,2010 年第 9 期。

姚永超:《中国海关学术史研究刍议》,《上海海关学院学报》,2010 年第 31 期。

姚永超:《近 30 年来中国古代海关史研究述评》,《上海海关学院学报》,2011 年第 3 期。

张玲:《秦汉关隘研究述评》,《唐山师范学院学报》,2011 年第 6 期。

李跃利、胡素萍:《琼海关研究述评》,《新东方》,2012 年第 4 期。

黄玉洁:《唐代市舶制度研究综述》,《文史月刊》,2012 年第 11 期。

季履平:《关于中国近代海关史研究的几点思考——基于〈海关研究〉统计情况分析》,《上海海关学院学报》,2013 年第 3 期。

陈勇:《近年来学界对中国近代海关总税务司赫德的重新认识和评价》,《上海海关学院学报》,2013 年第 5 期。

赵雨田:《三十年来国内关于中国近代海关总税务司赫德研究成果综述》,《海关与经贸研究》,2014 年第 2 期。

连心豪:《中国近代海关史目录学》,《海关研究》,2014年增刊5。

傅亮:《近十年来中国近代海关史研究综述》,《海关与经贸研究》,2015年第2期。

董枫:《晚清海关再审视》,《海关研究》,2015年增刊2。

吴松弟:《近代海关文献的出版与海关史研究》,《国家航海》(第十六辑),2016年。

[日]滨下武志:《海关洋员回顾录和第二代海关史研究》,《国家航海》,2016年第3期。

袁峰:《粤海关副税务司马地臣研究刍议》,《海关研究》,2016年增刊3。

靳晨光:《关于中国海关近代史研究的两点思考》,《海关研究》,2016年增刊4。

陈春声:《"粤海关与海上丝绸之路"学术研讨会综述》,李庆新主编:《海洋史研究》(第十一辑),社会科学文献出版社,2017年。

谢松:《近代中国海关史研究涉及若干基本问题略考——以粤海关的发端、发展脉络及其研究价值为视角》,《海关与经贸研究》,2017年第1期。

刘雅媛:《"海关文献与近代中国"学术研讨会议综述》,《海关与经贸研究》,2017年第2期。

左铁:《近代海关史研究活动及征文情况》,《海关研究》,2017年第2期。

冷东、罗章鑫:《粤海关研究评述》,《海关与经贸研究》,2017年第5期。

靳晨光:《中国旧海关地图学术论文的特点和启示》,《海关研究》,2017年增刊5。

郑成林、赵海涛:《近代中国海关史百年研究回顾与反思》,《近代史学刊》,2018年第1期。

马斗成、韩威:《胶海关研究述评及研究空间探析》,《海洋史研究》,2018年第2期。

郑成林、赵海涛:《中国近代海关史研究的新进展:史料、问题与方法》,《近代史学刊》,2019年第1期。

戴一峰:《全球视野与地方视野:中国近代海关史研究的两种取向》,《国家航海》,2019年第2期。

张诗丰、董强:《改革开放以来"中国共产党与近代海关"研究述评》,《海关与经贸研究》,2019年第2期。

肖代龙:《中国近代海关文献整理述评》,《海关与经贸研究》,2019年第2期。

霍晓敏:《海南岛走私与海关缉私研究述评》,《兰州教育学院学报》,2019年第12期。

李培德:《全球化视野下的海关史研究》,《国家航海》(第二十三辑),2019年。

戴一峰:《承前启后:中国近代海关研究70年(1949—2019)》,《中国社会经济史研究》,2020年第1期。

侯彦伯:《1949年以来国内海关资料研究的困境与解决途径》,《中国社会经济史研究》,2020年第3期。

张智超:《局部抗战时期日本策动华北走私问题研究述评》,《佳木斯大学社会科学学报》,2020年第3期。

[日]滨下武志:《中国海关史研究的三个循环》,《史林》,2020年第6期。

李培德:《香港地区的中国海关史研究:议题、成果和资料》,《史林》,2020年第6期。

[日]滨下武志:《全球历史视野下晚清海关资料研究的新挑战与新途径》,《清史研究》,2021年第6期。

(五)档案资料

故宫博物院文献馆:《托思多奏复乾隆二十四年粤海关收税短少折》,《史料旬刊》,1930年第3期。

编者:《宋代提举市舶司资料》,《北平图书馆刊》,1931年第5期。

故宫博物院文献馆:《清雍正朝关税史料》,《文献丛编》,1931年第10期。

故宫博物院文献馆:《清雍正朝关税史料》,《文献丛编》,1934年第19期。

张存武:《中国海关出版品简介》,《"中央研究院"近代史研究所集刊》(台北),1980年。

朱荣基:《广东旧海关档案史料价值初探》,《档案学通讯》,1981年第1期。

孙志平:《中国近代邮电大事年表(初稿)》,《邮电企业管理》,1981年第2期。

孙志平:《中国近代邮电大事年表(初稿)(二)》,《邮电企业管理》,1982年第1期。

孙志平:《中国近代邮电大事年表(初稿)(三)》,《邮电企业管理》,1982年第3期。

孙志平:《中国近代邮电大事年表(初稿)(四)》,《邮电企业管理》,1982年第4期。

孙志平:《中国近代邮电大事年表(初稿)(五)》,《邮电企业管理》,1983年第2期。

孙志平:《中国近代邮电大事年表(初稿)(六)》,《邮电企业管理》,1983年第3期。

孙志平:《中国近代邮电大事年表(初稿)(七)》,《邮电企业管理》,1983年第4期。

孙志平:《中国近代邮电大事年表(初稿)(八)》,《邮电企业管理》,1984年第1期。

孙志平:《中国近代邮电大事年表(初稿)(九)》,《邮电企业管理》,1984年第2期。

傅贵九:《英法俄日等国把持清代邮政史料选》,《历史档案》,1984年第3期。

刘武坤:《旧中国海关总税务司、税务司名录(上)(1859年—1949年)》,《民国档案》,1986年第3期。

石川:《广东省海关历史档案工作散论》,《海关研究》,1986年第3期。

刘武坤:《旧中国海关总税务司、税务司名录(下)》,《民国档案》,1986年第4期。

王美嘉等:《1919—1921年中外交涉关余及接管海关史料(上)》,《历史档案》,1987年第1期。

徐庆贵:《长江海关档案琐谈》,《湖北档案》,1987年第1期。

广东省档案馆:《1919—1921年中外交涉关余及接管海关史料(下)》,《历史档案》,1987年第2期。

邱克:《英人赫德与中葡澳门交涉史料》,《岭南文史》,1987年第2期。

江岳波:《晚清赴美参加圣路易斯博览会史料》,《历史档案》,1987年第4期。

郑会欣:《有关日本策动华北走私情况档案史料选》,《民国档案》,1987年第4期。

朱荣基编著:《近代中国海关及其档案》,《历史档案》,1988年第1期。

广东省档案馆:《省港大罢工及沙基惨案电报选译》,《历史档案》,1988年第2期。

汪明、木易:《芜湖海关史料(1922—1931年)》,《安徽史学》,1989年第1期。

郑会欣:《九·一八事变后有关东北关税问题档案资料选》,《民国档案》,1989年第1期。

丁进军:《咸同之际赫德函札总案》,《历史档案》,1990年第1期。

李永新:《兰州海关税务司公署及其档案》,《档案》,1990年第3期。

蔡渭洲:《一部研究近代史的重要档案文献——〈中国海关密档:赫德、金登干函电汇编〉》,《海关研究》,1991年第1期。

孙修福:《中国第二历史档案馆馆藏海关档案简介》,《民国档案》,1991年第2期。

张均仁供稿:《解放区海关法规选载——辽宁省政府1947年发布的关税法和出入口税法》,《海关研究》,1991年第2期。

朱剑白提供:《晋冀鲁豫边区太行区出入口贸易统制暂行办法》,《海关研究》,1991年第3期。

丁进军、王澈:《清末在华邮政洋员名录》,《历史档案》,1991年第4期。

魏娅娅:《浅论中国海关历史外文档案的翻译问题》,《海关研究》,1992年第2期。

丁进军、王澈:《海关洋员名录(一)》,《历史档案》,1994年第1期。

烟台市档案馆:《烟台市档案馆馆藏中的瑰宝——烟台东海关全宗档案简介》,《山东档案》,1994年第1期。

丁进军、王澈:《海关洋员名录(二)》,《历史档案》,1994年第2期。

中国第一历史档案馆:《海关洋员名录(三)》,《历史档案》,1994年第3期。

丁进军、王澈:《海关洋员名录(四)》,《历史档案》,1994年第4期。

郑泽隆:《粤海关档案有关中山舰事件情报》,《民国档案》,1996年第1期。

中国第二历史档案馆:《国防设计委员会筹备收回引水权档案史料选》,《民国档案》,1996年第2期。

赵立人:《馆藏档案的史料价值——读〈孙中山与广东——广东省档案馆库藏海关档案选译〉》,《学术研究》,1997年第4期。

中国第一历史档案馆:《同治元年闽海关税务史料(上)》,《历史档案》,1998年第4期。

方裕谨:《同治元年闽海关税务史料(下)》,《历史档案》,1999年第1期。

刘武坤译,虞佩曹校:《海关总税务司赫德1864年第8号通礼》,《历史档案》,1999年第2期。

[美]司马富等编,陈绛译:《赫德日记选译》,丁日初主编:《近代中国(第十辑)》,上海社会科学院出版社,2000年。

蒋耘:《英国所藏中国海关档案述要》,《民国档案》,2002年第2期。

黄菊艳:《广东海关档案与辛亥革命》,《广东史志》,2002年第4期。

杨新平、刘茜:《一卷中国近代邮政起源档案》,《中国档案》,2002年第5期。

张海梅:《民国时期海关档案简介》,《民国档案》,2003年第3期。

刘进:《江门海关档案中所见的五邑地方社会——兼论江门海关档案的价值及其利用》,《五邑大学学报(社会科学版)》,2004年第4期。

文俊雄、徐从花:《王化民关于缉查杭州湾走私情况致江海关备忘录》,《民国档案》,2004年第4期。

吴弘明:《天津常关归并海关税务司英文档案选译(上)》,《历史档案》,2005年第3期。

吴弘明:《天津常关归并海关税务司英文档案选译(下)》,《历史档案》,2005年第4期。

许茵:《近代海关档案开发方法和途径》,《历史教学》,2006年第3期。

张策佳:《重庆海关档案的史料价值》,《四川档案》,2006年第4期。

许茵:《中国第二历史档案馆藏清海关赫德档案评述》,《历史档案》,2007年第2期。

石大泱:《粤海关档案记忆旧中国外贸沧桑》,《山西档案》,2008年第1期。

贾熟村:《赫德与郭嵩焘》,《湖南城市学院学报》,2010年第1期。

杨梅:《清末至民国云南海关档案的经济史料价值探究》,《云南档案》,2011 年第 4 期。

崔巍:《英日间就华北走私问题的相关交涉情形(1936.4—1936.5)》,《民国档案》,2011 年第 3 期。

吕萌明、马吉:《1877 年瓯海关贸易报告》,《温州大学学报(社会科学版)》,2012 年第 1 期。

李杰:《一段屈辱历史的见证者——东海关及其档案简介》,《山东档案》,2012 年第 2 期。

吕萌明、马吉:《1878 年瓯海关贸易报告》,《温州大学学报(社会科学版)》,2012 年第 2 期。

吕萌明、马吉:《1879 年瓯海关贸易报告》,《温州大学学报(社会科学版)》,2012 年第 2 期。

薛蕾、马吉:《1880 年瓯海关贸易报告》,《温州大学学报(社会科学版)》,2012 年第 3 期。

吕萌明、贺壁理:《1881 年瓯海关贸易报告》,《温州大学学报(社会科学版)》,2012 年第 3 期。

吕萌明、德达那:《1882 年瓯海关贸易报告》,《温州大学学报(社会科学版)》,2012 年第 4 期。

陈超颖、德达那:《1883 年瓯海关贸易报告》,《温州大学学报(社会科学版)》,2012 年第 4 期。

万华女、纪默理:《1884 年瓯海关贸易报告》,《温州大学学报(社会科学版)》,2012 年第 4 期。

吕萌明、德达那:《1885 年瓯海关贸易报告》,《温州大学学报(社会科学版)》,2012 年第 4 期。

吕萌明、白来喜:《1886 年瓯海关贸易报告》,《温州大学学报(社会科学版)》,2012 年第 5 期。

吕萌明、白来喜:《1887 年瓯海关贸易报告》,《温州大学学报(社会科学版)》,2012 年第 5 期。

陈超颖、聂务满:《1888 年瓯海关贸易报告》,《温州大学学报(社会科学版)》,2012 年第 5 期。

周斌等译:《瓯海关十年报告(1882—1891 年)》,《温州大学学报(社会科学版)》,2013年第1期。

王海霞、李碧芸译:《瓯海关十年报告(1892—1901年)》,《温州大学学报(社会科学版)》,2013年第2期。

周斌、毛婷婷译:《瓯海关十年报告(1902—1911年)》,《温州大学学报(社会科学版)》,2013年第3期。

周斌等译:《瓯海关十年报告(1912—1921年)》,《温州大学学报(社会科学版)》,2013年第4期。

吕萌明等译:《瓯海关十年报告(1922—1931年)》,《温州大学学报(社会科学版)》,2013年第5期。

黄文俊:《严守"中立":辛亥革命期间的江汉关》,《湖北档案》,2013年第12期。

梁庆欢:《〈中国旧海关史料(1859—1948)〉文本解读(节选)》,《海关研究》,2014年增刊5。

吴松弟:《研究中国航海史的瑰宝:中国旧海关内部出版物中的航海资料》,《国家航海》,2015年第4期。

尹亮、武沐:《抗战时期的兰州海关档案及其文献价值》,《图书与情报》,2015年第5期。

王哲:《中国近代海关贸易统计数据的挖掘整理与可视化》,《海关研究》,2015年增刊2。

曹凛:《清末不平等条约中的船舶登记"查验"规定》,《中国船检》,2016年第4期。

陈永生、李娜娜:《近代粤海关及其档案简析》,《历史档案》,2016年第4期。

黄菊艳:《广东省档案馆馆藏粤海关档案的特点与价值》,《广东档案》,2016年第5期。

广州海关档案研究课题组:《粤海关近代档案的基本情况、历史价值和发掘整理建议》,《海关研究》,2016年增刊3。

黄朴等:《粤海关近代档案的概况与价值》,李庆新主编:《海洋史研究(第十一辑)》,社会科学文献出版社,2017年。

胡晓琴:《粤海关档案》,《广东档案》,2017年第1期。

陈永生、肖代龙:《中国近代海关档案文献编纂研究》,《档案学研究》,

2017 年第 3 期。

陈永生、李娜娜：《粤海关税务司署档案的构成与内容概述》，《岭南文史》，2017 年第 4 期。

陈永生、李娜娜：《中国近代海关档案的分布与现状》，《中国档案》，2017 年第 8 期。

魏巍：《浅析近代海关档案的翻译》，《黑龙江档案》，2018 年第 6 期。

陈其伟：《粤海关情报类档案文献的出版回顾与价值反思》，《中国编辑》，2018 年第 10 期。

陈永生等：《近代广东海关档案文献整理述要》，《国家航海》，2019 年第 2 期。

刘冬：《数字学术视域下的数据库设计与建设——以旧海关刊载中国近代史料数据库为例》，《科技与出版》，2019 年第 4 期。

梁忠翠：《近代英籍亚东关税务司情报搜集史料萃编》，《西藏研究》，2019 年第 6 期。

伍媛媛：《清代中西贸易商欠案档案（上）》，《历史档案》，2020 年第 4 期。

张迎春等：《近代海关档案整理与研究——以浙江省档案馆所藏近代海关档案为中心》，《浙江档案》，2020 年第 9 期。

伍媛媛选编：《清代中西贸易商欠案档案（下）》，《历史档案》，2021 年第 1 期。

(六) 其他

南木：《评〈帝国主义与中国海关〉（对外贸易部海关总署研究室编）》，《人民日报》，1959 年 7 月 10 日。

傅贵九：《读〈总署清档·议设邮政〉随笔》，《历史档案》，1984 年第 3 期。

蔡渭洲：《简论海关史、志的研究编写工作》，《海关研究》，1986 年第 3 期。

仪季寿：《编写湛江海关志的设想和体会》，《海关研究》，1986 年第 3 期。

朱才良：《抢救历史档案 提高利用效率》，《海关研究》，1986 年第 3 期。

蔡渭洲：《简介编写海关志的两部重要参考书——〈粤海关志〉和〈海关通志〉》，《中国海关》，1986 年第 4 期。

李德武、王意家：《关于编写〈广西通志·海关志〉的思考》，《海关研究》，

1987年第4期。

中国海关史研究中心:《中国海关史研究中心两年来的主要工作回顾》,《海关研究》,1988年第3期。

王日根、成之平:《评介林仁川著〈明末清初私人海上贸易〉》,《中国社会经济史研究》,1988年第3期。

仪季寿:《关于编写〈湛江海关志〉的回顾与体会》,《海关研究》,1989年第1期。

邱克:《评汪敬虞先生的〈赫德与近代中西关系〉》,《近代史研究》,1989年第3期。

王意家:《一本进行爱国主义教育的好书——〈中国海关简史〉评介》,《海关研究》,1989年第4期。

徐思彦:《筚路蓝缕,阐幽显微——评〈中国近代海关史问题初探〉》,《海关研究》,1989年第4期。

周熊:《谈谈中国海关史的研究如何深入》,《海关研究》,1989年第4期。

徐思彦:《评〈中国近代海关史问题初探〉》,《中国社会科学》,1989年第5期。

蔡渭洲:《牢记历史教训,加强关史教育》,《中国海关》,1989年第9期。

詹庆华:《评〈中国海关简史〉》,《中国社会经济史研究》,1990年第1期。

王意家:《〈中国海关简史〉评介》,《近代史研究》,1990年第2期。

詹华庆:《又一部中国近代海关史大型资料书问世——〈赫德、金登干函电汇编〉简介》,《中国社会经济史研究》,1991年第2期。

戴一峰:《〈中国海关密档:赫德、金登干函电汇编〉评介》,《近代史研究》,1991年第6期。

孔宝康:《近代海关史研究领域中的力著——简评〈中国近代海关税则史〉》,《海关研究》,1992年第2期。

黄逸平:《〈中国近代海关税则史〉评介》,《中国海关》,1992年第3期。

周厚才:《有关编写海关史几个问题的探讨》,《海关研究》,1992年第3期。

谷远峰:《一本奇崛艰辛的巨著——〈中国近代海关税收和分配统计〉读后》,《经济学家》,1993年第3期。

厦门海关学会:《简介有关中国近代海关史的三部国外著作》,《海关研究》,1994 年第 3 期。

戴一峰:《评陈诗启著〈中国近代海关史〉》,《历史研究》,1994 年第 6 期。

关史、雅真:《拓展中国海关史研究——陈诗启教授八秩寿庆暨"中心"十周年笔谈》,《中国社会经济史研究》,1995 年第 1 期。

赖茂功:《大龙邮票上海伦敦印刷之争》,《上海集邮》,1996 年第 6 期。

杨国明:《关于我馆海关二三次文献建设的思考》,《上海高校图书情报学刊》,1998 年第 4 期。

江滢河:《永载史册的"沈亚米义士案"》,《中国经贸导刊》,1998 年第 21 期。

陶源深:《庆祝上海解放和海关接管五十年回忆》,《上海海关高等专科学校学报》,1999 年第 3 期。

刘明春:《近于众包理论的粤海关历史文献数字化处理模式研究》,《牡丹江师范学院学报(哲学社会科学版)》,1999 年第 4 期。

白蓝:《锲而不舍 潜心攻关——陈诗启与中国近代海关史的开拓》,《厦门科技》,2003 年第 6 期。

冯雪松:《〈中国海关历史学术研究丛书〉简介》,陈绛主编:《近代中国(第十三辑)》,上海社会科学院出版社,2003 年。

张惠信:《归化银铤》,《内蒙古金融研究》,2003 年第 S2 期。

王方中:《〈中国近代海关史〉评介》,《中国经济史研究》,2005 年第 1 期。

刘文波:《中国古代海外贸易管理制度研究的新成果——郑有国著〈中国市舶制度研究〉评介》,《中国社会经济史研究》,2005 年第 3 期。

吴松弟、方书生:《一座尚未充分利用的近代史资料宝库——中国旧海关系列出版物评述》,《史学月刊》,2005 年第 3 期。

知日:《海关视野里的历史镜像——〈中国旧海关与近代社会图史〉评介》,《民国档案》,2007 年第 1 期。

姚永超:《中国海关史与中外文化交流史研究的最新成果——读〈全球化视野:中国海关洋员与中西文化传播〉》,《上海海关学院学报》,2009 年第 1 期。

王红艳:《历史与现实的碰撞融合——评〈拉哈苏苏旧海关——同江镇纪行〉》,《黑龙江史志》,2010 年第 22 期。

陈诗启等:《矢志不渝 上下求索——访陈诗启先生》,《历史教学问题》,2011 年第 3 期。

杨换宇:《滴滴香浓,意犹未尽——评〈近代中国的走私与海关缉私〉》,《中国社会经济史研究》,2012 年第 2 期。

薛晓星:《海关文化的历史继承与发展的思考》,《上海海关学院学报》,2012 年第 4 期。

王日根:《与海贸打交道之官私机构的深度解读——陈国栋〈清代前期的粤海关与十三行〉评介》,《中国社会经济史研究》,2014 年第 4 期。

方书生:《〈哈佛大学图书馆藏未刊中国旧海关史料〉丛书出版》,《史林》,2014 年第 5 期。

张雪峰:《中国近代化进程中的"海关帝国"——评吴煮冰新作〈帝国海关〉》,《银行家》,2014 年第 9 期。

李娜娜:《跨学科视野下的税务司海关史料整理——读〈中国近代经济史资料丛刊:帝国主义与中国海关〉》,《图书馆论坛》,2015 年第 9 期。

郝维华:《评方德万〈与过去决裂:海关与中国近代性的全球起源〉》,《全球史评论》,2016 年第 1 期。

李培德:《外籍海关税务司在中国——以〈中国海关税务司和翻译先驱邓罗的一生(1857—1938 年)〉为中心的研究》,《国家航海》,2016 年第 3 期。

姚永超:《中国海关之内史——评〈革故鼎新:海关与中国现代性的全球起源〉》,《史林》,2016 年第 4 期。

刘力源:《旧海关文献可为中国近代史研究提供"百科全书"式的资料》,《文汇报》,2016 年 7 月 22 日。

李珮妮:《陈国栋:〈清代前期的粤海关与十三行〉》,《海交史研究》,2017 年第 1 期。

佘建明:《中国近代海关〈海关职员题名录〉述评》,《海关与经贸研究》,2017 年第 4 期。

李爱丽:《海关史研究的新格局与新视野》,《海关与经贸研究》,2018 年第 1 期。

张志云:《往事如烟》,《海关与经贸研究》,2018 年第 1 期。

曾玲玲:《蔡鸿生:〈广州海事录——从市舶时代到洋舶时代〉》,《海交史研究》,2018 年第 2 期。

马跃:《〈美国哈佛大学图书馆藏未刊中国旧海关史料〉的出版评述》,

《出版广角》，2018 年第 3 期。

董佳如：《中国海关史：一座展示中国故事的舞台——访问方德万教授》，《国家航海》，2019 年第 2 期。

李辉：《全球化中的帝国外包——〈潮来潮去：海关与中国现代性的全球起源〉评介》，《国家航海》，2019 年第 2 期。

吴松弟：《〈海关总署档案馆藏未刊中国旧海关出版物（1860～1949）〉的内容及其价值》，《国家航海》，2019 年第 2 期。

刘文彦：《一部江汉关史研究的创新之作——评吴成国、张宁著〈江汉关史〉》，《档案记忆》，2020 年第 1 期。

叶农、宋玉宇：《〈鸦片战争后清宫粤海关税收报告〉评介》，《中国经济史研究》，2020 年第 3 期。

三、学位论文

郑国芳：《自由中国关税问题之研究》，台湾大学学士学位论文，1953 年。

叶曼生：《中国关税问题之研讨》，台湾大学学士学位论文，1956 年。

苏宗仁：《宋代泉州市舶司研究》，香港大学硕士学位论文，1960 年。

赵令扬：《唐宋时广州市舶司研究》，香港大学硕士学位论文，1963 年。

陈国栋：《清代前期的粤海关（1683—1842）》，台湾大学硕士学位论文，1980 年。

吴亚敏：《民国时代总税务司维护海关完整的活动》，厦门大学硕士学位论文，1988 年。

王为东：《清前期进出口货物的通关》，郑州大学硕士学位论文，2000 年。

冯杨：《低关税与近代中国经济发展研究》，西南财经大学硕士学位论文，2001 年。

尉亚春：《中国海关关税税率的变迁》，新疆大学硕士学位论文，2001 年。

彭巧红：《明至清前期海外贸易管理机构的演变——从市舶司到海关》，厦门大学硕士学位论文，2002 年。

石汝广：《九龙关缉私研究（1929—1937 年 8 月）》，中山大学硕士学位论文，2002 年。

叶玮：《清季朝鲜海关述论》，厦门大学硕士学位论文，2002 年。

沈惠芬：《晚清海关与国际博览会》，福建师范大学硕士学位论文，2002年。

许兵：《宋代市舶制度述论》，河北师范大学硕士学位论文，2002年。

李虎：《清代海关管理制度比较研究》，河北师范大学硕士学位论文，2003年。

李良：《海关总税务司安格联被罢免事件之再探讨》，中国社会科学院研究生院硕士学位论文，2003年。

单冠初：《南京国民政府收复关税自主权的历程——以1927—1930年中日关税交涉为中心》，复旦大学博士论文，2003年。

万海霞：《晚清中国海关造册处及其职能研究》，河北师范大学硕士学位论文，2003年。

王珍富：《北洋政府时期的关税自主运动——以关税特别会议为中心的研究》，四川师范大学硕士学位论文，2003年。

孙宝根：《抗战时期国民政府缉私研究（1931—1945）》，苏州大学博士学位论文，2004年。

王永起：《浅析近代中国对外贸易的曲折发展与海关税率的变化（1840—1931）》，东北师范大学硕士学位论文，2004年。

杨军：《海关与晚清管理的近代化——以赫德时期（1863—1911）海关行政管理为例》，湘潭大学硕士学位论文，2004年。

左强：《宋金榷场贸易与走私贸易研究》，吉林大学硕士学位论文，2004年。

李琴：《走私·缉私·中外贸易——以1930—1949年的华南地区为中心》，暨南大学博士学位论文，2005年。

刘生文：《近代九江海关及其商品流通（1861—1911）》，南昌大学硕士学位论文，2005年。

毛莹：《清末中国关税法律制度与法律思想初探》，中国政法大学硕士学位论文，2005年。

宋茂萃：《晚清海关与世博会》，中国人民大学硕士学位论文，2005年。

王立璋：《"存、废"之间——论中国近代厘金制度的二难选择》，郑州大学硕士学位论文，2005年。

夏保国：《中国近代关税自主权的丧失与收复——以中美关税交涉为中心（1919—1928）》，南京师范大学硕士学位论文，2005年。

谢辉：《陈琪与近代中国博览会事业》，浙江大学博士学位论文，2005年。

尹学梅：《制度、运作与效应：清末国家邮政事业述论》，天津师范大学硕士学位论文，2005年。

张静：《清代前期闽海关的设置与福建沿海城市的兴盛》，福建师范大学硕士学位论文，2005年。

黄丰学：《赫德与中国近代海关的廉政建设》，上海师范大学硕士学位论文，2006年。

靳海彬：《中国近代海关瓷器进出口贸易研究（1868—1936）》，河北师范大学硕士学位论文，2006年。

梁娟：《赫德对晚清外交的影响》，大连理工大学硕士学位论文，2006年。

廖声丰：《清代常关与区域经济》，上海师范大学博士学位论文，2006年。

刘振华：《晚清政府向西方购买舰船过程与其中的人事考察（1874—1884）》，华东师范大学硕士学位论文，2006年。

裴洪彬：《清朝关税职能认识的变迁》，河北师范大学硕士学位论文，2006年。

王昆：《宋与辽夏金间的走私贸易》，东北师范大学硕士学位论文，2006年。

王志军：《论近代中国的子口税制度》，郑州大学硕士学位论文，2006年。

肖美贞：《简析"关税特别会议"期间知识分子的关税言论》，苏州大学硕士学位论文，2006年。

杨智友：《津海关事件述论》，厦门大学硕士学位论文，2006年。

姚景芝：《20世纪30年代初东北的走私问题》，厦门大学硕士学位论文，2006年。

于越：《试论晚清的海关邮政》，吉林大学硕士学位论文，2006年。

陈勇：《晚清海关税政研究：以征存奏拨制度为中心》，暨南大学博士学位论文，2007年。

崔红欣：《晚清中国邮政的近代化》，河北师范大学硕士学位论文，2007年。

戴少娟：《高岐与〈福建市舶提举司志〉》，福建师范大学硕士学位论文，2007年。

姜萍：《近代中国收回关税主权的历史考察》，安徽大学硕士学位论文，2007年。

李军：《晚清东海关初步研究（1861—1911年）》，苏州大学硕士学位论文，2007年。

梁庆欢:《〈中国旧海关史料(1859—1948)〉文本解读》,厦门大学硕士学位论文,2007年。

刘斌:《清代新旧海关人事管理机制对比研究》,厦门大学硕士学位论文,2007年。

潘济华:《近代广西报关行研究》,广西师范大学硕士学位论文,2007年。

曲红云:《晚清总税务司述略》,吉林大学硕士学位论文,2007年。

睢萌萌:《晚清中英鸦片税厘纷争探略》,河北师范大学硕士学位论文,2007年。

王旭:《当代中国海关行政权力制约与监督研究》,吉林大学博士学位论文,2007年。

杨志强:《安格联与中国近代海关(1911—1927)》,福建师范大学硕士学位论文,2007年。

张盛:《近代长江商路崛起中的长沙经济贸易——以海关贸易报告为中心》,厦门大学硕士学位论文,2007年。

张晓堂:《清朝对外贸易法制研究》,中国政法大学博士学位论文,2007年。

张绪庆:《试论明中期的海外走私贸易》,云南师范大学硕士学位论文,2007年。

陈璐:《民国时期山东走私与胶海关缉私之研究(1922—1937年)》,福建师范大学硕士学位论文,2008年。

胡本桐:《南京国民政府"改订新约运动"述论》,吉林大学硕士学位论文,2008年。

赖日新:《九江开埠设关及其对外贸易(1861—1938年)》,厦门大学硕士学位论文,2008年。

冷强:《1899—1922年胶海关的税收管理体制和贸易》,中国海洋大学硕士学位论文,2008年。

刘良山:《近代厦门对外贸易发展研究(1862—1911年)》,厦门大学硕士学位论文,2008年。

吕兴邦:《近代广西对外贸易研究(1877—1936)——以海关贸易报告为考察中心》,广西师范大学硕士学位论文,2008年。

麦正锋:《近代北海港口贸易研究(1877—1949)——以北海海关贸易报告为考察中心》,广西师范大学硕士学位论文,2008年。

苏惠苹:《明中叶至清前期海洋管理中的朝廷与地方——以明代月港、清代厦门港、鹿耳门港为中心的考察》,厦门大学硕士学位论文,2008年。

孙兰:《秦及西汉时期的关隘制度》,东北师范大学硕士学位论文,2008年。

王丹:《明代对外贸易管理机构的变迁及影响》,南昌大学硕士学位论文,2008年。

王寒冰:《贸易全球化中的中国海关职能的转换》,上海交通大学硕士学位论文,2008年。

王权:《洋货内销与厘金问题(1861—1904年)》,厦门大学硕士学位论文,2008年。

熊巍昱:《近代中国海关主权回归的历史考察》,湘潭大学硕士学位论文,2008年。

余清良:《明代钞关制度研究(1429—1644)》,厦门大学博士学位论文,2008年。

陈晓芬:《1922—1937年间青岛的走私与缉私问题》,中国海洋大学硕士学位论文,2009年。

陈鑫:《试论北宋与辽夏边区的违禁贸易问题》,郑州大学硕士学位论文,2009年。

高小亮:《太平天国的税关与海关研究》,苏州大学硕士学位论文,2009年。

郭林:《竞争与合作——大清邮政困厄中的"统一"》,华东师范大学硕士学位论文,2009年。

何小敏:《非条约口岸常关个案研究》,厦门大学硕士学位论文,2009年。

任晓玲:《华北抗日根据地缉私研究》,湘潭大学硕士学位论文,2009年。

沈自强:《元代海外贸易体制研究》,山东师范大学硕士学位论文,2009年。

宋俊龙:《清末海关对西方统计的引进与实践》,上海师范大学硕士学位论文,2009年。

许会玲:《黑水城所出西夏汉文榷场文书考释》,河北师范大学硕士学位论文,2009年。

徐玲玲:《华中抗日根据地缉私研究》,湘潭大学硕士学位论文,2009年。

徐双华:《晚清烟台贸易的发展及其衰落原因分析(1863—1911年)》,厦门大学硕士学位论文,2009年。

苑琛:《海关总税务司继任人选之争与中英交涉》,复旦大学硕士学位论文,2009年。

周凤华:《胶海关研究(1899—1922)》,河北大学硕士学位论文,2009年。

朱琳:《十九世纪中期海关涉外走私及法律处理》,复旦大学硕士学位论文,2009年。

曹传清:《赫德对晚清中国社会的影响》,湖南师范大学博士学位论文,2010年。

程秀玲:《金登干与中国海关驻伦敦办事处》,福建师范大学硕士学位论文,2010年。

方文述:《宋辽榷场贸易和走私贸易研究》,重庆师范大学硕士学位论文,2010年。

干兆源:《冀东走私与国民政府缉私研究(1932—1937)》,河北师范大学硕士学位论文,2010年。

李红娟:《日伪统治时期东北税收制度探析(1931—1945年)》,哈尔滨师范大学硕士学位论文,2010年。

李娜:《宋代市舶官员群体研究》,暨南大学硕士学位论文,2010年。

刘宁:《中国海关中的德国之声(1861—1917)》,中国海洋大学硕士学位论文,2010年。

刘晓江:《中国近代海关华员初步研究》,福建师范大学硕士学位论文,2010年。

苏小兰:《赫德与中葡澳门交涉》,东北师范大学硕士学位论文,2010年。

徐一畅:《三十年代华北地区韩人走私问题研究》,复旦大学硕士学位论文,2010年。

张瑞霞:《赫德关税思想研究》,河北师范大学硕士学位论文,2010年。

张振:《明朝市舶制度研究》,山东大学硕士学位论文,2010年。

朱恩荣:《西汉初期出入境管理立法研究》,西南政法大学硕士学位论文,2010年。

陈健康:《试论东周时期的关和关市》,苏州大学硕士学位论文,2011年。

崔进宝:《"康乾盛世"下的"四口"及其腹地》,山西大学硕士学位论文,2011年。

李波:《广西近代进出口贸易的口岸选择(1877—1937)》,复旦大学硕士学位论文,2011年。

李芳:《晚清灯塔建设与管理》,华中师范大学硕士学位论文,2011年。

李娇:《日本殖民统治时期大连海关研究》,大连理工大学硕士学位论文,2011年。

王苗苗:《明蒙互市贸易述论》,中央民族大学硕士学位论文,2011年。

夏攀:《民国时期上海地区报关行研究》,上海师范大学硕士学位论文,2011年。

杨阳:《清末商约谈判》,华东师范大学硕士学位论文,2011年。

姚传玉:《宋代市舶司与陶瓷外销》,景德镇陶瓷学院硕士学位论文,2011年。

张敏:《清末杭州关进出口贸易研究(1896—1910)》,杭州师范大学硕士学位论文,2011年。

张瑜:《赫德与晚清邮政的近代化》,辽宁师范大学硕士学位论文,2011年。

朱军舟:《琼海关与近代海南经济社会的变迁》,海南师范大学硕士学位论文,2011年。

邓沛勇:《康雍乾时期的中俄贸易关系》,哈尔滨师范大学硕士学位论文,2012年。

丁英顺:《晚清复进口税制度研究》,苏州大学硕士学位论文,2012年。

江涛:《近代福建沿海助航标志探析》,福建师范大学硕士学位论文,2012年。

谭春玲:《晚清津海关道研究》,华中师范大学博士学位论文,2012年。

王广印:《近代烟台对外贸易研究(1861—1937)》,广西师范大学硕士学位论文,2012年。

王惠芳:《中国海关粮食进出口贸易与区域经济发展(1903—1919)》,山西大学硕士学位论文,2012年。

王玉慧:《晚清政府博览会管理研究》,南京艺术学院硕士学位论文,2012年。

王泽京:《清末江苏邮政研究(1866—1911)》,南京大学博士学位论文,2012年。

杨晓刚:《明代九边关禁研究》,陕西师范大学硕士学位论文,2012年。

戚畅:《海禁与朝贡:明朝官方海外贸易研究(1368—1567)》,暨南大学硕士学位论文,2012年。

李跃利:《民国时期的琼海关研究》,海南师范大学硕士学位论文,2013年。

王萌:《北宋海外贸易法律制度研究》,山东大学硕士学位论文,2013年。

余金荣:《粤海关与十三行关系研究》,广州大学硕士学位论文,2013年。

张青林:《确立新制度:晚清新式邮政再研究》,厦门大学硕士学位论文,2013年。

张欣:《民国时期国定税则委员会研究》,南京大学硕士学位论文,2013年。

朱洪:《晚清海关洋员汉语学习初步研究》,南京大学硕士学位论文,2013年。

陈园园:《宋元明泉州港海外贸易研究述评》,厦门大学硕士学位论文,2014年。

董凌燕:《赫德"业余外交"思想研究》,华东师范大学硕士学位论文,2014年。

董雪梅:《明代"以茶驭番"策略研究——以洮岷地区为例》,西北师范大学硕士学位论文,2014年。

樊红爽:《江海关与上海地区的对外贸易研究(1684—1757)》,黑龙江大学硕士学位论文,2014年。

高亚兰:《日中英在〈英日中国海关协定〉签订过程中的外交博弈》,东北师范大学硕士学位论文,2014年。

綦锋:《近代安东海关研究(1907—1932)》,辽宁大学硕士学位论文,2014年。

李文巍:《晚清闽海关医员研究》,福建师范大学硕士学位论文,2014年。

刘创业:《试析20世纪20年代延边地区的国际贸易》,延边大学硕士学位论文,2014年。

罗红希:《民国时期对外贸易政策研究》,湖南师范大学博士学位论文,2014年。

万曙春:《宪法实施视点下海关缉私惩罚制度研究》,上海交通大学博士学位论文,2014年。

王鹏:《国家与检疫:全国海港检疫管理处研究(1930—1937)》,温州大学硕士学位论文,2014年。

王一川:《南京国民政府时期收回关税自主权过程之探究》,复旦大学硕士学位论文,2014 年。

杨秀云:《赫德与晚清中外约章研究》,湖南师范大学博士学位论文,2014 年。

张海霞:《东海关历史沿革研究》,中国海洋大学硕士学位论文,2014 年。

张敏:《唐五代宋初敦煌地区商业贸易管理研究》,西北师范大学硕士学位论文,2014 年。

郑明浩:《试析 19 世纪 80 年代中朝间商务往来的管理方式——以天津海关为中心》,延边大学硕士学位论文,2014 年。

郑元:《晚清海关年度贸易报告与西方经济思想的输入》,河北师范大学博士学位论文,2014 年。

陈梦:《"国定税则"下的天津走私与津海关缉私研究(1929—1934)》,上海师范大学硕士学位论文,2015 年。

崔凌云:《粤海关档案及其开发研究》,中山大学硕士学位论文,2015 年。

侯彦伯:《新式海关在中国周边的发展(1882—1895)》,台湾政治大学博士学位论文,2015 年。

苏明强:《近代湖北航政研究(1928—1949)》,华中师范大学博士学位论文,2015 年。

韦夏宁:《清前期广西海外贸易研究》,山东大学硕士学位论文,2015 年。

杨晓波:《明朝海上外贸管理法制研究》,华东政法大学博士学位论文,2015 年。

段卫宇:《试论明代互市贸易形式》,云南师范大学硕士学位论文,2016 年。

范晓娟:《近代英日在华北的经济纷争与中国政府的应对研究——以开滦煤矿和天津海关为例》,河北大学硕士学位论文,2016 年。

姜鸿:《1918 年修改税则之中外交涉》,湖南师范大学硕士学位论文,2016 年。

邱靖:《两宋时期杭州的海外贸易》,杭州师范大学硕士学位论文,2016 年。

王翠媚:《南京国民政府时期海关缉私法律制度研究》,华南理工大学硕士学位论文,2016 年。

王锦:《清代南北对外贸易管理体制的比较》,山西大学硕士学位论文,2016 年。

赵长勇:《晚清营口海关研究(1861—1911)》,辽宁大学硕士学位论文,2016年。

黄转喜:《海关视角下的湖南对外贸易研究(1899—1937)》,湖南师范大学硕士学位论文,2017年。

李超:《从"裁厘加税"走向"关税自主"——北洋时期关税自主运动探析》,宁波大学硕士学位论文,2017年。

吴晶晶:《元代市舶制度研究》,内蒙古民族大学硕士学位论文,2017年。

袁贞:《抗战时期日本在福建的走私活动》,福建师范大学硕士学位论文,2017年。

岳鹏星:《晚清铁路与税制变迁研究》,苏州大学博士学位论文,2017年。

张庭祯:《接收与改造:解放区时期的烟台东海关研究》,厦门大学硕士学位论文,2017年。

郑加莉:《制度移植与文化适应——以清末赫德式海关管理为例》,华东政法大学硕士学位论文,2017年。

周家明:《明中期以后开海思潮研究》,山东大学硕士学位论文,2017年。

方姝人:《近代芜湖港口贸易研究(1877—1937)——以芜湖海关贸易报告为考察中心》,广西师范大学硕士学位论文,2018年。

胡公启:《晚清关税制度与对外贸易关系研究》,中央财经大学博士学位论文,2018年。

李佳衡:《民国时期的海关监督——以1931年两湖堤工捐事件为例》,华中师范大学硕士学位论文,2018年。

李玲:《近代基督教会在华免税问题研究(1842—1927)》,湖南师范大学硕士学位论文,2018年。

刘彩虹:《晚清琼州海关的设立与口岸贸易》,海南师范大学硕士学位论文,2018年。

张进:《近代朝鲜海关与中朝宗藩关系》,聊城大学硕士学位论文,2018年。

司徒炜民:《广东四邑侨乡的走私问题研究(1945—1949)》,武汉大学硕士学位论文,2018年。

魏潇箫:《梅乐和与民国海关研究》,西南民族大学硕士学位论文,2018年。

肖代龙:《近代粤海关档案文献史料价值研究》,中山大学博士学位论文,2018年。

张高军:《近代口岸转口税制度与征收(1931—1942)》,华中师范大学硕士学位论文,2018年。

朱海梦:《1937—1938年日本接替英国掌控中国海关主权研究》,南京大学硕士学位论文,2018年。

朱勤滨:《清代前期帆船出海管理研究》,厦门大学博士学位论文,2018年。

高嘉:《王正廷与关税自主》,上海师范大学硕士学位论文,2019年。

龚英姿:《近代汉口中药材贸易研究(1864—1919)——以〈中国旧海关史料〉为中心》,武汉大学硕士学位论文,2019年。

胡月娇:《朝贡与互市:明代华夷秩序的盛衰演变》,山东师范大学硕士学位论文,2019年。

李涛:《近代广西海关视角下的利益博弈与贸易状况分析》,广西民族大学硕士学位论文,2019年。

刘佳敏:《万国公法与邮政主权:中国邮政法制近代化的国际因素》,华中科技大学硕士学位论文,2019年。

逯哲斌:《伪满前期海关关税改革研究(1932—1938)》,渤海大学硕士学位论文,2019年。

彭金枝:《赫德兄弟在翻译晚清〈藏印条约〉过程中的多重角色》,北京外国语大学硕士学位论文,2019年。

邵光普:《胶海关研究补正》,青岛大学硕士学位论文,2019年。

王芮莹:《近代美国洋行与东北政府税务交涉研究(1906~1931)》,辽宁大学硕士学位论文,2019年。

吴涛涛:《珲春开埠设关及其对外贸易研究(1907—1931)》,东北师范大学硕士学位论文,2019年。

于晓琪:《北宋茶马互市走私问题研究》,郑州大学硕士学位论文,2019年。

余治国:《近代税制演进过程中厘捐、子口税及其博弈》,安徽师范大学博士学位论文,2019年。

张军:《近代东北海关研究(1861—1931)》,东北师范大学博士学位论文,2019年。

张小彤:《抗战胜利后长沙关裁撤研究》,华中师范大学硕士学位论文,2019年。

钟凌云:《九江口岸贸易与腹地社会经济变迁研究(1864—1929)——以中

国旧海关史料为中心》,江西师范大学硕士学位论文,2019年。

赵思聪:《晚清民国海南贸易与海口港的变迁》,海南师范大学硕士学位论文,2019年。

朱腾伟:《清朝广州十三行法制研究》,华南理工大学博士学位论文,2019年。

胡梦真:《胶东解放区海关研究(1945—1949)》,山东大学硕士学位论文,2020年。

李岩:《中国近代关税自主权研究》,华东政法大学博士学位论文,2020年。

刘婕:《近代省港澳烟花爆竹贸易研究(1859~1948)——以〈中国旧海关史料〉为中心》,暨南大学硕士学位论文,2020年。

宋唐睿:《北宋北部边州市马问题研究》,黑龙江大学硕士学位论文,2020年。

苏志锋:《近代龙口进出口贸易考察(1915—1931)——以〈中国旧海关史料〉为中心》,吉林大学硕士学位论文,2020年。

孙家丰:《"包裹里的税收":近代邮包税研究(1903—1931)》,华中师范大学硕士学位论文,2020年。

叶剑琳:《近代广东水上救生事业研究(1859—1925)》,湖南师范大学硕士学位论文,2020年。

蔡芳:《民国北京政府时期进出口免税问题初探》,湖南师范大学硕士学位论文,2021年。

范思颖:《明代关津管理及运作研究》,河南大学硕士学位论文,2021年。

姜兴鹏:《南京国民政府时期海港检疫研究(1930—1937)》,华中师范大学硕士学位论文,2021年。

李婧君:《五四运动时期胶海关与朝鲜、日本的海上贸易研究》,延边大学硕士学位论文,2021年。

刘锶:《宋金边境贸易研究》,辽宁师范大学硕士学位论文,2021年。

乔艳:《近代海关洋员公文学习用书〈新关文件录〉研究》,上海师范大学硕士学位论文,2021年。

王璐:《旧中国海关总税务司署〈汉语学习〉研究》,上海师范大学硕士学位论文,2021年。

王雨霏:《晚清海关官银号研究(1842—1911)》,华东师范大学硕士学位论文,2021年。

周建宇:《清朝前中期海关税制研究》,西南政法大学硕士学位论文,2021年。

樊书宇:《近代汉口报关行研究(1874—1949)》,华中师范大学硕士学位论文,2022年。

高宁:《中国近代海关之海务研究(1858—1937)》,海南师范大学硕士学位论文,2022年。

外　文

一、书籍类

吉田虎雄:《支那關稅及釐金制度》,北文館,1915年。(龍渓書舎于1998年发行复刻版)

高柳松一郎:《支那関税制度論》,内外出版株式會社,1920年。(内外出版株式会社于1920年再版,1926年改订增补第3版)

桑原隲藏:《宋末の提舉市舶西域人蒲壽庚の事蹟》,東亜攻究会,1923年。

宮脇賢之介:《支那現行関税制度概論並其通関手続》,大阪屋號,1924年。

南満州鉄道株式会社庶務部調査課:《関東州特恵関税に就て》,1925年。

根岸佶:《支那特別關稅會議の研究》,自疆館書店,1926年。

中浜義久:《支那關稅制度綱要》,南滿洲鐵道株式會社,1929年。(1932年增补版)

井出季和太:《支那内國關稅制度》,臺灣總督官房調查課,1929—1932年。

千本木正治:《関東州の関税制度》,大连商工会议所,1935年。

桑原騭藏:《蒲寿庚の事迹——唐宋時代に於けるアラブ人の支那通商の概況殊に宋末の提挙市舶西域人》,岩波书店,1935年。

森克己:《日宋貿易の研究》,国書刊行会,1975年。(由勉誠出版于2008—2009年发行新编版全3卷)

浜下武志:《中国近代経済史関係解題つき文献目録:海関資料を中心として》,国立:総合研究(A)「資本主義世界市場の形成」研究組織,1980年。

朝倉弘教:《世界関税史》,日本関税協会,1983年。

濱下武志:《中国近代経済史研究:清末海関財政と開港場市場圏》,汲古書院,1989年。

濱下武志:《近代中国の国際的契機:朝貢貿易システムと近代アジア》,東京大学出版会,1990年。

岡本隆司:《近代中国と海関》,名古屋大学出版会,1999年。

久保亨:《戦間期中国「自立への模索」——関税通貨政策と経済発展》,東京大学出版会,1999年。

木越義則:《近代中国と広域市場圏——海関統計によるマクロ的アプローチー》,京都大学学術出版会,2012年。

Beaumont, Joseph. *What is Lord Elgin to do? The Canton dispute and our relations with China considered*. Longman & Co., 1857.

Williams, S. W.. *The Chinese Commercial Guide, Containing Treaties, Tariffs, Regulations, Tables, etc., Useful in the Trade to China & Eastern Asia; with an Appendix of Sailing Directions for Those Seas and Coasts*. A. Shortrede, 1863.

von Gumpach, Johannes. *The Treaty-Rights of the Foreign Merchant, and the Transit-System, in China*. Printed at the Celestial Empire Office, 1875.

Gordon, C. A.. *An Epitome of the Reports of the Medical Officers to the Chinese Imperial Maritime Customs Service, from 1871 to 1882*. Baillière, Tindall, & Cox, 1884.

Abbass, S. H.. *Manual of Customs Practice at Shanghai Under the Various Treaties Entered Into Between China and the Foreign Powers*. Noronha, 1894.

Hart, Roberts. *"These from the land of Sinim": Essays on the Chinese Question*. Chapman & Hall, 1901.

Morse, H. B.. *The Trade and Administration of the Chinese Empire*. Longmans, Green and co., 1908.

Bredon, Juliet. *Sir Robert Hart, the Romance of a Great Career: Told by his niece, Juliet Bredon*. Hutchinson, 1909.(1910年第2版)

Chu, Chin. *The Tariff Problem in China*. Longmans, Green & Co. 1916.(1916年哥伦比亚大学博士学位论文)

See, Chong Su. *The Foreign Trade of China*. Columbia University Press, Green & Co., 1919.(哥伦比亚大学博士学位论文,另有AMS出版社1970年版,Kessinger Publishing 2009年版,Nabu Publishing 2010年版,Forgotten Books 2017年版,Wentworth Press 2019年版等)

Braud, A. C. E.. *Handbook of Customs Procedure at Shanghai*. Kelly and Walsh Limited, 1923.(1926年第2版)

King, P. H.. *In the Chinese Customs Service: a Personal Record of Forty-Seven Years*. T. Fisher Unwin, 1924. (1930 年由 Heath Cranton LTD 出版修订版)

Fox, C. J.. *China's Struggle for Tariff Autonomy at the Peking Conference*. North China Star, 1925.

See, Chong Su. *The Chinese Question: the Underlying Cause of the Present Crisis in China*. The Bulletin Publishing Company, Inc., 1925.

Wright, S. F.. *The Collection and Disposal of the Maritime and Native Customs Revenue since the Revolution of 1911: with an Account of the Loan Services Administered by the Inspector General of Customs*. Statistical Department of the Inspectorate General of Customs (Shanghai), 1925. (1927 年第 2 版，1935 年第 3 版)

Arlington, L. C.. *Through the Dragon's Eyes, Fifty Years' Experiences of a Foreigner in the Chinese Government Service*. Constable and Company Limited, 1931.

Banister, T. R.. *The Coastwise Lights of China: An Illustrated Account of the Chinese Maritime Customs Lights Service*. Statistical Department of the Inspectorate General of Customs (Shanghai), 1932.

Fairbank, J. K.. *Notes on the History of the Chinese Customs Service*. Special Collections & Archives, Queen's University Belfast, 1934.

Wright, S. F.. *The Origin and Development of the Chinese Customs Service, 1843-1911*. Privately circulated, 1936. (1939 年再版)

Wright, S. F.. *China's Struggle for Tariff Autonomy, 1843-1938*. Kelly and Walsh, 1938. (1966 年由 Paragon Book Gallery 再版)

Archer, C. S.. *China Servant*. Collins, 1946.

Wright, S. F.. *Hart and the Chinese Customs*. W. Mullan, 1950.

Fairbank, J. K.. *Trade and Diplomacy on the China Coast: The Opening of the Treaty Ports 1842-1854*. 2 vols. Harvard University Press, 1953.

Drage, C. H.. *Servants of the Dragon Throne: Being the Lives of Edward and Cecil Bowra*. Peter Dawnay Ltd., 1966.

Cheng, Ying-wan. *Postal Communication in China and Its Modernization, 1860-1896. Harvard University Asia Center, 1970.

Campbell, R. R.. *James Duncan Campbell: A Memoir by His Son*. Harvard University Asia Center, 1970.

Gerson, J. J.. *Horatio Nelson Lay and Sino-British Relations, 1854-1864*. Harvard University Asia Center, 1972.

Fairbank, J. K., et al. eds. *The I. G. in Peking: Letters of Robert Hart, Chinese Maritime Customs, 1868-1907*. 2 vols. The Belknap Press of Harvard University Press, 1975.

Hall, B. E. Foster. *The Chinese Maritime Customs: An International Service, 1854-1950*. National Maritime Museum (Great Britain), 1977. (Hall, B. E. Foster and Bickers, Robert A.. *The Chinese Maritime Customs: An International Service, 1854-1950*. University of Bristol, 2015.)

Wright, S. F.. *Kiangsi Native Trade and Its Taxation*. Garland Publishing, Inc., 1980.

Bell, Stanley. *Hart of Lisburn*. Lisburn Historical Press, 1985.

Bruner, K. F. et al. eds. *Entering China's Service: Robert Hart's Journals, 1854-1863*. Harvard University Press, 1986.

Chang, Fu-yun. *Reformer of the Chinese Maritime Customs*. The Regents of the University of California, 1987.

Jaschok, Maria. *Concubines and Bondservants: The Social History of a Chinese Custom*. Zed Books Ltd., 1988.

Chen, Xiafei and Han, Rongfang eds. *Archives of China's Imperial Maritime Customs: confidential, correspondence between Robert Hart and James Duncan Campbell, 1874-1907*. Vol.1. Foreign Languages Press, 1990.

Smith, R. J. et al. eds. *Robert Hart and China's Early Modernization: His Journals, 1863-1866*. Harvard University Press, 1991.

Chen, Xiafei and Han, Rongfang eds. *Archives of China's Imperial Maritime Customs: confidential, correspondence between Robert Hart and James Duncan Campbell, 1874-1907*. Vol.2, Foreign Languages Press, 1992.

Chen, Xiafei and Han, Rongfang eds. *Archives of China's Imperial Maritime Customs: confidential, correspondence between Robert Hart and James

Duncan Campbell, 1874-1907. Vol.3, Foreign Languages Press, 1992.

Chen, Xiafei and Han, Rongfang eds. *Archives of China's Imperial Maritime Customs: confidential, correspondence between Robert Hart and James Duncan Campbell, 1874-1907*. Vol.4, Foreign Languages Press, 1993.

Cushman, J. W.. *Fields from the Sea: Chinese Junk Trade with Siam during the Late Eighteenth and Early Nineteenth Century*. Cornell University Press, 1993.

Atkins, Martyn. *Informal Empire in Crisis: British diplomacy and the Chinese Customs succession, 1927-1929*. Cornell East Asia Series, 1995.

Fairbank, J. K., et al.. *H.B. Morse, Customs Commissioner and Historian of China*. University Press of Kentucky, 1995.

Briggs, Christopher. *Hai Kuan, The Sea Gate*. Lane Publishers, 1997.

Lyons, T. P.. *China Maritime Customs and China Trade Statistics, 1858-1948*. Willow Creek Press, 2003.

Aliyev, A. A.. *Customs Practices and Development of the World Economy*. World Customs Organization, 2004.

Killingray, David et al.. *Maritime Empires British Imperial Maritime Trade in the Nineteenth Century*. Boydell Press in Association with the National Maritime Museum, 2004.

Brunero, Donna. *Britain's Imperial Cornerstone in China: The Chinese Maritime Customs Service, 1854-1949*. Routledge, 2006.

Cannon, I. C.. *Public Success, Private Sorrow: The Life and Times of Charles Henry Brewitt-Taylor (1857-1938), China Customs Commissioner and Pioneer Translator*. Hong Kong University Press, 2009.

Chang, Chihyun. *Government, Imperialism and Nationalism in China: The Maritime Customs Service and Its Chinese Staff*. Routledge, 2012.

Tiffen, Mary. *Friends of Sir Robert Hart: Three Generations of Carrall Women in China*. Tiffania Books, 2012.

Ladds, Catherine. *Empire Careers: Working for the Chinese Customs Service 1854-1949*. Manchester University Press, 2013.

Zhao, Changtian. *Irishman in China: Robert Hart Inspector General of* the Chinese Imperial Maritime Customs. trans., Yang Shuhui and Yang, Yunqin, Better Link, 2013.

Zhao, Gang. *The Qing Opening to the Ocean：Chinese Maritime Policies, 1684-1757*. University of Hawai'i Press, 2013.

Van de Ven, Hans. *Breaking with the Past：The Maritime Customs Service and the Global Origins of Modernity in China*. Columbia University Press, 2014.

Jamieson, R. A.. *Medical Reports*. 10 vols. 国家图书馆出版社, 2016.

Boecking, Felix. *No Great Wall：Trade, Tariffs and Nationalism in Republican China, 1927-1945*. (Harvard East Asian Monographs. Vol. 397). Harvard University Asia Center, 2017.

Ng, Chin-keong. *Boundaries and Beyond：China's Maritime Southeast in Late Imperial Times*. NUS Press, 2017.

O'Neil, Mark. *Ireland's Imperial Mandarin：How Sir Robert Hart Became the Most Influential Foreigner in Qing China*. Joint Publishing (Hong Kong) Co Ltd., 2017.

二、报刊文章类

藤田丰八:《宋代の市舶司及び市舶条例》,《东洋学报》,第7卷第2号,1917年。(收录于藤田豊八著、池内宏编:《東西交涉史の研究 南海篇》,岡書院,1932年;1936年商务印书馆发行魏重庆译本《宋代之市舶司与市舶条例》。)

吉田虎雄:《対支ドウズ案と関税特別会議》,東亜研究会,1925年。

小葉田淳:《明代の浙江市舶提挙司及び驛館、廠庫》,臺北帝國大學文政學部編:《史學科研究年報(第六辑)》,嚴松堂書店,1935年。

加藤繁:《宋と金国との貿易に就いて》,《史学雜誌》,第48卷第1号,1937年。

佐々木正哉:《粤海関の陋規》,《東洋学報》,第34卷第1～4合并号,1952年。

坂野正高:S. F. Wright, Hart and the Chinese Customs,1950,《国際法外交雑誌》,第53卷,1954年。

土肥（草野）祐子:《北宋末の市舶制度——宰相・蔡京をめぐって》,《史艸》,第 2 号,1961 年 10 月。

和田久徳:《唐代における市舶司の創置》,和田博士古稀記念東洋史論叢編纂委員会編:《和田博士古稀記念东洋史论丛》,讲谈社,1961 年。

和田久徳:《北宋朝の市舶司貿易》,《お茶の水史学》,第 5 号,1962 年。

佐藤圭四郎:《元代における南海貿易——市舶司条令を通して見たる—上》,《集刊東洋学》,第 11 号,1964 年。

佐藤圭四郎:《元代における南海貿易——市舶司条令を通して観たる—中》,《集刊東洋学》,第 12 号,1964 年。

佐藤圭四郎:《元代における南海貿易——市舶司条令を通して観たる—下》,《集刊東洋学》,第 13 号,1964 年。

金城正篤:《1854 年上海における「税務司」の創設——南京条約以後の中英貿易と税務司創設の意義》,《東洋史研究》,第 24 卷第 1 号,1965 年。

土肥（草野）祐子:《宋代提挙市舶の職官について》,《史艸》,第 7 号,1966 年 10 月。

張祥義:《南宋時代の市舶司貿易に関する一考察》,青山博士古稀紀念宋代史論叢刊行会編:《青山博士古稀紀念宋代史論叢刊》,1974 年。

井上裕正:Jack J. Gerson; Horatio Nelson Lay and Sino-British Relations 1854-1864,《史林》(日本),第 57 卷第 5 号,1974 年。

副島圓照:《帝国主义与中国海关制度——从鸦片战争到辛亥革命》,《人文学報》(京都大学人文科学研究所),第 42 号,1976 年。

佐久間重男:《中国嶺南海域の海寇と月港二十四将の反乱》,《青山史学》,第 5 号,1977 年。

副島圓照:《帝国主義の中国財政支配:1910 年代の関税問題》,野沢豊、田中正俊編:《講座中国近現代史第四卷 五・四運動》,東京大学出版会,1978 年。

副島圓照:《「満州国」による中国海関の接収》,《人文学報》(京都大学人文科学研究所),第 47 号,1979 年。

久保亨:《南京政府の関税政策とその歴史的意義》,《土地制度史学》,第 22 卷第 2 号,1980 年。

久保亨:《一九三〇年代中国の関税政策と資本家階級》,《社会経済史学》,第 47 卷第 1 号,1981 年。

张祥义:《宋代市舶司貿易研究の現状と课题》,《亚细亚大学教养学部纪要》,第 24 号,1981 年。

滝野正二郎:《清代常関における包揽について》,《文学会志》(山口大学),第 39 号,1988 年。

土肥祐子:《『永楽大典』にみえる陳[ショウ]と泉州市舶司設置》,《史艸》,第 29 号,1988 年。

高桥孝助:《中国の常関、厘金、海关——商人、商品流通と专制国家》,柴田三千雄 ほか编:《世界史への問い3》,岩波書店,1990 年。

中村治兵卫:《宋代明州市舶司(务)の运用について》,《人文研纪要》(中央大学人文科学研究所),第 11 号,1990 年。

岡本隆司:《洋關の成立をめぐって》,《東洋史研究》,第 50 卷第 1 号,1991 年。

本野英一:《濱下武志著「近代中国の国際的契機—朝貢貿易システムと近代アジア—」,《アジア経済》,第 32 卷第 6 号,1991 年。

黒田明伸:《濱下武志著「中国近代経済史研究—清末海関財政と開港場市場圈—」(東京大学東洋文化研究所報告)》,第 100 卷第 6 号,1991 年。

江夏由樹:《濱下武志著「清末海関財政と開港場市場圈」》,《アジア研究》,第 37 卷第 2 号,1991 年。

菊池道樹:《浜下武志「近代中国の国際的契機—朝貢貿易システムと近代アジア」》,《経済研究》,第 42 卷第 4 号,1991 年。

松浦章:《清代前期の海関監督について》,《关西大学文学论集》,第 41 卷第 3 号,1991 年。

佐々木揚:《濱下武志著「清末海関財政と開港場市場圈」》,《社会経済史学》,第 56 卷第 5 号,1991 年。

クリスチャン・ダニエルス:《〈批評・紹介〉濱下武志著「近代中國の國際的契機:朝貢貿易システムと近代アジア」》,第 50 卷第 3 号,1991 年。

岡本隆司:《清代粤海関の徵税機構——保商制度を中心として》,《史林》,第 75 卷第 5 号,1992 年。

滝野正二郎:《清代乾隆初期における常関制改革论议について》,川胜守编:《東アジアにおける生産と流通の歴史社会学的研究》,中国书店有限会社,1993 年。

杉山伸也:《「近代中国の国際的契機—朝貢貿易システムと近代アジア」浜下武志》,《経済学論集》,第58巻第4号,1993年。

岡本隆司:《清末粤海関の展開:広州における洋関設立の意味》,《史林》,第77巻第6号,1994年。

宮崎正勝:《16世紀後半から17世紀前半に至る国際港市マニラと福建月港—結びつく創成期の世界システムと東アジア交易圏》,《北海道大学教育学部紀要》,第47巻第1号,1996年。

安藤久美子:《辛亥革命運動と帝国主義:列強の海関管理に反対する運動から善後借款反対運動へ》,《近きに在りて》,第32号,1997年。

松浦章:《清代前期の浙江海関と海上貿易》,《史泉》,第85号,1997年。

宮崎正勝:《明治後期における福建月港の興隆:東アジア海域の変容の激浪の下で姿を現した密貿易港》,《北海道大学教育学部紀要》,第48巻第2号,1998年。

小瀬一:《岡本隆司著「近代中国と海関」》,《社会経済史学》,第65巻第4号,1999年。

本野英一:《岡本隆司著「近代中国と海関」》,《土地制度史学》,第42巻第4号,2000年。

飯島渉:《岡本隆司著「近代中国と海関」》,《アジア経済》,第41巻第9号,2000年。

富澤芳亜:《久保亨著「戦間期中国〈自立への模索〉—関税通貨政策と経済発展—」》,《アジア経済》,第41巻第9号,2000年。

滝野正二郎:《清代乾隆年間の常関徴税額にする一考察》,九州史学会報告,2000年。

細見和弘:《岡本隆司著「近代中国と海関」》,《現代中国研究》,第6号,2000年。

小瀬一:《久保亨著「戦間期中国〈自立への模索〉——関税通貨政策と経済発展」》,《歴史評論》,第601号,2000年。

岡本隆司:《久保亨「戦間期中国〈自立への模索〉——関税通貨政策と経済発展」》,《歴史学研究》,第746号,2001年。

橋本妹里:《岡本隆司著「近代中国と海関」》,《洛北史学》,第3巻,2001年。

やまだあつし:《久保亨著「戦間期中国〈自立への模索〉——関税通貨政策

と経済発展」》,《現代中国研究》,第 8 号,2001 年。

榎本渉:《明州市舶司と東シナ海交易圏》,《歴史學研究》,第 756 号,2001 年。

小瀬一:《総税務司アグレンと中国》,《歴史評論》,第 614 号,2001 年。

笹川祐史:《久保亨著「戦間期中国〈自立への模索〉——関税通貨政策と経済発展—」》,《社会経済史学》,第 68 巻第 2 号,2002 年。

滝野正二郎:《清代乾隆年間における粤海関の徴税報告遅延問題について》,《アジアの歴史と文化》,第 8 巻第 8 号,2004 年。

朴京才:《明末清初の互市貿易をめぐる中朝関係の史的考察:中江・北関開市を中心として》,《現代社会と文化の研究ジャーナル》,第 37 号,2006 年。

榎本渉:《宋代市舶司貿易にたずさわる人々》,歴史学研究会:《シリーズ港町の世界史三港町に生きる》,青木書店,2006 年。

陳尚勝、戸川貴行:《宋朝における地方州府の外交機能強化と東アジア貿易の拡大——市舶司制度を中心として》,《東アジアと日本:交流と変容》,第 4 号,2007 年。

岡本隆司:《「朝貢」と「互市」と海関》,《史林》,第 90 巻第 5 号,2007 年。

木岡さやか:《明代海禁体制の再編と漳州月港の開港》,《史窓》,第 64 号,2007 年。

山崎覚士:《貿易と都市—宋代市舶司と明州》,《东方学》第 116 辑,2008 年 7 月。

向正樹:《元朝初期の南海貿易と行省——マングタイの市舶行政関与とその背景》,《待兼山論叢》,第 43 号,2009 年。

大島立子:《元朝市舶司機構の変遷》,《南島史学》,第 75—76 号,2010 年。

土肥祐子:《宋代の南海交易品について:『宋会要』職官 44 市舶より(第 41 回南島史学会大会論集)》,《南島史学》,2013 年。

久保亨:《木越義則著「近代中国と広域市場圏—海関統計によるマクロ的アプローチ—」》,《社会経済史学》,第 79 巻第 1 号,2013 年。

王京濱:《木越義則「近代中国と広域市場圏:海関統計によるマクロ的アプローチ」》,《現代中国》,第 87 号,2013 年。

竹内祐介:《「近代中国と広域市場圏—海関統計によるマクロ的アプローチ」(木越義則著、京都大学学術出版会)》,第 786 号,《中国研究月報》,2013 年。

松本俊郎:《木越義則著「近代中国と広域市場圏:海関統計によるマクロ的アプローチ」》,《日本植民地研究》,第 26 号,2014 年。

今井就稔:《木越義則著「近代中国と広域市場圏:海関統計によるマクロ的アプローチ」》,《史学雑誌》,第 124 巻第 9 号,2015 年。

大川沙織:《明代市舶司体感の創設とその変遷:嘉靖期の裁革と税監の設置をめぐって》,《史窓》,第 73 号,2016 年。

Author unknown. "The Deputy Inspectorof Chinese Customs". *The British Medical Journal*,Vol.1,No.1937,Feb. 12,1898.

Author unknown. "Sir Robert Hart, Departure from Peking". *The Times*,23 April 1908.

Author unknown. "The Death of Sir Robert hart, A Remarkable Life".*The Times*,21 September 1911.

Williams,E. T.. "Taxation in China".*The Quarterly Journal of Economics*,Vol.26,No.3,1912.

Drew,E. B.. "Sir Robert Hart and His Life Work in China".*The Journal of Race Development*,Vol.4,No.1,1913.

A. A. O..*"The Tariff Problem in China*,by C. Chu". The Annals of the American Academy of Political and Social Science,Vol.68,1916.

Winston,A. P.. "*The Tariff Problem in China*,by C. Chu". The American Economic Review,Vol.6,No.4,1916.

von Dewall,W.. "*The Tariff Problem in China*,by C. Chin". Weltwirtschaftliches Archiv,Vol.9,1917.

Fairbank,J. K.. "The Definition of the Foreign Inspector's Status (1854-55): A chapter in the early history of the Inspectorate of Customs at Shanghai". *Nankai Social and Economic Quarterly*,Vol.9,No.1,1936.

Pratt,J.. "*China's Struggle for Tariff Autonomy,1843-1938*,by S. F. Wright". International Affairs,Vol.1,No.83,1939.

Fairbank,J. K.. "*Hart and the Chinese Customs.*,by S. F. Wright". Pacific Affairs,Vol.24,No.4,1951.

Gale,E. M.. "*Hart and the Chinese Customs.* By Stanley F. Wright". American Political Science Review,Vol.45,No.4,1951.

Pratt, J. T.. "*Hart and the Chinese Customs.*, by S. F. Wright". *International Affairs*, Vol.27, No.2, 1951.

Wilbur, C. M.. "*Hart and the Chinese Customs*, by S. F. Wright". *The Annals of the American Academy of Political and Social Science*, Vol.277, 1951.

Biggerstaff, Knight. "*Hart and the Chinese Customs.*, by S. F. Wright". *The Far Eastern Quarterly*, Vol.11, No.4, 1952.

Adler, S.. "*Hart and the Chinese Customs.*, by S. F. Wright". *The Economic Journal*, Vol.62, No.245, 1952.

Clifford, N. R.. "Sir Frederick Maze and the Chinese Maritime Customs, 1937-1941". *The Journal of Modern History*, Vol.37, No.1, 1965.

Pritchard, E. H.. "*James Duncan Campbell. A Memoir by his Son.*, by Robert Ronald Campbell". *The Journal of Asian Studies*, Vol.31, No.1, 1971.

Liu, Kwang-Ching. "Postal Communication in China and Its Modernization 1860-1896". *The American Historical Review*, Vol.76, No.3, 1971.

Leonard, J. K.. "*Horatio Nelson Lay and Sino-British Relations 1854-1864.*, by J. J. Gerson". *The Journal of Asian Studies*, Vol.32, No.4, 1973.

Dorwart, J. M.. "*Horatio Nelson Lay and Sino-British Relations, 1854—1864. Harvard East Asian Monographs, 47*, by J. J. Gerson". *Journal of Asian History*, Vol.8, No.1, 1974.

LeFevour, Edward. "A Report on the Robert Hart Papers at Queen's University, Belfast N. I.". *The Journal of Asian Studies*, Vol.33, No.3, 1974.

Chan Lau Kit-Ching. "The Succession of Sir Robert Hart at the Imperial Chinese Maritime Customs Service". *Journal of Asian History*, Vol.9, No.1, 1975.

Evans, B. L.. "*Horatio Nelson Lay and Sino-British Relations, 1854-1864.*, by J. J. Gerson". *Pacific Affairs*, Vol.48, No.3, 1975.

Bennett, R. L.. "*Horatio Nelson Lay and Sino-British Relations, 1854-1864*, by J. J. Gerson". *Modern Asian Studies*, Vol.10, No.2, 1976.

Brown, S. R.. "*The I.G. in Peking: Letters of Robert Hart, Chinese

Maritime Customs 1868-1907, by R. Hart, J. K. Fairbank, K. F. Bruner, & E. M. Matheson". *The Business History Review*, Vol.50, No.3, 1976.

Ganschow, T.. "*The I. G. in Peking: Letters of Robert Hart, Chinese Maritime Customs, 1868-1907*, by J. K. Fairbank, K. F. Bruner, E. M. Matheson, & L. K. Little". *The Journal of Economic History*, Vol.36, No.4, 1976.

Adshead, S. A. M.. "*The I. G. in Peking: Letters of Robert Hart, Chinese Maritime Customs, 1868-1907*. 2 Vols., by R. Hart, J. K. Fairbank, K. F. Bruner, & E. M. Matheson". *The Journal of Asian Studies*, Vol.36, No.4, 1977.

Beasley W. G.. "*The I. G. in Peking: Letters of Robert Hart, Chinese Maritime Customs, 1868-1907*, by J. K. Fairbank, K. F. Bruner, E. M. Matheson, & R. Hart". *Bulletin of the School of Oriental and African Studies, University of London*, Vol.40, No.2, 1977.

Beal, E. G.. "*The I.G. in Peking: Letters of Robert Hart, Chinese Maritime Customs, 1868-1907*, by J. Fairbank". *The American Historical Review*, Vol.82, No.1, 1977.

Downs, J. M.. "*The I. G. in Peking: Letters of Robert Hart, Chinese Maritime Customs, 1868-1907*, by J. K. Fairbank, K. F. Bruner, E. M. Matheson, & R. Hart". *Pacific Historical Review*, Vol.46, No.3, 1977.

Jones, S. M.. "*The I. G. in Peking: Letters of Robert Hart, Chinese Maritime Customs, 1868-1907*, by J. K. Fairbank, K. F. Bruner, E. M. Matheson, & R. Hart". *The China Quarterly*, No.69, 1977.

Chan Lau Kit-Ching. "*The I. G. in Peking: Letters of Robert Hart Maritime Customs 1868-1907*. Volumes One and Two, by J. K. Fairbank, K. F. Bruner, E. M. Matheson, & L. K. Little". *Journal of Asian History*, Vol.11, No.1, 1977.

Evans, B. L.. "*The I. G. in Peking: Letters of Robert Hart, Chinese Maritime Customs, 1868-1907*, by J. K. Fairbank, K. F. Bruner, & E. M. Matheson". *Pacific Affairs*, Vol.52, No.1, 1979.

Kwong, L. S. K.. "The Chinese Maritime Customs Remembered: An

Appeal for Oral History in Hong Kong". *Journal of the Hong Kong Branch of the Royal Asiatic Society*, Vol.19, 1979.

Pugach, N. H.. "*Entering China's Service: Robert Hart's Journals, 1854-1863*, by K. F. Bruner, J. K. Fairbank, & R. J. Smith". *Journal of Chinese Studies*, Vol.3, No.2, 1986.

Howe, Christopher. "*Entering China's Service: Robert Hart's Journals, 1854-1863*, by K. F. Bruner, J. K. Fairbank, & R. J. Smith". *The China Quarterly*, No.114, 1988.

Parkhill, T.. "*Entering China's Service*, by R. Hart & C. F. Bruner". *Irish Economic and Social History*, Vol.15, 1988.

Pratt, K.. "*Entering China's Service: Robert Hart's Journals 1854-1863*, by K. F. Bruner, J. K. Fairbank, & R. J. Smith". *Bulletin of the School of Oriental and African Studies, University of London*, Vol.51, No.3, 1988.

Sinn, E.. "Notes on the Robert Hart Papersat The University of Hong Kong Library". *Journal of the Hong Kong Branch of the Royal Asiatic Society*, Vol.29, 1989.

Bickers, R. A.. "*Informal Empire in Crisis: British Diplomacy and the Chinese Customs Succession, 1927-1929*, by M. Atkins". *The China Quarterly*, No.144, 1995.

Byrne, Eugene. "The Dismissal of Sir Francis Aglen as Inspector General of the Chinese Maritime Customs Service, 1927". *Leeds East Asia Papers*, No.30, 1995.

Clifford, N. R.. "*Informal Empire in Crisis: British Diplomacy and the Chinese Customs Succession, 1927-1929*, by M. Atkins". *The International History Review*, Vol.18, No.1, 1996.

Dudden, A. P.. "*H. B. Morse: Customs Commissioner and Historian of China*, by J. K. Fairbank, M. H. Coolidge, & R. J. Smith". *The Journal of American History*, Vol.83, No.2, 1996.

Feuerwerker, Albert. "*H. B. Morse: Customs Commissioner and Historian of China*, by J. K. Fairbank, M. H. Coolidge, & R. J. Smith". *The China Quarterly*, No.148, 1996.

Wang, Nora.. "H. B. Morse, Customs Commissioner and Historian of China, by J. K. Fairbank, M. Henderson Coolidge, & R. J. Smith". *Bulletin de l'École Française d'Extrême-Orient*, Vol.83, 1996.

Downs, J. M.. "H. B. Morse: Customs Commissioner and Historian of China, by J. K. Fairbank, M. H. Coolidge, & R. J. Smith". *Pacific Historical Review*, Vol.66, No.1, 1997.

Hevia, J. L.. "*Informal Empire in Crisis: British Diplomacy and the Chinese Customs Succession, 1927-1929*, Cornell East Asia Series 74, by M. Atkins." *Journal of Asian History*, Vol.31, No.1, 1997.

MacKinnon, S. R.. "H. B. Morse: Customs Commissioner and Historian of China, by J. K. Fairbank, M. H. Coolidge, & R. J. Smith". *The Journal of Asian Studies*, Vol.56, No.4, 1997.

Tsang, Steve. "*Informal Empire in Crisis: British Diplomacy and the Chinese Customs Succession, 1927-1929*". *China Review International*, Vol.4, No.1, 1997.

Wills, J. E.. "H. B. Morse: Customs Commissioner and Historian of China, by J. K. Fairbank, M. H. Coolidge, & R. J. Smith". *The American Historical Review*, Vol.102, No.4, 1997.

Wood, Frances. "H. B. Morse: Customs Commissioner and Historian of China. By John King Fairbank, Martha Henderson Coolidge and Richard J. Smith". *Journal of the Royal Asiatic Society*, Vol.7, No.2, 1997.

Anderson, Perry. "A Belated Encounter: Perry Anderson retraces his father's career in the Chinese Customs Service". *London Review of Books*, Vol.20, No.15, 1998.

Bickers, Robert. "H. B. Morse: Customs Commissioner and Historian of China, by J. K. Fairbank, M. H. Coolidge, & R. J. Smith". *Revue Bibliographique de Sinologie*, Vol.16, 1998.

Horowitz, Richard. "Mandarins and Customs Inspector: Western Imperialism in Nineteenth Century China Reconsidered", *Papers on Chinese History*, Vol.7, 1998.

Rosenbaum, A. L.. "H. B. Morse: Customs Commissioner and Historian of

China". *China Review International*, Vol.5, No.1, 1998.

Bromfield, A. C. and Lee, Rosemary. "The Life and Times of Captain Samuel Cornel Plant, Master Mariner and Senior Inspector, Upper Yangtze River, Chinese Maritime Customs". *Journal of the Hong Kong Branch of the Royal Asiatic Society*, Vol.41, 2001.

Taylor, J. E.. "The Bund: Littoral Space of Empire in the Treaty Ports of East Asia". *Social History*, Vol.27, No.2, 2002.

Li, Lan and Wildy, Deirdre. "A New Discovery and Its Significance: The Statutory Declarations Made by Sir Robert Hart Concerning His Secret Domestic Life in 19th Century China". *Journal of the Hong Kong Branch of the Royal Asiatic Society*, Vol.43, 2003.

Van Dyke, P.. "China Maritime Customs and China's Trade Statistics 1859-1948". *International Journal of Maritime History*, Vol.15, No.2, 2003.

Ma, Debin. "China Maritime Customs and China Trade Statistics, 1858-1948, by T. Lyons". *The Journal of Economic History*, Vol.64, No.1, 2004.

Van de Ven, Hans. "China's Maritime Customs and China's Trade Statistics, 1859-1948. By Thomas P. Lyons". *The China Quarterly*, Vol.178, 2004.

Richardson, Philip. "China Maritime Customs and China's Trade Statistics 1859-1948, by T. P. Lyons". *Bulletin of the School of Oriental and African Studies, University of London*, Vol.68, No.1, 2005.

Cannon, I. C.. "Charles Henry Brewitt-Taylor, 1857-1938: Translator and Chinese Customs Commissioner". *Journal of the Royal Asiatic Society Hong Kong Branch*, Vol.45, 2005.

Bickers, Robert. "Purloined letters: History and the Chinese Maritime Customs Service". *Modern Asian Studies*, Vol.40, issue 3, 2006.

Eberhard-Bréard, Andrea. "Robert Hart and China's Statistical Revolution". *Modern Asian Studies*, Vol.40, issue. 3, 2006.

Harris, L. J.. "Britain's Imperial Cornerstone in China: The Chinese

Maritime Customs Service 1854-1949. Routledge Studies in the Modern History of Asia 36". *China Review International*, Vol.13, No.2, 2006.

Horowitz, R. S.. "Politics, Power and the Chinese Maritime Customs: The Qing Restoration and the Ascent of Robert Hart". *Modern Asian Studies*, Vol.40, issue. 3, 2006.

King, F. H. H. "Sealing the Mouth of Outrage Notes on the Meaning and Intent of Hart's: These from the Land of Sinim." *Modern Asian Studies*, Vol.40, issue. 3, 2006.

O'Leary, Richard. "Robert Hart in China: The Significance of His Irish Roots". *Modern Asian Studies*, Vol.40, issue. 3, 2006.

Van de Ven, Hans. "Robert Hart and the Chinese Maritime Customs Service". *Modern Asian Studies*, Vol.40, issue. 3, 2006.

Van de Ven, Hans. "Robert Hart and Gustav Detring during the Boxer Rebellion". *Modern Asian Studies*, Vol.40, issue. 3, 2006.

Chung, Yuehtsen. "Donna Brunero, *Britain's Imperial Cornerstone in China: The Chinese Maritime Customs Service 1854-1949*". *Itinerario*, Vol.31, issue. 2, 2007.

Horowitz, R. S.. "*Britain's Imperial Cornerstone in China: The Chinese Maritime Customs Service 1854-1949*. Donna Brunero". *The China Quarterly*, No.189, 2007.

Bickers, Robert. "The Chinese Maritime Customs at War, 1941-45." *Journal of Imperial and Commonwealth History*, Vol.36, issue 2, 2008.

Bickers, Robert. "Revisiting the Chinese Maritime Customs Service, 1854-1950". *Journal of Imperial and Commonwealth History*, Vol.36, issue 2, 2008.

Horowitz, R. S.. "The Ambiguities of an Imperial Institution: Crisis and Transition in the Chinese Maritime Customs, 1899-1911". *Journal of Imperial and Commonwealth History*, Vol.36, issue 2, 2008.

Ladds, Catherine. "'The Life Career of Us All': Germans and Britons in the Chinese Maritime Customs Service, 1854-1917". *Berliner China-Hefte: Chinese History and Society*, Vol.33, 2008.

Ladds, Catherine. "'Youthful, Likely Men, Able to Read, Write and Count': Joining the Foreign Staff of the Chinese Customs Service, 1854-1927". *Journal of Imperial and Commonwealth History*, Vol.36, issue 2, 2008.

Reinhardt, Anne. "'Decolonisation' on the Periphery: Liu Xiang and Shipping Rights Recovery at Chongqing, 1926-38". *Journal of Imperial and Commonwealth History*, Vol.36, issue 2, 2008.

Tsai, Weipin. "The Inspector General's Last Prize: The Chinese Native Customs Service, 1901-31". *Journal of Imperial and Commonwealth History*, Vol.36, issue 2, 2008.

Heng, Derek. "Shipping, Customs Procedures, and the Foreign Community: The 'Pingzhou Ketan' on Aspects of Guangzhou's Maritime Economy in the Late Eleventh Century". *Journal of Song-Yuan Studies*, No.38, 2008.

Bickers, Robert. "Anglo-Japanese Relations in China: the case of the Chinese Maritime Customs Service, 1899-1941". in Antony Best, ed., *The International History of East Asia, 1900-1968: Ideology, Trade and the Quest for Order*, Routledge, 2010.

Ladds, Catherine. "*Public Success Private Sorrow: The Life and Times of Charles Henry Brewitt-Taylor (1857-1938), Chinese Maritime Customs Commissioner and Pioneer Translator* (Ras Hong Kong Studies Series)". *Journal of the Royal Asiatic Society Hong Kong Branch*, Vol.50, 2010.

White, B. G.. "'A Question of Principle with Political Implications'—Investigating Collaboration in the Chinese Maritime Customs Service, 1945-1946". *Modern Asian Studies*, Vol.44, No.3, 2010.

Boecking, Felix. "The Bitterness of Fiscal Realism: Guomindang Tariff Policy, China's Trade in Imported Sugar and Smuggling, 1928-1937". *Harvard Asia Quarterly*, Vol.13, issue. 2, 2011.

Bickers, Robert. "'Good work for China in every possible direction': the Foreign Inspectorate of the Chinese Maritime Customs, 1854-1950", in Bryna Goodman and David Goodman, eds., *Twentieth Century Colonialism and China: Localities, the Everyday, and the World*, Routledge, 2012.

Chang, Chihyun. "The Making of New Chinese Bureaucrats: The Customs College and The Chinese Customs Staff, 1908-1949". *Twentieth-Century China*, Vol.37, issue. 3, 2012.

Vynckier, Henk and Chang, Chihyun. "The Life Writing of Hart, Inspector-General of the Imperial Maritime Customs Service". *CLCWeb: Comparative Literature and Culture*, Vol.14, issue. 5, 2012.

Bickers, Robert. "Infrastructural Globalization: Lighting The China Coast, 1860s-1930s." *The Historical Journal*, Vol.56, No.2, 2013.

Van de Ven, Hans. "Between Two Worlds, Remembering Sir Robert Hart", speech for the commemorative event held on February 22, 2013 at All Saints Church in Bisham where he is buried.

Harris, L. J.. "Chihyun Chang. *Government, Imperialism, and Nationalism in China: The Maritime Customs Service and Its Chinese Staff*". *China Review International*, Vol.20, No.3/4, 2013.

Tsai, Weipin. "*Friends of Sir Robert Hart: Three Generations of Carrall Women in China*". *The China Quarterly*, No.213, 2013.

Tsai, Weipin. "Breaking the Ice: The Establishment of Overland Winter Postal Routes in the Late Qing China". *Modern Asian Studies*, Vol.47, No.6, 2013.

Chang, Chihyun. "*Breaking with the Past: The Maritime Customs Service and the Global Origins of Modernity in China, by Hans J. van de Ven*". *The China Quarterly*, No.220, 2014.

Hoare J. E.. "Hans Van De Ven. *Breaking with the Past: The Maritime Customs Service and the Global Origins of Modernity in China*". *Asian Affairs*, Vol.45, issue. 3, 2014.

Mickey, G. A.. "*Friends of Sir Robert Hart: Three Generations of Carrall Women in China*". *The Journal of Asian Studies*, Vol.73, No.2, 2014.

Nield, Robert. "*An Irishman in China: Robert Hart Inspector General of the Chinese Imperial Maritime Customs*". *Journal of the Royal Asiatic Society Hong Kong Branch*, Vol.54, 2014.

Vynckier, Henk and Chang, Chihyun. "'Imperium in Imperio': Robert Hart, the Chinese Maritime Customs Service, and Its (Self-) Representations". *Biography*, Vol.37, No.1, 2014.

Cassel, Pär. "*Breaking with the Past: The Maritime Customs Service and the Global Origins of Modernity in China*, by H. van de Ven". *The American Historical Review*, Vol.120, No.1, 2015.

Ferguson, D. S.. "*Friends of Sir Robert Hart Three Generations of Carrall Women in China*". *Journal of the Royal Asiatic Society*, Vol.25, No.1, 2015.

Elman, B. A.. "Hans Van De Ven. *Breaking with the Past: The Maritime Customs Service and the Global Origins of Modernity in China*". *Enterprise & Society*, Vol.16, No.2, 2015.

Po, R. C.. "Writing the Waves: Chinese Maritime Writings in the Long Eighteenth Century". *American Journal of Chinese Studies*, Vol.22, No.2, 2015.

Tsai, Weipin. "The Qing Empire's Last Flowering: The Expansion of China's Post Office at the Turn of the Twentieth Century". *Modern Asian Studies*, Vol.49, No.3, 2015.

Yu, Qiong. "*Breaking with the Past: The Maritime Customs Service and the Global Origins of Modernity in China*, by H. Van De Ven". *Bulletin of the School of Oriental and African Studies*, Vol.78, No.2, 2015.

Zanasi, Margherita. "*Breaking with the Past: The Maritime Customs Service and the Global Origins of Modernity in China*, by H. van de Ven". *Harvard Journal of Asiatic Studies*, Vol.75, No.2, 2015.

Puig, S. V. "*Breaking with the Past: The Maritime Customs Service and the Global Origins of Modernity in China*, by H. van de Ven". *Pacific Affairs*, Vol.88, No.4, 2015.

Brunero, Donna. "*Breaking with the Past: The Maritime Customs Service and the Global Origins of Modernity in China*". *Asian Studies Review*, Vol.40, issue. 1, 2016.

Chang, Chihyun. "Theories and Histories: Reconstructing the Legacies of Sir Robert Hart and the Chinese Maritime Customs Service". *Tamkang*

Review, Vol.46, issue 2, 2016.

Chang Chihyun. "The Chinese Maritime Customs Service: A Chinese, Western, or Global Agency?" *China Review International*, Vol.23, No.3, 2016.

Horesh, Niv. "*Breaking with the Past: The Maritime Customs Service and the Global Origins of Modernity in China*. By Hans Van De Ven". *The Journal of Asian Studies*, Vol.75, No.3, 2016.

Chao, Huang and Van Dyke, P. A.. "Hoppo Tang Ying 唐英（1750-1751）and the Development of the Guangdong Maritime Customs". *Journal of Asian History*, Vol.51, No.2, 2017.

[英]艾玛·赖兹:《权力之争:赫德、德璀琳与大龙邮票》(英文),《集邮博览》,2018年第8期。

[美]杰弗里·S.施耐德:《加贴大龙邮票的进口封片》(英文),《集邮博览》,2018年第8期。

Chang, Chihyun. "Empires and Continuity: The Chinese Maritime Customs Service in East Asia, 1950-1955", in Barak Kushner and Sherzod Muminov, eds., *Overcoming Empire: The Retreat of the Japanese Empire*, Bloombury Academic, 2019.

Chao, Huang and Van Dyke, P. A.. "Hoppo Mao Keming 毛克明 and the Guangdong Maritime Customs 1732-1735". *Journal of Asian History*, Vol.53, No.2, 2019.

Xi, Gao. "Discovering Diseases: Research on the Globalization of Medical Knowledge in Nineteenth-Century China", in David Luesink et al., eds.,*China and the Globalization of Biomedicine*, NED-New edition, Boydell & Brewer, 2019.

Chang, Chihyun. "Sir Robert Hart and the Writing of Modern Chinese History". *International Journal of Asian Studies*, Vol.17, No.2, 2020.

Tao, Jiayi. "'Winning the Peace': The Chinese Maritime Customs Service, Foreign Technocrats, and Planning the Rehabilitation of Post-War China, 1943-1945". *Modern Asian Studies*, Vol.56, No.6, 2022.

后 记

本书是我从事中国海关史研究数十年阶段性成果的一个汇集。回想自己学术生涯的这段经历，感触颇多，尤其是上世纪 80 年代中期陈诗启先生首次将我引入这一研究领域的情景，如今还历历在目。

始自上世纪 60 年代后期，陈先生就以其敏锐的学术视觉，瞄准了中国近代海关史这一史学研究新领域，并着手收集了数百万字的相关资料。在此基础上，沐浴着 70 年代末改革开放的春风，他积蓄已久的学术潜能一举喷发，接连在《厦门大学学报》、《历史研究》、《近代史研究》和《中国经济史研究》等刊物上发表了一系列高质量的学术论文，并于 1987 年出版了他的第一本海关史专著《中国近代海关史问题初探》。其间，他还努力促成国内第一个中国海关史研究专门机构"中国海关史研究中心"于 1985 年成立。

作为陈先生的开门弟子，我在 1984 年完成研究生学业留校工作后，自然受到陈先生研究偏好的影响。记得是在 1985 年暑假，陈先生嘱咐我为《中国近代海关和长江的对外通商》一文撰写初稿。他为此向我叙述了这篇文章的中心议题和写作意图，并提供部分相关资料，告知收集其他相关资料的途径。正是有了陈先生精心的安排，我才得以顺利完成初稿，并经陈先生细心修改后发表。不久，陈先生按照同样的方式继续安排我撰写《清季海关与外债的关系和列强争夺海关的斗争》一文的初稿，并经他细心修改后发表。由此，我开始对中国近代海关史产生浓厚兴趣，进入这个由陈先生开创的新的史学研究领域。正是为了缅怀陈先生，感激他的引路之师恩，我特地将这两篇文章收入本书中。

进入中国海关史这一研究领域之后，我被中国近代海关的多元历史面相所深深吸引，期望能够不断深入探究，揭示其本质特征，其制度变迁的路径和逻辑，以及海关在近代中国社会编织的错综复杂的关系网及其影响。于是，在陈先生将我引入中国海关史研究领域后的几年间，我接连发表了《近代中国租借地海关及其关税制度试探》《清末东北地区开埠设关及其关税制度》《论清末海关兼管常关》《近代中外陆路通商关税制度》《十九世纪后期西南边疆的开埠设关及其关税制度》《论鸦片战争后清朝中西贸易管理征税体制的变革》《近代洋关制度形成时期清政府态度剖析》《论近代中国海关与鸦片税厘并征》《论晚清的子口税与厘金》和《论近代中国海关与列强对北洋政府财政的控制》等一批文章，并于1993年出版了《近代中国海关与中国财政》一书。

与此同时，由于时任厦门海关关长秦惠中的大力支持，厦门大学中国海关史研究中心和厦门海关档案室合作，着手整理厦门海关收藏的丰富的近代海关档案资料。我被陈先生安排负责此项合作项目。那些年，每周一有空档时间，我就乘着自行车，沿着鹭江边的马路，从厦门大学来到地处轮渡码头对面的厦门海关大楼里的档案室，埋头查阅整理厦门海关收藏的近代海关档案资料。那是一段令人难忘的舒心的日子。尤其是在往来途经的路上，望着身旁日夜奔流的鹭江，江上缓缓移动的船只，远眺对岸风光秀丽的鼓浪屿，历史与现实在脑海里交错浮现，交织成一幅幅色彩斑斓、寓意繁复的图景，令我遐思渺远。

当年从厦门大学通往厦门海关的这条沿江大道，似乎以隐喻的方式预示了中国海关史研究领域将成为我学术生涯的主要史学研究领域之一。此后，我也正是沿着这条学术道路持续向前迈进，不断收获果实的。

近年来，时有同事劝我将以往的研究成果结集出版，但我却总是由于各种原因拖延着。直到2021年，我主持申报的国家社科基金重大项目"中国海关通史"获批，我才下决心清理一下自己已有的研究成果，以便轻装上阵，沿着中国海关历史研究这条大道，开始一段新的学术旅程。

是故，本书收入的文章，大多先前已经在各种学术刊物或文集上发表，仅有少数是未曾正式发表的。为了清晰记录自己走过的学术之路，我未对文章做修改，即便其中一些观点如今已经有了新的想法，我也不作删改。只是为了避免引起误读，对源自同一个注释出处却在原先不同时期发表的不同文章中有不同表述的，做了统一处理，对个别错别字做了订正,同时对个别文章或文稿做了必要的说明。

为了便利读者参照先前发表的原文,特将本书收入的文章,按照其在本书出现的先后顺序列举如下:

1.《访谈:中国海关史研究前景广阔,大有可为》,澎湃新闻,2018-06-16。

2.《中国近代海关史研究述评(1980—1995)》,《厦门大学学报》,1996年第3期。

3.《承前启后:中国近代海关研究70年(1949—2019)》,《中国社会经济史研究》,2020年第1期。

4.《全球视野与地方视野:中国近代海关史研究的两种取向》,《国家航海》,2019年第2期。

5.《论鸦片战争后清朝中西贸易管理征税体制的变革》,《海交史研究》1991年第1期。

6.《近代洋关制度形成时期清政府态度剖析》,《中国社会经济史研究》,1992年第3期。

7.《晚清粤海关(洋关)设立问题考辨》,《中国社会经济史研究》,2009年第1期。

8.《中国近代海关和长江的对外通商》(与陈诗启先生合作),《中国近代海关史问题初探》(陈诗启著),中国展望出版社,1987年。

9.《晚清新式海关设置时间考》,《近代中国海关与中国社会》(戴一峰主编),厦门大学出版社,2021年。

10.《晚清海关组织建构述论》,《经济发展与市场变迁:吴承明先生百年诞辰纪念文集》(王玉茹、吴柏均、刘兰兮等主编),南开大学出版社,2016年。

11.《跨文化移植:晚清中国海关的制度变迁》,《张福运与近代中国海关》(程麟荪、张之香主编),上海社会科学院出版社,2007年。

12.《制度变迁与企业发展:近代报关行初探》,《近代中国社会环境与企业发展》(张忠民等主编),上海社会科学院出版社,2008年。

13.《中国近代报关行管理制度述论》,《中国经济史研究》,2008年第3期。

733

14.《近代中国租借地海关及其关税制度试探》,《海关研究》,1987年第2期。

15.《清末东北地区开埠设关及其关税制度》,《社会科学战线》,1988年第2期。

16.《近代中外陆路通商关税制度》,《海关研究》,1989年第1期。

17.《十九世纪后期西南边疆的开埠设关及其关税制度》,《海关研究》,1990年第1期。

18.《论近代中国海关与鸦片税厘并征》,《福建论坛》,1993年第5期。

19.《论晚清的子口税与厘金》,《中国社会经济史研究》,1993年第4期。

20.《论清末海关兼管常关》,《历史研究》,1989年第6期。

21.《赫德与澳门:晚清时期澳门民船贸易的管理》,《中国经济史研究》,1995年第3期。

22.《论近代中国海关与列强对北洋政府财政的控制》,《海关研究》,1993年第6期。

23.《晚清中央与地方财政关系:以近代海关为中心》,《中国经济史研究》,2000年第4期。

24.《论北洋政府时期的海关与内债》,《中国社会经济史研究》,1994年第4期。

25.《清季海关与外债的关系和列强争夺海关的斗争》(与陈诗启先生合作),《中国近代海关史问题初探》(陈诗启著),中国展望出版社,1987年。

26.《〈中国海关密档:赫德、金登干函电汇编〉评介》,《近代史研究》,1991年第6期。

27.《〈厦门海关历史档案选编〉(第一辑)前言》,《厦门海关历史档案选编》(第一辑)(戴一峰主编),厦门大学出版社,1997年。

28.《闻其言,察其行:〈赫德日记〉解读——兼论中西文化中介人》,《赫德与旧中国海关论文选》(中国海关学会编),中国海关出版社,2004年。

29.《晚清海关与通商口岸城市调研》,《社会科学》,2014年第2期。

30.《评陈诗启著〈中国近代海关史〉》,《历史研究》,1994年第6期。

31.《〈全球化视野:中国海关洋员与中西文化传播〉序言》,《全球化视野:中国海关洋员与中西文化传播》(詹庆华著),中国海关出版社,2008年。

32.《〈上海网络与近代东亚〉中译本序:地域、网络与亚洲近代历史的重构》,载《上海网络与近代东亚》(古田和子著),中国社会科学出版社,2009年。

33.《泉州海关志·总述》,《泉州海关志》(泉州海关编),厦门大学出版社,2005年。

34.《〈中国海关与中国近代社会〉前言》,《中国海关与中国近代社会》(戴一峰主编),厦门大学出版社,2005年。

35.《陈诗启与中国近代海关史的研究》,《近代中国史研究通讯》(台湾),第十九期。

36.《老骥伏枥,志在千里:我所认识的陈诗启教授》,《中国海关与中国近代社会》(戴一峰主编),厦门大学出版社,2005年。

37.《不舍的追求、艰辛的开拓:陈诗启先生学术生平启示录》,《近代中国海关与中国社会》(戴一峰主编),厦门大学出版社,2021年。

中国海关总署自20世纪80年代以来一直重视开展中国海关历史研究。为了加强研究队伍建设,推动研究工作,海关总署于1985年成立了中国海关学会,推动中国海关史研究是其建会宗旨之一。多年来,该学会先后创办刊物、组织各地海关编撰海关志,并相继整理出版了一系列海关档案资料,编写了《中国海关百科全书》和6卷本的《中国海关通志》,发表了大批学术论文,取得不俗成绩。厦门大学中国海关史研究中心自成立以来就在陈诗启先生的带领下,和海关总署、中国海关学会建立良好的合作关系,并获得大力支持,一时传为佳话。本人也一直追随陈先生参与其间,并受聘为中国海关学会顾问。除了多年来多次接受来自中国海关学会成员的各种咨询和求教,参与中国海关学会组织的各种海关史研究成果审稿和评奖活动外,我还曾直接参与《厦门海关志》的编写工作,接受泉州海关的委托,组织撰写《泉州海关志》,担任总纂并撰写其中的十余万字。尤其是自2006年起,我接受中国海关学会邀请，参与编纂《海关百科全书》和《中国海关通志》的指导和写作组成员的培训工作。2015年在上海海关学院也曾为海关学会组织的海关系统海关史研究人员培训班讲课。2018年以来，我还承担上海海关学会编写《江海关沿革史》的书稿审读工作。2020年3月至2021年4月则参与中国海关学会组织撰写的《红色征程——中国共产党领导下的海关革命斗争史》一书总目录和初稿的审读工作。在此过程中，我和中国海关学会的许多领导和成员结下深厚的情谊，收获了许许多多美好的记忆。本文集的第六部分即收入了记载这些美好记忆的部分原始材料，期望借此留住这些美好的记忆；也希冀厦门大学中国海关史研究中心与海关总署及其属下的中国海关学会之间数十年来所凝聚成的合作关系和情谊能够继续保持，并让这种相得益彰的合作关系发扬光大；希冀双方合作建构的这种跨界学术共同体能够像一朵珍稀而绚丽的并蒂莲，在明丽、和煦的阳光里粲然开放。

最后，在本书出版之际，我要再次对引我步入中国海关史研究领域的陈诗启先生表示诚挚的感谢，对长期以来在我从事中国海关历史研究的人生路途中给以教诲、鼓励和帮助的学术前辈、同事以及朋友们表示真诚的谢意，也对帮助我处理本书注释统一问题的李思慧助理表示谢意。

戴一峰
2023年6月
于厦门大学海韵园